FEROZ AHMAD

THE MAKING OF MODERN TURKEY

现代土耳其的形成

[美] 弗罗兹·艾哈迈德 ——— 著 郑东超 ——— 译

上海译文出版社

目 录

前言与致谢

多年对奥斯曼帝国和现代土耳其历史的研究，使我萌生了写一本书的冲动，希望向广大读者解读这个国家。这本书综合了我和土耳其专家关于1960年5月军事干预以来的政治解放的研究成果。罗格·欧文希望我写一本关于土耳其的书，作为他牵头的《中东的形成》系列专著之一，这使我有机会将我对土耳其的思考付诸笔端。

我非常喜欢这个书系的主题，因为我想强调"形成"一词所表示的积极的过程，这也正是20世纪初奥斯曼—土耳其政治精英所采取的方式。我避免使用诸如现代土耳其的"崛起""发展"或"演变"等术语，是因为这些词暗示着自发性。土耳其并非从奥斯曼帝国的废墟上凤凰涅槃般崛起，而是在赢得对抗外国侵略者和旧政权的民族斗争的凯末尔主义精英手中"形成"的。因此，随着政治精英的成长和成熟，国家形象不断地变化，这也是对来自国内外挑战的回应。而这一"形成"的过程至今仍在继续。

这里有必要对本书的架构进行简单交待。本书的构思是在1980年代初，当时的土耳其实行军事统治，我认为有必要将军队作为积极应对社会变化的动态建制来进行探讨，而不是作为一个僵化不变的、脱离社会或凌驾于社会之上的主体，仅仅充当化解冲突的中立裁判。这是本书导言的内容。本书的其他部分按照年代顺序行文，以奥斯曼的遗产一章为开端，以剖析 1990 年代土耳其的选择的后记作结。

本书主要面向那些期望更好地了解这个迷人而重要的中东国家的普通英语读者，因此，我仅在书中列出了英语注释和参考文献，供希望进一步深入研究的读者参考。书中很多引用并未注明出处，这些引用都出自土耳其语资料。我认为没有必要让土耳其语引文分散英语读者的注意力，故省略。

写作这本书的过程中我得到了土耳其朋友的巨大帮助，自 1962 年我第一次造访土耳其起，他们就一直与我分享他们的观点，引导我了解他们的国家。已故的塔里克 · 扎弗尔 · 图纳亚是这些朋友中最慷慨的人之一。罗格 · 欧文自始至终给予我鼓励，为我点拨初稿，提出了提高书稿质量的良好建议，使我避免了错误。迈赫迈特 · 阿里 · 迪克戴姆阅读了终稿，与我分享了他渊博的知识和对现代土耳其的敏锐见解。最后，感谢我所在的大学予以我充足的研究时间，使我得以完成本书的写作。

弗罗兹 · 艾哈迈德

马萨诸塞大学，波士顿

一

导言：土耳其是军事化社会吗?

凡对1990年代初，或者说20世纪最后25年的土耳其政治事态有所了解的读者，都会被军队扮演的角色所震惊。1980年9月12日，土耳其的军事将领发动军事政变，推翻了苏莱曼·德米雷尔总理的文官政府。1982年，军政府出台新宪法，设计了新的政治架构。1983年11月，土耳其举行议会大选，大选之前政治气氛紧张，国家进入紧急状态，军政府严格限制一切政治活动。最终，祖国党赢得大选，党主席图尔古特·厄扎尔（Turgut Özal）成为土耳其总理，国家权力重回文官政府手中，土耳其看似重新走上了民主化道路。然而，时任总统凯南·埃夫伦，即发动1980年军事政变的将军，利用1982年的宪法赋予总统的权力，允许军方继续监控政治活动。而且，文官政府接管国家政权后，军政府时期的戒严令仍保留了很长时间。直到军方逐渐掌控局面，戒严令方被取消。

1980 年的军事政变让土耳其国内外的很多观察家意识到，军队在土耳其政治和历史中具有重要的作用。人们留意到，军队在 1971 年 3 月和更早的 1960 年 5 月均发动了军事政变，对政治进行了干预。似乎存在着一个每十年干预一次政治的循环模式，其间，军队士兵不惜让自身蒙污，也要涤除腐败无能的政客带给土耳其的混乱。1960 年，军队推翻阿德南·曼德列斯的民主党政府，该政府在治理国家的过程中视宪法如无物，通过其在议会中的绝对优势滥用权力，为自己所有的行动披上合法化外衣。1971 年 3 月，土耳其高级军事指挥官强迫苏莱曼·德米雷尔下台。10 年后，即 1980 年，德米雷尔再次遭遇同样的命运。1960 年，军人第一次干政的目的是捍卫宪法，有其正当性。之后的两次军事政变，则是因为军队认为政府羸弱，国家治理太过低效，致使国家陷入无政府的混乱状态，威胁到了军队所维护的国家根基。

要解释军队在现代土耳其政治事务中所扮演的角色，除了当下的紧迫形势这一原因之外，奥斯曼—土耳其的历史也为军队的介入提供了理由。众所周知，奥斯曼帝国是一个强大的军事实体，鼎盛时期曾占领了亚、非、欧的大片土地，甚至在 1529 年和 1683 年两次威胁到维也纳，土耳其近卫军由此成为欧洲的噩梦。但在奥斯曼帝国衰落的数个世纪中，军队开始热衷于参与宫廷政治，其对于苏丹造成的威胁甚至超过了外部敌人。土耳其近卫军与宗教界的乌里玛[1]结成同盟，对改革构成了巨大阻碍。18 世纪末和 19 世纪，主张改革的苏丹们开始对衰弱的国家进行现代化改造，首要关注点就是军队，他们按照西方模式建起了一批军事院校，在这些院校中涌现出了新一代致力于拯救帝国的改革派军官。

到 19 世纪的最后 25 年，这些军官已开始介入政治。他们暗地里勾结高级文职官员，强迫苏丹批准 1876 年的宪法。当阿卜杜勒·哈米德二世（1876—1909）实行暴君统治，搁置了 1876 年的宪法时，官员们开始策划推翻现政权，以恢复立宪政体。1889 年，这些人成立了名为“联进会”[2] 的秘密团体，恩维尔帕夏、杰马勒帕夏、穆斯塔法·凯末尔·阿塔图克这些现代土耳其历史上赫赫有名的政治人物都是该团体的成员。1908 年六七月间，联进会在军队中策动了叛乱，使得阿卜杜勒·哈米德二世被迫恢复搁置了 30 年的宪法。此事成为青年土耳其党革命的开端，之后，革命持续了 10 年之久，因奥斯曼帝国在第一次世界大战中战败而告终。

即便土耳其军队的实力江河日下，却依然是唯一一支有组织的能够抵抗西方列强及其附庸国家军事侵犯的力量。1919 年 5 月，希腊军队登陆伊兹密尔，入侵安纳托利亚西部，穆斯塔法·凯末尔将军领导下的民族主义力量开始组织抵抗运动。在多条战线进行了 3 年艰苦卓绝的斗争之后，民族主义者恢复了对整个安纳托利亚的控制。随着战场胜利而来的是外交胜利，1923 年 7 月，土耳其与西方国家签署了

① 乌里玛在阿拉伯语中泛指所有权威的伊斯兰教法学家和神学家。——译者
② 即联合与进步委员会（Committee of Union and Progress）。——译者

《洛桑条约》，该条约承认了土耳其的新疆界。10 月 29 日，民族主义者获得军事上的全胜，建立了共和国，开启了建设新土耳其的历史进程。

强调军队从奥斯曼帝国时期到现在，在土耳其历史和政治中的作用，表明了一种看似合理的连续性。军队被视作固守其世界观、从不变通的实体，凌驾于社会之上，独立于社会行动。这一认知往往掩盖了土耳其所经历的变化，这些变化多半是尖锐的和戏剧性的，有助于更好、更深地了解现代土耳其的历史与政治。当然，每个国家的历史都具有连贯性，难以与过去彻底割裂。但至关重要的是，切莫忽视关键的历史转折点。现代土耳其就是一个典型的例子，它有意识地竭力与过去划清界限，共和国的奠基者们尤其如此。凯末尔强调了这样一个事实，他们创建的政权与奥斯曼帝国并无任何共同之处，与腐朽的过去也做了彻底的决裂。

但是，现代土耳其历史中还埋着另一条具有延续性的线索，比军事干政的维度更有利于帮助我们理解现在的形势。在 19 世纪初的工业化时代，英国与欧洲大陆在世界经济中占据主导地位，土耳其决心在蓬勃发展的世界经济中占据一席之地。起初，土耳其苏丹希望建立一支现代化军队，以应对西方国家带来的强大挑战。但到了 19 世纪，土耳其统治阶级发现仅靠军事手段是难以顶住西方国家压力的。为更好地实现目标，土耳其必须创建现代化的政治、社会和经济结构，而现代化的军队仅仅是其中一部分。

土耳其人见识到了欧洲革命释放的力量，认识到处于前现代化阶段的奥斯曼帝国的政治和社会结构在现代化的巨大冲击下将难以为继。

帝国不得不与时俱进，放弃既不承认私有财产的神圣性，也无视有产阶级的尊严和荣誉的“东方专制主义”。这样的话，就必须说服苏丹放弃他的绝对权力，承认臣民享有基本的权利和自由。这些要求在 1839 年和 1856 年的帝国宪章以及 1876 年颁布的宪法中得到了部分的满足。

这些改革仅仅获得了局部的成功，很大程度上是由于在官僚机构外，没有可资利用的内生性的庞大社会阶层予以支撑。土耳其的资产阶级没有在旧秩序中感受到压制，因而对创造新世界缺乏动力。这一时期，土耳其从商的多数臣民都是非穆斯林，他们更愿意在西方大国而非奥斯曼帝国的保护下生活。与此同时，在法国大革命的影响下，民族主义思潮涌入奥斯曼帝国，这些思潮在非穆斯林群体中也影响较大。信仰基督教的巴尔干地区民众梦想着摆脱异族统治，获得自由。1829 年，希腊人成功地建立了民族国家。在希腊的带动下，其他民族主义者紧随其后，追求本民族的理想。塞尔维亚、保加利亚和阿尔巴尼亚也纷纷效仿希腊，获得了独立国家的地位。但是，亚美尼亚人和库尔德人失败了，因为在第一次世界大战结束后，没有大国支持他们的民族解放事业（而犹太复国主义者得到了大国的支持），没有大国愿以委任统治的方式向这两个民族提供保护，使其建立自己的国家。最终，土耳其人自己奋起反抗，打了一场代价高昂的战争，建立了属于自己的民族国家。

在奥斯曼帝国解体的最后几年和土耳其共和国建立之初，军队的角色举足轻重。但值得注意的是，军队建制不断变化，起初反映了统治精英的政策，之后则是衰败社会的紧张关系。

1826年，奥斯曼帝国的苏丹马哈茂德二世（1807—1839）和宫廷辅政大臣创建了“新军”（Nizam-i Cedid），以替代近卫军。其目标是按照欧洲的标准，建立一支战斗力强大、足以与埃及军队抗衡的现代化军队。当时，埃及处在奥斯曼帝国的统治下，其将领穆罕默德·阿里率军镇压了希腊革命。很快，苏丹发现必须邀请外国顾问来训练新军。1836年，他邀请英国军官前来研究新军存在的问题，提出必要的改革建议。之后，迫于俄国的压力，以赫尔穆特·冯·毛奇为长官的普鲁士军官团队取代了英国军官团，负责指导新军。克里米亚战争（1853—1856）之后，土耳其宫廷邀请法国人来改革土耳其陆军，邀请英国人来改革土耳其海军。军事院校此时教授法语课程，同时也传播自由主义和民族主义思想，这对奥斯曼帝国旧政权的未来构成了威胁。

1879年，柏林会议①已经结束，德国崛起的势头业已明显。奥斯曼帝国的苏丹请求德国派遣军事代表团，其目的是抵消其他国家干预奥斯曼帝国内部事务的影响。由科尔玛·冯·德·戈尔茨上校担任团长的德国代表团于1882年抵达奥斯曼帝国，自此，德国的影响长期在奥斯曼帝国强势存在，一直持续到1908年青年土耳其党革命，才逐渐被英国取代。巴尔干战争（1912—1913）之后，德国恢复了在奥斯曼

---

① 欧洲列强的一次分赃会议。1877—1878年的俄土战争后，双方签订了《圣斯特法诺条约》，以英国为代表的其他欧洲强国认为此条约对俄国过于有利，因而要求修改，这推动了柏林会议的召开。参加柏林会议的国家有奥、英、法、德、意、俄和土耳其。1878年7月，会议签订了《柏林条约》，规定：成立自治的保加利亚公国，但名义上仍归奥斯曼帝国统治；承认黑山独立并扩大其领土；承认塞尔维亚和罗马尼亚独立；将土耳其东部的某些领土割让给俄国。——译者

帝国的影响，李曼·冯·桑德斯军事代表团进入奥斯曼帝国，直至1918年德国在一战中战败，德国始终在土耳其保持着很强的影响力。

值得注意的是，除了外部影响之外，19世纪最后数十年奥斯曼帝国的社会特征也发生了明显的变化，包括国家官僚体制。当时，受1870年代世界经济危机的影响，奥斯曼帝国的经济遭到重创；军队和官僚机构分化严重，官员的晋升空间极度狭小。

当时，不少在经济形势恶化前进入贸易行业的人希望通过受雇于国家或在宗教机构中担任低阶职务来保障稳定的经济收入。穆斯塔法·凯末尔的母亲就希望他像他父亲一样做个小商人，或在宗教机构中任职。但是，凯末尔选择了从军，在军队里他接受了现代教育，不但经济收入有保证，才能也得到了充分发挥和认可。

但是，阿卜杜勒·哈米德二世将军队政治化，为他自己的落败埋下了伏笔。他在选官任用上放弃了任人唯贤的原则，代之以忠诚的标准，任人唯亲。这种选拔方式在受过良好军事教育、有爱国主义情怀的职业军人（mektepli）和仅因效忠苏丹就被委以重任的官员（alayli）之间造成了嫌隙。

部分低阶官员和公职人员参加了联进会领导的反阿卜杜勒·哈米德二世运动，该运动的目标是推翻阿卜杜勒·哈米德二世的独裁统治，恢复1878年被搁置的宪法，这一目标最终由1908年7月的青年土耳其党革命达成。此次运动仅仅是一场更大的社会革命的前奏，而革命旨在提高大多数青年土耳其党人所属的底层阶级在新政权中的地位，争取更大的权力和影响力。他们与帝国官僚机构中的高级官员追求的目标不同，后者仅希望实现君主立宪政体，根本不愿看到土耳其经历社会革命。

军队规模有限，且行动缺乏协调；在 19、20 世纪之交，军队中最重要的两个集团分别是支持联进会的激进改革派和温和的自由派。两大集团之间的分歧在第一个为期五年的宪法时代（1908—1913）较为明显，这种状况一直持续到 1913 年 1 月联合党人（Unionist）夺取国家政权。军队中，多数士兵属于保守派，甚至反对变革。1908 年 10 月和 1909 年 4 月发生了两场暴动，旨在恢复阿卜杜勒·哈米德二世的独裁统治。但两次暴动都被镇压，第二次暴动更为严重，由马哈茂德·谢夫凯特帕夏领导了镇压行动，这位将军热爱祖国，但不支持联进会，也不支持激进的社会变革思想。

1912 年 7 月，奥斯曼帝国又爆发了军事叛乱，这让人回想起 4 年前旨在恢复宪法的那场叛乱。这次叛乱是反对联合党的军官发起的，其目的在于推翻亲联进会的内阁，让自由派掌权。倘若 1912 年 10 月未爆发巴尔干战争，他们本可能成功地摧毁联进会，清洗军队中的联进会支持者。如果这些成真，在自由派统治下的土耳其的历史将会被改写。

在巴尔干战争中，土耳其军队惨败，政府屈膝投降，帝国命运掌握在了列强手中，自由派名誉扫地。如果联合党人的政变未将他们推翻，奥斯曼帝国会彻底放弃变革图进和独立自强。与 19 世纪的改革者思想趋同，自由派认为，土耳其要依赖欧洲，特别是英国，利用他们帮助土耳其开启现代化，一如美国在菲律宾的所作所为。他们希望英国将埃及管理模式应用于土耳其，这将使帝国大受裨益。

1913 年 1 月，联合党人夺取政权，他们的想法与自由派的截然不同。他们愿意成为欧洲主导的世界体系的一部分，但希望成为“远东的日本”，享受到与日本同等的国际待遇，与西方国家是平等而非低人一等的关系。有日本人珠玉在前，土耳其将与一些必不可少的社会阶层按照日本模式来寻求自由独立，建立资本主义社会。在启动这项社会工程之前，他们意识到自己必须先彻底掌控这个以军队为重要构成部分的国家。

联合党组建的政府的首要任务是向军队中灌输“团结进步”的思想，涤除与之相抵触的一切思想。数年内，军队果然焕然一新。联合党人喜欢的毛制卡其毡帽（kalpak）成为军官的规定着装；恩维尔帕夏成为战争部部长后，一些不接受联进会领导的官员在 1914 年 1 月遭到肃清。两个月后，战争部发布命令，军队建设要与奥斯曼帝国的军事传统完全切割，引入新思想，这些思想对后来的土耳其共和国意义重大。自此以后，军官们被强制优先向军团标志行礼，就算苏丹在场也是如此。苏丹不再是效忠的主要象征。①

1913 年后，土耳其的军队建制发生变化。尽管军队已经政治化，

---

① 该观点摘自纳伊姆·图尔凡（Naim Turfan）博士，他撰写过关于一战前奥斯曼军队角色的著名文章。见 The Politics of Military Politics: Political Aspect of Civil-Military Relations in the Ottoman Empire with Special Reference to the ‘Young Turk’ Era, unpulished Ph. D, London University，1983。最近的论文见 Mehmet Ali Birand, *Shirts of Streel*: *an Anatomy of the Turkish Army*, I. B. Tauris: London, 1991。

但作为独立力量还是被从政治中剔除，转变为联合党人落实政策的工具。看上去这可能与事实相矛盾：恩维尔有能力将土耳其引入战争，支持德国，暗示了是恩维尔和军队控制了联进会。实际上，政策是由文官中占大多数的联进会成员内部制定的，恩维尔帕夏则是同侪之首。应当记住的一点是，恩维尔的个人感召力是联进会的杰作。1908 年的革命后，联进会利用他极具魅力的人格为土耳其树立了一个英雄人物形象，为影响和控制宫廷，甚至连恩维尔的婚姻都是由联进会促成的，迎娶的是一位奥斯曼帝国公主。

在现代土耳其历史上，军队的团结事关重大。旧政权实行政治中立化，政府和军队之间的矛盾不复存在。因为两大政治力量都转移到了同一阶级的手中，即中产阶级下层，因此政府和军队首次达成一致，支持同一个改革方针。战争并未影响改革进程，改革触碰到了社会的方方面面。到 1918 年，联合党人终于可以振臂高呼，土耳其已经进入了资本主义时代。

不过，土耳其的战败是始料未及的。联合党人的政府垮台，最高领袖流亡海外。在这种背景下，旧政权结束了战争时期的弱势，重振雄风，填补了国内的政治权力真空。此时，英国希望在安纳托利亚拓展自己的影响力，他们支持伊斯坦布尔的苏丹政府，以期苏丹政府能在重新获得合法性之后协助英国达成目的。

如果希腊军队没有在 1919 年 5 月入侵安纳托利亚，苏丹可能会夺回他失去的权力。但外敌入侵和国家分裂的危险激起了各处的自发抵抗，之前的联合党人，现在自称为民族主义者，逐渐掌握了抵抗运动的领导权。苏丹若是出面领导，本可以轻而易举地取得控制权，但是1918年登基的苏丹瓦西代丁既无意愿，也无能力发挥作用。旧政权已然土崩瓦解，没有能力领导抵抗运动重返奥斯曼帝国时代。苏丹更倾向于由参加巴黎和会的大国来决定自己的命运，只要能让苏丹继续统治土耳其，他愿意放弃这个国家的部分领土主权。这是苏丹接受1920年8月的《色佛尔条约》的原因。该条约为土耳其人民深恶痛绝，民族主义者坚决拒绝接受。

军队的处境进退维谷。联合党政府垮台后，多数官员选择跟随苏丹，指望其发动夺回土耳其主权的斗争。但是，当他们意识到苏丹瓦西代丁与英国合作，默许安纳托利亚的分裂时，便转而投奔凯末尔领导的民族主义事业。联合党的爱国政策削弱了军队对苏丹的忠诚，在战后背景下，军队自然选择认同爱国的民族主义，而不是传统的封建王朝。

土耳其军队为民族斗争做出了重大贡献，但是在胜利后建立何种政权的问题上并未形成共识。一些官员主张实行宗教制度下的君主立宪制，也有寻求美国委任统治的声音，但考虑到在战争中产生了资产阶级，尽管当时这一阶层规模尚小且不成熟，上述这些建议都是过时的。建立世俗的共和国的社会基础已经充分，而只有这样的政权才能保证迈向现代化的迅速进步。

土耳其共和国成立于1923年10月29日，穆斯塔法·凯末尔为首位总统。不过当时他的地位并不稳固，仍有竞争对手，特别是军队中的对手对他构成严重威胁，需要对此进行清理。直到1926年，这些威胁才被彻底铲除，一些名将被解除职务。其中包括卡兹姆·卡拉别克尔（Kâzim Karabekir）、阿里·福阿特·杰贝索伊（Ali Fuat Cebesoy）和若费特·贝勒（Refet Bele），在民族战争中，这些将军功勋卓著。在凯末尔执政时期，他们被迫离开军队，丧失了参与政治的权利。

在一党制时期（1923—1945），军队与政治是完全隔离的，如果军官希望参政，就得退伍。许多人选择退伍并加入执政的共和人民党（RPP），而那些继续待在军中的人甚至没有投票的权利。在共和国，军人享有荣誉，但是也被逐出了主流的社会和政治生活。费夫齐·恰克马克（Fevzi Cakmak）元帅1925年至1944年任土耳其总参谋长，他有着领导这样一支军队的理想性格，作为传统派的军官，他认为军人不应该对政治感兴趣，他禁止士兵看报，甚至不允许他们享受“非军事”的闲暇时间，连小提琴都不能拉。

因此，在费夫齐帕夏任总参谋长时期，军队与政治实现了有效隔离。这成为共和人民党以一党制控制国家的工具，参谋长比战争部部长的影响力更大，从而极大地满足了军官们的自尊心。在这些年里，随着公民社会不断地强调个人主义，军事传统也不断地被削弱。传统军队精英的下一代很少循着父辈的足迹参军，女儿也不会选择嫁入军人家庭。比如，伊斯麦特·伊诺努（Ismet Inönü，1884—1972，军事英雄，总理，共和国第二任总统）的两个儿子更愿意经商和在大学任教，他的女儿则嫁给了一名记者。然而，如果不是冷战的骤然影响，这种趋势可能会持续到1945年之后，推动土耳其的军队重新回到主流中。

“杜鲁门主义”的提出（1947年3月12日）以及1952年土耳其加入北约，导致了军队特征的转变。军队从政治阴影里被带到聚光灯下（特别是朝鲜战争期间），成为自由世界意识形态的标志，而土耳其也在二战后成为自由世界的一部分。初级官员们，尤其是参谋的重要性，达到了自青年土耳其党时期德国对土耳其军队进行现代化改造以来的新高度。他们再次灵活地学习了现代化战争知识，这次是从美国指挥官那里，而在一战后接受训练的老将军们则无法掌握新技术。在划分军队方面，北约成员国更倾向于以技术和代际为标准。

民主党人争取具有政治重要性的将军们的支持，却忽略初级官员们的行为，进一步加深了分歧。一些将军退役后加入了民主党，让外界感觉军队与政府站在了一起；军队的最高指挥部已被争取，愿意效忠政治领袖。当政变策划者密谋推翻政府时，很难找到一位能领导政变的高级将领。

低阶军官叛乱始于1950年代中期，这与经济上的通货膨胀是同步的，通货膨胀削弱了工薪阶层的地位，致使城市阶级对民主党不再抱有幻想。民主党人没有兑现他们在野时做出的承诺。年轻的军官们原本寄希望于整个军事结构的彻底变革，1953年，出于对保守派的妥协，变革被放弃了。在多党制时期，军官们的威望伴随着他们的适度生活标准一起衰落。

尽管不是这么回事，但民主党人还是被认为忽视了军队。当土耳其军人的物质条件与北约盟国的军人条件相比较时，这种忽视看起来会更糟。一旦进行这种比较，土耳其军人就不仅会意识到自己物质上的落后，还会意识到国家的落后，而政治家应当为此负责。

但另一方面，民主党人无意忽视军队，只不过是他们要处理的优先事项与往届政府不同。他们急于推动土耳其的发展，但并没有意识到军队是推动发展的工具。他们将军队看作服务西方盟国利益的外交政策的工具，因此认为军队预算应该主要由欧洲和美国的援助来承担。1950 年代，土耳其的军事预算已经给土耳其带来了很大的经济困难，对通货膨胀火上浇油，致使经济发展极不平衡。政府希望西方盟国负担起更多维持强大军事力量的开支，正是这些军事力量在保护北约的东翼。

如果缺乏政治方向，低阶军官中的不满情绪不会引发军事政变。但在野的共和人民党提供了方向，开启了与执政的民主党激烈的、毫不妥协的斗争。一些军官卷入政治家之间的政治纷争，如同反对派一样发泄着自己的不满。而且，共和人民党的主张唤起了政府与军队之间和睦关系的回忆，军队在心理上与共和人民党愈发接近。民主党人关心的是鼓励市民社会，践行民主和多党政治，于是听任政府和军队之间这种传统的亲密关系烟消云散。

1960 年 5 月 27 日发生的军事干预，成为土耳其由低阶军官发起的反对军队最高指挥部（High Command）的最后一次政变。这一模式符合 1908 年青年土耳其党革命的传统，它的目标不是策划改组政府，而是进行根本的社会结构变革。这些变革的实现是通过了 1960 年代制定新的、自由主义性质的宪法以及一系列法律，这些法律第一次赋予了土耳其人民享受民主政治的权利。商会有罢工权，社会主义者（尽管不是共产主义者）可以组建政党，可以对土耳其社会提出批评。所有这些对土耳其人民而言都是新鲜的，他们之前只知道“凯末尔主义”共识。

但是，统治核心层和军队高官从1960年代初的政变中吸取教训，提前采取措施，以防再次发生1960年的那种政变。这些将军认识到，他们必须在军队中建立分等级管控制度，塑造政治共识，以阻止自下而上的政变。政治家们也认识到，必须将将军们吸纳进核心政治决策圈，通过利益捆绑与文官共同维持现状。

因为这些新的意识，1960年代，土耳其军队经历了另一场巨大变革，清洗了军官中的一批异己。军队最高指挥部在1961年建立了武装力量联盟（Armed Forces Union），以管控现役军队的所有活动，监视国家团结委员会（NUC），后者是1960年5月成立的组织。根据新《宪法》的第111条规定成立了国家安全委员会，这个机构包括参谋长和陆、海、空三军司令，旨在协助内阁“在国家安全和合作问题上进行决策”。1962年3月新增的这些职能，将权力和影响力转至最高指挥部。1963年，土耳其的情报机构进行了重组，以提升效率。一个独立的军事情报机构由此成立，目的是监视低阶军官的任何密谋。有不少关于政变计划的流言，但是全都被扼杀在萌芽中。

因为采取这些举措，军队实际上成为自治机构。土耳其的主要政党，如正义党和共和人民党，不能再以狭隘的政治目的掌控军队，将军们被视为他们自己创建的新政权的保卫者，从而深深地卷入了国家的政治和经济生活中。议会通过法案提升军官的经济条件，他们的社会地位也随之升高。工资和抚恤金也得到了增加，以应对通货膨胀，并采用美军的方式为军人提供便宜的消费品和食物。退役军官或被招入政府成为高级官员，或加入私营公司、国营公司。将军被派往国外担任大使。1961年，土耳其成立军人互助协会（OYAK），将军队直接带进了工商业。由于政府的让步，短短数年内，军人互助协会就逐渐成长为土耳其国内规模最大、盈利最多的集团，向军队投资者提供高额分红。

将军们成为土耳其社会的特权阶层，因此也成为维持现状的主要力量。他们的财富不再与某个政党或领袖联系在一起，而是与这个政权息息相关。他们关心的是稳定和社会安宁，因此愿意推翻任何无法保证社会稳定的政府。这就是土耳其总理德米雷尔在1971年3月、1980年9月两次被赶下台的原因。在这两次事件中，德米雷尔都被认为无法掌控局势，会给政权带来危险。

从理论上讲，将军们同情像德米雷尔领导的正义党那样的中右党派，他们要在土耳其推行资本主义，尽管遭到传统的保守主义的反对。将军们更敌视的是社会主义者，后者谴责资本主义的全部实践与土耳其的实际需求完全脱钩；他们也与1961年成立、1971年在政变中被解散的土耳其工人党不大对付。将军们对共和人民党的态度在1972年变得更加模棱两可，因为该党要走社会民主道路，呼吁实行更独立的外交政策，这惹恼了北约盟国，让将军们大为惊恐。

有两种情况反映出了这些立场：军队最高指挥部介入，恢复政治稳定，并建立新的基本规则，以维持最近刚刚恢复的稳定。没有既定计划的将军们临时起意，在 1971 年 3 月逼德米雷尔下台，镇压左翼政治力量，削弱协会力量，修改宪法，以期使制度彻底地稳定下来。

但是，这些措施在应对 1970 年代的危机上是没有效果的，全球性的经济衰退以及石油价格的大幅上涨引发了这场危机。1974 年，土耳其入侵塞浦路斯，美国对土耳其实施武器禁运，土耳其的形势进一步恶化。现行政治制度被证明无法应对巨额外债、肆虐的通货膨胀、高失业率以及严重的商品短缺。尚未被充分解释的政治暴力和恐怖主义，让多数土耳其人的生活难以为继。直到 1980 年，土耳其的政治气候已经恶化到民众实际上对将军们发动政变夺取政权表示感激的地步。

在这种背景下，军政府于 1980 年 9 月 12 日成立，权力不受任何限制。所有阻碍世界货币基金组织提倡的市场经济的障碍都被清除，以 1958 年的戴高乐主义宪法为基础的威权宪法代替了 1961 年的自由主义宪法。工会运动遭到破坏，大学被整肃和集中，媒体禁言，政党解散，许多政治家被禁止参与政治。军队最高指挥部的目标就是将政治从社会体系中清除出去。

事实证明，1980 年代的土耳其社会过于复杂，没有政治是难以运转的。同样的情况土耳其在 1920 年代和 1930 年代也曾经历过，但如今甚至在统治集团内部都存在对立派系，他们需要政治舞台展开竞争。将军不得不承认这些，将权力还给严格筛选过的文职官员。备受限制的政治活动在 1983 年春活跃起来，同年 11 月举行了普选。祖国党在大选中获胜，图尔古特・厄扎尔上台掌权，这被视为军政府的失败，文官势力的胜利。1987 年 7 月，厄扎尔总理拒绝了最高指挥部提名的参谋长候选人，而他本人在 1989 年 11 月胜选，成为总统（1960 年以来第一位平民总统），这两件事被视为将土耳其推向公民社会的重要事件并因此备受欢呼，实际上这一进程，即将军事纳入经济结构，早在 1960 年代就已经开始了。1980 年代，土耳其军工企业成立，人们寄希望于将它变成名副其实的军工复合型企业。这在增强了军民关系的同时，也强化了军队最高指挥部对政权的忠诚。

尽管经过数年的演变已经形成了共生关系，司令官们在面对政府时仍保持了一定的自主权。这一点在 1990 年至 1991 年的海湾危机中尤其明显，当时，将军们限制厄扎尔总统，使他无法向美国做出更多的公开承诺。1990 年 12 月 3 日，参谋长尼萨普·特鲁姆塔伊（Necip Torumtay）以辞职表示抗议，尽管媒体将这一举动解读为警告。他的继任者也没有选择附和厄扎尔的政策。鉴于厄扎尔对政党的绝对控制以及其政党在议会中拥有绝对多数席位（尽管他在国内的地位急剧下降），他可以随心所欲地推行任何政策，反对党根本无能为力，唯有军队最高指挥部能阻止他。

这种关系将会像过去一样继续演变，现在的情况与二战后的情况一样，必须调整以适应新的因素。苏联的阵营以及苏联的解体，冷战的结束，一种“新世界秩序”的出现，这些都是新因素的一部分。已经有不少关于建立小规模但高技术含量的有能力发动电子战的军队的讨论，其典型就是美国在伊拉克发动的战争。这些变化带来的政治意义难以评估，但是，最终土耳其在世界新秩序中的位置将决定军队在土耳其的作用，正如过去一样。

二

奥斯曼的遗产

奥斯曼王朝统治 6 个世纪所累积的遗产，无论是消极的还是积极的，没有一个后续政权可以置之不理。1908 年，青年土耳其党通过修宪运动获得政权，保留了王朝，试图利用这个遗产制订彻底改革和结构性变革的计划。另一方面，青年土耳其党革命之后凯末尔建立的政权则试图彻底拒绝这些遗产，废除国王，废除王朝制度，建立世俗共和国。即使是这种拒绝，也是以奥斯曼王朝的吸引力为前提的，因为一旦王朝被许可扮演任何角色，无论是否正式的，都可能对新土耳其的建立构成威胁。民族主义运动的一些领导人承认传统象征中代代相传的权力，希望加以保留，目的是增强新政府的合法性。其中一位领导人就是拉乌夫·奥尔贝（Rauf Orbay），他在 1922 年 7 月宣布，胜利就在眼前：

> “对我们而言，控制整体形势非常困难，只有在民众中具有极高威望的政府方能维持住局面。那就是苏丹和哈里发。将其废除，建立完全不同的实体，必将导致失败和灾难，这是不可接受的。”①

那么，土耳其人认为的这个威望高的政府的根基是什么呢？如果我们观察一下过去 6 个世纪王朝历史的演变，可能会对其遗产有一个恰当的判断。

奥斯曼帝国在 15 世纪成为世界帝国之前，最早是塞尔柱王朝的一个分支的宗主国，塞尔柱人向安纳托利亚推进，在 1071 年的曼齐克特战役中击败了拜占庭军队。此后，塞尔柱人和他们的部落军队继续向安纳托利亚推进，建立了罗姆塞尔柱王朝，在首都科尼亚控制了安纳托利亚东部和中部的大部分地区，而拜占庭皇帝则从君士坦丁堡控制着安纳托利亚西部地区。

这一状况持续到 13 世纪，蒙古大军征服了伊斯兰世界，1258 年阿拔斯王朝的首都巴格达陷落。1243 年，塞尔柱王朝被击败，安纳托利亚失去控制，分裂为许多敌对的公国。从塞尔柱王朝分裂出来的这些公国延续了圣战精神，穆斯林发起了打击异教徒的战争（ghaza 或 jihad）。战士们在战场上大喊：“如果我能活下去，我将成为圣战者；如果我死在战场上，我将成为殉道者。”公国发起了对基督教拜占庭的

① *A Speech Delivered by Mustafa Kemal Ataturk 1927*, Ministry of Education Press, Istanbul, 1963, p. 572.

意识形态斗争，其中之一是在奥斯曼（Osman）的领导下，就是这个男人的名字成了一代王朝之名（Ottoman）。

奥斯曼人在安纳托利亚的西北部，也就是现在埃斯基谢希尔省的位置，与衰落的拜占庭帝国有着共同的边界。因此，该公国成为宣教圣战（ghazi）思想的焦点，源源不断地吸引着被蒙古人赶到了小亚细亚的土库曼人部落。在这种宗教思想的指导下（那时候根本没有别的思想!），奥斯曼人在战争中不断地击败拜占庭帝国。

“圣战勇士”这一称谓是民族主义者自觉地从奥斯曼人那里继承下来的最明显的遗产。从奥斯曼开始的奥斯曼帝国统治者对这个称谓的重视更甚于苏丹。早期的苏丹率领军队打仗，才能赢得这个头衔。后来的苏丹不再亲自率军出征，但仍然延续这一称谓的传统，由谢赫[①]正式授予。奥斯曼苏丹阿卜杜勒·哈米德二世在国内外推行泛伊斯兰政策，是被授予“圣战勇士”头衔的最后一位苏丹。但这个头衔的神秘之处在于在与希腊的战争中，国民议会将“圣战勇士”的头衔授予了凯末尔，尽管他主张世俗主义，但还是接受了，并一直用到 1934 年国民议会授予他“阿塔图克”（Atatürk，即“土耳其之父”）之名。时至今日，“圣战勇士”的称谓还会在土耳其军队开展军事行动时被使用，而被亚美尼亚人刺杀的土耳其外交官们则总是被描述为殉道者。

这一遗产所产生的实际效果有限，特别是在今天，已经难以激发土耳其穆斯林的宗教情绪。但是，另一个遗产对现代土耳其仍旧有很

① 阿拉伯语中指部落长老、伊斯兰教教长、智慧的男子。——译者

大影响，直到现在也能感受到，这就是以民族认同为基础建立强大的集权国家，这个国家将被视为中立的、在社会之外的，不代表任何特权阶层的利益。无论何时，只要国家利益受到了狭隘自私的利益的威胁，国家就应该介入，予以纠正。最近几次的军事干预在这种语境下被视为正当的，军队也被看作国家和民族的化身。

在奥斯曼帝国历史上，国家被看作强大的力量。但在不同环境下，经过数个世纪的不断变迁，国家力量也不断被修正。早期的奥斯曼帝国是部落的集合体，苏丹的地位不过是部落首领之首。地位较高的土库曼家族对政策的决定长期具有很大的影响力，因为他们在政府和军队中位高权重。奥斯曼一世（1280—1324）成功地建立了一个王朝，通过占领基督教徒的领土建立起自己的威望，而跟随他的游牧部落可以在这些领土上定居。他的儿子奥尔汗加齐（1324—1359）延续了这种战争政策，于1326年占领了布尔萨镇，在那里建立了王朝的第一个首都。在这些早期开疆拓土的基础上，奥尔汗尝试建立更为正式的政治组织，使他获得了更多的权力。但是，土库曼部落首领反对他的计划，阻挠建立国家的进程，使之直到14世纪才得以实现。

但是有很多迹象显示，在奥尔汗时代，国家已开始成形。他下令建造清真寺和宫殿，建立配套的宗教学院（medreses）。这些机构沿袭了塞尔柱的实践，成为伊斯兰教育和思想的中心，宗教理论家乌里玛成为围绕在苏丹周围的既成秩序的支柱之一。奥尔汗还通过铸造自己的货币（sikke）来加强王朝的权威，这是统治王室树立权威的重要标志之一。

到1340年代，奥尔汗实际上已经控制了安纳托利亚的整个西北部，准备跨过加里波利海峡打到欧洲。他开始攻占色雷斯，但最终是他的儿子、王位继承人穆拉德一世（1360—1389）通过1361年占领埃迪尔内，奠定了奥斯曼帝国的基础。埃迪尔内成为新的奥斯曼帝国首都，这里有助于土耳其向巴尔干挺进，因而成为奥斯曼帝国的核心，直到1912—1913年的巴尔干战争中，这些领土才全部丧失。巴尔干省农业发达，可以为土耳其人提供继续扩张所需的资源，为统治帝国和早期共和国的精英阶级提供兵源。

到穆拉德去世时，土耳其人已在1389年的科索沃战争中征服了塞尔维亚人，推进到了安纳托利亚的托罗斯地区。《加齐帝国》（*Empire of the Gazis*）的作者、历史学家斯坦福·肖认为："在奥尔汗进入欧洲的30多年时间里，奥斯曼人稳固了在东南欧的统治，只有少数公国如波斯尼亚、阿尔巴尼亚和希腊的部分地区仍旧在帝国的控制外。"①

在巴耶塞特二世（1389—1402）的统治下，土耳其在两个方向同时推进。1396年9月，在尼科堡击败欧洲的十字联军，开始进攻位于安纳托利亚东南部的叙利亚的马穆鲁克。1396年，君士坦丁堡第三次被围，看起来拜占庭帝国气数已尽。但是，通过在安纳托利亚发动针

---

① Stanford J. Shaw, *History of the Ottoman Empire and Modern Turkey*, vol. i, Empire of the Gazis Cambridge, 1976, p. 22. 为进一步了解1208—1808年这一时期，该书作者提供了绝佳的参考书目。也见 Cook（ed.）*A History of the Ottoman Empire to 1730*, Cambridge, 1976，其中包括 Halil Inalcik、V. J. Parry 和 Akdes Nimet Kurat 撰写的具有较高参考价值的文章，以及 *The Ottoman Empire and the World-Economy*, ed. Huri Islamoglu-Inan, Cambridge, 1987，此书包含大量原创文章，为帝国经济史的研究打开了新局面。

对其他穆斯林统治者的战争，巴耶塞特似乎放弃了圣战传统，挑起了他们对奥斯曼人的仇恨。

野心勃勃的巴耶塞特没有料到帖木儿的强势崛起。帖木儿在 1389 年统治了河中地区，推进至伊朗和伊拉克，1398 年才将注意力转向印度。但是，帖木儿与攻击性强、奉行扩张主义的奥斯曼人的正面交锋仅仅是时间问题，特别是当土库曼首领请帖木儿保护他们，帮他们摆脱巴耶塞特的霸权统治时。

巴耶塞特和帖木儿之间的决战发生于 1402 年 7 月 27 日，就在安卡拉附近。巴耶塞特的军队被击败，苏丹被俘。他的领土被儿子苏莱曼、伊萨、穆萨和穆罕默德瓜分，他们都归顺了帖木儿。穆罕默德一世（1413—1420）用了 11 年的时间击败了他的兄弟们，重新统一了奥斯曼帝国的领土。之后，他开启了扩张的新阶段，随后他的儿子穆拉德二世（1421—1451）继承了他的扩张政策。

从一开始，统治者和其盟友土库曼之间的关系就充满了紧张，这削弱了苏丹建立强大国家的尝试。占领巴尔干后，苏丹发现要减少对土库曼人的依赖，可以在新占领的土地上的基督教徒中间培育一股对冲力量。于是，穆拉德一世开始招募聪明而有天赋的年轻男兵，把他们带到首都进行训练。

这种壮丁制度（devshirme，意为集合和汇聚）被后来的苏丹推广并重新定义，尽管它早已失去其有效性，但仍然一直持续到 18 世纪初。被招募的那些孩子改信了伊斯兰教，在宫廷学校接受教育，以便更好地发挥他们的才能。他们中的一些人成为士兵，加入了精英的近卫军，另外一些人成为中央和省政府官员，有的晋升至最高级别，包括大维齐尔（the Grand Vezir）①。

严格说来，这些新兵是“奴隶”，或者更准确地说，是苏丹的“客户”（kul），但他们并非动产奴隶（chattel slaves），也并非绝对效忠于苏丹。切断包括家庭纽带在内的与过往的一切联系后，他们能够与其他新兵建立新的纽带，并保持团结。但是他们的孩子生下来即为穆斯林，无法继承他们的权力地位和财富。因此，他们不可能形成代表既定群体利益的阶级。他们效忠自己的主人，而主人以信任作为回报，使他们获得满足。换句话说，他们是苏丹家族的成员。

壮丁制度是苏丹平衡土库曼首领权力的工具，最终目的是要建立比欧洲境内任何政权都更为绝对的独裁。首领们设法抑制壮丁制度的发展，但是毫无用处。危机最终在君士坦丁堡的征服者穆罕默德（1451—1481）统治时期来临，对于是否围攻君士坦丁堡，意见分成两派：壮丁集团主攻，因为这将有助于增强其地位，削弱其竞争对手；土耳其贵族对此心知肚明，主张防止冒险行为，警告进攻君士坦丁堡将会招惹欧洲的十字军，奥斯曼帝国军队将难以抵挡他们的进攻。穆罕默德的大维齐尔坎达尔里·哈里尔帕夏（Çandarl Halil Pasha）是土库曼人，是反对意见的领袖。②

---

① Vezir 在土耳其语中意为顾问、助手，大维齐尔是苏丹以下最高级的大臣，相当于宰相。——译者

② Stanford J. Shaw, *History of the Ottoman Empire and Modern Turkey*, vol. i, Empire of the Gazis Cambridge, 1976, p. 55.

穆罕默德决定向贵族摊牌，支持壮丁派。经过长时间的多次进攻后，1453年5月29日，君士坦丁堡陷落，穆罕默德二世成为这座帝国传统悠久的伟大城市的主人，也成为一个集权帝国的绝对统治者。作为政治势力的土库曼贵族被扫除，他们的土地和财产被没收，大维齐尔坎达尔里·哈里尔帕夏被免职，由壮丁阶级的查格诺斯帕夏（Zaganos Pasha）取而代之。这次任命“开创了先例，自此，绝大部分中央政府要职都保留给了苏丹的奴隶们”。①

随着君士坦丁堡的陷落，任何奥斯曼大地主贵族阶层势力都丧失了作为独立对抗苏丹的力量出现的可能性。因此，没有任何社会力量或组织来阻止苏丹的绝对权力，直到他自己成为壮丁阶级内部阴谋和权力斗争的工具。当代欧洲的政治思想家在研究16、17世纪的奥斯曼历史时，分析了苏丹权力的特点，将其与欧洲的统治者作对比。佩利·安德森在他关于独裁国家的研究中，引用了这些思想家的观点，并注意到“他们都认为（欧洲和奥斯曼政权之间的）差异并非仅仅是宗教上的”。②

比如，马基雅维利写道：

> 整个奥斯曼帝国由一人统治，其他人都是他的奴仆。他将王国切分为行政区和军事区（sandjak），任命不同的人去管理，而这些全凭国王一人的喜好决定……他们都是奴隶，对

① Stanford J. Shaw, *History of the Ottoman Empire and Modern Turkey*, vol. i, Empire of the Gazis Cambridge, 1976, p. 58.

② Perry Anderson, *Lineages of the Absolutist State*, *London*, 1974, p. 397.

> 国王有不可推卸的效忠义务……如今没有王子可以拥有职业军队去保护各省政府……这位土耳其人属于例外，他控制着一支由12000名步兵和15000名骑兵组成的永久军队，领地的安全和势力仰赖这些军队，他的权力的最高准则就是捍卫军队的忠诚。①

法国人让·博丹评论道：

> 土耳其国王被称为大君主（the Grand Seignior），不是因为他占有领土的面积……而是因为他是臣民和财产的完全的主人。只有在他家里长大的随从被称为奴隶。而封建骑士（封地拥有者）的佃农也是国王的臣民，国王不情不愿地给他们少量封地，还每十年核查一次他们的财产，当他们死后，他们的后代只能继承动产。欧洲没有这样傲慢的君主。②

对于弗朗西斯·培根而言，“没有贵族的君主制，就是纯粹的绝对的独裁者，如同土耳其君主一样。因为贵族间要调和权力，能把民众的部分视线从皇家吸引过来。”③ 詹姆斯·哈灵顿在研究17世纪下半叶的历史时，也研究了苏丹的绝对权力和土地财富垄断之间的关系。

> 如果一个人是领土的唯一主人，或者与民众之间在拥有土地的比例上不平衡，例如占有四分之三，那他就是大君主。从财产上看，这位土耳其人就是这种类型，他的帝国是绝对

① Perry Anderson, *Lineages of the Absolutist State*, *London*, pp. 397 - 398.
② 同上，p. 398。
③ 同上。

> 的君主制……在土耳其，除大君主外，其他任何人拥有土地都是非法的。①

以上四位作者向我们描述了一个与早期的现代欧洲不同的社会和政治形式，但这种情况在当时的亚洲帝国是很普遍的。与欧洲不同（西班牙可能是例外），亚洲没有社会力量可以挑战统治者的绝对权力。在奥斯曼帝国，这种情况更为突出，因为奥斯曼帝国是综合性的、多种族的、多宗教的社会，其中非穆斯林群体如希腊人、亚美尼亚人、犹太人等发挥着很重要的经济和行政作用，但是没有政治权力。因此，很多富有的商人，无论是穆斯林还是非穆斯林，尽管发挥着资产阶级的经济功能，却从未获得相应的政治权力和阶级影响力来塑造符合他们利益与形象的国家和社会。这一阶级本来有可能发展成为土地贵族，限制苏丹的绝对权力，但他们在 15 世纪中叶被壮丁制度削弱了。苏丹对土地财富的垄断实际上保证了日后不会产生这样的阶级。

奥斯曼帝国成功地建立了这样一个强大的国家，这个国家被描述为具有深厚历史传统、东方色彩的专制国家或是朝贡国家。权力集中在苏丹和绝对效忠于他的集团手中，国家干预的目的是利用社会的方方面面，但不倚重其中任何一部分。因此，这样的社会和经济结构倾向于保持稳定和停滞，因为它不允许任何经济领域如农业、商业或工业占据主导地位，打破这种平衡。但是外部因素，比如“价格革命”，或者 16 世纪从新大陆大量涌入地中海的黄金白银，则是另一回事。它

---

① Perry Anderson, *Lineages of the Absolutist State*, *London*, pp. 399.

们给奥斯曼帝国的经济和社会带来了巨大的破坏，苏丹发现解决这些他们不能理解的问题非常困难。此后，这些问题变得越来越尖锐，以西欧为中心的世界经济的扩张不断将奥斯曼帝国卷入其中。奥斯曼人发现不可能在适应不受他们控制的趋势的同时保持国内的现状。

那时，苏丹并没有意识到这些问题。攻下拜占庭后，奥斯曼帝国继续向东扩张，在 1516 年和 1517 年分别占领了叙利亚和埃及，并向西推进，1529 年攻到维也纳。叙利亚和埃及马木留克王朝的失败增强了苏丹的宗教权威性及合法性，使他成为哈里发的象征，1258 年巴格达陷落后，哈里发制度被引入开罗，成为圣城的控制者。

苏丹不仅满足于掠夺被攻下的土地，也承认商业和农业对帝国国力的作用，这体现在他们在出台法律鼓励经济活动的同时，不少占领计划的动因也是出于经济和战略的考虑。

占领君士坦丁堡的动机是显而易见的，不仅因为这座城市可以为土耳其人提供巨大的资本，如果没有这些资本，土耳其的地位将难以稳固；而且还因为它占据了东地中海的经济和战略中心。经历了数个世纪的衰落后，在土耳其的统治下，它又恢复了之前的宏伟。[①] 占领叙利亚、埃及和伊拉克，部分是为了弥补欧洲占领非洲给地中海世界带来的影响，并占有这些地区的资源。尽管未能将葡萄牙赶出印度洋地区，之后土耳其还是通过占据几乎所有的战略要点，巩固了在红海和地中海地区的地位。

---

① 关于伊斯坦布尔在土耳其历史上的重要性，参考 Bernard Lewis，*Istanbul and the Civilization of the Ottoman Empire*，Norman Oklahoma，1963。

奥斯曼帝国一直处于巨大的矛盾之中，由于太过强大和稳定而无法进行及时必要的结构性调整，因此，也无法应对崛起的创新的欧洲所带来的挑战。西班牙和俄罗斯面临着相似的困境，它们也缺少社会和制度的弹性，因而无法有足够的反应，像土耳其一样，并且落后于竞争对手。

对苏丹而言，他们相信通过细枝末节的改革，特别是军队方面的改革，可以应对西方国家的挑战。在一段时间里这是起作用的，但是从长远看，本质上这就不是军事问题。这需要根本性的社会改革，但是近卫军和乌里玛支持的保守主义者反对这种改革，因为这将削弱他们的地位。但是，在既无中产阶级又无土地贵族的社会中，苏丹根本没有可以依靠的力量去对抗保守主义势力。苏丹成了自己国家的奴隶。

随着时间的推移，奥斯曼帝国内部开始出现一种阶级，在某种程度上独立于苏丹，对国家有自己更宽泛的解释。他们聚集在大维齐尔周围。在穆罕默德时期，大维齐尔地位盛极一时。在穆罕默德的继任者巴耶塞特二世（1481—1512）、塞利姆一世（1512—1520）、苏莱曼一世（1520—1566，西方世界称其为苏莱曼大帝）时期，大维齐尔的地位仍在上升；苏莱曼之后，几乎再没有能与这些伟大的前任比肩的苏丹了。这是奥斯曼帝国衰落的重要因素，但是其中一部分被某些大维齐尔的才能所抵消了。1565 年至 1579 年担任大维齐尔的穆罕默德·索库鲁，以及实际上统治帝国的科普鲁卢王朝（Köprülü，1656—1683）就是典型的例子，当然还有其他的案例。

与欧洲相比，缺乏有才能的统治者只是奥斯曼帝国衰落的部分原因，其衰落更与过时的政治和社会经济结构密切相关，这些结构拖累了奥斯曼帝国，使其无力与更富进取心的欧洲抗衡，欧洲总是走在前面。奥斯曼帝国继续进行改革，以使其制度能应对内部和外部的挑战，从其衰落的时期长短来判断，某些改革是成功的。但是，在大量的黄金和白银从美洲地区流入奥斯曼帝国，导致奥斯曼的货币贬值之后，这个帝国无法稳定它的货币，也无法建立稳定的土地税收以保证其拥有大部分的农村剩余粮食。最终，在18世纪，他们很认真地尝试通过引进欧洲的家具和潮流来引入新的生活方式，让统治阶级西化，但再一次没有奏效。进口钟表在上流社会非常流行，却并没有让他们清醒地意识到时间的存在，否则结果将会是革命性的。①

然而，这些非常肤浅的西化在土耳其社会产生了很小但很重要的影响，使其对西方社会更加开放。统治阶级，特别是宫廷统治阶级，更频繁地访问欧洲，尤其是法国，所见所感令他们印象深刻。他们开始了解欧洲优越性的基础和彻底变革自己的制度的必要性，但是这样的计划在保守主义势力根深蒂固的情况下是不可能实现的。在近卫军的支持下，他们的实力强大到了足以废除主张改革的苏丹，处决大维齐尔。

他们的思想可能不足以变革社会，却是推动变革的重要要素。因此，在18世纪末，西化仅是上层阶级的进口奢侈品的观念已经不再流行，取而代之的是大家认为真正的西化意味着重塑社会，并在此基础上建设新国家。宫廷大臣得出了和欧洲早年的政治思想家相同的结论：

① Fatma Muge Gocek, *East Encounters West-France and the Ottoman Empire in the Eighteenth Century*, New York, 1987.

奥斯曼帝国需要私有财产受到保护的阶级，这些人不必担心自己的财产被充公。这意味着要苏丹为一个他对其负责的制度放弃绝对权力。然而，要使这些思想付诸实践，统治阶级的自满情绪必须被粉碎，保守势力的权力也必须被瓦解。法国大革命及其对奥斯曼帝国的影响正是这些方面的。

自十字军东征以来，拿破仑于1798年率军入侵埃及，第一次进入伊斯兰世界的心脏地带。在整个18世纪，苏丹的国际地位不断下降，被迫成为大国的附庸盟国。更糟糕的是，土耳其人不得不开始应对法国人输入的爆炸性的民族主义力量。塞尔维亚人是奥斯曼帝国统治时期第一批接受民族主义的，之后是希腊人，他们发动了民族斗争，并于1829年获得独立。在19世纪的剩余时间到20世纪，直到帝国灭亡，土耳其人努力镇压了一个又一个民族运动。最后，土耳其人也接受了民族主义，发起本民族的斗争，建立了自己的民族国家。

在埃及，土耳其人面临着不同类型的问题。法国人被赶出其占领的省份，以致这些省份出现了暂时的权力真空。而穆罕默德·阿里帕夏（1805—1849）填补了真空，他是塞利姆三世（1789—1807）派出的迎击侵略者的阿尔巴尼亚裔将官。穆罕默德·阿里一从伊斯坦布尔获得自治权，便立刻实施改革计划，让埃及成为第一个成功实现一定程度上的现代化的非西方国家。在法国榜样的启发下，他建立了一支现代化的征召式军队，伊斯坦布尔的改革者对其既嫉妒又恐惧，并将之看成帝国的威胁。

土耳其近卫军抗击希腊的拙劣表现，与穆罕默德·阿里的军队的卓越表现形成鲜明对照，这让近卫军名誉扫地并失去了民众的支持。马哈茂德二世（1808—1839）是塞利姆的继任者（塞利姆是改革派苏丹，被近卫军推翻并处决），他抓住机会击败了近卫军，代之以新型军队。军队的保护者被根除，保守派混乱不堪。改革者终于能够开始重塑国家，但是他们并没有改革社会从而建立新的阶级，为新的国家提供社会基础。

制度改革的目的是恢复中央权威，这种权威已经被各省的贵族和首都的近卫军削弱；同时，增强官方阶层的自治，与将他们视为一文不值的苏丹分庭抗礼。土耳其近卫军的指挥官握有大权，后来被担任参谋长和战争部部长的塞拉斯科尔（Serasker）取代。宗教募捐被取缔，乌里玛在成为领薪的国家官员后失去了经济独立地位。他们的首领大穆夫提或者谢赫，被予以官职，只行使顾问和咨询职能。原苏丹家庭成员的官阶升至部长级别，最终他们成了真正的部长，例如内阁部长、外长和经济部长。最终在1838年，大维齐尔被授予首相一职。尽管最后的革新仍然根据苏丹的突发奇想而兴废，显示出他的权力无法被轻易瓦解，但这些改革依然标志着部长政府和真正官僚机制的开端。[①]

---

① 关于这个时期的改革，见 Carter V. Findley, *Bureaucratic Reform in the Ottoman Empire, the Sublime Port 1789 - 1922*, Princeton, 1980，以及 *Ottoman Civil Officialdom-a social history*, Princeton, 1989；Niyazi Berkes, *The Development of Secularism in Turkey*, Montreal, 1964。该书作者先讨论了早期伊斯兰教的作用，转而讨论了1718年至1939年的世俗趋势。Bernard Lewis, *The Emergence of Modern Turkey*, 2nd ed., London, 1968. 对19世纪政府改革的简述，见 Feroz Ahmad, 'Hukma' -Ottoman Empire, *Encyclopedia of Islam*, 2nd. ed., Leiden, 1953 -。

这些变革产生的最重要结果是新官僚阶级的诞生。这个阶级尽管效忠于苏丹和奥斯曼王朝，但这些人对国家具有更高的忠诚感，不再将苏丹视为国家的唯一象征。这些新官员发起了新改革和重组计划，土耳其人称之为坦志麦特[①]（Tanzimat），改革渗透着西方思想，将欧洲视为榜样和灵感。

他们接受了现代欧洲的成功所基于的以下两个原则：私有财产神圣不可侵犯，以及苏丹的权力受宪法约束；而在当时，苏丹的权力仍然是绝对的。两个思想均不为传统的奥斯曼政治理论和实践所容，但如果奥斯曼这个国家希望得救就必须将这些思想合法化。整个 19 世纪，坦志麦特运动在青年奥斯曼党人和青年土耳其党人的拥护下，经过艰苦的斗争树立了这些原则。1839 年 11 月，他们迈出了第一步，发布了名为《居尔哈内敕令》的章程，这份文件承诺，政府将颁布法律作为重组社会的一部分，保证“臣民的生活、荣誉和财产的彻底安全”。彻底创新的合理性对章程起草者来说是不证自明的，在此引用如下：

> 这个世界上不存在比生命和荣誉更重要的东西。一个人，无论他本性多么反对暴力，如果生命和荣誉处于危险之中，他不可能不诉诸暴力来保护自己，并由此危害到政府和国家。反过来讲，如果他享有足够的安全，就不会远离忠诚之路，所有的行为都会有利于政府和人们的福祉。

① 土耳其语意为“改革”。——译者

> 如果财产无法受到保护，所有人都会对自己的国家和社群麻木不仁；如果人们自身难保，就不会对国家的繁荣感兴趣。反过来讲，如果个人对自己的财产有足够的安全感，那么他将专注于并且拓展自己的事业，他对国家的效忠和热爱将不断增长，这将毫无疑问促使他成为对社会有用的人。①

表面上看，19世纪的土耳其与之前的情况很相似，都是世袭制、干预主义者，都实行中央集权。但若仔细观察，或许会看到在1839年开展改革后成形的坦志麦特国家有其与众不同之处。一方面，它开始逐渐取消世袭制，另一方面，其干预主义也是有选择的。它的目标是建立完全新型的社会结构，以弥合国家与经济之间的分歧。国家干预不再被设计为仅仅是为了进行社会管理，广义而言，现在的目的是实施社会工程②。这就意味着，干预代表的是力图进入欧洲主导的经济体系中的社会进步者的利益，反对的是阻碍这一进程、落后于时代的人的利益。鉴于这种行为，认为改革者们不理解现代经济，或者认为改革缺少理论或目的的论调就站不住脚了。他们很难不注意到工业化的欧洲引领的趋势的重要意义，近邻埃及就在穆罕默德·阿里的带领下经过努力建立了现代化的经济。

改革者们相信，工业化的欧洲对奥斯曼帝国的渗透以及不断融入

---

① J.C. Hurewitz (ed.), *The Middle East and North Africa in world Politics-A Documentary Record*, vol. i *European Commission, 1535 -1914*, New Haven and London, 1975, p. 270.

② 即根据政治信念改造社会。——译者

扩大的世界市场，是帝国生存和繁荣的唯一方式。涓滴效应在19、20世纪都存在，但是1908年后的青年土耳其党的联合派，以及共和国时期的凯末尔主义国治主义[①]派不能完全接受这种思想。1945年后，这种思想再次流行，一直持续到1990年代早期。这一理论的土耳其批评者们承认其源头，无不嘲讽地将其描绘为“坦志麦特思维”的倒影。[②]

坦志麦特改革者们见多识广，将一些西方思想加以改造以适应土耳其国情。他们并不认为国家应充当“守夜人”的角色，这是自由主义理论所要求的；他们认为作为社会的发动机，国家必须发挥干预作用，这样才能推动社会变革。

1838年8月签署的《盎格鲁-奥斯曼商业条约》，可能是改革者迈出的有意识的第一步，他们意图破坏现有的社会和经济结构，为建立新的结构开辟道路。直到该条约签订前夕，苏丹塞利姆三世和马哈茂德二世还在竭尽全力通过保护本国的商人和手工业者来保护本国经济，以此对抗来自欧洲的竞争。1838年的这个条约摒弃了保护主义，第一次允许外国商人在奥斯曼帝国直接从事贸易。条约的后果之一是使正在衰落的手工业进一步遭受重创，行业协会制度逐渐瓦解。这些变化是改革者所希望看到的，他们相信破坏落后的结构将加速西化的进程，并迫使奥斯曼人创新。但他们引起了大量民众的不满。

奥斯曼帝国曾一度短期向货币经济方向发展，其标志是1840年引

① 即主张国家实行中央集权制经济，由政府严控。——译者

② 更多关于国家角色变化的讨论，见 Feroz Ahmad, The State and intervention in Turkey, in *Turcica*: revue deludes Turques, Tome xvi, 1984, pp. 51 - 64。

入纸币的失败尝试。当时，帝国的进口规模不断扩大，进口商品只能以现金结算，不再是以货易货，农村地区增加了对现金的需求。帝国的应对之策是在1839年废除了包税制，（至少在理论上）代之以直接征收，明确要求支付方式必须是现金，而不是以货易货。在19世纪，奥斯曼帝国曾多次试图废除包税制，但从未成功，而这始终是农业改革道路上的主要障碍。

在改良体制下，商业活动急速增多。特别是在农村，农民被迫为市场生产越来越多的东西，一方面是为了交税，另一方面是为了购买进口的必需品。这个时期，农村放债者（主要是非穆斯林）的重要性与日俱增，农民对他们的依赖性越来越强，有时甚至为了还债而放弃土地。这自然而然地强化了民族意识，加剧了宗教和民族矛盾，为未来埋下了严重后果。这样看来，得出这样的结论似乎是公正的，即坦志麦特国家实行自由贸易的决策产生了重大效果。

1860年代，持续的经济衰退造成的影响达到了临界点，手工艺人和商人对苏丹多有怨言，希望获得补偿。他们将自己的困境归因于土耳其宫廷的官僚，要求苏丹代表他们加以干涉。自改革以来，国家已发生巨大变化，主动权已由宫廷转移到政府手中。表面上看，苏丹是统治者，实际上大维齐尔才是真正的统治者，因此，新时代的三位缔造者——列施德帕夏（Reshid）、阿里帕夏、福阿德帕夏（Fuad）为帝国留下的遗产比苏丹留下的更多。

经济衰落时期，政治上的反对派青年奥斯曼党出现了，他们是代表穆斯林大众的第一个政治力量，其目标是让国家重视普通穆斯林的利益。他们不断批评自由贸易政策，正是这些政策将国家推向破产边缘，导致了1881年的欧洲金融管制，这些政策是灾难性的。在这种情况下，也在大国外交危机的推动下，青年奥斯曼党迫使统治者实施1876年的宪法。

将宪政看作“新兴阶级”或者“民族资产阶级”权力的体现，这种结论为时过早。总体而言，这个政权是衰落阶级寻求从自由贸易中解脱，呼吁强力干预的结果。但由于成为议会代表有财产要求，因而只有富人才有资格进入议会。这当中许多人得益于自由放任政策以及帝国经济融入世界经济的结果。他们更喜欢孱弱的、主张不干涉经济的国家。19世纪，这种二元对峙的问题未得到解决，一直遗留到现在。

理解现代土耳其的关键在于认识到这样一个事实，即这个国家缺少社会基础，而19世纪宫廷的新官僚机构曾尝试建立这个基础。它们决定扶植地主，以地主阶层作为国家的根基。尽管在奥斯曼帝国经济系统的整体平衡中，工商业至关重要，但土地仍旧是主要因素，因为它可以为国家提供大量的财政收入。而且这是仅剩的仍主要掌握在穆斯林和土耳其人手中的经济部分，不受投降协议或者授予外国人及其本土委托人的特权影响，从而成为政治权力的可靠的潜在源泉。

这个过程开始于1808年的《契据协议》（*Deed of Agreement*），有时候也被称为《土耳其大宪章》（*the Turkish Magna Carta*），之后是1839年和1856年的宪章以及1858年的《土地法》、1876年的《宪法》。所有这些举措都是为了使私有财产得到承认并合法化，特别是土地方面的。国家交出没收财产的权力后，财产安全得到保障，这是土耳其经济和政治的历史转折点。

1838年的商业条约生效后，除了保护财产，地主们也被赋予了更多的自由，以摆脱国家的控制。为了迎合奥斯曼帝国的精英普遍秉持的理念，即帝国必须采取英国工业霸权所必不可少的劳动分工体系，土耳其宫廷必须放弃其垄断的购买权，允许地主直接向外国买家及其代理出售产品。这加速了农业的商业化，地主迎来了发展期，土地价格飞涨。① 到1876年，地主开始作为利益集团出现，他们已有足够的能力在新议会中争取自己的利益。此后，他们强势地捍卫自己的利益，在短时间内成为一支反对改革的保守力量。

1878年，苏丹阿卜杜勒·哈米德搁置宪政，让这些发展原地踏步了30年之久，直到宪法1908年恢复。苏丹的担忧与之前的自由派有所不同，他在金融危机期间开始掌权，正是这次危机最终导致了国家破产，受国外的金融管制。在埃及的例子中，英国的占领也使他胆寒。他不顾一切地想避免类似事情发生在中央。因此，阿卜杜勒·哈米德通过平衡预算来重整内部秩序。尽管投降协议阻碍了实际存在的保护主义，但自由主义经济实践还是被彻底放弃了。伊斯坦布尔也受到了统一后的德国模式和德意志帝国的形成所带来的重大影响，弗雷德里

① 第四和第八章内容涉及1850—1914年的奥斯曼帝国经济，可参见Roger Owen，*The Middle East in the World Economy 1800 - 1914*，London and New York，1981。读者不会再发现比这更好的叙述了；也可参见Sevket Pamuk，*The Ottoman Empire and European Capitalism，1820 - 1913*，Cambridge，1987；以及Resat Kasaba，*The Ottoman Empire and the World Economy-the Nineteenth Century*，Albany，1988。

希·李斯特的保护主义思想与古典自由主义思想在参谋学院的演讲大厅中相互竞争。

阿卜杜勒·哈米德从社会金字塔的塔顶冻结了一系列发展，在此过程中，奥斯曼帝国的社会和经济加速恶化。1889 年，一个叫做联进会的秘密政治组织成立，该组织发起运动要求恢复宪法，并在 1908 年发动了革命。

三

从帝国到国家（1908—1923）

土耳其的 20 世纪大幕在 1908 年 7 月 23 日拉开。被苏丹阿卜杜勒·哈米德搁置了 30 年的 1876 年宪法恢复了。同时代的人承认这是一个具有重大历史意义的事件，它将改变土耳其人的生活，变得他们都不认识了。封闭的市镇社会突然敞开了大门。审查取消了，代表着帝国内所有群体和不同意见的各种报刊涌进市场，以满足有各种信息需求的大众的好奇心。包括穆斯林、希腊人、亚美尼亚人和犹太人以及青年土耳其党的不同派系的主要宗教和种族团体的领袖们，组织民众游行，支持新政权。被放逐至偏远省份或者逃至欧洲的政治流亡者返回土耳其，开拓新的政治事业。

好像是为了急速修正，以挽回哈米德当政期间的一代人失去的时光，青年土耳其党人在社会的方方面面进行试验，但效果一般。他们不仅变革政治制度，也希望从西方社会中学习更多，以重塑社会。他们引进了对抗性的体育项目，奥斯曼国家第一次组建了两个运动队，参加了 1912 年的斯德哥尔摩奥运会。足球运动特别流行，足球俱乐部也开始兴盛起来，比如加拉塔萨雷队，就像它们在 1990 年代一样，发展得很快。男孩们被号召参加童子军，贝登・鲍威尔爵士派了教官来帮助训练军队。青年土耳其党时期，还没有讨论女性主义或女性解放，但建立了致力于为女性而战的妇女组织。战争部很快意识到飞机在战争中的优势，于 1911 年建立了空军。一战前，第一部电影是反俄的宣传电影，以显示土耳其参战的正当性。舞台艺术繁荣起来，新的气氛允许穆斯林妇女登上被亚美尼亚女演员垄断的舞台，因为在非土耳其人中只有她们会说一些蹩脚的土耳其语。

与此同时，政治处于一种边缘状态，其后果带有极大的不确定性。几乎所有青年土耳其党精英都以怀疑的眼光看待苏丹，他们深知苏丹的狡猾，明白苏丹不会自愿实行君主立宪制。尽管经过了 30 年的专制统治，阿卜杜勒・哈米德仍旧有办法保持一位仁慈的统治者的光环，摆出他将在时机成熟时为民众实施宪法的姿态。青年土耳其党希望苏丹为保留权力而抗争，而且他们知道他拥有的苏丹-哈里发的魅力让他可以这样做。

一些高级官僚，即宫廷里的帕夏，在坦志麦特时期（1839—1876）上台，直到 1908 年才被君主夺去手中的权力，他们深信只有他们才能让宪政制度发挥作用。他们认为，宪法在遏制苏丹的绝对权力的同时，使他们通过对内阁的控制，即他们中的一人将出任大维齐尔领导内阁，将所有的权力掌握在手。他们还打算通过控制立法议会和参议院来维持自己的霸权地位。议会的选举是通过间接的双层制度进行的，其中代表由地方精英组成的选举团选举产生。而且，帕夏们相信他们接受的现代西方教育，他们那来自欧洲的知识和语言将给予他们必要的工具，使土耳其融入现代世界。此外，他们还必须得到欧洲各国大使，特别是英国大使的信任和信心，因为没有它们的积极配合，新政权必定失败。帕夏们的自信和社会自大是如此强烈，以至于他们想不出有任何其他团体胆敢挑战他们的权威。

各宗教和族群领袖对宪法表示欢迎，相信绝对权力的终结将有利于增强他们自己的权力和影响力。他们并没有完全说错。他们希望在内阁和议会中分享与他们在帝国中的人口和物质实力相称的政治权力。如果权力去中心化，那么他们的影响力会更大，因此他们支持青年土耳其党中的自由派，这部分力量由萨巴赫丁（Sabaheddin）亲王领导，后者一直主张“分权和发挥个体的积极性”。①

但非穆斯林和非土耳其人较为担心，因为在土耳其人领导下，新政权实现帝国的复兴和强大将会威胁宗教团体的特权，后者是在传统的米勒特制度下组织起来的，这种制度保证了文化和教育事务的自主

① 关于青年土耳其党运动中的自由党人，参见 E. E. Ramsaur, *The Young Turks: Prelude to the Revolution of 1908*, Princeton, 1958. Bernard Lewis, *The Emergence of Modern Turkey*, 2nd ed., London, 1968, pp. 202–204, 221–222 及各处。Niyazi Berkes, *The Development of Secularism in Turkey*, Montreal, 1964, pp. 209–212 及各处。

权。非土耳其人则担心集权化和突厥化，于是他们转向欧洲大国，如英国、法国、俄罗斯、德国、奥匈帝国和意大利，希望阻止事态发展，不愿看到复兴的土耳其对地区霸权构成挑战。

发生在伊斯坦布尔的政治革命确实让西方大国震惊，他们看不起哈米德的独裁统治，但这种统治是可预测、易掌控的。而新政权完全不可预测。在竭尽全力安抚列强之后，青年土耳其党人希望重获主权，废除投降协议和不平等条约，这些条约是以丧失土耳其的主权为代价赋予欧洲人特权的。因为投降协议仍旧有效，土耳其难以推进最基本的改革。他们甚至难以实施其公民法，因为奥斯曼帝国的臣民可以购买外国势力的保护，使自己完全免于惩罚。

更为紧迫的是，列强希望伊斯坦布尔在一些省份重新确立其权威，这些省份在 19 世纪的最后 15 年里被列强完全侵蚀。奥地利在 1878 年占领了波斯尼亚和黑塞哥维那，4 年后，英国占领了埃及。法国人正在叙利亚和北非开拓势力范围，意大利则觊觎利比亚。即使是希腊和保加利亚这样刚刚成立的民族国家，也感到了土耳其的复兴所带来的威胁，因此提前采取了行动。保加利亚，名义上伊斯坦布尔是其宗主国，也已宣布独立。克里特岛并入了希腊，与此同时，维也纳则在 1908 年 9 月宣布吞并波斯尼亚和黑塞哥维那。

青年土耳其党运动由所有为了推翻哈米德政权而联合起来的人组成，其内部是分裂的。虽然形成了许多不同派系，但主要有两大派，即自由主义者和联合党人。一般来说，自由主义者来自奥斯曼的上层社会，均受过良好教育，较为西化，见过世面，熟悉外国尤其是法国的文化和语言。他们支持君主立宪下的国家由来自他们这个社会群体的高级官僚控制，期待被他们称为“议会之母”的英国通过提供贷款和技术指导来支持他们的政权，推动他们实现他们所设想的社会和经济改革。这也是延续了坦志麦特时代亲英派政治家的政策，后者也曾在西欧主导的世界体系中寻求实现土耳其的救赎。自由主义者秉持的思想是奥斯曼主义，这是一种王朝式的爱国主义，所有宗教和民族都可以拥戴它，而不必牺牲自己狭隘的目标和诉求。

联合党是1889年成立的联进会的成员，也是宪政主义者，他们支持的政权形式类似于自由主义者设想的那种。但他们认为，推翻独裁统治仅仅是朝着宪法政府的预期要进行的社会和经济变革迈出的第一步。他们不再相信早期改革者所主张的自由放任政策。受德国和日本改革的启示，联合党人希望给新的国家带来团结和进步，希望限制王室的权力，将权力交给议会，而议会在选举后由他们控制。联进会在大选中处于有利位置，因为只有在土耳其人和穆斯林中，只有它是整个帝国的政治组织中最强的力量。由于有公民组织，非穆斯林也有较好的条件在大选中搏一把。但他们不是自由主义者，革命后他们开始与联合党人分道扬镳，并在1908年9月组建了一个政党，称为自由联盟。

相较于自由党，联合党来自西方所谓的中下层阶级，这个阶级由于本土经济遭到侵蚀而饱受融入世界市场的冲击。当手工业者和小商人衰落时，那些受到影响的人也在更低端的行业寻求庇护，比如教师、公务员和军队的低阶军官。他们憎恨王室和宫廷建立的腐败封闭的制度，王室与宫廷在这种制度的支持下兴盛，但底层阶级几乎没有机会翻身。此外，现有的体制似乎无法进行必要的彻底改革，以建立一个现代国家和社会，能够承受来自欧洲的那种威胁要摧毁奥斯曼帝国的巨大压力。

联合党人相信，只要他们有机会执政，哪怕是间接执政，也能改造和拯救这个帝国。他们缺乏直接执政的社会信心，并敏锐地觉察到奥斯曼帝国过于保守，不能接受他们作为统治者，而旧的统治阶级又摇摆不定。此外，还有与欧洲大使馆打交道的问题。大使馆总是由贵族领导，这些贵族跟旧阶级的成员以及宫廷里的文官打交道感到很踏实，把联合党人视为狂妄自大的新手。联合党人非常了解形势，因此决定在幕后施加他们的影响。

在 1908 年 7 月开始的过渡时期。苏丹与高级贵族存在着潜在的权力斗争，苏丹得到了保守派、反对派的支持，而高级贵族得到了自由派和仗着自己在军队和社会中拥有巨大的组织力量的联合党人的支持。在 1908 年 11 月至 12 月的选举中，联进会通过使斗争公开化而获胜。保守党意识到在联进会的力量得到巩固之前必须将其攻破，对此，土耳其宫廷率先对其发起了挑战。

1909 年 2 月，年过八旬的亲英派大维齐尔穆罕默德·卡米尔帕夏解雇了战争部和海军部部长，并任命他自己的人担任这些重要职位。卡米尔帕夏对联合党人只有蔑视，他确信自己可以通过在军队中削弱下级军官的权力来使联进会陷于瘫痪。

联合党人认识到了局势的严重性，谴责卡米尔的行动是针对议会的政变，违反了宪法原则。如果大维齐尔将他的任命付诸实施，联合党人的支持者将被清除出军队。一些重要的、富有魅力的人物已经被流放到了国外作为驻外大使馆的武官，比如风度翩翩的省督恩维尔(Enver)，他在1914年就任战争部部长，在这一时期发挥了引人注目的作用。因此，联进会决定迎接卡米尔的挑战。2月13日，议会传唤卡米尔前去解释他提出的内阁任命方案，而他没有露面并且一拖再拖，议会以不信任投票的方式作出回应，这导致了卡米尔的倒台。[1] 这次投票是戏剧性的，只有8名议员支持卡米尔，而198名议员投了反对票。

自由党人把卡米尔的倒台解释为一个重大挫折，对英国大使馆来说则是对英国威望的一次严重打击。双方都决定尽快作出修正。在接下来的两个月里，所有反对联合党的势力开始了一场推翻联进会的运动。这场运动的高潮是1909年4月13日伊斯坦布尔驻军的暴动，因为当时使用的是公历，所以在土耳其历史上这次暴动的高潮也被称为“3月31日事件”。

这次暴动是由极少数的宗教官员领导的，他们是伊斯兰教神学学生（softas），已经渗透进了驻军的队伍中。他们要求恢复伊斯兰教法——穆斯林的宗教法律，并声称宪法已经取代了伊斯兰教法。事实并非如此，但是在一个新近成立的自称为“穆罕默德联盟”的组织的宣传鼓动下，文盲和无知的士兵们似乎相信了这一点。宗教符号被巧妙地操纵，成为攻击和推翻“不信神的、无神论的”联合党人的借口，目的是再次恢复苏丹手中的权威。

---

① Feroz Ahmad, *The Young Turks: The Committee of Union and Progressin Turkish Politics 1908 - 1914*, Oxford, 1969, pp. 34 - 35.

这并不是伊斯兰教最后一次被用于政治目的。但人们也开始意识到有必要将宗教从政治中移除，“3 月 31 日事件”已经有力地提醒了人们，一些人是如何利用宗教达到政治目的的。反联合党人决心驱逐联进会，甚至在安纳托利亚东南部的阿达纳镇组织了对亚美尼亚人的大屠杀。① 他们的目的是为了激起英法两国的海军力量代表基督徒进行干预，希望这会导致联进会被推翻，但是，考虑到同盟三国和协约三国之间的权力平衡，这样的干预不再可行。②

如果将军马哈茂德·谢夫凯特帕夏指挥的马其顿第三军不来营救立宪政权的话，联进会就会被摧毁。谢夫凯特帕夏虽然不是联合党人，却是一位有改革意识的官员，他支持宪法，希望看到帝国从旧政权的无能者手中得到拯救。同时，他也是一名在普鲁士学校受训的军官，因此他是军事等级制度的信徒，拒绝容忍下级军官参与政治。但是 1909 年 4 月，第三军成了一些联合党人军官的大本营，其中包括时任柏林武官的恩维尔和 1923 年建立土耳其共和国的穆斯塔法·凯末尔。这些人在首都游行，镇压了暴动。宪法和联进会都得救了，但是联合党人不得不付出沉重的代价：他们成了谢夫凯特和将军们的低级伙伴。在接下来的三年里，马哈茂德·谢夫凯特在内阁中占据了主导地位，担任了战争部部

---

① 此次大屠杀持续数年，有机构统计，死亡的亚美尼亚人总计达 150 万人，1978 年，联合国将此事件定性为“种族灭绝”，与纳粹的犹太人屠杀和卢旺达种族大屠杀并称 20 世纪三大种族屠杀。——译者

② Feroz Ahmad, *The Young Turks*: *The Committee of Union and Progressin Turkish Politics 1908 - 1914*, Oxford, 1969, pp14 - 46; David Fahri, ‘The Seriat as a Political Slogan or “the Incident of 31 March” ’, *Middle East Studies*, Oct. 1971.

长、军事管制指挥官和第一任三军监察长。

必须强调的是，军队不是一个庞大而单一的体系；它实际上和奥斯曼社会一样分裂。将军和下级军官之间存在社会分歧。宫廷任命的官员和训练有素的专业人士之间也有分歧，前者对现代战争知之甚少但完全忠于苏丹，后者则忠于国家。1908 年 7 月，前者大部分都被清除了。总的来说，帕夏们倾向于维持社会现状，而其中的自由主义者如马哈茂德·谢夫凯特希望看到足以加强军队力量的改革，在他们看来，军队是国家的基础。他们都反对军队参与政治，深信政治削弱了军队发动战争的能力。然而，大多数下级军官都参与了政治；许多人已经加入了联进会或与之相关的俱乐部。但也有支持自由派的官员，主要是非土耳其人（阿拉伯人和阿尔巴尼亚人），他们支持权力下放。实际上，在 1912 年 7 月，一个由省督萨迪克上校领导的自称为“救世军官团”的组织迫使亲联合党的穆罕默德·赛义德帕夏内阁辞职，为一个自由党政府让路。只有在 1913 年 1 月 23 日的联合党人政变后，坚持“团结与进步”思想的军队才开始形成。

宪法政府的前五年是以不断开展政治权力的斗争为标志的，在斗争中，联进会最终获得了胜利。联合党人的胜利远非之前就决定的。事实上，如果不是因为 1912 年 10 月至 11 月的第一次巴尔干战争，艾哈迈德·穆塔尔（Ahmed Muhtar）和卡米尔帕夏所在的反联合党政府很可能已经把联进会从政治舞台上抹去，巩固了自己的权力。

战争于 10 月 18 日爆发。不到一个月，奥斯曼军队就在所有战线上溃败，在欧洲的几乎所有的领土都被希腊、塞尔维亚和保加利亚的军队夺去了。保加利亚人挺进首都的近郊，到恰塔尔贾（Chatalja）防线才停了下来，从那里可以清楚地听到伊斯坦布尔的枪声。但恰塔尔贾防线守住了。1913年1月3日签署了停战协定，交战双方同意在伦敦举行和平谈判。土耳其代表团没有什么可讨价还价的，只是拖延时间。然而，1月17日，土耳其人面临列强以集体照会的形式发出的最后通牒。照会要求土耳其宫廷将当时被围困的埃迪尔内镇割让给保加利亚。在伊斯坦布尔，人们认为，失去伦敦赞助人青睐的卡米尔帕夏会交出埃迪尔内。这个城镇是奥斯曼帝国的第二个首都，对土耳其人来说具有重大的历史价值和情感价值；马哈茂德·谢夫凯特在1月23日发动政变以阻止这一事件，卡米尔被迫在枪口下辞职。马哈茂德·谢夫凯特组建了新政府；联合党人终于掌权。

联进会现在被迫直接处理战争与和平的问题。停战协定于2月3日到期，战争再次爆发。联合党人不能放弃埃迪尔内，因为他们已经夺取了拯救它的权力，但是这个被包围的城镇还是在3月26日沦陷。联进会的地位变得岌岌可危，尤其是一场由英国大使馆支持的自由党政变即将到来。这次政变是在6月11日发生的，当时，既是大维齐尔又是战争部部长的谢夫凯特在离开战争部前往土耳其宫廷的途中被暗杀。联合党人在镇压阴谋反叛者和巩固权力方面相当冷酷无情。反对派遭到镇压，其领导人要么逃往国外，要么在国内被流放。王子赛义德·哈里姆帕夏是埃及执政者家族中的一员，他被任命为大维齐尔和外交部部长。1908年之前，他一直支持联进会，但他的社会阶层使他很难成为一个典型的联合党人——他甚至不太了解土耳其人！然而他的国际背景、他与阿拉伯世界的联系以及他对伊斯兰教意识形态的承诺，使他能够成为一个理想人选，可以领导一个寻求与帝国的阿拉伯各省建立更加紧密联系的政府。

1913 年年中的政治、经济和军事形势相当严峻。但是，巴尔干半岛的军事局势突然变得对土耳其有利起来，这种情况非常适合于赌徒，联合党人毫无疑问就是这样的赌徒。盟军开始为争夺战利品而纷争不断。当他们之间在 6 月 30 日爆发战斗时，尽管内阁中比较谨慎的一些人担心激怒了大国而表示反对，但联进会还是抓住机会重新夺回了埃迪尔内。7 月 23 日，在青年土耳其党人革命五周年纪念日这天，军队进入该镇；一年半前，联合党人夺取政权被证明是正确的。

5 年的革命和战争的影响对任何社会来说都是巨大的。随着 1911 年至 1912 年利比亚被意大利吞并，以及 1912 年至 1913 年巴尔干半岛被割裂，帝国的版图已经大幅缩小。帝国变得更加同质化，联合党人被迫重新思考他们的整个意识形态和行政政策。他们不能抛弃他们意识形态三要素——奥斯曼主义、伊斯兰教、民族主义——中的任何一个，任何改变都只能是重点之一。尽管从土耳其人作为极具意义的以数字来表示的群体越来越重要，但是最得到重视的是伊斯兰教而非民族主义：只有首都的一些知识分子认真对待土耳其的民族主义。尽管有像齐亚·戈卡尔普[①]（Ziya Gökalp）这样著名的土耳其人在核心圈子里，但是联进会仍然与伊斯兰教联系在了一起。1913 年 6 月，伊斯

---

① 1920 年代的土耳其诗人，持激进的民族主义理论，土耳其现总统埃尔多安 1997 年就因在公共场合朗诵他的诗而被捕入狱。——译者

兰教徒赛义德·哈里姆被任命为大维齐尔并非偶然，1916 年阿拉伯起义爆发后，赛义德·哈里姆于次年 2 月辞职。

大多数土耳其人仍然认为自己的国家主要是穆斯林，并强烈地依附于奥斯曼王朝，他们认为奥斯曼王朝既是世俗的（如苏丹），又是宗教的（如哈里发）。大多数阿拉伯穆斯林和库尔德穆斯林也是如此认为。其余的非穆斯林（伊斯坦布尔、安纳托利亚西部的希腊人，首都和安纳托利亚东部的亚美尼亚人）预计也会支持这个王朝，尽管这个王朝已经失去了对它们的吸引力。此外，伊斯兰教和奥斯曼主义在整个伊斯兰世界，特别是在埃及和印度以及沙皇统治下的穆斯林臣民中，仍然具有相当大的吸引力。因此，伊斯兰教是联合党人外交政策的一个重要因素，尤其是在战争临近的时候。

巴尔干战争也使联合党人在外交孤立的问题上争执不休。他们看到，在冲突开始时承诺保持领土现状的大国在土耳其人撤退后就不再遵守它们的承诺了。其实，联合党人不应该感到惊讶，因为欧洲对弱国的态度一向如此，在欧洲看来，联合党人的终结只是时间问题。但联进会希望通过彻底的改革以及成为“近东的日本”来扭转这一进程。1908 年 11 月，一个联合党人代表团向英国外交部提交了土耳其宪法，当时他们提议按照 1902 年英日同盟的模式与英国结盟。①

---

① Feroz Ahmad，'Great Britain's Relations with the Young Turks，1908 - 1914'，Middle Eastern Studies，July 1966，p. 309；也见 Joseph Heller，*British Policy towards the Ottoman Empire 1909 - 1914*，London，1983；以及 Marian Kent (ed.)，*The Great Powers and the End of the Ottoman Empire*，London，1984.

考虑到欧洲的力量平衡，英国不能接受联合党人的提议，因为它不能疏远其他国家并让其他国家怀疑它的动机。年轻的土耳其联合党人和自由党人，尤其是卡米尔帕夏，向英国提出了其他的建议，但没有效果。在经历了巴尔干战争外交的惨痛经历后，联进会深信土耳其只能作为两大集团之一的盟友生存下去，最好是站在协约国一方。在联合党人快要到达柏林之前，土耳其代表团被派往伦敦和巴黎，最后到达沙皇尼古拉在利维迪亚的夏季法庭。联合党人绝不是“亲德派”，而是“亲英派”和“亲法派”，只是因为他们确信，土耳其的利益最有利于协约国的利益。德国是最后的选择，柏林甚至在欧洲爆发战争后才于 8 月 2 日极不情愿地签署了联盟条约。[①] 对于目睹自己的国家一次次遭到冷落和羞辱的联合党领导人来说，秘密联盟是他们寻求平等的重要一步。随着与德国签署协议成为联盟，土耳其终于被一个大国接受为平等伙伴，并获得了对方提供的一种从未有过的安全保障。

这场大战被证明是整个世界特别是土耳其人的转折点。它摧毁了奥斯曼帝国，就像它摧毁中欧和东欧的其他帝国一样。但就土耳其而言，战争将土耳其人从欧洲的控制和干涉中解放了出来。它使联进会自由地实行了一个改革方案，这个改革方案以一种激进的方式改变了社会，以至于 1923 年出现的新的民族国家的社会基础可以说是在这几

① Ulrich Trumpener, *Germany and the Ottoman Empire 1914 - 1918*, Princeton, 1968, pp. 21ff.；以及 Frank Weber, *Eagles on the Crescent: Germany, Austria, and the Diplomacy of the Turkish Alliance, 1914 - 1918*, Ithaca and London, 1970, pp. 59ff。

年中奠定的。

自1908年以来，联合党人开始相信整个社会结构的彻底变革对于挽救并让腐朽的体制焕发活力是必需的。维持现状，就像自由党人提议的那样，无异于自杀：一场将土耳其带入现代世界的社会革命对生存至关重要。但是，他们的方案疏远了所有那些得益于旧秩序而享有特权的人，因此，土耳其穆斯林、阿拉伯穆斯林和阿尔巴尼亚穆斯林，同希腊基督徒、斯拉夫基督徒和亚美尼亚基督徒一样，强烈反对建立一个更理性和主权至上的制度。

对现代性的追求也与那些不愿为了土耳其主权而放弃特权的大国的利益相冲突。这些不平等协议不仅侵犯了土耳其主权和法律统一的原则，它们的存在也使进行改革的任务变得不可能。如果没有欧洲大使馆的否决，土耳其宫廷就无法通过大多数法律。大使馆的法律工作人员会仔细审查每一项立法，以确保其中没有侵犯“外国人权利的条款”。①

1908年到1914年间，土耳其宫廷试图通过谈判和改革政府部门来废除那些不平等协议，使之不再适用。由于外国人拒绝作出任何让步，土耳其宫廷并没有获得成功。无能为力和深受挫折的联合党人抓住了欧洲爆发战争带来的机会，他们知道战争中的欧洲将无法在宣称武装中立和加强海峡安全的伊斯坦布尔执行它的意志。因此，1914年9月9日，赛义德·哈里姆帕夏向驻土耳其的各国大使提交了一份备忘录，

① 关于青年土耳其党投降协议谈判的研究，见 Ahmad，*The Young Turks*，pp. 62-64，155-156及各处；以及 Kent，*The Great Powers* 及各处。

宣布从 1914 年 10 月 1 日起单方面废除不平等协议。土耳其人拒绝了半殖民地的地位，并且正在成为一个主权国家。

土耳其媒体在撰写关于压制外国特权的文章时欣喜若狂。这一事件被各种各样的陈词滥调进行了描述，比如“新一天的曙光”“新篇章的开启”“翻开新的一页”，所有这些都是为了给读者留下深刻印象，觉得生活现在会有很大的不同，而且比以前更好！这些空洞的言辞并非空穴来风，而是怀有一种真诚而天真的信念，即相信随着外国干涉的结束，土耳其社会将能够自由地前进和发展。那些日子里所表达出来的情绪与一代人以后亚洲和非洲的新国家从殖民统治中获得独立时所表现出来的情绪非常相似。

总的来说，那些不平等协议是土耳其实行改革的主要障碍。但是，有一个区域并没有受这些不平等协议的影响，那就是农村，1908 年之后，这个区域可能会发生根本的变化。但是，由于许多原因，土地制度没有进行重大改革，这对现代土耳其的未来产生了重大影响。

1908 年的革命在城镇和乡村都激起了巨大的希望。但是一年后，当记者艾哈迈德·谢里夫到安纳托利亚时，他发现到处都是绝望，农民们在抱怨他们没有任何改变。

> 自由［一个农民哀叹道］是我们最近才开始听到的一个词，但是从我们听到的，以及从一些［被报道的］活动中，我们知道这是值得的……但我们认为一切都在正确的轨道上，税收会公正、和平地征收，村里的杀人犯和小偷将会被改造，我们去服兵役的孩子不会连年忍饥挨饿、衣不蔽体，而且会

按时退役。官吏们不会为所欲为，一切都会好转。但到目前为止，这样的变化并未发生。过去，有些事情甚至运转得更好，今天却一团乱麻。有几个人持有某一特殊地块的契约，而我们不确定我们所耕种的土地是否属于我们。正因如此，每天都有殴斗，有时还让一些人丧命其中。我们去了政府和法院申诉，但无法解释我们的问题。他们只想收税……我们一年到头劳作，按年缴税；如果我们不缴税，他们就强行征收，甚至卖掉我们的锅碗瓢盆，所以我们总是负债累累。在过去的几年里，村里有很多农民没有种子可播，由于没有其他地方的帮助，我们不得不以100—125库鲁斯1蒲式耳的价格从封建地主那里购买种子，或者用3蒲式耳的价格买1蒲式耳的种子。那些地主是危险分子，他们可以命手下恶棍殴打农民，也可以把农民送进监狱，或者有时让他被政府官员欺负。他们以这种方式向那些无力偿还债务的人讨债。实际上，农业银行正在放贷，但对我们没有帮助。钱还没到达农村就花光了。①

联进会认识到需要将农民从封建地主和农村贵族手中解救出来。1910年10月，联合党人、阿勒颇总督侯赛因·卡兹姆发布了一项

① Ahmet Serif, *Anadolu'da Tanin*, Istanbul, 1977, pp. 46 - 47 quoted in Feroz Ahmad, 'The Agrarian Policy of the Young Turks 1908 - 1918', Jean-Louis Bacque-Grammont and Paul Dumont (eds), *Economie et Sociétés dans L'empire Ottoman*, Paris, 1983, pp. 275 - 276.

声明，

> 他以强硬的语气反对农村贵族和封建地主，并宣布要结束这些人的压迫。相关各方都对声明做出了反应。因为伊斯坦布尔的《人民报》刊登了这一声明，它收到了来自安纳托利亚和鲁米利亚的许多读者的贺信。①

足以打破地主权力的改革，在占人口大多数的农民中是非常受欢迎的。这一点对于联进会中的少数人而言是显而易见的，因此他们支持这样的政策。尽管这些联合党人言辞激烈，联进会作为一个实体从未考虑过破坏这个阶级的社会、经济和政治权力，制定如此谨慎的政策是有原因的，什一税被认为是对农民的诅咒，它提供了国家偿还外债和满足财政需求的手段。废除什一税，解放农民，如果不通过革命手段，就需要彻底的税制改革。因此，把土地分配给农民并向农民提供廉价贷款的想法被抛弃了。这里并不像大多数欠发达国家那样，有来自土地的压力。1916 年德国的一篇文章指出，土耳其仅有大约八分之三的可耕种土地在使用，人口密度是每平方公里 11.5 人，而德国为每平方公里 120 人。②

然而，1913 年土地集中在极少数人手中。这个被称为封建地主的群体占人口的 15%，却拥有 39%的土地，而大地主占人口的 4%，拥

---

① Ahmet Serif, *Anadolu'da Tanin*, Istanbul, 1977, pp. 46 - 47 quoted in Feroz Ahmad, 'The Agrarian Policy of the Young Turks 1908 - 1918', Jean-Louis Bacque-Grammont and Paul Dumont (eds), *Economie et Sociétés dans L'empire Ottoman*, Paris, 1983, p. 276.

② 同上，p. 279，n. 13。

有26%的土地。另一方面，占人口87%的中小农民仅占有35%的土地，8%的人根本没有土地。苏联学者诺维切夫给出了可比较的数字，指出“在土耳其农村佃农制度是根深蒂固的”。[①] 可以得出这样一个结论：虽然失地农民占少数，但是分成制和封建关系占主导地位；劳动力而非土地才是稀缺商品。联合党人本可以试图通过分配土地给农民并向农民提供廉价贷款的方法来改变这种状况，从而迫使地主走向机械化，并利用现代方法克服劳动力的稀缺。然而，他们却继续推行坦志麦特政策，通过法律加强对农民的控制。这项政策自然使得农民与国家疏远了，剥削农民而不是提高效率和产量，成为积累财富的主要源泉。特别在战争时期，对农产品的需求急剧增加。政府甚至实行强制劳动，让妇女和儿童去工作，以弥补田里劳动力的不足。

尼亚兹·伯克斯（Niyazi Berkes）注意到，联合党人“从资本主义经济的范畴”来看待他们的经济问题，“就好像土耳其属于同一个体系”。[②] 因此，他们承诺从现存秩序中构建资本主义社会，这包括在土耳其人中建立新的阶级，特别是资产阶级，以作为新国家的社会基础。青年土耳其党知识分子优素福·阿库拉（Yusuf Akçura），曾经在沙皇俄国目睹了俄国的资本主义改革，他不断发出警告，“如果土耳其人不能从欧洲资本主义中获利，在自己内部制造出一个资产阶级，仅由农

① Ahmet Serif, *Anadolu'da Tanin*, Istanbul, 1977, pp. 46 - 47 quoted in Feroz Ahmad, 'The Agrarian Policy of the Young Turks 1908 - 1918', Jean-Louis Bacque-Grammont and Paul Dumont (eds), *Economie et Sociétés dans L'empire Ottoman*, Paris, 1983, p. 279, n. 13.

② Berkes, *Development*, p. 424.

民和官员组成的社会的生存机会将是非常渺茫的”。[1] 他认为，

> 现代国家的基础是资产阶级，当代繁荣的国家是在资产阶级、商人和银行家的肩上建立起来的。土耳其的民族苏醒是土耳其资产阶级产生的开端，如果土耳其资产阶级的自然增长能不受干扰地继续下去，我们可以说，土耳其国家健全的建立是有保障的。[2]

联合党人并没有把非穆斯林商人和银行家集体作为这样一个阶级，仅仅因为非穆斯林——除了奥斯曼帝国的犹太人——并不认为 1908 年后的国家是他们的国家，通过这个国家他们可以进一步实现自己的利益[3]。相反，当国家疲弱，并被西方大国掌控，他们的利益得到了很好的维护。

创建民族经济的进程始于 1908 年，并在整个十年中，特别是在战争期间，持续增长。联合党人作为党派和政府，采取了各种措施实现目标。他们在 1908 年至 1909 年组织了对奥地利和希腊商品的抵制，鼓励消费本地制造的产品。他们开始建设铁路和公路网络，以整合全

---

① Berkes, *Development*, p. 424。关于 Yusuf Akçura 的详细讨论和他的观点，参考 Francois Georgeon 这本优秀的专著，*Aux Origines du Nationalisme Turc: Yusuf Akçura (1876 - 1935)*, Paris, 1980.

② Berkes, *Development*, p. 425.

③ 关于联合党人和非穆斯林之间的关系，见 Feroz Ahmad, 'Unionist Relations with the Greek, Armenian, and Jewish Communities in the Ottoman Empire', in Benjamin Braude and Bernard Lewis (eds) *Christians and Jews in the Ottoman Empire*. vol. i. New York, 1982, pp. 401 - 434。另一种阐述，见 Çaglar Keyder, *State and Class in Turkey: a study in capitalist development*. London, 1987, pp. 49ff。

国市场，创造对农产品的需求。1915 年前，他们承诺修建 3 万公里的公路和 9000 公里的铁路。还有关于灌溉科尼亚平原和西里西亚平原的计划，希望将该地区变为另一个埃及。

为推动商业发展，1911 年政府开始为街道命名，为住宅编号，以便提供邮政地址。电话已经安装完毕，战争期间，交易所为穆斯林女性提供了第一个就业场所。首都引入了电力照明，电车系统也通了电。伊斯坦布尔开始有了现代城市的雏形。国内通行证被取消，以方便帝国内部的旅游和交流。1913 年，通过了鼓励工业发展的法律，这项法律直到投降协议废除前才生效。

尽管大家都在谈论民族经济和民族资产阶级，但新政权还是强调了外来资本在经济中的重要性。联合党人、经济部长穆罕默德·凯威德（Mehmed Cavid）指出，只有一些小型企业才能使用本地资本开展活动，外来资本对公共工程非常重要。此外，还需要外来资本来建立这个国家严重缺乏的管理和理性化等技能。他得出结论：

> 所有处于向文明开放的状态的国家，如果想靠自己的力量前进，就不可避免地会跌跌撞撞地走上自己的道路……所有新建立的国家只有在外国资本帮助下，才能取得进步。[①]

联进会采取了实际举措，通过鼓励组建商业公司来培养土耳其企业家阶层。战争期间，该党的政府提供了一切可以想象的激励措施，以创建能够刺激帝国内部经济活动的企业。1918 年 9 月在洛桑出版的《土

---

① Cavid Bey 引自 Berkes，*Development*，p. 424。

耳其革命》(*The Revue de Turquie*)列出了自战争开始以来成立的大约80家股份公司。这份清单包括一些备受关注的公司,如资本为400万里拉(战前1里拉等于18先令)的奥斯曼国家银行,以及一些较小规模的公司,如资本为1.6万里拉的叙利亚农业公司。[①]

战争结束时,土耳其国内和国外的观察家开始注意到,新兴的民族经济由土耳其人主导,他们所称的资产阶级也出现了。这个阶级尽管弱小无法控制国家,却足以影响政府的政策。在打击黑市和猖獗的暴利的消费者运动中,商人和他们的政治支持者能够削弱政府的行动,从而使运动无效。

当国家主义的经济政策被定义时,它的定义是为了使新兴阶级受益。国家接受个人不能也不愿从事的经济活动的任务,这些任务无利可图,但对基础设施的建设至关重要。之后,资产阶级就成了不可忽视的因素,共和国采取了几乎相同的政策,并在1930年代正式化,为1950年资产阶级的胜利铺平了道路。

四年的战争,破坏殆尽,但在土耳其人当中,特别是在1908年革命时出现统治阶级中,充分证明了创造一种新的心态和自我认知的重要性。土耳其军队在战场上的表现,尤其是在加利波利战争的胜利以及1916年在伊拉克俘虏了唐森德将军的军队,治愈了巴尔干战争造成的创伤,涤除了过去的所有屈辱。土耳其人相信,在世界大战中的表

---

① Feroz Ahmad, 'Vanguard of a Nascent Bourgeoisie: the Social and Economic Policies of the Young Turks 1908 - 1918', in Osman Okyar and Halil Inalcik (eds) *Social and Economic History of Turkey (1071 - 1920)*, Ankara, 1980, pp. 342 - 344.

现使他们赢得了作为一个国家生活的权利。1918 年上半年，沙皇俄国解体，布尔什维克在布列斯特—立陶夫斯克进行和平谈判，联合党人甚至在高加索看到了新帝国的幻影。

这种自信和自我认知的意识在现代土耳其的形成过程中所起的作用是不可忽视的，苏丹的魅力使帝国看起来像是他的个人领地已经被摧毁，取而代之的是联合党人自发培育的民粹主义。10 年来，民众被动员和操纵，每当他们有需要时都可以组织民众举行游行示威，民众成为政治的一个重要组成部分。它被用来进行抵制，用来为购买舰队进行募捐，用来举行示威反对 1913 年政变前的政府，用来纪念废除投降协议的庆祝活动以及 1914 年 11 月的圣战宣言。这些民众在 1918 年停战后仍旧很活跃，并在很多大事件中发挥了重要的作用。

尽管所有这些变化都有积极的一面，但对土耳其人来说，一战是一场彻头彻尾的灾难。其间亚美尼亚人遭到驱逐和屠杀，亚美尼亚问题非但没有朝着有利于土耳其人的方向解决，反而使得胜的盟国承诺在安纳托利亚建立一个亚美尼亚国家。英国还决定建立一个库尔德国家，以作为新土耳其和他们在伊拉克的委任统治之间的缓冲。土耳其不再被认为适合统治自己，盟国因此决定通过分割安纳托利亚并让土耳其接受英国或美国的委任统治，从而一劳永逸地解决“东方问题”。①阿诺德·汤因比是这一瓜分计划的设计者之一，他记录了战败的土耳

① 见 Paul C. Helmreich，*From Paris to Sèvres，the Partition of the Ottoman Empire at the Peace Conference of 1919－1920*，Columbus，1974；关于各项权利的政策，见 Kent，*The Great Powers*。

其的绝境：

> 土耳其的一些省份已被割去，其盟友被击败，除了它在印度穆斯林中的支持者外，就连在伊斯兰世界也找不到朋友。君士坦丁堡被胜利者占据，土耳其被敌人包围，列强如同围住野营之火的狼一样，饥肠辘辘地徘徊在土耳其门口，因为土耳其天生富有，帝国主义贪婪。①

如果盟国能够保持一致的目标，土耳其的局势将是完全没有希望的。很难想象土耳其的民族斗争是如何成功地对抗英、法、意、美的统一战线的。领导民族斗争取得成功的穆斯塔法·凯末尔帕夏，描述了 1919 年 5 月，就在希腊人在伊兹密尔登陆后，土耳其人面临的形势：

> 长达数年的第一次世界大战使得人民精疲力尽，生活陷入贫穷。那些将民族和国家推进战争的人已经逃走了，除了自己的安全，他们什么都不在意。瓦赫戴丁（Vahdettin）是王位和哈里发职位的腐朽的继承人，正在寻求一些卑鄙的方式来拯救他的人和他的宝座，这是他唯一焦虑的对象。以达马德·弗里德（Damad Ferid）帕夏为首的内阁软弱无能，缺少尊严和勇气；它只服从苏丹的意志，同意能够保护其成员和权力的各种建议。
>
> 军队被剥夺了武器弹药，而这种趋势仍在继续。

---

① Arnold Toynbee and Kenneth Kirkwood, *Turkey*, New York, 1927.

> 协约国并不认为有必要尊重停战协议，协约国军队军舰和军队寻找各种借口，仍旧留在伊斯坦布尔。安达那省被法国占领，乌法、马拉施、安提普被英国占领。意大利军队占领了安塔利亚和科尼亚，英国军队占领了梅尔济丰和萨姆松，外交官和特工到处皆是。最终，在 5 月 15 日……希腊军队在协约国的允许下登陆伊兹密尔。[①]

对土耳其人而言，幸运的是，胜利的盟国不能在如何瓜分战利品上达成共识，它们在阻止对方割占土耳其的领土方面表现出了更大的决心，不希望任何一个国家在土耳其领土上有战略优势。英国想要阻止法国和意大利获得土地，这将加强它们在地中海的地位，并威胁到英国与印度之间的往来。意大利和法国竭尽全力破坏英国的计划，特别是试图利用希腊作为替代力量。美国未能发挥自己所期望的作用——它期望成为亚美尼亚甚至土耳其的委任统治国——这使盟国将其意志强加给土耳其人的行动变得更加困难。

土耳其人也严重分裂。签署了停战协定，联合党人领袖飞往欧洲之后，在土耳其留下了政治真空，苏丹和旧统治阶级急不可耐地想要填补。尽管有抗议，但他们愿意接受盟国提出的任何条款，只要让他们继续统治。这就是苏丹政府在 1920 年 8 月 10 日签署《色佛尔条约》的原因。该条约不仅瓜分了安纳托利亚，缩小了土耳其的领土面积，

---

① Mustafa Kemal Atatürk，*A Speech delivered by Mustafa Kemal Atatürk 1927*，Istanbul，1963，p. 1（译文已由作者做出少量修改）。

而且它对这个新国家的限制将使其成为英国、法国和意大利的势力范围。①

然而，只要联合党人试图组织的民族主义运动失败，苏丹就能继续掌权。作为哈里发，他的书面命令伊斯坦布尔之外难以执行；作为穆斯林社会的精神领袖，他仍有大批追随者。苏丹利用这一权力反对民族主义者，谴责他们是对哈里发发动战争的无神论者。

民族主义者极力反对这种宗教宣传，因为他们了解伊斯兰教在土耳其社会的强大影响力。当英法军队占领伊斯坦布尔时，民族主义者变得更简单了，他们可以将苏丹—哈里发描述为西方基督教大国的俘虏，等待被解放。民族主义者意识到伊斯兰话语的作用，明白这是将混合人口中的切尔克斯人、拉泽斯人、阿拉伯人、库尔德人和土耳其人团结起来的最佳手段，这些民族愿意为自己的事业动员自己所在的社群。他们用来形容"民族""民族的""民族主义"的术语来自米勒特，是源自阿拉伯语的词，在土耳其语中指的是一个宗教群体。如果民族主义运动想要树立一个世俗的形象，它可以很容易地采用来自瓦坦意为父亲或祖国的词。但伊斯兰话语很好地服务了民族主义者，不仅中和了伊斯坦布尔的宣传，还获得了保守派的支持，至少有一段时间是这样。

民族主义运动是建立在联进会的组织基础之上，它在解散后仍然完好无损。联合党领袖流亡后，穆斯塔法·凯末尔的伟大贡献是使国

① Helmreich，*From Paris*；以及 Kent，*The Great Powers*。

家恢复团结。他本人是联合党的长期成员，并发挥了重要作用，尽管他并不在联进会核心圈。他的威望建立在他的军事成就上，他从战争中脱颖而出，被称为不败将军，是达达尼尔战役中的英雄之一。整个宪法政府时期，穆斯塔法·凯末尔仍然独立于所有的政治派别，因此在战争结束时，他个人的正直和声誉并未因与其他失信的领导人之间的联系而有所损伤。[1]

穆斯塔法·凯末尔不仅雄心勃勃，并且相信他注定要为他的人民完成伟大的事业。作为一名在为自己寻找位置的领导人，他愿意在停战协定期间担任苏丹政府的战争部部长。但由于他所在的社会阶层的原因，帕夏拒绝了他的要求。他的政府天生就是失败主义者，并且愿意服从盟国的每一个命令，而他作为这种政府中的一员会取得什么成就，人们不得而知。但他被任命为安纳托利亚军队的总督察，负责监督军队的复员工作，这使他处于组织抵抗帝国主义干涉的理想位置。

当当地地主和商人意识到土耳其将被其之前的附属国分割时，自称“捍卫权利”的抵抗组织在东色雷斯和安纳托利亚成立。这些组织在过去十年取得了很大的成就，他们愿为保护它们而斗争。与苏丹不同，他们拒绝接受希腊吞并安纳托利亚西部，也不同意在土耳其东部建立亚美尼亚和库尔德国家。他们在埃尔祖鲁姆会议（1919 年 7 月 23 日—8 月 17 日）上表明了在《国民公约》（*National Pact*）规定的边界内维护国家完整的坚定决心。

---

① Erik Jan Zurcher, *The Unionist Factor*: *the role of the Committee of Union and Progress in the Turkish national movement* 1905 - 1926, Leiden, 1984, p. 106ff.

埃尔祖鲁姆会议和瑟瓦斯会议（1919 年 9 月 4 日）将各种协会统一为“安纳托利亚和鲁梅利亚捍卫权利协会”，已经当选两会主席的穆斯塔法·凯末尔帕夏，被任命为一个协调全国斗争的委员会主席。到 1920 年 1 月，民族主义者控制了伊斯坦布尔最后一个奥斯曼帝国议会，提前一个月赢得了议会选举。议会通过了《国民公约》，从而进一步将苏丹的通敌政府孤立了起来。

同盟国对土耳其首都不断壮大的民族主义力量感到震惊，于 1920 年 3 月 16 日正式占领了这座城市，逮捕了大约 150 多名民族主义者，并将他们驱逐至马耳他。两天后，议会在抗议中休会。穆斯塔法·凯末尔以呼吁选举一个新的议会做出回应，该议会将设在位于安卡拉的民族运动总部。1920 年 4 月 23 日，新议会将自己命名为大国民议会，并在安卡拉召集会议。5 月，议会任命了自己的执行委员会，由凯末尔出任主席。民族主义者现在成立了一个独立的政府，尽管他们一直在努力斗争帮助苏丹获得自由。

1920 年对民族主义者而言至关重要。他们正在与希腊、亚美尼亚和法国军队作战，现在又不得不面对哈里发的军队，因为苏丹哈里发公开反对他们，谴责他们为伊斯兰教的敌人。但是，3 月占领伊斯坦布尔和 8 月签署《色佛尔条约》，削弱了苏丹政府本来就很小的合法性。同时，与正在进行自己的斗争，反抗外国干预的布尔什维克达成事实上的谅解，保护民族主义者的后方，也带来了最受欢迎的武器和资金支持。1921 年 3 月，这种非正式关系转变为正式的条约，结束了民族主义运动的孤立状态。

1921 年 2 月至 3 月在伦敦举行的盟国会议，暴露了盟国之间日益严重的不团结。很显然，他们完全没有能力执行《色佛尔条约》的条款。所有大国的国内都面临问题，这使得他们难以对土耳其进行积极干预。因此，意大利和法国政府与土耳其民族主义者达成协议，结束了同盟国之间的合作。英国只能靠自己的力量支持一支希腊军队，这支军队过度扩张但无法保住其征服的领土。土耳其—希腊战争一直持续到 1922 年，1922 年 8 月土耳其人发起了决定性的进攻，9 月夺回了伊兹密尔。

英国和土耳其军队之间有爆发冲突的危险，因为后者穿过了达达尼尔海峡，想要将希腊军队赶出东色雷斯。但是冲突并未发生，因为 1922 年 10 月 11 日在穆达尼亚签署了停战协定。同盟国同意恢复土耳其在伊斯坦布尔及其腹地的主权，11 月 20 日在洛桑开始了和平条约的谈判。条约认可在与 1923 年 7 月 23 日签署的《国民公约》规定的几乎相同的边界上建立土耳其国，标志着民族斗争胜利的巅峰。

洛桑会议召开前夕，英国试图通过邀请苏丹派遣的代表团和民族主义代表团来分裂土耳其人。苏丹愿意加入英国的游戏给了穆斯塔法·凯末尔废除苏丹统治的借口。11 月 1 日，议会投票宣布废除苏丹制，这个统治了奥斯曼帝国 7 个世纪的古老体制退出了历史舞台。最后一任苏丹穆罕默德六世于 11 月 17 日逃到英国驱逐舰上，1929 年死于流亡地圣雷莫。他的自私自利以及毫无廉耻的行为削弱了民众对奥斯曼王朝和旧政权的传统忠诚，从而为 1923 年 10 月 29 日共和国宣布成立铺平了道路。

四

新土耳其：政治（1923—1945）

民族主义者战胜希腊人，推翻了苏丹，开启了土耳其革命这出大戏的新篇章。他们现在必须决定新政权的性质要建立在他们在解放战争期间刚刚打下的基础之上。民族运动虽然是反帝国主义的，围绕着防止安纳托利亚分裂的目标团结起来的，但在社会层面上是保守的。这是一个松散的政治联盟，是军—民官僚机构之间的联盟，也是联合党人推动的新兴资产阶级与安纳托利亚的贵族和地主组成的联盟。如果我们以1920年议会的组成为指针，对于民族运动的大部分支持来自各省贵族和神职人员，以及一些专业人士、官僚机构和军官代表。大多数人将民族斗争视为恢复苏丹权力的手段。穆斯塔法·凯末尔是来领导抵抗希腊军队的斗争的，他能够将苏丹哈里发的问题搁置起来，认为战争必须先于一切。然而一旦战争结束，他就不得不考虑横在面前的政权问题。

保守派认为，在奥斯曼王朝时期，除了君主立宪别无他选。有500多年的传统来支持这一假设。即使当时世俗的苏丹背叛了人民与英国勾结，保守派仍认为哈里发作为精神向导可以继续作为国家元首来统治；这就是他们1922年同意废除苏丹国的原因。他们认为作为精神领袖和议会主席，他将是伊斯兰宪政体制中权力的自然焦点。他将批准议会通过的所有立法，确保伊斯兰教法的主要原则不被破坏。

穆斯塔法·凯末尔及其支持者对伊斯兰国家的概念深恶痛绝。他们把这样一个国家视为维持现状、延续土耳其的落后状态的途径。对凯末尔主义者而言，他们希望看到土耳其转变为一个现代民族国家，用凯末尔（阿塔图克）① 的话说，就是这个国家将“作为一个先进的文明国家生活在当代文明之中”。这样一个国家只能是世俗的和理性的，强调科学和现代教育，以创造现代工业经济。但在土耳其以凯末尔主义重塑形象之前，必须夺取反动派和保守派手中的政治权力。

1923年开始政治斗争时，凯末尔主义者在大国民议会中属于少数派。但凯末尔帕夏的领导以及他作为解放战争的英雄的声誉，给了凯末尔主义者很大的优势。当他们看到他们的对手，比如伊斯兰主义者

① 括号中的姓氏是全体土耳其公民依照1934年6月28日通过的法律赋予他的。

和自由主义的“西方人”，正在操纵议会以一种新的形式恢复苏丹国时，便以议会在1923年4月1日自行解散作为回应。

在国家准备选举的时候，穆斯塔法·凯末尔决定将政治斗争从议会中（在那里他的控制力有限）转移到他拥有绝对掌控权的政党。他常说要组建一个作为变革先锋的政党，但着手成立这样一种政党制度——它被称为人民党——的工作从4月开始。8月9日，凯末尔帕夏当选为该党主席，当天举行了就职典礼。与此同时，大选定于6月，凯末尔主义者获得了微弱优势。8月11日，新内阁集会，凯末尔当选为议长。他任命阿里·费特希·奥克亚尔（Ali Fethi Okyar）为总理，此人是凯末尔的老朋友和联进会时期的政治盟友，以取代拉乌夫·奥尔贝，此人是保守党反对派的领袖之一。

为准备与反对派的最后对抗，凯末尔采取了一些措施来增加政府的威望，以提升他的政治地位。8月23日，议会批准了《洛桑条约》，从而确保了国际社会对新国家的承认。10月，即将被任命为总理、随后将接替穆斯塔法·凯末尔担任土耳其总统的伊斯麦特·伊诺努，提议将安卡拉定为“土耳其国政府所在地”。这项提议被该党接受，并获得议会通过，打击了在这座古老帝都根深蒂固的保守派的士气。这就是横在安卡拉和伊斯坦布尔，即凯末尔主义者和保守派之间的宿怨，它使得凯末尔在伊斯坦布尔解放后拒绝访问那里，直到他1928年获胜后才去了一次。

是人民党而不是议会成了政治活动的焦点。经过精心准备，穆斯塔法·凯末尔终于准备好面对反对派，结束哈里发的存在对于国家元首的作用所造成的歧义。10月29日，他来到议会提交议案要求修订宪法，使土耳其成为一个共和国，由大国民议会选举总统，作为有权任命总理的国家元首。经过长时间的激烈争论，议案获得通过，凯末尔当选为土耳其共和国总统。①

即使在共和国宣布成立后，保守派也没有放弃对抗凯末尔主义者，他们继续将哈里发作为反抗的象征，作为对抗共和国总统的力量。当阿嘎可汗②领导的英属印度穆斯林试图通过强调哈里发对伊斯兰世界的重要性来支持保守派的事业时，政治紧张局势升级。这正是凯末尔主义者想要打破的联系，因为它违背了民族国家的精神，使国家卷入了国外危机。同样清楚的一点是，如果哈里发和众多伊斯兰机构继续存在，旧政权的支持者总是可以操纵伊斯兰的符号作为有力武器，反对改革者及其计划。凯末尔在谈到把伊斯兰信仰从一个政治工具的位置上拯救出来，从而"净化和提升伊斯兰信仰的必要性"时说得很清楚，这个政治工具在几个世纪以来已经成了习惯。两天后，即1924年3月3日，大国民议会废黜了哈里发，废除了哈里发制度，并将奥斯曼家族的所有成员驱逐出土耳其。起初，凯末尔主义者似乎愿意接纳伊斯兰教，前提是它可以在政治上中立。但事实证明这只是一个美好的愿望。找不到另一个同等效力的意识形态的反对派，无法抵御利用伊

① Bernard Lewis, *The Emergence of Modern Turkey*, 2nd. ed. London, 1968, pp. 260 - 262.

② 阿嘎可汗是伊斯兰教伊斯玛仪派尼扎尔支派王朝的世袭称号，是埃及法蒂玛王朝哈里发的继承者。——译者

斯兰教对抗即将改变土耳其面貌的革命的诱惑。哈里发制度的废除是激进的世俗主义纲领的前奏，这将在第五章中讨论。

总体看，反对凯末尔主义运动的主要宗教色彩往往掩盖了新政权的世俗反对者。这其中包括了伊斯坦布尔的知识界精英和高级军官，后者曾与凯末尔帕夏在民族斗争中并肩作战。由于种种原因，他们更支持奥斯曼苏丹统治下的君主立宪制，而不是共和制。伊斯坦布尔的资产阶级有既得利益，希望尽可能维持旧秩序，因为这个城市与国际银行有深度的业务往来。在一战期间，这部分人不允许政府没收奥斯曼帝国公债的资产，尽管该国迫切需要黄金，但奥斯曼帝国公债的大部分由英国和法国持有，它们是土耳其在一战中的作战对象。他们不愿看到这种与国外的联系被国有化和国家对经济的控制等措施切断或者弱化。

这个集团的一些成员在美国的委任统治下寻求解救土耳其。他们相信——如果我们用著名作家哈里德·伊迪普的话来代表他们的想法——土耳其人民“既没有钱，也没有专业知识和权力去创造一个身心健全的现代国家”。她接着说，

> 即使今天的政府不能认识这个事实。美国懂得一个民族和民族政府是如何组成的，它把一个像菲律宾这样原始的国家变成了一个能够用现代政府管理自己的国家，因而美国在这方面非常适合我们。只有新世界的人才才能经过 15 或 20 年的艰苦奋斗，创建一个全新的土耳其，在这样一个新国家，受过教育的有思想的每个人将会在他的头脑和口袋里实现真

正的独立。①

这种思维方式反映了一种深刻的悲观主义和失落情绪，它是土耳其人自兴高采烈的青年土耳其党革命以来遭遇的所有挫折造成的。但是凯末尔主义者对未来既不沮丧，也不悲观。他们相信，只要“人民”团结在一个强有力的坚定的政府周围，一个充满活力的新土耳其仍然能够诞生。但是，即使是在战争中合作过的人中间达成政治共识也被证明是最难以捉摸的，甚至军官团——作为一个机构的军队——在政权问题上分歧也很大，这个比对旧秩序的反对更加危险，因为反对凯末尔的绝大多数将军不是反动派而是自由主义者和现代主义者，他们抗议说，他们推翻君主专制制度，并不是为了在凯末尔的个人统治下建立一个绝对的共和国。

在凯末尔和他的军事对手之间也存在着强烈的社会紧张因素。凯末尔出身省级中低层阶级，在奥斯曼帝国晚期停滞不前的社会和经济环境中，这个阶级的成员将军队视为一种就业和向上流动的手段。他们对王朝缺乏深厚的忠诚感，因此在改革道路上更加激进和平民化。另一方面，在奥斯曼帝国时期，阶级政治和社会地位静止不变。他们

① 引自著名的“六日演讲”（1927年10月15—20日），演讲为凯末尔在党代会上所做，表达了他对民族斗争的观点。此演讲有两个版本的英语翻译，第一个版本题为 *A Speech Delivered by Ghazi Mustafa Kemal, President of the Turkish Republic, October 1927*, Leipzig, 1929。第二个版本是 Leipzig 的版本，由教育部出版社出版，题目是 *A Speech delivered by Mustafa Kemal Atatürk 1927*, Istanbul, 1963。本文使用了更可靠可用的新译本，在此之上略有修改。关于 Halide Edip 给凯末尔的信，见 pp. 76 – 80；pp. 70 – 94 关于土耳其在民族主义者群体中的授权的讨论。

对王室没有很深的效忠意识，对改革持欢迎态度。另一方面，凯末尔的对手来自帝国城市的上层阶级，他们的家族紧紧地依附于奥斯曼王朝，并从与后者的紧密联系获益匪浅。他们也希望通过改革拯救帝国。但保留奥斯曼王室对他们的意识形态非常重要，因为它提供了一个现成的合法性和稳定性，而合法性和稳定性则会带来连续性和传统。

凯末尔不想通过传统、社会理念和象征来统治土耳其社会，就像佛朗哥在西班牙、墨索里尼在意大利的所作所为。他更愿意创造一个新的意识形态和象征，通过它们使土耳其能够快速进入20世纪。凯末尔不是保守主义者，他既不担忧世俗的现代主义，也不惧怕自由的民主主义，但他将后者视为他自己的激进主义的“刹车”。只有以阶级和阶级冲突为基础的社会分析的马克思主义，为他的世界观提供了另一种理论来源，而他的世界观是宁愿镇压拒绝面对。尽管凯末尔在他的有生之年并未完全介绍它们，但他接受了自由制度的合理性，即政党、工会、新闻出版和言论自由。他的政权的设想是，一旦土耳其社会达到必要的发展阶段，这些制度将会被引进。但他未能赢得保守派的支持，也未能说服他们相信废除苏丹/哈里发制度的必要性。

拉乌夫·奥尔贝时任首席部长，后来成为反对党，当凯末尔向他询问关于苏丹的问题时，他对自己的观点毫不迟疑。他说，

> 我的良心和情感使我对苏丹赤胆忠心，我的父亲在君主的恩惠下长大，是奥斯曼帝国的显贵。我对这些恩惠的感激之情已经融进了我的血液。我不是忘恩负义之徒，而且我也不能忘恩负义，我有义务忠于君主，我的教养要我对哈里发

> 忠诚。除此之外，我还会做一个总体的观察。我们很难控制大局。唯有一个大家都习惯性地认为不可企及的权威才能确保这一点，那就是苏丹国和哈里发国的。废除这一职位，试图建立一个不同性质的实体来替代它，将导致失败和灾难。这是行不通的。

若费特·贝勒，解放战争中的另一个将军，也成了反对派，完全同意拉乌夫的观点，并补充说，除了苏丹和哈里发制度，其他任何形式的政府都会出现问题。①

共和国的成立，更加凸显了凯末尔和他的军事对手间的紧张关系，甚至有传言说有个将军密谋反对他。为了中和他们在军队中的权力，凯末尔让议会在12月19日通过了一项法律，强制要求那些想从政的军官辞职。一些推崇凯末尔主义的将军退出了议会，重回军事指挥部；那些想继续在议会中反对凯末尔的持不同政见者辞去了他们的职务，切断了他们与军队间的联系。这项法律的长期结果是使军队的下一代与政治断绝关系。

在一党制的领导下，议会中的反对派被证明是无力的。因此，一些改名为共和人民党的人民党代表辞职了，1924年11月17日成立了

---

① Bernard Lewis, *The Emergence of Modern Turkey*, 2nd. ed. London, 1968, pp. 572 - 573. 亦见 Lewis, *Emergence*, p. 275 以及 Niyazi Berkes, *The Development of Secularism in Turkey*, Montreal, 1963, pp. 446ff。关于民族主义司令官的政治划分，参见 Dankwart Rustow 具有影响力的文章，'The Army and the Founding of the Turkish Republic', *World Politics*, xi (1959), pp. 513 - 552；以及 Erik Jan Zurcher, *The Unionist Factor*, Leiden, 1984, p, 168 on the purges of 1926。

反对党。该党由前官员阿里·福阿特·杰贝索伊、拉乌夫·奥尔贝领导，被称为进步共和党（Progressive Republican Party），一位自由派记者将其描述为“在一个经历了政府奇怪而痛苦的独裁统治的国家里，从苦难和缺乏自由中出生的孩子”。凯末尔的对手声称，他们将通过恢复人民对国家的主权来改变这种局面。该党纲领的第一条规定，“土耳其国是一个建立在人民主权基础上的共和国”，而第二条重申了该党对自由主义（在土耳其语中称为“热爱自由”）和人民主权的承诺。此外，该党承诺尊重“宗教言论和信仰”。其纲领还建议直接普选，以取代有利于城乡精英的间接的双层制度。随着国内外贸易自由化，国家干预将降到最低限度。①

凯末尔感到了挑战他权威带来的威胁，这种威胁来自他自己的政党内部。他还没有对经济采取国家干预，也没有采取保护主义甚至世俗主义改革，尽管这些措施在讨论中。由于对手积极利用当时在土耳其普遍存在的非常真切的对经济形势的不满情绪，几乎不可能颁布任何激进的立法，凯末尔主义者将这些立法视为土耳其转型的重要举措。凯末尔首先考虑的是严厉打击他所认为的反革命威胁，但党内温和派劝阻他不要采取这种行动，并劝说他以自由派的实际领袖费特希·奥克亚尔来取代一般被视为强硬派的伊诺努，以安抚自由派的意见。

---

① 关于 PRP 的更多的细节，见“The Progressive Republican Party, 1924 - 1925” in *Political Parties and Democracy in Turkey*, eds Metin Heper and Jacob Landau, London, 1991, pp. 65 - 82。亦见 C. H. Dodd's article “Atatürk and Political Parties”，以及 Kemal Karpat, “The Republican People's Party, 1932 - 1945”, pp. 24 - 41 and 42 - 64。

进步共和党从来没有机会建立证明自己是一个强大的反对党，能够限制凯末尔的激进主义。1925 年 2 月，在安纳托利亚东部爆发了库尔德叛乱，并迅速蔓延。这场叛乱中可能有一个强烈的库尔德民族主义因素，但是发起和维持完全是宗教性质的，它似乎证实了人们对宗教反应和反革命的恐惧，这种恐惧在一个对旧秩序的记忆依然活跃的社会中是极为真实的。

在处理危机时凯末尔从来没有犹豫不决。[①] 3 月 3 日，他解除了他的朋友费特希的职务，让伊诺努重新担任总理。议会随后通过了一项特别法，即《维持秩序法》，赋予政府在接下来的两年中几乎绝对的权力，这些权力不断延续，直到没有存在的必要，并最终被允许在 1929 年 3 月 4 日截止。有了这样的权力，通过被称为独立法庭的特别法庭的行使，政权的反对者实际上被压制住了。1925 年 6 月进步共和党被解散，其他所有的反对党不久也被镇压。在接下来的两年里，独立法庭判处 500 多人死刑。凯末尔主义者利用这个机会推行了激进的改革（将在下一章讨论），否则反对派和民众会抵制这些改革。

此后，执政党以外的一切政治活动都停止了。自 1908 年以来，这个国家第一次获得了政治稳定，但民众的经济利益并未随之而来。在《洛桑条约》的约束下，经济仍然停滞不前。该条约要求政府在 1929 年之前保持相对开放的市场。商业阶级利用这一时期囤积进口商品，以防受到限制。因此，土耳其的贸易逆差急剧增长，随之而来的是物

---

① Lord Kinross，*Atatürk*，London，1964，此书为现代土耳其缔造者的最佳传记。

价上涨和对经济的普遍不满。由于土耳其的经济复苏对英国和美国等资本输出国而言是一个低优先级的问题，所以本以为会来拯救饱受战争蹂躏的经济的外国资本也未能成为事实。1929 年华尔街股市暴跌，恶化了本已严峻的形势，农产品价格大幅下降，而农产品实际上是土耳其唯一的出口商品。

经过多年的党内讨论，决定恢复一个象征性的反对党，由一些共和人民党中的自由派组成。他们将为民众的不满提供一个安全阀，并暴露批评该政府的人的不满情绪。为此，1925 年被解职后派往巴黎担任大使的费特希·奥尔贝于 1930 年 7 月被召回。在他的回忆录中写道，当他同总统讨论成立反对党时，凯末尔向他保证，他不希望土耳其重回独裁政权的老路，也不希望给他的国家留下极权政权的遗产。因此，他们同意合作，在费特希的领导下建立一个忠诚的反对党，凯末尔将其命名为自由共和党。① 作为自由主义政策的一部分，甚至包括共产主义者、诗人纳兹姆·希克麦特（Nazim Hikmet）的 *Resimli Ay* 在内的左翼文学期刊，也获准在 1929 年出版。

两党制有望缓解政治紧张局势，达成国内共识，这有利于推动迫切需要的金融和经济改革。自由党作为温和的反对派也有望改善土耳其在西欧的形象，提升其在金融界的地位，从而吸引国外贷款和投资。

---

① 有关自由共和党的唯一严肃的研究，见 Walter Weiker, *Political Tutelage and Democracy in Turkey: The Free Party and Its Aftermath*, Leiden, 1975。亦见 Donald Webster, *The Turkey of Atatürk*, Philadelphia, 1939, pp. 109 - 110；以及 Kemal Karpat, *Turkey's Politics: Transition to a Multi - Party System*, Princeton, 1959, pp. 64 - 67。

在国内，共和党人完全与民众脱节，以至于真心相信，当反对党领导人批评政府时是需要国家保护的。实际上，人民是如此疏远他们的统治者，而以极大的热情回应自由党的呼吁。

在安纳托利亚，费特希所到之处几乎都受到大批民众的欢迎，这个政权的所有反对党似乎都团结在自由党的周围。1930 年 9 月，费特希到达伊兹密尔，当地爆发了示威游行，接着是罢工和小规模的工人阶级的战斗情绪高涨。凯末尔被这种完全出乎意料的民众反应所动摇，决定结束两党制实验，在 1930 年 11 月 17 日解散忠诚的反对党。一个月后，土耳其的梅内门镇发生了一起暴力反抗事件，梅内门镇位于土耳其西部伊兹密尔的附近，此事使得沉浸在自满中的世俗的军事官僚精英们受到了突如其来的打击。

一个由德维什·穆罕默德领导的小集会在晨祷后离开了清真寺，游行到镇广场，要求恢复伊斯兰教法和哈里发制度。德维什·穆罕默德属于纳克什班迪的神秘教团（1926 年解散），声称自己是马赫迪，一个救世主，是来拯救世界的。当地宪兵队被民众憎恨，视为国家的镇压武装，它派出一名预备役军官去平息骚乱，结果被穆罕默德抓住并斩首，头被悬挂在旗杆上，游街示众。

这件事本身可能是微不足道的，但事实证明对政权造成了创伤。它并没有发生在安纳托利亚的落后地区，而是发生在最发达的省份之一。（凯末尔在写给他的总参谋长的信中说）这是“让所有的共和党人和爱国者都感到羞耻的，因为梅内门镇的一些民众对反对派的野蛮行径予以了赞扬和鼓励。雅库普·卡德里（Yakup Kadri）是一位凯末尔主义知识分子和外交家，写下了描述这一时期的最好的几本小说，书中捕捉到了梅内门事件在党内引起的愤怒和困惑。他愤怒地写道：

> 这些年好像什么都没发生过一样，好像……我们任何激进的改革一点都没有改变国家的面貌。
>
> ……谁是这场悲剧的消极、沉默的旁观者？是这个世俗的、现代土耳其共和国的公民。这才是真正的灾难。
>
> 这意味着当时的气候和环境，即道德气候和道德环境，不是革命的、信仰共和的、爱国的土耳其青年构成的，而是德维什·穆罕默德的气候和环境，他是纳克什班迪［苏菲］教派的信徒，我们用“叛逆”“残暴”“盗窃”“反动”来形容这个教派。如果不是这样，这个人可能找不到20分钟来干他的工作。
>
> 谢赫·穆罕默德（Shaykh Mehmed）仅仅是一种征候，一个影子。[1]

人民党的大多数党员赞同雅库普·卡德里对形势的分析，人们普遍认为1920年代后半期进行的改革尚未扎根，国家对宗教和一般意识形态的自由态度已经被证明是失败的。广大人民，即使是在全国比较发达的地区的，也不认同这个新国家。民众疑虑重重、闷闷不乐、愤愤不平，无法理解新出现的秩序。过去的历史还远未结束；尽管它有排他

---

① 雅库普·卡德里的文章登在半官方的党报 *Hakimiyeti Milliye*（*National Sovereignty*），30 Dec. 1930 上，并收录于 Kemal Ustün 的著作中，*Menemen Olayi ve Kubilay*，Istanbul，1981，pp. 40 - 41。

性，被废黜的奥斯曼统治阶级并未与社会其他阶层完全隔绝，特别是在意识形态方面。在其统治的 5 个世纪里，它在几乎所有社会阶层中建立了一个庞大的制度和忠诚网络，特别是宗教忠诚。即使是一场革命也不可能一夜之间摧毁这些。一位精明的观察家在 1924 年 11 月指出，

> 君主政体和哈里发制度可以通过议会法案废除。但是，为了完全免受这些制度的威胁，有必要与这些给予它们力量的思想和活动斗争很多年。

此外，这个政权尚未给这个国家带来让人民感恩戴德的实际物质利益。土耳其继续承受着 20 年战争和社会动荡的后果，而且看不到尽头。凯末尔主义者承认这些，并决定通过国家承担起社会经济发展的全部责任来缓和这种状况，特别是在弱小的私营部门未能兑现其承诺的情况下。与此同时，党开始制造一种新的意识形态，称为凯末尔主义，他们希望借此推动国家快速进步，以赢得人民的效忠。从本质上讲，其目标是以土耳其民族主义取代伊斯兰教和奥斯曼主义，从而彻底摧毁过往一切对正在崛起的共和党一代的控制。

到 1930 年，在许多凯末尔主义者眼中，自由主义和民主已经不被认可，这主要是因为西欧的动荡。一党制政权，特别是意大利法西斯，提供了一个有吸引力的选择。人们同情布尔什维克，新土耳其在民族斗争中与他们建立了友好关系。但是他们的意识形态被认为不适合土耳其，因为土耳其据说缺少形成阶级的必要条件。凯末尔主义者反对阶级斗争，因为这会阻碍资本主义和资产阶级的发展，这两者都是他

们承诺要推动的。因此，他们无情地镇压了一切表现形式的本土共产主义、社会主义以及工人阶级组织。凯末尔主义者也不赞成共产主义的国际主义方面，因为这是对他们自己的民族主义的一种挑战，随着时间的推移，这种民族主义正变得越来越好战和排外。①

另一方面，法西斯主义似乎符合安卡拉②的意识形态需要。它与凯末尔主义同样热衷于民族主义，同样憎恨阶级斗争，谴责阶级斗争只能造成分裂，给国家带来伤害。而且，法西斯主义在意大利危机期间取得了成功，因此为土耳其度过危机提供了榜样。但是法西斯主义的吸引力更多的是实践和组织领域，而不是思想领域；法西斯主义让一党专制的国家的主要角色合法化，这正是凯末尔主义者努力的方向。自由主义实践在土耳其及“文明世界”的许多其他地方都失败了，国家被迫承担了全部责任。土耳其意识形态专家的结论是，就连罗斯福新政也符合这种干涉主义国家为拯救国家免于危机而斗争的模式。国家对经济和社会的干预产生了自由主义制度不可能达到的平衡。土耳其人感到惊讶，意大利、俄国以及后来的纳粹德国相比土耳其人认为的资本主义无政府状态，竟然有着纪律严明的社会和和谐状态。如果新土耳其采取这样的做法，或许也会实现自我救赎。

这些年来，亲法西斯情绪在土耳其统治圈广泛流行，这无疑对自

---

① 关于共产主义运动和凯末尔主义者的镇压，参见 Walter Laqueur，*Communism and Nationalism in the Middle East*，London，1956；以及 George Harris，*The Origins of Communism in Turkey*，Stanford，1967。

② 土耳其首都。——译者

由党的迅速灭亡起到了作用。共和人民党媒体认为，尽管法西斯主义不允许出现反对党，只允许执政党内部自我批评；但绝不允许其基本原则受到批评。这就是向土耳其提议的模式，土耳其政权开始朝着一党制的方向发展，在这种一党制中，党员承担国家责任，例如一省的党主席将被任命为一省省长。它强调的是组织而不是思想，是“革命”方法而不是官僚主义方法。然而，意识形态只能有一个源头，那就是共和人民党。因此，作为自1912年以来民族主义思想主要来源的土耳其家庭组织（Turkish Hearth Organisation）[①]，在1931年4月被关闭。它的资源被共和人民党接管，后者成立了一个名为“人民之家”的实体，其目的是向人民解释凯末尔主义革命。[②]

5月，第三次党代会通过了共和主义、民族主义、民粹主义、国家主义、世俗主义、革命/改良主义这六大“根本的不可动摇的原则”，开启了凯末尔主义的意识形态。“革命/改良主义”的含义在党内存在争议，温和派把它解释为改良主义，激进分子把它解释为革命主义。这一激进的解释在1930年代正式生效，尽管自由主义者继续反对这一定义，坚持认为国家仅需致力于改革。

这些原则成为共和人民党的六大支柱，是党的标志。1937年2月5日，它们被纳入宪法，并且第二条经过修订改为“土耳其国的性质是

---

① Hearth是指通过住房、外展、预防和宣传，结束老年人无家可归的状况。——译者

② Kemal Karpat, “The People's Houses in Turkey. Establishment and Growth”, *Middle East Journal*, 1963, pp. 55 - 67.

共和主义、民族主义、民粹主义、国家主义、世俗主义和革命-改良主义的”。

在这些原则中，国家主义经济政策是存在争议的，下一章将对此进行讨论。共和主义和民族主义被普遍接受，除了反对派，后者仍然渴望恢复奥斯曼帝国，但他们人数很少，是默默无闻的少数派。民粹主义适应新的统治阶级，因为它通过使他们成为“人民”的受托人而让他们的权力合法化。同时，民粹主义中和了阶级冲突和阶级斗争的概念，服务于新兴资产阶级的目的。世俗主义原则也几乎被所有人接受，因为宗教是个人凭良心来决定的问题，并且至少在理论上从保守主义的利用中被解放了出来。值得注意的是，直到 1934 年的姓氏法通过，穆斯塔法·凯末尔才使用了“加齐”（Gazi）这个称呼，意为参加过圣战的穆斯林战士。它的宗教象征意义很明显，而且表明“加齐帕夏”并不像人们所说的那样不符合伊斯兰传统，在凯末尔被命名为“阿塔图克”之前人们经常叫他“加齐帕夏”。但是，在 1930 年代中期，当好战的世俗主义者在党内占据主导地位，并批评虔诚的穆斯林为教士和反革命时，世俗主义开始引起争议。有些人甚至谈到伊斯兰改革的必要性，以便使其适应现代社会。[①]

另一方面，国家主义也立即引起了争议，因为无论是党还是政府均无法确定国家干预经济的限度，以使私营部门及其在共和人民党内

---

① Wilfred Cantwell Smith，*Islam in Modern History*，Princeton，1957，chapter on Turkey：Islamic Reformation'；以及 H. E. Allen，*The Turkish Transformation*，Chicago，1935，new printing New York，1968。

的支持者满意。安纳托利亚是共和人民党统治的政治联盟的支柱之一，当地的地主对国家不干预农业感到宽慰，但他们也担心，在有关土地改革的必要性的持续辩论中国家会出手干预。面对国家主义定义的模棱两可，正在崛起的资产阶级仍然不确定党的态度。1931 年，雷杰普·佩克尔当选为党的总书记，并没有让自由党人松口气。他代表了党的极权主义倾向，在他的引导下，共和人民党加强了对国家的控制。最终，在 1935 年，按照纳粹德国的样板，共和人民党通过了一项团结党和国家的决议，秘书长在内阁中担任内政部长一职，而各省组织的主席成为各省的省长。凯末尔主义者已然迈出了使土耳其走向政党独裁的最后一步。

尽管仰慕柏林和罗马，但这个政权还是没有将法西斯主义作为其意识形态，原因很多。一是围绕在马哈茂德·杰拉勒·拜亚尔（Celâl Bayar）[①] 和 1924 年成立的商业银行集团周围的私营部门不断发展壮大，政治影响力不但增强。拜亚尔领导的是党的自由派，在 1908 年后的联合党运动和民族斗争中发挥了积极作用，他与凯末尔关系密切，因此在党内核心圈备受尊重，被视为一个真正具有民族主义资历的人。

商业银行集团承认为了建立一个强大的、切实可行的私营部门而进行的国家干预的必要性。他们不反对独裁统治，但相较于罗马式或柏林式的，他们更喜欢南斯拉夫式的。尽管他们赞成对劳动力进行严格控制，但不同意像法西斯国家那样实行过度控制，因为这会破坏有

① 土耳其第 9、10、11 任总统。——译者

产阶级的自由和独立。早在1932年，得益于凯末尔的调停，商业银行集团就已经足够强大，能抵制这种趋势。9月，它们导致了国家经济部长穆斯塔法·瑟莱夫（Mustafa Seref）下台，取而代之的是杰拉勒·拜亚尔，后者在1939年之前一直负责执行国家主义。

共和人民党中的自由派也不喜欢极端分子对民粹主义的解释，它否定了所有阶级的存在，并以社团主义的术语定义了土耳其社会。

> 我们［党的文件中指出］的主要原则之一，是把土耳其共和国的人民看作一个共同体，它是根据土耳其人民个人和社会生活的劳动分工要求划分为不同行业的，而不是由不同阶级组成的。
>
> ……［在民粹主义的原则下］我们党的宗旨，就是要维护社会秩序和团结而不是阶级冲突，并且调和各种不同的利益。①

自由派欢迎消除阶级冲突，但他们不喜欢这样一个事实，即不断发展的商业群体也受到阻挠，不让它们为了自己的利益而组织起来。在1930年代，他们对于解决此事无能为力。但是，当1945年一党制接近尾声时，在拜亚尔领导下组建为民主党的自由派反对派的首要要求之一就是在阶级基础上，自由地组建自己的组织。

在整个1930年代，自由派都在抵制围绕在雷杰普·佩克尔周围的极端国家主义者的政策。因此，凯末尔政权从未拒绝自由主义原则

① 共和人民党党章的正式版，见 Webster，*Atatürk*，pp. 308－309。

（尽管它从未付诸实践）或者进步思想。它继续承认法治和宪政国家的重要性，从不（像法西斯那样）否认文明的普世性，也不拒绝理性主义、个人主义、不同的人和族群之间的基本平等。1934 年，埃迪尔内镇爆发了反犹太主义，但安卡拉方面迅速予以谴责，并下令进行调查。

凯末尔主义者中最激进的派别——其代表是《骨干》（*kadro*）月刊，一些前马克思主义知识分子在杂志上有强大的影响力——也对法西斯主义和凯末尔主义之间的平衡予以了有趣的否定。《骨干》于 1932 年 1 月开始在安卡拉出版，目标之一是创造一种这个政权独创的意识形态。第一期的社论中指出，“土耳其正处在革命中，但它仍然没有产生一个能够作为革命的意识形态的思想体系”。然后，《骨干》开始着手创建一个不仅适用于土耳其，而且适用于殖民地和半殖民（这就是凯末尔主义者对旧土耳其的定义）的意识形态，并寄希望于后者在不久的将来解放他们自己。在《骨干》上可以看到一些“第三世界主义”概念的起源。

凯末尔主义者的自我形象在《骨干》所载的意大利法西斯理论家的论战中得到了清晰的反映。意大利人声称，凯末尔主义是法西斯主义的翻版。凯末尔主义者强烈否认，认为法西斯主义在土耳其的困境中毫无用处。他们指出，法西斯主义是一场运动，其目的是从资本主义的矛盾和由此产生的国内无政府状态中拯救准资本主义的意大利。法西斯的意大利试图用社团主义来化解阶级矛盾，而不是找到一个永久的解决办法。

另一方面，土耳其民族革命运动的特点是建立一个独立的土耳其国，它根据当时的历史形势，取代了半殖民地的奥斯曼帝国。自从土耳其以一个没有阶级的国家结构开始革命以来，它继续采取措施拒绝阶级的形成，让其没有存在的必要。其结果是国家对大企业的拨款，并接受和修订一个进步的、有计划的国家主义经济。（《骨干》不是绝对坦率的，凯末尔主义者反对阶级冲突，但不反对阶级的形成，他们尽其所能地鼓励资产阶级的成长。）

《骨干》继续指出，尽管一战后殖民主义衰落，意大利仍在追求殖民梦。另一方面，凯末尔主义是对殖民主义的反抗，它与殖民主义及其外部和本土的走狗，即希腊军队、奥斯曼苏丹和伊斯坦布尔（少数）银行家斗争，并于 1923 年在洛桑以取胜终结。

因此，法西斯主义仅适用于半资本主义社会，对于完全资本主义社会和像土耳其这样的前资本主义社会毫无用处。然而，凯末尔主义是所有尚未实现其抱负的国家的永久理想和意识形态的源泉。认为土耳其走上了在 19 世纪尽人皆知的西化道路，也是错误的。事实并非如此，土耳其正在进行一项完全独特的实验，否认这一点就是否决“我们革命的原始特征……土耳其革命……声称是战后国家和国际舞台上最正义、最进步的现象”。①

这种夸张反映出了自信的新境界，这正是凯末尔主义者开始享受

---

① *Kadro*, Jan. 1932, p. 3 and Aug. 1932, pp. 38 - 39. *Kadro* 1932 年 1 月开始出版，1934 年在共和人民党自由派的压力下推迟出版，这一事件也标志了共和人民党的胜利。关于法西斯主义的尖锐讨论及其在土耳其的运用，见 Çaglar Keyder, *State and Class in Turkey*, London, 1987, pp. 108 - 109。

的。他们为土耳其稳定（尽管欠发达）的经济而骄傲，至少相对于陷入严重危机的西方国家来说是这样。他们感到自豪的是，德国经济学家桑巴特（Werner Sambart）曾撰文指出，德国需要一个“像凯末尔一样意志坚定的人”来带领国家走出混乱。所有这些好像都在证明，严重危机时期因为“人类渴望进取的英雄，而不是狡猾的政治家”所导致的政治悬空状态是合理的。①

对外交政策的考虑也是安卡拉拒绝接受罗马关于凯末尔主义的论点的一个因素，意大利在该地区的野心令土耳其警醒，特别是在意大利仍然占领安纳托利亚的西海岸的多德卡尼斯群岛时。在土耳其人心中，对于战后意大利占领西南海岸记忆犹新。在安卡拉，罗马对意识形态霸权的主张被视为是试图在发动真正的进攻之前，确立它对土耳其凯末尔主义者的道德优势。因此，安卡拉的反应只是反法西斯帝国主义斗争的第一步。1933 年 12 月 22 日和 1934 年 3 月 13 日墨索里尼发表讲话，声称意大利在亚洲和非洲有历史使命，这迫使安卡拉采取积极措施应对这一威胁。

意大利成为土耳其外交政策的主要影响因素，政府开始使外交关系多样化。安卡拉继续加强与莫斯科的关系，特别是在经济领域。作为回应，苏联派出了一个由伏罗希洛夫率领的大型代表团，参加土耳其共和国成立 10 周年的庆祝活动。代表团受到土耳其政府的热情接待，重申了两国之间的友谊。同时，安卡拉还寻求英国和法国这两个

---

① *Kadro*, May 1932, p. 5.

地中海地区的大国的支持。英、法都是议会民主国家，这一事实影响了其政权的政治思维和行为。土耳其需要两国的支持来修改《洛桑条约》，以便巩固海峡的防御力量，抵御意大利可能进行的侵略。因此，土耳其成为国际联盟集体安全的热心支持者和绥靖政策的批评者。它支持反抗意大利侵略的埃塞俄比亚以及西班牙内战中的共和党人，《泰晤士报》驻伊斯坦布尔记者（1937 年 5 月 25 日）写道，仰赖莫斯科、1936 年之后的伦敦和巴黎的土耳其外交政策，取决于其国内有一个没有法西斯色彩的政权。正是在 1936 年，凯末尔总统开始采取措施驱散政权上的“法西斯色彩”，即便一党制国家仍然完好无损。

尽管安卡拉对法西斯意大利怀有敌意，但 1930 年代法西斯主义的胜利对党内的一个群体产生了影响。这种影响反映在希望建立国家而不是自由资本主义，并希望公开攻击自由主义。由雷杰普·佩克尔领导的极端的国家主义者，一直预言自由主义在欧洲的消亡和国家主义的普遍胜利。佩克尔完全疏远了党内的自由主义者，他们发起了反对他的运动。凯末尔亲自介入党内斗争，并于 1936 年 6 月 15 日迫使佩克尔辞去总书记一职。

凯末尔的亲自干预是出于外交政策的担忧，而不是想站在自由主义者一边。蒙特勒的谈判将于 6 月 22 日开始，为了赢得民主国家的支持，必须摆出戏剧性的姿态。佩克尔的解职增强了自由主义者的力量，但也令英国感到高兴，后者因为纳粹德国在土耳其的影响力不断上升而敲响了警钟。这个姿态似乎已经得到了回报，使谈判有了一个非常友好的开端。一个月后，即 7 月 20 日签署的《蒙特勒公约》允许安卡拉加强海峡的防御力量。这是安卡拉的胜利，提高了该政权的威望。它还开启了英国—土耳其恢复友好关系的序幕，并在9月爱德华八世访问土耳其时实现了两国的和解。

该党的自由派继续占上风，最重要的收获是1937年9月解除了伊诺努的总理职务。他从1925年3月开始从政，在谢赫赛义德叛乱爆发时掌权。众所周知，他与总统关系密切，因此他的离职引起了很多猜测。伊诺努是因为在党内权力过大而被削权的吗？他与凯末尔之间有分歧吗？或者他与安卡拉的苏联政策联系太过密切，而这一政策正被修改以有利于英国？据说，伊诺努一向主张与莫斯科保持良好关系，苏联是唯一与土耳其有共同边界的大国。官方公报没有透露任何这方面的情况，只是指出，应伊诺努总理“本人的要求，总统准许他休假45天”。

用拜亚尔取代伊诺努的决定，表明了凯末尔仅仅是出于内部和外部原因，继续推行加强自由派的政策。伊诺努被认为太不灵活，没有能力解决1930年代土耳其面临的复杂问题。拜亚尔是商业银行家，首位平民出身的总理，被认为可以用正确的政治模式改革党国的官僚机器。人们预计他将通过增强个人权利和个人安全，并给予私营部门更多的重视来削弱官僚机制。

但是拜亚尔的任职时间有限，什么都无法完成。官僚机制太过强大而且根深蒂固，不可能一夜之间彻底改革。欧洲日益严重的危机，纳粹德国日益壮大的权力和威望也不利于自由主义趋势。尽管英国采取了反制措施，但德国的经济政策稳步地将安卡拉拉入自己的势力范围，并影响了土耳其的政治和意识形态。1938 年，政府变得越来越专制，并经常实施镇压，特别是对左翼人士和工人。1938 年 11 月 10 日，凯末尔总统的逝世加速了这个过程，尽管此前他已经由于身体每况愈下无法阻止这种趋势而远离国家大事。

11 月 11 日，伊斯麦特·伊诺努被大国民议会一致选举为凯末尔的继任者，显示了党的机器运转良好，有能力在所有党员中执行纪律；自伊诺努 1924 年与主要保守派、总参谋长费夫齐·恰克马克元帅结盟以来，这些党员完全孤立了拜亚尔派，使伊诺努的继任成为定局。恰克马克控制着整个共和国的土耳其军队，是最具政治影响力的人物。他在 1938 年已经通过允许在战争和海军学院进行反共政治迫害，表明了自己极力反对自由化的立场。

在 12 月 26 日党的特别代表大会上，规章制度被修改，伊诺努由此成为该党的“永久主席”，而凯末尔被宣布为该党创始人和“永远的领袖”。伊诺努还接受了“国家元首的头衔，而且这个政权采取了法西斯形式，党的口号定为‘一党、一国、一领袖’”。也许伊诺努不得不顶着大权的所有这些装饰物，因为他缺少他的前任凯末尔的魅力；“国家元首”和“永久主席”的头衔表明，由于他不能被解除权力，他既不为自己的行为担责，也不对任何人负责。

伊诺努驱逐了与凯末尔关系密切的以及视伊诺努的地位与其他内阁成员相当的一些人，从而巩固了自己在党内的地位。特维菲克·鲁斯图·阿拉斯（Tevfik Rüştü Aras）是凯末尔时期的外长，被任命为土耳其大使派驻伦敦。拜亚尔被免去总理职务，他的一些内阁成员也被免职，包括国防部长卡兹姆·奥扎尔普（Kâzim Özalp）将军。在1939年的选举中，一些重要代表被党的行政机关禁止连任。同时，伊诺努扩大了政治共识，允许选举曾是凯末尔的批评者和竞争对手的人，这些人自1926年清洗以来一直被排除在政治之外。因此，前将军如卡兹姆·卡拉别克尔、阿里·福阿特·杰贝索伊，以及若费特·贝勒，记者如侯赛因·查希德·亚钦（Huseyin Cahid Yacin）被恢复原职，并被选为1939年议会的共和人民党代表。

伊诺努甚至没有允许一个以1930年的自由党为样板的反对党的存在，但在第五次党代会（1939年5月29日—6月3日）上，他允许在议会中成立一个“独立团体”，从共和人民党内部批评政府政策。但这个团体并没有认真履行其职责，甚至在1942年11月“资本征税”事件（下文将讨论）公然破坏法治的情况下也没有这么做。在此次大会上，当决定结束党对官僚机构的控制，使党的官员不再担任国家职务时，党和国家之间的联系也变得松散了。从理论上讲，共和人民党现在将与国家合作，而不是控制国家。

欧洲战争的爆发和战时中立的紧迫性结束了这种趋势，政府被迫对土耳其生活的几乎各个方面进行更为彻底的干预。1940年1月18日的《国防法》赋予政府广泛的紧急行事权，以控制市场上的物价和商品供应，并采取强迫劳动的措施，特别是在矿山。1925年废除的什一税，在1943年以对农产品征收“实物税”的形式恢复。

战争年代，特别是1942年，对土耳其来说是艰难的岁月。物价稳步上涨，通货膨胀猖獗。1942年1月13日，政府被迫对土耳其的主食面包实行配给，伊诺努在11月1日的新一届议会开幕式上发表讲话，对普通百姓生活困苦不堪之际，商业界却在囤积居奇、黑市交易、牟取暴利表示了不满。10天后，议会一致通过了臭名昭著的《资本税法》，旨在向那些大发战争财的人，即商人，特别是非穆斯林以及大农场主征税。①

这个税法具有明显的倾向性，因为它实际上把穆斯林和非穆斯林区别对待，非穆斯林的税率最高。土耳其记者纳迪尔·纳迪（Nadir Nadi）亲历了这个时期，街头人士认为，这部法律的目的是摧毁少数族群的商业优势，壮大土耳其资产阶级。另一个目的是通过迫害富人来迎合大众的偏见，以平息民众对政府的不满。在德国军队进攻苏联的时候，纳粹种族主义政策的影响也不容忽视。

这些法律的武断性以及执行方式的野蛮，削弱了民众对国家和执政党的信心。资产阶级——无论是穆斯林还是非穆斯林——和大农场主方面尤其如此。这两者都在战争期间积累了大量财富，他们本应感谢国家为他们提供这样的机会。但他们不喜欢不可预测的专制国家的行为，在他们无法控制的政权下生活没有安全感。由于战争的压力，解放战争期间形成的资产阶级、地主和军民官僚之间的不稳定政治联盟最终破裂了。在战争期间必须维持这种关系，但一旦战争结束，就必须建立一种新的政治秩序，这在很大程度上取决于哪个联盟在战争中获得了胜利。

---

① Faik Okte对资本征税的经典论述现有部分英译本，见 *The Tragedy of the Capital Tax*, London, 1987；亦见 Keyder, *State*, pp. 113 - 114, and Lewis, *Emergence*, pp. 297 - 298 and 472 - 473。

五

新土耳其：社会与经济（1923—1945）

凯末尔主义者，与他们的前辈联合党人一样，相信政治权力的目的是进行一场社会和经济革命，没有这种革命，政治革命就无法成功。联合党人之所以未能进行这样的革命，原因在于他们所遭遇的一系列危机，迫使他们向保守势力妥协，特别是向安纳托利亚的地主和贵族妥协。他们上台的目的是拯救帝国，使其免遭即将到来的衰落和毁灭。因此，他们面前的政治和社会选择是有限的。由于他们不是共和党人，也不是世俗主义者，他们决定建立一个以伊斯兰教为意识形态基础的君主立宪政体。陷入危机和破产的财政部迫使他们向国外借债，并为了收入而榨取农民。因此，他们没有在农村推行必要的改革。但这使他们能够以一个不稳定的联盟与农村贵族和地主共存，代价是失去农民的支持和不顾农民的意愿。

凯末尔主义者面临完全不同的情况。一战期间，奥斯曼帝国不仅崩溃了，而且包括在 1918 年 10 月 30 日停战线内的小亚细亚领土受到分治的威胁。外国占领了安纳托利亚一些最有价值的省份，包括伊斯坦布尔，由此造成了土耳其国家和民族的生存问题。在如此绝望的情况下，凯末尔主义者为了保证土耳其人民的生存，几乎愿意做出任何妥协。这就解释了他们与布尔什维克之间的合作关系，后者的意识形态令他们深恶痛绝。在国内也是一样，凯末尔主义者愿意采取最极端的解决方案，以保证新土耳其的诞生和生存。

1919 年的春夏之际，土耳其可能会重蹈大叙利亚的覆辙，被分割成数个小国，以满足西方国家在该地区的野心，这是完全可以想象的。因此，在苏丹政府的抗议下，1920 年 8 月签署了《色佛尔条约》，对亚美尼亚和库尔德实行委任统治，在安纳托利亚西部的伊兹密尔地区赋予希腊广泛的权利，并将海峡置于国际联盟的控制下。①

在整个安纳托利亚，地方贵族集团已经开始组织起来抵抗外国入侵，但这种抵抗是局部的，目的是维护狭隘的利益而不是国家利益；许多贵族非常愿意与西方列强其中之一妥协，以保证自己的利益。对于在全国各地组织所谓“维权会”的人来说，民族斗争的概念是次要的。他们只是想从一个看似希望渺茫的局面中，挽救他们所能挽救的。

---

① Paul Helmreich, *From Paris to Sèvres*, Columbus, Ohio, 1974, p. 314ff.；以及 Marian Kent (ed.), *The Great Powers and the End of the Ottoman Empire*, London, 1984。

在伊斯坦布尔，苏丹和他那些可能成为全国抵抗运动焦点的随行人员，全心指望英国的仁慈，希望伦敦能够对其忠实的客户慷慨施舍。他们几乎愿意接受任何结果，只要能让他们保住权力，哪怕权力的表象也行。他们不相信国家或国家主权的概念，更不相信国家经济；相反，他们发现这些思想具有颠覆性，因为它们挑战了建立在古老传统之上的权力基础。

鉴于凯末尔主义者在土耳其社会上层发动民族运动所获得的支持和热情十分有限，他们考虑转而寻求农民和工人的支持。这引起了民族运动中自由派支持者的警醒，记者艾赫迈德·伊敏（Ahmed Emin）在*Vakit*（1923 年 1 月 18 日）的专栏中表达了他的关注："穆斯塔法·凯末尔帕夏阁下是能够为未来做准备的最强大的力量，然而，这股力量非但没有领导全国各地的尝试和努力，反而通过成立人民党表现出转向阶级斗争的意愿。"自由派不必担心土耳其缺乏必要的社会力量，那是凯末尔在 1920 年代可以依赖的。

土耳其没有工业，因而也没有名副其实的工人阶级。1915 年的工业统计数据显示，在当时的土耳其境内，只有 182 家工业企业，雇用了大约 1.4 万名工人，当时土耳其估计有 1500 万人口。在与苏联派驻的大使阿拉洛夫（Aralov）谈话时，凯末尔遗憾历史对他不利，羡慕苏联人的好运："在俄国，你有一个斗志昂扬、经验丰富的工人阶级，你可以信赖它，它也是可靠的。而我们没有这样的工人阶级。至于［安纳托利亚的］农民，他们并没有什么分量。"①

① Aralov as quoted in F. Ahmad, "The political economy of Kemalism", in Ali Kazancigil and Ergun Özbudun (eds), *Atatürk Founder of a Modern State*, London, 1981, p. 157.

凯末尔主义者可能也会像其他革命运动所做的那样转向农民，但土耳其的案例再次显示它与其他国家——如墨西哥、俄国、印度或中国——的历史经验不同。土耳其没有渴望占有土地的农民，因而无法通过剥夺地主的土地并分配给农民来赢得农民对革命的支持。在人口不断增长、土地匮乏的许多第三世界国家，我们也没有发现这种典型的土地问题。土耳其人口少，在20世纪第一个25年人口规模还在缩小。理论上，人人都可以拥有足够的土地。但实际上，随着农业商业化，土地价格不断上涨，导致土地集中在少数人手中，引发了地区形势的紧张和冲突，不过总的来说，有足够的土地满足需求。因此，除了安纳托利亚各地区的大量财产外，土耳其仍是个小农之地，尽管在政治制度中地主施加的影响与他们的数量完全不相称。

土耳其耕地的真正问题不是缺少土地，而是由于连年战争和人口流失所加剧的劳动力短缺。在一战期间，农业劳动力的短缺变得如此严重，以致政府被迫建立劳役制，以提供廉价劳动力，维护重要的粮食生产。到1923年，新土耳其境内的人口估计减少了20%，土地的再分配会大大减少地主可使用的劳动力数量。他们将不得不支付更高的酬劳，与此同时地租也会下降。基于这两方面，地主都反对土地改革或者农村的任何结构性改革。凯末尔主义者虽然顺从了他们的意愿，在1925年废除了负担沉重的什一税，但是在二战期间又恢复了。

然而，稀缺和昂贵的劳动力可能迫使农民以机械化而不是密集型劳动从事生产，从而使土耳其农业资本化。青年土耳其党和凯末尔主义者都希望解决人口不足的问题。他们希望通过建立示范农场，向农民展示科学种田的好处，说服农民使用现代化耕种方法。但是在有廉价劳动力可用的情况下，这项计划没有奏效。二战后，土耳其才因马歇尔计划而进口农业机械，开始普及机械化农业。这些举措的重要结果之一是农村地区的失业现象，大量农民涌向城市。

土耳其的耕地问题的本质是政治问题，而不是经济问题。它在1920年代的解决，完全取决于支持民族斗争的是农民还是地主。事实证明，地主的支持不冷不热，农民也普遍漠然视之。在走访农村时，凯末尔也体会过农民的冷漠和麻木，在他去过的一些村庄，那里的农民似乎对来犯的希腊军队毫不关心。他对这种漠不关心感到惊讶，便询问一位农民为什么不准备抵抗侵略者。农民回答说，在他采取任何行动前，会先观望一些希腊人是否占领他们的土地。对农民而言，这场战争只是一个国家历史上的又一个插曲，这个国家以沉重的赋税压迫他们，迫使他们离开土地，去打他们既不能理解也不关心的仗。

农民一向受到农村贵族的剥削和压迫，但他们认为国家对此负有责任。毕竟，地主是在国家提供的胁迫手段、宪兵、法庭的帮助下剥削农民的。

1908年的革命，伴随着“自由、平等和公正”的承诺，燃起了安纳托利亚的农村地区的希望，农民认为他们有救了。但最终一无所获时，只剩下失望、愤怒和沮丧。农民认为宪法制度将引入一种公正的税收方式，将法律和秩序带进农村，减轻兵役负担，结束官员的粗暴执法。但情况越来越恶化，因为封建地主和贵族的权力随着国家权力的增加而增加了。

农民的抱怨表明，他们对国家比对乡村贵族更愤怒和失望。后者压迫和剥削农民，但在危机时期也提供帮助。而国家始终漠不关心、置身事外，毫无人情味。即使它试图通过农业银行提供贷款帮助农民，这些钱也落不到农民手中，而是进了乡村贵族的腰包。①

一战期间，农民与国家的隔阂变得更加严重，他们的牲畜被征用，而他们自己则被派到各条战线上，由于装备不良、准备不足，不是被杀，就是受伤。如果侥幸活下来，情况会变得更不堪，他们可能会像许多人一样，成为亡命之徒，过着盗匪的生活。到 1917 年，匪患已成为政府面临的主要问题。甚至有报道说土耳其人和奥斯曼希腊人联合起来结成了帮派。

凯末尔主义者继承的是一帮阴沉而痛苦的民众，后者将解放战争视为早期冲突的延续，他们逃离了上一个，同样渴望逃离这一个。民族主义者很难为军队招募新兵，农民们自然更容易接受苏丹的宣传，称他们有责任不加入民族主义者的队伍。尽管那几年发生了以希腊入侵、外国占领和内战为标志的动乱，但并未出现真正的农民夺取土地的运动。大多数农民仍然被动地等待暴风雨过去。一些人参加了往往由土匪首领领导的地方游击队，已在对抗国家。

凯末尔主义者发现农民对他们的号召并没有什么反应，无奈只得通过他们的传统领袖、地方贵族、宗教人士、谢赫的机构与农民接触，

① 关于奥斯曼帝国晚期的土地问题，参见 F. Ahmad, "The agrarian policy of the Young Turks", in Jean-Louis Bacque-Grammont and Paul Dumont (eds), *Economie et Sociétés dans L'Empire Ottoman*, Paris, 1983, pp. 275 - 288。

凯末尔主义者和当地乡绅合作的代价就是达成默契，在农村保持甚至巩固现状。这是通过成立一个政党，即人民党来实现的，地主是人民党的重要组成部分。双层、间接的选举制度保证了议会中强大的地主游说集团的存在，阻碍了改革。按照这个制度，初选选民选出各选区的选举团，然后选出议会的代表。1924 年宪法的第 74 条保障私有财产的规定，实际上关上了土地改革获得通过的大门。[①] 此后，政府试图通过教育改变农民的命运，希望能及时启蒙全民，改变安纳托利亚农村的落后面貌。

尽管在民族斗争和共和国建立的过程中，保守的贵族和新生的资产阶级扮演了重要角色，新国家仍是由一个军人和平民团体组成的知识分子阶层统治，他们构成了凯末尔主义运动的硬核。这些人受某些从俄罗斯来的土耳其人带入伊斯坦布尔的俄国思想影响，形成了一个独特的、受过良好教育的、自我意识强的群体，视自己为舆论的塑造者和注定要引领土耳其进入文明国家组建的现代世界的先锋。他们致力于思想变革，对他们视为进步阻碍的传统思想没有耐心。

奥斯曼帝国的毁灭被证明是一件幸事，因为土耳其人现在可以自由地重新发现自我，并抛弃腐朽的过去迎接一个崭新的开始。这种态度与法国革命传统和实证主义对奥斯曼帝国晚期激进思想的影响也是一致的，革命和雅各宾派的传统鼓舞了联合党人和凯末尔主义者。在

① 第 74 条规定："不能侵犯或剥夺私有财产，除非是在遵守相关法律的情况下为保护公众利益的需要，或者以合理的价格进行补偿。"见 Geoffrey Lewis，*Turkey*，2nd. revised ed. 1959，pp. 208 - 209。

1912—1913 年巴尔干战争期间，他们改编了 1789 年的训言，以“公正”取代“博爱”，并成立了国防和公共安全委员会，这并非偶然。土耳其革命没有产生它自己的罗伯斯庇尔，尽管联合党人领袖塔拉特（Talat）被外国的同时代人描述成它的丹东。

在法国革命的传统中，凯末尔主义者认为 1920 年 3 月盟国军队占领伊斯坦布尔并不是奥斯曼帝国的终结，而是一个新时代的开始，这个新时代凯末尔称为“第一个国家年”。这第一步预计将导致一个全新社会的创建，对于这样一个社会，他们知道他们必须创造出“一个完全不同于奥斯曼帝国时期的新土耳其”。正如法国的革命者必须创造新法国人，布尔什维克正在创造新的苏联或社会主义新人一样。

在凯末尔主义者所在的土耳其，这不是一个虚张声势的夸大其词，而是新政权面临的真实问题。凯末尔主义者继承了一个土耳其身份的概念在其中几乎不存在的社会，直到 19 世纪初，人们都是通过宗教信仰来确定自己身份的。如果一个人是保加利亚人或阿拉伯人，但信奉希腊东正教，就会被认为是希腊人。一旦民族主义进入多宗教、多民族的奥斯曼帝国，并在不同族群间开始了民族觉醒和复兴的过程时，这种情况就开始变了。土耳其人是最后一批实行民族主义的人，原因很简单，对于促进他们统治范围内的这个世界性制度，他们是有既得利益的。因此，他们尽可能地提倡一种王朝意识形态，即奥斯曼主义；甚至连被许多人视为土耳其民族主义先锋的联进会，也自称“奥斯曼联进会”。

值得强调的是，在奥斯曼帝国晚期，“突厥人”一词是含有嘲讽意味的，用来形容粗俗不堪的农民、部落居民或小镇居民。如果可以选择的话，人们更愿意被认定为“奥斯曼人”，是一个拥有自己的文化和语言［称为奥斯曼语而不是突厥语］的阶层的成员，这种文化和语言超越了种族和宗教的界限。因此，无论是希腊人、亚美尼亚人、犹太人，还是阿拉伯人、库尔德人、阿尔巴尼亚人或突厥人，都是奥斯曼人，只要他们拥有共同的语言和文化特性。在谈及奥斯曼帝国的大事件时提到突厥和突厥语的是欧洲人，这些欧洲人更多的是在自己国内使用民族主义话语。后来，一些土耳其人采用了这种词汇，并开始用“突厥语”写作，其中的语言与受过高等教育的精英阶层的语言有着鲜明的对比。即便这样，迟至1897年，当民族主义诗人穆罕默德·伊敏以新发现的民族主义自豪感写到“我是突厥人，我的信仰和我的种族是伟大的”时，仍有一种震惊的感觉。即便是民族主义者为这个新建立的国家取的名字“Türkiye”，也来自意大利语“Turchia”。

1908年之后是土耳其民族意识形成的关键时期，凯末尔主义者革命的神话在它的形成中发挥了重要作用。土耳其以安纳托利亚的历史和传统（“文明的摇篮”）为荣，这两者都必须被重新发现甚至制造。但是突厥也在与其他伊斯兰世界的对比中被定义，从而强调世俗主义，或至少土耳其伊斯兰主义。

创新意识被纳入了凯末尔主义政权的议事日程。被描述为封建的半殖民地的旧秩序被推翻，代之以“现代”，这是不言而喻的。在这个时代背景下就意味着资本主义。凯末尔主义者对欧洲历史，特别是法国历史，是一种线性思维，他们确信土耳其有很多东西要从中学习。

在法国，第三阶级的领导权已经转移到资产阶级之手，资产阶级是最先进的阶级，是唯一能够领导革命的阶级。他们将欧洲的宪政运动解释为资产阶级革命的一部分，把土耳其对宪政运动的模仿解释为同一过程的一部分。1908 年的革命被视为是在君主立宪制中建立阶级统治的尝试，这种尝试只取得了部分成功。但是在土耳其，凯末尔主义理论家声称，

> 没有哪个阶级的经济利益可以用“资产阶级”这个词来形容，也没有哪个阶级是介于平民与贵族之间的阶级；土耳其甚至没有贵族，只有平民和皇族。

由于没有资产阶级掌握主动权，凯末尔主义者将自己视为一个代表一切阶级利益的爱国团体，他们是执行资产阶级革命任务的代理人，这个任务是 1914—1918 年战争期间联合党人开始的。在一个没有发达的阶级结构的社会中，他们自视为人民的领袖，是一个接近法国革命中的第三阶级的社会类别，同时也受到沙皇俄国民粹主义者的启发。(这些年来，来自俄国，定居在伊斯坦布尔的土耳其知识分子的影响相当大。)“人民”意味着联合各种社会力量对抗旧秩序。这个集体的主要任务不仅是摧毁旧社会，还要合作，共同创造一个新社会。这两项任务需要组成“人民”的所有群体之间的精诚团结，没有利益冲突的空间。在凯末尔主义者看来，幸而“我们国家的知识分子、商人、农民和官员不是不同社会群体的成员，他们之间甚至没有深刻的经济利益分歧，每个人都是创造者，每个人都来自人民”。

凯末尔主义者的热情被泼了冷水，他们一心想通过他们和新生的

资产阶级和社会名流的结盟来推行改革，而后两者本质上都是保守和谨慎的。但是 1925 年 2 月的库尔德叛乱以及随后出台的不寻常的《维持秩序法》（一直有效到 1929 年），使政府得以颁布法律，改变土耳其的法律面貌。其中很多法律的直接影响和间接影响是创造一个更适合现代社会繁荣发展的社会环境，至少在城镇如此。

为了与他们制定的打破传统的法律保持一致，激进的凯末尔主义者这些年的口号是“打碎偶像”。1925 年 11 月，所有的土耳其男人都不得再戴红圆帽（fez）①，而改戴有檐的帽子，从此再也不能从一个人的头饰一眼分辨出其社会和宗教差别。德尔维希教团（dervish）② 的命令代表了广泛流行的民间伊斯兰教，因而对于穆斯林群众，其影响力甚于正统伊斯兰教的既有机构的影响力，正统伊斯兰教的既有机构已经解散，其清真寺和“圣徒”墓地已经关闭。正如法国革命者推出新日历一样，土耳其也采用了新日历。在 1917 年前，土耳其一直使用三种不同的年代测定方法：伊斯兰教历，始于先知穆罕默德从麦加迁往麦地那的公元 622 年；修改后的儒略历，与西方的公历相差 13 天；以及用于官方目的的公历③。1917 年 3 月，联合党人引入了一种修改后的公历，其中保留了传统年份。凯末尔主义者通过采用 1926 年 1 月 1 日生效的公历结束了这种混乱。伊斯兰的计时法，以晚祷开始新的

① 一些伊斯兰国家的男性戴的帽子，平顶，有缨无檐。——译者

② 属于伊斯兰教，尚苦行，其崇拜仪式之一是狂舞。——译者

③ 公历的标准名称是格里高利历，是源于西方的一种历法，是意大利学者在儒略历的基础上加以修改，由教皇格里高利三世 1582 年颁布的。此处英文用的是“格里高利历”。——译者

一天，为国际标准时间让路。这些变化构建了与外部世界的交流，特别是在与商业有关的问题上。出于同样的原因，1935 年，星期天被定为每周的假日，使土耳其的每周工作日与西方国家同步。

另一个被打碎的伊斯兰偶像是伊斯兰教法。奥斯曼帝国和共和国一直使用伊斯兰教法，直到 1926 年，尽管所有的宗教团体都被允许使用它们自己的、涉及家庭和遗产的属人法。《洛桑条约》第 41 条保证了少数民族的这些权利，但犹太教和基督教团体放弃了这一特权，同意按照共同的西方民法生活。1926 年，政府引入了《瑞士民法》、《意大利刑法》以及一部主要以意大利和德国法典为基础的《商业法》。①

也许这一时期对传统破坏得最彻底的是书写方式的改革，即以土耳其语中的拉丁文代替阿拉伯文。这一下，连识字的人也与过去断绝了联系。一夜之间，几乎整个国家的人都成了文盲。阿拉伯-波斯语字母被认为不适合书写土耳其语，由此导致了土耳其人的识字率较低。改革者曾考虑简化字母表，使土耳其语更容易读写。1914 年，成为战争部部长的恩维尔帕夏制作了这样的字母表，以提升军人的识字率。但很少有人考虑废除字母系统，采用完全不同的文字。到了 1920 年代，有了一个先例，1924 年苏联政府决定在其突厥共和国用拉丁字母取代阿拉伯字母。整个 1920 年代，土耳其一直在讨论这个问题，但是保守派势力太大，不允许文字革新。等到反对派被镇压后，凯末尔才

---

① 关于 20 世纪二三十年代的改革，参见当时 Henry Elisha Allen 的论述，*The Turkish Transformation*，Chicago，1935 and reprint New York，1968；以及 Donald Webster，*The Turkey of Atatürk*，Philadelphia，1939。

能考虑在国家推行这一措施。1928年5月，西方数字取代阿拉伯数字开始试行。随后，凯末尔开始在全国公开展示拉丁字母系统。最终在1928年11月1日，议会通过了一项法律，推介新的土耳其字母表，它将从新年开始在所有出版物中使用。

这项革命性举措，也许是第一个对土耳其社会结构产生影响的措施，其目的之一是加速新土耳其的扫盲和教育进程。与其他真正的革命政权一样，共和党政府认识到，只有成功地教育广大民众，革命才能扎根。共和国成立之初，识字率极低，根据1927年的人口普查，仅为9%，实际数字可能更低。凯末尔相信，识字使人成为人，因此教育文盲并使他们成为人是一项国家义务。

1929年11月，政府建立了“国立学校”，旨在教成年人识字。伴随着新学校建立的消息的发布，也向有文化的民众发出了呼吁，凯末尔劝告知识分子把新的土耳其字母教给每位公民，无论男女，搬运工还是船夫。每个人必须把这当作爱国义务和国家责任。

> 当一个人从事这项工作时，请记住，如果全国只有10%或20%的人会读写，而80%的人不懂，那是一种耻辱。作为人，他们应该为自己感到羞耻。这个国家不是为了自惭形秽而建立的，它的诞生是为了让它以自己引以为豪的时刻和引以为豪的历史为荣。但如果全国80%的人是文盲，那不是我们的错，而是那些把土耳其人的头拴在铁链上却不了解他们本性的人的错。
>
> 现在是我们消除根源、纠正过去的错误的时候了。我们

要纠正这些错误，我希望所有公民都能积极发挥作用。因此，土耳其社会必须在一两年内学会新的字母表。

有了自己的字母系统和本土智慧，我们的国家将在文明世界中拥有一席之地。

除了提高国民的识字率外，新闻出版界称为"字母革命"的另一层目的似乎在当时看起来比较超前。记者尤努斯·纳迪（Yunus Nadi）认为，它的真正目的是"在现实和物质上把土耳其和欧洲联合起来"，这一步意义重大、影响长久而深远。这项改革比其他任何改革都更为明显地疏远了土耳其与东方伊斯兰世界的联系，并且不可避免地迫使土耳其向西方靠拢。文字本身不足以实现土耳其与欧洲的联盟，但它被称为土耳其精英所珍视的目标，他们认为这是土耳其在资本主义和后来的民主实验中的高潮。

采用拉丁字母，以及随后的扫盲运动，导致识字水平的显著提高。人口的识字率从1928年的8%上升至1935年的20%以上，战争结束时达到了30%。然而，教育工作大多在城镇进行，农村仍旧落后。保守的农村乡绅的结盟，再次阻碍了教育在农民中的传播。地主不愿看到有文化的、懂政治的农民，这样的农民懂得自己的权利，能够表达自己的不满。

还有一个长期存在的问题，就是在城镇寻找愿意去安纳托利亚农村教书的教师。这些村庄缺乏最基本的设施，比如清洁的饮用水、电力和道路，学校也很少。即便城镇老师来到村里，他们也会发现这是一个不可能弄明白的世界。城乡之间的差距太大。农民疑神疑鬼，闷闷不乐，仍然受到当地宗教人士的影响，尽管安卡拉已经建立了世俗政权，但这些宗教人士是一股不可忽视的力量。他们说的习语农民能理解，但城市的凯末尔主义者是弄不懂的。①

不过，即使是安纳托利亚的农村也无法完全躲开1930年代席卷土耳其的变革之风，一些农民在参军期间学会了识字，学习了卫生和技术方面的基本知识，他们回到了村里并将新学到的一些技能教给其他村民。因为他们了解农村的环境和农民的思维方式，知道如何用农民熟悉的话语与之交流，这样的人最合适充当农村教师。

凯末尔任命的一个教育委员会，目的是了解为什么在农村推行小学教育的努力会一败涂地，并调研如何将文化灌输至安纳托利亚农村。答案很明显：教育和培训出身农村的青年人，地点不是在他们可能被带坏的城市，而是在他们出身的环境。要教他们什么是凯末尔主义和新土耳其正在经历的革命，让年轻人将这些信息带回村子里。但也要教一门有实用性的课程，这样他们既是老师又是“实干家”。然后，这些农村青年男女会回到他们的村庄，带去他们将要传承的现代方式。根据教育委员会的报告，政府决定在1940年建立乡村学校，旨在推动农村变革。

第一个这样的学校是由一个根据《国防法》享有特殊权力的政府

① 关于农村生活，见 Mahmut Makal, *A Village in Anatolia*, London, 1954。此文作者曾在乡村学院接受教育并试图在乡村教书，后因新闻学及写作而被迫放弃这个任务。关于乡村和小城镇生活的社会学描述，见 Paul Stirling, *Turkish Village*, London, 1965；以及 Arnold Leder, *Catalysts of Change: Marxist versus Muslim in a Turkish Community*, Austin, Texas, 1976。

机构建立的。尽管一党执政之下纪律严明，没有正式的反对派，但很多议员（准确地说是 148 位）在大国民议会投票时缺席了，以此表明他们不赞成这种极端做法。

在保守派眼中，通过教农民读写，教他们卫生保健和高效农业生产知识来唤醒农民的思想，简而言之，给他们一直新的自立感和信心，这是很危险的。因此，根据最初的设想，乡村学校是短命的。战后，它们受到攻击，理由是学校教师对农民的教育使他们容易成为“不良意识形态”（比如社会主义或共产主义）和煽动阶级冲突的目标。这些学校的性质被改变了，课程也被调整，男女同校的培训被废除，女子被分在两个截然分开的学院。田野和工作室的实践课被压缩，被理论课取代，总之就是“做”的精神被“学”取代。在这些变化的冲击下，乡村学校失去了活力和进步精神，1954 年……民主党政府将它们与现有的教师学校合并，并命名为乡村教师学校。①

就这样，一个最有原创性的计划结束了，而它原本可以改变土耳其农村的面貌，从而改变整个社会。到 1948 年，只建了 20 所学校，却要服务于全国大约 4.4 万个村庄。这些学校培训了大约 2.5 万名教师去服务农村。数字可能看起来很小，但这些老师的影响力却是巨大的。此后，他们成为安纳托利亚保守势力的攻击目标，被视为变革的推动者，因而也是现状的敌人。学校也造就了一批作家，他们的小说以现实主义和实际经历为标志，改变了民众对乡村生活的普遍看法。

---

① Kemal Karpat, *Turkey's Politics: the Transition to a Multi-party System*, Princeton, 1959, p. 380；以及 Geoffrey Lewis, Turkey, pp. 108 and 131。

法基尔·贝库尔特（Fakir Baykurt）就是其中最著名的一位，不幸的是，无论是他的小说还是其他从这些学校毕业的作家的小说都没能保留下来。

保守派对这些乡村学校的主要批评点之一是引入共同教育，据说共同教育会侵蚀农村层面的道德。而调查显示，这些指责毫无根据。批评的最基本一点是妇女和妇女权利，这是个更大的问题。它反映出保守派的恐惧，他们将这个问题视为维持现状的根本。

与许多其他问题一样，妇女的平等权利问题在1908年革命后凸显出来。知识界将恢复宪法看作奥斯曼社会每个人的“自由宣言”，其中包括女性，至少是伊斯坦布尔具有政治意识的中产阶级妇女，但不包括旧政权的后宫妇女、富人家眷。随着君主制的废除和奥斯曼王室被放逐，这类女性已经从土耳其社会消失。[①] 其他妇女，比如农妇和女工，可能希望她们的命运在她们男人的命运改变时也得到改善，但不一定是作为女人的改善。

奥斯曼社会的妇女并不是太受重视。她们不能从军，所以人口普查员没有认真计算。她们从事的行业很少，垄断了某些行业，比如纺织、地毯和香烟制作。这样的行业被看作“女性的专属行业”，收入也比男性低；法国的一份报告形象描述称，女性劳动力“比水还便宜”。

城市女性、上层和中层阶级的女性主要关切的是通过使她们在结婚、离婚和继承遗产方面得到应有的权利来扩大她们的个人权利。在

① 关于后宫妇女生活的研究，Kenize Mourad 在她的小说里提供了一篇极具吸引力的论述，题为 *Regards from the Dead Princess*，New York，1987。

19 世纪，奥斯曼帝国的上层社会进行了改革，上层妇女的收获却微乎其微。但她们知道，要想取得与同阶级男性势均力敌的权利还有很多路要走。随着青年土耳其党的媒体宣称“妇女必须从传统的束缚中解放出来”，1908 年带来了彻底改革的希望。青年土耳其党运动的自由派明白，除非妇女能够自由地在社会中发挥积极作用，否则土耳其社会变革将无法成功。毕竟，女性至少占总人口的一半，甚至可能是更大的比例，因为大量穆斯林男子死于 19、20 世纪的战争。受过教育的妇女有望在家庭和整个社会中发挥现代化作用。

青年土耳其党运动中的“西化者”意识到了这一切，但他们缺乏政治力量，无法通过任何东西去与保守派和反动派的反对激烈对抗。正如他们没有兑现改善农民和工人命运的承诺一样，他们也没有为妇女做任何有意义的事。起初，妇女在革命后感到了足够的自由，可以戴着薄纱在公开场合露面。但这激起了所有阶层的保守派的愤怒，他们以此为理由攻击政府，并于 1909 年 4 月发动了未遂的反革命行动。妇女自然对她们所取得的进展感到失望。因此，当“女性世界”——“捍卫女性权利协会”的机构——在 1911 年革命周年纪念日出现时，它发泄出了自己的失望情绪，并将这个时刻形容为“男性的节日”。

大多数女性的状况随着整个社会的状况而变化，在巴尔干战争（1912—1913）和一战期间，政府对妇女实行了相当于强迫劳动的措施。“女工营”的成立是为了干上前线的男子留下的体力活，特别是在战争工业中。另一方面，中产阶级的穆斯林妇女首次进入官僚机构，尤其是新成立的电话交换所和邮局，邮局因为 1914 年 9 月的投降协议被废除而扩大了规模，在协议中欧洲列强不允许这个国家拥有自己的邮政机构。

1908年以后，中产阶级妇女的地位有所提高，因为她们更容易接受教育，进大学深造，并有一定的机会参加工作。现在她们还可以去公共场所和娱乐场所，甚至可以上台表演，而舞台以前是没有土耳其语口音的亚美尼亚妇女的领地。

妇女权利的扩大是联合党人建立土耳其资产阶级进程的一部分。正如他们在战争中增强了资产阶级的实力一样，他们也扩大了女性的权利。1917年的《关于家庭法的法令》赋予女性离婚权，使婚姻摆脱宗教控制，置于国家管理之下，并将妻子的同意作为男子实行一夫多妻制的必要条件。①

解放战争期间，女性做出了大量的无私贡献。但她们的牺牲并没有给她们带来任何政治利益，仍然不能享有投票权和被选入议会的权利。与西方国家的做法相比，这可能看起来一点也不过分。但是，不少凯末尔主义者认为，拒绝给予一个在建立新国家的过程中做出了巨大贡献的公民群体这样的权利是错误的。当1924年的土耳其宪法第十

---

① 关于土耳其妇女的研究较少，Fanny Davis，*The Ottoman Lady：a Social History from 1718 to 1918*，New York，1986，提供了极好的参考书目。关于共和国，有Janet Browning，*Atatürk's Lagacy to the Women of Turkey*，Occasional Papers Series，no. 27，Centre for Middle Eastern and Islamic Studies，University of Durham，1985。亦见Mary Mills Patrick's chapter “Women” in E. G. Mears (ed.) *Modern Turkey*，New York，1924，pp. 141 - 154，以及Fatma Mansur Cosar的文章，“women in Turkish society”，in Lois Beck and Nikki Keddie (eds)，*Women in the Muslim World*，Cambridge，Massachusetts，1978，pp. 124 - 140。

一条，即“每个年满30岁的土耳其人都可以参选”被拿出来讨论时，雷杰普·佩克尔这位正在崛起的凯末尔主义者政治家和未来的总理，提出了一项修正案，将妇女包括在内。他质问那些反对他的提案的人：

> 你对我们说，土耳其是人民的国家，人民的共和国，而女性不是至少占总人口的一半吗？……“每个土耳其人”一词也应该适用于每个年满30岁的土耳其女性。

不用说，佩克尔的修正案也遭到了国会议员的反对，而后者正是反对凯末尔主义者的资产阶级革命的那批人。具有讽刺意味的是，在1923年的大选中，一些选举团的二级选民把票投给了妇女，尽管她们连候选人都不是。凯末尔的妻子拉缇芙·哈尼姆（Lâtife Hanim）获得了科尼亚保守派的39票，其他一些知名女性也得到了一些票。这一次，追随者走在了他们领袖的前面。

无论有多少凯末尔主义者赞成将女性从传统的桎梏中解放出来，他们都认识到了传统对他们正在努力改变的社会的影响以及保守势力的力量。凯末尔，一个反传统者，深知如果他试图提高土耳其女性的地位，他将面临一场大的动乱。他愿意向民众发表演说，反对戴面纱这种有辱人格的做法，但他从来不敢宣布将其废除，就像他废除戴红圆帽那样。他树立了一个榜样，娶了一个受过教育、西化和追求自由并陪他周游全国的土耳其女性。他把他的养女们培养成凯末尔主义女性的楷模；其中一个成了新成立的安卡拉大学的历史学教授，另一个则被培养为飞行员，执行了轰炸1937年参加叛乱的库尔德叛乱分子的任务。两个女儿都被有意识地训练去入侵传统的男性领地，但凯末尔从未试图将他个人的价值观强加在这个国家的女性身上。他与伊斯兰教社会的传统势力非常契合，当他得知阿富汗国王阿马努拉（Amanullah）已经宣布戴面纱非法时，他预言这位国王将被推翻。

但是，凯末尔主义者面对保守派的反对并没有保持被动。就算他们不能对传统发起正面攻击，那也不会阻止他们破坏它的根基。1929年，《共和报》（*Cumhuriyet*）组织的一场“土耳其小姐”的竞赛就是朝着这个方向迈出的一步。这样的比赛在土耳其，甚至可能在一个伊斯兰教为主的社会，都是第一次举行。媒体进行了大量宣传，详细报道了遴选“土耳其小姐”的过程。

这是一次政治活动而不是商业活动，是引进创新、效仿欧洲和文明世界的另一种方式。作为对批评的回应，得到国家批准主办此次比赛的《共和报》（1929年9月3日）驳斥道：

> 在以极大的认真和诚意成功地开展了一项将在全世界开展的事业之后，我们为什么要毫无理由地放弃它？究竟是什么缺点、什么过错让土耳其落后于世界其他国家？

第二年，“1930年的土耳其小姐”去里约热内卢参加环球小姐大赛。两年后，在土耳其加入国际联盟的那一年，1932年的土耳其小姐克里曼·哈里斯（Keriman Halis）获得了“环球小姐”的称号。20年后的1952年8月，当冈扎丽·巴萨尔（Günseli Basar）当选“欧洲小姐”时，这似乎成了欧洲非正式地接纳一个向朝鲜派兵并加入北约的两党制土耳其的方式。

选美比赛的目的之一也是为了打破城市中下层的拘谨，并在这些阶层的女性中建立一种自信。(1930 年代初，伊斯坦布尔附近的公共海滩是向女性开放的。)只有上学的未婚女子、低级公务员的女儿以及诸如此类的女性，才被允许参加这样的活动。她们需要被“解放”，去官僚机构从事文书工作。诗人纳兹姆·希克麦特被要求就土耳其女性取得的进步发表自己的看法，但这些在他看来流于表面的变化并未给他留下深刻印象。他告诉记者：“我不在乎女性留长发还是短发；她们不是母马，重要的是她们必须去工作。”

1930 年代初，女性日益成为不断扩大的劳动力大军的一部分。随着国家推进工业化以及在安纳托利亚四处开设工厂，劳动力需求继续上升。在城市，女性参加工作，成为教师、律师和法官，甚至警察的职位也向她们开放。就业机会的增多，使得包办婚姻的做法开始瓦解，一些女性按照自己的意愿结婚。以核心家庭为基础的新的家庭生活形式开始在城市中出现，像 1932 年的土耳其小姐、环球小姐克里曼·哈里斯这样的女性，成为这种新自由的象征。她们还将自己视为凯末尔革命的一部分，在赢得“环球小姐”的桂冠后，克里曼向凯末尔发去了一封电报，说“我的成功是您在我国女性中启发思想的结果”。

土耳其妇女联合会领导的妇女运动的成功，可以用男性人口的反应来衡量。从发给新闻媒体的文章和信件以及对妇女联合会的抱怨来判断，很多男性对女性要求的平等感到焦虑。除了根深蒂固的大男子主义外，他们还对按性别界定工作的传统分工方式的瓦解感到震惊。他们将女性视为就业市场上的竞争对手，“她们正在夺走我们的饭碗。妇女在要求平等的道路上走得这么远是不对的”。

妇女联合会的主席拉缇芙·哈尼姆抗议这种日益增长的反对女性的趋势。与一些男性看待这场运动的方式相反，她说，女性将男性视为伙伴而不是竞争对手。女性追求平等，并不是为了让每位女性都投身家庭之外的生活，而是为了证明她们与男性具有同样的能力和成熟。有人劝男性不要抱怨女性出来工作；恰恰相反，男性应该为女性也可以养家糊口而感到高兴。

1930 年代的经济发展，为女性带来了一定程度的自由。过去女性一直在土地上劳作，但现在几乎所有的主要行业，从纺织业到香烟业，都在雇用女性劳工。事实上，有人抱怨安纳托利亚城镇的妇女申请新工厂工作的人数还不够。妇女发挥的经济作用要求赋予她们新的政治地位。因此，1930 年 4 月，城市女性被赋予了在当年晚些时候举行的市政选举的投票权。4 年后，即 1934 年 12 月，议会一致投票表决，不仅允许女性在立法选举中投票，而且可以成为候选人。1935 年 2 月举行大选时，有 18 名女性被选入新的议会，其中 16 人来自城市，3 人有中学文凭，1 人有高中文凭，其他人则声称自己拥有更高的学历，农民代表只有 1 人。塞基贝·勒塞勒（Sekibe Icel）是位残疾士兵的妻子，管理着布尔萨省的一家小农场。她还被选为村长，并在凯末尔 1930—1931 年走访安纳托利亚期间与其见过面。她的聪明才智以及对国家问题的认识，给凯末尔留下了深刻印象。于是，凯末尔建议她参加国会选举，而她也正式被列入党的名单。

土耳其妇女政治和社会地位的迅速提高，最终导致妇女联盟主办了选举权和平等公民国际联盟第 12 届大会。大会获得政府的大力支持，于 1935 年 4 月在伊斯坦布尔的伊尔迪兹宫举行。讨论的议题之一就是妇女之间的团结合作，特别是在有关阻碍全世界妇女的社会风俗和法律方面的问题。《泰晤士报》（1935 年 5 月 23 日）评论指出，“土耳其代表感到很有资格就这个问题发言，因为他们在上一代人生活中的经历给他们提供了一个社会变革的视角，而这种视角已经赋予了少数人。”大会结束后，一个代表团前往安卡拉，受到凯末尔的接见。凯末尔称赞了他们的活动，并告诉代表团：“正如土耳其的妇女和男子联合起来创造新的土耳其一样，所有国家的男女也必须联合起来共同维护世界和平。”

在凯末尔说出这番话后不久，土耳其妇女联盟便被政府草草解散；其最后一次会议在 5 月 10 日举行。据说，理由是既然妇女在政治上已经获得了与男子平等的地位，联盟就达到了目的，失去了存在的意义。这被认为已经足够了，再有什么多余的行为就会被认为是扰乱社会秩序。与阶级一样，人们期望男女在和谐而不是在冲突或竞争中合作。此外，随着一党专政的心态越来越严重，共和人民党认为没有必要在其控制范围之外建立任何独立的组织。

妇女运动缺乏广泛的社会支持，在没有抗议的情况下便向国家命令屈服了。只有女记者萨比哈·塞尔特尔（Sabiha Sertel）提出了抗议，她写道，虽然妇女确实获得了与男子的政治平等，但要实现社会和经济平等，她们还有很长的路要走。这场斗争将是漫长而艰苦的，妇女需要一个组织来开展。

在凯末尔革命的冲击下，如果我们只看城镇的话，土耳其确实今非昔比。但农村没有发生翻天覆地的变化，尽管这并不是因为缺乏努力。政府的铁路政策造成了很大影响，导致了铁路网的扩张，其目标是将安纳托利亚并入全国市场；这一过程最终在1950年代和1960年代才完成，不过是在美国的支持下，修建的是公路而不是铁路。

与此同时，政府将外国修建的铁路线国有化，并开始修建新线路。1930年7月，从安卡拉至锡瓦斯的铁路线竣工时，人们充满了喜悦。"我们正在我们的领土上编织一张钢铁之网。"《共和报》写道。伊诺努总理宣布，铁路建设是关系到土耳其的生存、团结和独立的一个问题。如果安卡拉-锡瓦斯线在解放战争期间存在，土耳其就不必在萨卡利亚战役中面临生死存亡。既然这条铁路线已经完工，伊兹密尔就不再面临外部威胁。然而，铁路的重要性不仅是战略性的，它对土耳其的社会和经济发展同样重要。因为无论火车头驶向哪里，它都将带去文明。这就是政府不惜一切代价修建铁路的原因。

安卡拉是凯末尔革命的象征，它被恰如其分地描述为"土耳其的心脏"。将首都从伊斯坦布尔迁出的最根本原因是战略上的，实际上不可能从海上保卫伊斯坦布尔，特别是在海峡国际化之时。土耳其在色雷斯东部的领土并没有提供必要的纵深来保护伊斯坦布尔免受陆上的攻击。

同样重要的还有政治和文化原因。在1923年10月13日——即共和国宣布成立前16天——的辩论中，那些希望看到延续性的人主张保留伊斯坦布尔作为首都，因为这座城市的历史和经济地位，以及作为哈里发心脏的神圣性质。凯末尔主义者认为所有这些争论都是进步的障碍，因为他们想要与过去决裂。

> 伊斯坦布尔［杰拉勒·努瑞（Celâl Nuri）指出］是奥斯曼帝国的首都，是个由不同民族和宗教组成的多元城邦。另一方面，安卡拉作为一个正在成长的年轻的民族国家的首都，将有其不同的含义。①

安卡拉是共和国精英们的雄心壮志的象征，表达了他们在一个颓废的帝国历史废墟上创造新文化和文明的愿望。安卡拉就是共和国的华盛顿，而伊斯坦布尔就是纽约。1920 年代初，安卡拉还是一个人口约 2.5 万的安纳托利亚小镇，以当地的马海毛（在英国被称为安哥拉羊毛）和以小镇之名命名的猫和山羊品种而闻名。该镇作为东西铁路连接的枢纽而成为重要的战略要冲。但一旦成为土耳其共和国的首都，它的性质就将发生巨大变化。由于共和国的许多缔造者都来自巴尔干地区，他们希望在安纳托利亚平原中部重建一个巴尔干小镇。营房般的低矮石屋被用作新政府的办公用房，赏心悦目的林荫大道，还有带花园的房子，都让人想起了最近才消失的一些地方。

安卡拉作为共和国首都，见证了土耳其的快速发展。1927 年，它的人口是 7.4 万。共和国成立十周年时，它已经成为一个常住人口达 10 万人的城市。1935 年的人口普查显示，安卡拉的人口是 12.3 万，但它仍然保留着作为地方省的特征。与此同时，伊斯坦布尔的人口从 67.3 万上升至 74 万。到 1950 年，安卡拉的人口增至 30 万，在下一代

① Mesut Aydin, "proclamation of Ankara as the nation's capital", in *Turkish Review* (Ankara), vol. 2, no. 9, Autumn 1987, pp. 35 - 50.

人的时间里还将继续急剧增长，直到成为一座人口超过100万的城市。

土耳其首都在1930年代被同时代人描述为一个“没有尖塔的城市”，因为除了老城的哈吉拜拉姆清真寺，在新安卡拉，没有值得一提的清真寺。在共和人民党执政的27年中，没有建造任何规模的清真寺，一座也没有；马尔泰佩（Maltepe）清真寺位于城市的现代部分，是在选举失败后于1950年代修建的。但它的位置不允许超过安卡拉的天际线。这项荣誉被授予了一座世俗寺庙，即凯末尔的陵墓，它建在一座山上，在民主党执政期间完工。无论从城市的哪个角度都可以看到陵墓，特别是在夜晚被照亮的时候。直到1970年代，当伊斯兰情绪再次得到肯定时，安卡拉才见证了它自己的“苏莱曼尼耶清真寺”，即科札德佩清真寺的修建，它也矗立在一座小山上，俯瞰着城市的天际线。这是1983年图尔古特·厄扎尔上台后完工的，它象征着伊斯兰主义者的胜利。安卡拉终于成为一座有尖塔的城市。

伊斯坦布尔仍然是商业领袖，与此同时，安卡拉发展成为共和国的文化和知识中心。它有了自己的国家剧院，以及由欧洲引进的导演建立和运营的歌剧团和芭蕾舞团，为精英们营造出一个西方文化环境。甚至安卡拉电台也被下令播放西方古典音乐，因为带有哀伤旋律的土耳其音乐被认为不适合充满活力的革命的土耳其。安卡拉也成为学习西方的知识中心，年轻的男女学者致力于让新的意识形态在大学树立其有权力和影响力的地位。

新的西方文化成为首都高级资产阶级的标志，但只不过是一层薄薄的外衣，并没有影响到整个社会。事实上，统治者与被统治者之间产生了一个鸿沟，后者发现自己与新精英之间的共同点少了，这些新精英似乎活在一个与他们所生活的完全不同的世界；精英们的穿着不同，说一种他们听不懂的语言。然而，统治者自称为民粹主义者。这种疏离感在整个1930年代持续增长，并随着魅力四射的凯末尔的去世而加剧。

现在有两种文化：一种是西化的世俗文化，人数少但很有影响力，与官僚体制有关；另一种是广大人民中的本土文化，与伊斯兰文化有关。当反对党在二战结束之际再次被允许存在时，它能够成功地利用这种疏离感，赢得大众的支持，以便在民意测验中打败执政党。这标志着伊斯兰教复兴的开始，即使在今天，它的影响仍在显现。

尽管1920年代的激进改革改变了共和国的体制，迫使民众朝着新的方向前进，但凯末尔主义者知道，如果没有经济革命的支持，这种改革将是短暂的。他们没有在政治与经济之间，或者说在政治主权和经济主权之间进行区分，声称没有经济变革，政治改革就不能存在。1923年2月在伊兹密尔举行的土耳其经济大会上，经济部长非常明确地指出："我理解国家主权就是国家经济主权，如果不这样的话，国家主权就变成了海市蜃楼。"这一时期凯末尔主义者的著述一直强调，经济是现代国家的基础，除非他们成功地将自己的经济建筑整理好，否则革命将会失败。

该政权把保护经济免受欧洲的竞争作为第一要务。凯末尔早在1922年3月就指出，自从坦志麦特改革者（1839—1876）推行自由贸易政策以来，国家一直无法保护其经济免受欧洲竞争的影响。土耳其的竞争力已经被“经济投降链”削弱了，这些条约赋予欧洲商人低关税等经济特权。因此，欧洲获得了一个特殊地位，并将土耳其政府降低到“外国资本宪兵”的地位。奥斯曼帝国成为外国的殖民地。凯末尔总结说，新土耳其不会接受这种情况。它将坚持关税的自由，因为没有关税工业化是不可能实现的。凯末尔主义精英将工业视为建立新土耳其的重要组成部分，在这方面，他们与满足于进口欧洲商品的新生资产阶级不同。凯末尔主义者将工业和文明看作同义词，认为土耳其为了实现文明的目标，必须拥有强大、平衡、独立的工业经济。通过工业化，土耳其同时踏上了文明之路。工业化运动同时也是民主的有力体现，民主“是我们一切革命行动的基础”。相比之下，资产阶级则愿意在土耳其充当欧洲工业市场的中间商。

虽然凯末尔主义者不希望土耳其继续成为西方国家的经济殖民地，但他们还是欢迎外国资本的，只要它们不附加政治或经济条件。他们非常现实地认识到，一个饱受战争蹂躏、资本匮乏的土耳其，将不得不利用国外投资来建立现代经济基础。凯末尔也毫不含糊地表示了这一点。

> 如果我们想在短时间内为国家带来幸福和繁荣，就应该以最快速度吸引国外资本，并尽可能地利用外国知识来实现我们国家的富强……我国目前的财政状况不足以建设、安装和运营公共设施。

在洛桑和平谈判开始前几个月，即1923年2月，举行了伊兹密尔经济大会，重申了对经济主权的渴望。土耳其向全世界宣布，其政治领导人和各经济集团完全团结在一个独立的国家经济目标周围。但大国并没有被这些言辞所欺骗，它们深知土耳其是多么软弱和分裂，深知它的谈判人员将如何无法抵制西方侵犯其国家主权的要求。在洛桑，土耳其代表团被迫在经济上做出让步，以换取废除政治和法律的投降协议。因此，关税被冻结在1916年的水平，禁止对进口和本地生产的货物实行差别税率。这些限制直到1929年初才结束，在此期间，土耳其丧失了保护自己已经陷入困境的经济的权利。

共和国早期的经济处于欠发达状态。根据1927年人口普查结果，土耳其是一个以农业为主，人口不足1400万的国家，只有16.4%的人口生活在城市和1万多个乡镇。由于土地较为富余，耕地继续增加，未来20年人口的增加对城镇来说没有问题，因此，1950年仅有18.8%的人口生活在城镇。但战后，随着人口的不断增长，形势发生了变化。为了应对不断增长的人口，土地持有必须分散，特别是由于工业增长速度不够快，无法吸收这些增长的人口，交通也足以鼓励他们迁徙流动。

工业部门也非常虚弱。1915年，约有1.4万名工人集中在纺织业（羊毛、棉花和丝绸）和其他行业，比如烟草加工。战争期间，工业活动的规模有所扩大，但随着战败又走向了衰退。对亚美尼亚人的屠杀和驱逐，以及与希腊的人口交换，加剧了本已严峻的形势，因为基督徒拥有许多工业企业。此外，经济也完全不协调；各部门之间没有相互补充，因此没有形成民族市场的感觉。例如，4240公里的单线铁路集中在安纳托利亚西部。作为外资企业，它们的设计是为了满足欧洲市场的需要，后者要为其工业进口土耳其原材料，并向安纳托利亚更繁荣的地区出口西方工业成品。另一方面，安纳托利亚谷物产区和消费能力强的城市之间交通十分落后，导致的后果是从国外进口的谷物比从安纳托利亚购买的谷物更加便宜。这就造成了一种奇怪的局面：

> 1924 年，从安纳托利亚中部至伊斯坦布尔运输 1 吨谷物的成本是 8.8 美元，而从纽约至伊斯坦布尔的成本仅 5 美元。因此，似乎更为合理的做法是从衣阿华州而不是从安卡拉和科尼亚运谷物来养活伊斯坦布尔的人口，并让安纳托利亚的农民在自给农业中过着清闲的生活。①

共和国一开始就背负着沉重的外债，这阻碍了资本积累，而资本积累对于一个境况不佳的经济体来说至关重要。截至 1932 年，国家预算的最大一部分（146210355 土耳其里拉）用于偿还公债，而用于国防、公共工程、财经、宪兵、司法、卫生、社会救助、农业和宗教事务的支出仅为 86007852 里拉。② 考虑到所有这些限制因素，1920 年代的土耳其经济政策是建立在纯粹实用主义的基础上的，希望能最大限度地利用糟糕的形势。一时间，私人资本的声音占了上风，政府鼓励外国投资，特别是以与萌芽中的土耳其资本家建立合资企业的形式进行投资。因此，在 1920 年至 1930 年间成立的公司，大约三分之一是外资合资

① Korkut Boratav, "Kemalist economic policies and etatism", in Kazancigil and Özbudun, *Atatürk*, p. 165. 这是对土耳其共和国经济最好的简介。更多细节见 Z. Y. Hershlag, *Turkey: an Economy in Transition*, The Hague, 1960。

② 1932—1933 年度土耳其经济的数据，引自 Allen, *Turkish Transformation*, p. 97, n. 15。

企业。

这基本上是联合党人战时政策的延续，即培养本土资本家，使其成为经济发展的引擎。政府发言人采纳了弗朗索瓦·基佐（Francois Guizot）给法国资产阶级的建议："先生们，让自己富起来！"既然有了和平，只要不存在政治风险，就理所应当求助于外国投资来助自己完成这项任务。1924 年，商业银行的成立标志着国家的经济哲学的形成。这家银行是凯末尔在其岳父的建议下建立的，后者是一位著名的伊兹密尔商人。它的目标是建立一个国家金融机构，可以与外国银行和非穆斯林资本家竞争，它们在伊斯坦布尔仍然很有实力。凯末尔主义精英中一些最杰出的成员，包括凯末尔本人，都参与了这项事业，组织这项事业的任务就落到了杰拉勒·拜亚尔身上，他对整个商界充满信心。商业银行开始"通过在各种经济活动中持有有利于私人利益集团的股份，扮演有影响力的游说者以及企业界和政府圈之间的调解人"。实际上，银行与国家间几乎是一种共生关系，因此常常被称为"政治家银行"。[①]

1927 年的《鼓励工业法》就是在这种经济环境中通过的。这表明，政府愿意为本土资本家提供一切必要的激励措施，使他们获利丰厚，从而打造成一个民族阶级。为了鼓励私人积累财富，政府甚至授予私人公司经营某些国家垄断企业的权利。政府的政策执行得太好了，本土商业在这期间赚了大钱。由于他们掌握了政府内部的消息来源，他

① Boratav, op. cit. p. 169.

们对于1929年将对进口商品征收的新关税了如指掌。因此，在关税提高前，这些商人进口并囤积外国货物。这导致贸易平衡急剧恶化，里拉贬值，而世界经济大萧条又加剧了这种情况。这可能对商业有利，但对国民经济是灾难性的。偿还公共债务的成本大幅提高，1930年政府被迫暂停向外国债权人付款。土耳其在海外的信誉严重受损，因此从国外借钱和吸引投资更加困难。

面对与本国资产阶级的自私行为同时发生的世界大萧条，凯末尔主义者不得不重新考虑他们的整个自由放任政策。因此，1929年至1933年期间，政府通过了一系列措施，将经济，特别是外贸置于国家控制下，以期实行保护主义。但到目前为止，政府还没有关于直接干预国民经济本身的想法，尽管到了1930年，对这种被称为国家主义的政策进行了公开的讨论。

1931年，国家主义被纳入执政党的纲领中，但这一术语的定义尚未适用于经济。此时，国家仅仅满足于调控经济。它发起了一场运动，鼓励使用当地生产的国货，在一个崇尚进口货的社会里，这是一种新颖的做法。但政府决定改变公民的心态，新闻界被要求把这一问题作为一个全国性的问题向民众提出，并告诉读者“我们在这场斗争中一定会取得成功，就像我们在争取独立的斗争中所取得的那样”。

得益于这场坚决的运动，经济取得了一定的稳定，而这反过来又鼓励国家发挥一种更直接和积极的作用。在国家的密切关注下，1930年至1932年，工业增长率达到了14.8%。其结果是，进口额从1929年的2.56亿里拉骤降至1932年的1.01亿里拉，“自共和国成立以来，这是第一次实现贸易顺差”。[①]

尽管情况有所改善，但世界性大萧条给土耳其带来的影响是灾难性的，农产品价格大幅下降，影响到农民的生活，正如工业品价格的下降影响到工人生活一样。凯末尔主义者对危机的反应这一次依然是务实的，这部分是基于凯末尔 1930 年至 1931 年巡视全国时对局势的观察。他能够亲眼看到大多数人生活的艰苦条件，这迫使他寻求改善总体局势的方法，即使这意味着要采取新的经济发展战略。

在国家主义理念的引领下采取的战略，要求国家成为生产和投资的主要行为体。国家干预经济事务在土耳其不是第一次，1914 年至 1918 年的战争期间，他们被迫尝试过，当时它被描述为“国家经济学”；在 1930 年代，这个词被轻率地简化了。但这项政策的基本特征并未改变：通过指明方向，通过开展私营部门无力自行开展的经济冒险活动，帮助私营部门发展成熟。

政府开始采取措施，打下一个可行的工业基础，因为企业家不愿意投资于不能迅速带来利润的企业。国家还在安纳托利亚各地布局工业项目，以发展其他地区，缩小安纳托利亚的西北发达省份与欠发达省份之间的差距。该战略是在省会中心，比如安纳托利亚中部的开塞利或马拉蒂亚，设立一家工厂，并希望工厂的效益能够源源不断地惠及整个地区的发展。

因此，1935 年 7 月，土耳其最大的纺织厂在开塞利开业。这是一

① Boratav, op. cit. p. 170.

个旨在改造该省的工业化程度的展览活动。它拥有 3.3 万台纺纱机，1082 台织机，还有一个染色厂。机器由苏联提供，配套的绕线机从美国进口，但是苏联工程师负责安装和维修，并培训土耳其人接手。这是土耳其第一个也是最大的纺织厂，其他的纺织厂在科尼亚、纳济利、马拉蒂亚。

这种政策从未受到私营部门的欢迎，因为投资回报率太低且增长缓慢。出于这个原因，它们更倾向于伊斯坦布尔和马尔马拉海附近的安纳托利亚西北部一带的发达地区，那里有良好的交通、受过良好教育的劳动力。该地区继续吸引几乎所有的私人投资，扩大领先于其他地区的优势。

政府开始纠正这一反常现象，议会于 1934 年 1 月 9 日表决了第一个五年计划。它要求在全国各地建 15 个工厂，其中 12 个由国家建立。这项计划的重点是纺织业以及玻璃业和造纸业；以期减少昂贵的进口品消费。大型“国家经济企业”如苏梅尔班克（Sümerbank）[①]，生产从布料到鞋子的各类消费品，伊甸班克（Etibank）从事矿产开采，也是这个时候创建的。除苏联外，土耳其成为最早试验计划经济的国家之一。1938 年的第一个五年计划结束时，这个试验被认为是成功的。第二个五年计划旋即在那年启动，但因为战争不得不搁置。第二个五年计划比第一个五年计划雄心勃勃得多，它的目标是开发矿山，建立采矿业，并通过在安纳托利亚各地建发电站来给全国供电。而这个政

① 苏梅尔班克是土耳其一家银行和工业控股公司，成立于 1933 年，最初为土耳其政府所有，现在是 Oyak 银行的一部分。——译者

权最大的遗憾之一就是未找到石油。

在这短短的一段时间里完成了许多工作。基础设施已经建成，工业化进程开始启动。土耳其已经生产了不少它之前需要进口的商品，不仅可以生产满足国内市场的各种消费品，还能生产一些资本货物和小型武器。对国有企业的投资，甚至连批评国家主义的人都感到意外。

这样的成功是农民和工人共同做出的贡献。内部贸易条件向工业的转变并没有反映在工人的福利上。他们的生活质量就算没有真的下降，也可能是停滞不前的；当然这里没有确凿的数据，一个人的判断只能是凭印象而来。博拉塔夫（Boratav）写道，有间接证据表明，“这段时期，城市的实际工资或多或少处于维持温饱的水平，工资商品价格的下跌立即导致相应的货币工资的无力”。[①]

为了防止工人抗议其不断下降的生活水平，以及极端恶劣的工作条件，政府于 1934 年颁布了一部《劳动法》，并于 1936 年以墨索里尼的立法为范本予以加强。工人们既不允许成立工会，也不允许罢工，他们被告知生活在一个和谐的社会，国家在其中按照社团主义的原则照顾他们的利益。

1930 年代的经济政策要求采取镇压措施来维持“社会和平”。各种不同政见者都被打上共产主义的烙印，遭到严惩。政府在刑法中引入了第 141、142 条（也是学自意大利），将开展广义上被定义为“共产主义宣传”的活动视为刑事犯罪。作家克里姆·科坎（Kerim Korcan）

---

① Boratav, op. cit. p. 170.

回忆道，“在那段日子里，如果听到你说‘我没有足够的面包，我的工资不足以维持生计’”，警察会拘留你。依据这些条款的规定，数十名批评政府政策的人士被围捕并监禁。

1932 年，当国家干预以使农民免受世界农产品价格暴跌的影响时，农民从中受益。小麦是土耳其主要的出口商品之一，其价格指数从 1929 年的 100 降至 1931 年的 32。种植小麦对农民而言不再有什么经济意义，人们担心土耳其农业会崩溃。因此，政府推出价格支持计划，以高于市场的价格购买作物。政府通过提高面包价格来支付这一补贴，并增加了不断上升的生活成本，后者自 1914 年以来 20 年间上涨了 1059%。

政府的措施提振了土耳其的农业，使耕地在 1930 年代实实在在地增加了，尽管那些缺乏盈余以度过危机的中小农民失去了自己的土地。然而，随着 1936 年国际价格的回升，现在作为农产品主要买家的政府得以以低于市场确定的价格购买农产品。因此，它获得了巨额利润，这些利润被用来资助其工业项目。

到 1939 年战争爆发时，土耳其经济虽然还远未实现从“起飞”到自我持续增长，但已经取得了长足的进步。如果该国能够在一个受保护的市场上再实施一到两个五年计划，也许这样一个阶段是可能实现的。但实际情况并非如此。尽管如此，土耳其业已成为一个依赖程度较低的国家；更准确地说，它通过加强与苏联、德国甚至美国的经济关系，减少了对传统伙伴如英、法的依赖。它有意识地试图通过改变与过于占主导地位的一方的平衡在各国间保持势均力敌，利用英格兰去对付德国或利用莫斯科对付柏林。然而到了 1930 年代末，柏林已经取得了超过竞争对手的优势。

尽管土耳其的经济政策非常强调国家主义，但私营部门也取得了重大进展。在现实中，私营部门几乎没什么可抱怨的，因为国家从事的要么是私人资本因为所涉资本数额巨大而无力承担的行业，要么是私人资本因为投资巨大却没有足够利润回报而不会去涉足的行业。1932 年至 1939 年间，政府的经济政策幸而由资本之友杰拉勒·拜亚尔掌控，工农业之间的贸易条件总是对工业有利。1934 年，土耳其一家集团在伊斯坦布尔的艾万萨雷（Ayvansaray）建了一家铅笔厂，在此之间，这个国家一直被迫进口铅笔等商品。如今，生产铅笔这样的商品是有巨额利润可图的。其他所有原料都是本国的，只有油漆是进口的，而油漆只占成本的 10%。日本和苏联的铅笔倾销压低了铅笔的价格，使土耳其的铅笔失去了竞争力，即便其生产成本比进口产品低 20%。制造商要求国家征收保护性关税，扼杀外国的竞争。

国营和私营部门继续齐头并进，特别是在二战期间，私营部门迅速壮大。这种增长和新的信心使国家的家长作风更难忍受。1940 年的《国防法》和 1942 年《资本税法》表明，尽管国家的措施是为资产阶级谋福利的，但它太过专断独行和不可预测。如果要让私营部门感到安全，就必须纠正这种情况，并使国家承担责任。但这种情况只有在世界大战结束后才会出现；在此之前，私营部门必须耐心等待时机。

六

多党政治的困局（1945—1960）

尽管与英国结盟，但土耳其在整个二战期间始终保持了中立，小心翼翼地静观事态发展。执政党圈子里的意见是根据交战双方的命运而变化的。直到1943年1月，纳粹在斯大林格勒被击败，柏林才从安卡拉善意的中立政策中受益。然而，随着战势开始转向轴心国，土耳其执政党的政治态度和政策也有所改变。1942年11月的《资本税法》对少数族群造成了歧视，但后来被分阶段中止，并于1944年3月最终被废除。这是对专制政府的失败的公开承认，承认它已经疏远了整个资产阶级；法律已经背离了地主和农民，在现实中允许强制征收农产品。1944年1月12日，费夫齐·恰克马克（1921年起担任土耳其参谋长）元帅退休，他解释说，政府打算建立文官对武装部队的控制，这是一党制政权松动的信号。他是保守的、专制的，相信士兵的自治权不受任何政治干预。1945 年 11 月 1 日，时任总统伊诺努在新一届议会开幕式上的讲话中暗示，他准备对土耳其的政治制度进行重大调整，以适应不断变化的世界形势，意指民主国家将战胜法西斯。他指出，土耳其体制的主要弊端是缺乏反对党，他现在准备允许建立一个。

尽管外部因素在推动土耳其走向政治变革方面具有重要意义，但正是军事官僚精英、地主和资产阶级之间的政治联盟的削弱，使得现状难以维持。在共和国时期，私营部门有了很大的发展，不愿再忍受国家不可预测和专断的行为。在这一点上，它受到来自西方的压力的鼓舞，尤其是美国，这个国家呼吁土耳其的体制向市场力量开放。因此，在共和人民党的私营部门代表要求自由化的同时，以令人敬畏的雷杰普·佩克尔为首的强硬的国家主义者希望改变体制，以加强对国家的控制。

共和人民党内部围绕 1945 年 1 月提交议会的土地改革法案出现意见两极分化。通过这项措施，强硬的凯末尔主义者想要将土耳其改造为一个独立的、农民当家作主的共和国，打破地主和战争奸商的政治控制。经过数周的激烈辩论，党的纪律占了上风，该法案于 6 月 11 日获得通过。法案的批评者出于两个原因攻击政府，一个是经济原因，一个是宪法原因。他们认为，土地改革将导致生产下降，进而造成各种适得其反的后果；还会有违宪法保障私有财产的原则。

4 位主要的批评者后来成立了主要反对党，即民主党，进一步攻击政府。他们分别是银行家杰拉勒·拜亚尔、官员雷菲克·科拉尔坦

（Refik Koraltan）、历史学教授福阿德·科普鲁卢和棉花种植园主阿德南·曼德列斯。他们提议政府全面贯彻宪法规定的国家主权原则，并且党务工作的处理要符合民主原则。对他们党的肆无忌惮地攻击，导致其中三人被开除出党，拜亚尔于 1945 年 12 月 1 日辞职。1946 年 1 月 7 日，民主党正式宣布成立，至此，媒体上关于拜亚尔和他的朋友将组建反对党的传言得到了证实。①

成立反对党的消息传出后，并未引起共和人民党内部的警觉。毕竟，反对党的领袖都是久负盛名的凯末尔主义者，他们信奉着与对手相同的基本哲学，只不过侧重点有所不同。和伊斯麦特·伊诺努一样，杰拉勒·拜亚尔也是土耳其政坛的显赫人物，他 1884 年出生在布尔萨省的一个村庄，1903 年进德意志东方银行的布尔萨分行工作，并加入了青年土耳其党的秘密政治组织——联进会。1918 年奥斯曼帝国崩溃后，拜亚尔积极参加伊兹密尔地区的民族斗争。因此，1923 年共和国成立时，他在议会中担任伊兹密尔的代表，并在 1924 年的内阁中担任重建部部长。在赢得了穆斯塔法·凯末尔的信任后，他被选中领导境况不佳的私营部门。作为第一步，他在 1924 年创立了土耳其商业银行，并很快成为经济改革的引擎之一。1932 年，在经济危机期间，拜

---

① 关于五年过渡时期（1945—1950）的最好的著作，见 Kemal Karpat，*Turkey's Politics：the Transition to a Multi-party System*，Princeton，1959。亦见 B. Lewis，*The Emergence of Modern Turkey*，2nd. ed.，London，1968，p. 294ff；以及 Feroz Ahmad，*The Turkish Experiment in Democracy 1950 - 1975*，London，1977，pp. 1 - 34。关于土耳其战争期间的外交关系的专著，见 Selim Deringil，*Turkish Foreign Policy during the Second World War：an 'Active' Neutrality*，Cambridge，1989。

亚尔被任命为国家经济部部长，以使国家主义派别保持一致，尽管国家主义已被采纳为党的纲领的基本要素之一。终于，1937 年，拜亚尔接替伊诺努成为凯末尔的最后一任总理。1938 年 11 月，凯末尔逝世、伊诺努就任总统后，拜亚尔辞职，没有被授予其他部长职位。当他下一次出现在政治舞台上时，是作为执政党中持不同政见派别的领导人。

伊斯麦特·伊诺努也生于 1884 年，也生在一个类似拜亚尔家的中产阶级家庭。与班上的其他青年人一样，他也被送进了一所军校。这是获得现代教育的一种方式，为在已经变得高度分层、穆斯林机会有限的社会向上流动敞开了大门。1905 年，他从炮兵学校毕业，任安全官，在帝国的许多地方服役。希土战争期间，他在 1921 年的伊诺努战役中击败了希腊军队。在一场被派系主义玷污的民族运动中，他成为凯末尔帕夏的忠实支持者，后者派他率领代表团赴瑞士洛桑进行和平谈判。在共和国时期，伊诺努长期担任总理，直至 1937 年辞职。他是党国官僚机构中的重要人物之一，因此在凯末尔去世后，他有能力当选总统。其总统任期内，恰逢二战爆发，他最伟大的功绩就是顶住各方压力，保持土耳其的中立地位。在这些年里，他建立了一个实质上的警察国家，这使得他在国内非常不受欢迎。但在二战结束时，他颇有先见之明地认识到当时的形势需要结束一党专政，引入多党政治，尽管不是民主政治。

原指望民主党会像 1930 年的自由共和党和战争期间的独立集团一样，扮演一个象征性的反对派，在不挑战执政党合法性的前提下，让政府保持警惕。这就是为什么伊诺努敦促拜亚尔成为反对党领导人，尽管拜亚尔也不确定最后的结果如何。因此，起初民主党被公众视为一个“控制党”，一个可以打开或关闭的安全阀，以转移民众的敌意，安抚民众的情绪。

一开始，民主党似乎正是要履行这样的职能。他们的纲领与执政党的几乎没有什么不同。他们按照宪法的规定，采用“凯末尔主义六项原则”，但表示将根据时代的需要加以解读。他们声称，他们的主要目标是推进民主，这将意味着尽可能地限制政府干预，增加个人的自由和权利。他们强调民粹主义、人民主权，要求政治主动权应从下面、从人民中来，而不是从上面、从政党中来。民主党很快就成了私营部门和个人诉求的代言人，这为他们赢得了商人和自由知识分子的支持。

共和人民党没能意识到他们在这个国家的统治引发了民众的敌意，而且暗流汹涌。尽管进行了彻底的改革，改变了土耳其的法律和体制结构，但总的来说，民众抱有的期望大幅提高，收益却甚微。他们憎恨国家不断将自己的意志强加给他们，而从不考虑他们的个人诉求；世俗主义的政策从来没有向他们解释过，他们也不知道自己是如何从中受益的。自称是“为人民”做事当然很好，但为什么真正做起来却“不考虑他们”，就像共和人民党的口号那样呢?

民主党巧妙地利用了民众对政府的敌意。他们不断地强调一党专政国家的专横，并承诺将其从人民的背后抹去，特别是其在农村的代表，令人憎恨的宪兵。

共和党很快意识到了这一危险，并采取措施解禁政党，开放社会。1946 年 5 月，民主党成立 4 个月后，伊诺努总统放弃了“国家领导人”

和党的“永久主席”的头衔，采用了党主席每四年选举一次的规则。(这种改变在现实中意义不大，因为在1972年竞选失败之前，伊诺努一直被选为党主席。）共和党人还决定在1946年举行大选，而不是1947年，以便不给民主党多少时间来组织，并在民主党能击败他们之前赢得一个任期。

党做出的最有意思的决定是废除了该党章程的第22条，这一条的内容是禁止成立“旨在宣扬阶级区别、阶级利益和地区主义思想的社团”。党内激进分子支持土地改革，他们认为共和人民党应该成为一个“阶级政党”，应该争取农民、工人、佃农、工匠和小商人的支持，孤立代表地主和大商人的民主党人。然而，尽管规章上做出了这样的改变，但是党的中央还是占了上风，共和人民党继续反对阶级斗争，并寻求阶级间的平衡。

由于自相矛盾，共和人民党未能安抚传统支持者以外的任何选民。民主党同样反对阶级斗争，却不断攻击“国家暴政”，因此被默认为“小人物”的政党。而“小人物”开始相信，通过帮助民主党上台，他们不仅可以将自己从一个具有压迫性的国家中解放出来，而且自己的物质生活也会被民主党改善。民主党人知道，他们只有在公平和诚实的选举中才能上台，他们的首要任务是为选举做好准备。

1946年至1950年是过渡时期，两党都在努力获得新的认同，以赢得选民。共和人民党希望通过提前举行大选以及在民主党人完全组织起来之前赢得新的任期来争取时间上的优势。民主党人拒绝参加大选，拒绝承认共和人民党的合法性，除非规则变得更加民主。结果，政府被迫修订某些法律，并与民主党达成了妥协。因此，修正后的选举法允许直接选举，而不是通过选举团进行双层选举；批准大学拥有行政自治权；《新闻法》完全放开。与此同时，政府威胁说，如果反对党拒绝参加新规则下的选举，政府将解散反对党。

民主党不情愿地参加了1946年的大选，知道自己没有获胜的机会。他们的组织能力仍旧薄弱，而国家官僚机构保持中立原本对于选举的成功是至关重要的，但其鉴于民主党的反国家策略，却致力于支持共和人民党。因此，1946年7月共和人民党赢得大选并不令人惊讶；465个席位中，共和人民党赢得390个，民主党赢得65个，独立候选人赢得7个。人们普遍认为，大选是在恐惧和压制的气氛中进行的，因此两党之间的关系在此后几年里遭到了严重破坏。

凯末尔·卡帕特（Kemal Karpat），写过关于过渡时期的权威研究的著述，他指出，1946年7月21日至1947年7月12日是土耳其建立多党政治的关键一年。7月12日，伊诺努总统公开支持党内温和派，并给国家主义者以致命一击。结果，一党制选择被放弃，反对党获得了“行动自由以及与共和人民党平等的权利”。①

政府试图通过吸取民主党的经验教训，恢复自己的政治资本。于是采取开放的经济措施：里拉在9月贬值，进口设备的管制放松，银行获准出售黄金。这些措施的后果是通货膨胀。由于“9月7日措施”的出台，生活成本指数从1938年的100飙升到1946年8月的386.8，

① Karpat, *Politics*, p. 169.

然后是 412.9。这些经济趋势可能鼓励了本土企业和外国企业，但愈发疏远了大量民众。民主党人发现他们现在可以利用面包和黄油的问题来攻击政府。

在反对党的持续施压下，政府作出了回应，一是预测对手的计划，二是根据对手的计划采取与之匹配的措施。伊诺努继续解放党禁，开放政权。作为众所周知的虔诚的世俗主义者，他从来不徒然使用神的名义，尽管如此，还是决定恢复学校的宗教教育。社会主义者穆罕默德·阿里·艾巴尔（Mehmed Ali Aybar）一直敏锐地观察着土耳其的政治趋势，当时他评论道："这个迄今一直吹嘘自己的革命主义和世俗主义的政党，在其生命最关键的转折点上通过拥抱宗教，找到了它的救赎。"①

在接下来的 4 年里，自由化政策获得了发展势头，直到 1950 年 5 月 14 日的大选来临。这一方面是由于伊诺努致力于多党政治的成功，另一方面是由于土耳其与西方国家的关系越走越近。那些相信土耳其的未来靠的是竞争，而不是国家资本主义的人，也相信大规模的外国资本投资对推动经济快速增长至关重要。就算外国资本只能被服务于某地区的西方利益所吸引，政府也愿意这么做。斯大林 1945 年对土耳其的侵略行为，促进了土耳其与西方特别是美国的和解。杜鲁门主义和马歇尔计划开启了土耳其融入西方集团的进程，最终，土耳其在 1952 年加入了北约。

---

① 引自 Ahmad，*Turkish Experiment*，p. 21。

随着冷战和邻国希腊内战的爆发，两党都认识到西方国家希望土耳其政治稳定。因此，1947 年 7 月之后，当共和人民党的国家主义派最终被击败，导致佩克尔辞去总理一职，两党开展合作维护稳定。领导人之间的合作程度如此之高，以至于这项政策被许多民主党人谴责为串通，其中一些人甚至辞职以示抗议。

到 1950 年，这项政治倡议似乎已经被共和人民党接受了。这些年来，共和人民党身上已经有它对手的很多特征，以至于难以区分两者。两党的纲领几乎没有什么不同。凯末尔创建的政党甚至承诺，如果连任，将从宪法中删去“凯末尔主义六项原则”。私营部门不断得到安抚，那些想看到伊斯兰教实践中的限制被移除的人也是。宗教上的让步，被认为是孤立民主党以及导致 1948 年民主党中保守的持不同政见者另组国家党（Nation Party）的首要因素。至 1950 年，共和人民党在即将到来的大选中已有必胜的把握，他们甚至愿意将一些席位让给民主党，以确保在新议会中有反对党。

民主党人只能利用民众对往昔苦难的回忆。他们不断提醒人们，只要“狡猾的狐狸”伊斯麦特·伊诺努仍旧执政，一切都不会真正改变。事实证明，这种宣传奏效了，因为伊诺努已经成为可恨的一党专政的象征。但民主党人放弃了攻击国家官僚体制的策略，强调党与国家之间的差异，将国家的问题归咎于共和党人民党而不是国家官僚体制。官僚体制首先被中立化，然后通过获得承诺，即其过去的错误行为不会受到调查或惩罚而取得了胜利。如果没有中立的，或者说一个富有同情心的官僚体制，民主党在选举中的成功将受到怀疑。纵观历史，在由一个全能的国家统治的土耳其社会，官员的影响力一直很大。当选民看到官员们不再代表执政党拉票时，他们感受到了这一历史时刻的到来。他们振作起来，按照自己内心的想法去投票，对共和人民党27年的统治做出了毁灭性的裁决。几乎90%的登记选民前来投票，使民主党获得了53.35%的选票和408个席位，共和人民党得票率为38.38%，但在新一届议会中仅获得39个席位。选举制度基于赢家通吃的原则，尽管得票率只有15%的差距，却造成了如此悬殊的差距。但是，选举制度是共和人民党政府创造出来的，迄今为止，他们一直在利用这一制度为自己谋利。

每当杰拉勒·拜亚尔被问及如何看待他的政党与共和人民党之间的差异时，他总喜欢以一个烹饪的比喻来作答。他将两党比作准备甜点的大厨，声称民主党人拥有更好的配方并且技高一筹，因而能做出更棒的甜点。他承认两党并没有意识形态上的分歧，双方都致力于打造现代化和繁荣的土耳其。民主党人承诺在一代人的时间里让土耳其成为“小美国”，让每个地区都有一个百万富翁。共和人民党亦有同样的梦想。两党的不同之处不在于目标，而在于实现目标的方法。

民主党急于推动土耳其向前发展，不能容忍任何可能阻碍他们计划的障碍。因此，在许多共和人民党人看来是教条的凯末尔主义，被他们视为一种灵活的意识形态，可以根据形势的变化来解释。例如国家主义，在1930年代的危机期间，它是一种必要的罪恶；但当土耳其人民已经成熟，不再需要家长式的国家时，国家主义就应该被抛弃。他们说，这一阶段是在1945年达到的，1950年的大选只是确认了这个事实；这个国家希望企业的自由经营能取代国家干预，成为变革的动力。

考虑到他们认为自己是现代土耳其的设计者，只有他们才明白什么对国家是最好的，民主党人作为在野党几乎没有用武之地。他们将共和人民党视为一个过时的政党，其历史作用已经发挥殆尽；共和人民党预计会袖手旁观，让民主党人继续完成改造国家的责任。至于右翼政党，在此也是不被需要的，因为民主党也了解土耳其人民的精神需要，并打算通过立法来满足这些需要。当然，左翼政党亦没有发展空间；两党对此有共识。这一共识的结果是左翼政党在 1945 年后遭到无情镇压，直到 1960 年初才被允许从事政治活动。

1950 年、1954 年以压倒性的优势赢得大选，也帮助民主党证明了他们对在野党的态度是合理的。他们将自己视为“国家意志”的代表，只有他们能够担负起这种责任。如果他们疏远了民众，民众就会在下次选举时让他们知道这一点，就像他们如此令人信服地通知了在野党一样。尽管民主党人宣称相信民主，但他们对民主的理解相当粗糙。他们未能摆脱一党制时期的反民主心态，这一心态没有招致任何方面的反对，包括党内的反对。

民主党对推进土耳其民主实践的积极贡献几乎为零，然而，消极贡献却是相当突出。在民主党执政的 10 年里，大部分支持民主党的知识分子意识到，多党政治是不能与共和国早期遗留下来的制度一起运作的，民主就更不可能了。所有这些过时的制度，从 1924 年的宪法到 1930 年代的刑法，都必须被适应快速变化的土耳其的新制度所取代。

党的领导人尚未意识到这一点，他们主要关心的是从物质上改造国家，没有时间考虑其他问题。因此，当曼德列斯总理在内阁中被提醒说，该党早已向土耳其工人承诺罢工的权利时，他很不耐烦地回应道："停止这种胡说八道，土耳其将来会有罢工吗？我们应该首先考虑的是发展经济，然后再考虑这个问题。"

公平地说，民主党人应该注意到，尽管他们在选举中取得了压倒性的成功，但他们在权力上感到极度不安全。他们对国家机器感到不安，尤其是军队，他们怀疑它是忠于伊斯麦特帕夏的。因此，他们掌权后的第一个行动就是用忠诚的民主党人取代军队的最高指挥部以及一些省长。

民主党对伊斯麦特帕夏这个人也有不安全感。尽管伊诺努缺乏个人魅力，但他在土耳其被尊为凯末尔忠实的左膀右臂、国家的元老政治家。他几乎统治了整个共和国时期，先是当了总理，然后又当了总统。现在他是反对党领袖，民主党人无法摆脱他的阴影。他们发现自己面对的是所谓的"帕夏因素"，它是军队和官僚机构领导的以伊诺努为象征的"警戒势力"。他们十年执政的历史可以总结为他们未能接受这一因素。

民主党人相信，伊诺努是他们所有麻烦的根源，如果没有他，反对党就会消失。如果他在 1950 年退出政坛，土耳其的历史可能真的会换个方向发展。执政党可能会有更强的安全感，表现出更大的自信和正义感。共和人民党也许能够通过获得一个符合时代需要的新身份来实现自我改革，以完成在野党的职责。伊诺努象征着过去，在他的领导下，很难想象会有任何重大变化。[1]

从政治发展的角度来衡量，民主党统治的十年给出了一个令人沮丧的记录，即进行压制性立法以限制几乎消失殆尽的政治自由。这样的政策得到了贯彻，尽管民主党人在野时一直要求废除反民主的法律，并承诺自己一旦上台也会这么做。这个谜题该如何解释呢?

这不能用反对党的力量来解释，因为曼德列斯批评反对党组织混乱、效率低下，并表示希望反对党能很快站稳脚跟，发挥建设性作用。1950 年 9 月，民主党在市政选举中获胜后，反对党的力量变得更加薄弱。共和人民党之前拥有 600 个自治市镇的选票，后来丢掉了 560 个，他们的道德地位在国内急剧下降。这种趋势一直持续到 1957 年，因此，民主党压制政策的原因必须从其他地方寻找。

民主党并不像看上去那样表里如一。尽管它的中央领导层直接来自共和人民党，但它在各省的支持来自那些在 1946 年设立在野党后才开始从政的人。这些人在共和人民党统治时期吃了很多苦，不加思考地痛恨共和人民党。他们成立了独立于中央的地方民主党组织，并把权力的取得看作是报复他们以前的压迫者的机会。这些民主党人指责他们的领导人在 1947 年后与执政党勾结，有些甚至在 1948 年退党，转投国家党。1950 年 5 月之后，他们批评他们的政府是共和人民党的

---

① Ahmad，*Turkish Experiment*，pp. 103 - 121；全章内容均为在野时期的共和人民党。尚无关于伊诺努的英文专著，但有高质量的未发表的政治论文，见 Osman Faruk Logoglu，Ismet Inönü and the Political Modernization of Turkey，1945 - 1965'，unpublished Ph. D，Princeton，1970。

延续，没有为国家提供不同的政策和方案。曼德列斯在省级党代会上多次听到这样的抱怨，他发现自己的党内反对派比党外的反对党更令人讨厌。他明白，安抚不同政见者的一个办法是对共和人民党采取严厉措施，这就是他所采取的做法。

但是，针对共和人民党以及像大学、新闻界这样的机构而通过的各项反民主法，其结果是疏远了自由知识分子，这些人从一开始就支持民主党，因为民主党对自由的承诺。这些知识分子虽然属于小众，但在大学和专业领域拥有很强的影响力；他们希望民主党促进民主自由以壮大公民社会，而不是遏制民主自由。曼德列斯把已然严厉的刑法收得更紧了，并对新闻界采取措施，没收反对党的资产，攻击大学自治，这些都表明他已经背弃了要让土耳其更加自由和民主的承诺。1954 年 1 月，政府以违反世俗主义原则为由关闭了国家党，暴露出了政党政治的脆弱性。民主党在 1954 年的大选中获胜，只能让事情变得更糟；他们在民众投票中的份额从 1950 年的 53.59%上升至 1954 年的 56.62%，在议会中的代表人数从 408 个增加到 503 个。共和人民党的得票率从 40%下降到 35%，议会席位从 69 个减少到 31 个。①

这些结果改变了曼德列斯。有了人民如此压倒性的支持，之前他或许还对自己的政策存有的疑虑如今烟消云散。记者艾赫迈德·埃

---

① Ahmad, *Turkish Experiment*, pp. 35 - 102，第二章、第三章分别为“the Menderes Era 1950 - 1960” and “Adnan Menderes and the Democrat Party”。Cem Erogul 用土耳其语写了关于民主党的专著，并在“The establishment of Multi-Party Rule：1945 - 1971”，in I. C. Schick and E. A. Tonak（eds）*Turkey in Transition*，New York，1987，pp. 101 - 143，发表了其中一章。

敏·亚尔曼（Ahmed Emin Yalman）是一个自1946年以来始终热心的支持者，曼德列斯告诉他，

> 大选揭示了民众是多么喜欢我已经选择的道路。到这一刻，我一直认为向你们记者请教是值得的。但人民焕发出的信心表明，没有进一步进行这种咨询的必要。

有一段时间，他甚至对军队也没了畏惧，并威胁说，如果在职军官不能负责行事，他将考虑换上预备役军官来管理军队。鉴于这种将“国家意志”置于一切之上的多数民主观，在制定政策时没有必要考虑（除了选民之外的）任何人或任何事。

在1950年代的宪法结构中，对政府的唯一有效制约是议会中势力强大的反对派。土耳其大国民议会是这个国家最有权的机构，正是国家主权所在。议会从其成员中选出总统，总统任命总理，总理随后从“国家代表”中选人组阁，成为土耳其的指定议员。他们被期望代表国家，而不是他们选区的选民。

议会通过了法律，没有上议院来审议这些法律，也没有宪法法院来评估这些法律的合宪性。只有总统一人可实施延宕否决[①]，但是他与执政党的关系太密切，难以独立行事。如果没有强大的反对党，政府便可为所欲为。曼德列斯只能让自己的政党保持步调一致。

1954年大选后，曼德列斯的政治问题主要来自他自己的党内。自由派主张企业自由经营和政治自由，反对国家重新实行对经济的控制，

① 在英国，上议院没有否决下议院议案的权力，只能将议案搁置一年，称为延宕否决。——译者

以及对政治活动的限制。这样的民主党人或者辞职，或者被驱逐，并在 1955 年 12 月组建了自由党。与此同时，政府在民主党的议会集团中的批评者在 11 月发动了攻势，批评政府的经济政策，揭露了一些部长的腐败。如果能找到一个有威望的人接替曼德列斯担任总理，他们本来可能会导致内阁垮台。但这些竞争对手要么辞职，要么被开除。因此，议会中的集团最终同意投曼德列斯信任票，但同时要求内阁其他成员辞职。曼德列斯保住了自己，他的新内阁和新工作计划都是为了安抚他的议会集团。但是这个集团在不经意间成了他造出的生物，承认只有他才能领导政府，保持政党的团结。

在 1960 年 5 月 27 日被军队推翻前的 5 年，曼德列斯极其谨慎地跟他的议会集团打交道。1957 年的大选让民主党看起来更加式微，共和人民党的席位从 31 个上升至 178 个。不过，民主党仍然非常有控制力。通货膨胀加剧和外汇严重短缺导致经济停滞，迫使曼德列斯采取了更为民粹主义的政策。就在此时，他开始利用宗教来达到政治目的，尽管这种政策有多成功还有待商榷。1958 年底，他试图通过组建“祖国阵线”来恢复自己的权威，该阵线旨在团结政府背后的所有人，包括反对者、批评者以及一切拒绝加入这一潮流、被谴责为颠覆分子的人。

其结果是紧张局势升级。反对党对于通过法律和体制渠道来改变政府感到更加绝望。与此同时，政府千方百计地骚扰反对党。最终，在 1960 年 4 月，民主党的议会集团提议成立一个委员会，调查反对党的活动，这些活动被描述为颠覆性的，意在煽动军事叛乱。尽管曼德列斯本人对这项措施表示怀疑，但4月18日，这个委员会还是成立了，并被赋予了明显有违宪法的权力。

学生们在一些教授的带领下，在首都示威抗议这一措施，示威活动很快蔓延到其他城市。政府以宣布戒严作为回应，但未能恢复平静。示威活动持续到5月，最后，曼德列斯为缓解紧张局势，于5月24日宣布调查委员会已经完成工作，不久将向公众宣布调查结果。他说，他打算在9月提前举行大选，以使政治局势正常化。但曼德列斯的姿态表示得太晚了。与民主党的统治疏远的军官团体一直在密谋结束该党的统治。他们于5月27日发动军事政变，推翻了曼德列斯政府。

民主党将政治权力视为一个工具，能在20世纪下半叶打造一个够得上资格成为西方世界一员的土耳其。共和人民党在1923年之后奠定了基础，民主党希望用最新的经济和社会来建造上层建筑。阿德南·曼德列斯（1899—1961）被视为有远见的人，能够承担这样的任务。他出生在繁华的安纳托利亚西部艾登一个富裕的地主家庭，1930年加入了短命的自由共和党，由此进入政坛。自由共和党被禁后，曼德列斯改投共和人民党，直到1945年被驱逐出党。

他的精力，他对国家问题的敏锐认识，给杰拉勒·拜亚尔留下了深刻的印象。他认为，曼德列斯了解人民的心理，特别是他与之密切接触的农民。因此，拜亚尔邀请曼德列斯成为反对党的创始人之一，并请他在1950年担任总理。他相信曼德列斯有能力和远见，能够发挥出土耳其追赶西方国家所必需的那种领导能力。

曼德列斯相当天真地认为，土耳其只需去除官僚体制对经济和社会的束缚，并敞开大门迎接西方吹来的变革之风，就会很快赶上西方国家。（埃及总统萨达特在1970年代初也得出了类似的结论，并发起了他的对外开放政策或者说向西方开放。）土耳其不得不放弃它的隔绝状态，尽快融入当时由华盛顿方面领导的战后体系。共和人民党政府也有类似的想法，并提出了实现这些目标的政策。双方的方法区别在于曼德列斯愿意放弃一切谨小慎微。

总体而言，民主党对经济的态度是随意的。不考虑全盘计划，因为这被认为是官僚主义和共产主义的做法，而两者民主党都不喜欢。相反，政府把农产品和矿产的生产放在了优先地位，这两个方面在正在复苏的欧洲都有很大的需求，同时还建造了一些基础设施以便利此类产品的出口。其间，工业化被搁置一旁。

这项政策的一个直接结果就是公路网的扩大，这是安纳托利亚的村庄的第一次开放，使农民接触到了城镇的陌生世界。在美国财政援助和技术援助的支持下，能够通行重型车辆——比如从轿车、公共汽车到重型卡车和拖拉机——的硬面道路，从1950年的1642公里增加到1960年的7049公里。[①] 与道路建设相匹配的是迅速发展的公共汽车和运输公司，它们产生了创建国家市场的效果。自那时起，公路网一

---

① Morris Singer, *The Economic Advance of Turkey, 1938 - 1960*, Ankara, 1977, pp. 220 - 221；亦见 William Hale, *The Political and Economic Development of Modern Turkey*, New York, 1981, pp. 86 - 113。On the rapidly changing countryside see Daniel Lerner, The Passing of Traditional Society, New York, 1964；Paul Stirling, *Turkish Village*, London, 1965；以及 Paul Magnarella, "From Villager to Townsman", in *Middle East Journal*, xxiv/2, 1970；and Arnold Leder, *Catalysts of Change*, Austin, Texas, 1976。

直在增长，这为土耳其汽车工业打下了基础，汽车工业1960年代中期建立，目的是满足日益增长的中产阶级的需求。这些公路还开辟了土耳其令人惊叹的美丽海岸线和海滩，先是面向国内游客，后来迎来了国际旅游，对整个社会产生了重大影响。与外界隔绝的沿海小镇和村庄的人们发现自己成了东道主，招待着来自其他国家的客人，这些人带来了金钱和新思想。①

同样，土耳其的农业也迎来了机械化和变革。尽管通过了一部土地改革法，但地主的政治权力阻止了任何有效的土地改革。因此，在1947年至1962年间，只有大约180万公顷的土地分配给36万个家庭，其中仅有8600公顷是从私有土地上征用的。农民又失去了土地；被分配的国有土地对维持无地或接近无地的农民的生活至关重要，后者曾利用这些土地集体放牧。这些农民沦为农业工人，或移居城市寻找工作。他们拉开了棚户区的发展进程，而棚户区将为了这些人的下一代而迅速扩大。②

机械化改变了土耳其农业的基本结构。从1948年至1962年，拖拉机的数量从1750辆增加到43747辆，收割机的数量从994辆增加到

① 据我所知，尚未有研究表明旅游业对社会的影响，但任何去过土耳其的游客都会被旅游业对度假区和城市本身的影响所震惊。在那里，像希尔顿这样新型的国际酒店已经营造出了一种与这个国家格格不入的五星文化，伊斯兰教的复兴一定程度上正是对这种趋势的回应。

② Kemal Karpat，*The Gecekondu—Rural Migration and Urbanization*，London，1976，提供了对当下进程的有价值的描述。亦见 R. Margulies and E. Yildizoglu. "Agrarian Change：1923 - 1970"，in Schick and Tonak (eds) *Transition*，pp. 269 - 292。

6072 辆。其结果是，用于耕种的新的土地面积从 1948 年的 1390 万公顷增加到 1959 年的 2294 万公顷。因此，1950 年代初粮食产量的急剧增长，使土耳其成为粮食出口国。拖拉机还改变了农民和地主之间的关系。过去，农民耕种地主的土地，换得部分收获来维生；现在，有地农民也借用地主的拖拉机，然后把一定比例的收获付给地主。

1950 年代初是曼德列斯执政的黄金时代。多亏了战后欧洲对粮食的需求以及朝鲜战争引发的经济繁荣，土耳其在出口粮食和原材料的基础上体会到了“经济奇迹”。随着资金流入农村，国内外对消费品的需求越来越大。小工业的所在地繁荣了起来，能够进口商品以高价卖出的商人也发达了起来。1950 年到 1953 年的 4 年里，土耳其的经济以每年 13%的惊人速度增长。

不幸的是，这个经济奇迹是建立在最脆弱的基础上的，因此注定要崩塌。例如，粮食和棉花的生产不是基于改进的技术，而是基于播种面积的增加。到 1954 年，经济开始显示出停滞迹象，增长率降至 9.5%。好年景之后是萧条的年景，特别是 1956 年至 1959 年期间，通货膨胀呈螺旋式上升，物价以每年 18%的速度上涨。与此同时，经济增长率也降至 4%的普通水平，几乎难以跟上高出生率的步伐。

工商业阶层一片兴旺景象之时，土耳其里拉被高估至 2.8 里拉兑 1 美元，尽管它与美元的市场汇率应该在 10—12 里拉之间。因此，只要政府能够以如此低的汇率提供外汇兑换，并且向受此汇率保护的商人发放进口许可证，那么进口商品就是一桩利润极其丰厚的买卖。但是，政府还必须对农产品的出口进行补贴，否则这些商品在世界市场上将完全没有竞争力。战争期间，当贸易平衡对土耳其有利时所积累的外汇供应很快就用完了。到 1950 年代中期，土耳其无法购买资本货物和机器的备件。因此，农业机械不能再进行正常的维修保养，大部分无法投入使用，而破旧的工厂只能以一半的产能运转。

在这种情况下，政府放弃了自己承诺的自由政策，并于 1956 年 5 月 18 日通过了《国防法》。这部法律类似于 1940 年的战时措施，允许政府管控经济，包括商品和服务的分配、定价。尽管有了新的法律，但民主党人仍旧未能恢复经济的稳定和信心。他们成了自己天真的经济哲学的牺牲品，这种哲学让他们相信经济增长或进步与发展是一回事。[①] 他们的低息农业信贷政策，对农产品的巨额补贴，对农民实质上的免税政策，造就了一个富裕的农民阶层，给农村带去了活力。农村的繁荣刺激了消费，创造了一种经济无法满足的需求。食品价格飞涨，引发了通货膨胀趋势，使整个经济脱臼。几乎所有阶层的人都受到影响，特别是靠固定工资为生的人，包括公务员、军官和工人。

到 1950 年代末，曼德列斯不再控制经济。但他确信，他的问题是暂时的，他的政策将在几年内显现出效果。他想在西方世界的朋友们，特别是华盛顿和波恩的帮助下争取时间。1958 年 7 月，西方国家宣布了拯救土耳其经济和曼德列斯政府的计划。它们同意向安卡拉提供

---

① Singer, *Economic Advance*，讨论了“进步”而不是发展，他着重强调了两者的不同，很少有学者这样做。关于民主党执政时期的经济，见 Çaglar Keyder, *State & Class in Turkey*, London, 1987, pp. 117ff；以及他在“Economic Development and Crisis: 1950 - 1980” in Schick and Tonak (eds) Transition, pp. 293ff 上的章节。

3.59 亿美元的贷款，与土耳其 4 亿美元的债务合并。作为回报，曼德列斯被要求通过采取某些措施来“稳定”经济，其中最重要的是让里拉贬值，兑美元汇率从 2.8 里拉跌至 9.025 里拉。

“拯救行动”本身被证明是无效的。曼德列斯没有信心推行必要但不受欢迎的稳定经济举措。一年后，即 1959 年 10 月，他去了美国，希望他所效忠的盟友能在他需要帮助的时候拉他一把。财政部长哈桑·普拉特坎（Hasan Polatkan）已经提前准备了一个 5 亿到 6 亿美元的援助计划，但艾森豪威尔总统已经对曼德列斯政府失去了所有希望，拒绝为他纾困。曼德列斯两手空空、灰心丧气地回到了安卡拉。在那一刻，曼德列斯这个迄今为止完全不知悔改的“冷战分子”，决定在次年 7 月访问苏联。这个决定实在出人意料，因为他在访美期间，不断地提醒美国观众，不要为苏联向美国做出的缓和紧张关系的姿态所欺骗，它是不可信的。

1960 年 5 月，曼德列斯被推翻时，土耳其经济处于崩溃状态。但经济和社会已经彻底摆脱了它们的懒散状态，不存在倒退的问题。后曼德列斯政权承担着恢复经济平衡和秩序的任务，要以一种更合理的方式组织经济生活，使土耳其能够实现奇迹般的“腾飞”。

战后土耳其的外交政策，特别是民主党领导下的外交政策，被认为是他们改造土耳其愿景的关键因素。因此，职业外交家、曼德列斯时期外交政策的设计者之一法廷·鲁什图·佐卢（Fatin Rüstü Zorlu）为土耳其的外交提出了新目标。他认为土耳其外交的主要目的不仅是结束土耳其的孤立状态，维护国家安全，还有获得外国援助和投资，为建立经济基础设施提供资金。在此之后，将对工业进行巨额投资，以便农业和工业的发展能够齐头并进。

在佐卢的领导下，外交部商业和经济司被赋予了重任。他向他的同事，也是他后来的传记作者塞米赫·古鲁弗（Semih Günver）透露道，

> 如果我们想使土耳其成为一个伟大的、强大的、受人尊重的国家，我们首先必须发展它的经济。可以完成这项光荣而艰巨的任务的是商业和经济司，而不是政治事务司。看！整个欧洲都跟在美国后面。毕竟，大家都想搞清楚马歇尔计划和杜鲁门主义是什么。每个国家都在得到华盛顿的帮助，与此同时，我们却在睡觉。我正在我们这个司的框架内设立一个处理对外援助和国际经济事务的部门。你来负责，我们一起干。

不久之后，在1940年代末，内阁中的一位国务大臣被任命负责监督和协调这些具有最高优先权的事务。

土耳其决策者知道，他们必须为西方的援助和投资付出代价，他们也愿意无条件地付出代价。为了加入西方阵营，他们愿意为西方在该地区的利益服务，即便这意味着疏远他们的邻居。作为对他们的牺牲的回报，他们希望西方盟友能平等地对待他们。这就是为什么加入北约对土耳其来说如此重要。除了带给人心理上的刺激之外，北约还被视为一个俱乐部，作为北约成员国的地位和安全将与欧洲大家庭的成员所享有的地位和安全同样充分、稳固。在北约之外，土耳其将被

降为二等盟友，被视为第二防御区。

1952年2月，土耳其一被允许加入北约，就开始“尽可能地拥护西方的事业”。在巴尔干半岛，土耳其试图让南斯拉夫与西方搭上线，远离不结盟，于是在1953年2月28日与雅典和贝尔格莱德签署了《安卡拉条约》。在阿拉伯世界反对西方帝国主义的民族斗争中，安卡拉选择站在帝国主义列强一边。它支持埃及的英国人、北非的法国人。在穆萨德克（Mosaddep）总理[①]与英—伊石油公司的斗争中，安卡拉同情的是石油公司。[②] 不出意料，土耳其被视为西方国家在该地区的代理人，试图利用新的联盟体系来维持西方的统治。令土耳其人非常恼火的是，一幅埃及漫画将杰拉勒·拜亚尔总统画成了一条用西方皮带拴着的哈巴狗。事实证明，建立一个包括一些而不是所有的主要阿拉伯国家，以及土耳其、伊朗、巴基斯坦的联盟的政策是虚幻的。当1955年《巴格达条约》最终形成时，伊拉克是唯一愿意加入的阿拉伯国家。

民主党人以及在他们之前的共和人民党，都以自己是西方在中东地区的代理人而自豪，他们将自己描述为防止敌人破坏西方国家石油利益的卫士。但他们也将自己视为该地区的主导力量，拥有至少可以与英国、法国和意大利等欧洲国家不相上下的自治地位。不过，他们也承认美国的霸主地位。在评论1957年艾森豪威尔关于保护中东国家免受“共产主义威胁”的承诺时，半官方的民主党报纸 *Zafer* 在1957

---

① 伊朗总理，1953年被美国中情局策划的政变推翻。——译者

② Erogul's chapter in Schick and Tonak (eds), *Transition*, pp. 110 and 140, n. 18; 关于外交政策的章节见 Ahmad, *Turkish Experiment*, pp. 389ff。

年1月4日一期中写道：

> 我们注意到，这一说法同门罗主义学说一样，非常简单明了。它谋求促进的原则是，中东是中东人的中东。它提供的保障是美国的军事实力，它承诺的好处是通过巨大的财政援助在经济领域为中东提供帮助……
>
> 历史将根据美国在这项计划及其盘算中给予土耳其的地位和重要性来裁决艾森豪威尔主义的正确与否。①

与土耳其的亲西方外交政策相辅相成的是以吸引外国资本投资促进国家经济增长的政策。与外交政策一样，共和人民党开启了通过取消控制、消除障碍来吸引外资的进程。在1947年5月22日的法令之后，1950年3月1日颁布了鼓励外国投资的法律。当这些举措未能实现其目标时，民主党在1951年和1954年制定了更为自由的法律。1954年3月，他们甚至放弃了国家对石油工业的垄断，将其向外国资本开放。

尽管做出了让步，但外国在土耳其的投资仍旧低得令人失望。这远不足以对国家的发展做出重大贡献。同时，它的影响与它的规模完全不成比例。这一方面是因为本土资本的薄弱，另一方面是因为经济不发达。因此，即使是相对较小的投资也会给人留下深刻印象，而且在与外国资本合作中，本土资本面对其更强大更发达的外国合作伙伴简直相形见绌。因此，在1950年代形成了一种依赖关系，此后这种关系还将继续深化。

---

① 引自Ahmad，*Turkish Experiment*，p. 396。

七

军事干预、制度重建与意识形态政治

(1960—1971)

1960年5月27日的军事政变，是第一次也是最后一次成功地从土耳其武装部队的等级结构之外进行军事干预。还有另外两次干预(1971年3月12日和1980年9月12日)，但这些都是最高指挥部干的，低阶军官都被控制住了。这一重大变化的原因是1960年后，最高指挥部赋予了自己新的角色，并改变了土耳其武装部队的性质。

在民主党上台之前，土耳其武装部队可能是共和国最受尊敬的机构。其士兵在民族斗争和新国家的创建中所起的作用使他们在凯末尔主义者的社会中享有崇高的地位。凯末尔主义者的土耳其的英雄，是像穆斯塔法·凯末尔、费夫齐·恰克马克、伊斯麦特·伊诺努这样的战士，他们这些人在西方国家非常知名。社会也被教导要尊敬军事英雄，这些人总是要在重要庆祝活动中亮相，比如 8 月 30 日“胜利日”，10 月 29 日“共和国日”。其他一些重要的民族斗争也会在每年有纪念日。

军队在决策方面也很有影响力，尤其是国防方面的。因此，铁路建设往往反映的是战略而不是经济问题，某些工厂的建立也是如此；位于卡拉布克的钢铁厂处在内陆，而不是黑海沿岸，从而使敌舰无法攻击它。但政府在军队装备和现代化方面投入的巨资，并没有超出国防的需要。没有什么要组建空军的理由，直到 1930 年代中期法西斯意大利构成了威胁才有人想起应该组建一支。与英国的和解大概就是在这个时候进行的，英国皇家空军协助土耳其训练空军。在这些年里，军队并未发生重大变化，仍保留了第一次世界大战的武器、战略和心态，因而完全没有做好参加二战的准备。

尽管在政府和议会中，退役军官所占的比例很大，但凯末尔主义者实际上赞成向文官政府过渡。早在 1925 年，当面对由一些著名的将军组成的自由共和党的挑战时，凯末尔就给了军官团两种选择，要么从政，要么继续军事生涯。一些最杰出的将军选择了退役从政。在 1927 年 10 月的著名演讲中，凯末尔将维护和捍卫国家独立及土耳其共和制度的责任交给了土耳其青年而不是军队。

军旅生涯失去了它的吸引力，不再像在奥斯曼帝国晚期那样，被视为向上流动和获得威望的渠道。在那些日子里，并未形成穆斯林向往的“民族经济”。1908 年的革命之后，尤其是共和国成立后，就不再这样了。军队仍然是中低阶层，特别是各省的中低阶层的有酬就业来源。这个阶层的年轻人能够获得从中学到大学的现代教育，以及退休后有养老金的工作。

1960年夺取政权的许多军官正是从这个背景中来的，他们几乎都是在共和国的军校接受的训练，都臣服于凯末尔的超凡个人魅力。1938年凯末尔去世后，当普通人和小人物接管权力时，有一种高潮突降的感觉。年轻军官们开始憎恨由高级官员和商人组成的新的统治阶级，这些人正在创造一种新的生活方式和文化，而它们是这个国家的其他人所不能认同的。当那些必须靠固定工资生活的人在高企的通货膨胀下难以维持生计时，这个阶级却生活得无忧无虑。在战争期间尤其如此，当时腐败盛行，黑市上生意兴隆。政府被迫采取措施，比如1942年开征的资本税，稍微安抚一下当时的反商业情绪。阿尔帕斯兰·图尔克什上校（Alparslan Türkes）是1960年军事政变的领导人之一，战争期间，他是一名年轻军官。后来，他回忆起了那些年毫无尊严的生活：

> 那段时期，以国家元首［1938年伊诺努采用的头衔］及其同伙为首的政府，对军队以及领导军队的军官和将军采取了一种傲慢和轻视的态度。生活的成本和生存的挣扎使军官们感到羞辱和窒息。他们在任何地方都被视为二等公民。在安卡拉，人们把地下室的公寓贴上“参谋公寓”的标签。在娱乐场所，军官们的昵称是“柠檬水人”，因为他们买不起贵的饮料，没法像黑市商人和投机倒把者那样豪爽；这些为国尽忠的人们竟然受到这样的待遇！①

---

① 引自 Feroz Ahmad, *The Turkish Experiment in Democracy 1950 - 1975*, London, 1977, p. 48。这段话所在的一章详细讨论了1960年5月至1961年9月的军事统治。

战后，像图尔克什上校这样的人希望多党政治和民主党的胜利能够改善国家状况，提高军人待遇。军队的改革早就应该进行，而且是民主党计划的一部分。该党改革整个军事机构的计划的设计师之一是塞菲·库尔别克（Seyfi Kurtbek）上校，他在圣西尔的法国军事学院接受训练，作为一位才华横溢的参谋，他曾对军队现代化问题有过很多思考，并在拜亚尔担任反对党领袖期间，向他传达了自己的想法。拜亚尔大受震撼，劝说库尔别克从委员会辞职进入政界，以便在民主党上台后实施他的计划。1950 年 4 月，库尔别克这么做了，并在 5 月作为安卡拉的代表被选入议会。

1952 年 11 月 8 日，也就是土耳其加入北约几个月后，库尔别克被任命为国防部长。他的重组计划虽然受到了那些急于看到武装部队现代化和晋升机会变得灵活的年轻军官的欢迎，却在将军当中引起了焦虑。他们意识到，他们中的许多人将不得不退休，因为他们不再有能力学习现代战争的技术；此外，他们将不得不与更聪明、更年轻的人分享他们的权力。因此，他们反对改革，并开始散布有关库尔别克的流言蜚语，指责他野心勃勃，正准备军事接管。

目前尚不清楚曼德列斯是否相信这些谣言，尽管库尔别克被要求暂时推迟他的改革。库尔别克明白这是改革的结束，因此于 1953 年 7 月 27 日辞职。曼德列斯倾向于走阻力最小的道路，不愿意挑战将军们。他决定奉承他们、讨好他们而不是疏远他们，并且维持现状，与高级军官建立友好关系。曼德列斯非常成功地赢得了一些帕夏的支持，他们中的一些人比如总参谋长努瑞·亚姆特（Nuri Yamut）、“朝鲜英雄”塔辛·亚兹奇（Tahsin Yazici），他们从军队中退役，在1954年大选前加入了民主党。这些有分量的将军的支持，让曼德列斯感到很安心。

如果军事改革涉及大笔的金钱投入，那么曼德列斯对军事改革的态度与他给予工人罢工权的态度是一样的：暂时同意，等到经济发展了，有了生产能力，然后花点钱把事情解决掉。军事改革的钱不在曼德列斯的优先考虑之列；他认为钱最好花在公路、水泥厂和其他能推动经济发展的项目上。事实上，土耳其在有关其国民收入的问题上已经花了比北约其他成员国都要多的钱。此外，军事开支一直在增长，从1950年的2.48亿美元增加到1951年的2.73亿美元，再到1952年的3.07亿美元、1953年的3.81亿美元。（这个数字在下一代人的时间里一直在增长，军方的胃口似乎难以满足。）曼德列斯曾预计加入北约后，土耳其的军费开支会下降，因为他相当天真地以为，北约会提供巨额补贴。他不打算将更多的钱花在改革上或者用来提高官员的工资，以应对不断上升的通货膨胀。改革必须等到经济增长之后才能进行。这就是1954年5月24日，曼德列斯在宣读政府计划时向大国民议会宣布的：

> 我们将继续努力发展军事以满足今天的需要，并且能够应对各种侵略。要做到这一点，就必须根据我们经济和财政潜力的情况，利用一切物质和道德资源。事实上，我们经济措施和发展的一个主要目标是用自己的方式，尽快组建一支强大的军队……按照我们目前的做法，军事拨款将与国民收

入增长成正比。

加入北约后，土耳其军官团的性质开始发生变化。对现代战争的技术和战略持开放态度的年轻军官们获得了一种之前从未有过的价值和自信。他们访问了其他国家，并与一些军官交换了对世界性问题的看法，后者跟他们有着不同的观点。相比之下，土耳其军官开始认识到自己的视野渺小和狭隘，因而改革和求变的欲望越来越强烈。他们开始鄙视那些在国家问题尚未解决的情况下始终争吵不休的政治家。当外国官员向他们询问土耳其的局势时，他们甚至感到有些尴尬。

当北约在技术层面上加深了低阶军官和高阶军官之间的分化时，曼德列斯对帕夏们的姑息和安抚则使两者在等级和社会经济地位上产生了分歧。曼德列斯成功地赢得了他的最高指挥部的忠诚，以至于密谋者很难招募到一个有相当资历的将军来充当他们的行动领袖。

军队在1950年代中期开始变得不安分，这些年的特点是通货膨胀加剧，政局不稳，城市里普遍存在不满情绪。军人与普通民众，特别是地位正在削弱的中低阶层人士，都在发着同样的牢骚。他们痛斥道德观的沦丧，认为正是这些价值观造就了土耳其的独特性；而民主党忽视它们，推崇美化金钱关系的物质主义价值观。1960年军政府的激进成员奥尔汗·埃尔坎里（Orhan Erkanli），在政变发生7周后，即1960年7月20日发表在伊斯坦布尔《共和报》上的一篇采访中指出，

> 1954年后掌权的集团肆意践踏民众的所有权利，欺骗国家，将国家拖入了经济和社会的毁灭。道德观被遗忘，民众也被遗忘，国家机构被改造成党组织的附属物。土耳其武装

部队是这个国家唯一有组织的部队，他们的自豪感每时每刻都在受到伤害；他们的制服本是这个国家历史上的真正遗产，却给穿制服的人带来了耻辱。

军队中的不满情绪以政治形式体现了出来，反映了当时的党派间斗争。军官们是通过作为反对党的共和党和新闻界的阐述来了解土耳其的问题的。在夺取政权后，他们可以接受的解决问题的方法也是从支持反对党的知识分子那里听取的。只有少数有激进倾向的军官，如图尔克什、埃尔坎里，想好了计划，要把土耳其带向一个不同于精英们设想的方向。这些人很可能受到了他们在邻国，比如埃及、叙利亚、伊拉克和巴基斯坦所目睹的一切的影响，1960 年时这些国家都在军事统治之下。

根据政变当天上午的广播所说，进行军事干预的最初原因在于使政治家摆脱他们所处的困局。值得一提的是，上午 7 点的安卡拉电台的广播花了不少时间在这上面，以便大家了解政变的最初特征：

尊敬的同胞们！鉴于我国的民主陷入危机，考虑到最近发生的悲惨事件，为了避免自相残杀，土耳其武装部队已经接管了国家的行政管理。我们的武装部队主动采取这一行动，目的是为了使各政党摆脱他们所陷入的不可调和的局面，……［并将］在一个超越各政党的行政当局的监督和仲裁下，尽快举行公正和自由的选举……［他们将］在选举结束后，把政府移交给任何赢得选举的政党。

本倡议不针对任何个人或团体。我们的政府不会采取侵

犯任何个人的行为，也不会允许其他人这么做。所有的同胞，

无论属于哪个政党，在法律面前都将被一视同仁。①

夺取政权的军政府自称为全国团结委员会（NUC）。这是一个由渴望权力的各派武装力量组成的联盟。军政府之所以如此庞大和笨拙（包括38个成员），正是因为有太多五花八门的秘密组织声称拥有代表权，却无法全部都被吸纳进去。那些被排除在外的人自然不满，因而成为武装部队的不安定因素。

全国团结委员会没有预先设想的行动计划来解决这个国家面临的所有问题。大多数成员都真诚地希望恢复秩序，然后在大选之后将权力交还给政治家。然而，作为对民主党专制政策的回应，反对党在上台时已经制订了改革计划。就在1957年大选之前，土耳其的反对党（共和人民党、自由党和共和国家党）发布了一份联合公告，承诺修改宪法，建立两院制立法机关；设立宪法法庭，检验法律的合法性；规定比例代表制，以防止多数人的暴政；给予加入工会的工人罢工权。共和人民党更进一步承诺，国家雇员有权加入工会，废除反民主法律，结束党派统治。

由于无法提出自己的解决方案，全国团结委员会邀请了一批学者组建了一个委员会，并起草了一部新宪法。该委员会由伊斯坦布尔大学校长、希迪科·萨米·奥纳尔（Siddik Sami Onar）教授担任主席，

① 引自Feroz Ahmad，*The Turkish Experiment in Democracy 1950－1975*，pp. 160－161。也可参见Walter Weiker，*The Turkish Revolution 1960－1961*，Washington DC，1963。这仍是最好最详细的关于军事干预的英文研究专著。

这一让知识分子参与的决定彻底改变了5月27日政变的性质，使其由单纯的军事政变转变为体制革命。

5月28日，奥纳尔领导的委员会提交了初步报告，指出在民主党执政下，个人和阶级野心彻底腐化了政治权力。因此，国家不再为社会服务，民主党可能已经合法地上台，但一个政府的合法性不在于它的出处，而在于它对宪法的尊重以及对新闻出版、军队和大学等机构的尊重。民主党没有表现出这样的尊重，因此被合法地罢免了。就这样，全国团结委员会一蹴而就地获得了推翻政府的全新理由和继续执政的合法性。

奥纳尔的委员会建议，在恢复政治权威和合法政府之前，建立一个新的国家和社会制度。这就需要起草一部新宪法、多项新的法律和制度以及一部新的选举法。为完成这些任务，全国团结委员会成立了一个临时政府，教授们于1960年6月12日通过了一部临时宪法。

这份文件允许全国团结委员会代表土耳其国家行使主权，直到根据新宪法选出新议会为止。军政府通过国家元首，也就是全国团结委员会主席任命的内阁直接行使立法权和行政权。委员会可以罢免部长，但只有国家元首才可以任命他们；唯有司法部门独立于军政府行使职能。

在各派系发生多次争执之后，全国团结委员会最终成为一个由38人组成的机构。杰马勒·古尔塞勒（Cemal Gürsel，1895—1966）之所以被选为总统（以及国家元首、总理和总司令），是因为他和蔼可亲的个性和缺少个人野心，也因为他置身于派系之外。全国团结委员会内部的分裂基本上形成两派：一派，包括古尔塞勒和将军们，可以称为温和派，想要恢复文官的权力。他们支持奥纳尔的委员会提出的建议，即建立自由民主的土耳其。另一派，可以称为激进分子，主要由图尔克什上校周围的低阶军官组成，上校本人是其中最突出的人物。他们希望军政府永远保有权力，以便进行比教授们设想的更彻底的改组。他们甚至谈到了要创造一种“新文化”和一个没有党派的民粹主义政治制度，就像纳赛尔的埃及那样的。

在接下来的 6 个月里，全国团结委员会的两派展开了权力斗争。最终，11 月 13 日，温和派发动政变，清洗了 14 名有激进倾向的成员。他们全部被逮捕，并仿效奥斯曼帝国的惯例，被派往土耳其在世界各国的大使馆担任“顾问”。

对这“14 人集团”（人们这样称呼他们）的清洗受到了资产阶级的欢迎，资产阶级一直受到他们集体主义的极端行为的威胁。但军队低阶军官和学员的反应是沮丧和愤怒的，他们认为这次清洗标志着对真正变革的所有希望的终结，以及他们在全国团结委员会中的间接代表权的结束。因此，一群军官，尤其是那些曾参与 1960 年的阴谋，却被排除在全国团结委员会之外的人，又开始密谋。其中一些阴谋活动是在它们付诸实施之前暴露的。包括两次企图推翻政府的行动，一次是 1962 年 2 月 22 日，一次是 1963 年 5 月 20 日至 21 日。两次行动均以失败告终；自下而上的军事政变的日子结束了。

1960 年 5 月 27 日以后，现役高级军官开始意识到自下而上干预的危险。因此，他们采取了控制持不同政见分子的反制措施，包括安抚和胁迫、软硬兼施。1961 年，他们组建了武装部队联盟（AFU），该组织由各级军官组成，其目的是将军事干预限制在等级制范围内。武装部队联盟监测各种活动，特别是任何可能引起军队内部动乱的活动。它尤其关注全国团结委员会的活动，生怕被后者削弱权力。军政府和武装部队联盟的第一次对峙发生在 1961 年 6 月，当时古尔塞勒利用自己的权力将空军司令伊尔凡·坦塞尔（Irfan Tansel）调到华盛顿担任军事代表团团长。武装部队联盟强迫古尔塞勒收回成命，并通过让其成员辞职、交出手中的军事指挥权来削减全国团结委员会的规模。因此，武装部队联盟成为掌握国家实权者和宪政的维护者。

与此同时，由共和人民党支持者主导的奥纳尔的委员会和制宪会议制定了一部新宪法，以及一部保证按比例选取代表的选举法。1961 年 7 月 9 日，对第二共和国《宪法》进行了公投。《宪法》获得了民众不冷不热的支持，因为人们仍旧对军政权有疑虑，害怕过去的一党专政卷土重来。近 40%的人投票反对新《宪法》，17%的人弃权。

1961 年的《宪法》与它过去的版本有着根本的不同。它规定了一个两院制议会，下院为国民议会，有 450 名成员，每 4 年按比例代表制选举一次。参议院由 150 人组成，以直选产生，多数票胜出，任期 6 年，每 2 年有三分之一退休。全国团结委员会的所有成员都被任命为终身参议员，其中 15 人由总统提名进入参议院。两院合称大国民议会。

总统由大国民议会以三分之二多数票从其成员中选出，任期 7 年。

（杰马勒·古尔塞勒成为第二共和国的第一任总统。）总统任命总理，总理决定其内阁的其他成员，内阁要对大国民议会负责。

一个值得注意的创新是宪法法院，其主要职能是审查立法是否符合《宪法》精神，这被证明是未来政府的一大烦恼。宪法法院成为最重要、最有争议的机构之一，经常受到那些它拒绝制裁的专断行为的攻击。①

新文件所包含的对思想、言论、结社和出版自由以及其他公民自由的明确保障，也许与这些新制度同样重要。此外，它还承诺了

> 社会和经济权利，包括国家和个人两方面，即国家实行经济发展计划以实现社会公平的权利，个人拥有和继承财产的权利，以及自由选择职业和自由经营企业的权利。

《宪法》还为军队最高指挥部在政府中安排了位置。根据《宪法》第 3 条，要设立国家安全委员会（NSC），由“法律规定的部长、总参谋长和武装部队代表”组成。总统（他本人就是一位退休的将军）主持国家安全委员会，总统缺位时由总理主持。国家安全委员会的职能是协助内阁“做出与国家安全和协调有关的决策”。“国家安全”一词是如此广泛和包罗万象，以至于帕夏们对于摆在内阁面前的几乎所有问题都有发言权。正如“14 人集团”成员之一奥尔汗·埃尔坎里在 1960 年政变的 14 周年纪念期间接受采访时指出：

> 从大米价格到道路、旅游景点，这个国家没有一个问题

① 关于 1961 年的《宪法》和军事政权创建的新制度的研究，参见 C. H. Dodd, *Politics and Government in Turkey*, Manchester，1969，pp. 107ff。

与国家安全无关，如果你碰巧是一个非常深刻的思想家，那也会是一个国家安全问题。

1962年3月，一项法案增强了国家安全委员会的权力和影响力，它实际上允许该机构通过定期协商和参与预备性讨论干涉内阁的审议。因此，有传言说国防部和总参谋部之间存在分歧。事实上，总参谋长已经独立于国防部，像副总理一样行事，因为《宪法》第110条规定，总参谋长在行使职责和权力时是对总理负责，而不是对国防部长负责。

军队已经成为土耳其统治圈认可的自治机构，是它刚刚帮助建立的新秩序的守护者和伙伴。最高指挥部变成了国家政治和社会经济生活的组成部分。新的议会通过了一系列法律，增加军队的工资和养老金，并因此使得军官的地位和形象大为改善。在首都最高级的地方，总统府附近的大院里特别为帕夏们建造了豪宅。低阶军官不再受到地主和服务员的奚落，开始过上中产阶级的舒适生活。退役军官被招募到官僚机构的上层，退休的将军被派往国外担任土耳其使团的大使，或者获得私营公司和银行的董事会的闲职。

1961年成立的“军队互助协会”（其土耳其语缩写OYAK更为人所知），将军队直接带入工业和商业领域。新法律规定，武装部队的正规军官要将其工资的10%交给该基金，并在日后偿还。在8万多名军官的参与下，军队互助协会积累了大量资本，投资于经济领域一些最有利可图的部门。尽管这个协会像一个由文职管理人员和技术官僚组成的公司，但它隶属于国防部。

这个协会对外宣称的目的是通过提供贷款和其他好处，为协会成员创造福利。它建立了“军队集市”，像英国的海陆空三军合作社（NAAFI）①、美国的 PX② 一样，以折扣价向军人出售商品。事实证明，这是一个抵消通货膨胀影响的有力手段，因为从食品到电冰箱，所有商品的价格都远低于普通民众被迫支付的价格。

军队互助协会最显著的特点是它经历了迅速的扩张和多样化。10 年内，它的基金获得了：

> 土耳其汽车工业公司的控股权，这是一家组装国际收割机、卡车、拖拉机的公司；MAT，一家卡车和拖拉机销售公司；军队互助协会保险公司；Tukas，一家食品罐头厂和一家价值 300 万美元的水泥厂。协会还持有估值 5000 万美元的 Petkim 石化公司 20%的股份……土耳其国家石油公司 8%的股份；产值为 560 万美元的橡胶厂 7%的股份，该厂由固特异（Goodyear）控股。

或许它最成功的合作是跟法国雷诺（Renault），在雷诺的土耳其分公司 OYAK-雷诺中，军方持有 42%的股份。根据其成立 10 周年发布的报告，协会最初的投资额为 860 万里拉，到 1970 年，投资已增加到 5.02 亿里拉，而 1972 年的资产估计达 3 亿美元。在整个 1970 年代、

① 英国政府 1920 年 12 月创建的一家公司，负责管理英国武装部队所需的娱乐场所，并向军人及其家属出售货物。——译者

② 即 post exchange，历史上一直是美军基地的购物中心。可以向特定客户如军人、退役人员及其家属销售消费品。——译者

1980年代，该协会一直在发展并不断多样化，还进军了酒店和旅游业。难怪有人拿它与国有部门和私营部门相提并论，称其为经济的“第三部门”。①

由于这些变化，最高指挥部比任何一方都更多地参与保卫该系统。主要担心的是稳定问题，有人倾向于干预任何似乎会威胁到稳定秩序的政党或政治领导人。将军们天生对土耳其社会主义工人党（WPT）这样的政党怀有敌意，后者的存在理由就是致力于改革体制。即使是1960年代末的共和人民党，也受到了最高指挥部极端保守派的怀疑，当时共和人民党采取的是一种中间偏左的姿态，口号是“必须改变秩序”。

将军们已成为社会特权阶层，他们要竭力维持现状。尽管他们同情那些与自己有着相似理念的政党，但他们不必再把自己的命运与任何一个政党领导人的命运联系起来；正是这些领导人倾向于寻求将军们的支持。

除了解决第一共和国遗留下来的政治问题外，5月27日的政权还优先考虑为民主党时代破产的经济遗留问题寻找解决办法。这方面最重要的决定是成立“国家计划组织”（SPO），其主要职能是在计划范围内以合理的方式监督经济运行。该组织是根据第91号法案于1960年9月30日成立的，并根据《宪法》第129条纳入新《宪法》。它以总理为主席，以咨询机构的身份行事。经济计划由高级规划委员会

① OYAK值得用一本专著来叙述，但至今未见相关作品，亦无土耳其语资料。可参考Semih Vaner，“The Army” in I. Schick and E. A. Tonak（eds）*Turkey in Transition*，New York，1987，pp. 251－252；以及Ahmad，*Experiment*，pp. 194，280－281。

（High Planning Council）提出，当中要适当考虑到政治和技术问题。但最终的计划必须得到内阁和议会的批准，然后才能由国家计划组织的相关机构付诸实施。①

制订计划的过程基本上是政治性的，是在总理的完全控制下进行，而总理自然也是某个政党的党首。然而，《宪法》中的某些条款在这一过程中确立了道德和社会准则，尽管政府对此普遍不予理睬，却获得了相当大的政治意义，并被证明是政府困境的根源。例如，第41条规定：

> 经济和社会生活应以符合公平和充分就业原则的方式加以管理，目的是确保人人享有符合人的尊严的生活水平。
>
> 国家有责任通过民主的进程鼓励经济、社会和文化发展，并为此目的增加国民储蓄，优先考虑促进公共福利的投资，并制定发展规划。

《宪法》第三部分的标题是“经济和社会生活管理”（第41条便归在这部分），它与土耳其政府希望赢得土耳其商人和实业家的信任与合作的意图存在着明显的矛盾。这些商人和实业家无法理解，为什么共和国在《宪法》中被描述为“一个社会国家”，为什么各种权利都被赋予了人民。例如，他们更喜欢纪律严明和严格控制的劳动力（如同在民主

① 关于政治和计划经济体制，参见 S. Ilkin and E. Inanç (eds) *Planning in Turkey*, Ankara, 1967，其中包含部分由局内人士撰写的内容丰富的文章。也可参见 William Hale, *Political and Economic Development of Modern Turkey*, New York, 1981, pp. 143-149。

党执政时期），并认为给予土耳其工人集体罢工和讨价还价的权利还为时过早。另一方面，第二共和国开始迫使资本和劳动力共存，但这种共存始终是令人不安的，最终，1971 年的军事干预使得两者之间的矛盾得到了解决，将国家引向了有利于资本的发展方向。

与此同时，土耳其的计划经济于 1963 年启动，目标是在进口替代模式的基础上实现快速工业化。但即使在启动前，它的第一个五年计划（1963—1967）就遭到了议会中的反对者的猛烈抨击。农场游说团的支持者拒绝通过一项温和的土地改革法案或法律（由英国经济学家尼古拉斯·卡尔多起草），该法允许对农业收入征税，这种方式将有助于提高效率和生产力，而不是用租金谋利。另一方面，私营企业的支持者则反对允许国有经济企业进行重组，以便转变为私营部门的有力竞争对手；他们更愿意国家继续以混合经济的模式补贴私营制造业。

尽管缺少结构性经济改革，但土耳其经济在 1960 年代仍以令人称道的近 7％的速度增长，这是“国家计划组织”设定的目标。这几乎构成了一场工业革命，是第三世界其他国家所没有的一次腾飞。世界经济的环境是有利的；欧洲经济，特别是德国经济正在蓬勃发展，这刺激了对劳动力的需求，而土耳其在这一点上可以满足它们。在这些年里，土耳其输出了大量劳动力，其结果是本国的失业率数字仍然比原本应有的水平要低。更重要的是，土耳其在欧洲的工人开始将大量外汇汇回国内，使该国能够为其工业进口资本货物和原材料，并保持国际收支平衡。到 1970 年代初，土耳其工人在欧洲的汇款比例已经达到相当高的水平，实际上使国民生产总值（GNP）的增长率增加了1%。[①]

不幸的是，从长远来看，经济扩张是偏向一侧的不平衡发展和不健康的。农业和工业的生产增长速度仅为规划者所希望的75%，而回报更快、利润率更高的建筑业和服务业的增长则超过了“国家计划组织”设定的目标。此外，经济过度依赖在海外工作的土耳其人的外汇，这种经济来源具有不可预测性，且对欧洲经济的依赖很深。1970年代欧洲经济衰退时，给土耳其经济带来了严重后果。到1973年末，土耳其劳动力向欧洲的流动实际上已经停止，德国政府开始实施遣返外国工人的计划，以缓解德国日益增长的失业率。但是，在经济繁荣持续时，土耳其则可以享受一切好处和更加开放的经济所带来的刺激。

到1960年代末，土耳其经济和社会的特点几乎已经变得面目全非。在1960年代以前，土耳其以农业为主，有一个由国家主导的小型工业部门。到1960年代末，大量的私营工业部门已然出现，以至于工业对国民生产总值的贡献几乎等同于农业所做的，在1973年甚至超过了农业。与之相匹配的是快速的城市化，大量农民涌入城镇找工作，追求更好的生活方式。

经济的日益产业化特征自然反映在社会转型中。到1960年代末，两个新组织开始在政治上让人感觉到它们的存在。一个是由阶级意识越来越强的人领导的工人阶级，这个组织1967年脱离了非政治、亲政

① 关于土耳其工人在欧洲的情况以及他们对土耳其经济的贡献，参见 Suzanne Paine, *Exporting Workers: the Turkish Case*, London, 1974, pp. 126ff。

府的工会联合会——土耳其工会联盟（Türk-İş），组建了革命工会联合会（DISK）。另一个是越来越自觉的工业资产阶级，他们决心通过自己的专属组织，即1971年成立的“土耳其工商业者协会”（土耳其语缩写TÜSİAD更为人熟知）来促进自己的利益。

土耳其工业开始生产几乎所有过去一直依靠进口的消费品，其中大多数如汽车、收音机、冰箱、熨斗等，都是与外国公司合作在土耳其工厂组装的，这些外国公司最初提供了许多甚至是绝大部分零部件。第一辆汽车被命名为阿纳多卢（Anadol），是土耳其语安纳托利亚的简写，成为新工业化的象征。它是由当时最大的土耳其公司科奇集团（Koç Holding）和福特汽车公司制造完成的，规划者认为这种合作模式是吸引外资和获取技术的最佳途径。1960年至1969年间，共有6100万美元投入了土耳其经济。尽管外国投资从来没有达到规划者所希望的数量，但它所发挥的作用远比其规模所显示的重要得多。

工业化开始改变土耳其人的消费习惯，并很快将使该国转变为消费社会。随着“非营利性”行业的发展，并为人们提供更多种类的衣着选择时，人们也越来越意识到自己该如何穿衣打扮。啤酒的生产一直是国家垄断，现在也开始向私营企业开放，并再次与欧洲大公司合作酿造。即使在穆斯林占主导地位，伊斯兰信仰被认为是一种威胁的土耳其，私营公司也成功将啤酒列为了非酒精饮料，这样啤酒就可以在任何地点和任何时间出售。结果，啤酒在土耳其比在有许可证法的英国容易买到，市镇的消费迅速增长。

土耳其的起泡软饮，即汽水行业，也经历了相似的变化。到1960

年代初，这一产业早已完全去中心化，一两个小生产者已经可以满足一个特定城镇的需求。但一旦像可口可乐这样的跨国公司进入这一领域，本土生产商就无法与之竞争，被赶出了市场。它们既不能像跨国巨头那样包装自己的产品，也不能向零售商提供慷慨的赊账条件。在极短的时间内，消费者的口味发生了变化，土耳其汽水和酸奶汁（由稀释的酸奶制成）被淘汰，可口可乐和芬达取而代之。

收音机，曾经在城里城外都非常罕见，现在甚至在小地方也很普遍。人类学家保罗·马格纳勒（Paul Magnarella）在描述安纳托利亚西北部发达地区的小镇苏苏尔卢克（Susurluk）时指出，这个分省（sub-province）在1937年才出现第一台收音机。收音机数量直到土耳其开始生产廉价的、普通民众能买得起的收音机之后，才有实质性增长；到1967年，有4239台收音机登记在案，成年人中有98%声称他们定期听收音机。[①] 事实证明，这对于像工人党这样的小党派的成长意义重大，因为它们财力有限，这下可以通过广播电台与其选民取得联系。

现代公司——通常是与外国资本合作的大公司——淘汰当地小公司的过程，实际上在生产消费品的每一个有利可图的行业都一再出现，从而消除了许多无法抵御竞争的顾虑。正义党领袖苏莱曼·德米雷尔，1965年至1991年间曾7次担任总理，他很快就理解了这一趋势的政治含义。他告诉他的正义党党员，1964年头7个月，伊斯坦布尔的市场发生了95起破产事件，1495家工厂被迫关闭。这一过程在全国一再重

---

① Paul Magnarella, *Tradition and Change in a Turkish Town*, New York. 1974, p. 56.

演，造成了严重的经济和社会混乱。与此同时，新的消费模式导致物价和通货膨胀不断上升，并产生了提高工资的吁求。1960 年代，经济迅速变化的结果是加剧了一种政治形势，这种形势在 1961 年大选结束军队将权力交还给文官统治之后已经不稳定了。

根据 1961 年的《宪法》，土耳其享有前所未有的自由。人们拥有更多的公民权利，大学拥有更多的自治权，学生有组织自己的社团的自由。在一个《宪法》有点含糊地描述为“社会国家”的国家里，工人还被赋予了罢工权。在这种情况下，工会分子和富有同情心的知识分子组织了一个代表工农利益的政党。与此同时，1930 年代从法西斯意大利取材的《刑法》也包括了一些限制性条款（臭名昭著的第 141、142 条），它们不允许所谓的“共产主义宣传”。然而，在这种暧昧的自由气氛下，两党共识之外的现状和替代方案的建议遭到人们的不断批评，因为两党共识提供的不过是实现相同目标的不同途径。

5 月 27 日的政权在政治结构上发生了很大变化，尽管基础仍然是一样的。民主党已被关闭，其诸位领导人（以及上届议会的民主党全部代表）因违反宪法而受到审判。许多人被送进监狱，15 人被判处死刑。尽管其中 12 人获得减刑，但不包括总理曼德列斯及其财政部长哈桑·普拉特坎、外交部长鲁什图·佐卢。他们分别于 1961 年 9 月 16 日、17 日被处以绞刑，身后的悲惨遗产荼毒了未来数年的政治气氛。曼德列斯成了烈士，他的记忆几乎被每个政治家和政党用来达到政治目的。

民主党已成历史，但它的政治基础仍旧是所有新民主党派别所追求的目标。政治活动一恢复，1961 年就成立了两个这样的政党，一个是由一位与军政府关系密切的退役将军领导的正义党，一个是新土耳其党，后者的领导人埃克雷姆·阿里西安（Ekrem Alican）曾反对曼德列斯，并于 1955 年创建了自由党。在 1961 年 10 月的大选中，这两个政党共获得了 48.5%的选票（分别为 34.8%和 13.7%），而共和人民党获得了 36.7%的选票。这个结果不啻为对曼德列斯的颂扬，要求他在坟墓里继续行使他的权力，同时也是对推翻他的军事政权的谴责。由于不存在允许新民主党组建政府的可能性（这会再次引起军队的干预），杰马勒·古尔塞勒总统要求伊斯麦特·伊诺努组建联合政府。

第一届联合政府（1961 年 11 月 10 日—1962 年 5 月 30 日）是共和人民党与并不心甘情愿的正义党组建的，由于不断受到威胁和来自“武装力量联盟”的督促，仅仅维系了 6 个月。在军队的多次威吓下，第二届联合政府于 6 月 25 日艰难成立，一直延续到 1963 年 12 月。除了正义党，议会中的所有政党都有人出任部长，这些政党包括共和人民党、新土耳其党、共和农民与国家党、无党派人士。但是，共和人民党的搭档们在 1963 年 11 月举行的地方和市政选举中表现得非常糟糕，他们退出了联合政府，认为这是选民因为他们与伊诺努合作而惩罚他们。在这些选举结束后，正义党成为全国最受欢迎的政党。

1963 年 12 月 25 日，伊诺努与无党派人士组建了他的第三届也是最后一届内阁。此时恰逢塞浦路斯危机，这场危机几乎导致土耳其与希腊之间爆发战争。此时，伊诺努已不再在议会中占主导，恰恰因为这个，再加上反对党一些成员鉴于危机当前而选择支持政府，所以伊诺努不但保住了位子，还于1964年1月3日获得了信任票。但在整个1964年，反对党并没有给政府留有余地，尽管土耳其正大举入侵塞浦路斯。内阁随时都有可能被推翻。而正义党领导人德米雷尔无论是在自己的党内地位还是与将军们的关系都非常稳固，他在等待着时机的到来。到1965年初，他已经准备好掌控局面，并决定以2月12日的预算辩论为契机，逼迫伊诺努辞职。

第四届联合政府是由正义党代理统治。这届政府由独立参议员苏阿特·哈伊里·于尔居普吕（Suat Hayri Ürgüplü）领导，他是正义党从自己的名单上选出来的，此外这届政府还包括其他无党派人士以及来自右翼政党的一些部长。本届政府的主要任务是领导国家在这一年晚些时候举行大选，恢复政治稳定。选民们厌倦了软弱无效的政府，因此在1965年的大选中，他们投票选出了与民粹主义的民主党最接近的人选，那就是苏莱曼·德米雷尔的正义党。

在军队的拥护下，正义党于1961年2月11日成立。其领导人拉基普·居姆斯帕拉（Ragip Gümüs，pala）是一位退役的将军，1960年曾指挥第三军，这一点绝非巧合。他于6月3日被任命为总参谋长，8月退役，6个月后成为新民主党的主要领导人。居姆斯帕拉的存在，确保了军队能够抵抗民主党的复仇主义，同时他也是前民主党人的保障，能帮他们抵抗军事压力。

1964年6月5日，居姆斯帕拉去世，该党由此陷入领导危机。所有的派系都提出了各自的候选人：前民主党强硬派提名赛义德·比尔吉萨（Said Bilgiç）；那些想安抚军队的人提名了一位退休的空军将领特金·阿勒布伦（Tekin Ariburun），他也曾是杰拉勒·拜亚尔的副手；保守派支持法学教授阿里·福阿德·巴斯基尔；中间派提名德米雷尔，一位相对不知名的工程师，他的支持者是阿德南·曼德列斯。因为他是争议最小的候选人，该党便选择德米雷尔为领导人。

苏莱曼·德米雷尔（1924—2015）是土耳其新一代政治家的缩影，他之所以能登上政坛顶峰，是因为民主党的最高领导层已经被军政府从政坛除名。这也许是军事干预最具破坏性或者最具建设性的方面（这主要取决于每个人的政治立场）。一个人为的政治真空被创造出来，吸进了那些原本不属于政治范畴的人。德米雷尔曾是国家水利部的一名工程师，如果没有1960年代的特殊情况，他是否会从政都是个问题。

在党内，德米雷尔被视为一个非常适合应对现代世界的技术官僚，他与能够理解复杂经济的运作方式的曼德列斯形成鲜明对比。由于他在其出生地伊斯帕塔缺乏政治基础，便被认为政治实力太弱，因此并不可能统治该党。此外，他有着些许乡村小镇背景，德米雷尔充分挖掘利用这一点，使他对“普通土耳其民众”产生了吸引力，特别是那些定居在大城市的棚户区的雄心勃勃的农村流动人口，他们把自己和德米雷尔都看作“白手打天下的人”。尽管德米雷尔不是一个杰出的演说家，但他的习语和说话的方式使他备受平民欢迎，而像伊诺努这样的领导人，甚至工人党领袖、社会主义者穆罕默德·阿里·艾巴尔显然也属于旧的军事官僚精英。①

1960年代的政治与前十年的政治有着非常鲜明的对比。1960年后，土耳其彻底政治化，《宪法》规定的新自由首次允许意识形态政治的存在。此时国内有左翼政治势力存在，特别是在大学里。学生组织了他们自己的政治协会，有些隶属于工人党。政治文学，尤其是来自世界各地的左翼著作的译本，很容易找到廉价的版本。土耳其的孤立状态结束了，这个国家变得越来越关注自己周围的世界。右派对这种觉醒感到震惊，他们放弃了自满，开始动员自己的政治力量反对所谓的反共斗争。

与这些政治趋势相伴而生的是土耳其对美国抱有的幻想破灭。曼德列斯一直完全忠于美国，无条件地支持美国的政策，他甚至拒绝否认在苏联上空被击落的加里·鲍尔斯的U-2侦察机是从土耳其的一个基地起飞的，而事实并非如此。在夺取政权后，军政府立即重申了土耳其对西方盟友的承诺。1962年10月，古巴导弹危机期间，伊诺努总理甚至承诺支持华盛顿，即使这意味着会遭到苏联的攻击和核毁灭，当时这种情况极有可能发生。但也正是在这场危机中，土耳其认识到它不过是超级大国之间谈判中的一个讨价还价的筹码，在谈判中它的盟友并没有顾及它的利益。公众舆论开始相信，土耳其的利益是可以商量的，它不再是华盛顿的“战略资产”。1963年至1964年的塞浦路斯危机中，华盛顿似乎站在了雅典一边，激起了土耳其反对美国的舆

① 关于联合政府，参见 Dodd，*Politics*，pp. 55 - 103；以及 Ahmad，*Experiment*，pp. 212 - 236。

论。在1971年3月12日的军事接管之前，反美示威活动此起彼伏。[①]

土耳其介入塞浦路斯问题始于1950年代初，当时，希腊裔塞浦路斯人争取独立并与希腊合并的运动开始了它反对英国殖民统治的艰苦斗争。安卡拉最初的反应是寻求维持现状。到1955年，当情况日益表明英国对该岛的统治在非殖民化时代无法维持得太久时，安卡拉要求将该岛归还给土耳其人，英国人就是在1878年从土耳其人手上获得该岛的。由于归还是不太可能的，安卡拉在1957年提出分治的要求。土耳其的亲英政策使它与邻国疏远，加剧了岛上两个社群之间的关系。随后举行了艰难的谈判，1959年，双方最终同意建立塞浦路斯共和国，土耳其少数族群（约占塞浦路斯岛人口的20%）的权利由英国、希腊、土耳其共同保证。1960年8月15日，塞浦路斯共和国宣布独立，马卡里奥斯大主教为共和国总统，土耳其塞浦路斯人领袖法齐尔·库楚克（Fazil Küçük）博士为副总统。[②]

不到三年，马卡里奥斯总统就宣布宪法行不通，他打算修改宪法。1963年12月，他提出修改宪法中的一些基本条款，引发了土耳其人的抗议和社区暴力活动。在土耳其，也爆发了一系列反马卡里奥斯的示

① 关于自1945年以来土—美关系或者“存在的问题”，从美方那里了解到此事的George Harris写下了 *Troubled Alliance: Turkish-American Problems in Historical Perspective, 1945－1971*（Stanford，1972）一书；关于外交政策，参见Ahmad，*Experiment*，pp. 389－430。

② George Horton Kelling，*Countdown to Rebellion: British Policy in Cyprus 1939－1955*，Westport，Connecticut，1990，描述了英国人如何利用他们所谓的土耳其这张牌来阻挠希腊人对希腊社区运动的抱负。

威活动，并要求分治，说1960年的政权如今已经寿终正寝了。安卡拉寻求与其他联合担保国英国、希腊一起干预。与此同时，在圣诞节那天，土耳其战机在塞浦路斯岛上空盘旋，警告不要再袭击土耳其塞浦路斯社区。

马卡里奥斯拒绝受1960年条约的约束，也拒绝受制于北约三个盟国的联合干预。他更愿意将此事提交联合国，认为在那里他会得到不结盟国家的支持，土耳其会被完全孤立。但联合国除了向该岛派遣维和部队外，拒绝参与任何行动。与此同时，当地暴力升级，1964年3月13日，伊诺努的联合政府发出一份照会，威胁采取单方面行动，除非立即停火，解除对土耳其人聚集区的封锁，让岛上的土耳其人获得通信自由，并释放土耳其人质。马卡里奥斯拒绝了照会的要求，安卡拉的各政党开始寻求在对塞浦路斯进行干预的问题上达成共识。

土耳其舆论对塞浦路斯岛上发生的事件感到愤怒，对土耳其正在从事的事业的正义深信不疑，因此对军事干预的支持呈现了压倒性意见。这也是为什么当土耳其得知美国总统约翰逊6月5日给伊诺努总理的信件中禁止土耳其进行军事干预时，民众会如此震惊。这封信通知伊诺努，未经美国同意土耳其不能使用美国提供的武器，信件还警告他，如果因为土耳其采取行动而导致苏联在没有得到北约盟国完全同意和理解的情况下进行干预，致使土耳其不得不与苏联为敌，北约盟国将不会向土耳其提供援助。

尽管这封信的全文是在很久之后才公之于众的，但它的内容几乎是在第一时间就被泄露给了新闻界。这似乎证实了民族主义知识分子的说法，自古巴导弹危机爆发后，他们指责土耳其已经成为其西方盟友的棋子，就算土耳其需要，它们也根本不打算伸出援手。约翰逊的信激起了大规模的反美情绪，民族主义者和左翼人士强烈要求建立一个“不结盟的土耳其”。甚至连政府也被约翰逊的直言不讳和自己的无能所震惊。因此，要求外交部重新评估本国的对外关系；同时，总参谋部设立了一个完全独立于北约的新部门，专门用于维护本国利益。

反美主义不仅仅是一个外交政策的问题；它还将国家决然分裂为两个阵营，一个是亲美的右翼阵营，一个是反美的左翼阵营。事实上，组成反美阵营的人包括左翼人士以及各种政治派别中的新凯末尔主义民族主义者，而且这两者经常是重叠的。这些人看到了土耳其的困境，即一方面依赖以美国为首的西方资本主义国家，一方面又受到它们的利用和欺压。土耳其解放战争的历史被重新解读和呈现为一场反对帝国主义的斗争，其中，凯末尔主义者一心要建立一个独立的、不结盟的土耳其，而他们的反对者却愿意接受帝国主义国家的监护。

类似的分析也适用于战后的土耳其，土耳其的统治者因为缺乏维护国家真正独立的决心而受到批评。共和人民党和民主党都难辞其咎；前者接受了杜鲁门主义和马歇尔计划，后者则领导土耳其加入了北约和巴格达条约组织（Baghdad Pact）。然而，最近的事件暴露出这些政策是徒劳的，因而没有理由继续执行这些政策。

这些批评有史以来第一次来自官僚机构和主要政党之外。它主要来自知识界，特别是那些在大学里成立“思想俱乐部”的学生群体，学生在此讨论了他们所处的不发达的社会，或者用他们的话来说，一个被帝国主义“弃之不顾的不发达社会”所面临的问题。这些俱乐部的成立意味着在一个官僚控制已然扼杀了一切主动权的国家里，第一次认真尝试建立一个市民社会。俱乐部成员中的一些人加入了工人党，这为他们的观点提供了一个政治平台。即使是共和人民党也受到了这些激进趋势的影响，就算只是为了跟上时代的步伐，它们也不得不转向左翼做出回应。

右翼人士对这种新的极端民族主义的吸引力感到震惊，他们谴责这种民族主义是共产主义。由于新凯末尔主义者成功地将民族主义作为其意识形态的信条之一，迄今为止一直垄断民族主义的右派被迫以伊斯兰主义作为反制力量。诸如“反共协会”等新的右翼组织早在1962年就成立了，并提出“伊斯兰教是共产主义的解药”。这种对伊斯兰教的政治操纵在整个1960年代持续增加，特别是在沙特的资金通过被称为“伊斯兰世界联盟”的组织变得有影响力之后。但是，当进口替代[①]的经济政策将整个社会部门边缘化时，宗教在政治上也变得重要起来，正如我们将看到的那样，其中一部分社会部门在伊斯兰政治中寻求补救。[②]

---

① 进口替代战略是许多国家，尤其是发展中国家走向工业化的第一步。——译者

② 关于伊斯兰教和政治的作用，参见 Binnaz Toprak，*Islam and Political Development in Turkey*，Leiden，1981，以及她在 Schick and Tonak（eds）*Transition*，pp. 218－235上的文章。不过，她并未提及伊斯兰世界联盟如今被视为土耳其政治的重要因素。参见 Ahmad，*Experiment* 一书 pp. 363－388的“Religion and Politics”章节，以及 Ahmad 在 *Third World Quarterly*，vol. 7，no. 2，April，1985，pp. 211－226的文章。

德米雷尔领导的正义党在1965年的大选中以较大的优势获胜，赢得了组建政府的权力，所以，他不得不应付5月27日政权释放的所有新势力。由于曾作为艾森豪威尔基金会学者在美国待过一年，并受雇于一家在土耳其营业的美国跨国公司，德米雷尔成了现代资本主义的象征，以及与美国的联系纽带。因此，德米雷尔受到了来自四面八方的攻击，包括左派、新凯末尔主义者以及谴责德米雷尔为共济会成员的宗教右派。随着1960年代接近尾声，德米雷尔的政治地位在下降。对于塞浦路斯问题带来的挫败感，他没有解决之道，而且随着时间的推移，塞浦路斯问题继续朝着有利于希腊的方向日益恶化。特别是在美国军事介入越南以及1967年的中东战争之后，土耳其的政治化更加严重，以致反美情绪日渐加剧。

在这些年里，土耳其工人在争取更高的工资和更好的工作环境的斗争中变得越来越好战。雇主们进行抵制，于是双方的斗争愈加激烈，罢工和封闭工厂成了家常便饭。1960年代的事件，特别是工人党的宣传，也使工人们变得政治化。结果在1967年，一些工会脱离了亲政府的“土耳其工会联盟”，组建了激进的联盟极端组织——革命工会联合会。相比之下，土耳其工会联盟是按照美国模式建立的，专注于经济要求，不鼓励形成政治派别；革命工会联合会则是以欧洲为榜样，声称只有通过政治行动才能获得经济需求的满足，因此支持土耳其工人党。这种分裂导致了一些人脱党，削弱了土耳其工会联盟的力量，这个联盟暗地里是隶属于正义党的，尽管对此存在相反的说法。这让政府和雇主的工会深感震惊。他们看到他们正在失去对工人运动的控制，决定在一切为时未晚之前重新掌握控制权。

如果德米雷尔自己的政党能保持团结，或许他能更好地控制住局面。但事实并非如此，这并不是因为他有任何失误，而是因为他所认同的经济政策的后果。按照他自己1965年提出的主张，他希望成为一个现代资本主义国家和社会的设计师，愿意埋葬陈旧过时的体制，以实现这一目标。他对议会说："走向一个现代土耳其的道路将完全不同于19世纪资本主义所采用的方法。"事实亦是如此。在某些地区具有垄断性质的大型现代资本主义企业，很快就在整个安纳托利亚占据了主导地位。一小部分资本家利用了这些新的经济政策，其中一些人的公司很快名列"世界500强"。但分散在全国各地的个体小商人、店主和手工业者未能在竞争中生存下来。

在正义党中代表这个传统的中下阶层的人开始批评德米雷尔，说他被既得利益集团笼络了，维护这些人的利益而不是为人民服务。他们借用了伊斯兰分子的论调，谴责他是共济会成员，与他一样，此时土耳其大多数商人和实业家也被批评者指责为共济会成员。

德米雷尔认识到了这些人的困境。但他没有对这些人施以援手，只是向他们的代表建议：

> 在我们国家，有150万小商人和手工业者，这意味着大约五六百万人以此为生。自给自足、经验丰富、知识渊博和技术娴熟的人，是民主秩序中的一支力量。今天的小商人可能就是明天的工厂老板。

但为了摆脱困境，这些人被告知要组织起来，集中利用资源。然而很少有人能够或者愿意这样做，于是很多人破产了。

或许这些人没有听从德米雷尔的忠告，他们确实开始组织政治活动，支持那些反对德米雷尔及其政策的人。1968 年 5 月，很快将创建伊斯兰民族秩序党（NOP）并自任领袖的内杰梅丁·埃尔巴坎教授（Necmettin Erbakan）① 对政府的经济政策发起攻击，指责这些政策把土耳其变成了“面向欧美的开放市场”。一年后，在安纳托利亚代表的支持下，埃尔巴坎在工商联合会选举中击败了德米雷尔支持的候选人。

1969 年 10 月，正义党在大选中获胜，但得票率下降了 6.4%。在这些结果的鼓励下，埃尔巴坎于 1970 年 1 月组建了自己的政党。这一年晚些时候，12 月，另一个派别脱离了正义党，建立了民主党。与此同时，1965 年夺取共和人民国家党控制权的图尔克什上校，1969 年 2 月将该党更名为民族行动党（NAP）。他的目的是创建一个好战的、极端民族主义的新法西斯政党，同样打出反对垄断资本主义和共产主义的旗号，以此吸引中产阶级下层人士的选票。在 1965 年实行中间偏左的方案之后，共和人民党旋即也分裂了。它的右翼在抗议中脱党，在图尔罕·费齐奥格卢教授②的领导下，建立了共和信实党（Reliance Party）。这种支离破碎的权力成为政治不稳定的主要因素。

世界范围内不断加剧的政治紧张、社会变化和大事件，在 1960 年代末、1970 年代初都凑到了一起，产生了爆炸性的局面。高增长率的

① 1996 年至 1997 年任土耳其总理。——译者
② 著有《阿塔图克的道路》一书。——译者

工业扩张创造了越来越高的期望值，但事实证明这是不可能实现的。高通货膨胀率限制了少数富人的消费；劳动力增多，但从来没有与就业需求成比例，以至于失业率一直在上升，尽管移民欧洲的现象缓解了这一趋势。与此同时，工人变得更加好战，加入工会的人越来越多。和大多数第三世界国家一样，土耳其的人口不仅增长迅速，而且30岁以下的人口的数量占到了惊人的比例。教育系统本来就不完善，此时已无法满足不断增长的学生群体的需求，而经济又不能每年为成千上万的应届毕业生提供就业机会。1960年代，学校和高等教育机构（大学、师范学院、神学院）的入学率翻了一番，成为左翼和右翼边缘政治团体招募新人的场所。穆拉特·贝尔吉①是1960年代的左翼活动家、1990年代的左翼理论家，他写道，

> 在土耳其学生政治的温床氛围中，1968年发生的戏剧性事件对土耳其的影响比对大多数国家的都要大，这些事件包括北越发动的“春节攻势”②、5月的法国学生运动、8月的苏联入侵捷克斯洛伐克。③

---

① 作家，诺贝尔文学奖得主帕慕克的好友。——译者

② 越共和北越军队大约8.5万人的联军在1968年1月31日（农历新年第一天）对整个南越的几个市镇村庄发动的一系列突袭，被认为是越战的转折点。此时胡志明不久于人世，他们需要尽快取胜。美国和南越军队花了好几个星期才夺回被占领的城市。尽管这次进攻是一次军事上的失败，却是一次政治和心理上的胜利，因为它打击了美国的乐观心态。——译者

③ Murat Belge (psued. Ahmet Samim), “The Left”, in Schick and Tonak (eds) *Transition*, p. 157.

这些事件与 3 月 1 日废除“国民剩余制度”的选举法修正案同时发生。[①] 选举法的这一规定使得土耳其工人党在 1965 年的议会中赢得了 14 个席位，发挥了与其规模完全不相称的具有历史意义的反对派作用。这就是为什么政府想要修改法律，并将工人党赶出政治舞台。

根据修改后的法律，工人党在相同票数下只能获得 3 个席位；在 1969 年的选举中，它们只赢得了 2 个席位。《经济学人》（1968 年 3 月 9 日）在评论新法律时得出了一个显而易见的结论：

> 既然土耳其共产党已被取缔，工人党确实是极端左翼分子唯一的合法家园。颠覆活动在政治挫败中蓬勃发展，无论工人党现在是否具有颠覆性，如果它在议会的出路基本上被堵住，那么它很可能会被这个方向吸引。

就在这项法律通过之前，该党领导人穆罕默德·阿里·艾巴尔向议会发出警告，“如果通过这项法律，国家的骚乱将会升级”。他请求执政党撤回法律，“否则你们将会为我们的民主所遭受的一切负责”。

土耳其工人党本身并没有转向颠覆，尽管它的一些支持者这么做了。一些人确信议会的道路已经对左翼关闭了，于是开始相信获得权力的唯一途径是与同情他们的官员合作发动军事政变。左派就此发生

① 如下内容为 Dodd，*Politics*，p. 183 所描述的相对复杂的“国民剩余制度”：
根据这一制度，每个选区的选票将除以议席数。然后，所得的商被用来划分每个党派或独立候选人的票数。因此，当商为 2000 时，一个有 4500 票的党派将赢得 2 个席位。所以，到目前为止，该制度实际上有助于以较少得票获胜的党派（通常是小政党）。当剩余的选票——以上例来说为 500 票——被转移到一个全国性的票池中时，它将进一步有利于这些小党。

分裂，一些人继续支持工人党；一些人支持“民族民主革命”，也就是说与激进的军官结成联盟；一些人认为解决土耳其问题的办法或许可以在印度纳萨尔派分子[①]的变体，或者拉丁美洲城市游击战战略的毛主义中找到。

与此同时，政府在用选举法伤害了左派之后，决定通过一项有利于亲政府的土耳其工会联盟的法律，以摧毁由革命工会联合会领导的政治工会运动（political unionism）。对此，土耳其工会运动的研究者伊斯科里（Isikli）教授写道，修订后的法律

> 禁止工会的存在，除非它们代表至少三分之一在特定工作场所工作的人。但更为重要的是，政府发言人公开承认，修订法律的目的就是要消灭［革命工会联合会］。[②]

作为对这一法律的回应，1970 年 6 月 15 日至 16 日，工人们举行了一次大规模的、基本上是自发的示威活动，并成功地使整个伊斯坦布尔-马尔马拉地区彻底瘫痪。政府只有通过展示武力，并切断与该市的所有有线通讯才能恢复秩序。这是这届政权的最后一根稻草，他们将示威活动描述为“革命的彩排”。观察家指出，政府无力与第二共和国各机构一起维持法律和秩序，并预计这次又会有一段军政时期，类似于巴基斯坦的叶海亚·汗执政时期。德米雷尔此前经常抱怨说，用这样一部自由和宽容的“宪法”来治理国家是不可能的。

---

① 即印度的主张通过农民武装斗争夺取政权的共产党人。——译者

② Alpaslan Isikli, “Wage Labor and Unionization” in ibid. p. 320; and Hale, *Economic Development*, pp. 212ff.

将军们对形势了若指掌。1963 年成立的国家情报组织和军事情报组织已经渗透进了各种阴谋团体，打入了他们的行动。（人们只能通过在 1971 年军事干预后的审判中为了提供证据而不得不暴露的情报人员的数量来猜测渗透的程度。）据报道，1970 年夏天，军队进行了清洗，至少 56 名将军和 516 名上校退休。

1963 年后，军队分裂为若干对立的派系，并受到来自指挥系统之外的干涉的威胁。如果这样的威胁成为现实，最高指挥部将先发制人，通过一项彻底改革的提案来阻止它，他们支持这种改革。但是，如果这些改革的目的是破坏自由宪法，那么在议会有反对意见的情况下，改革会难以付诸实施。1971 年 1 月，当杰夫德特·苏奈（Cevdet Sunay）总统咨询党的领导人时就清楚地表明了这一点。他们拒绝营救德米雷尔，并惊讶于最高指挥部竟然如此坚定地支持他。

到 1971 年 1 月，土耳其似乎陷入了混乱状态。大学已经停课，学生模仿拉丁美洲城市游击队的做法抢劫银行、绑架美国大兵，并攻击美国目标。批评政府的大学教授的家遭到了新法西斯激进分子的炸弹袭击。1971 年 1 月 1 日至 3 月 12 日，工厂罢工，停工的工作日比以往任何一年都多。[①] 伊斯兰运动变得更加激进，其政党伊斯兰民族秩序党公开抵制凯末尔和凯末尔主义，激怒了武装部队。

---

① Alpaslan Isikli, “Wage Labor and Unionization” in ibid., p. 325，表 11-3 显示了 1963 年至 1980 年的罢工率：在 1971 年头三个月不到的时间里，罢工造成了 476116 个工作日的损失；而 1971 年以前（因罢工造成的）工作日损失最高的年份是 1966 年，全年共计 430104 个工作日。

到 3 月初，德米雷尔已经无力面对他难以控制的迅速恶化的局势。3 月 8 日，他所在政党的议会小组的一次会议表明，他不再拥有该党的信任，而帕夏们立即通过他们在正义党内部的心腹了解到了这一点。两天后，他们碰头并决定德米雷尔必须辞职，因为他已经失去了自己政党的充分支持。因此，3 月 12 日，代表土耳其武装部队行事的将军们（COGS 以及陆军、海军、空军指挥官们）向苏奈总统和两院议长提交了一份备忘录。他们要求组建一个强大可信的政府，能够实施宪法所展望的改革。他们威胁说，如果政府拒绝辞职，他们将夺权，让德米雷尔别无选择。而他的辞职为他经常呼吁但由于 1961 年的《宪法》提供的保障而未能采取的反民主措施扫清了道路。

八

军事干预、社会民主、政治恐怖（1971—1980）

对大多数土耳其人而言，1971年3月12日的军事干预不足为奇。但很少有人了解政变的性质或它将要发展的方向。鉴于它的集体性特征，很难看出是哪个派别在武装部队中掌握了主动权。自由知识分子希望是由空军司令穆尔辛·巴图尔（Muhsin Batur）领导的激进改革派，赞成实施1961年《宪法》所设想的改革。备忘录似乎证明了这种希望的正当性；在强烈要求对“我国陷入无政府状态、自相残杀、社会和经济动荡”负有责任的政府辞职后，指挥官们要求“在一个强大而可信的政府的民主原则下组建一个政府，这将缓和当前的无政府状态，并将在凯末尔的思想的启发下，执行宪法所设想的改革主义法律”。[1]

应优先考虑“恢复法律与秩序”。因此，在备忘录发出的同一天，检察官对土耳其工人党提起诉讼。它的领导人被指控进行共产主义宣传（这违反了 1936 年的《刑法》），支持库尔德分离主义，这违反了宪法。与此同时，检察官要求关闭所有隶属于“土耳其革命青年联合会”（Dev-Genç）的青年组织。这些团体被指责对左派青年在大学和城市的暴力行为和制造骚动负有责任。

恢复法律和秩序就意味着要镇压任何被视为左派的群体。因此，警察搜查了诸如大学里的“思想俱乐部”、教师联合会分支机构以及革命工会联合会等团体的办公室。在这些国家行为的鼓舞下，民族主义行动党的青年组织，所谓的“理想主义者之炉”（Idealist Hearths）开始充当义务警员，找那些被他们认定为左派的人的麻烦。省城的教师成为主要目标，因为他们是工人党的支持者。镇压左派并压制左派的各种声音的主要动机似乎是抑制工会的激进好斗，以及对高工资和改善工作环境的要求。这是军事政权的一个成功之处，至少在短期看是如此。

在逼迫德米雷尔辞职后，军队指挥官们面临着如何处理他们刚刚到手的权力的问题。他们不愿直接行使权力，在看到希腊军政府自 1967 年政变以来所面对的问题后，对此望而却步。他们别无选择，只能通过一个由保守派、反改革派政党主导的议会和一个有望实施改革的“超越党派”的政府来执政。帕夏们打算用持续的刺激和压力来影

---

① Feroz Ahmad, *The Turkish Experiment in Democracy 1950 - 1975*, London, 1977, p. 288.

响一些事件。但是他们的首要问题是找到一个议会，也就是正义党和共和人民党可以接受的总理。尼哈特·埃利姆（Nihat Erim）教授被认为是合适的候选人，并于3月19日被要求组建政府。

尼哈特·埃利姆（1912—1980）1946年加入共和人民党时，放弃了宪法和国际法研究转而从事政治活动。同年，他进入国会，成为一名杰出的党员，不仅担任部长，还是伊诺努的心腹，有时还充当伊诺努的非正式发言人。但作为一个野心勃勃的人，他在1950年的大选中失去了自己的席位，转而与民主党走得很近，成为塞浦路斯问题顾问。1961年，他被新民主党选中领导他们的联合政府以取代伊诺努的政府。此事失败后，正义党又支持他竞选议长，但再次未能如愿。在接下来的十年里，埃利姆远离政治，将精力投入欧洲委员会。被任命为总理是他政治生涯的巅峰，但是，他为军事政权服务的意愿使他付出了生命的代价，1980年7月19日，他被一个自称为“革命左派”的组织暗杀。

1971年3月时，埃利姆已经得到了右翼政党的支持；他与共和人民党的关系使他有望获得该党保守派的支持。事实上，他的任命导致了共和人民党的不合，并在1972年发生严重的分裂。伊诺努起初对军政权持批评态度，但随着埃利姆的任命，他改变了态度；然而，该党总书记布伦特·埃杰维特（Bülent Ecevit）仍是一位不屈不挠的批评者。埃利姆自称为一个国民政府的领导人，其政府堪比1931年英国的拉姆齐·麦克唐纳政府。这一比较比埃利姆可能意识到的更为贴切；就像工党领袖麦克唐纳一样，他也成了一个以保守和镇压为主的政权的傀儡头目，一旦他做完他该做的事就会被抛弃。

尼哈特·埃利姆认为自己是一个由管理者和技术官僚组成的“智囊团”的领导者，他们的目标是执行一个由指挥官们设想的激进改革方案。因此，他请来了世界银行的阿蒂拉·卡拉斯马诺格鲁、军队互助基金的厄泽尔·德比尔（Özer Derbil）、土耳其石油公司前董事伊桑·托帕卢格鲁（Ihsan Topaloglu）和曾在“国家计划组织”任职的前参谋长辛纳西·奥雷尔（Şinasi Orel）等专家。除了这些改革者之外，他还接纳了费里特·梅伦（Ferit Melen）和赛特·纳齐·尔金（Sait Naci Ergin）这样的保守派，这些人因在1960年代初的联盟中阻挠改革而臭名昭著，但是他们在议会中得到了保守派的支持。因此，埃利姆政府非但不是一个能够达成共识的国民政府，反而被证明是一个不团结的、充满矛盾的内阁。

4月，这一切都因为一个自称为“土耳其人民解放军”（TPLA）的组织发动了新一轮的恐怖袭击而黯然失色。绑架，勒索赎金，还有抢劫银行，全都是为了筹集“土耳其人民解放军”的作战经费。有关持不同政见的低阶军官和军校学员正在指挥这支力量的传言得到了情报来源的证实。一些人把这些活动解释为分裂军队的另一种表现，另一些人则相信这些人是渗透到左翼各派的国家情报组织的煽动者。①

① Feroz Ahmad, *The Turkish Experiment in Democracy 1950 - 1975*, London, 1977, pp. 293ff. For a detailed account of terrorism during these years see Margret Kruhenbuhl, *Political Kidnappings in Turkey, 1971 - 1972*, Santa Monica, California, July 1977.

国家对“土耳其人民解放军”的行动进行了大规模镇压。4 月 22 日，内阁中的军方代表、副总理萨迪·科萨斯（Sadi Koçaş）宣布：“从今天起，我们向所有违反法律的人宣战。”5 天后，土耳其 67 个省中的 11 个宣布了戒严令。这些省份包括该国的主要城市和工业区以及库尔德民族主义者活跃的东南部省份。[①]

戒严令一出，土耳其的政治生活完全瘫痪了。青年组织被禁止，所有专业的协会和工会的所有会议及研讨会都被叫停。4 月 28 日，两家报纸停刊，书店被勒令不得出售当局禁止的出版物。这个命令引起了很大的混乱，因为哪些出版物是非法的从来没有得到澄清，决定权都掌握在执行这项命令的警察手中。第二天，两名著名记者——前工人党代表切廷·阿尔坦（Çetin Altan）、激进的凯末尔主义者伊尔罕·塞尔库克（Ilhan Selçuk）被拘留，这是即将对知识分子进行镇压的第一个信号，而且左派的所有出版物都被查封。但好战的、新法西斯右派的出版物继续自由流通。5 月 3 日，戒严当局宣布所有罢工和停工都是非法的。工人运动一下子被压制住了，这使得雇主工会松了一口气，后者一直认为集体谈判和罢工是土耳其难以承受的奢侈。

等到 5 月 17 日，以色列驻伊斯坦布尔的领事伊弗列姆·埃洛姆（Ephraim Elrom）被绑架后，这个国家才感受到了全面的镇压。“土耳其人民解放阵线”是左派分裂出来的又一个派系，它因这一行为而获得了赞誉，沉重地打击了军事政权的威望。政府通过对左派采取最严

---

① 有关军事政权下的镇压，参见 Jane Cousins，*Turkey—Torture and Political Persecution*，London，1973，书中引用了采访和具体案例。

厉的措施予以回应。游击队接到警告，如果埃洛姆被杀，政府将通过一项追溯死刑的法律。内阁对这项法律的合宪性提出了质疑，但毫无用处。文官已经失去了控制权，权力转移到了颁布戒严令的指挥官和情报部门手上。

在埃洛姆被绑架后的几天里，土耳其各地有数百人被拘留。总体而言，他们都是知识分子，主要是学生和年轻学者，以及工会会员和工人党的支持者。为了给他们所定义的“左派”一个教训，指挥官们甚至逮捕了著名作家，比如亚萨尔·凯末尔（Yasar Kemal）和法基尔·贝库尔特，还有总理埃利姆本人认识的一些法学教授。在收押期间，酷刑的使用变得普遍，其目的似乎是摧毁政治犯的意志，从而使他们放弃政治。① 这个目标在一定程度上实现了，许多人放弃了激进的政治，有些人甚至开始拥护保守派的事业。

镇压并没有拯救埃洛姆；如果说起到了什么作用的话，那就是把劫持他的人逼到了角落里，从而加速了对他的谋杀。宣布 5 月 21 日午夜到下午 3 点对伊斯坦布尔实行宵禁（其间进行了挨家挨户的搜查），不啻为埃洛姆的死刑令。3 万名军人参加了此次行动，凌晨 5 点，他们发现了埃洛姆的尸体；尸检表明，他在前一天宣布宵禁后不久就被枪杀了，当时绑架者决定放弃他们的安全屋尽快逃走。②

在接下来的两年里，镇压成为所有其他活动的背景。议会每两个月定期延续戒严令，以符合宪法的规定。与此同时，政府将注意力集

---

① Krahenbuhl, *Political Kidnappings*, pp. 48 – 70.

② Ahmad, *Experiment*, pp. 300 – 301.

中在修订《宪法》上，保守派把国家的困境归咎于此。修订后的版本几乎涵盖了国家的每一个机构：工会、新闻界、广播电视业、大学、国务委员会、宪法法院、议会、参议院和上诉法院。1961年的《宪法》保障的权利和自由，在土耳其历史上第一次允许民众参与政治，但是现在这些权利和自由受到了限制，用埃利姆教授的话说，此举是为了“国家的完整……以及国族、共和国、国家安全、公共秩序得到保护”。修订后的《宪法》保证“不会回到3月12日之前的时期”。事实证明，1960年代的民主化对右翼而言代价太高，风险很大。埃利姆和军方的最高指挥部的结论是，自由宪法对土耳其来说是一种奢侈，一个发展中的社会如果希望在通往资本主义的道路上取得快速进展，就负担不起这样的奢侈。

在镇压的气氛中，《宪法》修正案没有被公开讨论。在议会中，右翼政党乐于接受他们在1960年代不断寻求的变革，但是充满活力的公众舆论以蔑视的眼光看待这些变化。正义党对《宪法》修正案表示欢迎，因为它们比它预想的更加极端。即使是共和人民党也没有提出强烈的反对意见。只有在政变之前被工人党开除并因此出狱的穆罕默德·阿里·艾巴尔在议会中表示抗议：

> 拟议的《宪法》修正案违背了我国现行的民主宪法的哲学和基本原则；它们的目的是禁止社会主义，因此不能与当代对民主政体的理解相一致。

埃利姆似乎回应了艾巴尔的批评，他指出，宪法确实对社会主义是关闭的，但它仍然对社会民主开放。

议会通过并经参议院批准的法案修改了35个条款，并引入了9个新的临时条款。这是德米雷尔的胜利，他坚持认为政治改革必须优先于社会经济发展。但是现在自由主义政权已经完全被削弱了，几乎没有可能引入旨在恢复社会公平的变革。指挥官们可能真诚地呼吁改革，1971年9月28日，军政府的铁腕人物法鲁克·居勒（Faruk Gürler）将军也曾说过同样的话。但他们应该知道，他们的改革目标永远不会由一个依赖右翼的政府来实现。此外，修正案未能如他们所预期的那样恢复法律和秩序。正如我们将在下一章看到的，这次失败促使最高指挥部在1980年9月又一次政变后进行彻底的政治改革。

面对改革的可能性，德米雷尔从内阁中撤走了他所在政党的部长，并制造了一场危机。原则上，他并不反对土地改革或对农业收入征税等措施；相反，他欢迎通过让农业部门参与资本积累的过程来消除阻碍资本主义进步的障碍。但他对这些措施的支持将会疏远农业游说团体，并失去他在党内的选票。正义党已经被1960年代的事态发展搞得支离破碎，而埃利姆的改革只会使局势变得更糟，并增强小党派的实力。安纳托利亚的小商人和农民认为，这些改革有损他们的利益，只对像科奇集团和萨班哲财团（Sabanci Holding）这样的巨头有利。德米雷尔知道军事政权是过渡性的，他想要赢得之后的选举。于是他拒绝让步，结果内阁危机按他的条件解决了。

指挥官们承诺将继续通过“土耳其国家最高权力机关、议会和政府”开展工作，德米雷尔撤消了把正义党部长从内阁撤走的决定。此外，12月3日，曾在德米雷尔的内阁中担任财政部长的梅苏特·埃雷兹（Mesut Erez）被任命为埃利姆政府的副总理。这是 11 位改革派部长组成的小团体的最后一根稻草，最终他们明白了，改革已经失败。他们在同一天集体辞职，迫使埃利姆也跟着辞职。①

12 月 11 日宣布的第二届埃利姆内阁没有任何意外，官僚体制改革的想法已经被放弃。他的第二个任期一直持续到 1972 年 4 月 17 日，以惨败收场。德米雷尔继续从外部主导政府，伊诺努的共和人民党充当反对党。德米雷尔允许埃利姆实行旨在清除大学和官僚机构中的自由主义者的措施，但他拒绝批准埃利姆利用具有法律效力的政府法令（kararname）绕过议会。

没有德米雷尔的支持，埃利姆几乎一事无成。因此，他决定在 4 月 17 日对他举行不信任投票前辞职。除了《宪法》修正案之外，埃利姆可能会被人们记住的只有他决定禁止在土耳其种植罂粟，以遏制全球范围内的海洛因生产。这一决定是在华盛顿的巨大压力下做出的，因此非常不得人心。1973 年的大选后，埃杰维特的联合政府扭转了这种局面。

没有德米雷尔的批准，内阁就不能成立。因此，费里特·梅伦在经过 5 个星期的磋商和谈判后才宣布了他的政府人选。他没有假装想要进行任何社会和经济改革；他的唯一目的是在不诉诸戒严令的情况

---

① Roger Nye, "Civil-Military Confrontation in Turkey: the 1973 Presidential Election", *International Journal of Middle East Studies*, vol. 8, no. 2, April 1977, pp. 209 - 228; and George Harris, *Turkey: Coping with Crisis*, Boulder, Colorado, 1985.

下维持法律和秩序。他相信，这一目标可以通过更多的《宪法》修正案和新的法律来实现。他提议设立专门的“国家安全法院”，以处理针对国家的“政治罪行”，并修改政党法，以防左翼政党的形成，用他的话说，左翼政党“如果不包括在宪法的内容中，那就是与《宪法》精神相悖的”。布伦特·埃杰维特 1972 年 5 月从年过八旬的伊诺努手中夺取了共和人民党的领导权，他批评了这些提议，认为它们牺牲了民主的实质，只保留了它的表面特征。

平淡无奇的梅伦内阁没有给这个国家留下任何印象。经济和社会的基本问题依旧没被触及。戒严令继续支配着日常生活，而新闻界在讨论改革问题时不怀任何希望或信心。《宪法》等待着进一步修订，以便在文官统治下进一步予以镇压。在镇压中首当其冲的知识界是痛苦而阴郁的，但他们并非不抱希望。事实上，随着 1973 年的到来，人们的情绪开始转变，政治生活的节奏也开始加快。

1973 年是选举年，土耳其选民仍然非常认真地对待选票，把它们当作羞辱那些压迫和折磨他们的人的武器。1950 年他们就是这样投票的，1983 年他们还将再次这样投票！但是在 10 月大选前，议会不得不选举一位新总统来接替当年 3 月任期届满的杰夫德特·苏奈。这一事件成了政治家和帕夏们之间意志斗争的场域。

自 1960 年的军事干预以来，总统作为调解文官和军方之间关系的机构已经具有了重大的政治意义。虽然总统是由两院的联席会议选举产生的，但最高指挥部将这视为一种形式；指望土耳其大国民议会将选出他们商定好的候选人。

杰夫德特·苏奈将军 1966 年当选后，德米雷尔政府和指挥官之间建立了一种友好关系。1969 年，当德米雷尔决定让他的总参谋长杰马勒·图拉尔将军退休时，他得到了帕夏们的支持；这位将军是一位野心勃勃的军官，自视为“第二个阿塔图克”。没有来自指挥官的保证，德米雷尔是不会采取什么行动的。

1973 年，帕夏们决定让陆军司令法鲁克·居勒将军成为土耳其共和国的下一任总统。居勒本该在 1971 年 8 月退休，但是被延迟了一年，并获准保留其指挥权。第二年，总参谋长麦姆杜赫·塔格马萨（Memduh Tağmaç）被他的同僚逼迫退休，为居勒让路，因为这是迈向总统宝座的必要一步。在担任了很短一段时间的总参谋长之后，居勒辞职并被任命为具有担任总统资格的参议员，这样他就可以成为这个国家最高职位的候选人。

帕夏们已经明确地表达了他们的意图，而且让政治家们通过这一动议。但是大国民议会拒绝选举居勒。向来不合的德米雷尔和埃杰维特此次已然达成一致，都不选帕夏们推举的候选人，盘算着已经掌权的军队很难干预。遭到断然拒绝的指挥官们觉得受到了羞辱，遂提议修订《宪法》以延长苏奈总统的任期，但被否决了。他们别无选择，只能妥协或干预。由于没有达成更深入干预的共识，所以议会被告知可以选择其中意的总统，只要此人能被帕夏们接受。

这种政治紧张局势从 3 月 13 日持续到 4 月 6 日，其间议会选举退休的海军上将法赫里·科鲁蒂尔克（Fahri Korutürk）为总统。科鲁蒂尔克此前已经作为一位温和的自由派参议员而确立了个人声誉，他通过投票反对国家安全法院来表明对民主制度的尊重。作为一名前军官，他也被最高指挥部所接受，因为后者知道他永远不会成为政客们的傀儡。然而，他的当选被视为文官的胜利。

费里特·梅伦于4月7日辞职，以便让新总统任命总理。科鲁蒂尔克选中了梅伦内阁的贸易部长纳伊姆·塔卢（Naim Talu）担任总理；他还是中央银行的前行长，被大家称为大企业的发言人。科鲁蒂尔克的内阁是正义党和费齐奥格卢教授的共和信实党组成的联合政府，而他的主要任务是领导国家走向选举。

关于改革的讨论仍在继续，但人们普遍认为，选举后的政府将进行改革。而塔卢只是以1973年6月通过的《大学法》加强了法律和秩序的统治，从而为平息学生骚乱提供了必要的机制。根据这项法律设立了一个大学监督委员会，由总理担任主席，全国所有大学都应对该委员会负责。委员会建议各大学严明纪律，如果大学未能付诸行动，它将采取强制措施。如果一所大学的行政部门被认为已经崩溃，委员会就会自动接管。这部法律不仅标志着大学自治的终结，也标志着政党政治直接插手大学事务。

到1973年夏天，军方支持的政权已经完成了大部分的政治任务。为了加强国家对抗民间社会的力量，《宪法》被修订了；设立了特别法庭，以迅速而无情地直接处理各种形式的异议；大学被用来遏制学生和教师的激进主义；政府在1971年7月20日解散了工人党，工会偃旗息鼓并且陷入了意识形态真空。

但是，与这些政府推动的变革平行并且作为对这些变革的回应的是，旧的政治力量开始在埃杰维特领导下，围绕以新的社会民主主义为主张的共和人民党团结起来（见下文）。1973 年 10 月的选举后，他们以一种最高指挥部没有预料到的方式主宰了政治舞台，从而在 7 年后又引发了另一场军事干预。

土耳其工人党的解散留下了一个很深的意识形态真空，等待着左派中出现另一支来填补。这个党派之所以被摧毁，不是因为它的革命性，而是因为它拒绝接受这样一个政治共识，即只在民族主义的话语体系中讨论国家问题，免谈阶级议题。工人党实际上是改良派，尽管它寻求的改革是结构性的，因而不能接受既定的秩序。但正是这种改良主义导致了它的分裂，冒险主义者挣脱出来，形成了这样或那样倾向的“革命派系”。（与法国共产党颇为类似的土耳其工人党得到了埃利姆的支持，它拒绝使用暴力而且愿意通过选举的途径获得权力。）基于阶级的社会经济分析吸引了工人和学生，并给安纳托利亚的农民阶层留下了深刻印象。就连新法西斯行动党也开始以自己粗鲁的方式来用这些想法做文章！所有这一切并没有使土耳其工人党在选举中成为有竞争力的对手，但它确实使许多人变得政治化，使他们更难被操纵和控制。

一旦工人党离开历史舞台，它的衣钵就等着被继承。1971 年后，只要共和人民党能放弃对社会民主的矛盾心理，它就处在继承衣钵的最有利位置。在 1960 年代中期，该党在采取“中间偏左”的姿态时产生了分裂。保守派脱党，转而成立了信实党，后来叫共和信实党，由图尔罕·费齐奥格卢领导。在 1969 年大选中，该党的表现不佳便是这种分裂的反映。1971 年的干预使该党在支持军事政权的问题上进一步分裂。共和人民党主席伊诺努决定支持埃利姆政府；党的总书记埃杰维特反对这项政策并辞去了自己的职务。1970 年代初，共和人民党的政治前景似乎一片黯淡。

埃杰维特继续在党内持反对立场，主张与人民合作而不是为人民服务的政策。他要求他的党放弃精英主义观念，即群众是无知的而且不知道对他们是有好处的：

> 我们必须放弃这样的想法，即只有知识分子才知道什么是最好的；必须承认人民群众完全知道自己的利益所在。如果到目前为止，人们还没有投票支持改革的力量［即共和人民党］，那不是因为他们落后，而是因为他们看到改革派疏远他们。①

埃杰维特的民粹主义开始赢得普通民众的支持，尤其是在各省。到 1972 年初，他的支持者在省级代表大会上赢得了地方组织的控制权；伊诺努对这一趋势感到惊慌，决定在 5 月召开一次非常规的代表大会以便一劳永逸地解决领导权问题。埃杰维特试图避免与伊斯麦特帕夏的冲突，但没有成功。自信会取得胜利的伊诺努拒绝任何妥协，并要求党在他和埃杰维特之间做出选择。令伊诺努和大多数观察家感到惊讶的是，该党通过投票给之前埃杰维特所在的党委而选择了埃杰维特，伊诺努遂于 5 月 7 日辞去主席一职，离开了这个他自 1938 年 11 月穆斯

① Ahmad, *Experiment*, p. 313.

塔法·凯末尔去世以来就一直坐的位子。一周后，国会再次召开大会，选举布伦特·埃杰维特为该党主席，为共和人民党开启了新的社会民主时代。

土耳其的政治话语发生了重大转变，因为其中一个主要政党公开采取了迄今为止一直处于政治共识之外的意识形态立场。当时，这一举动对共和人民党来说如同自毁选举前途，而仍在分裂的右翼并没有对此作出有必要重视的反应。

军事政权未能诱使右翼政党参与它的议程。尽管德米雷尔被解职，但他的正义党在帕夏们的领导下继续主导政治。民主党拒绝与军方支持的政府合作，并代表右翼作为反对党。民族行动党（其领导人是阿尔帕斯兰·图尔克什）在议会中只有一名代表，几乎感受不到它的存在。费齐奥格卢的信实党党员在前两任内阁中担任过国防部长，在第三任内阁中担任过总理，但是因为公开地与最高指挥部合作，该党完全丧失了信誉。然而在 1972 年 7 月，当信实党与新近成立的共和党合并为共和信实党时，它似乎更加强大了。共和党是由共和人民党的脱党者组成的，他们拒绝接受埃杰维特的胜利，并打算在别的地方实践他们的保守主义。

宪法法院于 1971 年 5 月 20 日解散了民族秩序党，理由是它违反了《宪法》中保障世俗主义的条款。但是，没有对伊斯兰主义者采取任何惩罚措施，他们的领导人内杰梅丁·埃尔巴坎教授在局势恢复正常前去瑞士寻求避难。因此，1972 年 10 月伊斯兰主义者获准成立救国党（NSP），并为一年后举行的大选做准备。

救国党试图展现出一个比其前任更严肃的形象。它不太重视伊斯兰文化主义，后者包括对土耳其最受群众欢迎的足球运动的敌意，但强调其反对垄断增长和依赖外国资本的立场。该党呼吁建立重工业和基于伊斯兰价值观的经济，比如无息银行。它所塑造的形象是一个宣扬“伊斯兰社会主义”的政党（虽然没有使用这个词），而不是“伊斯兰基本教义主义”。当救国党在1973年的大选中脱颖而出成为这个国家的第三大党时，它的宣传攻势的成功就显而易见了，这表明伊斯兰主义的再次强调必须被认真对待。①

即将举行的选举在土耳其全国引起了极大的兴奋和期待，前总统拜亚尔无比正确地将其视为1950年以来最重要的选举。土耳其的政治专家们几乎无法预测结果。德米雷尔的正义党似乎很有可能获胜，因为尽管德米雷尔在1971年3月受到羞辱，但他仍然保持着自己的尊严和对自己政党的控制。很少有人敢预测小党派会如何发展；至于新的共和人民党，它还没有站稳脚跟。伊诺努于11月5日辞去了党内职务，以示公开反对埃杰维特，降低了后者在民调中获胜的机会。

其结果因此震惊了全国。不单单是共和人民党的胜利令人不安，而且右翼的分裂也远比大多数分析人士预想的严重。正义党的得票率从1969年的46.5%降到29.8%。民主党和救国党得益于德米雷尔支持率的下跌，在第一轮选举中分别获得11.9%和11.8%的选票。信实

---

① 参见“Islam and Electoral Behaviour: Changing Patterns and the Rise of the National Salvation Party”，载于Binnaz Toprak, *Islam and Political Development in Turkey*, Leiden, 1981, pp. 91－121。

党的得票率从 1969 年的 6.6％下降到 5.3％，民族行动党的得票率仅从 1969 年的 3％微微上升到 1973 年的 3.4％。

1973 年大选的意外之处是，新的共和人民党以这个国家第一大党的面目出现在大家面前。它赢得了 33.3％的选票和 185 个席位，比议会多数席位所需的 226 个席位少 41 个。然而，这是共和人民党自 1961 年以来获得的最高得票率，1961 年时该党大受青睐，在选举中获得了 36.7％的选票。1961 年后，由于意识形态的混乱和随之而来的变节，该党的选票继续下降，1965 年和 1969 年分别是 28.7％和 27.4％。

赢得 33％的选票对于一个正在经历巨大的身份转变的政党来说是一个了不起的成就。更值得注意的是，共和人民党赢得的这些选票并非来自土耳其的落后地区，那里过去是它们的传统根据地，反而是来自土耳其最先进的地区，土耳其的工业市镇。共和人民党已经拿下了一些城市，那里住在棚户区的移民已经背弃了正义党。这是一个鼓舞人心的迹象，因为它标志着一个重要的选民群体在意识形态上发生了重大转变，他们把社会民主视为土耳其未来的最佳选择。①

不管人们如何看待这些结果，很明显，它们并不会产生稳定的政府。尽管埃杰维特获得了胜利，但整个国家都投出了保守的一票，右翼党派的联合投票加起来达 63％。（左派在 1971 年 3 月后被彻底镇压，

① 参见 Ergun Özbudun's masterly article on elections in Turkey in MyronWeiner and Ergun Özbudun (eds), *Competitive Elections in Developing Countries*, Durham, N. Carolina, 1987, pp. 328 - 365。Özbudun 探讨了 1983 年普选之前的土耳其历届大选。

其支持者完全士气低落，甚至连土耳其左派大佬、其名字在战后土耳其不啻为社会主义的同义词的穆罕默德·阿里·艾巴尔也未能成为来自伊斯坦布尔的独立候选人。）

选举结束后，右翼在德米雷尔的领导权问题上出现了分歧。民主党主席费鲁·博兹贝利（Ferruh Bozbeyli）提议成立一个右翼联盟，前提是它不归德米雷尔领导。该提议遭到了正义党的否决，而这一分歧只要存在一天，右翼就没有人能组建政府。

尽管土耳其在上一代经历了许多重大的根本性变化，但它仍未达到以思想和方案代表政党，而不是以其领导人来代表政党的阶段。土耳其的政治几乎是不言自明的，即每个政党迟早都会成为其领导人的政党，如果它没有这样做，它就会夭折。正义党成了德米雷尔的政党，就像共和人民党是伊诺努的政党一样。民族行动党是图尔克什的政党，就像救国党是埃尔巴坎的政党一样。党内持不同政见者驱逐德米雷尔的企图惨遭失败。没人预料到伊诺努的下台，这一巨变使得埃杰维特变成了一个有魅力的人物。就当时而言，共和人民党是一个“有想法的政党”，但它也正在成为“埃杰维特的政党”。

科鲁蒂尔克总统要求埃杰维特在10月27日组建政府，而他立即向其他政党领导人发出试探。土耳其的建制派，尤其是商界，更倾向于在两大政党即共和人民党和正义党之间建立一个大联盟。那将是保持1971年后现状的一个理想方案，德米雷尔一直在控制新共和人民党的激进主义情绪，后者令一些商人和工业家感到震惊。他会阻止埃杰维特试图通过改革来扩大民主环境，这是社会民主人士在竞选期间所做的承诺。如果获得议会 334 票、参议院 121 票的支持，这样的联合政府将呈现出一个最稳定的局面。

德米雷尔拒绝加入任何联合政府，因为他知道新政府将不得不应对日益恶化的经济危机，这在一定程度上是世界经济衰退导致的。当你可以通过批评那些不受欢迎的经济措施而获得更多选举好处时，为什么还要对这些措施感到厌恶呢？这是他的思路。因此，他拒绝在埃杰维特手下效劳而更倾向于反对党，他说这是他国家加在他身上的责任。埃杰维特不得不转而求助于费鲁·博兹贝利的民主党或者埃尔巴坎的救国党，但是博兹贝利拒绝与他合作，部分原因是出于意识形态考虑，也因为他与拜亚尔等前民主党人关系过于密切。因此，埃杰维特开始亲近埃尔巴坎。

就它们的方案而言，共和人民党和救国党有许多共同之处。两党都声称信奉这样一种民主制度，即保障基本权利和自由、混合型经济和在社会正义的情况下经济获得发展。两党都致力于保护小企业，确保国家对矿产和石油等主要资源的控制，并由国家创建重工业。它们都反对“大资本”及其在经济和社会上日益增长的霸权。

除了这些方面的一致之外，它们之间的分歧也相当尖锐。救国党是一个由店主、工匠和安纳托利亚的小企业家组成的政党，他们要求保护自己不受以伊斯坦布尔为中心的现代工业不断高涨的浪潮的影响。伊斯兰主义者批评工业部门依赖外国人，依赖美国和北约、欧洲和共同市场。他们原则上不反对资本主义，只想限制资本主义的范围，以便使小生产者和小商人受益，把重工业交在国家的手中。（他们坚持认为）与西方发达国家的联系必须被打破，否则土耳其将被它们的经济实力所压垮。土耳其必须主动在该地区建立一个伊斯兰共同市场，在那里它可以参与竞争，甚至领导伊斯兰社会。

社会民主党并不认同这些观点。他们既不反对现代资本主义，也不惧怕欧美霸权；事实上，埃杰维特热衷于欧洲的社会民主，并希望效仿斯堪的纳维亚和德国。他希望土耳其资本家能够养成一种现代精神，不要盯着高利润，而是眼光放远一点，看到全体人民的社会福利。他还希望创建一个“人民的部门”（people’s sector），由此将土耳其资本主义的大门向人民敞开，这样小储户可以在其中投资。这样的方式预计将吸引在欧洲的土耳其工人，他们会向国内汇款或者带着他们的积蓄返回国内，这些钱可以投资到房地产而不是生产性企业。只有这样，土耳其才会有社会民主，即无关社会主义的一种民主。埃杰维特并不想让土耳其脱离欧洲或离开北约；他只是希望他的国家被视为平等的合作伙伴，并被允许发挥东西方之间桥梁的作用。

两党的社会哲学也截然不同。它们都对同样的刺激做出了反应，即一个正在迅速变化的社会，其传统的价值观与形式在技术和一种根植于世俗西方的文化的冲击下正在崩溃。但是，伊斯兰主义者向内看，向迷茫的追随者提供传统价值观的慰藉，并树立坚定的信仰，以此作为抵御这些挑战的盾牌。世俗主义共和党人提供了一个最新的自由主义，凯末尔主义民族主义加上社会福利。他们的观点吸引了知识界，尤其是在世俗的城市环境中成长起来的学生和教师，此外还有加入工会的工人。然而，新的共和人民党意识到宗教信仰在这个国家的强大吸引力，因此放弃了以前对好战的世俗主义的承诺，这种好战的世俗主义将宗教视为无知和落后的表现。埃杰维特希望，在不损害世俗主义的前提下，对伊斯兰教采取宽容的态度。

救国党人和共和党人决定组成一个联合政府，不是因为它们有共同的目标，而是因为政治机会主义；正是这种机会主义在几个月后导致了政府的解体。就当时而言，埃杰维特和埃尔巴坎都想要确立各自政党的合法性，没有比成为政府更好的方式了。救国党仍然处于阴云之下，因为其前任民族秩序党最近才被军政府解散。埃尔巴坎知道他正在被审查，也知道加入世俗的共和人民党领导的政府将稳固他的地位。至于埃杰维特，保守派对他持怀疑态度，认为他利用激进的民粹主义煽动红色恐慌。与伊斯兰主义者结盟将使他成为一个实用主义者，一个谨小慎微的、负责任的、避开教条主义的政治家。

各方经过三个月的谈判，埃杰维特与埃尔巴坎的联合政府终于在1974年1月25日出现在公众面前。与此同时，共和人民党以39.5%的选票赢得了12月的地方选举，由此巩固了自己的地位。埃杰维特在2月1日介绍了政府的计划。这是一个温和的方案，它将有利可图的轻消费行业交给私人而由国家承担起基础设施的责任，这样是旨在安抚工业。将军们对政府承诺建立一个全国性的军火工业表示欢迎，地主们也松了一口气，因为他们看到政府在谈论合作社和有效的商品销售市场，搁置了有争议的土地改革问题。①

---

① Ahmad, *Experiment*, pp. 330 - 341.

尽管该计划总体上是温和的，但保守派对联合政府打算恢复民主社会、治愈军事政权留下的创伤感到震惊。政府承诺大赦政治犯，并恢复工人和知识分子被剥夺的权利。保守派批评这些承诺会招来无政府状态和混乱。他们发现，在出现经济萧条、欧洲不再接纳土耳其工人的时候，这些观念更不恰当了；因此，失业人数每年又增加了 10 万。工人享有权利的民主环境会使雇主更难以与工会打交道。如果由于提前举行大选，各政党不得不讨好工人，在这种情况下情况会更糟，而鉴于联盟不稳定的性质，明显是有这种可能性的。[①]

然而，民主化进程被称为“突击队”或“灰狼”的行动党青年运动的好战分子在街头制造的混乱所终止了。右翼暴力事件的发生与联合政府的成立几乎是同时的，这并非偶然。此后，政治恐怖主义成为土耳其人生活的一种常态，并随着 1970 年代的到来而不断升级和加剧。

1970 年代初的左翼恐怖主义与 1970 年代中后期的左翼、右翼恐怖主义有着根本的区别。1970 年代初，左翼希望通过鼓动工人们采取反西方、反资本主义（正如人们认为他们在 1970 年 6 月所做的）的行动，比如绑架美国大兵或知名企业家，以此点燃革命的烈火。1970 年代中期，恐怖主义活动的目的是造成混乱、引起道德败坏，从而创造一种氛围，在这种氛围下，一个讲法律有秩序的制度将受到人民群众的欢迎，被视为国家的救星。事实证明，第二种形式的恐怖主义比 1980 年

---

① 商界人士是对的，在此期间发生了多次罢工，尽管存在危机，工会工人还是设法大幅提高了工资。参见 Çaglar Keyder，*State and Class in Turkey*，London，1987，p. 192。

9月12日的军事干预所展示的第一种形式的恐怖主义要成功得多。

在对这项政府计划的辩论中，右翼政党企图破坏联合政府，为此攻击伊斯兰教徒，把他们当作左派分子和世俗主义者的爪牙。德米雷尔特别爱挑衅，他质问政府提出的思想自由是否意味着进行共产主义宣传的自由。另一位反对党的发言人宣称，“埃杰维特领导的联合政府将作为土耳其第一个左翼政府载入我们的政治史”。

这届联合政府于2月7日获得了信任投票，这个国家开始出现一种充满希望的新气氛。人们期望政府履行竞选承诺，他们果然没有失望。3月，尽管受到了华盛顿的威胁，但6个省的罂粟种植还是得到了恢复，土耳其屈从于美国的印记被抹去了。5月，《大赦法案》在经过激烈辩论和一些修正后获得议会通过。结果，数百名政治犯从监狱获释。埃杰维特的人望持续增长，这令与他组成联合政府的内杰梅丁·埃尔巴坎感到震惊，后者因此决定摆脱埃杰维特的阴影，独立行动。随后，两个人之间的关系紧张起来，因为埃尔巴坎开始讨论旨在吸引保守派意见的公共道德问题，比如出版物和电影中的色情问题。这与埃杰维特的自由主义形成了鲜明对比，埃杰维特被逼到了辞职的边缘。他被劝说要有耐心，这届联合政府步履蹒跚地走进了7月，7月15日，在雅典的军人政权发动塞浦路斯国民警卫队推翻了马卡里奥斯总统，揭开了塞浦路斯危机的新篇章。[①]

---

① Ahmad, *Experiment*, pp. 341ff. and 403ff.。有关条约全文，参见 Christopher Kitchens, *Cyprus*, New York, 1984; and Tozun Bahçeli, *Greek-Turkish Relations since 1955*, Boulder, Colorado, 1988。

由于爱琴海北部的海底争端以及日益恶化的塞浦路斯问题，希腊和土耳其的关系已经很紧张。推翻马卡里奥斯的政变在安卡拉方面看来是希腊的干预，需要其余两个担保国，即英国和土耳其采取反制措施，以维护1960年的塞浦路斯协定。在英国表示不予干涉后，安卡拉采取了行动，于7月20日单方面出兵并在该岛登陆。两天后双方停火，但没有持续多久。土耳其军队以土族塞浦路斯人遭遇持续暴力为借口，在8月14日发动第二次进攻，控制了岛上40%的领土。此时，塞浦路斯实际上被分割了，外交官们只能自己寻找解决办法。在撰写本书之时，尽管布什政府敦促双方达成妥协，但他们离找到解决方案还远得很。

土耳其的干预对塞浦路斯产生的影响与对其国内政治的影响一样巨大，如果不是那么血腥的话。一夜之间，布伦特·埃杰维特成了民族英雄；“理想主义诗人”变为了“行动主义者”。埃尔巴坎被埃杰维特的威望和声誉的惊人增长惊呆了，开始破坏他担任副总理的联合政府的政策。局势很快变得难以维持，埃杰维特确信，如果提前举行大选，他的政党将赢得压倒性的胜利，于是他在9月18日辞职。这次辞职是一次历史性的政治失误。右翼政党拒不同意提前举行大选，因为这会让它们被淹没在社会民主党的压倒性胜利中。

埃杰维特辞职后，出现了长达241天的危机，其间，没有人能够组成议会可以接受的政府。万般无奈之下，总统要求资深政治家萨迪·伊尔马克（Sadi Irmak）教授组建一个超越政党的内阁，并领导这个国家直到大选。然而，内阁成立后，11月29日未能获得信任投票。

尽管如此，伊尔马克一直留任到新内阁成立，即在1975年3月31日前他一直担任总理，并与一个只得到议会17名成员支持的内阁一起执政。

最终，苏莱曼·德米雷尔与右翼政党组建了一个联合政府，因为他威胁说，如果右翼政党不合作，他将支持提前大选。博兹贝利的民主党拒绝了这一提议，结果该党因为不肯顺从而被排挤了出去。德米雷尔的内阁于3月31日宣布成立。它由四个政党（正义党、救国党、信实党和民族行动党）组成，而叛离的民主党人作为无党派人士从外部予以支持。这个国家在这些政党之间被打包分配，后者利用分配给本党的部长人选来为其支持者提供互惠。通过这种方式，伊斯兰主义者和新法西斯分子在土耳其全境增强了自己的力量。

这个政府被普遍称为“民族主义阵线”或“反左派的右派阵线”。行动党在内阁中拥有强势地位，三名代表中有两人担任部长（该党领导人阿尔帕斯兰·图尔克什是副总理），有助于该党的新法西斯哲学在全国合法化。亲“阵线”的媒体的宣传，使得“德米雷尔负责议会，图尔克什负责街头”的口号尽人皆知，这种分工是该党年轻的好战分子“灰狼”付诸现实的。他们践行恐怖主义的目的是强调所谓的来自左翼——现在被确认为社会民主党人——的危险，从而通过削弱共和人民党的群众基础来破坏其选举力量。“革命左派”（Dev-Sol）和“革命道路”（Dev Yol）等左翼派系也以暴力活动还以颜色，这种反应加剧了混乱，也使右派的行动变得顺理成章。由于这样的政策，行动党开始发挥与其在国内获得的支持和在议会中的代表席位完全不相称的政治影响。[①]

"阵线"政府的成立终结了提前大选的可能性。但各政党不得不积极投入在1975年10月举行参议院的部分选举。这些选举成为所有政治活动的背景，"阵线"成员开始通过占据国家机关的要职来巩固自己的地位。德米雷尔的人控制了安纳托利亚新闻社（Anatolia Agency）和土耳其广播电视台，以确立他对媒体的垄断。其他政党为了与它们的支持者互惠互利，也在奋力争取部长职位。教育部变成了允许右翼扩大对学校和大学的控制权的工具，学校和大学是为青年运动招募新人的理想场所。对海关的控制，除了其他好处外，还为恐怖组织进口武器提供了便利。与此同时，有图尔克什担任副总理，"灰狼"已将自己视为国家的一部分，在为了恐吓对手而采取行动制造一种恐怖气氛时也就越来越信心十足。

共和人民党的会议在任何时候都受到攻击和干扰。这类袭击的高潮发生在6月21日，当时，埃杰维特的竞选大巴在进入伊斯坦布尔-安卡拉公路上的格雷德镇（Gerede）时遭到石块的袭击。后来，当埃杰维特讲话时，会议现场遭到袭击，以至于他的保镖不得不拔出手枪保护他。

暴力事件的升级令一些共和人民党的支持者感到惊慌，他们表示

---

① 关于埃杰维特的辞职与第一民族主义阵线政府的形成，参见Ahmad, *Experiment*, pp. 344 - 353；以及Mehmet Ali Agaogullari的文章，"The Ultranationalist Right", in I. Schick and E. A. Tonak (eds) *Turkey in Transition*, New York, 1987, pp. 198ff，了解行动党在内阁中的作用。

担心，怕再次发生军事干预使局势倒退。他们敦促埃杰维特停止竞选活动，以免引发此类事件。但共和党人知道，如果他们屈服于恐吓，就会失去他们的人气。相反，作为回应，埃杰维特6月28日在伊斯坦布尔举行了一次群众集会，吸引了20多万人到场。

他谴责“阵线”政府在全国各地煽动暴力事件，制造恐怖气氛；将他们的人置于要职，特别是安全部队，以破坏官僚机构的中立；通过宗派和种族来分裂土耳其人民，暗指“阵线”的政策针对的是阿列维派、什叶派和安纳托利亚东部及东南部讲库尔德语的人口。阿列维派同情共和人民党，因为它是世俗的政党，而且不歧视在穆斯林社会中占多数的逊尼派。库尔德人支持共和党人，因为他们不像一些右翼政党那样采取极端的民族主义。

整个夏天，暴力事件有增无减，但并没有吓倒共和人民党的支持者。在10月12日举行参议院选举时，该党的选票从35.4％增加到43.9％。正义党也有进步，其比例从30.8％提高到40.8％。其他党派的选票急剧下降：民主党从12％下降到3.2％，救国党从11.5％下降到8.4％。只有行动党的得票稳定地保持在3.4％，土耳其似乎又回归了两党制。

虽然正义党重新获得了一些它之前输给从其党内分裂出来的小团体的选票，但共和党仍保持了加强对城市地区控制的趋势，以及在伊斯坦布尔、萨姆松和特拉布宗具有压倒性优势的趋势。如果是大选的话，共和人民党的这些票数就足以组成一个政府了。新出现的投票模式表明，该国已经厌倦了争吵不休的联合政府，更倾向于两党制政权的稳定。选民们既没有响应救国党的伊斯兰主义宣传，也没有回应行动党对共产主义威胁的利用。相反，他们投票支持制定了计划的政党；埃杰维特提出要在“一个有人性的资本主义”背景下打造一个土耳其，而德米雷尔承诺要创造一个“伟大的土耳其”让所有土耳其人都感到骄傲。

埃杰维特和德米雷尔的选举成功，巩固了未来两年的民族主义阵线联盟。小党派想避开大选的心情比以往任何时候都更焦虑，因为他们知道自己会被清理掉。然而，尽管这种恐惧让联合政府团结在一起，但其成员拒绝合作，也不愿为该国的许多问题寻找解决方案。各党派继续表现得好像是在为选举做准备，从某种意义上说，他们确实是在这样做。在官僚体制内开辟政党地盘的斗争仍旧没有受到控制，官僚作风变得越来越政治化。只有外交部在很大程度上没有受到影响，因为它的有效运作所需的专业技能是党的忠实信徒们无法提供的。

联合政府里的伙伴朝着不同的方向前进，在整个 1976 年，政府似乎比以往任何时候都更加无能。德米雷尔对这一年造成 104 人死亡、1852 人受伤的暴力事件的回应是提议戒严。但是救国党拒绝支持一个可能威胁他们生存的军事政权。

当局有证据表明，行动党是暴力的主要来源，检察官希望进行全面调查。但是，内阁不允许这样做。如果不揭露民族行动党的角色，恐怖主义就无法被遏制；但这意味着破坏“阵线”的联合政府，德米雷尔拒绝面对这一点。自由媒体公开谈论如果阿尔帕斯兰·图尔克什的野心得不到遏制，可能会使这个国家面临法西斯主义的威胁。5 月

19日青年运动节的庆祝活动被比作“纳粹德国的集会”。在体育场里，副总理图尔克什在精心编排的圣歌中敬礼（圣歌的名字发音为Baashboo，意思是元首图尔克什）。德米雷尔完全黯然失色，只有1930年代在柏林当过海军少尉的科鲁蒂尔克总统意识到了形势的严峻。他走出了体育场，拒绝与图尔克什握手。

1976年对共和人民党来说也是困难的一年，大权旁落在党内引发了很大的挫败感。关于该党应该有多激进的问题存在一些内讧和分歧；必须保住工会的支持，但不能以疏远雇主为代价。

工人们尽管在军事统治下遭受了镇压，但正在恢复信心。不断上升的失业率、高通胀率和不断下降的工资，迫使他们坚持己见。由于共和人民党的左翼没有政治领导层（尽管1973年后成立了一些社会主义政党），革命工会联合会决定支持共和党人，放弃“革命”，尽管这不是名义上的，转而进行改革。自1924年以来第一次庆祝当年劳动节的决定，象征了工人阶级的新信心。

面对一个敌对的政府，革命工会联合会的决定具有重大的心理意义。这是在向右翼传递一个信息，即工人以及他们在知识分子中的支持者不会被恐怖活动所吓倒。共和人民党与革命工会联合会的团结一致，提高了工人阶级对于社会民主的积极性，这使他们在1977年的选举中获得了回报。

到1976年12月，德米雷尔明白他必须举行大选，只有这样他才能摆脱右翼伙伴的控制。无论如何，选举必须在1977年10月之前举行；在他的政党最有可能获胜的时候举行大选在政治上是非常明智的。

因此，1977 年 4 月 5 日，尽管救国党强烈反对，但是正义党和共和人民党还是共同投票决定于 6 月 5 日举行选举。

1970 年代，政治暴力已经成为土耳其人生活中的一个事实。但是一旦宣布要进行选举，政治暴力的速度和强度都急剧增加。埃杰维特的集会受到了单调的、有规律的攻击和干扰，但他并没有退却。政治恐怖活动在 1977 年的五一劳动节达到高潮，此时距离大选只有 4 个星期。革命工会联合会在伊斯坦布尔组织了一场声势浩大的集会，以显示其对抗所谓“法西斯主义浪潮”的力量。其中更重要的一点是，亲政权的工会联合会宣布在即将到来的选举中中立，这意味着其领导人不支持共和人民党。

有传言称集会将遭到极端左翼的毛派的捣乱，毛派谴责革命工会联合会与“修正主义者同流合污”，这个传言受到了重视，组织者采取措施保证集会的和平。他们的努力是成功的，直到集会即将结束时，意在制造恐慌的枪声才在聚集在塔克西姆广场的人群中响起。防暴警察出动，震耳欲聋的警笛助长了恐慌气氛。他们封锁了从广场向外延伸的林荫大道，迫使惊慌失措的人群逃到狭窄的街道上，许多人被压死。警察命令人们躺下躲避子弹，结果许多人死于踩踏。当统计伤亡人数时，只有 2 人死于枪伤，34 人被踩踏或压死，数百人受伤。几乎没有人怀疑这次重大伤亡是由国家军队协助和教唆的。

“五一”大屠杀和一般政治暴力对选举结果的影响是无法衡量的。选民们并没有因为害怕而不去投票，1977 年 6 月的投票率（72.4%）高于 1973 年的 66.8%。要不是有暴力的威胁，投票率可能会更高，这将有利于共和人民党。共和党人赢得了41.4%的选票，正义党赢得了36.9%的选票。其他政党，除了民族行动党，份额都大幅下降，民主党和信实党实际上被淘汰了。救国党失去了一半的议会席位，这表明宗教不是决定土耳其人投票方式的主要因素。1977年，只有小党派中的行动党表现良好，其得票率从3.4提高到6.4%，而且在议会中的代表席位从3席增加到13席。在这种情况下，暴力和国家权力都得到了回报。

选举结果令所有希望通过选举产生一个强大而稳定的政府的人感到失望。共和党赢得了213个席位，比获得多数席位所需的226个席位少了13个。埃杰维特组建了一个少数党政府，这是土耳其有史以来的第一个，但是他未能在7月3日赢得信任投票。一位退休的上校被要求预测国家的未来，他感叹道："如果埃杰维特的政府得不到信任投票，只能请上帝保佑土耳其了。"他的悲观情绪并非杞人忧天。土耳其开始了它现代历史上最黑暗的时期之一，然后在1980年以军事接管告终。

在埃杰维特落败后，德米雷尔被要求组建政府。商界再次提议在两大政党之间建立大联合政府，但无济于事。土耳其各政党似乎继续在主要经济利益集团中保持自治，以其领导人的利益行事，而不是代表全国共识。德米雷尔没有按照土耳其工商业者协会的建议行事，而是在7月21日组建了"第二个民族主义阵线政府"。这是一个联合政府，正义党有13个部长职位，救国党有8个，民族行动党有5个，这暴露出了德米雷尔对其合作伙伴的依赖程度。

土耳其现在完全两极分化，甚至右翼温和派也有一种深深的挫败感，因为选举未能提供该国迫切需要的稳定。越来越有信心的图尔克什以温和的姿态寻求政治声望。但是暴力事件的势头继续增加；在新政府成立的头15天内，发生了26起谋杀案，这标志着另一阶段的大屠杀的开始。

第二个阵线政府也不长寿，它的命运由1977年12月11日的地方选举决定。正义党对此不满，继而辞职。糟糕的选举表现以及该党过于接近新法西斯的迹象，导致了公开的反抗。当德米雷尔在12月31日寻求信任投票时，他被12名无党派人士的投票击败。他们解释说，他们之所以投票反对德米雷尔，是因为“阵线政府的表现、正在发生的杀戮事件（在第二个阵线政府期间有126起）以及东南地区（对库尔德人）的压迫”。

一周后，布伦特·埃杰维特的内阁宣布成立，它实际上是一个共和人民党和正义党的联盟，因为他这些无党派人士伙伴主要是正义党的脱党者。除了这十位无党派人士外，埃杰维特还得为来自信实党的图尔罕·费齐奥格卢教授、萨利赫·伊尔迪兹教授以及来自民主党的法鲁克·苏坎找到位置，这些人都是主流的保守派。毫无疑问，埃杰维特甚至试图执行他的政党的纲领，而这些人在内阁中阻碍他。

但是，实用主义者埃杰维特并不指望实施任何激进的措施：在他的纲领中，他只是承诺恢复一个饱受冲突蹂躏的国家的“和平与统一”。在一个完全两极分化的社会里，这本身就是一项不可能完成的任务，反对派决心通过诉诸更多的流血来让他一败涂地。甚至在1978年

1 月 15 日，埃杰维特起立宣读他的纲领时，议会现场爆发了冲突，迫使议会休会。在 1978 年的头 15 天，发生了 30 起政治杀戮事件，超过 200 人受伤。

不到 6 个月，埃杰维特意识到，他无法用现有的警察部队来对付恐怖主义暴力，甚至连 1960 年代建立的装备精良的防暴警察也不行。7 月 2 日，新闻界宣布，政府已决定动用宪兵的蓝盔部队来恢复法律和秩序。警察本身分属于不同的工会，一个宣称支持新法西斯分子，另一个则支持左翼，这使得执法变得难以预料。

恐怖主义也出现了一个新的危险的转变。刺客开始把特定的个人作为处决对象，杀一儆百。1978 年 7 月 11 日，比德列甸・克默特（Bedrettin Cömert）教授在安卡拉遇害，因为他在活跃于哈塞特佩大学的一个调查右翼恐怖组织的委员会工作。此外，还发生了其他同样令人不安的谋杀案，但令整个国家震惊的是 1979 年 2 月 1 日，《国民报》编辑阿卜迪・伊佩克兹（Abdi Ipekçi）[①] 被暗杀了。他是一个自由派、取中间立场的记者，致力于追求民主。他是埃杰维特的私交，埃杰维特本人也是一名记者，他的遇害直接打击了总理及其政府的威望。与大多数政治谋杀一样，警察似乎从不实行抓捕；就算逮捕了，恐怖分子往往也会设法越狱，甚至连军事监狱也关不住他们，由此暴露出国家的软弱无能。当暗杀伊佩克兹的人被抓获时，人们认出他是穆罕默德・阿里・阿卡（Mehmed Ali Agca），后来他因为 1981 年企图在罗

① 伊斯坦布尔的一座体育馆以他的名字命名。——译者

马刺杀教皇保罗二世而在世界上声名狼藉。他也成功地从伊斯坦布尔的一所戒备森严的监狱中逃走了，因为看押他的一些警卫与他串通一气！

1970年代，对于什叶派分支阿列维社区的袭击，标志着恐怖主义又发生了一次可怕的转变。在逊尼派占多数的背景下，阿列维派是少数派，他们一直支持世俗主义，因此投票支持共和人民党。他们成了行动党手下“灰狼”的攻击目标，“灰狼”谴责他们是共产党人。第一次重大袭击发生在4月18日至19日的马拉蒂亚，接着是9月锡瓦斯的阿列维社区遭到袭击，10月宾戈尔市（Bingöl）遭到袭击。所有阿列维派和共和人民党成员的家庭、生意都被洗劫一空，目的是侵蚀整个社区的经济基础。在市长是行动党成员的宾戈尔市，镇上的“灰狼”成员得到了周边地区的骨干的增援。他们在主要街市上横冲直撞，据媒体报道，以自制炸弹、雷管和燃烧弹成功地毁坏了大约100家商店。

作为对他们负有主要责任的暴力的补救措施，反对派开始要求埃杰维特实施戒严。埃杰维特在11月8日发表讲话，坚称“将在不牺牲法治原则、不使用自己的武器打击恐怖分子的情况下，根除恐怖主义”。他提出了新的法律，对携带无证武器进行更严厉的处罚，并设立了特别民事法庭。他宣布有800人死于政治暴力，他的政府逮捕了1999人，其中1052人是右派，778人是左派。

埃杰维特不希望实施戒严，但是安纳托利亚东南部小镇卡拉曼马拉什的大屠杀让他的希望破灭了。屠杀始于12月22日，第二天结束，31人死亡，数百人受伤。起因是几天前，“灰狼”阻挠两名被杀害的学校教师的葬礼，并高喊“不要为共产党人和阿列维人举行葬礼”。随后，他们袭击了送葬队伍，接着又肆意洗劫了阿列维人的商店；行动党的标志是一只咆哮的狼，凡是画上了这个标志的商店和房屋，就不会成为攻击目标。当地政府没有采取任何措施遏制暴力，当开塞利空军基地的喷气式飞机在城镇上空嗡嗡作响，第39装甲部队被派往现场时，局势终于得到控制。武装部队现在直接参与了进来，埃杰维特别无选择，只能于1978年12月25日宣布在13个省实行戒严。

埃杰维特未能应对恐怖主义和经济方面的问题，是削弱他在选民中声望的一个重要因素。他上台时曾信誓旦旦要恢复“和平与团结”，而反对党同样相信他会失败。即使在宣布戒严之后，法律和秩序仍在恶化。因为埃杰维特试图用文官控制军事指挥官，使“戒严显得人性化”，于是，反对派指责他没有给予军队执行任务所必需的权力。反对派声称，埃杰维特束缚了指挥官的手脚，使他们完全无法开展工作。指挥官对此表示同意，即使在他们夺取政权后，他们仍然以同样的理由来解释他们未能根据议会的规定遏制暴力。

埃杰维特面临着一个自由派被迫领导一个镇压性政府的两难境地。在东南部库尔德人聚居区实行的戒严措施，导致该地区3名共和人民党代表辞职；不得不支持指挥官禁止在伊斯坦布尔举行五一集会的决定，疏远了埃杰维特与他的狂热支持者和工会支持者的关系。与此同时，保守的无党派部长们从另一立场提出要求，并威胁说如果不安抚他们，他们就辞职。1979年6月，埃杰维特陷入了困境，他的政党被迫抵制议会的一次会议，以逃避反对派的责难。政府破产了，唯一的希望是通过在10月14日参议院的部分选举和补缺选举中取得令人信服的胜利来延长其任期。这些选举被认为和大选一样重要，埃杰维特在9月5日评论说，共和人民党在即将到来的选举中取得的积极结果将结束关于土耳其政治前途不稳和含糊不清的猜测。

选举结果明显是对埃杰维特的执政记录的控诉，他接受了这些控诉。他的政党的得票率已回落至29%，降到1960年代的低点。另一方面，在参议院的选举中，正义党的得票率上升到46.83%，在补缺选举中增至54%，超过了1969年的最高水平。救国党和行动党一无所获。尽管有暴力威胁，选民们还是以创纪录的人数（约73%）决定用投票来改变现状。

埃杰维特于10月16日辞职，德米雷尔在咨询了政治领导人之后，于11月12日组建了一个少数派政府。埃克维特于10月16日辞职，德米雷尔在咨询政治领袖后，于11月12日成立了一个少数派政府。商界人士和指挥官们寻求建立的一个以正义党和共和人民党为基础的“大联盟”的愿望再次落空。但另一个阵线政府实际上也对整个国家深恶痛绝。然而，右翼政党继续支持德米雷尔并在11月25日对他投了信任票。

政客们可能一直在考虑选举政治。但指挥官们开始把议会政治视为他们夺取政权之前的一种权宜之计。穆罕默德·阿里·比兰德（Mehmed Ali birand）1987年出版的《土耳其将军的政变》一书，主要依据的是与密谋者关系密切的人提供的消息，包括凯南·埃夫伦（Kenan Evren）将军的日记，这本日记让我们清楚地了解了1980年9

月军事干预的情况。我们得知，早在1979年12月13日，就在德米雷尔取得信任投票几天后，将军们就在伊斯坦布尔开会，讨论即将发生的政变的时间和性质。就目前而言，他们只同意警告政治家们把自己的地盘收拾好。①

在考虑进行干预的时候，将军们并不单单是受到了无休止的政治暴力和流血事件的驱使。如果是这样的话，他们可以而且应该早点介入。将军们之所以进行干预，是因为他们忧心土耳其的动荡，有紧迫感，因为伊朗革命后，土耳其突然对西方具有重要的战略意义。这一点在几乎所有关注当时事件的人看来都是显而易见的，甚至可以通过阅读当时西方媒体上的任意一篇相关报道来证实。早在1979年4月，《卫报》驻布鲁塞尔记者就写道："毫不奇怪，土耳其……现在不仅被视为（北约的）南翼，而且对整个西方也是具有重要战略意义的地区。② 比兰德也强调了这一因素，并指出12月13日伊斯坦布尔会议召

① Mehmet Ali Birand, *The Generals' Coup in Turkey—an inside story of 12 September 1980*, London, 1987, pp. 93 - 94.

② *Manchester Guardian Weekly*, 15 April 1980, p. 5. 1980年代，西方对土耳其的关注引发了对土耳其的大量报道。这里有一个样本。US House of Representatives, Committee on Foreign Affairs, *Turkey's Problems and Prospects: Implications for US Interests*, Washington DC 1980; Duygu Sezer, *Turkey's Security Policies*, Adelphi Paper no. 164, London, 1981; Paul Henze, *Turkey, the Alliance and the Middle East*, Working paper no. 36, Washington DC, 1982; Marcy Agmon, *Defending the Upper Gulf: Turkey's Forgotten Partnership*, Marina del Rey, California, 1984; George Harris (ed.), *The Middle East in Turkish-American Relations*, Washington DC, 1985; David Barchard, *Turkey andthe West*, Chatham House papers 27, London, 1985; Dankwart Rustow, *Turkey America's Forgotten Ally*, New York, 1987。

开的当天，正好是土耳其总参谋长凯南·埃夫伦结束与土耳其西方盟国在布鲁塞尔的磋商回国的日子。

由于伊朗陷入革命动乱，11 月 4 日美国驻德黑兰大使馆被占领，因此，土耳其作为该地区的一个稳定的西方前哨，对北约战略家来说变得至关重要。1979 年 12 月 26 日苏联对阿富汗的干预结束了 1970 年代的缓和气氛，标志着“第二次冷战”的开始。这也增强了土耳其在西方联盟中的战略地位，尽管很少有西方专家相信以土耳其当时的状况有能力承担起它的新责任。

1980 年 1 月 8 日，美国国务院的马修·尼米兹（Matthew Nimctz）抵达安卡拉，敲定新《美一土防务与合作协议》的条款。他发现德米雷尔没有意识到该地区局势的严重性，并且拒绝允许当时华盛顿正在计划部署的快速反应部队在土耳其使用基地。此外，在土耳其在爱琴海的权利得到承认之前，他不愿向希腊做出任何让步以便它重返北约的军事构架。还有一个问题是，埃尔巴坎对华盛顿怀有敌意，而德米雷尔的内阁的生死存亡又取决于他。尼米兹得出结论，土耳其在其现任政府的领导下，无法扮演华盛顿所赋予它的地区角色。[①]

尽管政府不能立即更换，但将军们同意向希腊做出让步，以满足华盛顿的一些战略要求。因此，在没有通知外交部的情况下，他们于 2 月单方面废除了《民用航空通知协定》（*Notam 714*），并将 1974 年塞浦路斯危机期间获得的几乎整个爱琴海的空域恢复为希腊控制，而且

---

① Birand, *Generals' Coup*, p. 122.

没有要求任何交换条件。3 月 29 日，安卡拉签署了《土—美国防协定》，用《经济学人》驻安卡拉记者的话说，“该协定向全世界宣示土耳其现在已经与西方结盟；与俄罗斯和不结盟国家的逢场作戏已经结束，后者曾经是布伦特・埃杰维特‘多维’外交的一部分”。①

如果外交政策没有成为内阁和最高指挥部之间的一个问题，德米雷尔对“恐怖主义和通货膨胀这两大祸害”的态度也不会成为一个问题，这两大祸害都迫切需要关注。至于第一个，德米雷尔实际上全权委托给了指挥官们，堵住了他们在埃杰维特政府时期的无休止的抱怨，说他们的双手被文官当局束缚住了。此外，政府和指挥官们一致认为，恐怖主义威胁只来自左派，而“灰狼”实际上是国家在反共斗争中的盟友。

尽管戒严制度得到了加强，但是恐怖主义并未被粉碎。它继续保持增长势头，直到每天被屠戮的人达到 20 个，这个数字经常被引用。倒在刺客枪下的受害者大多数是普普通通的年轻人，他们的死亡成为每日新闻报道和令人毛骨悚然的统计数据的一部分。但是，即便是前总理尼哈特・埃利姆或革命工会联合会前主席凯末尔・图尔克勒（Kemal Türkler）这样的知名人士，也会时不时地成为袭击目标。针对阿列维派社区的暴力活动仍在继续，1980 年 7 月初，乔鲁姆省（Çorum）发生了一起重大袭击事件。军队被派去解放黑海小镇法特萨，据称该镇已被“革命道路”旗下的左翼分子占领了。

① “Reoccidentation”, *The Economist*, 5 April 1980.

为什么军队不能恢复法律和秩序？指挥官们声称，他们仍然缺乏做好这项工作必需的法律，政府无法在议会通过必要的法律。但许多愤世嫉俗的人已经开始相信，将军们想让这个国家弥漫着一种恐怖和不确定的气氛，这样当他们夺取政权时就会受到欢迎，被人们当成挽救这个濒临崩溃和内战的国家的救星。这正是 1980 年 9 月 12 日他们受到欢迎的原因。

至于通货膨胀的恶果，德米雷尔也着手处理过。作为民族主义阵线联合政府的领导人，他对通货膨胀的加剧负有主要责任。但他并非唯一一个；在 1970 年代，没有一个政府试图应对经济危机，直到埃杰维特在自己 1978—1979 年的第二个任期内不得不这样做。

1973 年之后是土耳其最糟糕的时期，当时的政府软弱、优柔寡断，完全没有发展方向。经济不仅要应对 1973 年的油价冲击，而且必须承受欧洲经济衰退的冲击，这种衰退结束了欧洲对土耳其劳工的需求。1960 年代的欧洲经济奇迹曾经为土耳其经济注入活力，即通过工人的汇款注入资本，并通过劳动力输出缓解失业。现在这两个问题都必须由缺乏这样做的政治意愿的政府来面对。

美国 1975 年 2 月 5 日的武器禁运以及欧洲的经济制裁，都是在土耳其入侵塞浦路斯后采取的措施，使土耳其已经严重的局势进一步恶化。土耳其被迫用现金而不是用长期贷款来购买军事装备。欧洲的制裁阻止了所有的援助和贷款，直到塞浦路斯问题取得进展。此外，还有军事占领北塞浦路斯的费用以及对土族塞浦路斯人政府的补贴。虽然这些花费从来都不高，但对于危机重重的经济体来说，不啻为一种负担。①

1973年至1978年间，政治决定了每个政府的经济政策。在要求紧缩的时候，政府选择了提高就业率和公共投资以促进经济增长的政策。目标总是为了下一次大选的选票。德米雷尔在1975年3月上台后的第一波行动之一，就是大幅降低化肥的价格，并向农民提供大约50亿土耳其里拉（约合3300万美元）的补贴。同样，为了保证农村的选票，政府为农作物提供了价格支持，这些措施有助于解释1970年代两大政党在选举中的成功。不过，这些价格支持和补贴的政策通过把钱放进农民的口袋，使他们在经济和政治上更加独立，削弱了靠租金生活的"封建"地主的权力。

尽管实行了扩张主义经济，但经济始终无法吸收日益增长的劳动力，失业率继续上升。在对有收入的工作期望值很高的年轻毕业生中，这一比例尤其高，这一群体被招募到激进的右派和左派的队伍中。

最初，政府通过工人汇款积累的巨额外汇储备为经济扩张提供资金。这些外汇储备从1969年的1.692亿美元增长到1973年的20多亿美元，之后出现了明显的下降，反映出欧洲的萧条。这些汇款约占全国资本货物进口的15%，使政府得以在进口替代和国内市场的基础上

① 有关1970年代的危机，参见Keyder's chapter "Crisis Dynamics" in *State and Class in Turkey*, pp. 165 - 196; and articles by Hüseyin Ramazanoğlu, "The Politics of Industrialisation in a Closed Economy and the IMF Intervention of 1979", and Kutlay Ebiri, "Turkish Apertura" in Hüseyin Ramazanoğlu (ed.) *Turkey in the World Capitalist System*. Aldershot, 1985, pp. 80 - 129。

实现工业化。

当汇款在1973年后开始减少时，政府通常会从友好的别国政府那里获得长期贷款，以弥补外汇短缺。但是，这扇门由于入侵塞浦路斯而关闭了，阵线政府被迫以高利贷般的利率从私人银行获得短期贷款。1975年至1977年间，它们以这种方式借了70亿美元，只是为了站稳脚跟。通过这样做，它们把经济带入了一个更深的坑，留下一个大麻烦给它们的继任者去处理。

为了获得国际货币基金组织（IMF）提供的经济援助，社会民主党人埃杰维特不得不吞下由此带来的苦果。然而，尽管他勒紧裤腰带做出的让步疏远了他自己的支持者，但是这些不情愿的让步不足以安抚国际货币基金组织和土耳其商界。土耳其商人和工业家协会很不高兴，因为埃杰维特还没有达到国际货币基金组织要求的经济紧缩程度，而他那些靠工资维生的支持者认为他已经做得太过分了，牺牲了太多他们的利益。

埃杰维特政府出台了通过大幅限制国内消费来鼓励出口的政策。但它到了1980年代才产生回报，其他人则因这个政策最初取得的成功而受到赞誉。然而，这对埃杰维特的选举来说是灾难性的，1979年10月，城市地区尤其是伊斯坦布尔的人们表现出了他们的不满，并投票把他们两年前热情支持的政党选了下去。

由于伊朗革命后美国支持的增加，土耳其的财政状况开始好转。接替埃杰维特的德米雷尔执行了国际货币基金组织的提议，令华盛顿以及土耳其商人和工业家协会都感到极为满意。他任命图尔古特·厄扎尔为他的首席经济顾问，这预示着一些事情将要发生。厄扎尔是一位技术官僚，作为政治家他迄今为止都是失败的，人们希望他能出台一项完全不受政治影响的经济政策。1980 年 1 月 24 日实行的一系列紧缩措施是有他的印记的。这些措施的特点是对美元贬值超过 30%，甚至比国际货币基金组织要求或者预期的还要猛，此前在 1979 年 6 月埃杰维特当政时期贬值曾达到 43%。该计划与先前的政策有着根本性的不同，旨在创造一种基于出口而非国内市场的新经济。《经济学人》对此印象深刻，称其为“经济地震”。

> ［它指出的］国有经济企业控制的几乎所有商品的价格都大幅上涨：石油和石油产品、水泥、糖、纸、煤。
>
> 烟、酒等消费品的价格上涨约 70%，铁路票价上涨 170%。
>
> 企图自给自足的日子已经过去了。该国将向西方投资者、西方石油公司和西方银行开放……
>
> 国有企业的常年亏损，使政府的赤字处在难以控制的高位，它们将被允许自行定价。①

土耳其媒体称之为“1 月 24 日措施”，而它只是根据“市场规律”改革经济进程的开始。随着大公司以牺牲中小企业、消费者及工薪阶层的利益建立自己的霸权地位，这一过程预计将引起许多社会动荡。厄扎尔知道，在正常的政党政治下，什么也做不到，他要求给

① “Demirel shakes the ground”, *The Economist*, 2 Feb. 1980, p. 73.

他 5 年的政治和社会和谐期，让他完成把国家经济恢复到健康状态的任务。

1980 年的军事干预的目的之一，正是为厄扎尔提供他所寻求的一段和平安宁的时期，其特点是没有各种形式的政治和异议。这次干预的另一个目标对土耳其的未来有着同样重要的影响，那就是再一次进行政治重组，通过对整个社会去政治化来实现长期稳定。建制派知识分子早已开始探讨各种可能性，并提出以戴高乐治下的法国和 1958 年的法国《宪法》为榜样。由于大会未能选出 1980 年 4 月 6 日任期届满的科鲁蒂尔克总统的继任者，这一需要似乎更加紧迫。

因此，很容易理解土耳其公众对这个国家的政客的不耐烦和失望。在德米雷尔的少数派政府的统治下，1500 人死于恐怖活动，经济停滞不前，失业人数和通货膨胀不断上升，这些似乎并没有让那些继续为看似微不足道的事情而争吵不休的政客感到不安。所有人都知道行动党是大部分政治暴力的幕后黑手，但没有进行调查，因为政府需要它们的支持。埃尔巴坎必须得到安抚，因为他随时可以撤回他的党派的选票，推翻政府。就连埃杰维特也愿意玩弄政治手腕，只是为了让德米雷尔难堪。6 月，即便知道德米雷尔的倒台将导致更不稳定的局势，埃杰维特还是提出了一项谴责动议，因为他别无选择。

考虑到政治局势和国民情绪，军事干预肯定会受到欢迎。因而 1980 年 6 月 7 日，埃夫伦将军举起了“行动大旗”，并将 7 月 11 日定为接管日。埃杰维特反对政府的谴责动议失败是行动被取消的原因之一，埃夫伦不希望最高指挥部在埃杰维特甫一失败时就采取行动推翻德米雷尔，让大家看来好像它们是为了埃杰维特的利益。[1]

多亏了埃尔巴坎在最后时刻的支持，德米雷尔在动议中得以幸存。但在8月，埃杰维特和埃尔巴坎再次同意攻击政府，这被指挥官们解读为“又一个危险信号，表明伊斯兰基本教义主义同一些重大问题（比如土耳其与西方的关系等）上留下的声名狼藉的东西搞在了一起”[2]。这正是共和人民党和救国党联合提出的一项谴责政府亲西方的外交政策的动议，迫使外交部长海莱汀·埃尔克曼（Hayrettin Erkmen）于9月5日辞职。这令最高指挥部感到不安。但是第二天，救国党人在科尼亚举行了一次名为“拯救耶路撒冷”的示威游行，现场对世俗国家的公认侮辱，使指挥官们更为愤怒。反对党打算继续采取捣乱政策，他们谴责财政部长伊斯麦特·塞兹金（İsmet Sezgin），说伊斯兰教徒讥讽他为“高利贷者伊斯麦特”。但在9月9日至10日，由于正义党和行动党代表的缺席，大会没有达到法定人数。塞兹金不能受到谴责，而议会在数月的投票之后也不能选出新总统。政客们的一时冲动，造成了政治生活陷于瘫痪。两天后，即9月12日，最高指挥部实施了精心策划的行动，结束了政治僵局，使大多数土耳其人松了一口气。

---

① Birand, *Generals' Coup*, pp. 142 - 143.

② 同上，p. 162。

九

军事干预与政治和经济的重构（1980—1991）

在下午1点通过广播和电视解释军事接管时，凯南·埃夫伦将军强调说，“我国最严重的危机”威胁到了“我们国家和人民的生存”。在详细描述了社会分裂、经济崩溃以及无政府状态和暴力之后，他认为政党和政客们对此负有主要责任，他总结道：

> 亲爱的公民们，正是由于这些原因……土耳其武装部队被迫接管国家行政当局，目的是维护国家和民族的统一以及人民的权利和自由，确保人民的生命财产安全及幸福繁荣，维护法律和秩序，换句话说，以一种公正的方式恢复国家

的权威。①

与此同时，陆军、海军、空军和宪兵的四大司令在总参谋长凯南·埃夫伦的领导下，成立了国家安全委员会（NSC），该委员会在1983年11月大选前一直统治着土耳其。

国家安全委员会仅仅是冰山一角；隐身于人们视线之外，却发挥着巨大影响力的是戒严指挥官，他们实际上每天都在管理着国家。伊斯坦布尔第一军指挥官兼戒严指挥内克德特·乌尔格将军（Necdet Ürug̃）就是这样一个人物。将军们身后都站着军官团，军官团代表他们赞成的政策对将军们施压。尽管人们对最高指挥部的内讧知之甚少，但总的来说有两个主要派系，称为“温和派”和“极端分子”。

1960年代中期已在军队中确立的等级制度使派系之间的分歧不至于公开化。在凯末尔主义的意识形态保护伞下双方都认为受到了冒犯。“温和派”倾向于建立一个不那么严厉的政权，尽快恢复对平民的权力。他们倾向于通过与老党派的第二层政客结成联盟与平民达成协议。“极端分子”希望彻底改革政治体制，一劳永逸地消除“旧政治”；为了保住权力，他们愿意创建自己的政党，并在时机成熟时参加选举。但这些决定都是集体做出的，这样才能保持一种表面上的团结。作为

① Ankara Radio, 12 Sept. 1980, in BBC, Summary of World Broadcasts, ME/6523/C/1, hereafter given as SWB. 对1980年代进行认真分析的两部作品是Metin Heper and Ahmet Evin (eds) *State, Democracy, and the Military: Turkey in the 1980s*, Berlin and New York, 1988; and Metin Heper (ed.), *Strong State and Economic Interest Groups: the Post-1980 Turkish Experience*, Berlin and New York, 1991。

调解人和发言人的凯南·埃夫伦，并不像他看上去那样是个“强人”。①

法律和秩序的崩溃，通货膨胀加剧，基本商品短缺，政党之间争吵不休，议会瘫痪，这些已令公众疲惫不堪。他们欢迎戒严令以及它提供的稳定承诺。很少有人提出要求，指望指挥官们考虑进行彻底的改革，也很少有人要求他们以无情的方式执行自己的政策。将军们的议事日程很快就被许多人当作是一场反革命，其目的无非是要否认这个国家自 1960 年以来取得的所有政治和社会经济成果。

国家安全委员会颁布法令，搁置宪法，解散议会，关闭政党，拘留其领导人，并暂停了几乎所有的专业协会和工会联合会。9 月 14 日，罢工被禁止，罢工工人被命令返回工作岗位。这项措施受到了土耳其雇主工会联合会主席哈里特·纳林（Halit Narin）的欢迎，他指出，罢工的结束将是土耳其经济发展的重要一步。同一天，革命工会联合会的官员被命令在 48 小时内向戒严当局投降。隶属于新法西斯工会联合会（MISK）的官员也被要求投降；这一命令的目的是想给人留下这样一种印象，即新政权对于左派和右派是不偏不倚的。新法西斯工会联合会的成员从未举行过罢工；1980 年 9 月罢工的 5.1 万名工人中，有 47319 人属于革命工会联合会，其余的属于土耳其工会联盟。与此同时，被视为党派政治的市长和省长被清洗，由军官取而代之。军队

① 关于军队的角色，参见 Hulya Tufan and Semih Vaner, “L'armée, la société et le nouvel ordre politique (1980 - 1983) ” in *Les Temps Modernes*, no. 456 - 457, Juillet-Aout 1984, pp. 175 - 194; and Vaner's chapter “The Army” in I. Schick and E. A. Tonak (eds) *Turkey in Transition*, New York, 1987, pp. 236 - 265。

完全控制了这个国家。

9月16日，国家元首凯南·埃夫伦在新闻发布会上首次暗示军队将长期驻扎在此。他宣布，民主将在“一段合理的时间内”恢复，但他并没有给出时间表。他说，国家安全委员会“决心消除一切阻碍民主秩序健康运行的障碍，以避免今后永远需要类似的干预措施”。但是，“只有那些相信民主的人，才有权享有民主自由”，这意味着左翼政党和极右翼政党将被排除在政治进程之外。在学校和大学里的“未来一代”将被教导去“捍卫民主价值观”，这意味着那些不致力于教授执政的军政府所认为的民主价值观的教师将被清除。那些要为腐败体系负责的政客将被以犯罪而非政治活动的罪名被起诉。土耳其生活的几乎所有领域都被承诺要进行巨大而深刻的变革；只有两个领域没有受到影响：外交政策和德米雷尔政府1980年1月24日启动的经济稳定方案。①

由国家安全委员会授予行政权力的内阁在9月21日宣布成立。它由布伦特·乌鲁苏（Bülent Ulusu）领导，这位8月下旬退休的海军上将是政变的策划者之一，如果政变早一个月发生，他就会加入国家安全委员会！内阁成员大多是官僚、教授和退休官员。最重要的几个任命是：图尔古特·厄扎尔出任负责经济事务的副总理，他的密友、曾任职于中央银行的卡亚·埃尔登（Kaya Erdem）出任财政部长。

厄扎尔与西方金融界（尤其是国际货币基金组织和世界银行）关系密切，政变发生后，军政府立即与他进行了磋商。据报道，他曾告

① Ankara Radio, 16 Sept. 1980 in SWB/ME/6525/C/1 and the press, 17 Sept. 1980.

诉他们，逆转他的经济计划将会对土耳其经济造成致命一击，并要求允许他以更大的力度继续执行他的政策。将军们接受了他的评估，并任命他为“经济领袖”。[①] 9 月 12 日的政权还采取了一项外交与军事政策，与实际上由华盛顿主导的经济政策相平行，目的是满足西方在该地区的利益，此时该地区在伊朗革命的影响下摇摇欲坠。

没有议会或新闻界的反对，有的是国家安全委员会的特别立法权的支持，在此情况下，政府几乎执行了它所希望采取的任何措施。因此，应北约驻欧洲部队指挥官伯纳德·罗杰斯（Bernard Rogers）的要求，政府在 10 月取消了对希腊重返北约军事指挥部的否决权。西方国家（基本上就是华盛顿和波恩）也报之以李，承诺提供信贷，以帮助土耳其摆脱深陷债务泥潭的经济困境。

在接下来的几个月里，图尔古特·厄扎尔有了较大的自由权来纠正这个国家的经济问题。这意味着通过放开物价来降低通货膨胀，通过压低工资、增加出口、与外国债权人签署协议推迟偿还约 180 亿美元的债务来削减消费。外交政策交给了能干的伊特尔·图克曼（Ilter Türkmen），他是一名职业外交官，是前驻莫斯科和雅典大使，最近曾担任过德米雷尔政府的外交部长海莱汀·埃尔克曼的助手。但是，将军们有时候会独立于外交部做出决定，这让专业人士非常震惊。关于希腊的外交决策就是这样做出的，雅典没有提供任何补偿。

军政府主要关心的是国家的政治和制度的重构，并且大刀阔斧地

---

① *The Times*,（London）16 Sept. 1980.

开始了这项任务。他们决心要对 1960 年代以来发挥着极其重要的作用的城市青年去政治化。这就需要粉碎来自左派的各种异议，这些左派包括革命者、社会民主党人、工会分子，甚至是“核裁军运动”成员组成的和平协会，土耳其精英中的精华亦在其中。以民族行动党为代表的极右翼势力，尽管其意识形态采用的是所谓的“土耳其-伊斯兰综合”的形式，并由一个被称为“知识分子之炉”的团体炮制出来，但还是被粉碎了。在 11 月 18 日的一次演讲中，埃夫伦告诉听众：

> 打击恐怖主义是我们的首要任务，因为这是我们国家最大的问题，也是最困扰我国公民的问题……每天都有成千上万属于左翼组织的人被击毙、打伤或抓获并移交给司法部门。

似乎是为了证实埃夫伦的说法，伊斯坦布尔的戒严当局在 11 月 21 日宣布，它们自接管以来已经逮捕了 1245 人，在过去 11 天里逮捕了 460 人。全国各地大约有 8000 人被拘留，如果算上那些在 90 天拘留期内被殴打、恐吓和未经起诉而被释放的人，还有数千人。1981 年 1 月，欧共体的一个委员会估计有 3 万人被拘留。酷刑的使用从来都不少见，而一些嫌疑人和囚犯在可疑的情况下死亡，表明现在酷刑的使用已经变得更广泛和系统化。该政权从未否认酷刑的存在，只是声称这是流氓警察干的，而非政策驱使。所有的指控都得到了调查，有罪者也受到了惩罚。[①]

---

① 关于 Evren 的讲话，参见 Ankara Radio，20 Nov. 1980 in SWB/ME/6580/C/1。也可参见大赦国际近年来关于土耳其的许多报告；Helsinki Watch，*Human Rights in* “*Turkey's Transition to Democracy*”，New York，Nov. 1983；ibid.，*Paying the Price*：*Freedom of Expression in Turkey*，New York，1989；Robin Dahlberg *et al.*，*Torture in Turkey*：*the Legal System's Response*，n. d. [1989]。

当外国媒体报道，艾赫迈德·伊斯万（Ahmet Isvan），一个社会民主党人、伊斯坦布尔前市长，被“蒙住眼睛绑在椅子上好几天，而审讯人员试图让他交代与颠覆性的左翼组织的关系”。[1] 这一事件发生后，欧洲舆论开始批评该政权。但是，尽管华盛顿在物质与道义上都提供了支持，军政府自己已然有足够的信心继续镇压，并依靠土耳其在该地区日益增长的战略重要性来维持与华盛顿的合作关系。

（对新法西斯民族行动党人、伊斯兰分子、救国党人、激进的工会联盟成员、和平协会成员、土耳其的教师协会成员等的）逮捕和审判，是1980年代的日常政治生活的主要特征。但是，1981年10月，国家安全委员会迈出了政治改革的第一步，并任命了一个咨询委员会来起草新宪法。与此同时，通过了一项法律，废除所有政党，没收了所有政党的财产，包括其档案。

11月，《高等教育法》获得通过。它的主要目的是对大学“去政治化”，其办法是肃清中间偏左派的所有追随者，并将教育交给“民族主义保守派”处置，后者是9月12日的政权中意识形态纯洁性的捍卫者。

1981年11月5日，西德外交部长汉斯·迪特里希·根舍尔（Hans Dietrich Gencher）成为土耳其政变后第一位访问安卡拉的西方政治家，此时，这个政权的孤立状态开始结束。根舍尔警告将军们，

---

① Kenneth McKenzie, “Generals don't wear velvet gloves”, *The Economist*, 14 Feb. 1981, p. 46; and David Barchard's article in the *Manchester Guardian Weekly*, 15 Feb. 1981, p. 9.

他们的镇压措施可能导致土耳其被逐出欧洲委员会，并中止对其经济复苏至关重要的经济援助。然而，美国国防部长卡斯珀·温伯格(Casper Weinberger) 12 月的访问以及提供更多援助的承诺，增强了这个政权的信心与决心。

在新年致辞中，凯南·埃夫伦公布了恢复土耳其政治生活的日程表。他说，制宪会议将对其委员会提交的《宪法》草案进行辩论，并在1982 年夏天前将其提交给国家安全委员会。然后，国家安全委员会将做出必要的修改，并将草案提交全民公决。如果人民接受了这部《宪法》，那么有关政党和选举的新法律将及时制定，以便在 1983 年底举行大选。

公众对新《宪法》的讨论重新为政治打开了大门。由于受到了公众的批评，政府于 2 月 12 日通过了一项法律，禁止被解散的政党的领导人参与辩论。为了提醒土耳其人他们的国家仍旧处于军事统治之下，和平协会的 44 名成员在一名驻安卡拉的英国记者所描述的“对知识分子的战争”中被捕。而对前总理布伦特·埃杰维特的拘留、审判和监禁，只会加剧政治紧张局势。埃夫伦迅速向全国发出警告，称土耳其仍处于民主恢复的过渡阶段，9 月 12 日的政权是土耳其的最后一次机会，绝不能浪费。

《宪法》草案于 7 月 17 日发布，旨在向公众推销。这部《宪法》是为总统的权力考虑的，与 1958 年的戴高乐一手主导的《宪法》有着明显的相似之处。它的主要目的是通过将权力集中在总统手中来保障法律和秩序，尽管它给总理的权力要比戴高乐派给其对手的多。如果议会瘫痪，总统可以解散议会并举行大选；如果他认为发生了“国家紧急情况”，可以通过法令进行裁决；并从法院和委员会的提名中选出宪法法院的成员。总统将听从总统委员会的建议，后者是国家安全委员会的一个新身份。新闻界被一项条款束缚了手脚，即禁止发表“不确切和不合时宜的报道”，工会也被一些条款钳制住了，这些条款虽然承认了罢工的权利，但是言明要在“认真厘清情况后”。就连亲政权的工会领袖也抱怨说，拟议的《宪法》旨在创造一种“没有工会的民主”。宪法专家、后来成为颇受欢迎的专栏作家的穆姆塔兹·索伊萨尔（Mumtaz Soysal）评论道：“土耳其人没那么野蛮，以至于在20世纪的最后25年还要被这样一部《宪法》来羞辱。”①

关于《宪法》草案的辩论在整个7月、8月、9月持续，直到10月19日，军政府才批准了《宪法》。其中的政治条款进一步收紧。总统不仅保留了上文列出的权力，还被允许否决立法和《宪法》修正案，不把后者提交全民公决。此外，他还获得了选拔军事法庭的所有法官和高级官僚的权力，任命总参谋长（与总理协商）的权力，以及召集和主持国家安全委员会会议的权力。如果11月7日的全民公决通过，国家元首埃夫伦将自动成为总统，任期7年，国家安全委员会的其他4名成员将在埃夫伦的任期内组成总统委员会。最终，1982年的《宪法》排除了对总统签署的任何命令和决定采取任何法律行动的可能性。②

---

① K. McKenzie, "Democracy with strings attached", *The Economist*, 24 July 1982, p. 41.

② *The Constitution of the Republic of Turkey, 1982*, published by the Directorate General of Press and Information, Ankara, 1982.

为了引入“新政治”和“新政治家”，1980 年国会的所有成员都被剥夺了 5 年的政治活动资格，所有政党领导人则被剥夺了 10 年的政治活动资格。这项规定是专门针对布伦特·埃杰维特和苏莱曼·德米雷尔的，因为其他党派的领导人不再被视为威胁。新成立的政党不能由旧党派的大部分成员组成；于是，当一些政党想赶在 1983 年大选前成立时，这项规定就产生了问题。

目前，军政府最关心的是如何让人民赞同《宪法》。但就在这份文件公开之际，引来了各方的炮轰。那些把埃夫伦的权力与《宪法》规定的权力混为一谈的条款，以及剥夺前政客的权力的条款，是最引起争议的。国家安全委员会对民众愤怒的程度感到讶异和震惊，于是发布禁令，禁止对《宪法》或埃夫伦代表《宪法》发表的讲话进行任何进一步的批评，而那些所谓的讲话，目的是“使公众熟悉并了解《宪法》文件的真实性质”。他在 10 月 24 日以电视讲话开始了竞选活动，然后在全国各地进行巡回拉票，直到 11 月 5 日，全国广播和电视上几乎每天都在播放他的演讲。

我们永远也不会知道，一场群情沸腾的遭到积极反对的竞选是否会对全民公投产生不同的结果。有一点是清楚的：选民们知道，如果他们否决了《宪法》，军事统治下所谓的“向民主过渡”的过程将被延长。埃夫伦一再警告民众，军政府只有在确信土耳其局势不会重回 1980 年之前的无政府状态，才会放弃权力。因此，人们把对《宪法》的投票看作对文官统治的投票。但即便是将军们也没有料到会赢得 91.37%的有效选票；他们公开表示，他们预期能达到 80%。但就算是达到1961年的宪法所得到的60%的有效选票，他们也会感到高兴。

这一结果增强了将军们及其文官支持者，特别是工商界人士的信心。他们对土耳其的未来变得乐观起来，相信自己现在可以创造出新的政治力量来取代刚刚被扫地出门的政治力量。11月12日，埃夫伦总统宣布，如果不出现意外情况，大选将于1983年10月举行。

新《宪法》一合法化，将军们就把注意力转向了创建忠于9月12日政治哲学的政党。温和派想让布伦特·乌鲁苏组建“国家党”（State Party），11月17日，乌鲁苏表示如果大家希望如此，他愿意照做。5个月后，即1983年4月13日，他宣布不再承担这项任务。第二天，与内克德特·乌尔格的强硬派关系密切的一位退休将军图尔古特·苏纳尔普宣布组建中右翼政党——国家党。显而易见，军事寡头们一直在激烈地争论该由哪个派别组成政党，而温和派输了。

4月24日，新《政党法》生效。第二天，国家安全委员会解除了政治禁令，开启了国家政治生活的新篇章。新法规定，政党必须由至少30名公民组成（723位前政治家不在此列），而国家安全委员会可以不做任何解释地否决任何创始成员的权力。此外，《政党法》第97条强令所有政党接受9月12日政权留下的遗产，从而迫使政治成为一种共同的意识形态模式。

几周内，至少有17个政党成立。但几乎所有这些政党都是昙花一现，仅有两个有实质意义。一个是社会民主党，其首字母缩写SODEP更为人所知，该党领导人厄达尔·伊诺努教授是伊斯麦特·伊诺努的儿子，老伊诺努在1938年至1972年主宰了土耳其的政治生活。社会民主党期望能吸引解散的共和人民党的支持者以及投票给左翼政党的人。另一个是大土耳其党，实际上是德米雷尔的正义党的伪装，骗不了任何人，尤其是所有的将军。如果他们允许这两个政党参加选举，土耳其将实行两党制统治，这是工商界寻求的能带来政治稳定的框架。但是将军们致力于打造新的政治，而这些政党代表的是传统的政治。因此，大土耳其党被取缔，其领导人与7名前共和人民党人一起遭到监禁。尽管社会民主党未被取缔（因为没有被禁止从事政治活动的领导人参与其中），但国家安全委员会否决候选人的政策使其无法参加11月的竞选。①

与此同时，角逐11月大选的三个政党早已成立。由退休的苏纳尔普将军领导的民族主义民主党（NDP），代表了右翼政治势力；图尔古特·厄扎尔领导的祖国党，代表了中间派（尽管它声称代表的是1980年9月以前所有的政治派系）；老伊诺努的前私人秘书内克德特·卡尔普领导的民粹党（Populist Party），目的是填补共和人民党留下的真空。民众仍然好奇军政府为什么不禁止祖国党，只允许军政府控制下的两党参选。看起来是西方，尤其是西方金融界对厄扎尔的支持救了他。据说，在此期间，退休的亚历山大·黑格将军曾拜会了埃夫伦，告诉他西方国家对厄扎尔充满信心。

① 有关这一时期的更多细节，参见 Feroz Ahmad，"The Turkish Elections of 1983"，*MERIP Reports*，March/April 1984，pp. 3 - 12；George Harris，*Turkey：Coping with Crisis*，Boulder，Colorado，1985，passim；and Dankwart Rustow，*Turkey：America's Forgotten Ally*，New York，1987. pp. 57 - 60 and passim。

起初，没什么人会料到厄扎尔的政党会赢得大选，因为一切似乎都朝着有利于民族主义民主党的方向发展。厄扎尔因为 1982 年的“银行家丑闻”而名誉扫地，当时，短期信贷经纪人操纵和利用厄扎尔的自由利率政策，骗走了成千上万中等收入家庭的钱财。此外，这个国家仍处于戒严状态，军事政权公开支持“他们的党”。1983 年 8 月，乌鲁苏总理和他内阁的其他 4 名成员以无党派人士的身份加入了民族民主党，给外界以该党将要执政的印象。他们期望赢得祖国党内温和派的支持，甚至促成合并。

10 月 16 日，正式的竞选活动的开始使军政府的希望破灭了。民族主义民主党的集会几乎没有引起民众的兴趣，因为苏纳尔普的领导层实在让人提不起精神来。他的性情不适合领导一个有望恢复文官统治的政党，他成了一位士兵笔下漫画的主角，只会对民众盛气凌人。好像是在蓄意破坏他自己的竞选活动，他宣称他的主张是“先国家、后民主、再政党”，但他没有意识到大多数土耳其选民认为军事统治下的国家受到了压制，渴望回归文官统治。内克德特·卡尔普同样乏善可陈，与官僚主义、专制国家的联系太过紧密；只有图尔古特·厄扎尔投射出自由主义、反国家主义、反官僚的形象，对大家承诺将迅速恢复文官统治。

当民调显示，厄扎尔领先于他的对手时，将军们决定，在民众中享有威望的埃夫伦总统和乌鲁苏总理应公开支持苏纳尔普，攻击厄扎尔。11 月 4 日，即大选开始前两天，埃夫伦和乌鲁苏都这样做了，但结果事与愿违。选民们对这个“国家党”更加敌视，投了它对手的票。

由于担心投票率低，政府对不去投票的选民每人处以2500里拉（约合25美元）的罚款，这或许可以解释创纪录的92.9%的投票率是怎么来的；只有23.27%的选票投给了民族民主党，民粹党获得30.46%，祖国党获得45.15%。

1983年的选举并没有使图尔古特·厄扎尔获得合法地位，仅仅因为有两个大党——社会民主党和“正确道路党”——被排除在投票之外。人们怀疑厄扎尔在自由选举中是否会获胜，因此他必须在1984年11月举行的市政选举中证明自己。这些选举变得极为重要，因为其结果可能会有损于执政党的地位，迫使国家提前举行大选。所以，向民主过渡的这段时期显示出各种不确定性、躁动和期待。政治恐怖主义实际上已被清除，尽管马拉松式的审判不断提醒人们注意1980年以前的“无政府状态”，并证明即使是在恢复文官统治之后，仍应继续实行军事管制。

图尔古特·厄扎尔非常认真地对待即将到来的选举的威胁，并采取措施保证他的政党获胜。他考虑通过一项法律，将参加市政投票的人限定为那些参加过大选的政党成员。但他担心埃夫伦总统会否决这项法律，因此决定一刻也不耽误地去投票，消耗掉反对派的时间，使它们不能提前组织和参选。同时，他利用执政党的一切优势（特别是提供赞助）来巩固自己的地位。

在土耳其，没有任何一位政治家能像图尔古特·厄扎尔那样利用赞助。他的慷慨赠与的基础是1980年代初建立的庞大的基金系统，它的最初目的是增强行政机构的权力，使其能对抗选举产生但不可预测的立法机关。而在厄扎尔执政期间，这些资金成为政府支出的一个来源，在预算之外，因此不受议会或官僚机构的控制。

后来它被称为基金经济，从 1984 年预算的四分之一猛增至 1986 年的近一半。从“停车场基金”到帮助穷人的“贫困基金”，几乎所有项目都有专项基金。奥宇兹·奥彦（Oyuz Oyan）和阿里·里萨·艾登（Ali Riza Aydin）在他们合著的《从稳定计划到基金经济》（*From the Stabilisation Programme to the Fund Economy*）一书中考察了这个话题，统计了 134 项这样的基金，但得出的结论是，事实上还有更多。没有人知道确切的数字，就连负责人也不知道，因为这些基金几乎都是随意设立的。总理可能会给一个省足球队几百万里拉，希望这些人在选举日来临的时候能想起他的慷慨。他也可能会奖励从保加利亚叛逃而来的举重运动员纳伊姆·苏莱曼诺格鲁，因为他为土耳其赢得了奖牌。所有的基金款项都由厄扎尔自由支配；议会于 1986 年 5 月 28 日通过一项法律，赋予总理这样做的权力。

这些基金收入来自特别税，比如外国旅行税。每一个出国的土耳其人，即使是作为游客也不得不向财政部缴纳 100 美元，连免税的工人也不例外。一旦接到通知立即可以征收这种税，一道政府法令足矣。关税可以用“进口基金”来代替；动物也是一样，只是名目变了。

奥彦和艾登发现，这些基金的法律结构非常复杂，以至于这些基金不在基本法范围内。内阁或者相关的部根据自己的规则从这些基金中开支。这就是为什么一旦涉及腐败，就没有办法查证。他们的结论是，这些基金已合法化，腐败也已合法化；它们成了“政治权力的秘密预算”，其目的几乎完全是政治性的，即在选举中进行权钱交易。这是1984年的市政选举和其后的所有选举中的一个重要因素。

选举日期从11月提前到6月，最后又提前到1984年3月25日。厄扎尔的策略收到了效果，选举结果证实了他在这个国家的地位，不过他的政党的得票从45.2%降至41.5%。这些选举的真正意义在于，议会反对派（民粹党人和民族民主党人）的投票率分别从30.5%降至8.7%，从23.4%降至7.1%。社会民主党和正确道路党（得票率分别为22.93%和13.72%）成为该国第二、第三大党，尽管它们在议会中没有代表。这种反常现象只有在四年后的下届大选中才能得到解决。当时，反对派正在努力消除军政府在其道路上设置的障碍。但这需要修改《宪法》。①

地方选举让厄扎尔坐稳了位子，这样的结果被反对派的媒体接受，视为对厄扎尔政府的信任投票。厄扎尔知道，对他的主要反对者社会民主党的拥戴已在民粹党和社会民主党中产生分歧，还有一个第三党——代表着丧失资格的埃杰维特的民主党左派——正等着加入这场争斗，这让他感到安全。分裂后的社会民主党再也不会对他构成威胁；从这方面看，9月12日政权的努力是成功的，因为1970年代团结的左派已被彻底摧毁。

不过，厄扎尔也不得不准备好迎接正确道路党所代表的右翼提出的挑战，该党背后站着苏莱曼·德米雷尔。祖国党已经成功地把1970

① Feroz Ahmad, “The Transition to Democracy in Turkey”, *Third World Quarterly*, vol. 7, no. 2, April 1985, pp. 223 - 226.

年代所有的右翼政党人士都集合到了一起，但他们能维持多久呢？新的选举法要求每一个参加竞选的政党必须获得至少10%的选票才能取得议会代表权，这为厄扎尔的活动提供了便利。他还享有领导执政党的优势，并有能力通过在党内、内阁或官僚机构中的职务奖励来共同选择每个集团（伊斯兰分子、新法西斯分子、前正义党）的领导人。

厄扎尔的内阁有三种右翼倾向，他说，这使他的政党具有了哲学性质。他的政党不是任何已解散的团体的延续，尽管它包含了它们最优秀的品质。祖国党像正义党一样保守，像救国党一样遵循传统（伊斯兰主义者的代名词），像民族行动党一样主张民族主义，甚至像社会民主党一样信奉社会公平。但是，这个党和政府极为保守，对自由、民主的价值观几乎不关心。随着时间的推移，该党一些更趋向自由派的成员，如财政部长乌拉尔·阿里坎（Vural Arikan）和副总理兼国务部长卡亚·埃尔登被免除了重要职位，因为他们质疑党的政策并挑战厄扎尔的领导地位。①

厄扎尔是他所在政党的不容挑战的领袖，而他的党被一些人称为“图尔古特·厄扎尔粉丝俱乐部”。他招募的人都是来自各省的年轻人，如果军政府不取消数百名老牌政客的资格并向局外人敞开大门，造成

---

① 有关右翼在厄扎尔的政党和政府中扮演的角色，参见 Ahmad, "Islamic Reassertion in Turkey", *Third World Quarterly*, vol. 10, no. 2, April 1988, pp. 764 - 769; Paul Magnarella, "Desecularization, State Corporatism and Development in Turkey", *Journal of Third World Studies*, vol. 6, no. 2, 1989, pp. 32 - 49; and Üstün Ergüder, "The Motherland Party, 1983 - 1989" in Metin Heper and Jacob Landau (eds) *Political Parties and Democratic Life in Turkey*, London, 1991, pp. 152 - 169。

政治真空，这些人做梦也想不到自己会进入政坛。这些“新政治家”之所以不同，就在于他们缺乏经验，没受过多少教育，一般来说，是比他们所取代的人素质要低的男性。议会中的妇女的素质一直很高，如果仅仅是因为受过良好教育的女性往往容易被政治吸引的话。许多入党的“新政治家”都完全受惠于厄扎尔兄弟——图尔古特、科尔库特、尤素福（甚至图尔古特的儿子艾哈迈特）——的新政治生涯。科尔库特是个被取消资格的“伊斯兰主义”政治家，他请来了保守派；尤素福和艾哈迈特与世界银行和美国有来往，招募了自由主义者和所谓的“王室子弟”，他们对图尔古特·厄扎尔个人负责。他们都是“聪明的年轻人”，他们带来了里根时代美国关于如何快速轻松赚钱的点子和计划，还展示出他们对计算机和太空时代小玩意的熟悉。这是一个普遍现象，印度的拉吉夫·甘地在1984年也将类似的现象带进了他的政府。

厄扎尔的内阁反映出他对该党的绝对控制，在任命官员前他很少与该党协商。他任人唯亲，一些部长是在媒体曝光名单后才知道自己被任命了。对总理忠诚是部长最重要的品质；他们中绝大多数人的名字都不为公众所知。

在厄扎尔执政期间，向民主过渡只取得了表面的进展。他本人关心的是经济，维护法治的事让军事管制去做。1984年5月18日，一群艺术家、作家、演员和教授利用宪法赋予的特权，向埃夫伦总统提交了一份有1254人签名的请愿书，要求废除破坏民主实践的法律。军事管制当局的回应是，对签名者展开调查，并于8月15日对他们进行审判。政治和经济之间是相辅相成的，因为厄扎尔的经济政策（下文将讨论）无法在民主的环境下实施，这一点他在1980年9月之前就已经承认了。

地方选举结束后，厄扎尔在执政时不再担心反对派。议会内的反对派在表现不佳后失去了道德优势；议会外的反对派分歧很大且一盘散沙，无法发挥作用。除了厄扎尔，民众别无选择，在接下来的几年里厄扎尔大权独揽、我行我素。自1983年选举以来，厄扎尔宣称代表所有土耳其人的利益，特别是难以定义的社会“中坚”，也就是美国人所说的“沉默的大多数”，从而从反对派那里抢占了制高点。他对创造繁荣、美好的未来的承诺，引起了人们的想象。他谈到将很快将土耳其转变为一个大国的计划，形容他的政府是“实干”而不是只会说空话的政府，这个国家感觉自己再次走上了发展道路。这与分裂的社会民主党形成鲜明对比，他们拼命想维护自己的团结，只会批评，却给不出可行的替代方案。

祖国党本身是分裂的，唯有靠赞助的黏合才能团结起来。厄扎尔以职位收买了多个派系的领导人，允许他们实现个人利益，前提是不伤害厄扎尔的人。早在1984年7月，前总理布伦特·乌鲁苏就指责厄扎尔让前伊斯兰主义者和新法西斯分子的支持者在重要职位上任职；在一些部门（他指责）“祈祷者和不祈祷者”被区别对待。与此同时，有传闻说，各个部长都涉及腐败，但这些从来都不容易证明。然而，1985年1月，厄扎尔最喜欢的内阁成员、国务部长伊斯梅尔·奥兹达戈拉（İsmail Özdağlar）因被指控从一家公司收受巨额贿赂而被迫辞职。更糟的事接踵而至。5月，自由派领袖乌拉尔·阿里坎因顶撞厄扎尔，批评他的独裁行为，而被逐出内阁。据说，他提到了酷刑问题，因为他的一名高级官员遭到了酷刑折磨。讽刺的是，随着像阿里坎这样有独立思想的人离开，厄扎尔在党内的地位更为强大，但这是以牺牲其国内声誉为代价的。

到1986年初，军事统治者创建的政党结构实际上已经瓦解，被禁领导人中最突出的几位出现在了代理党的背后。德米雷尔领导正确道路党；布伦特·埃杰维特领导左翼民主党；内杰梅丁·埃尔巴坎领导福利党；阿尔帕斯兰·图尔克什领导民族劳动党。民粹党与社会民主党合并为社会民主民粹党（SHP），成了主要的左翼政党。而右翼政党有9个，似乎比以往更加分裂；此时，唯有祖国党和正确道路党比较重要。

9月12日的政权被严重削弱，以致这个国家似乎正在全面恢复。军队的政治重建破坏得如此之快，因为军政府试图只允许政治新手参选，想以此破坏建立在“党的领袖一言堂”基础上的传统政治模式。厄扎尔政府运作的非民主机制在这个国家非常不受欢迎，以至于当反对党承诺要废除这些制度时立即使人们对它生出好感。1986年3月7日公布的一项民调显示，在一次现场选举中社会民主党将以41.4%的选票获胜，与1977年的支持率相当。厄扎尔的支持率从1983年的45%降至32%；土耳其人再次对社会民主产生了信心。

尽管离大选还有两年半的时间，但这个国家已经陷入了竞选热。政府预计会提前进行投票，因此在4月修改了选举法。限制取消了，这让小党派更容易参加选举，从而分裂了反对党。厄扎尔对民主左翼党的成立感到尤为高兴，因为它使社会民主党内部的团结问题更严重了。

1986 年 9 月 28 日的补选为后来的竞选定下了基调。厄扎尔强调 1960 年和 1971 年军事干预后成立的联合政府所造成的不稳定，而 1983 年后的稳定要归功于他。他指责德米雷尔和埃杰维特是 1970 年代的恐怖主义的罪魁祸首，并呼吁选民不要支持这样的领导人。他把 1980 年代描述为新旧模式的斗争时期；他的政党代表了新气象，赢得了第一轮选举，接下来将迎接第二轮。

德米雷尔虽然仍被禁止参政，却成为右翼对厄扎尔的主要威胁。（竞选活动的一个议题是解除对前党魁的禁令。）由于德米雷尔吸引了大多数自由派和民主力量加入他的政党，厄扎尔也与伊斯兰主义者和新法西斯分子走得越来越近。但这个策略未能奏效，祖国党的得票率降到了 32%，考虑到党内的党派纷争，就连这些选票都不安全。德米雷尔赢得了 23.7%的选票，令政治观察家们大吃一惊，正确道路党由此成为第二大党。分裂的社会民主党是输家，只获得了传统意义上忠诚的 31%的选票，社会民主民粹党得票 22.7%，埃杰维特的民主左翼党得票 8.5%。

观察家指出，土耳其 1980 年代选举出现了一个新趋势：投入巨资竞选。由商界资助的祖国党花费最多，是迄今最富有的政党。但在补选中，德米雷尔也大手大脚地开销，这表明支持厄扎尔的力量开始两边下注，也在为德米雷尔提供资金。

补选后，公众对厄扎尔施压，要求恢复其对手的政治权利。鉴于他是多数派，厄扎尔本可以修改《宪法》。但他决定将这个问题交给民众，进行全民公决。如果民众投票反对恢复政治权利，他将不必面对来自德米雷尔的挑战（伊诺努也不必面对来自埃杰维特的挑战），也不必做出不受民众欢迎的决定。如果投票通过，他将被视为一个真正的民粹主义者而受到赞誉，说他让人民做主。然而，整个夏天，他都在努力让民众说“不支持”，他不断警告人们，说“支持”意味着回到暴力和混乱的梦魇中，而这将引发军事干预。

厄扎尔差一点就成功地赢得了“不支持”的投票。1987 年 9 月 6 日，支持恢复政治权利的票数以不到 1%的优势获胜。老党魁回归，军政府最激进的措施之一被取消了。这一结果也为提前大选开辟了道路，因为厄扎尔盘算了一下，认为留给对手组织和竞选的时间越少，他自己获胜的机会就越大。因此，投票定于 11 月 29 日进行。

大选没有产生任何意外。得益于选举法的修改，祖国党赢得了 36.29%的选票，却拿下了 64.9%的（或者说 292 个）席位；1983 年，45.1%的选票才得到 211 个席位！选举法在 1983 年至 1987 年间修改了四次，增加了它的复杂性。以牺牲未能获得 10%选票因而没有赢得议会席位的小党派为代价来增加自己在议会的席位，法律的修改对执政党更加有利。社会民主民粹党以 24.81%的得票成为主要反对党，而德米雷尔的党以 19.15%的得票成为第三大党。本以为会做得更好的德米雷尔陷入了失望和苦闷，他将厄扎尔的新内阁描述为“选举法政府”。另外 4 个政党未能突破 10%的标准线，因而未在议会中获得任何席位。

但是民主左翼党以8.53%的得票分走了社会民主民粹党的份额，这对后者来说可谓损失惨重；其结果是社会民主民粹党在许多地区未能扫清障碍，将58个席位拱手让给了厄扎尔的党。

1987年的选举剥夺了厄扎尔政府的合法性；德米雷尔的嘲讽仍在继续，而厄扎尔不断被指责操纵选举法，为自己谋利。不过，表面上，厄扎尔在议会和政党面前都看起来比过去强大，他的内阁在12月提交的报告中反映了这一点。有更多人效忠他，包括他的兄弟尤素福·厄扎尔，后者成为负责经济事务的国务部长。尤素福与他的兄弟科尔库特以及沙特阿拉伯人的密切关系，使他为该党的伊斯兰主义派别和那些自由派所接受，自由派将他视为一个更关心数字而不是意识形态的技术官僚。许多与正义党有来往的部长都被委以重任，以防他们转投德米雷尔的政党。甚至还有一位女性，她是迄今内阁的第三位女性成员。伊姆伦·艾库特（Imren Aykut）被任命为劳动和社会保障部部长，或许是因为工会领导人（都是男性）与女性谈判时感到不自在。

1988年，厄扎尔试图逃避政治问题，但事实证明这是不可能的，因为反对党继续施压。理论上，他在议会中占压倒性多数使他有权为所欲为；实际上，他受到了党内右翼的意识形态束缚。此外，厄扎尔对推进民主进程兴趣不大。他的哲学概括起来就是“经济第一、民主第二”。没有人想去修改从军政府继承下来的不民主的法律。工会法、高等教育法、政党和选举法、新闻出版法、刑法以及管理土耳其广播电视台经营的法律都没有改变。

尽管自1980年代初以来，政治气氛有所缓和，但条件恶劣、绝食抗议的监狱却在冷峻地提醒人们，局势仍远未恢复正常。1988 年 6 月 18 日，一名名叫德米拉格的右翼激进分子企图暗杀厄扎尔，此事表明，暗杀仍是土耳其政治生活的一个特征。

在此类事件的冲击下，全国对埃夫伦总统 1989 年 11 月任期届满后，谁将接替他的问题变得更为关切。图尔古特·厄扎尔暗示，他可能会竞选总统，并指出他的政党在议会中拥有推选他的选票。但反对派对这个想法嗤之以鼻。他们声称，厄扎尔不再享有政治合法性，并且一旦他的支持率低于 1987 年所获得的 36%，他将失去所有道德权威。

由于厄扎尔未能如他所承诺的那样抑制通货膨胀，也未能改善该国的经济颓势，他在选民中的地位迅速减弱。没有人比务实的厄扎尔更清楚地意识到这一点。1988 年 8 月，为免自己的处境变得更糟，他决定提前在 11 月而不是次年 3 月举行地方选举。但是由于此举需要修订《宪法》，他又一次将其提交全民公决，这是自 1982 年的第四次公决。反对党和新闻媒体把 9 月 25 日的公决变成了对厄扎尔的信任投票，他的修宪提案以 65%对 35%的巨大差距被否决，这对他的声誉是一次致命打击。

1989 年 3 月 26 日的地方选举结果对厄扎尔而言是一场十足的灾难，这五年来，尽管有政治赞助以及祖国党人市长在这些年奉行的民粹主义政策，但他的政党支持率还是从 45%降至 22%。但是，以“厄扎尔王朝”的叫法为标志的巨大腐败却是无法摆脱的，其成员攫取了巨大的财富，还肆无忌惮地炫耀。就连贝德雷丁·达兰（Bedrettin

Dalan）这位最受欢迎的伊斯坦布尔市长，也没有逃脱与祖国党有关的腐败丑闻。后来他辞去了该党的职务，组建了自己的政党，最终加入了德米雷尔的阵营。

在遭受这一重大挫折之后，大多数人相信厄扎尔将放弃登上总统宝座的野心。但他们错了。厄扎尔知道，1992 年举行的下届大选将标志着他的政治生涯的结束。他曾宣布，就算竞选失败，他也不会领导反对党。另一方面，如果成功当选总统，他可以再执政 7 年。他的政党并没有劝他打退堂鼓，因为各派别，特别是伊斯兰主义者和民族主义者之间所谓的“神圣同盟”，都认为厄扎尔离开该党将给他们带来夺取控制权的机会。

谁来接替埃夫伦总统，成为 1989 年夏天土耳其的主要政治问题，唯有 25 万多名土耳其人从保加利亚大规模移民这件事，分散了一点人们对此事的注意力。最终，议会在 10 月 31 日选举厄扎尔为土耳其第八任总统。只有他自己的政党成员投了票，反对党抵制了选举。厄扎尔于 11 月 9 日就职，成为共和国历史上第二位文官总统。

权威人士认为，尽管厄扎尔的当选是合法的，但不具备道德权威，因为只有少数人支持他。他是由一个只得到约 20%选举人支持的议会选出来的，甚至还有一个选举后的调查显示，这个比例连 20%都不到。厄扎尔升任总统，导致土耳其在完全依赖于厄扎尔指导的软弱无能的总理伊尔迪林·阿克布卢特（Yildirin Akbulut）的领导下再次变得政局不稳。由于党内派系争夺控制权，执政党内部四分五裂；反对党的表现显示出他们似乎不承认总统；德米雷尔公开表示，下次大选后，新一届议会的首要任务将是修订《宪法》，并将厄扎尔赶下总统宝座。

由于政府软弱，土耳其东南部库尔德人叛乱愈演愈烈，安卡拉和伊斯坦布尔发生政治暗杀事件（1 月 31 日穆阿姆梅尔·阿克索伊教授[①]遇害，3 月 7 日《自由报》的谢廷·埃米克[②]又遇害），伊斯兰基本教义主义者不断发出威胁，通货膨胀高企而经济问题尚未解决，人们开始怀疑另一次军事干政是否为期不远了。土耳其兜了一圈又重回过去的政治漩涡，而将军们在政治领域的许多成就就这样付之东流。德米雷尔再次成为一股不可忽视的力量，而埃尔达尔·伊诺努取代了布伦特·埃杰维特，成为社会民主的希望。就连曾经受审入狱的领导人埃尔巴坎和图尔克什也重返政坛。

2 月 20 日，外交部长梅苏特·伊尔马兹（Mesut Yilmaz）辞职，有传言说他将挑战阿克布卢特总理的职位，并间接挑战厄扎尔的领导权，执政党的深层裂痕由此公开化。在这种政治不稳定的气氛下，3 月 12 日，土耳其工商业者协会主席杰姆·博伊纳（Cem Boyner）呼吁政治家们通过一项新的选举法，提前进行选举，以免“危及民主”。当天，凯南·埃夫伦抵达安卡拉。他对总参谋长尼萨普·特鲁姆塔伊将军和厄扎尔总统的拜会，在首都引起了人们对军队最高指挥部对目前

---

① Muammer Aksoy（1917—1990），法学教授，政治家，著名知识分子。——译者

② Çetin Emeç（1935—1990），土耳其著名记者和专栏作家。事后某日，有人从柏林打电话到《自由报》（*Hürriyet*）的办公室，以纯正的土耳其语宣称“我们杀了谢廷·埃米克”。谢廷后来被葬在伊斯坦布尔。上述两起谋杀案至今未侦破。土耳其今天的不少公共建筑和道路是以此类遇害者的名字命名的，包括这两位。——译者

形势的态度的猜测。

新闻界对于3月14日的空军整肃以及对其他政治嫌疑犯的持续调查的报道，只是加剧了人们对局势的恐慌。与此同时，库尔德叛乱并未出现缓和的迹象；自1984年安全部队组建以来，死于它和库尔德工人党之手的已经超过2000人。4月9日，政府做出回应，通过了所谓“反恐法”，从而赋予当局无限权力去对付它们所认定的一切恐怖主义行为。当局可以对任何出版物进行审查乃至罚没，

> 只要认定该出版物错误地表述了在一个处于紧急状态的地区发生的事，用歪曲的新闻报道或评论蛊惑读者，扰乱民心，妨碍了安全部队工作。

7月17日，国家安全委员会建议将东南八省的紧急状态再延长4个月，议会两天后通过了该建议。

8月2日爆发的海湾危机把这个国家的注意力从内政问题转移到了外交问题上。反对党对土耳其应该持何种立场犹豫不决，而厄扎尔专断独行，决定全力支持美国总统布什的政策。他绕过政府和议会，直接与白宫展开了电话外交；他私自进行的秘密外交遭到了反对党的攻击。但除了敦促谨慎行事，要求与议会协商并随时向其通报情况外，批评他的人没有提出什么替代方案。

厄扎尔从这场危机中获益匪浅，因为布什和其他大国领导人都对土耳其大加赞扬，肯定他反对伊拉克的立场。8月7日，土耳其支持联合国的制裁，并关闭了每天从基尔库克向地中海港口尤穆塔利克输送150万桶石油的输油管道。9月，议会批准了政府的要求，同意向海湾

地区派遣军队并允许外国部队进入土耳其领土；实际上，土耳其军队已经在伊拉克北部边境动员起来，构成了事实上的第二战线。

正如厄扎尔所言，这些政策提升了土耳其在其他国家面前的地位，并使其在世界舆论中处于突出位置。但这些政策引发了不安情绪，因为民众担心土耳其可能卷入一场毫无准备的战争。同时，祖国党的保守派巩固了他们的地位，导致两名自由派人士从内阁中辞职，以示抗议。10 月 12 日，外交部长阿里·博泽尔（Ali Bozer）辞职，随后国防部长塞法·吉拉伊（Sefa Giray）于 18 日辞职。但是，参谋长尼萨普·特鲁姆塔伊 12 月 3 日的辞职在全国引起轩然大波；12 月 31 日，伊斯坦布尔的一份日报《国民报》（*Milliyet*）称此为土耳其的年度大事。

关于特鲁姆塔伊离开的原因有很多猜测。他不同意厄扎尔在海湾地区问题上实行的冒险政策，特别是他执行该政策时的个人专断风格。和白宫一样，他也不希望土耳其军队被派往海湾地区。尼萨普·特鲁姆塔伊在辞职信中写道："我辞职是因为我不能继续按照自己的原则和对国家事务的理解履行职责。"

Nokta 周刊（1990 年 12 月 16 日）把辞职描述成传统的军队与文官对抗的高潮，在此事中，可以追溯到 1988 年 4 月国防部长埃尔坎·乌拉尔汗对总参谋部行使权力的时候。时任总理厄扎尔曾支持他，但 1989 年 3 月 29 日，由于受贿和腐败指控，乌拉尔汗被迫辞职。

8 月 3 日，当国家安全委员会讨论海湾危机时，尼萨普·特鲁姆塔伊代表军方指挥官们建议采取温和观望的政策。厄扎尔的回答相当唐突，他说："土耳其的许多事情都变了……在外交政策上采取懦弱胆怯的立场的日子已经结束了。从现在起，我们将根据形势采取积极的政策。这完全是出于政治上的考虑。"尼萨普·特鲁姆塔伊被边缘化了，厄扎尔早已对一位退役将军凯末尔·亚马克言听计从，后者成了"影子参谋长"。最终，特鲁姆塔伊辞职，许多人将此解读为最高指挥部对厄扎尔的警告：如果他不改过自新就会有人出面干预。似乎是对这个警告的回应，12 月 5 日，厄扎尔告诉媒体："我不惧怕任何人!"

特鲁姆塔伊的辞职使国家的政治氛围更紧张了，有人提议提前举行大选，以使国家恢复常态。厄扎尔提议先修宪再举行大选。他想要扩大议会的规模，从 450 人增加到 600 人，投票年龄降至 18 岁，总统由人民直接选举产生。德米雷尔同意，但要求先举行各项选举，以便新一届议会修订《宪法》。

此时，政治生活仍在危机的阴影下继续，1991 年 1 月 16 日之后，又处于战争阴影下。反战运动抗议政府支持一项没有必要的行动，但没有取得任何效果。然而，美国高科技的战争机器的惊人破坏力，在电视上看如同电子游戏，却让反对党麻木了。2 月 28 日停火后，伊拉克的库尔德难民大量涌入，使土耳其无暇顾及国内问题，尽管这不是本国库尔德人口的问题。但每个人都能感受到危机和战争对经济的影响；它令土耳其的形势极其严峻，不是盟国承诺对土耳其予以经济援助所能解决的。

1991 年 3 月的民调显示，伊斯坦布尔对执政党的支持率从 22%降至 18%。但社会民主党获得的支持率也下降了，只有正确道路党的支持率有所上升。6 月，梅苏特·伊尔马兹当选为祖国党主席，这是民族主义宗教团体的失败，伊尔马兹承诺将提高该党的国内地位。

现年 43 岁，拥有政治学学位的伊尔马兹，展示了一种国际化、务实的形象，旨在激发选民的信心。一当上总理，他就得决定什么时候把视角转回国内。他意识到，1991 年举行大选比等到 1992 年经济形势更糟时再举行更明智。因此，8 月 24 日议会投票决定 10 月 20 日进行大选投票。

大选有些出乎意料的结果。社会民主民粹党在 1989 年曾是最受欢迎的政党，但得票率跌至 20.8％和 88 个席位，沦为第三大党。这种下降主要是由于派系之间的不断斗争，以致支持者士气低落，并导致政府没有明确的替代方案。其竞争对手，即埃杰维特的民主左翼党获得 10.8％的选票和 7 个席位，影响力日益上升，只会令社会民主党的支持者更加困惑。

同样令人惊讶的是祖国党的表现。一旦其他右翼政党活跃起来，随着各个派系团结到他们之前的意识形态下，祖国党很可能会解体。尽管这种情况仍有可能发生，但就目前而言，祖国党已经明确了自己的位置，成为拥有 24％的得票和 115 个席位的第二大党。

不出所料，德米雷尔领导的“正确道路党”以 27％的得票率和 178 个席位脱颖而出。自 1960 年代中期以来，德米雷尔一直是右翼的主要领导人，此时他只是夺回之前他被军队赶下来的合法位置。

乍一看，有宗教背景的福利党赢得 16.9％的选票和 62 个席位，其表现非常出色。但这个结果具有欺骗性，因为这次选举是与新法西斯民族主义劳动党和伊斯兰民主党的联合作战，为了越过选举法规定的10%的门槛：这些政党中没有哪个能单独赢得10%的选票。联盟并未持续太久；新议会召开后不久，民族主义劳动党的代表就脱离了联盟，宣布独立。

正如大家预测（和害怕!）的那样，1991年的选举产生了一个联合政府，但不是在1970年代造成不稳定和混乱的那种，而是商界（并且实际上是全国）在整个1970年代一直在提议，但未能实现的那种。新政府由更明智、更有经验的苏莱曼·德米雷尔领导，是正确道路党和社会民主党之间达成的伙伴关系，前者的前身是正义党，后者如今由埃尔达尔·伊诺努接替埃杰维特担任领导人。两党共获得48%的选票以及议会的266个席位。基于双方的良好意愿，这届政府有能力给土耳其带来稳定，解决国家的很多问题。

尽管9月12日的政权付出了巨大努力，但如果土耳其的政治生活已经走上正轨，那么经济和社会结构的调整不会轻易取消。在最后一章中，我们会看到德米雷尔的少数党政府推出的新经济政策在竞争性政党政治和民主制度的结构中是如何被证明不可能实施的。仅仅是试图迫使工会工人接受国际货币基金组织提出的勒紧裤腰带计划就证明是代价高昂的。9月12日，5.4万名工人举行罢工，1980年1月至9月，全国损失了770万个工作日。军政府立即消除了这些障碍，并让厄扎尔自由地处理经济问题。

从混合型经济向自由市场经济的转变，涉及很多重要的创新。主要的改革是国家决定从生产中退出（1960年代以来国家曾在生产领域发挥过关键作用），并集中精力发展基础设施、能源开发、道路和通讯以及水坝建设。但是，由于私人资本缺乏，难以购买国有企业，国家的退出和私有化受到了限制，国有企业继续在经济中发挥关键作用。尽管如此，博斯普鲁斯大桥等一些有利可图（且引人注目）的企业被私有化，私营部门（最好是与外国合作的）在制造业中扮演了重要角色。积累和投资方面也是如此；国家再次退出，为私营企业家让道。①

另一个创新是决定向世界市场开放经济，放弃对受保护的国内市场和进口替代产业的依赖。厄扎尔认为，1950年代和1960年代的保护主义政策使土耳其工业效率低下、成本高昂、缺乏竞争力；竞争将迫使工业提高效率，只有适者才能生存。每个人都会受益，特别是那些可以获得物美价廉的商品的消费者。这个论点受到了人们的欢迎，大家已经厌倦了高价购买劣质的国产商品。工业界被鼓励向外看，生产高质量的商品，以便在国外找到市场。以出口为导向的战略之所以成功，部分原因是1960年代土耳其就有了工业基础，但主要是因为两伊战争打开了两个利润丰厚的市场，直到1980年代中期。然而，巴尔干半岛和苏联解体后成立的新国家对未来土耳其的出口也有类似的承诺。

---

① 1980年代，关于土耳其经济的文献越来越多。最近的文献之一是 Tosun Aricanli and Dani Rodrik (eds), *The Political Economy of Turkey: Debt, Adjustment, and Sustainability*, London 1990。我的探讨基于这卷书中的一些文章，尤其是以下这些 "Introduction and Overview" (pp. 1 - 8)；Korkut Boratav, "Inter-class and Intra-class Relations of Distribution under Structural Adjustments: Turkey during the 1980s" (pp. 199 - 229)；and Tosun Aricanli, "The Political Economy of Turkey's External Debt: The Bearing of Exogenous Factors" (pp. 230 - 253)。See also Z. Y. Hershlag, *The Contemporary Turkish Economy*, London, 1988。

修改后的收入分配模式变得有利于富人，而牺牲了中下层阶级，他们中的很多人沦为穷人。世界银行的报告将土耳其列为收入差距数据最差的七国之一。厄扎尔政府考虑到这种信息带来的负面影响，拒绝就此展开调查。但土耳其经济学家的研究显示，1980 年至 1986 年间，30 万亿里拉从蓝领（包括农业劳动者）以及高级人士的薪水中作为利润、利息和租金转移到了资本主义部门。

这种政策过去是不可能实行的，那时候是一种多元政治，各种团体能够向政党政府施压以维护自己的利益。然而，当 9 月 12 日政治停摆（并一直持续到 1985 年）之后，当选举变得更加自由并且政客被迫再次对民众的施压作出反应之后，各种团体的施压已不再起作用。主要的输家是工人和农民（补贴减少），获益者是大商人和工业企业。

以工资大幅下降为标志的 1980 年政府的工资政策，成为结构变革的基石。根据“国家计划组织”的计算，工资在国民生产总值中的比重从 1977 年的高位 36%，大幅降至 1983 年的 21%，再降至 1987 年的低位 18%。1980 年后，实际工资下降了约 45%，而整个十年的失业率徘徊在 15%左右（非官方数字则更高）。

底层人士和高层人士的工资都被用来调节需求、抑制消费，从而为出口创造必要的盈余。厄扎尔曾发出警告，除非底层工资需求得到大幅抑制，否则国家将走向破产。在城市社会各阶层（包括知识分子、店主、小生产者）中制造反劳工情绪的一场运动的发起，对这项政策予以了道义上的支持。据称，工人收入过高，而高工资是经济发展的障碍，因为他们对土耳其商品定价过高将使其不能被世界市场接受。

甚至凯南·埃夫伦也表示支持这场运动，声称工人的工资确实过高，连他自己的工资都比希尔顿酒店的服务生低！工人工资维持低水平，不仅是因为集体谈判和罢工受到压制性法律的限制；而且工业企业的生产能力远没有发挥出来，这一事实造成了失业以及有大量劳动力可供雇主剥削。

经济紧缩虽然使绝大多数人感到痛苦，但还是产生了一些显著的效果。除了降低通货膨胀（尽管从未达到承诺的程度），1970年代的饥荒之后，外汇可以交换了，进口外国消费品也以积极的方式改变了土耳其城市的气氛。经济重构取得的最引人注目、最值得欢呼的成就就是“出口奇迹”，它使国家收入从1979年的23亿美元增至1988年的117亿美元。发了财之后，与执政党关系密切的商人和政客中出现了很多腐败现象。为了从政府那里获得出口补贴和额外费用，企业报告的“虚报出口”丑闻层出不穷。

在经历了1970年代末短暂的负增长之后，整个经济也重新开始增长。1980年至1988年的平均增长率为4.6%，低于1963年至1977年的增长率，但仍值得称道。

1980年代的经济政策倾向于以牺牲小型群体的利益来照顾大型群体的利益。理由很简单：大公司效率更高、更富有、更强大，因而更有能力与外国对手竞争，或以实力与外国政府谈判。由此，一些老牌的企业集团，比如被《纽约时报》（1980年2月3日）描述为已然将触角伸向全球的第三世界公司——科奇集团和萨班哲财团，利用政府的支持，迅速扩张和多样化。一些新公司，比如最著名的有土耳其“柏克德集团”[①] 之称的 ENKA，纷纷在这些年成立，但代价是小公司要么破产，要么被吞并。在经济达尔文主义的氛围下，淘汰这些公司被视为一种经济健康的迹象；弱者正在市场上为强大而有竞争力的对手让路。

政府成为私营部门寻找国外市场的积极伙伴，外交成为贸易的奴仆。在厄扎尔担任总理进行国事访问时，作为其随行人员的一部分，大批商人被带到了世界各地，特别是中国、苏联阵营的国家和阿拉伯国家，这些国家被视为土耳其商品的潜在市场。

1980 年 7 月 1 日开始实行利率自由化，由此启动了一项服务于各种功能的政策。最初，它通过大幅减少货币供应量和造成信贷紧缩，在将通胀率从 100%以上降至 40%左右方面发挥了作用。但是，在银行年利率超过 50%、涨幅高达 80%的情况下，钱变得太贵了，不能借给任何有风险的行当，只能借给最有投机性的生意。利率对小公司而言通常都太高了，因此它们走向了破产，大型控股公司则通过收购银行为己有来应对挑战，这样它们就可以直接从投资者那里借到钱，而不必向任何银行支付佣金。

经济结构调整是在一个特别有利于其成功的时机启动的。1978 年至 1979 年的伊朗革命，一个与西方为敌的政权的出现，苏联介入阿富汗事态，一夜之间增加了土耳其作为“战略资产”的价值。1980 年里

① 柏克德（Bechtell）集团是 1898 年成立的美国规模最大的建筑公司，通过与 ENKA 合作，获得了巴尔干和土耳其的合同，后来柏克德又与 ENKA 组建了合资公司。——译者

根当选总统，1981 年帕潘德里欧领导的社会党在希腊的胜利，进一步加强了土耳其在华盛顿眼中的分量。对于像里根政府的国务卿亚历山大·黑格将军这样的五角大楼战略家来说，土耳其成了"绝对不可替代的"，值得不惜一切代价来支持。《沃尔夫维茨报告》表达了一位五角大楼专家对美国在该地区能力的看法，它指出："我们应该再次将土耳其视为盟友——我们敌人的宿敌就是我们的朋友。"①

这或许可以解释为什么国际货币基金组织和美国政府（以及波恩政府）如此乐于向安卡拉提供资金。鉴于土耳其在世界其他地方遇到了麻烦，它们还希望推动土耳其采用自由市场经济作为一个成功案例。因此，国际货币基金组织贷款并延迟借贷偿还，美国在 1983 年中期之前持续增加的大量经济和军事援助，这些都产生了效果。1980 年至 1987 年间，130 亿美元从国外注入土耳其经济。因此，土耳其在 1980 年之后没有陷入经济衰退，那些年里的经济增长率几乎都保持在 5%。②

1980 年代的出口繁荣造成了一种错觉，用厄扎尔的话说，土耳其已经"转危为安"并"跳过了一个时代"。"我们做了别人没有勇气做的事……；如果上帝保佑，土耳其将变成西亚的日本。"有了这样的乐观情绪，尽管实行了部分紧缩计划，厄扎尔还是在 1987 年的大选中获

① William Saffire, "Sending in Marines", *New York Times*, 14 Feb. 1980; and Aricani's article in ibid.

② Boratav's paper in n. 12; and Altan Yalpat, Turkey's Economy under the Generals', *MERIP Reports*, March/April 1984. pp. 16 - 24.

胜了，就因为他创造了希望，而反对党仍然拿不出其他方案。

地区局势也有利于厄扎尔。除了向卡扎菲的利比亚出口外，土耳其公司和劳工参与其中的建筑业的繁荣以及两伊战争的爆发，都造成了对土耳其商品的需求，增强了出口的动力。不过，伊朗和伊拉克的市场只是临时的。由于这两个国家耗费了大量资金用于战争，对于从土耳其进口的商品它们没钱支付。安卡拉不得已只能协商以货易货，甚至向交战双方提供贷款。即使是利比亚，在 1985 年油价低迷之后，也无力付账。但是土耳其的出口商和建筑公司仍增加贷款，因为不想失去这些市场；希望参与对方的战后重建。

1980 年代，土耳其经济经历了一次转型，其影响将是长期的。厄扎尔的政策加速了 1960 年代开始的大企业经济整合的进程。经济增长了，但工业投资相对于服务业投资有所下降；旅游业等领域成为投资和外汇的主要来源。

国民财富也有所增长，但其分配更倾向于商人和靠利息生活的人，而非企业家。即使是出口繁荣，其资金也是由大量的外国借贷提供的，这削弱了国家的自力更生能力。外债从 1984 年占出口收入的 38%，涨到 1985 年的 45%，再到 1986 年的 58%，如此巨额外债的存在，致使服务成本不断上升，对政策制定者来说是一个束缚。这种负担预计将持续到 1995 年，届时土耳其希望还清债务。而在此之前，除了当前的经济政策外，似乎别无选择。

随着经济的发展，土耳其社会，尤其是城乡社会也发生了翻天覆地的变化。1980 年代见证了自 1950 年代以来这一进程的加速。过去常常被描述为一个“有贫有富”的社会的土耳其，如今用约翰·伦特尔（John Rentoul）的话说，变成了一个“有贫有富还有巨富”的社会，他对撒切尔时代的英国的类似现象也是这样描述的。构成了中产阶级的许多昔日“富人”被迫降到“穷人”的水平，昔日穷人则沦为底层阶级。但也有很多人向上流动了，特别是与厄扎尔及其政党有关联的那些人；这些人成了新土耳其的中坚力量。

他们是土耳其地方资产阶级的典型，当传统的政治精英掌握大局时，他们一直处于默默无闻的状态。1950年的一党政权失败后，他们缓慢而谨慎地崭露头角，在一举消灭民主党的领导地位的1960年军事政变后，他们更有力地参与政治。苏莱曼·德米雷尔是这个地方阶层中的一员，在他政府统治下，这个阶层茁壮成长。1967年，图尔古特·厄扎尔的名字首次出现在人们的视线里并非巧合，当时他被德米雷尔任命为国家计划组织的副部长。

这个阶级是在1980年之后才形成的，当时将军们在推行“新政治”和“新政治家”的运动中，把整个政治精英阶层都除名了。这个自1983年开始掌权的地方资产阶级对于他们的虔诚极尽炫耀之能事，因为他们是在一个话语和文化价值观仍然是宗教性质的社会环境中长大的。

他们对世俗世界的接触仅限于他们的职业生活，往往不太熟悉西方文化，只了解西方的技术文明。对他们而言，美国基本上就是西方的象征，因为一些土耳其人就是被派去那里深造的。考虑到他们在现代世界所受的教育、所获得的经验，他们多半是狭隘的人，用伊斯兰教的话语来掩饰他们智识的贫乏，这在一定程度上解释了为什么伊斯兰复兴运动在过去十年有了发展势头。他们缺乏传统精英的位高则任重（noblesse oblige）的品质，因此对全体人民的福祉几乎毫不关心；他们主要关切的是获得财富，维护他们最近建立的新秩序。

这个阶级的霸权带来的一个结果是引入了一种新的意识形态和文化方法。精英们谈论社会福利和公平以及国家有义务保障这些的日子已经一去不返了。一旦祖国党掌权，精英们只谈及如何赚钱，钱怎么花才最值。现在每样东西都可以论价，而这种情况似乎是合理的，因为（正如一位智者所说）土耳其在1983年选出来的是一个推销员，而不是政治家。

在一个声称越来越伊斯兰化、却饱受不断攀升的通胀之苦的社会里，任何一个有点闲钱的人最关心的是银行和自诩的“银行家”的高利贷利率，后者通常是不受银行系统监管的短期信贷经纪人。有一位这样的“银行家”是在某省银行工作的18岁“茶童”。他在泡沫破灭前赚了几百万，然后锒铛入狱。但1987年，当记者埃敏·切拉萨把这个人的故事写成书，以人们对他的称呼“银行家亚尔钦”为书名出版后，此人立竿见影成了英雄，书也成了畅销书。作者引用了一位批评主流规范的读者对他的敏锐观察：

> 祖国党摧毁了我们所有神圣的价值观。10年前，作为一个国家我们曾经认为诈骗、盗窃、贿赂及腐败是可耻的。现在都习以为常了。亚尔钦事件表明了一点；几年前会被批评和羞辱的一个人，如今成了万众偶像。亲爱的先生，这什么

时候才是个头呢?

在厄扎尔的自由进口政策的影响下，新的资金创造了消费热潮。突然间，商店里能买到所需的任何东西，只不过价格不菲。广告，特别是电视广告，变得越来越巧妙，针对特定的消费群来营销。例如在足球比赛中，广告针对男性观众，鼓励他们购买汽车、机油、啤酒和衣服。埃菲斯-皮尔森啤酒制造商的一位发言人坦率地指出："我们的目标是让观众在嚼鹰嘴豆和坚果时开一罐啤酒。"

对汽车的需求量急剧上升，不仅是国产车，还有进口的奔驰、宝马、捷豹等汽车，这些车成为社会地位的象征，对土耳其民众来说，售价高达3000万至5000万里拉（约合3.8万至7万美元）简直是个天文数字。随着新的资金被吸引到绘画、古董、伊斯兰书法和珍本上，美术馆也蓬勃发展起来。

年轻人自然而然地受到富裕的光环的影响，他们发现自己再也不能满足于为国家服务。在1980年代，国有部门已经完全失去了信誉，无法再吸引求职的大学毕业生。他们转投私营部门，放弃了为国家服务的理想，并致力于自由主义和企业的自由经营。

高等教育也进行了重组，以便服务于不断增长的私营部门。一个双层体系由此形成。一些实行英语教学的顶尖大学目标是培养出越来越多的管理和技术官僚阶层。这种职位的广告开始出现在当地的英语报纸甚至土耳其语报纸上；要传达的信息很清楚：读不懂这则广告就不必应聘了。

英语已经成为在几乎任何一个领域取得成功的必要条件，父母们努力让孩子掌握这门语言的知识。说本土语言的学校和大学，甚至连伊斯坦布尔大学这样的老牌学校都衰落了，因为它们招到的都是无法进入精英学校的学生；宗教学校招到的都是最贫穷、最不合格的学生。所有大学的院系都因过度集中的行政部门而士气低落，这些部门几乎不给学术研究留任何自主空间。托尔加·亚曼（Tolga Yarman）教授在伊斯坦布尔的日报《国民报》（1987 年 3 月 26 日至 29 日）上发表了一系列题为《痛苦的大学》的文章，抱怨这些机构不再是大学，而只是"没有希望的商品房"。教学标准下降了，要求他们只为低端服务业、银行、酒店及旅游业培养劳动力。对于那些未能进入国立精英大学的富人子女，《高等教育法》的设计者伊赫桑·多格拉马奇（Ihsan Dogramaci）教授开设了土耳其第一所私立大学——比尔肯特大学(Bilkent)。它以美国高校为榜样，所有的东西，包括食堂的菜单，都是英文的。

新的富裕阶层只是冰山一角，但正因为是冰山一角，他们脱颖而出，是土耳其社会最有表达能力的一群人。他们约占人口的 10%（差不多 500 万人），却清晰地传达了这个群体的希望和抱负，即使对那些地位下降的人而言他们也是榜样。就连一向绝望的知识分子也屈从于消费主义哲学，站到了他们之前批评过的企业部门的一边；唯有为厄扎尔领导的土耳其的成功付出了最大代价的工人阶级表现出了反抗的意愿。

1980 年代，土耳其工人阶级遭到了可怕的打击，无论从字面上理解还是从隐喻的角度讲都是如此。年轻的工人和学生被投入监狱，遭受折磨，为的是迫使他们放弃政治。正如他们的战斗力所显示的那样，这一战略失败了。随着失业率高企（1986年约为25%）、通货膨胀加剧，而他们又拒绝向任何补救措施低头，并且没有罢工权，他们的生活水平直线下降。

但是工人们继续进行政治对抗。他们拒绝被劝说大家保持温和、维护社会安宁的各工会联合会（中间道路的土耳其工会联盟、新法西斯工会联合会、伊斯兰分子的土耳其正义工联）引诱，投票支持对10月12日上台的政党的抗议，并在一段时间内使社会民主党成为主要反对党。

土耳其工人积极不经意地受到了波兰团结运动击败共产主义国家的事件的影响。工人们相信，只要他们的斗争是政治性的，而不局限于经济需求，他们就会取得成果。当造船厂工人、新近成立的社会党的成员泽尼尔·科尔萨被问及“土耳其的团结”的问题时，他反驳道：“土耳其的团结？……团结属于波兰。我们的工人阶级的斗志一点也不比波兰工人的逊色；它积累了足够的意识来为创造性活动做出好榜样。”

随着军事政权的控制放松，工人们开始重新振作起来，争取1980年10月之后失去的权利。1987年4月2日，《国民报》登出了一个大标题，称“罢工浪潮正在升起”。但罢工浪潮的峰顶在1989年春才到来，工人们要求恢复民主、提高工资、改善工作环境。月刊*Saçak*（1989年6月）列举了全国224起罢工事件。它们发生在3月7日至5月18日期间，数十万工人参加。这些罢工被视为土耳其工人阶级发展新阶段的开始。

随着民主权利的恢复，工会也重拾了一些往日的信心，并重新组织起来。与此同时，抛开情绪低落的领导人而自行采取行动的工人们，获得了实现自我价值的感觉。当有关他们的新闻见诸报端后，他们的信心随之增长。他们已在投票箱上展示了自己的权力，如果向民主的过渡继续顺利进行，他们可能会对新资产阶级的权力形成制衡，迫使后者建立一个更加公正和人道的土耳其。

十

结语：土耳其的今天和明天

一个社会的未来是不可能进行任何程度的精确预测的，因为它从来不是预先确定的，而且容易受到各种与之不相干的因素影响。但是对其过去的研究能提供一种可能的方向感。对于现代土耳其而言，预测的任务倍加困难，因为其决策者经常不得不对发生在境外因而超出其控制范围的事件作出反应。

现代土耳其的历史不断提醒我们这一事实。这个新国家是在奥斯曼帝国的废墟上，经历了与国内外各种逆境的抗争才建立起来的。此后，共和国政权与外部世界隔绝，抓住机遇创建了一个现代化社会，以强大的进步的资产阶级（或中产阶级）代替了保守的官僚和破落的农民。到二战结束时，新的中产阶级已相当成熟，要求结束一党制，建立多元化的多党制。在接下来的数年里，我们目睹了资产阶级是如何改造社会的，尽管不是没有造成政治和社会的紧张局势，导致在1960年、1971年和1980年三次军事干预。每一次军队都声称他们的干预只是为了帮政客们摆脱其一手造成的混乱。今天，鉴于土耳其的政治、社会、经济问题仍然悬而未决，民众想知道军队何时会再次出手。

只要土耳其军队将自己视为共和国及凯末尔遗产的守护者，就始终存在着发动另一场军事政变的可能性。但值得注意的是，只有当至少一部分统治精英以及相当一部分民众已经开始相信，军事干预是解决危机的唯一途径，并且实际上军队是应邀才出面接管政权的。埃夫伦总统在1987年7月2日的一次讲话中也这么说：

> 军队不会随心所欲地发动军事政变。它们只有在国家需要时才会这么做。如果国家需要在9月12日来一场军事政变，就会要求军队采取行动。政变是在巨大的不得已情况下进行的。如果不是这样，我们也不会等到9月12日。

许多土耳其政治观察家也相信，除非华盛顿“开绿灯”，否则不可能发生政变。他们宣称过去是这种情况，并相信未来也会是这样。埃夫伦正确地指出，唯有当局势变得令人极其绝望，以致整个国家都欢迎政变时，军队才会进行干预。到目前为止，情况一直如此，但是否继续如此还有待观察。

军队是一个会在事情被文官搞砸之后纠正回来的机构，而1980年代的政治已经打破了军队作为这样一个机构的神话。军政府执政时间太长这一事实，或许可以提供部分解释，军政府起初是以国家安全委员会（1980—1983）的身份执政，然后是以总统顾问委员会（1983—1989）的身份执政。这些年里，随着政治讨论变得越来越开放，军政府的政策受到严格的审查。它的许多政策被视为与凯末尔主义的正统教条相冲突，特别是军政府视伊斯兰教为一切形式的左翼政党的解药对伊斯兰教予以鼓励和支持，此外市场经济的推行也被认为是与凯末尔主义的国家主义原则以及对公平公正社会的承诺相矛盾。帕夏们放弃了在农业社会中如此流行的平等观念（尽管土耳其仍在经历各种变化），并执掌了一个鼓励财富积累并完全无视手段的政权。

土耳其的政治日趋成熟，而它同样有责任改变对军队的态度。知识界不再将军事统治视为防止文官腐败和无能的保险，而是认为这是民主和公民社会的障碍。军事统治只是恶化了现有的问题，军事政变是一种通过让社会偏离它正在走的路线而扭曲政治演变的事件。具有讽刺意味的是，1980 年的军政府开始了这一历史修正主义进程，对 1960 年政变的合法性提出质疑，将其归咎于 1961 年的自由主义宪法和民主法律，并指责它们是土耳其历史发展道路上的奢侈品。因此，5 月 27 日不再被作为庆祝日。这只是质疑 1971 年 3 月 12 日和 1980 年 9 月 12 日的政变的一小步，认为这两次政变远不及 1960 年 5 月 27 日的军事干预值得推荐。这正是知识分子开始做的事。

反对军队的这种新氛围使得图尔古特·厄扎尔打破最政治化的派系对军队的控制。领导着这样一个派系的内克德特·乌鲁格将军据信制订了一项计划，这使他的派系能将武装部队控制到 2000 年。1987 年

7月，他决定退休，并确信自己可以选择陆军司令内克德特·厄兹托伦（Necdet Öztorun）为其继任者。如果他这样做了，那么在埃夫伦总统1989年任期届满后，他将完全有资格成为总统。但是，时任总理厄扎尔挫败了乌鲁格的计划；可能是因为他向埃夫伦总统承诺修改宪法使其连任总统，总之他得到了总统的批准，同意他任命尼萨普·特鲁姆塔伊将军为他的总参谋长。

厄扎尔的决定，被专栏作家乌戈尔·穆姆库称为"文官政变"，甚至得到了他的批评者的称赞，认为这是迈出了让土耳其大国民议会恢复国防责任的一步。人们开始以为，所有重大军事任命都将由最高指挥部做出，然后由政府盖章通过。乌鲁格将军在6月28日同样说过：

> 7月2日，我将把总参谋长的职位移交给陆军司令内克德特·厄兹托伦将军……除此之外，我一无所知……没有其他事态发展的问题……这是一种正常的晋升制度，而资历原则和指挥原则要求厄兹托伦将军成为总参谋长。此刻，他是代理总参谋长。我认为自己已经退休了，只不过要等到正式命令下来。

即将退休的总参谋长的傲慢甚至导致通常会批评政府几乎每个举动的反对党也暗中支持厄扎尔。社会民主党人在最近的国会上接受了文官控制国防机构的原则，并将厄扎尔的举动视为土耳其政治生活"文明化"和"创建公民社会的重要步骤"。

乌鲁格的退休和厄兹托伦担任总参谋长被拒，都是武装部队中"政治派系"的失败。内克德特·乌鲁格是一位出了名的有政治野心的军官，他从早年起就活跃于军队政治中并且加入了相关派系。派系的目标与其说是意识形态方面的，不如说是尽快达到权力顶峰。多亏了他的舅舅法鲁克·居勒（1973年政治家们拒绝选举其当总统令其感到羞辱）将军的支持，尽管乌鲁格只是一名上校，但仍然很有影响力。1980年军队夺取政权时，他是伊斯坦布尔第一军的指挥官，也许是军政府中最有权力的人。在他接替海达尔·萨尔蒂克（Haydar Saltik）担任国家安全委员会秘书长时，他走进了权力中心。1983年12月，他被任命为总参谋长，从而得以将自己的亲信安插在重要位置上；内克德特·厄兹托伦就是乌鲁格的忠实手下。众所周知，伊斯坦布尔的商界极不欢迎乌鲁格，甚至可以说是憎恨，因为他在任该市戒严指挥官期间曾对该市商界的一些成员表示了蔑视。与商界关系密切的厄扎尔知道这一点，于是抓住了这个对自己有利的机会。

另一方面，尼萨普·特鲁姆塔伊素来享有“专业人士”而不是“政客”的声誉。他英语流利，喜欢西方古典音乐和严肃阅读，这些举动对于军官来说是不寻常的。他1962年至1964年曾在华盛顿工作，在五角大楼的圈子里很有知名度。美国国防部副部长理查德·珀尔（Richard Perle）认为，如果特鲁姆塔伊掌权，美国和土耳其之间的任何分歧都将立即得到解决，因为“特鲁姆塔伊是一个出色的官员”。当这一说法在土耳其媒体上发表时，人们对华盛顿在特鲁姆塔伊的任命中发挥的作用有很多猜测。但美国驻安卡拉大使馆否认对此事有任何知情，尤其否认图尔古特·苏纳普将军所宣称的“美国事先知道有关总参谋长任命的消息”。

1960 年军政府的成员奥尔汗·埃尔坎里认为，土耳其的外交关系也是特鲁姆塔伊获得任命的一个重要因素。在他看来，

> 选择特鲁姆塔伊［而不是厄兹托伦］的原因既有职业上的，也有专业上的。由于我们与北约、美国和欧洲的永续关系，总参谋长要经常与外国人保持联系，并在决策方面具有影响力。特鲁姆塔伊将军拥有完成这项任务所必需的素质。他在国外工作过很长时间，英语流利。他了解土耳其的战略问题，外国指挥官对他很熟悉。

相比之下，乌鲁格和厄兹托伦都远没有那么国际化，更为关心本地区的问题，并且更有可能将土耳其的利益摆在盟国的利益之上。事实上，在国防和经济合作协定谈判期间，他们已经对美国的提议故意刁难，即便这些提议已被本国总理所接受。今后，厄扎尔希望自己身边的总参谋长能与他分享他对土耳其国防需求的看法。但正如我们在前面所看到的，结果证明特鲁姆塔伊不同意厄扎尔的海湾政策，然后辞职了。

1989 年 10 月，厄扎尔让自己当上了总统，成为自杰拉勒·拜亚尔以来的第一位文官总统，这对文官权威又是一次打击。这个国家很高兴在钱卡亚（Çankaya）看到一位文官总统，尽管大多数人更愿意选一位比图尔古特·厄扎尔争议少、政治上更中立的人物。一位军人出身的总统会向政府传达军队的关切，一位文官总统则必然会削弱军队的影响力。不过，在国家安全委员会等 1960 年代建立的机构仍然存在的情况下，人们不应夸大军队影响力的下降。

自 1971 年以来，以土耳其工商业家协会为代表的土耳其商界倾向

于将军事统治视为一种稳定因素。他们从镇压劳工运动、结束罢工、冻结工资以及允许他们组织和巩固自己的资源的政策气氛中获益。然而到了1980年代末，土耳其工商业家协会的一些成员开始意识到，商人必须直接参政，而不是依赖像埃夫伦和厄扎尔这样的代理人。他们从1980年代的经验中明白了，军事统治虽然总体上是有益的，但不确定性太强。据该协会前主席杰姆·鲍伊纳说，就连厄扎尔政府也在1985年放弃了它的经济计划，不再听从该协会的建议。他同意土耳其企业界杰出人物詹·凯拉齐（Can Kiraç）的观点，即土耳其企业家必须让政坛感受到他们的存在，而老板们（赞助人）的家庭已经到了制造政治家的时候了。这些观点反映了商界日益增长的信心和成熟，商界人士认为现在他们可以自己解决问题，而不必依靠军队等其他力量。这种态度上的变化也会阻碍未来的军事干预，只要工会的压力不被视为严重威胁。

不过，有一个严重的问题几乎随时可能导致未来出现军事干预：安纳托利亚东南部库尔德叛乱的不断升级。这个问题很难解决，因为还没有一个政府认清这其实是一个有民族主义文化抱负、渴望地方自治的运动。库尔德人是说印欧语系的少数族群，约占总人口的10%。这个数字存在争议，因为缺乏最近的人口统计数据。官方政策不承认库尔德人是一个独特的族群。尽管如此，政府取消了对使用库尔德语的一些限制，使库尔德语报纸和书籍开始面市，并有望在未来获得更大的自由。

大多数库尔德人居住的那些省份是安纳托利亚最贫穷、最不发达的省份之一。它们反映了土耳其经济发展的不平衡，造成了富裕的西部和落后的东部之间的强烈反差。因此，库尔德运动的核心是在经济和文化上的不满，这种不满是基于库尔德人坚信他们因为是少数族群而受到歧视。实际上，这些地区的土耳其人（和阿拉伯人）同样穷苦、贫困，但这一事实在冲突中被忽视了。

现代运动可以追溯到 1960 年代早期，当时库尔德知识分子加入了日益壮大的左派，为争取平等和文化自治而斗争，并要求东部省份获得更大的经济发展。1960 年代末，随着该运动变得越来越激进，遭到了国家的大力镇压；到 1979 年，东部许多省份都处于军事管制之下。

1980 年，将军们夺取了政权，决心以武力解决库尔德问题，正如他们在解决所有其他问题方面都打算采用的方法一样。整个国家都处在军事管制之下，在其他地方解除军事管制很久之后，东部省份还在持续。当库尔德人开始在库尔德工人党的组织下以更有组织的方式进行抵抗时，局势变得更加糟糕。整个 1980 年代，政府军和库尔德游击队之间经常爆发冲突，这些冲突增加了军事接管的风险。土耳其的一些怀疑论者声称，将军们不希望解决库尔德问题，因为他们可以随时利用这个问题夺取政权。这种怀疑可能反映出某种程度的偏执，但可能并非完全错误。人们还担心库尔德冲突可能蔓延到伊斯坦布尔等西部城市，那里现在居住着 100 多万库尔德人。这将使土耳其社会更加两极分化，并威胁民主化进程。

如果说军事干预的威胁给土耳其社会蒙上了长期的阴影，那么伊斯兰复兴运动（通常被称为“基本教义主义”）正在破坏共和国的世俗基础。伊斯兰复兴运动始于1950年代的多党制时期，此后势头一直在增强。1960年代，对社会主义和民主力量日益增长的影响感到震惊的保守派，开始利用宗教作为意识形态的反制力量，军事政权以更大的热情延续了这种做法。

将军们尽管承诺要恢复凯末尔主义的应有地位，但在增强宗教在社会中的作用方面发挥了关键作用。在3年掌权期内，他们利用国家资源在中小学开设宗教必修课，培训带领祷告者和宣教者的学校（伊玛目一哈提甫学校）数量从258所飙升到350所。在这类学校就读的学生人数也骤增到27万人，其中包括4万名女生。其毕业生通常在数以千计的清真寺就业，在那里他们成为支薪的国家公务员。但当毕业生被安置在大学和官僚机构中破坏它们的世俗传统时，人们对此产生了警觉。然而，将军们拒绝这些学校的毕业生进入军队服役，担心军队受到反动思想的影响。那些成功进入军队的人也被系统地清除了。

将军们也对土耳其青年人所使用的左派话语感到震惊，这些言论批评贫富差距不断拉大，批评对工人农民的剥削，强调为平等和社会正义而斗争的必要性。学校和大学对这种状况以及及时清除自由派和左派成员的情况负有责任。根据帕夏们的说法，1961年的自由宪法创造了一种完全不懂宗教的放纵的青年文化。他们决定通过法律，以创造一种“宗教文化”取代“毒害我们年轻人思想的文化”。这一点在国家安全委员会公布的讨论中得到了明确的体现。

有人抱怨对伊斯兰教的普遍无知，称家庭中缺乏宗教信仰，父母未能向子女传授宗教价值观，而这些抱怨不啻为在向世俗主义（和现代主义）对土耳其社会的冲击致敬。正如英国和美国的许多基督教学校的孩子不再知道主祷文（或者更多关于基督教的内容）一样，土耳其的孩子对伊斯兰教同样知之甚少。（在一次公开的采访中，图尔古特·厄扎尔承认，他直到进入伊斯坦布尔大学时才学会祷告。）

正因为孩子们在家庭教育中了解到的伊斯兰教太少，国家安全委员会决定必须由国家在学校里传授；伊斯兰教内容将和历史、地理、数学一样进入课堂。将军们和他们的顾问们认为伊斯兰教是团结的因素，如果运用得当，能够克服或者至少掩盖土耳其社会的许多分歧。因为，他们为弘扬宗教做出了实实在在的努力，1983 年的祖国党政府继承了他们的衣钵。

厄扎尔不仅接受了伊斯兰教作为左派解药的论调，而且他和他的党内大多数成员都对一种充满了通常称为伊斯兰元素的文化感到了真正的亲和力，因为土耳其绝大多数人口是穆斯林。这是土耳其中下阶层的文化，这些人处在凯末尔主义革命和与之相关的西化的边缘。他们的西化流于表面，因为他们相信西方提供了跟物质世界打交道所必需的工具，至于道德和价值观他们要比西方优越。他们认为，凯末尔派政权未能为土耳其人提供新的身份认同，并通过将他们从伊斯兰教中分离出来造成认同危机。因此，土耳其伊斯兰复兴运动是为了恢复这个国家的真正身份。他们说，这与民主是相一致的，他们将民主定义为多数人的统治，而在土耳其就是穆斯林的统治。

赞同这种观点的政治家们自然不认为这种趋势是“基本教义主义”或反动的。他们声称他们正在恢复宗教自由，给人民他们期望的东西。

一些阶层从鼓励伊斯兰教育的政策中受益，自然支持政府。宗教事务局下属的宗教机构不断扩大，成为各省底层阶级的教育和就业来源，以及地方政治家的资助来源。

宗教事务局最近发布的一份报告详细叙述了过去十年中该局蓬勃发展的活动。它自己的工作人员从1979年的50765人增加到1989年的84712人，预算达到2320亿里拉，约合1.15亿美元。清真寺年均新增1500座，总数从1984年的54667座增加到1988年的62947座，这意味着每857人拥有一座清真寺。

除了伊玛目—哈提甫学校外，次一级的古兰经学校也在扩张，在那里，孩子学习读写以及伊斯兰教的基础知识。1980年政变前，共有2610所这样的学校；到1989年，已增加到4715所。同期在校生从68486人增加到155403人，其中女生58350人。前往麦加朝圣的人数也以类似的方式增长：从1979年的10805人（女性3409人）上升到1988年的92006人（女性40057人）。宗教事务局在国外——从欧洲到澳大利亚——的土耳其社区也很活跃。1980年，该局在国外工作的成员仅有20人，1989年增至628人。

尽管报告并未提及，但这些官员中的大多数人的工资是由沙特政府支付的，后者正与霍梅尼的伊朗进行意识形态斗争。事实上，一些左翼分析人士声称，沙特（在华盛顿的授意下）在促进土耳其伊斯兰复兴方面发挥了关键作用，目的是破坏土耳其的稳定，为军事政变铺平道路。

沙特（和伊朗）的资金以及与阿拉伯世界保守派保持良好关系的

愿望，一直是土耳其政权投射出伊斯兰面貌的因素。但是，想靠一张宗教牌来得到购买石油的贷款以及让土耳其商品进入开放市场的希望，从未达到人们盼望的程度。因此，安卡拉已经开始重新评估其对阿拉伯世界的政策，并在1990年代初改善了与以色列的关系。

任何熟悉土耳其的人都清楚，伊斯兰教今天的影响力远大于10年前。安纳托利亚的小城镇比大城市更明显。世俗媒体不断发表关于斋月期间对不禁食者施暴的令人震惊的报道。安纳托利亚一个城镇的市长专为妇女安排了隔离巴士；当当地妇女为她们可以在舒适的环境中乘车而欢欣雀跃时，城里的女权主义姐妹们却在进行抗议。另一位市长宣称他不相信世俗主义，结果被以违反宪法的罪名受到国家起诉。

这一趋势让成长在激进的世俗主义时期的那代人感到担忧，那时候，伊斯兰教处于受压制状态。随着政治参与扩大到既接受国内的伊斯兰文化，也接受从西方引进的好莱坞文化、电视文化以及消费主义的一些新阶级时，一切都发生了变化。由此产生了一种以厄扎尔家族为象征的新资产阶级的多元文化，并被批评者称为Arabesk[①]。

土耳其正在发生的事基本上也是第三世界许多地区普遍存在的：新阶级登上了政治舞台。就土耳其而言，这一事态发展是否会导致它变回一个根据伊斯兰教法来统治的伊斯兰国家吗？这是可能的，但考虑到土耳其近来的历史，这种可能性不大。世俗主义政权下已经生活了三代人。他们不可能放弃世俗主义带来的好处，特别是在目睹邻国

① 一种土耳其流行音乐的类型，节奏欢快。——译者

伊朗的一个（自称）伊斯兰政权的惨败之后。在沙特和利比亚，成千上万的土耳其人以移民工人的身份生活，这也不是有吸引力的模式。

发表在《国民报》（1986 年 5 月 26 日至 6 月 1 日）上的一份关于公众对伊斯兰教态度的调查得出结论："我们［土耳其人］是虔诚的，但不是狂热的。"在一个个人很少承认自己是不可知论者或无神论者的社会里，人们对有关宗教的调查会有多认真呢？尽管如此，在受调查者中，60.5％的人自称是教徒，仅有 26.3％的人说他们按时祷告。在伊斯兰教的两个重要宗教节日——糖果节和宰牲节——祷告的人占 54.4％，这个数字对一个以穆斯林为主的国家而言似乎异常的低，这可能被视为世俗主义价值观渗透进几乎所有社会阶层的一个证明。

如果不存在变回伊斯兰国家的真正威胁，那么有一种危险倒是确实存在的，即少数教条式伊斯兰主义者对政治生活的支配可能会损害这个国家科学和理性教育的质量。和美国一样，土耳其也发起了一次小规模运动，试图禁止学校教授进化论，以支持神创论。如果这些人占了上风（目前还没有），他们将破坏土耳其在科学领域取得的一点进展。但他们不太可能成功，因为即使是伊斯兰主义者也必须务实地应对他们被迫生活其中的这个充满活力的世界。今天土耳其的旅游业就是很好的例子。

旅游业已经成为土耳其最盈利的行业之一，年收入约 30 亿美元。起初，外国游客的裸泳念头让厄扎尔内阁的旅游部长感到不知所措。他的初步判断是"裸体日光浴的外国女游客不得进入我国"。但当他得知如果土耳其得了个拘谨的名声，旅游收入将急剧下降时，他的态度缓和了。但是，随着游客的到来，裸泳并没有停止；很快，一些土耳其妇女也要求有权脱掉她们自己的衣服，因为到时候根本分不出谁是土耳其人谁是外国人！

旅游业的影响已经可以广泛地感受到，正如英国记者罗伯特·切斯希尔在其精彩的土耳其纪录片中所展示的那样。在安纳托利亚西部一个保守的小镇上，不仅传统的角色发生了改变，允许一个14岁的女孩在年长的男人身边点餐，因为她懂点英语而其他人不懂；而且周五祷告时当地的清真寺是空的，因为每个人都在忙着接待游客。

鉴于不断变化的态度，特别是地位变化比男子更剧烈的一些妇女的态度，很难看出这个国家如何能对所经历的变革置之不理。越来越多的中产阶级妇女保持单身和独居，因为工作和个人事业已经成为她们生活的基础。因此，离婚率不断升高，因为女性不愿为了婚姻和家庭牺牲创造性的职业生活。如今有了一个小型的女权主义运动，自1987年3月以来，其观点在《女权主义》杂志上得到传播。妇女不仅积极参与她们息息相关的问题，如家庭暴力，而且积极参与更广泛的问题，如侵犯人权和破坏环境。1980年代伊斯兰教的吸引力部分是由于对左派的压制留下的真空，伊斯兰主义以其对社会不平等和剥削的批判取而代之。随着政治生活回归常态，伊斯兰主义对政治的冲动也会减弱。

1990年代的另一个问题是土耳其对冷战结束的反应，以及对它周围的苏联、巴尔干半岛、中欧和东欧爆发的革命的反应。确定它在新世界秩序中的地位是一个巨大的挑战。这可能是该国自二战结束以来面临的最严峻的挑战，二战结束时土耳其面临的局势虽然不那么复杂，但重要性相当。

众所周知，一个国家的外交只是其国内政策的延伸，这个公理对于现代土耳其而言同样正确。共和国早期的外交关系反映出开国元勋们的愿望，即避开国外的冒险和干预，以便创造一个新的土耳其。意识形态，包括所谓的与苏联（和希腊）的传统敌意，被搁置一边，还与两个邻国建立了友好关系。在那些年里，安卡拉对英国、法国心存疑虑，而对墨索里尼的意大利，一个占领着靠近安纳托利亚西南部的多德卡尼斯群岛的国家，则充满了恐惧和不信任。

早期共和国的安全基础是 1925 年与苏联签订的友好条约。但在 1930 年代初，法西斯意大利的威胁变得突出，安卡拉的应对之策是与英国展开和解，后者是当时唯一能够遏制意大利侵略的海上力量。与此同时，土耳其成为“绥靖政策”的积极反对者以及国际联盟的集体安全政策的支持者。后来，它与英、法（1939 年 10 月 19 日）签署了一项条约，但其中的漏洞足以使土耳其能保持中立。为了避免纳粹入侵的任何可能威胁，安卡拉于 1941 年 6 月 18 日签署了《土—德友好互不侵犯条约》，就在纳粹进攻苏联的几天前。1945 年 2 月 23 日，土耳其向德国和日本宣战，以满足加入联合国的条件。

1945 年《土—苏友好条约》被允许失效[①]，该条约为斯大林的欺凌和施压提供了所需的理由。但苏联并没有正式提出领土要求，也没

① 苏联没想到土耳其会对德宣战，两个月后，德国战败投降，土耳其成为二战的战胜国，该条约因此失效。——译者

有要求共同防守海峡（如同经常宣称的那样），因为没有哪个谈判可以提出这种要求。至此，土耳其已然决定改变外交政策转向西方，而与莫斯科签订的条约将使这种关系无法发展。

西向外交与国内多党制的建立以及国家主义从经济政策上撤离是相一致的。这个国家被认为太穷了，无法为资产阶级设想的那种规模的经济增长提供资金。外国投资和援助被认为是经济快速增长的唯一的真正来源。外国投资的进程是由马歇尔计划的基金发起的，在土耳其加入北约时还在继续，而土耳其一直认为北约是一个经济联盟和军事联盟。

1945 年后，冷战（以及后来的北约）成为土耳其政治生活的指导原则，每一次走向缓和的举动都在安卡拉造成创伤。反共主义开始把土耳其人定义为一个民族，所有的国家优先事项都是据此确定的。随着 1964 年塞浦路斯危机的爆发，人们的情绪开始发生变化，改变了这种情况，而当美国的约翰逊总统写给伊诺努总理的信件内容被公之于众后，人们情绪变得很糟。约翰逊总统警告土耳其政府，如果它介入塞浦路斯危机，继而导致莫斯科对它采取反制措施，不要指望北约保护它。

这一冲击迫使政府重新评估其外交政策。因此，土耳其决定与领导北约的欧洲保持一致。毕竟，土耳其是欧洲的一部分，而欧洲正迅速成为联盟内一个强大的集团。土耳其已经与欧洲共同体的各种机构建立了联系，其最终目标是必须加入欧共体。在欧洲与美国之间保持自己的平衡，从而在联盟内部拥有最大的灵活性，这是符合土耳其最大利益的。

这是1960年代末以来一直存在的问题。一般而言，1980年以前的政党倾向于强调与欧洲的关系；社会民主党加入了“社会党国际”组织，而保守的正义党尽管嘴上说支持伊斯兰，却与欧洲的基督教民主党建立了联系。只有武装部队保持着明确的亲美姿态。

昔日苏联阵营爆发的革命在土耳其官员的圈子里引起了很大的不安。突然间，那些定义了他们一代人政治生活的原则破产了。对共产主义（或者任何中间偏左的思想）的敌意显得空洞而虚伪。因此，尽管土耳其周边国家迅速走向多元化和民主，安卡拉却发现继续保持原来的姿态非常困难。

改变旧的方式从来就不是件容易的事，保守派更喜欢维持国内的现状。但事实证明，鉴于土耳其周边的国家正在发生革命，维持现状是不可能的。因此，反共法和禁止宗教宣传的法律，如《刑法》第141、142、146条被废除。“联合共产党”（United Communist Party）的成立是被允许的，尽管对它的骚扰不可谓不多。冷战的结束导致了政治生活的自由化，若非东南部的库尔德叛乱或城市的政治暴力导致了另一场军事镇压，政治生活的自由化势头应该会继续。

新世界秩序的性质将决定土耳其的反应，就像1945年发生的那样。无论北约发生什么，土耳其在海峡和欧亚十字路口的战略位置将保持不变。无论世界如何变化，它都会是一个令人向往的伙伴；事实上，随着冷战的结束，它的对外选择实际上增加了。

海湾战争胜利后美国的威望大幅提高，土耳其因此对美国的实力表示钦佩，但它仍然继续优先发展与欧洲的关系。不过，这在很大程度上取决于欧洲人如何对待土耳其。迄今为止，欧共体的反应冷淡；土耳其于 1987 年 4 月提出的提前加入共同市场的申请被拒绝了。眼下，欧洲人更关心东欧，考虑将该地区纳入其势力范围，土耳其被认为理所当然会同意。欧洲的这种态度是居高临下的，它们这样对待一个国家是视之为客户而非潜在合作伙伴。因此，土耳其不太可能很快加入欧共体。但即使没有让土耳其成为欧共体的正式成员，布鲁塞尔也能提高土耳其进入欧共体市场的机会，为土耳其经济带去巨大利益。

欧洲的拒绝孤立了土耳其，迫使它转向美国。美国决心创建一个体系，让它在欧洲和中东发挥霸权作用，美国加强了与安卡拉的关系，却牺牲了安卡拉的利益。提升与以色列的关系的谈话可能是一个信号，即安卡拉愿意听从美国的建议，未来有可能与以色列（和埃及）结成联盟，在该地区强制实行美国要的和平。与以色列的友好关系也为土耳其提供了美国犹太游说团体的制衡力量，这有助于反制希腊和亚美尼亚在美国国会的影响力。目前的形势依然不稳定，任何政策路线的确立都为时过早。

安卡拉的两个主要选择仍旧是欧洲和美国。如果它设法加入欧共体，就很有可能建立一个尊重人权和法治的自由、民主的政权。欧洲倾向于鼓励这样的政权；但另一方面，美国为了它的利益，即有时被冷嘲热讽地称为“稳定”的东西，愿意容忍严酷的独裁统治。

尽管在实践中似乎不太可能，但理论上土耳其可以选择共和国早期实行的那种中立和独立的政策。被排除在新欧洲之外（比如 1918 年以来）并发现与华盛顿的关系过于苛刻和屈辱，可以想见，土耳其可能会向新的、分散的俄罗斯联邦靠拢，最终后者就算不能成为一个超级大国，也必成为大国。一些土耳其战略家谈及土耳其与保加利亚、罗马尼亚、乌克兰和格鲁吉亚在黑海地区的经济合作，所有各方都从中获益匪浅。苏联之后的新的突厥穆斯林国家也为经济和政治合作提供了巨大的潜力，从而提高了土耳其在该地区的地位。土耳其的世俗和自由市场（相较于伊朗伊斯兰主义者和集权主义者）模式也对各伊斯兰共和国有相当大的意义，而这意义可能对安卡拉有极大益处。

一个中立的土耳其也将在中东扮演一个创造性的角色，而西方承诺这是它从未扮演过的角色。伊斯兰主义者说到建立穆斯林共同市场，在这样一个瞬息万变的世界里，一些这样的地区集团很可能是必要的。如果这样的计划成为现实，土耳其将是这项事业的重要伙伴。

如果以现代土耳其的历史为鉴，似乎可以得出这样的结论，即土耳其人已经至少在两个场合展示了创造性地应对世界秩序中不断变化的局势的能力。在两次世界大战之后，土耳其就是这样做的，在它们解决困扰它们的问题时表现出了极大的灵活性。鉴于它们具有丰富经验，毫无疑问，它们会再次这样做，并继续做一个它们可以引以为豪的土耳其。

参考文献

书籍

Ahmad, Feroz. *The Young Turks: the Committee of Union and Progress in Turkish Politics 1908–1914*. Oxford, 1969.

——*The Turkish Experiment in Democracy, 1950–1975*. London, 1977.

Allen, Henry Elisha. *The Turkish Transformation: a Study of Social and Religious Development*. Chicago, 1935; reprint 1968.

Anderson, Perry. *Lineages of the Absolutist State*. London, 1974.

Aricanli, Tosun and Dani Rodrik (eds). *The Political Economy of Turkey: Debt, Adjustment, and Sustainability*. London, 1990.

Atatürk, Kemal. *A Speech Delivered by Mustafa Kemal Atatürk 1927*, Ministry of Education Press, Istanbul, 1963; an earlier edition was published in Leipzig in 1929.

Bahçeli, Tozun. *Greek-Turkish Relations since 1955*. Boulder, Colorado. 1988.

Barchard, David. *Turkey and the West*. London, 1985.

Berkes, Niyazi. *The Development of Secularism in Turkey*. Montreal, 1964.

Birand, Mehmet Ali. *The Generals' Coup in Turkey: an Inside Story of 12 September 1980*. London, 1987.

——*Shirts of Steel: an Anatomy of the Turkish Army*. London, 1991.

Cook, M. A. (ed.). *A History of the Ottoman Empire to 1730*. Cambridge, 1976.

Cousins, Jane. *Turkey: Torture and Political Persecution*. London, 1973.

Dahlberg, Robin, Christopher Keith Hall, Rhoda H. Karpatkin and Jessica A, Neuwirth. *Torture in Turkey: the Legal System's Response*. A report of the Committee on International Human Rights of the Bar of the City of New York, New York, 1989.

Davison, R. H. *Reform in the Ottoman Empire, 1856–1876*. Princeton, NJ, 1963.

Deringil, Selim. *Turkish Foreign Policy during the Second World War: an Active Neutrality*. Cambridge, 1989.

Dewdney, J. C. *Turkey: an Introductory Geography*. New York, 1971.
Dodd, C. H. *Politics and Government in Turkey*. Manchester, 1969.
——*Democracy and Development in Turkey*. Beverly, N. Humberside, 1979.
Dumont, Paul and François Georgeon (eds). *La Turquie au seuil de L'Europe*, Paris, 1991.
Findley, Carter V. *Bureaucratic Reform in the Ottoman Empire: the Sublime Porte 1789 - 1922*. Princeton, 1980.
——*Ottoman Civil Officialdom: a Social History*. Princeton, NJ, 1989.
Finkel, Andrew and Nükhet Sirman (eds) *Turkish Stale, Turkish Society*. London, 1990.
Frey, F. W. *The Turkish Political Elite*. Cambridge, Mass., 1965.
Georgeon, François. *Aux Origines du Nationalisme Turc: Yusuf Akçura (1876 - 1935)*. Paris, 1980.
Göçek, Fatma Müge. *East Encounters West: France and the Ottoman Empire in the Eighteenth Century*. New York, 1987.
Hale, William. *The Political and Economic Development of Modern Turkey*. New York, 1981.
Harris, George. *The Origins of Communism in Turkey*. Stanford, 1967.
——*Troubled Alliance: Turkish-American Problems in Historical Perspective 1945 - 1971*. Stanford, 1972.
——*Turkey: Coping with Crisis*. Boulder, Colorado, 1985.
Heller, Mark. *British Policy towards the Ottoman Empire 1908 - 1914*. London, 1983.
Helmreich, Paul C. *From Paris to Sèvres: the Partition of the Ottoman Empire at the Peace Conference of 1919 - 1920*. Columbus, 1974.
Helsinki Watch. *Human Rights in 'Turkey's Transition to Democracy'*. New York, 1983.
——*Paying the Price: Freedom of Expression in Turkey*. New York, 1989.
Heper, Metin (ed.). *Strong State and Economic Interest Groups: the Post-1980 Turkish Experience*. Berlin and New York, 1991 (published conference papers of some of Turkey's most stimulating scholars).
Heper, Metin and Ahmet Evin (eds). *State, Democracy, and the Military: Turkey in the 1980s*. Berlin and New York, 1988 (published conference papers).
Hershlag, Z. Y. *Turkey: an Economy in Transition*. The Hague, 1960.
——*The Contemporary Turkish Economy*. London, 1988.
Hitchens, Christopher. *Cyprus*. New York, 1984.
Ilkin, Selim and Inanç, E. (eds) *Planning in Turkey*. Ankara, 1967.

Islamoglu-Inan, Huri (ed.). *The Ottoman Empire and the World Economy*. Cambridge, 1987.

Issawi, Charles (ed.). *The Economic History of the Middle East, 1800 -1914: a Book of Readings*. Chicago, 1966.

—— (ed.). *The Economic History of Turkey 1800 - 1914*. Chicago, 1980.

Karpat, Kemal. *Turkey's Politics: the Transition to a Multi-Party System*. Princeton, NJ, 1959 (excellent bibliography).

——*The Gecekondu: Rural Migration and Urbanization*. London, 1976.

Kazancigil, Ali and Ergun Özbudun (eds). *Atatürk Founder of a Modern State*. London, 1981 (includes some excellent articles on republican Turkey).

Kent, Marian (ed.). *The Great Powers and the End of the Ottoman Empire*. London, 1984.

Keyder, Ça_glar. *State and Class in Turkey: a Study in Capitalist Development*. London, 1987.

Kinross, Lord. *Atatürk: the Rebirth of a Nation*. London, 1964.

Kruhenbuhl, Margaret. *Political Kidnapping in Turkey, 1971 - 1972*. Santa Monica, California, 1977.

Leder, Arnold. *Catalysts of Change: Marxists versus Muslim in a Turkish Community*. Austin, Texas, 1976.

Lewis, Bernard. *Istanbul and the Civilization of the Ottoman Empire*. Norman, Oklahoma. 1963

——*The Emergence of Modern Turkey*. 2nd. ed., London, 1968 (excellent bibliography).

Lewis, Geoffrey, *Turkey*, 2nd revised ed., London, 1959.

Lewis, Raphaela. *Everday Life in Ottoman Turkey*. London, 1971 and New York, 1988.

Magnarella, Paul. *Tradition and Change in a Turkish Town*. New York, 1974.

Makal, Mahmut. *A Village in Anatolia*. London, 1954 (translation of a classic on village life in republican Turkey).

Mardin, Serif. *The Genesis of Young Ottoman Thought: a Study in the Modernization of Turkish Political Ideas*, Princeton, NJ, 1962.

Mears, E. G. (ed.). *Modern Turkey: a Politico-Economic Interpretation, 1908 - 1923*. New York, 1924.

Mourad, Kenize. *Regards from the Dead Princess*, New York, 1987 (a novel which describes the last days of the Ottoman Empire).

Ökte, Faik. *The Tragedy of the Capital Tax*. London, 1987.

Orga, Irfan. *Portrait of a Turkish Family*. New York, 1950.

Owen, Roger. *The Middle East in the World Economy 1800 - 1914*.

London. 1981.
Özbudun, Ergun. *Social Change and Political Participation in Turkey.* Princeton, NJ, 1976.
Paine, Suzanne. *Exporting Workers: the Turkish Case.* London, 1974.
Quataert, Donald. *Social Disintegration and Popular Resistance in the Ottoman Empire, 1881 - 1908: Reaction to European Economic Penetration.* New York, 1983.
Ramazanoglu, Hüseyin (ed.). *Turkey in the World Capitalist System.* Aldershot, Hants, 1985.
Ramsaur, E. E. *The Young Turks — Prelude to the Revolution of 1908.* Princeton, NJ, 1958.
Renda, Günsel and C. Max Kortepeter (eds). *The Transformation of Turkish Culture: the Atatürk Legacy.* Princeton, NJ, 1986.
Rustow, Dankwart. *Turkey America's Forgotten Ally.* New York, 1987.
Schick, I. C. and Ahmet Tonak (eds). *Turkey in Transition.* New York, 1987 (includes some of the best Turkish writing, much of it translated, on modern Turkish history and politics).
Sezer, Duygu. *Turkey's Security Policies.* Adelphi Paper 164, London, 1981.
Shaw, Stanford J. *History of the Ottoman Empire and Modern Turkey.* Vol. I, *Empire of the Gazis*, Cambridge, 1976.
——and Ezel Kural Shaw. *History of the Ottoman Empire and Modern Turkey*, Vol. II, *Reform, Revolution, and Republic: the Rise of Modern Turkey 1808 - 1975*, Cambridge, 1977 (both volumes provide superb bibliographies).
Singer, Moris. *The Economic Advance of Turkey*, 1938 - 1960. Ankara, 1977.
Smith, Elaine D. *Origins of the Kemalist Movement.* Washington, 1959.
Smith, Wilfred Cantwell. *Islam in Modern History.* Princeton, NJ, 1957 (includes a thought-provoking chapter entitled 'Turkey: Islamic Transformation').
Stirling, Paul. *Turkish Village.* London, 1965.
Szyliowicz. J. S. *Political Change in Rural Turkey: Erdemli.* The Hague, 1966.
Toprak, Binnaz. *Islam and Political Development in Turkey.* Leiden, 1981.
Toynbee, Arnold and Kenneth, Kirkwood. *Turkey*, New York, 1927.
Trumpener, Ulrich, *Germany and the Ottoman Empire 1914 - 1918*, Princeton, NJ, 1968.
Turkish National Commission for UNESCO. *Atatürk: Biography.* Ankara, 1963 and 1981.

Weber, Frank. *Eagles on the Crescent: Germany, Austria, and the Diplomacy of the Turkish Alliance*. Ithaca and London, 1970.
Webster, Donald. *The Turkey of Atatürk: Social Process in the Turkish Reformation*. Philadelphia, 1939.
Weiker, Walter. *The Turkish Revolution 1960 -1961*, Washington DC, 1963,
——*Political Tutelage and Democracy in Turkey: the Free Party and Its Aftermath*. Leiden, 1975.
Zurcher, Erik Jan. *The Unionist Factor: the Role of the Committee of Union and Progress in the Turkish National Movement 1905 -1926*. Leiden, 1984.

文章

Ahmad, Feroz. 'Great Britain's relations with the Young Turks. 1908 - 1914', *Middle Eastern Studies*, July 1966.
—— 'Vanguard of a nascent bourgeoisie: the social and economic policies of the Young Turks 1908 - 1918', in Okyar, Osman and Halil Inalcik, (eds). *Social and Economic History of Turkey (1071 -1920)*. Ankara, 1980.
—— 'The political economy of Kemalism', in Kazancigil, Ali and Ergun Özbudun (eds) *Atatürk Founder of a Modern State*. London, 1981.
—— 'The Turkish elections of 1983', *MERIP Reports*, March/April 1984.
—— 'The agrarian policy of the Young Turks 1908 - 1918', in Bacque-Grammont, Jean-Louis and Paul Dumont (eds). *Économie et Sociétés dans L'empire Ottoman*, Paris 1983.
—— 'Unionist relations with the Greek, Armenian, and Jewish Communities in the Ottoman Empire', in Braude, Benjamin and Bernard Lewis (eds). *Christians and Jews in the Ottoman Empire*, Vol. I, New York, 1984.
—— 'The state and intervention in Turkey', *Turcica—revue d'Études Turques*, Vol. XVI, 1984.
—— 'The transition to Democracy in Turkey', *Third World Quarterly*, Vol. VII/2, 1985.
—— 'Islamic reassertion in Turkey', *Third World Quarterly*, Vol. X/2, 1988.
—— 'The progressive Republican Party, 1924 - 1925', in Heper, Metin and Jacob Landau (eds). *Political Parties and Democracy in Turkey*, London, 1991. This volume has articles on virtually all the important parties founded from 1923 to 1989 by some of the best-known scholars in the field.
—— 'Politics and Islam in modern Turkey', *Middle Eastern Studies*, Jan. 1991.
Boratav, Korkut. 'Kemalist economic policies and etatism', in Kazancigil, Ali

and Ergun Özbudun (eds). *Atatürk Founder of a Modern State*. London, 1981.

Fahri, David. 'The Seriat as a political slogan or 'the incident of 31 March', *Middle Eastern Studies*, Oct. 1971.

Harris, George. 'The role of the military in Turkish politics', *Middle East Journal*, XIX, 1965.

Lipovsky, Igor. 'The legal socialist parties of Turkey, 1960 - 1980. *Middle Eastern Studies*, Jan. 1991.

Magnarella, Paul. 'From villager to townsman', *Middle East Journal*, XXIV/2, 1970.

—— 'Desecularization, state corporatism and development in Turkey', *Journal of Third World Studies*, Vol. VI/2, 1989.

Nye, Roger. 'Civil-military confrontation in Turkey: the presidential election', *International Journal of Middle East Studies*, Vol. VIII/2, 1977.

Özbudun, Ergun. 'Turkey', in Weiner, Myron and Ergun Özbudun (eds). *Competetive Politics in Developing Countries*, Durham, NC, 1987.

Rustow, Dankwart. 'Politics and Islam in Turkey 1920 - 1935', in R. N. Frye, (ed.), *Islam and the West*. The Hague, 1957.

—— 'The army and the founding of the Turkish republic', *World Politics*, Vol. XI, 1959.

Tufan, Hulya and Vaner, Semih. 'L'armée, la société et le nouvel ordre politique (1980 - 1983) ', *Les Temps Modernes*, July-August, 1984 (the entire issue is devoted to Turkey).

Vaner, Semih. 'The army' in Schick, I. C. and Ahmet Tonak (eds) *Turkey in Transition*. New York, 1987.

Feroz Ahmad
The Making of Modern Turkey

图字：09－2018－1105 号

图书在版编目(CIP)数据

现代土耳其的形成/(美)弗罗兹·艾哈迈德(Feroz Ahmad)著；郑东超译．—上海：上海译文出版社，2020.7
(历史学堂)
书名原文：The Making of Modern Turkey
ISBN 978－7－5327－8386－1

Ⅰ.①现…　Ⅱ.①弗…②郑…　Ⅲ.①土耳其—现代史　Ⅳ.①K374.4

中国版本图书馆 CIP 数据核字(2020)第 105402 号

现代土耳其的形成
[美]弗罗兹·艾哈迈德　著　郑东超　译
责任编辑/钟　瑾　特约编辑/许林云　封面设计/柴昊洲

上海译文出版社有限公司出版、发行
网址：www.yiwen.com.cn
200001　上海福建中路 193 号
上海信老印刷厂印刷

开本 890×1240　1/32　印张 9.75　插页 3　字数 193,000
2020 年 8 月第 1 版　2020 年 8 月第 1 次印刷
印数：0,001—6,000 册

ISBN 978－7－5327－8386－1/K·281
定价：59.00 元

如有质量问题，请与承印厂质量科联系。T：021－39907735

译文名著精选

YIWEN CLASSICS

猎人笔记

[俄] 屠格涅夫 著　冯春 译

И.С.Тургенев

Записки Охотника

上海译文出版社

图书在版编目(CIP)数据

猎人笔记/(俄)屠格涅夫著;冯春译.
—上海:上海译文出版社,2011.5(2024.9 重印)
(译文名著精选)
书名原文:ЗАПИСКИ ОХОТНИКА
ISBN 978-7-5327-5352-9

Ⅰ.①猎… Ⅱ.①屠… ②冯… Ⅲ.①中篇小说—俄罗斯—近代 Ⅳ.①I512.44

中国版本图书馆 CIP 数据核字(2011)第 026041 号

И. С. Тургенев
ЗАПИСКИ ОХОТНИКА

猎人笔记
〔俄〕屠格涅夫 著 冯 春 译

上海译文出版社有限公司出版、发行
网址:www.yiwen.com.cn
201101 上海市闵行区号景路 159 弄B座
浙江新华数码印务有限公司印刷

开本 890×1240 1/32 印张 12 插页 3 字数 324,000
2011 年 5 月第 1 版 2024 年 9 月第 10 次印刷
印数:30,001-32,000 册

ISBN 978-7-5327-5352-9/I·3100
定价:38.00 元

译本序

《猎人笔记》是一部借猎人出猎的见闻写下的随笔集。作者伊凡·谢尔盖耶维奇·屠格涅夫是我国读者十分熟悉和喜爱的俄罗斯作家，他无愧为十九世纪俄罗斯一位最伟大的现实主义作家，他对欧洲和我国都发生过巨大影响。

屠格涅夫一八一八年十一月九日生于俄罗斯中部城市奥廖尔，父亲谢尔盖是一个濒临破产的骠骑兵上校，母亲从叔父那里继承了一大笔遗产，是个拥有五千农奴的大农奴主。她对农奴仆役十分专横残忍，常对他们施以酷刑。屠格涅夫幼小的心灵早已对农奴制产生了无限的憎恶，这对他一生的道路发生了决定性的影响。一八二七年屠格涅夫随家迁居莫斯科，一八三三年就读于莫斯科大学语文系。莫斯科大学中进步学生的活动十分活跃，莱蒙托夫、赫尔岑、斯坦凯维奇、别林斯基都曾在这里学习和活动过，这对屠格涅夫不能不产生一定的影响。一八三四年屠格涅夫又随家迁居彼得堡，并进入彼得堡大学哲学系语文专业学习。这时他开始了初期的文学活动，创作了《黄昏》、《致美第奇的维纳斯》、《秋天》、《小花》和诗剧《斯杰诺》等诗歌作品。一八三七年屠格涅夫在彼得堡大学毕业。一八三八年至一八四一年他在德国柏林大学听课，并研究黑格尔哲学。他结识了当时旅居德国的俄国社会活动家巴枯宁和斯坦凯维奇，经常在朋友家和斯坦凯维奇，以及当时一些名流谈论社会生活中发生的事件、政治新闻、文学新闻、报刊文章和戏剧演出。在柏林，屠格涅夫曾和巴枯宁同住一套住所，两人形影不离。屠格涅夫努力向巴枯宁学习哲学、历史和语言，两人建立了非同寻常的亲密友谊。

一八四一年五月屠格涅夫返回俄国。一八四三年初巴枯宁夫人带年轻的屠格涅夫去见别林斯基，由于同别林斯基的接近，屠格涅夫逐渐跻身于彼得堡文学界，并先后成为当时先进刊物《祖国纪事》和《现代人》的撰稿人。

一八四六年夏秋时节，屠格涅夫热衷于打猎，这使他有机会接近下层人民。他到过荒僻的田野、草原上的地主庄园，访问过森林看守人的窝棚。广阔的农村生活场面、俄国农民的苦难生活和善良心地在屠格涅夫心中发生了巨大影响，加上他自幼形成的对农奴制的憎恨，使他创作出了流传至今的作品随笔集《猎人笔记》。一八四七年，他的《猎人笔记》中最初几篇《黄鼠狼和卡利内奇》、《叶尔莫莱和磨坊主妇》、《独院小地主奥夫夏尼科夫》、《利戈夫》等在《现代人》上发表，立刻引起文学界的注意。

一八四七年屠格涅夫陪伴别林斯基去普鲁士的萨尔斯堡治病，在那里继续写作《猎人笔记》的其他篇章。一八五二年，《猎人笔记》的单行本出版，标志着屠格涅夫完全走上现实主义的创作道路。

屠格涅夫的创作活动主要是在十九世纪五十年代和六十年代进行的，尤其集中在一八六一年农奴制改革前后。六十年代，他主要侨居国外，一方面继续进行写作活动，一方面也向欧洲介绍俄国文学。屠格涅夫虽然有许多时间侨居国外，但他时刻都在关注俄国社会生活的变化。俄国农奴制改革前后，俄国解放运动已经发展到第二阶段——平民知识分子(资产阶级民主主义)革命时期。这时沙皇统治极其黑暗，农民生活在水深火热之中，农民暴动事件此起彼伏，一八五六年俄土战争的失败更暴露出沙皇统治和农奴制的腐朽，社会上要求改革的呼声日益高涨。时代要求改革，农民要求解放，社会处在激烈动荡之中。一八六一年沙皇被迫进行自上而下的农奴制“改革”，实际上是更加重了对农民的掠夺。屠格涅夫对俄国社会的变化是十分敏感的，他对这一时期俄国社会的思考集中反映在他的几部长篇小说之中。从一八五六年到一八六二年，他先后发表了《罗亭》(1856)、《贵族之家》(1859)、《前夜》(1860)和《父与子》(1862)四部长篇小说。

屠格涅夫是一位自由主义作家，从人道主义和自由主义出发，他反对农奴制，同情农奴的苦难，他虽然拥护沙皇自上而下改革农奴制，却并未投靠反动势力，并且一直对农奴制采取批判的态度，他仍不失为一位进步的人道主义作家。

《猎人笔记》是一部借猎人出猎的见闻揭露沙皇专制制度下广大农奴遭受农奴主残酷奴役、处于水深火热生活中的纪实作品，它用活生生的事例向读者展示了俄国农奴制下广大农奴的悲惨生活。这样的作品在屠格涅夫之前的俄国文学中还不多见。像《猎人笔记》这样广泛而具体地描绘地主对农奴的奴役，真实地再现广大农奴惨遭欺凌的真相，揭露农奴主的残暴、伪善、奢侈、冷酷，在俄国文学史上还是第一次。

《猎人笔记》的可贵之处不仅在于暴露农奴制的黑暗与残酷，而且歌颂了劳动人民的优秀品德。作者没有以地主老爷的态度居高临下地看待农民，像以往许多作家那样把农民描写成愚昧无知、缺乏崇高品德、处于畜生一般状态、只是一些应当受到怜悯的对象。作者在本书中往往以朋友的身份出现，和农民一起打猎，平等地谈论农民的生活，通过敏锐的洞察力发现、描写这些普通劳动人民的许多优秀品质，表现出他深厚的人道主义和民主思想。在《猎人笔记》中屠格涅夫背着猎枪，在猎户陪同下，走遍附近的农村田野，荒山野岭，江河湖泊，接触了无数劳动人民。在他的笔下出现了普通的农民、工人、大学生、县城医生、独院小地主、磨坊主、破落小贵族，以至家仆和使女，而农民的孩子在他的笔下则成了一群容貌俊美、聪明爽直、充满幻想、勇敢勤劳、活泼可爱的小伙子。作者把他的感情倾注在这些普通劳动人民身上，他没有任何贵族的架子，而和这些普通的农村劳动者打成一片，这在贵族出身的作家中是极为难能可贵的。

屠格涅夫是一位抒情诗人，他写随笔、写小说也如同在写诗。他的小说都是一篇篇充满诗情画意的散文。《猎人笔记》作为散文中一种的随笔，写得更是诗意盎然。虽然《猎人笔记》中充满了对农奴制的批判，对劳动人民的同情和歌颂，它却不是一部充满说教的小说或报告文学。屠格涅夫用他擅长的抒情笔调在《猎人笔记》中描绘了一幅幅奇特秀丽的俄罗斯大自然风光。他用这秀丽的大自然风光衬托了广大农民的悲惨生活，表现了作家对俄罗斯大自然和劳动人民的热爱，表现方法上独树一帜，极显作家的才能。在作家的笔下，晴朗的夏天，“太阳不像炎热的大旱天那样火烧火燎，不像暴风雨前那样昏暗火红，而是那样清澈明亮、温煦辉煌，它从一抹狭长的云彩底下冉冉升起，焕发出鲜明的光彩，沉浸在一片淡紫色的雾霭之中”。在天气不稳定的秋天，“天空时而布满疏松的白云，时而有几处突然晴朗了一会儿；于是从散开的乌云中间露出一小块蓝天，它明朗可爱，宛如美丽的明眸”。俄罗斯的乡村，“缓坡小丘的长长坡面上，葱茏的黑麦正轻轻地泛着涟漪；几片云朵投下的淡淡阴影在它上面缓缓地移动着。远处森林郁郁苍苍，池塘波光潋滟，村庄橙黄闪亮；成百的云雀腾地飞起，歌唱着，又急速落下来，伸长脖子，停在土堆上……”几个农家小孩在夜牧的牧场上，围着篝火，讲着鬼故事：夜里在造纸厂走来走去的家神，坐在树枝上向人招手的女落水鬼，变成小绵羊在坟墓上诱人的鬼魂，在树林里让人迷路的林妖……这一切都在他们的嘴里生动地讲述着。他们讲得那么绘声绘影，加上深夜里突然响起的一声凄厉的夜鸟的鸣叫，青蛙在河中的扑腾，突然响起的犬吠声，使人不能不毛骨悚然，但这并不说明农家小孩的愚昧迷信，而是作家为我们描绘的一幅生动的农村风俗画。大自然的景色，俄罗斯农村的风习，地主的丑恶嘴脸，劳动人民的朴实善良……这一切都在作家娓娓讲述的故事中自然而然地流淌出来，给读者以无限的美感和艺术享受。这就是《猎人笔记》作为一部极具特色的世界名著的魅力。

冯　春

二〇〇六年春

目　录

黄鼠狼和卡利内奇

凡是偶尔从博尔霍夫县到日兹德拉县来的人，大概都会对奥廖尔省人和卡卢加省人的显著差别感到惊奇。奥廖尔省的农民个子不高，背有点驼，神情郁悒，总皱着眉头看人，住在破旧的白杨木小屋里，给地主服劳役，不做买卖，吃得很差，穿的是树皮鞋。卡卢加省的代役租农民住在宽敞的松木屋子里，个子又高又大，目光大胆而开朗，面孔白嫩而干净，做着黄油和焦油买卖，一到过节就穿起皮靴来。奥廖尔省的村庄(我们指的是奥廖尔省的东部)一般都坐落在耕地的中央，靠近一个天长日久成了污泥塘的峡谷。除了几棵随时准备效劳的爆竹柳和两三棵瘦弱的白桦树，周围一俄里①之内，你再也看不到一棵小树。屋子紧挨着屋子，屋顶上盖的是烂麦秸……卡卢加省的村庄就大不一样，它们大都处于树林环抱之中，屋子造得端端正正，周围开阔宽广，屋顶上盖的是薄木板；大门牢牢关闭着，后院的篱笆整整齐齐，绝不向外倾斜，不会让路过的猪进来做客……对于猎人来说，在卡卢加省打猎也更有吸引力。在奥廖尔省，再过五年光景，最后几处树林和草场②必将消失殆尽，而泥沼地也将不复存在。在卡卢加省，情形就完全相反，禁伐林绵延数百俄里，泥沼地有数十俄里，珍贵的松鸡并未绝迹，温和的鹬鸟也在此栖息，忙碌的鹧鸪时而突然飞起，使猎人和猎犬惊喜不置。

有一次我到日兹德拉县去打猎，在田野里遇到并结识了一位卡卢加省小地主波鲁迪金，他酷爱打猎，因而也是一位出色的人物。诚然，他身上也有一些怪癖。譬如：他向省里所有的富家小姐求过婚，均遭到拒绝，人家还不准他上门，他便怀着悲痛欲绝的心情向所有的朋友和熟人诉苦，同时还继续不断地把酸桃子和自己果园里的新鲜水果当礼物送到小姐们的爹娘那里去；他喜欢一而再、再而三地向别人讲同一个笑话，尽管波鲁迪金先生认为这个笑话很有意思，可从来也没有引人发笑过；他竭力称赞阿基姆·纳希莫夫的作品和中篇小说《宾娜》；他说话结结巴巴；管他的猎犬叫天文学家；总把 однако 说成 одначе③；他在家里做法国菜，按照他家厨子的理解，其中的诀窍便是使每种食物完全改变应有的天然味，在这位烹调大师的手下，猪肉变成鱼味，鱼变成蘑菇味，通心粉变成火药味；因此不把胡萝卜切成菱形或梯形是决不放到汤里去的。但是除了这些为数不多而且无伤大雅的缺点，正如上面所说的，波鲁迪金先生仍不失为一位出色的人物。

就在我同波鲁迪金先生结识的第一天，他就邀请我到他家去宿夜。

“到我家约有五俄里，”他说，“步行要走好远的路，让我们先到黄鼠狼家弯一下吧。”（读者想必会原谅我没有把他的口吃表达出来。）

“这黄鼠狼是谁啊?”

“我的佃农……他家就在这儿附近。”

我们便动身到他家里去。在树林中间一片平整过的空地上矗立着黄鼠狼的独家庭院。它由几座松木房子组成，周围用栅栏连接起来；正屋门前搭有一块凉棚，用几根细细的柱子支撑着。我们走进去，一个个子高高、长得很漂亮的二十来岁年轻小伙子出来迎接我们。

“啊，费佳！黄鼠狼在家吗?”波鲁迪金先生问他。

“不在家，黄鼠狼到城里去了，”小伙子笑吟吟地回答，露出一口整齐的皓齿。“要给您套马车吗?”

“是的，老弟，要一辆马车。再给我们来一点克瓦斯④。”

我们走进屋子。在洁净的原木墙壁上没有一张苏兹达利画片⑤；墙

---

① 1俄里合1.067公里。

② 奥廖尔省把大片茂密的灌木丛称为“草场”；奥廖尔方言的特点是拥有许多独特的，有时很恰当、有时毫无道理的词语和短语。——原注

③ 俄语“但是”，“然而”之意，波鲁迪金说的是方言。

④ 俄国人自制的一种清凉饮料。

⑤ 苏兹达利县以印制木版画闻名，一般农民家庭都要贴这种画片。

角里装饰着银质衣装的粗笨圣像前点着一盏神灯；菩提木桌子不久前刚刮洗干净；原木墙缝里和窗框上没有好动的黄蟑螂窜来窜去，也没有藏着呆滞的黑蟑螂。年轻小伙子很快回来了，手里拿着一只盛满上好克瓦斯的白色大碗、一大块小麦粉面包和一只装着上打腌黄瓜的木盆。他把这些食物放在桌上，靠在门上笑眯眯地望着我们。没等我们吃完点心，马车已在门前辘辘作响了。我们走出门去。一个满头鬈发、面颊红润、十五岁左右的男孩坐在那里当马车夫，他吃力地勒住那匹肥壮的花斑公马。马车周围站着五六个身材高大的年轻人，容貌个个酷似费佳。“都是黄鼠狼的孩子!”波鲁迪金说。“都是些小黄鼠狼，”跟着我们走到台阶上的费佳插了一句，“而且还没有到齐：波塔普在林子里，西多尔跟老黄鼠狼到城里去了……留点神，瓦夏，”他回头对马车夫继续说，“要跑快点：你拉的是老爷。颠簸的时候要留神，驾得稳一点：要不然会颠坏马车，还会把老爷的肚子颠得翻江倒海!”几个小黄鼠狼听到费佳别出心裁的话都笑了笑。“把天文学家也带上!”波鲁迪金先生煞有介事地吆喝一声。费佳高高兴兴地把似笑非笑的猎犬举起来，放到马车上。瓦夏松开缰绳。我们的马车启动了。“瞧，这是我的办事处，”波鲁迪金先生突然指指一座不大的矮房子对我说，“想进去看看吗?”“听便。”“这办事处现在已经撤销了，”他边下车边说，“不过还是值得看看。”办事处一共有两个空房间。看守房子的独眼老头从后院跑来。“你好啊，米尼亚伊奇，”波鲁迪金先生说，“有水吗?”独眼老头跑进去，一会儿拿了一瓶水和两只杯子回来。“请尝一尝吧，”波鲁迪金对我说，“我这是很好的泉水。”我们各喝了一杯，这时老头向我们深深鞠了一躬。“那么，现在我们好像可以走了，”我的新朋友对我说。“在这个办事处里我曾以好价钱卖给商人阿利鲁耶夫四俄亩树林。”我们又坐上马车，过了半小时，我们已经来到主人家的院子里。

“请问，”晚餐的时候我问波鲁迪金，“黄鼠狼为什么没和您的其他佃农住在一起而单独住在外面呢?”

“是这么回事：他是个聪明的佃农。二十五年前他的茅屋被一场大火烧掉了。他跑来对先父说：‘尼古拉·库兹米奇，请您允许我住到您泥沼地上的树林里去吧。我会多付一点代役租给您。’‘你为什么要住到泥沼地上去呢?’‘我是这么想的。尼古拉·库兹米奇老爷，请您什么活都别派我去干，要多少代役租就由您定吧。’‘一年五十卢布!’‘就听您的便。’‘你得留点神，我可是不准欠租的!’‘明白了，不能欠租……’就这样，他搬到泥沼地上去住了。从此大家都叫他黄鼠狼。”

“那么，他发财了吗?”我问。

“发财了。现在他每年付给我一百卢布代役租，我也许还要他加租呢。我已经不止一次对他说过：‘你赎身吧，黄鼠狼，喂，赎身吧！……’可他这个狡猾的家伙总对我说，没办法，没有钱啊……真的，可别叫我这么做！……”

第二天，我们喝过茶便立即去打猎。马车经过村子的时候，波鲁迪金先生吩咐车夫在一座低矮的农舍前停下，并大声叫唤：“卡利内奇!”“来啦，老爷，马上就来，”院子里有人回答，“我在穿鞋呢。”我们的马车又慢慢往前走了。一个四十来岁的汉子在村子后面赶上我们，他是个瘦高个儿，小小的脑袋向后仰着。这就是卡利内奇。他那淳朴黝黑的脸上有几点麻斑，我第一眼就喜欢上他了。后来我才知道，卡利内奇每天跟着东家去打猎，替他背猎袋，有时替他背枪，告诉他哪里有野禽，帮他打水，采草莓，搭窝棚，替他去要马车，波鲁迪金先生离了他就寸步难行。卡利内奇是个极其快乐、极其温顺的人，总是低声哼着小调，无忧无虑地东看看西瞧瞧，说话带点鼻音，微笑时总眯起他那对天蓝色眼睛，还不时用手去捋捋他那稀疏的楔形胡子。他走路不很快，但脚步很大，稍稍拄着一根细长的棍子。这一天里他和我谈过几次话，服侍我的时候没有一点媚态，但照料东家就像照料小孩一样。当正午难以忍受的酷暑逼着我们去找阴凉的地方休息时，他便带我们到树林深处他的养蜂场去。卡利内奇为我们打开一间挂着一束束芳香干草的小茅屋，把我们安置在新鲜的干草上，自己在头上戴上一个网罩，拿了一把刀，一只瓦罐和一块燃烧的木头，到养蜂场上去为我们割蜜。我们喝了透明温和的蜂蜜加泉水，在蜜蜂单调的嗡嗡声和树叶的簌簌声中睡着了。一阵微风把我吹醒……我睁开眼睛，看见卡利内奇：他坐在半开着房门的门槛上，用小刀雕着一把木勺。我久久地欣赏着他的脸，那神情是那么柔和而开朗，就像薄暮中的天空。波鲁迪金先生也醒了。我们没有马上爬起来。在长时间的跋涉和酣睡之后，一动不动地躺在干草上是多么惬意：浑身懒洋洋的，脸上散发着微微的热气，甜蜜的倦意又使我们合上眼睛。我们终于起身，又去游逛，直到傍晚。吃晚饭的时候，我又谈起黄鼠狼和卡利内奇。“卡利内奇是个善良的庄稼汉，”波鲁迪金先生对我说，“一个热心勤劳的庄稼汉；可是他不能好好地经营，我老是把他拖住。每天陪我去打猎……哪里谈得上干活呢，您想想看。”我同意他的话，我们便躺下睡觉了。

第二天，波鲁迪金先生由于和邻人皮丘科夫有一场官司，必须到城里去。皮丘科夫耕了他的地，又在耕过的地上打了他的一个农妇。我便一个人去打猎，在快入暮时分顺路到黄鼠狼那里去。一个老头在门口接待我，他秃顶，体格结实矮壮，这就是黄鼠狼。我好奇地端详了一下这个黄鼠狼，他的脸形很像苏格拉底①，同样是高高的长着疙瘩的前额，同样是小小的眼睛，同样是翘翘的鼻子。我们一起走进屋里。仍然是费佳给我端来牛奶和黑面包。黄鼠狼在凳子上坐下，不动声色地抚摩着他拳曲的大胡子，跟我攀谈起来。他仿佛意识到自己的尊严，言谈举止都慢条斯理，偶尔从长长的唇髭下露出点笑容。

我跟他谈播种，谈收割，谈农民的生活……他对我的话似乎一直表示同感；可是后来我却感到有点不好意思，我觉得我的话不在行……我们的谈话似乎有点古怪。黄鼠狼的话有时很婉转，大概是出于谨慎……

---

① 苏格拉底(前469—前399)，古希腊哲学家。

下面就是我们谈话中的一个例子：

“请问，黄鼠狼，”我问他，“你为什么不向你的主人赎身呢?”

“我为什么要赎身？现在我很了解我的主人，也能按期缴租……我们的主人很好。”

“可是有了人身自由总归好些，”我说。

黄鼠狼斜睨了我一眼。

“那还用说，”他说。

“那么你为什么不赎身呢?”

黄鼠狼摇摇头。

“老爷，你让我拿什么去赎身啊?”

“嘿，算了吧，老头儿……”

“黄鼠狼要成了自由人，”他仿佛自言自语似的轻声说，“那么，凡是没有胡子的，便都可以来管黄鼠狼了。”

“那你自己也把胡子剃掉啊。”

“胡子算什么？胡子不过是一把草，可以割掉的。”

“那是怎么回事?”

“是这么回事，黄鼠狼就要去做商人了。商人的日子过得好，再说，他们也都留着胡子。”

“怎么，你不也在经商吗?”我问他。

“我不过是做点黄油和焦油的买卖……怎么样，老爷，要套车吗?”

“你这个人嘴巴真紧，是个有头脑的人，”我心里想。

“不，”我大声说，“我不要马车。我打算明天在你的宅院周围走走，如果你允许的话，我就在你家的草棚里过一夜。”

“非常欢迎。不过在草棚里你能睡得安生吗？我吩咐娘儿们给你铺条床单，摆个枕头。喂，娘儿们!”他站起来，叫道，“过来，娘儿们！……费佳，你跟她们去。娘儿们都是些蠢货。”

一刻钟以后，费佳提着灯送我到草棚去。我扑到芳香的干草上，狗就蜷缩在我的脚边。费佳向我道了晚安，门吱呀一声关上了。我久久不能入梦。一头母牛走到门前大声喷了两口气，狗凛然不可侵犯似的向它狂吠起来，一头猪从门前走过，若有所思地哼哼着；一匹马在附近嚼着干草，打着响鼻……我终于打起瞌睡来。

天刚亮费佳就把我叫醒了。这个快乐麻利的小伙子很讨我喜欢，而且根据我的观察，他也是老黄鼠狼的爱子。他们两个人有时还很亲热地开点玩笑。老头儿出来迎接我，不知是因为我在他家宿过夜，还是别的什么缘故，黄鼠狼对待我比昨天亲切多了。

“茶炊已经给你烧好了，”他笑容可掬地对我说，“我们喝茶吧。”

我们在桌旁坐下。一个健壮的农妇，他的儿媳中的一个，拿来一瓦罐牛奶。他的几个儿子也一一走进屋里来。

“你家真是人丁兴旺啊！”我对老头儿说。

“是啊，”他咬下一小块糖，说，“他们待我和我的老太婆真是没话可说的。”

“他们都跟你住在一起吗？”

“是啊。他们想住，就这么住下了。”

“都娶媳妇了吗？”

“就这个淘气鬼还没有，”他指指仍旧倚在门上的费佳回答，“瓦西卡[①]年纪还小，可以再等等。”

“我干吗要娶媳妇？”费佳表示反对，“我就这样好。我要老婆干什么？跟她吵架还是怎么的？”

“嘿，你啊……我可明白你的心思！戴上银戒指……好一天到晚围着老爷家的那些丫头转……‘得了吧，不要脸的东西！’”老头儿学着使女们的口气说，“我可明白你的心思，你这个公子哥儿！”

---

① 瓦西卡、瓦夏都是瓦西里的小称。

“讨个老婆有什么好处?”

“娘儿们是劳力，”黄鼠狼一本正经地说，“娘儿们是庄稼汉的用人。”

“我要劳力干什么?”

“说得对，说得对，你就是想借别人的手给自己捞好处，我明白你们这帮兄弟的心思。”

“要是这样，那你就给我娶媳妇好啦，呃? 怎么? 为什么不吭声啦?”

“嘿，得了，得了，调皮鬼。看我们把老爷闹的。别担心，我会给你娶的……老爷，你可别生气：你瞧，孩子还小，不懂事。”

费佳摇摇头……

“黄鼠狼在家吗?”门外响起熟悉的声音，卡利内奇两手捧着一把野草莓走了进来，这是他特地采来送给他的朋友黄鼠狼的。老头儿亲热地迎接他。我望着卡利内奇，心里好不惊奇：说实话，我没想到一个庄稼汉对人竟还这么“亲热”。

这一天我出去打猎比平时晚了四个钟头，以后的三天则是在黄鼠狼家过的。这两个新相识颇使我感兴趣。我不知道凭什么得到了他们的信任，他们都无拘无束地跟我聊天。我兴致勃勃地听着他们的谈话，观察着他们。这两个朋友彼此毫无相同之处。黄鼠狼是个积极进取、精明能干的人，有经营头脑，一个纯理性主义者；卡利内奇则相反，他属于那种理想主义、浪漫主义者之列，热情而喜欢幻想。黄鼠狼处事很现实，因而造房子、积攒钱财，同老爷和其他有权势的人搞好关系；卡利内奇则穿树皮鞋，日子过得马马虎虎。黄鼠狼儿女满堂，有一个听话和睦的大家庭；卡利内奇娶过妻，他惧内，根本没生过孩子。黄鼠狼深知波鲁迪金先生的为人；卡利内奇尊敬他的东家。黄鼠狼喜欢卡利内奇，因而处处庇护他；卡利内奇喜欢并敬重黄鼠狼。黄鼠狼言语不多，嘴上挂着笑容，遇事决不糊涂；卡利内奇言语之间充满着热情，虽然并不像工厂里那些伶牙俐齿的工人那样善于甜言蜜语……但是卡利内奇天生有许多长处，连黄鼠狼自己都承认。例如：他能念咒止血、镇惊、制怒、能驱虫；他善于养蜂；他的手气很好。黄鼠狼曾当着我的面请他把刚买的马牵进马厩里，而卡利内奇也煞有介事、郑重其事地去完成这个老怀疑主义者的请求。卡利内奇与大自然较贴近，黄鼠狼则与世人和社会较结缘；卡利内奇不喜欢发议论，对一切都盲目相信；黄鼠狼则颇为自负，甚至对生活抱着玩世不恭的态度。他见多识广，我从他身上学到不少东西。例如：我从他的话中了解到，每年夏天割草前总有一辆式样特别的小马车到乡下来。车上坐着一个穿长袍的人，向农民兜售钐镰。如果是付现金，每把卖一卢布二十五戈比至一个半卢布纸币；如果是赊账，则卖三卢布纸币和一个银卢布。所有的农民当然都向他赊账。过两三个礼拜他来收账。这时农民刚刚收割燕麦，便有钱还账；他便和商人到小酒店去，在那里把账结清。有些地主想用现钱买下钐镰，然后按同样的价格赊给农民；但农民们不愿意，甚至提不起精神；本来他们可以用手弹弹钐镰，听听声音，把它拿在手里翻来覆去地察看，对狡猾的贩子问上二十来遍："喂，小伙子，这钐镰不怎么好吧?"从地主手里买就没有这番乐趣。买镰刀时也发生同样的情况，所不同的是，进行交易时娘儿们也搅和在里面，有时为了她们的好处，弄得贩子不得不动手把她们揍一顿。不过娘儿们苦头吃得最多的是在另一种情况下。负责供应造纸厂原料的商人常常委托人去收购特殊的破布，这种人在有些县里被称为"老鹰"。"老鹰"从商人那里领取二百来卢布纸币，便出发去寻找猎物了。然而，他和人们崇尚的那些猛禽不同，并不公开大胆地袭击猎物，相反，"老鹰"却采取种种巧取豪夺的手段。他把马车停在村子附近的灌木丛里，乔装成过路人或到处游逛的人，径直跑到人家的后院或后门去。娘儿们凭嗅觉猜到他来了，便悄悄跑出去和他碰头。买卖迅速成交了。为了几个铜钱，娘儿们不仅把家里各种没有用处的破布卖给"老鹰"，甚至还常常把丈夫的布衫和自己的毛呢裙子也卖给他。最近娘儿们发现把自己家里的东西，把麻，尤其是麻布偷出去卖很合算，这样一来，“老鹰们”的业务就得到可观的扩展和改进了！可是以后庄稼汉们同样也学得机灵了，稍有一点可疑，远远听到“老鹰”来到的消息，便立即毫不迟疑地采取补救和预防措施。说实在的，这不是太丢脸了吗？卖麻是他们男人的事，他们也确实在卖，不是卖到城里去，卖到城里要自己运去，而是卖给外来的小贩，这些小贩由于没有带秤，便以四十把作一普特[①]计算——可你们也知道，什么叫做一把，俄罗斯人的手掌有多大，尤其是在他“使劲”的时候！我这个涉世不深，在乡村里没多少“见识”（正如我们奥廖尔人所说的）的人，确实听到不少这种故事。不过黄鼠狼并不一个劲儿地自己说，他也问了我好些问题。当他知道我到国外去过时，好奇心便变得非常强烈……卡利内奇也不比他落后。但最使卡利内奇感动的是关于大自然、山脉、瀑布、非同寻常的建筑物、大城市这类描绘；而吸引黄鼠狼注意的则是行政和国家问题。他有条不紊地提出各种问题：“他们那儿也跟我们这儿一样，还是有什么不同？……老爷，告诉我，这是怎么回事？……”“哦，主啊，这是你的旨意！”在我讲述的过程中，卡利内奇常常不由自主地大声感叹；黄鼠狼则默默地听着，皱起浓密的双眉，只是偶尔插一句：“这在我们这儿是行不通的，这倒不错——这很正常。”我无法把他提出的问题一一告诉你们，再说也没这个必要；不过从我们的谈话中我得出一个结论，这个结论读者想必是怎么也料想不到的。我的结论就是：彼得大帝基本上是个俄罗斯人，正是从他的改革中看出他是个俄罗斯人。俄罗斯人坚信自己的力量和意志到了百折不回的地步：他很少怀念过去，却能勇敢地面对未来。凡是好的，他都喜欢，凡是合理的，他都接受，至于来源，他并不关心。他那健全的思想常常喜欢嘲弄德国人枯燥乏味的理性；可是用黄鼠狼的话说，德国人是个好奇的小民族，他愿意向他们学习。黄鼠

---

① 俄国重量单位，1 普特合 16.38 公斤。

狼由于自己地位的特殊和实际上的独立性，跟我说了许多话，这些话你从别人的嘴里是连撬都撬不出来的，就像庄稼汉们所说的，用磨盘也别想磨出来。他确实很明白自己的地位。同黄鼠狼谈话，我才第一次听到一个俄罗斯庄稼汉纯朴而充满智慧的话语。就他的情况而言，他的知识可以说是很广博的，但他不识字；卡利内奇却识字。“这个二流子识几个字呢，”黄鼠狼说，“他养的蜜蜂从来不会大批死掉。”“你让孩子们识字了吗?”黄鼠狼沉默了一会儿。“费佳在识字。”“别的孩子呢?”“别的孩子不在识字。”“为什么?”老头儿没有回答，换了一个话题。不过，不管他多聪明，他还是有许多偏见和固定观念。譬如，他从心底里轻视娘儿们，可在他心情愉快的时候便会拿她们开心，嘲弄她们。他的妻子是个爱吵闹的老太婆，整天待在炕上，不停地唠叨、骂人；儿子们都不理睬她，可是她使媳妇们像敬畏上帝一样怕她。难怪俄罗斯民歌里做婆婆的都唱着：“你算什么儿子，你算什么当家人！你不打老婆，不打新娘……”有一次我想为做媳妇的说几句，试图唤起黄鼠狼的同情心；但是他无动于衷地劝阻我，说：“你何苦管这种……鸡毛蒜皮的事儿——让娘儿们去吵闹吧……劝解她们——更糟，惹得一身臊不值得。”有时这凶恶的老太婆爬下炕来，叫唤穿堂里的看家狗，嘴里叫着“过来，过来，狗儿!”接着便用火钩朝看家狗瘦骨嶙峋的背脊打去，要不然就是站在屋檐下对着所有的过路人，就像黄鼠狼说的，“狂吠”。可是她怕丈夫，只要他吆喝一声，她只好灰溜溜地爬到炕上去。然而，听卡利内奇和黄鼠狼谈起波鲁迪金先生时发生的争论却是特别有趣的。“你啊，黄鼠狼，在我面前你可别碰他，”卡利内奇说。“那他为什么不给你做靴子呢?”黄鼠狼反驳。“嘿，靴子！……我要靴子干什么？我是个庄稼汉……”“我也是个庄稼汉啊，可是你瞧……”说着，黄鼠狼便抬起脚来，让卡利内奇看那双仿佛是用猛犸象①皮做的皮靴。“唉，

① 已灭绝的哺乳动物。

我能和你比吗!”卡利内奇回答。“那么，至少他得给你一点钱买树皮鞋啊，你可是一直在陪他打猎的；大概一天得穿坏一双树皮鞋呢。”“他是给我买树皮鞋的钱的。”“不错，去年他给过你十戈比银币。”卡利内奇沮丧地转过脸去，黄鼠狼则哈哈大笑起来，这时他的一双小眼睛就根本看不见了。

卡利内奇高高兴兴地唱着歌，还弹起巴拉莱卡①。黄鼠狼听着听着，突然歪着头也唱起歌来，歌声哀婉凄切。他特别喜欢唱那首《我的命运啊，命运!》费佳不肯放过和父亲开玩笑的机会。“老头儿，你伤哪门子心哪?”但黄鼠狼一手托着腮帮，闭起眼睛，继续如怨如诉地诉说自己的命运……可是在另一些时候，没有人比他更勤劳：他总是不停地忙活着——修修马车，补补篱笆，瞧瞧挽具。可是他并不注意保持家中的清洁，有一次我向他指出这一点，他回答我“家中应该有点住人的气味”。

“你看看吧，”我反驳他，“卡利内奇的养蜂场有多干净。”

“要不然，蜜蜂就不肯住了，老爷，”他叹一口气说。

“请问，”有一次他问我，“你有世袭领地吗?”“有的。”“离这儿远吗?”“一百俄里光景。”“那么，老爷，你住在自己的世袭领地吗?”“是的。”“你大概摆弄猎枪的时候多些吧?”“不错，是这样。”“老爷，你这样做很好；你就打打松鸡，过过舒心日子，不过要经常换换村长。”

第四天傍晚，波鲁迪金先生派人来接我，我同老头儿分手，不免感到若有所失。我和卡利内奇一起坐上马车。“那么，再见啦，黄鼠狼，祝你健康，”我说……“再见，费佳。”“再见，老爷，再见，别忘了我们。”我们乘马车走了；天边刚刚燃起一片晚霞。“明天天气一定很好，”我望望晴朗的天空，说。“不，会下雨，”卡利内奇不同意我的

---

① 俄罗斯民间乐器，一种三根弦的三角琴。

话，“您看，鸭子在拍水，草地的气息也特别重。”我们的马车驶进一片灌木丛。卡利内奇在驭座上一上一下地颠簸着，轻轻地哼起小调来，不时望望那片晚霞……

翌日，我离开了波鲁迪金先生好客的家。

叶尔莫莱和磨坊主妇

傍晚，我和猎人叶尔莫莱出去“伏击”……不过，也许不是所有的读者都知道“伏击”是怎么回事。那么诸位，请听我细细说来。

春天，在日落前一刻钟，您背着枪，不带狗，到树林里去。您在树林边上找个地方，往四下里瞧瞧，检查一下猎枪的火帽，和同伴交换一下眼色。一刻钟过去；太阳下山了，但树林里还很明亮；空气洁净而透明。鸟雀唧唧啾啾地鸣啭着；幼嫩的青草闪耀着绿宝石一样的怡人光彩……您就等待着。树林里渐渐昏暗下来；晚霞的红光慢慢从树根、树干向上移去，越升越高，从几乎还是光秃的低处的枝干升到纹丝不动、还在沉睡的梢头……不久，就连最高处的树梢也失去了光彩；嫣红的天空逐渐变成蓝色。树林的气息越来越浓，微微流动着一股暖暖的潮气；吹进来的微风在您身边静息了。鸟儿渐渐睡去——它们不是一下子一起睡着，而是由于种类的不同而有先有后：最初安静下来的是燕雀，过一会儿是知更鸟，然后是黄鹀。树林里越来越暗。树木渐渐融合在一起，变成一团越来越黑的庞然大物；湛蓝的天空上害羞似的闪烁着最初的星星。鸟儿都睡着了。只有红尾鸲和啄木鸟还偶尔睡眼惺忪地鸣叫几声……现在连它们也沉寂下来了。一只柳莺又在您头顶上响亮地叫了一声，一只黄鹂不知在哪里悲啼，夜莺第一次唱起歌来。您已经等得不耐烦了，突然——只有猎人才懂得您此刻的心情——突然在万籁俱寂的静谧中响起一种不同寻常的呱呱声和咝咝声，听得见一只鸟儿在急促而有节奏地鼓翼飞翔——山鹬漂亮地低垂着它的长喙，从一棵黑魆魆的白桦树上缓缓地飞出来迎接您的射击。

这就是“伏击”的意思。

就这样，我和叶尔莫莱出发去伏击；可是诸位，对不起，我得先把叶尔莫莱向你们介绍一下。

请想象一下一个年约四十五岁的人，他瘦瘦高高的个儿、长着细长的鼻子、狭小的前额、灰色的眼睛、一头乱蓬蓬的硬发和两片带着嘲笑的宽阔嘴唇。这个人无论冬夏都穿着一件德国式的黄色土布长衣，可是在腰间系着一根宽腰带；下身穿一条蓝色灯笼裤；头上戴一顶羔皮帽，这顶帽子是一个破落地主在高兴时送给他的。他的腰带上常常挂着两只口袋：一只挂在身前，巧妙地结成两半，分别装着火药和霰弹，一只挂在身后，用来装猎物；至于棉花，叶尔莫莱是从自己那顶仿佛取之不尽的羔皮帽里扯出来的。他本来可以轻而易举地用卖野味的钱去买子弹盒和一只背囊，但他从来没有这样考虑过，仍旧用他的老办法装弹药，他能防止霰弹和火药撒出或混在一起的危险，那手法之巧妙足以使旁观者惊叹不置。他的猎枪是单筒的，装着燧石枪机，并且有很强的“后坐力”，因此叶尔莫莱的右脸总是肿得比左脸大。他怎么能用这把枪打中猎物，这是任何一个机灵的人都百思不得其解的，可是他竟然打中了。他有一条猎犬，叫瓦列特卡，那是一只妙不可言的畜生。叶尔莫莱从来不喂它。“我才不喂狗呢，”他议论着，“再说，狗是一种聪明的畜生，它自己会去觅食的。”确实如此，虽然连神情冷漠的过路人也为瓦列特卡的精瘦感到吃惊，但它毕竟活着，并且活了很久；不管它的境遇有多么艰难，它从来没有走失过，也没有表现出要离开主人的意思。只有一次，那是在它年纪还小的时候，它走失过两天，那是因为它迷恋于爱情；不过它很快就清醒过来了。瓦列特卡最突出的优点是它对世上的一切都表现出难以想象的冷漠……如果我们说的不是一条狗，我会用哀莫大于心死来形容它。它总是把尾巴压在身下坐着，皱着眉头，不时颤抖着，从来不笑(众所周知，狗是会笑的，而且笑得很可爱)。它长得丑陋无比，没有一个空闲的仆役不抓住机会恶毒地嘲笑它的外貌。然而对于这些嘲笑甚至手打脚踢，瓦列特卡都以惊人的冷静予以忍受。当它由于不光是狗所特有的弱点把饥饿难忍的嘴脸探进以温暖和食物的香气诱人的厨房半开着的门里时，厨子们就会马上放下手里的活，大声斥骂着跑出来驱赶它，从而得到极大的快乐。在出猎的时候，它的特点是不知疲劳，并且具有相当灵敏的嗅觉。但是如果偶尔追赶到一只受伤的兔子，它就会躲在葱绿的灌木丛浓荫下，远远地避开用别人听得懂或听不懂的一切方言土语破口大骂的叶尔莫莱，津津有味地把兔子吃得连一根骨头都不剩。

叶尔莫莱是我众多芳邻中一位老式地主家的农奴。老式地主不喜欢“鹬”，他们习惯于食用家禽。除非是遇到特殊情况，例如过生日、命名日和选举日，老式地主家的厨子才会准备长嘴鸟。一个俄罗斯人，当他不知道一件事该怎么办才好的时候，往往会头脑发热，胡来一通，于是厨子便想办法在长嘴鸟这道佳肴上面加上许多稀奇古怪的佐料，使得大部分客人都好奇而又聚精会神地琢磨这道端上来的美味，却怎么也不敢尝尝味道。叶尔莫莱按规定每月要送两三只松鸡和鹌鹑到主人的厨房来，不过允许他想住哪儿就住哪儿，想干什么就干什么。人们都把他看成一个没有用的人，就像我们奥廖尔人所说的“孱头”，而把他拒之门外，火药和霰弹当然也不会供应他，他们所遵循的恰恰就是他的不喂狗的原则。叶尔莫莱是个极古怪的人：他像鸟儿一样无忧无虑，总是喋喋不休，看起来漫不经心又笨手笨脚；他嗜酒如命，居无定所，走起路来脚总是蹭着地，摇来摆去。就这样蹭着地走，摇来摆去，一昼夜可走五十俄里路。他有过种种不同的离奇曲折的遭遇：在泥沼泽地里、树上、屋顶上、桥下过过夜，不止一次被关在阁楼上、地窖和畜棚里，失去过猎枪、猎狗和最必需的衣服，长时间地遭到痛打——可是过了些时候，他又穿着衣服、带着猎枪和猎狗回来了。不能说他是个快活人，虽然他几乎一直处在情绪极佳的状态；总的说来，他看上去像个怪人。叶尔莫莱喜欢跟好人聊天，尤其是在喝酒的时候，不过在这种情况下他也不会聊得很久，他往往会突然站起来拔脚就走。“你这鬼东西到哪儿去啊？已经入夜了。”“到恰普利诺去。”“干吗一定要到恰普利诺去啊？有十俄里路呢。”“我在庄稼汉索弗隆那儿过夜。”“你就在这儿过一夜吧。”“不，不行。”于是叶尔莫莱带着他的瓦列特卡在这漆黑的夜里，穿过无数灌木丛和坑坑洼洼走了，而他那庄稼汉索弗隆说不定不放他进屋，甚至会结结实实地揍他一顿，理由是：别来打扰正派人。可是有些技巧谁也比不上叶尔莫莱，他能在春汛中捕鱼，用手捉虾，凭嗅觉寻找猎物，诱捕鹌鹑，训练猎鹰，捉到那些会唱《魔笛》和《杜鹃迁飞》[①]的夜莺……只有一件事他不会：训练猎犬；他没有足够的耐心。他也有老婆。他一个礼拜到她那里去一次。她住在一所歪歪倒倒的破屋里，有一顿没一顿地艰难度日，从来不知道明天拿什么填肚子，总之，她的命真是苦。叶尔莫莱这个无忧无虑而又老实巴交的人对老婆却很蛮横粗暴，在家里摆出一副威风凛凛、不可冒犯的样子，他那可怜的妻子不知道怎样才能讨他的欢心，一碰到他的目光便浑身发抖，常常拿出仅剩的一个戈比给他买酒喝，当丈夫神气活现、摊手摊脚地躺在炕上睡大觉时，她便低首下心地用自己那件羊皮袄给他盖上。我本人就不止一次亲眼目睹他无意之中露出的那种冷酷凶恶的样子：我不喜欢他在咬死受伤的禽类时表现出来的那副表情。不过，叶尔莫莱从来没在家里待过一天以上，到了别的地方他又变成“叶尔莫尔卡”[②]了——方圆一百俄里以内，人们都是这样称呼他的，有时他也这样称呼自己。最下等的奴仆都感到自己比这个流浪汉神气，也许就因为这个缘故对他相当友好。那些庄稼汉起初都像在田野上追捕野兔一样追逐他、捕捉他，以此取乐，但后来又都放了他，一旦知道他是个怪人，便不再欺负他，甚至给他面包吃，跟他随便聊天……我就是带这么一个人去打猎，和他一起到伊斯塔河畔一座很大的白桦林里去伏击。

俄罗斯有许多河流像伏尔加河一样，一边河岸是崇山峻岭，另一边

---

① 喜欢夜莺的人都熟悉这些名称：这是夜莺歌声中最动听的“唱段”。——原注

② 叶尔莫莱的卑称。

是广阔的草地；伊斯塔河也一样。这条不大的河流形状极为奇特怪谲，它像蛇一样蜿蜒曲折，没有半俄里是笔直的。在有些地方，从陡峭的山冈上望去，可以看到十俄里内爆竹柳和草木茂盛的花园环绕的堤坝、池塘、磨坊和菜园。伊斯塔河里的鱼多得不可胜数，特别是大头鲹(庄稼汉们大热天在灌木丛下空手就能捉到)。小小的滨鹬常常尖声鸣叫着在布满清凉泉水、巉岩林立的河岸边飞来飞去；野鸭游到池塘当中，小心翼翼地左顾右盼，鹭鸶在背阴处、河湾里的悬崖下鹄立……我们守候了近一个小时，打到了两对山鹬，想在日出之前再来碰碰运气(早晨也可以伏击)，便决定到附近磨坊里过一夜。我们从树林里出来，走下山冈。河里滔滔滚动着湛蓝的波浪；夜雾弥漫，空气变得浓重起来。我们敲响一座磨坊的门。院子里的狗吠叫起来。“谁啊?”响起一个睡意蒙眬的沙哑声音。“是打猎的，让我们借宿一夜吧。”没有回答。“我们会付钱的。”“我去跟主人说……去，该死的狗！……死不掉的!”我们听见雇工走进屋子的脚步声，一会儿他又回到门口。“不行，”他说，“主人不让你们进来。”“为什么不让我们进去?”“你们是打猎的，他怕弄得不好，你们会把磨坊烧掉；瞧，你们带着弹药呢。”“真是胡说八道!”“前年我们的磨坊烧过一回啦：有几个牲口贩子来借宿，不知怎么的就烧起来了。”“可是怎么办，老兄，我们总不能在露天里过夜啊!”“你们自己瞧着办吧……”皮靴橐橐响了几声，他走了。

叶尔莫莱把他咒骂了一顿。“我们到村子里去吧，”最后他叹了一口气，说。可是到村子约有两俄里路……“我们在这儿过夜吧，”我说，“就在露天里，今天夜里很暖和，我们付一点钱，磨坊主会给我们送干草来的。”叶尔莫莱毫不犹豫地同意了。我们又去敲门。“你们又来干什么?”又响起那个雇工的声音，“已经说过不行了。”我们向他说明了来意，他回去和主人商量了一下，便跟主人一起回来。边门吱呀响了一声。磨坊主出来了。他身材高大，长着个胖脸，后脑勺像公牛，大腹便便。他答应了我的要求。离磨坊一百来步的地方有一个四面没有墙的小棚子。随后给我们送来了干草；雇工在河边的草地上安放了一个茶炊，他蹲下来，使劲往吹火筒里吹气……烧着的炭火被吹旺，把他那年轻人的脸照得通亮。磨坊主跑去叫醒他的妻子，终于自己提出，要我到他家去宿夜；可是我倒喜欢在野外露宿。磨坊主妇给我们拿来了牛奶、鸡蛋、土豆和面包。茶炊一会儿就烧开了，我们便喝起茶来。河上升起薄雾，没有风；周围不时有秧鸡啼叫着，水车轮子附近发出一种轻微的声音，那是水车叶片上的水滴下来，水从堤坝的闸门渗出的声音。我们点燃一个小小的篝火。我趁叶尔莫莱在炭火堆里烤土豆的时候打了个盹……一阵压低声音的谈话声使我醒了过来。我抬头一看，篝火前面倒放着的木桶上坐着磨坊主妇，她在和我的猎人谈话。我先前已从她的服装、举止和言谈中看出她是地主家的女仆出身，她既不是农妇，也不是市民；可是一直到现在，我才仔细看清了她的容貌。她看上去有三十岁光景；瘦削苍白的脸上还保留着昔日美貌出众的痕迹，尤其是她那对忧郁的大眼睛很使我喜欢。她把臂肘支在膝盖上，双手托着脸。叶尔莫莱背对我坐着，正往火堆里添木柴。

“热尔图希纳又在流行兽疫，”磨坊主妇说，“伊凡神父的两头母牛都病倒了……主啊，可怜可怜他吧！”

“那么你们家的猪怎么样？”叶尔莫莱沉默了一会儿，问道。

“还活着。”

“哪怕有人送给我一头小猪也好哇。”

磨坊主妇没再说话，后来叹了一口气。

“跟您来的这位是谁？”她问。

“是位老爷，科斯托马罗沃的。”

叶尔莫莱把几根枞树枝扔进火堆里；树枝马上一起哔剥作响，一股白色浓烟冒出来，直冲到他脸上。

“你丈夫为什么不让我们进屋里去？”

“害怕呗。”

“瞧，这胖子，大肚皮……宝贝，阿琳娜·季莫菲耶夫娜，给我来一小杯酒吧！”

磨坊主妇站起身来，消失在黑暗中。叶尔莫莱轻声唱起歌来：

我和情妹去约会，
鞋子穿破好几回……

阿琳娜拿着一小瓶酒和一只杯了回来。叶尔莫莱稍稍抬了抬身子，画了个十字，一口气把一杯酒干了。“好酒！”他说了一句。

磨坊主妇又在木桶上坐下。

“怎么样，阿琳娜·季莫菲耶夫娜，你还常常生病吗?”

“常常生病啊。”

“怎么搞的?”

“每天夜里都咳嗽，好难受。”

“老爷大概睡着了，”叶尔莫莱沉默了一会儿，说。“你可别去看医生：那样会更糟的。”

“我是没去看医生啊。”

“你到我家来玩玩吧。”

阿琳娜低下头。

“到时候，我会把我老婆赶走的，”叶尔莫莱继续说……“真的。”

“您还是把老爷叫醒吧，叶尔莫莱·彼得罗维奇，您瞧，土豆已经烤熟了。”

“让他睡个够吧，”我那忠实的仆人无动于衷地说，“他跑了好多路，让他睡吧。”

我在干草堆上翻了个身。叶尔莫莱站起来，走到我跟前。

“土豆烤好了。老爷，请去吃吧。”

我走出棚子，磨坊主妇从木桶上站起来，想走开。我和她攀谈起来。

“你们租用这座磨坊有好久了吧?”

“从三一主日[①]算起，已经是第二年了。”

“你丈夫是从哪儿来的?”

阿琳娜没听懂我的问话。

“你丈夫是哪里人?”叶尔莫莱提高声音，把我的问话重复了一遍。

“从别廖夫来的。他是别廖夫城里人。”

“你也是别廖夫人吗?”

“不，我是地主家的……以前是地主家的丫头。”

“谁家的?”

“兹维尔科夫老爷家的。现在我是自由身的人。”

“哪一个兹维尔科夫?”

“亚历山大·西雷奇。”

“你是不是他太太的使女?”

“您怎么会知道?以前是的。”

我怀着双倍的好奇心和同情心望望阿琳娜。

“我认识你家老爷，”我继续说。

“您认识?”她轻声说，低下头。

必须告诉读者，我为什么怀着这样的同情心望着阿琳娜。从前我在彼得堡的时候，一个偶然的机会我认识了兹维尔科夫先生。他相当有地位，是一位公认的见多识广、精明能干的人。他太太胖乎乎的，容易动感情，又爱哭，又凶狠——是个俗不可耐、难以相处的人。他有一个儿子，是个不折不扣的公子哥儿，娇生惯养，又毫无知识。兹维尔科夫先生本人的尊容很难讨人喜欢：一张几乎四方形的宽脸膛上瞪着一双狡黠的老鼠般小眼睛，一个尖尖的大鼻子高高突起，露出两个朝天鼻孔，剪

---

① 亦称圣三主日，宗教节日，圣灵降临节后的礼拜天，在6月份。

短的灰白头发鬃毛一般直立在布满皱纹的前额上方，薄薄的嘴唇不断地抖动，挂着甜得腻人的笑容。兹维尔科夫先生站着的时候通常都是叉开两腿，把两只肥胖的手插在口袋里。有一次我和他两人乘车到城外去。我们一路上闲谈着。兹维尔科夫先生是个老于世故、精明强干的人，便开始给我指引“真理的道路”。

“请允许我向您指出，”最后他尖声说，“你们所有的年轻人对事物的判断和解释都是盲目的；你们对自己的祖国所知甚少；先生们，你们不了解俄罗斯，问题就在这儿！……你们所有的人都只读德国书。譬如说吧，您现在跟我说这个说那个，是啊，还说到我的家仆……很好，我不和您争论，这一切都很好；可是您不了解他们，您不了解这是些什么样的人。”兹维尔科夫先生大声擤了一下鼻涕，吸吸鼻烟。“请允许我给您说，譬如，一件小事吧，对此您也许会感兴趣的。”兹维尔科夫先生清清嗓子。“您也知道我太太的为人，比她更善良的妇女恐怕很难找得到，这一点您自己也承认。她的使女过的不是人间的生活，简直是天国实现了……可是我太太定下一条规矩：不使用嫁了人的使女。嫁了人的使女确实不能用：孩子一出生，一会儿这样，一会儿那样，这使女还能好好服侍太太吗？还能好好遵从她的习惯吗？她已经顾不上这些，她心里想的已经不是这些事了。人心都是这样的。就这样，有一次，我们乘车经过我们的村子，这是——怎么跟您说呢，可不能撒谎——十五年前的事了。我们看见村长家有个小姑娘，是他的女儿，长得很标致，而且，您知道，一举一动都那么乖巧伶俐。我太太对我说：‘科科——您知道的，她是这样叫我的——我们把这个小姑娘带到彼得堡去吧，我喜欢她，科科……’我说：‘带走吧，我完全同意。’不用说，村长马上给我们跪下了；您也知道，这种福分是想也想不到的……那小姑娘当然傻里傻气地哭了起来。起初她真的很害怕：要离开老家……总之……这是毫不奇怪的。但是她在我们家很快就习惯了。起初我们让她住在下房里，不用说，得调教她。可您想到没有？这小姑娘什么活都一教就会，简直让人吃惊；我太太一点都离不开她，处处护着她，最后，不管别人怎么说，便把她升作贴身丫头了……说实在的……得给她说句公道话：我太太还从来不曾有过这样好的使女，绝对不曾有过；勤快、温顺、听话——一切都使你满意。因此，说实话，我太太甚至过分宠爱她了；给她穿得体体面面，让她和主人吃一样的菜，让她喝茶……是啊，真是无微不至！就这样，她在我太太身边服侍了十年光景。突然，有一天早晨，请您想象一下，阿琳娜——她名叫阿琳娜——不经禀报便走进我的书房，扑通一声跪在我的脚下……我坦白跟您说，这件事我无法容忍。一个人永远不能忘记自己的人格，是不是？'你有什么事?''老爷，亚历山大·西雷奇，请您开恩。''什么事?''请您允许我嫁人。'老实对您说，我真是惊呆了。'傻丫头，你不是知道太太身边没有别的使女吗?''以后我会照样服侍太太的。''废话！废话！太太可是不用嫁了人的使女的。''玛拉妮亚可以接替我的位子。''请你别犟嘴了!''遵命……'说实话，我简直气昏了。告诉您，我是这样一个人：我敢说，没有什么比忘恩负义更使我生气，更使我火冒三丈的了……不用再对您说什么——您也知道，我太太是怎样一个人：她是天使的化身，善良得不能再善良了……即使是坏人，也不忍心加害于她。我把阿琳娜赶了出去。我想，也许她会回心转意的；您知道，我不愿意相信一个人会做坏事，会昧着良心，忘恩负义。可是您猜怎么着？过了半年她又来对我提那个要求，这时，说实话，我真的很生气，把她赶走，威胁她，对她说，我要把这件事告诉太太。我气坏了……可是，请您想象一下我有多么吃惊，过了一些时候，我太太跑来找我，她含着泪，怒气冲天，都把我吓坏了。'出什么事了?''阿琳娜……'您明白……我都说不出口。'不可能！……和谁?''听差彼得鲁什卡。'我的肺都要气炸了。我是这样一个人……不喜欢马马虎虎！……彼得鲁什卡……没有错。要惩罚他也可以，但依我看，他没有错。阿琳娜……唉，怎么说呢，唉，唉，还有什么可说的呢？我理所当然，立刻吩咐把她的头发剪掉，给她换上粗布衣服，把她遣送到乡下去。我太太失去了一个称心的使女，但也没有办法：家里可不能容忍这种乱七八糟的事。痈疽还是一下子挖掉的好……哦，现在您就说句公道话吧，您是了解我太太的，要知道，这，这，这……她真是个天使！……她一点也离不开阿琳娜，阿琳娜是知道这一点的，可是她竟不知羞耻……是吗？不，您说……是这样吗？这还有什么可说的！不管怎么说，没有别的办法。至于我呢，这姑娘的忘恩负义尤其使我伤心、气愤了好长一段时间。不管怎么说……在这种人身上，您是找不到良心和感情的！一条狼，不管你怎么喂它，它总是要往树林里跑的……前车之鉴哪！不过我只是想向您证明……”

兹维尔科夫先生没有把话说完，便转过头去，果断地压下不由自主的激动，用斗篷紧紧裹住身子。

读者现在大概明白，我为什么满怀着同情心望着阿琳娜了。

“您嫁到磨坊主家已经很久了吗？”我终于问她。

“两年。”

“怎么，难道老爷同意了吗？”

“我是赎身出来的。”

“谁赎的？”

“萨维利·阿列克谢耶维奇。”

“那是谁啊？”

“我丈夫。”叶尔莫莱偷偷地笑了笑。“是不是老爷对您说起过我的事？”阿琳娜沉默了一会儿，问了我一句。

我不知道怎么回答她。“阿琳娜！”磨坊主在远处叫她。她站起来，走了。

“她的丈夫好吗？”我问叶尔莫莱。

“还可以。”

“他们有孩子吗？”

“有过一个，可是死了。”

“怎么，是磨坊主看中她的吗？……为了赎她，花了很多钱吧？”

“不知道。她识字，对他们的生意……很有用。大概就因为这个才看中她的。”

“你早就认识她了吗？”

“早就认识了。以前我常去找她家主人。他们的宅院离这儿不远。”

“你也认识听差彼得鲁什卡吗？”

“彼得·瓦西里耶维奇吗？当然认识。”

“他现在在哪儿？”

“当兵去了。”

我们沉默了一会儿。

“她的身体好像不太好吧？”后来我问叶尔莫莱。

“怎么会好！……明天的伏击一定会很有收获的。您现在还是睡一会儿好。”

一群野鸭嘎嘎叫着从我们头上飞过，我们听见它们就在离我们不远的河上飞下来。天已完全黑了，变得凉飕飕的；夜莺在树林里放声啁啾着。我们钻进干草堆里睡着了。

草 莓 泉

八月初往往出现一种酷暑难当的天气。在这种季节，从十二点到下午三点，就是最果断、最着迷的人也不敢出门去打猎，而最忠实的狗也“舔起猎人的马刺”来了，就是说，它紧跟在主人的后边，痛苦地眯着眼睛，把舌头伸得老长，对于主人的斥骂，只是低三下四地摇着尾巴，脸上露出尴尬的神色，可是一步也不肯往前跑。有一次，我正是在这样的日子出去打猎。我真想找个阴凉的地方，哪怕躺一会儿也好，然而我一直抑制着这种念头。我那不知疲倦的狗一直在灌木丛里寻搜着，虽然它自己也明白，这种狂热的行动是不会有什么结果的。令人窒息的燠热终于使我不得不考虑保存最后一点体力。我勉强一步一步拖到我们宽厚的读者已经熟悉的那条伊斯塔河边，走下陡坡，踏着潮湿的黄沙，走向遐迩闻名的“草莓泉”。这股泉水从河岸上的一道裂罅中涌出，那裂罅逐渐变成了虽然狭小却很幽深的峡谷，在二十步之外的地方喁喁絮语着，欢快地注入河道。峡谷的两边陡坡上长着丛丛橡树，泉水周围是一片苍翠欲滴的天鹅绒般的芳草地，阳光几乎从未照临它那清凉的银白色泉水。我走到泉水旁，草地上放着一把桦树皮做的勺子，这是一个过路的庄稼汉留在这里让众人使用的。我喝足了泉水，躺在阴影里，往四下里扫了一眼。泉水注入河中，在那里形成一个河湾，水面终年荡漾着一圈圈细细的波纹，河湾上背对着我坐着两个老头儿。一个身材高大，体格强壮，穿着一件干净的墨绿色长衣，戴着绒毛便帽，在那里钓鱼；另一个，瘦瘦小小的，穿着一件打补丁的棉毛混纺短外衣，没戴帽子，膝头上捧着一罐鱼饵，不时用手捋捋白发苍苍的脑袋，仿佛这样可以躲开太阳的照射。我凝神仔细端详了他一会儿，认出他就是舒米希诺村的斯捷普什卡。请允许我把这个人物介绍给读者。

离我的村子几俄里的地方有一个大村落叫舒米希诺，村里有一座石砌的教堂，是为纪念圣科兹玛和圣达米安而建造的。从前，教堂对面有一座雄伟的地主庄院，极为气派，它的周围有各种附属建筑物、杂用房屋、作坊、马厩、防霜棚、马车库、澡堂、临时厨房、招待客人和管理人员居住的厢房、温室、公用的秋千和其他多少有点用处的房屋。这座庄院里住着一家富裕的地主，日子过得顺顺当当，突然，有一天早晨，整个这些财富被一场大火烧成了废墟。老爷们搬到别处去住。庄院就此荒废了。广阔的瓦砾场变成了菜园，到处堆积着砖头，那是从前宅基的遗迹。他们利用没有烧掉的原木草草搭成一间小茅屋，十年前为了建造一座哥特式楼阁而买来的船板做屋顶，让园丁米特罗凡带着他的妻子和七个孩子住在里面。他们命令米特罗凡必须供应住在一百五十俄里外的主人新鲜蔬菜，阿克西妮亚则负责照管一头蒂罗尔种母牛，这头母牛是花大价钱从莫斯科买来的，可惜已经彻底丧失了生殖能力，因此，买来以后就没有产过牛奶。一只灰色有冠公鸭，是“老爷家”唯一一只家禽，也交给她喂养；孩子们由于年幼，没有规定任何职责，可是这么一来，就难保他们不变成十足的懒汉。我曾在这个园丁家里住过一两夜。我还顺便向他要过几次黄瓜，不知为什么，这些黄瓜即使在夏天也长得很大，味淡而苦，皮黄而厚。我在他家里第一次见到斯捷普什卡。除了米特罗凡一家和寄住在一个士兵的独眼老婆小屋里的又老又聋的教会长老格拉西姆外，地主家已没有一个家仆留在舒米希诺村了，因为我要介绍给读者的这个斯捷普什卡并不是听差，更不是家仆。

任何人，无论如何在社会上总有一定的身份，多少有些社会关系；任何一个家仆不是拿工钱，至少也有一份所谓的“口粮”，而斯捷普什卡根本没有任何固定的收入，跟谁也不沾亲，谁也不知道他的存在。这个人甚至没有来历，没有人谈论他，连人口调查也未必把他统计进去。有人在暗地里传说，他从前是某某人的侍仆，但他是谁，从哪里来，是谁的儿子，怎么成了舒米希诺村的居民，那件不知从何年何月起就穿在他身上的棉毛混纺短外衣是哪里来的，他住在哪儿，靠什么生活，这一切决没有人有丝毫的了解，而且，说实话，也没有人对此感兴趣。只有了解所有家仆四代家谱的特罗菲梅奇老爷爷有一次说过，他记得已故的老爷阿列克谢·罗曼内奇旅长远征回来时，曾用载行李的大车带回来一个土耳其女人，她是斯捷潘的亲戚。在节日里，在按照俄国旧俗向民众布施，并用荞麦馅饼和伏特加款待穷人的节日里——甚至在这样的日子，斯捷普什卡也不到摆好的桌子和酒桶前面去，不向人鞠躬，不吻老爷的手，不在老爷的注视下为老爷的健康干上一杯由管家的胖手斟满的酒；除非有一个好心人从他身旁走过，把一块没有吃完的馅饼送给这个可怜人。在复活节，人们也同他接吻祝贺基督复活，但他从不卷起油污斑斑的袖子，从后面的口袋里掏出一个红蛋，喘着气，眨巴着眼睛，把它献给少主人甚或太太本人。夏天他住在鸡棚后面的储藏室，冬天住在澡堂的更衣室，严寒时便在干草棚里过夜。人们都见惯了他，有时甚至踹他一脚，但是谁也不和他搭讪，而他自己似乎有生以来就没有开过口。火灾之后，这个被社会抛弃的人栖身于，或者像奥廖尔人所说的，“落脚”在园丁米特罗凡家里。园丁没有理睬他，没有对他说“在我这儿住下吧”，可也没有赶他走。其实，斯捷普什卡也没有住在园丁家里，而在菜园里栖身。他一举一动都悄无声息，打喷嚏和咳嗽都战战兢兢地用手捂住嘴巴；他一直像蚂蚁似的悄悄忙碌着；这一切都是为了填饱肚子，仅仅为了填饱肚子。这也难怪，他要不是从早到晚为自己的食物操心，我这斯捷普什卡早就饿死了。早上还不知道晚上用什么果腹，这实在是够悲惨的！斯捷普什卡有时坐在篱笆下面啃萝卜或者嚼胡萝卜，要么就是悄悄地剥下沾满泥土的大白菜叶子；一会儿呼哧呼哧地不知把一桶水提到哪里去；一会儿在瓦罐底下升起火来，从怀里掏出几块黑糊糊的东西放到瓦罐里；一会儿在储藏室里用一块木头敲打着，钉上钉子，做一个放面包的小架子。他做这一切时都是不声不响的，仿佛是暗地里偷偷做的：你朝他看一眼，他马上躲起来。有时他突然两三天不见人影，他的消失自然没有人注意……可是你一看，他又在那儿了，又在篱笆旁悄悄地把劈柴放进三脚架下的火堆里。他的脸小小的，一对小眼睛黄黄的，头发垂到眉毛上，鼻子尖尖的，耳朵却很大，有点透明，像蝙蝠一样，胡子似乎是两个礼拜前剃的，总是那么长，从未见过留得长些或剪得短些。我在伊斯塔河边遇到的就是这个斯捷普什卡，跟他在一起的还有一个老头儿。

我走到他们跟前，打了招呼，便在他们旁边坐下。我认出了斯捷普什卡的同伴，他也是我的熟人：他是彼得·伊里奇伯爵家已获得自由的农奴米哈伊洛·萨维里耶夫，人家叫他杜曼①。他住在一个患肺病的博尔霍夫市民、客栈老板家里，我常在那家客栈借宿。从奥廖尔大道经过的年轻官吏和某些闲人(埋进条纹羽绒褥子里的商人顾不上这些)至今还可以看到离三一村不远的大路旁耸立着一座巨大的木头两层楼房，它已经完全荒废，屋顶坍塌，朝大路的窗户也都钉死。在阳光灿烂的正午，你无法想象比这座废墟更凄凉的景象了。从前这里住着彼得·伊里奇伯爵，他是旧时一位家财万贯的达官贵人，以好客闻名。全省的人常常聚集到他家里，在乡村乐队震耳欲聋的音乐中，在花炮和焰火的噼啪声中尽情地跳舞取乐；到现在，经过这座荒废的贵族宫殿，还想起那逝去的岁月和逝去的青春并为之叹息的老妇人恐怕不止一个。伯爵长时间饮宴作乐，长时间在众多逢迎拍马的宾客中周旋应酬，笑脸相迎；不幸的是，他的财产不够他挥霍一辈子。他彻底破产之后便到彼得堡去，想在那里谋个一官半职，结果一事无成，却客死在旅馆中。杜曼在他那里当过管家，他在伯爵在世的时候就已得到自由。此人约莫七十岁，相貌端正，很有人缘。他脸上总挂着笑容，现在只有叶卡捷琳娜②时代的人微笑时才这样和蔼可亲而又不失庄重；与人谈话的时候，他的嘴唇总是慢

① 意为“雾”。

② 俄国女皇，1762—1796 年在位。

慢翕合着，亲切地眯起眼睛，说话带点鼻音。他擤鼻涕、嗅鼻烟也是那么不慌不忙，好像在做一件大事。

“喂，怎么样，米哈伊洛·萨维里奇，”我先打招呼，“钓到很多鱼吧?”

“您往鱼篓里看看吧：钓到两条鲈鱼和四五条大头鲅……斯捷普什卡，让他看看。”

斯捷普什卡把鱼篓递到我面前。

“你日子过得怎么样，斯捷潘①?”我问他。

“没……没……没……没……没什么，老爷，还凑合，”斯捷潘讷讷地回答，仿佛嘴里含着什么东西似的。

“米特罗凡身体好吗?”

“好的，那……还用说，老爷。”

这可怜人把脸转过去。

“不知怎么都不肯上钩，”杜曼说起话来，“天太热了；鱼都躲进灌木丛底下睡觉了……帮我装一个鱼饵吧，斯焦帕。”斯捷普什卡提了一条虫子，放在手掌上拍了两下，装上鱼钩，又吐了几口唾沫，然后递给杜曼。“谢谢，斯焦帕……老爷，”他又回过头来继续对我说，“您是来打猎的吧?”

“正如你看见的。”

“对，对……您这条猎狗是英国种的还是库尔兰②种的?”

老头儿喜欢一有机会就表现一下自己，仿佛在说，我也是见过世面的!

“我不知道是什么种，不过它是条好狗。”

“对，对……您出门都带狗吗?”

---

① 斯捷潘是斯捷普什卡的本名，后者是卑称，斯焦帕是他的小名。

② 今拉脱维亚西南部的一个地区，历史上曾是俄罗斯的一个省。

“我有两群狗。”

杜曼笑笑，摇摇头。

“的确是这样。有的人喜欢养狗，有的人白送给他也不要。照我简单的想法，我看养狗主要是为了显示气派……这么说吧，一切都得符合身份：养马是为了符合身份，家里有养狗人也是为了符合身份，一切都要符合身份。已故的伯爵——愿他早日升天！——说实话，并不是个猎人，但他也养狗，每年还要出去打一两次猎。养狗人穿着金银线镶边的红色外衣在院子里集合，吹起号角；伯爵大人走出来，马上就有人给他牵来坐骑；伯爵大人骑上马，打头的猎人把他的脚塞进马镫里，从头上摘下帽子，把缰绳放在帽子里呈上去。伯爵大人啪的抽了一鞭，养狗人吆喝一声便一起出动，走出院子。一个马夫骑马跟在伯爵后面，用一根绸带子牵着老爷的两只爱犬，就这么照料着……这马夫高高地骑在哥萨克马鞍上，满面红光，一双大眼睛就这么高傲地东瞧瞧西瞧瞧……在这种场合里当然还有许多客人。大家一起快活，老爷又受到尊敬……哎呀，让它逃掉了，这条鬼东西！”他一拉钓鱼竿，突然叫起来。

“听说伯爵一生都过得很快活，是这样吗？”我问。

老头儿在钓饵上吐了几口唾沫，把鱼竿甩出去。

“您也知道，他是个达官贵人。彼得堡常有可说是最高等的人物来拜访他。他们常常系着浅蓝色绶带，围着餐桌就餐。在宴请宾客方面伯爵可是个好手。他常常把我叫去，‘杜曼，’他说，‘明天我要几条活鲟鱼，叫人给我送来，听见了吗？’‘听见了，大人。’绣花外衣、假发、手杖、香水、上等花露水、鼻烟壶、大幅油画，都是从巴黎定购的。举行起大型宴会来——主啊，我的上帝，真不得了！大放烟火，马车停了一大片！甚至放礼炮。光是乐队就有四十个人。他有一个德国指挥，那德国人高傲得不得了，要和老爷们同桌吃饭，伯爵大人便吩咐把他赶出去，他说：‘我的乐队自己懂得怎么干。’这也不足为奇，老爷的权力大着呢。一跳舞就跳到天亮，跳的大都是拉科塞兹舞和玛特拉杜尔舞……哎……哎……哎……上钩了，老兄！”老头儿从河里钓起一条小鲈鱼。“抓住，斯焦帕。——老爷就是老爷，”老头儿又把鱼竿甩出去，继续说，“他也是个好心人。有时候他把你打一顿，你看，过后他就忘记了。只有一点不好：他养着好几个女人。唉，这些女人，上帝饶恕她们！就是她们把他搞得倾家荡产的。她们大都是从下等人里面挑选来的。按理说，她们还有什么不满足的？可是不，你最好是把全欧洲所有最贵重的东西都送给她们！有人会说：既然日子那么好过，为什么不老老实实地过——这是老爷他自己的事……弄得倾家荡产总是不应该的。尤其是其中一个女人：她叫阿库琳娜，现在她已经死了，愿她升入天堂！她是普通人家的女孩，西多夫村甲长的女儿，那可是个泼妇！有时还打伯爵耳光。她完全把他迷住了。她把我的侄儿送去当兵，因为他把可可茶溅到她的新衣上了……她还不止把一个人送去当兵。是啊……毕竟那是一个好时光！”老头儿长长叹了一口气，又说了一句，然后低下头，不再吭声。

“我看，你家老爷很厉害吧？”停了一会儿，我又说起来。

“老爷，那时候都兴这样的，”老头儿摇摇头，没同意我的话。

“现在可不兴这样做了，”我注视着他，说。

他瞟了我一眼。

“现在当然好些了，”他喃喃说着，把钓鱼竿远远地甩出去。

我们坐在树荫底下；但即使在树荫下也很闷热。难以忍受的暑气仿佛凝滞不动了。火辣辣的面孔苦苦地等待着吹来一阵微风，可是一丝风也没有。太阳在湛蓝的天空上烤炙着；我们面前的河对岸，燕麦田已是一片金黄，有些地方长出了苦艾，哪怕有一串麦穗摇一下也好啊。下游不远的地方有一匹农家的马齐膝站在河水里，懒洋洋地摇动沾了水的尾巴；偶尔有一条大鱼在倒垂的灌木丛底下游出水面，吐出一串水泡，又缓缓地沉到河底，在水面上留下一圈圈细细的波纹。蝈蝈儿在焦黄的草地上鸣叫，鹌鹑有一声没一声地叫着，一只鹞鹰在田野上空缓缓地盘旋着，频频在空中停住，急速地扇动翅膀，把尾巴像扇子一样展开。我们被炎热的天气熏蒸得透不过气来，一动不动地坐着。蓦地我们身后的峡谷里响起一阵脚步声，有人从上面向泉水走来。我回头一看，看见一个五十来岁的庄稼汉，他满身尘土，穿着布衫，脚上蹬着树皮鞋，肩上挎着一只背囊，搭着一件外衣。他走到泉水旁，干渴难忍地把水喝了个够，然后稍稍站起身。

“喂，是弗拉斯吗？”杜曼仔细一看，叫了一声，“你好啊，老兄，是什么风把你吹来的？”

“你好，米哈伊洛·萨维里奇，”那庄稼汉边说边向我们走来，“我从远方来。”

“到哪儿去啦？”杜曼问他。

“到莫斯科去了一趟，去找老爷。”

“找他干什么？”

“有事求他。”

“什么事求他？”

“求他把我的代役租减轻些，或者让我服劳役，让我住到别的地方去也行……我儿子死了，现在我一个人付不起。”

“你儿子死了？”

“死了。我那死去的儿子，”庄稼汉沉默了一会儿又说，“在莫斯科当马车夫，说实话，是他在替我缴代役租。”

“难道你现在是缴代役租的？”

“是缴代役租的。”

“那你家老爷怎么说？”

“老爷怎么说？他把我赶了出来！他说，你竟敢直接来找我，这种事有管家管着；他说，你应该先去找管家……再说，我能让你住到哪儿去呢？他说，你先把欠的租还了再说。他发了好大的火。”

“那么，你就回来了吗？”

“我就回来了。我本想打听一下，我那死去的儿子有没有留下什么东西，可是毫无结果。我对他的东家说：‘我是菲利浦的父亲，’可是他对我说：‘我凭什么知道你是他的父亲？再说，你儿子什么也没留下；他还欠着我的债呢。’我只好走了。”

庄稼汉带着苦笑对我们说了这段经历，好像说的是别人的事，可是他那双眯细的小眼睛里噙满了泪水，嘴唇哆嗦着。

“那么你现在回家去吗？”

“我还能到哪儿去呢？自然是回家喽。我老婆的肚子现在怕要饿得咕咕叫了。”

“你可以……那个……”斯捷普什卡突然说起话来，可又慌了神，没再说下去，只伸手到瓦罐里去抓鱼饵。

“你去找管家吗？”杜曼把话说下去，有点惊奇地看了看斯焦帕。

“我去找他干吗？……我还欠着租呢。我儿子死去以前生了一年病，连他自己的代役租都没有缴呢……不过我也没有什么好发愁的，我两手空空……嘿，老兄，不管你多么狡猾——没有用：我的脑子不管用！”庄稼汉大笑起来，“不管他动什么脑筋，金提里扬·谢苗内奇，我可……”

弗拉斯又笑起来。

“你怎么啦？这可不好，弗拉斯老兄，”杜曼一字一顿地说。

“有什么不好？不……”弗拉斯的声音中断了，“天好热啊，”他用袖子擦着脸，继续说。

“你家老爷是谁？”我问。

“瓦列里安·彼得罗维奇伯爵。”

“是彼得·伊里奇的儿子吗？”

“是彼得·伊里奇的儿子，”杜曼回答，“已故的彼得·伊里奇生前就把弗拉斯那个村子分给他了。”

“怎么样，他身体好吗？”

“好着呢，荣耀归于上帝，”弗拉斯回答，“他满脸红光，就像涂了一层红颜色。”

“你瞧，老爷，”杜曼继续对我说，“在莫斯科城外好，在这儿就要缴代役租。”

“一份代役租是多少钱?”

“一份代役租要缴九十五卢布，”弗拉斯喃喃地说。

“您看：这儿土地那么少，都是老爷家的树林。”

“听说，那树林也卖掉了，”庄稼汉说。

“您瞧……斯焦帕，给我一个鱼饵……怎么啦，斯焦帕? 睡着了吗?”

斯捷普什卡浑身一震。庄稼汉在我们身旁坐下。我们又沉默着。对岸有人唱起歌来，歌声是那么凄凉……我那可怜的弗拉斯发起愁来……

过了半个钟头，我们分手了。

县里的医生

秋天里。有一次，我从远处田野打猎回来，路上受了风寒，生病了。所幸发烧的时候我已住在县城的旅馆里，我派人去请医生。过了半小时，来了一位县里的医生，他个子不高，瘦瘦的，长一头黑发。他给我开了一帖普通的发汗剂，叫我贴上芥末膏，然后极其麻利地把一张五卢布的钞票塞进翻袖口，只是干咳了一声，往旁边看了一眼，完全是一副准备打道回府的样子，但不知怎么又同我说起话来，而且留下了。我因发烧，人很不舒服，知道今夜一定睡不好，正乐于找个好心人聊聊天。茶送来了。我的医生便打开了话匣子。这个人颇为聪明，他口齿伶俐，还很幽默。世界上就有那么多奇怪的事：有时和一个人相处很久，彼此关系很融洽，可就是从不推心置腹地谈谈心里话；有的人则不一样，你刚刚认识他，彼此就无话不谈，好像在忏悔一样，把所有的底都翻出来。不知道我凭什么博得这位新朋友的信任，他竟无缘无故，正如人们通常所说的，“不假思索”就把一次相当动人的经历告诉了我。现在我就把他所说的故事转告厚意的读者。我尽量用这位医生的原话来表达。

“您大概不认识，”他用微弱而颤抖的声音说(这是吸用纯正的别廖夫烟草的结果)，“您大概不认识本地的法官梅洛夫，帕维尔·鲁基奇吧？……不认识……好，没有关系。”他清清喉咙，揉揉眼睛。“请允许我告诉您，事情是这样的，怎么跟您说好呢——我决不吹牛，事情发生在大斋期①，那正是解冻天气。我在他家里，在我们的法官家里，打朴烈费兰斯②。我们的法官是个好人，喜欢打朴烈费兰斯。突然，”我的医生用“突然”这个词，“有人对我说：‘有人找您。’我说：‘有什么事?’他们说：‘带来一张纸条——大概是病家送来的。’我说，‘把纸条给我看看。’果然是病家送来的……那好吧，您知道，他们是我们的衣食父母……事情是这样的：纸条是一个守寡的女地主写来的，她说：‘小女病危，请看在上帝分上劳驾出诊，已派马车去接您。’是啊，这种事情是常有的……可她住在离城二十俄里的地方，夜已经很深了，路又是这个样子，唉！再说，她家也很清苦，诊金别指望超过两个银卢布，能否拿到这个数目都很难说，说不定只能拿到一块粗麻布和一点谷物而已。可是，您知道，职责高于一切：人命关天。我突然把纸牌交给牌桌上的常客卡利奥平，匆匆赶回家去。我一看：我家门口停着一辆小马车；马是农家的——大肚子，很大的肚子，身上的毛简直就像一条毡子，马车夫为了表示恭敬，摘了帽子，坐在那里。我心里想，老兄，看得出，你的主人可不是乘金马车的人家……您可以笑话我，可我得对您说：我们这些穷弟兄，遇事都得好好想一想……要是马车夫神气活现地坐着，不脱帽向你鞠躬，胡子底下露出一丝冷笑，手里还抖着马鞭——那你就大胆地向他要两张钞票吧！可是今天，我看得出，不是这么回事。不过，我想，没有办法：职责高于一切。我抓起一些最必需的药品便出发了。您可相信，我差一点到不了病人家。道路糟透了：处处是小河、积雪、泥泞、水沟，突然有一处堤坝决了口——真倒霉！可我还是赶到了。房子很小，屋顶上盖着干草。窗户里透出灯光：说明在等我。一位戴睡帽的可敬老太太迎着我走来。‘您救救她吧，’她说，‘她快死了。’我说：‘请别着急……病人在哪儿?’‘请到这儿来吧。’我一看，房间很干净，墙角里点着一盏灯，床上躺着一个二十来岁的姑娘，神志不清。她在发烧，热度很高，呼吸急促——患的是热病。屋里还有两个姑娘，是她的姐妹，已吓成泪人儿了。她们说：‘昨天还好好的，胃口也不错，今儿早上说头疼，到傍晚突然就变成这副模

---

① 春分月圆后的第一个礼拜天，通常在俄历 4 月后半月至 5 月初之间，为复活节；复活节前的 40 天为大斋期，教徒不行婚配，停止娱乐，吃素。

② 一种牌戏。

样了……’我仍然说：‘请别着急，’您知道，这是医生的责任，接着我便着手给她治疗。我给她放了血，吩咐给她贴芥末膏，给她开了一剂药水。这时我细细瞧着她，瞧着她，您知道，上帝作证，我还从来没有见过这样漂亮的脸蛋……一句话，是个美人儿！我心里非常可怜她。她的脸真讨人喜欢，眼睛……哦，荣耀归于上帝，她的病好些了；出了汗，好像清醒了过来，她向四周看看，笑了笑，手在脸上抹了一下……两姐妹俯身问她：‘怎么样?’‘没什么，’她说着，转过头去，我一看——她睡着了。我说，现在应该让病人好好休息。于是我们都蹑手蹑脚走出去，只留下一个使女随时侍候。客厅桌上已烧好茶炊，摆着牙买加甜酒：干我们这一行，这是不可或缺的。他们给我倒了茶，请我留下过夜……我答应了：现在还能到哪儿去呢！老太太老是唉声叹气。‘您怎么啦?’我说，‘她会好的，您别着急，您自己最好也去休息一下，已经一点多钟了。’‘好吧，不过要是有什么事，请您叫醒我。’‘好的，好的。’老太太走了，姑娘们也回自己的房间去了；她们在客厅里给我搭了个铺。我躺下，只是睡不着——真是奇怪！其实我已经累得够戗了。我的病人总在我的脑子里萦绕不去。我终于忍耐不住，突然爬起来。我想，我得去看看，病人怎么样了。她的卧室就在客厅隔壁。于是我站起来，悄悄打开房门，心怦怦直跳。我一看：使女睡着了，嘴张得大大的，还打着呼噜，真该死！病人脸朝我躺着，摊开双手，可怜的姑娘！我走近去……她突然睁开眼睛，直盯住我！……‘是谁?是谁啊?’我感到很不好意思。‘别怕，’我说，‘小姐，我是医生，我来看看，您感觉怎么样了。’‘您是医生?’‘是医生，是医生……是令堂派人到城里请我来的；我们给您放了血，小姐；现在请您好好休息，再过两三天，上帝保佑，我们会把您治好的。’‘哦，是的，是的，医生，别让我死……求您了，求您了。’‘瞧您说的，上帝会保佑您!’她又发烧了，我暗自忖度着。我按按她的脉，果然在发烧。她看看我，突然一把抓住我的一只手。‘我告诉您，为什么我不想死，我告诉您，我告诉您……

现在只有我们两个，不过请您不要告诉任何人……您听我说……’我朝她弯下身子，她把嘴唇凑近我的耳朵，她的头发碰到了我的脸——说实话，那时候我的头都晕眩起来了——她轻轻地说着……我一点也没有听懂……哦，她这是在说胡话……她轻轻地说着，轻轻地说着，说得很快，说的好像不是俄语，说完了，她打了个寒颤，把头倒在枕头上，伸出一个指头警告我。‘当心点，医生，别告诉任何人……’我好歹让她安静了下来，给她喝了点水，唤醒使女，便走出去了。”

这时医生又狠狠地吸了一阵鼻烟，愣了一会儿。

“可是，”他继续说，“出乎我的预料，第二天，病人并没有好转。我反复思量，突然决定留下来，虽然还有一些别的病人在等着我……您也知道，这些病人是怠慢不得的，要不然我的营业会因此受到影响。但是，第一，病人确实在病危中；第二，我得说实话，我本人对她产生了强烈的好感。再说，我也喜欢她们全家。她们虽然过着清苦的生活，但很有教养，可以说，这样的人是很难碰到的……姑娘们的父亲是个很有学问的人，是个作家；已经过世了，当然是贫病交迫，可是他已经让孩子们受到了很好的教育；他留下了很多书。不知是因为我悉心照料病人，还是另有其他原因，总之，我敢说，她们一家都喜欢我，把我看作亲人……然而，这时候正值雨季，道路泥泞不堪，可以说，一切交通都完全中断了，连到城里去买药都非常困难……病人不见好转……一天又一天，一天又一天……但是……这时候……”医生沉默了一会儿，“真的，我不知道怎么对您说好……”他又嗅嗅鼻烟，喉咙里咯咯响了一下，呷了一口茶。“我坦率地对您说吧，我的病人……怎么说好呢……是这么回事，可以说爱上了我，也许，不是爱上了我……而是，不过……真的，是这样……”医生低下头，满脸通红。

“不，”他兴奋地继续说，“哪儿谈得上爱上我！到底一个人应该有自知之明。她是个有教养、聪明，读过许多书的姑娘，可我，可以说连自己的拉丁文都忘得一干二净了。至于外貌，”医生微笑着朝自己看了一下，“好像也没有什么可夸口的。不过上帝也没有把我造成一个傻瓜：我不会把白的说成黑的，我多少还是懂得点事理。譬如说，我心里很明白，亚历山德拉·安德烈耶夫娜——她叫亚历山德拉·安德烈耶夫娜——并非对我产生了爱情，而不过是产生了一种友情，可以说是有好感，尊敬。虽然她自己在这方面也许是弄错了，可她当时的处境是怎样的，您自己判断吧……不过，”医生一口气说出了这些断断续续的话，显然有些语无伦次，之后，又补充说：“我大概有点信口开河吧……这样您是听不明白的……请让我从头说起吧。”

他把一杯茶喝完，然后以稍微平静些的声音说了起来。

“是这样的，是这样的。我的病人病情越来越重。好心的先生，您不是医生，您不能体会干我们这一行的人的心情，尤其是在他预料到病魔将会战胜他的最初那一刻的心情。自信心不知道哪儿去了！你突然心虚到难以言传的地步。你会觉得你把所有的知识全都忘记了，病人不信任你，别人已开始看出你的慌乱，不大情愿把病情告诉你，皱着眉头看着你，在一旁窃窃私语……唉，真是糟透了！你心里明白，这种病是有药可治的，只要找到它就行。哎，该不是这种药吧？你试了试——不，不是这种药！你没等到药力发生作用……一会儿用这种药，一会儿用那种药。你往往会拿出药典来……你心里想，药方就在这里，就在这里！说实话，有时是随便翻翻，想碰碰运气……可病人已经危在旦夕，碰上别的医生也许还能救他。你会说，要会诊，我负不起这个责任。在这种情况下，你看起来就像个十足的傻瓜！不过天长日久你也就习惯了，感到无所谓。一个人死了，不是你的过错：你是照章办事。可是还有一种情况会使你很难堪，你眼看着别人盲目地信任你，可你自己已经感觉到力不从心。现在亚历山德拉·安德烈耶夫娜一家就是这样信任我的，因此，她们竟忘了她们家的女儿正处于危险中。我同样也安慰她们，说这病没有关系，可自己几乎已吓得魂飞魄散。尤其不幸的是，道路泥泞不堪，马车夫出去买药，一去就是好几天。而我寸步不离地守在病人的房间里，我不能离开她，还要给她讲各种好笑的奇闻轶事，跟她打牌，给她解闷。我整夜整夜地守在她身旁。老太太含着泪感谢我；可我心里想：‘我是不值得你感谢的。’我坦白承认，现在已没有什么好隐瞒的了——我爱上了这个病人。亚历山德拉·安德烈耶夫娜也眷恋着我：除了我，她常常不让任何人进她的房间。她开始和我闲聊，问我以前在哪儿上学，现在生活过得怎么样，我有些什么亲人，和哪些人交往。我觉得她不应该多说话，想禁止她，可您也知道，要绝对禁止她，我也办不到。我常常抓住自己的脑袋问自己：‘你在干什么，你这个强盗？……’可是她拉住我的手，抓得紧紧的，望着我，久久地望着，然后扭过头去，叹一口气说：‘您真好！’她的手是那么烫，眼睛睁得大大的，却没有精神。她说：‘是的，您真好，您是个好人，您跟我们这里的邻居不同……是的，您不是那样的人……以前我怎么不认识您！’‘亚历山德拉·安德烈耶夫娜，您安静些，’我说，‘请您相信，我觉得，我不知道有什么值得您这样……不过，请您安静些，看在上帝的分上，请您安静些……您的病会好的，您会恢复健康的。’说到这里，我还得告诉您，”医生把身子往前探了探，扬起眉毛，又说下去：“她们和邻居很少来往，因为那些普通老百姓和她们谈不来，跟那些富人来往，她们的自尊心又不允许。我跟您说：这个家庭是极有教养的——您知道，我觉得很荣幸。她只吃我递给她的药……这可怜的姑娘，在我的搀扶下，她稍稍坐起来，服了药，眼睛盯着我……我的心怦怦直跳。可是她的病越来越重，越来越重。我想，她会死的，一定会死的。您可相信，我真恨不得自己躺到棺材里去；而她母亲，她的姐妹们一直在观察我，盯住我的眼睛……已经不大相信我了。‘什么？怎么样？’‘不要紧，不要紧！’怎么不要紧，我自己也搞糊涂了。一天夜里，我又独自坐在病人旁边。使女也坐在那儿，呼噜打得山响……是啊，也难怪这可怜的使女：她实在太累了。而亚历山德拉·安德烈耶夫娜整个晚上都感到很不舒服；她因为发烧感到很难过，一直折腾到半夜；最后她似乎睡着了，至少躺在那儿再没动过。墙角圣像前的神灯一直点着。不瞒您说，我坐着，垂下头，也打起瞌睡来。突然，仿佛有人在我腰眼上推了一下，我转过身来……主啊，我的上帝！亚历山德拉·安德烈耶夫娜正睁大眼睛望着我……她的嘴巴张开着，双颊烧得通红。'您怎么了?''医生，我会死吗?''怎么会!''别，医生，别，请您别对我说我会活下去……别说……要是您知道……您听我说，看在上帝的分上，别对我隐瞒病情！'她急促地喘着气，'我要是确切知道我要死了……我就要把所有的话都告诉您，所有的话！''亚历山德拉·安德烈耶夫娜，别这么说！''您听我说，其实我一点也没有睡着，我看了您很久……看在上帝的分上……我相信您，您是个好人，您是个正直的人，我以世界上一切神圣的名义恳求您，请您对我说实话！您要是知道这样做对我有多么重要就好了……医生，看在上帝的分上，告诉我，我的病是不是很危险?''叫我对您说什么好呢，亚历山德拉·安德烈耶夫娜，别那么想！''看在上帝的分上，我求求您了！''亚历山德拉·安德烈耶夫娜，我瞒不了您，您的病确实很危险，但上帝是仁慈的……''我要死了，我要死了……'她仿佛很高兴，神情变得很快乐；我好不害怕。'您别害怕呀，别害怕，我一点也不怕死。'她突然稍稍抬起身子，用臂肘撑着，'现在……哦，现在我可以对您说，我衷心地感谢您，您是个善良的好人，我爱您……'我呆呆地望着她，您知道，我受宠若惊……'您听见吗，我爱您……''亚历山德拉·安德烈耶夫娜，我有哪一点值得您爱啊！''不，不，您不明白我的心……你不明白我的心……'突然她伸出双手，抱住我的头，吻了一下……您相信吗，我差一点没叫起来……我扑通一声跪下，把头埋在枕头里。她没做声，她的手指在我的头发里哆嗦着，我听见她哭了。我开始安慰她，用各种话劝说她……说实话，我已经不知道我对她说了些什么。我说：'亚历山德拉·安德烈耶夫娜，您会把使女吵醒的……我谢谢您……请您相信……您安静些吧。''好了，好了，'她一再说。'让她们去吧；哦，让她们都醒来吧，哦，让她们都进来吧——我无所谓：不管怎么样，我反正快死了……你有什么好顾虑的呢，你怕什么？抬起头来……也许您不爱我吧，也许是我想错了……如果是这样，那就请您原谅我。’‘亚历山德拉·安德烈耶夫娜，瞧您在说些什么呀？……我爱您，亚历山德拉·安德烈耶夫娜。’她正视着我的眼睛，张开双臂。‘那你就抱住我……’我坦白告诉您：我自己也不明白，那天夜里我怎么没有发疯。我觉得，我的病人是在毁灭自己，看得出，她的神志不太清楚；我也很理解，她如果不是认为自己快要死了，她是不会想到跟我说这些话的；您想想看，一个人活到二十五岁，还从来没有恋爱过，就这样死去，岂不遗恨终生吗？正是这件事使她痛苦不堪，正是因为这种情况才使她绝望地抓住我不放，现在您明白了吗？您瞧她是那样紧紧地抱住我，不肯放开我。‘您顾惜顾惜我吧，亚历山德拉·安德烈耶夫娜，您也顾惜顾惜自己吧，’我说。‘有什么必要？’她说，‘有什么可惜的？反正我要死了……’她不停地反复这样说。‘如果我知道，我还会活下去，仍旧做一个体体面面的小姐，那我就会感到害羞，真的会害羞……可现在有什么关系呢？’‘可谁对您说过，您会死呢？’‘唉，你别说了，够了，你别骗我，你不会撒谎，瞧瞧你自己吧。’‘您会活下去的，亚历山德拉·安德烈耶夫娜，我会把您治好的；我们要请求令堂为我们祝福……我们要结为夫妇，我们会幸福的。’‘不，不，我已经得到你的许诺了，我会死的……你已经答应过我了……你已经对我说过了……’我感到很痛苦，有很多原因使我感到痛苦。您也知道，有时发生一些小事，看起来琐事一桩，却叫人心痛。她忽然问起我的名字来，不是姓，而是名字。不幸，我的名字叫特利丰[①]。是啊，是啊，特利丰，特利丰·伊凡内奇。在她家里，大家都叫我医生。我没办法，只好说：‘我叫特利丰，小姐。’她眯起眼睛，摇摇头，嘴里用法语轻轻说着什么。哦，这可不是什么好事，后来她又笑起

① 特利丰是一个较俗气的名字，多用于社会下层男子。

来，这也不是好兆头。就这样，我几乎通宵达旦陪着她。早晨，我从她房间里出来，简直六神无主，我再次走进她的房间时已是下午吃过茶点以后。我的上帝，我的上帝！她已经叫人认不出来了：那样子比死人还难看。我敢向您发誓，到现在我还不明白，完全不明白，我是怎样挺过来的。我的病人又拖了三天三夜……这是些多么难熬的夜晚啊！她跟我说了些多么令人难过的话啊！……到最后一夜，请您想象一下——我坐在她身旁，只向上帝祈求一件事：快点把她带走吧，连我也一起带走……突然她那老母亲跑了进来……昨天我已经对她，也就是对她母亲说过，我说，她希望不大了，情况很不好，可以去请神父了。病人一看见她母亲就说：'哦，很好，你来了……你看看我们，我们相爱了，互相起了誓。''她这是怎么了？医生，她这是怎么了？'我惊呆了。我说，'她在说胡话，因为发高烧……'可她说：'别说了，别说了，你刚才对我说的完全是另一回事，你还接受了我的戒指……你干吗要装出这副样子？我母亲是好人，她会原谅我们的，她会理解的，我要死了——我没必要撒谎；把手给我吧……'我霍地站起来，跑了出去。老太太当然猜到是怎么回事了。"

"可是，我不想再多打扰您了，而且，说实话，我想起这件事来自己也很难过。我的病人第二天便去世了。愿她升入天堂！"医生边叹气边快速地说着这些话，"临终时她要家里的人都出去，单把我留下来陪她。她说：'原谅我，也许，我对不起您……病哪……但是请您相信，我从来没有像爱您这样爱过别人……别忘记我……把我的戒指保存好……'"

医生把脸转了过去；我拉起他的手。

"唉！"他说，"我们还是谈点别的事吧，想不想打打小输赢的朴烈费兰斯？您知道，干我们这一行的，不该沉醉在这样崇高的感情里。我们只想着一件事：希望孩子们别吵吵闹闹，老婆别骂骂咧咧。因为后来我也，怎么说呢，正式结婚了……可不是吗……我娶了个商人的女儿：

有七千卢布的陪嫁。她叫阿库利娜，和特利丰倒是门当户对[1]。我得对您说：这婆娘很凶，幸而整天睡懒觉……怎么，打不打朴烈费兰斯?”

我们坐下来打输赢一戈比的朴烈费兰斯。特利丰·伊凡内奇赢了我两个半卢布——他很晚才离去，因为赢了钱，显得心满意足。

① 阿库利娜也是很俗气的名字，多用于社会下层女子。

我的邻居拉季洛夫

秋天，山鹬常常栖息在一些古老的菩提树花园里。这样的花园在我们奥廖尔省相当多。我们的祖先在选择居住地点时必定要辟出两俄亩好地来做果园，并在其中筑起几条菩提树林荫道。经过五十年左右，多者七十年，这些庄院，也就是“贵族之家”，便渐渐从地面上消失，房屋倒塌或拆卖，石砌的附属建筑物变成了废墟，苹果树枯死，被砍下来当劈柴，栅栏和篱笆也都拆光了 。只有菩提树依然根深叶茂，欣欣向荣，四面被耕地围绕着，向我们浮躁的子孙诉说着“早已长眠的父兄”的往事。这种老菩提树是极好的树木……连俄罗斯农民无情的斧头都舍不得砍伐它。它的叶子很小，而粗壮的树枝则向四面八方伸展开去，在树下留下一片永不消失的清荫。

有一次，我和叶尔莫莱在田野上打鹌鹑，看见旁边有一座废弃的花园，便往那里走去。我刚走到树林边上，一只山鹬便噗的一声从灌木丛中飞起；我打了一枪，就在这一瞬间，在离我几步的地方响起了一声尖叫：一个年轻姑娘惊慌的脸从树木后面闪了一下，立刻就隐没了。叶尔莫莱跑到我跟前。“您怎么在这儿开枪：这儿住着一家地主呢。”

没等我回答，没等我的狗威风凛凛地把中弹的鸟衔来，我就听见一阵急促的脚步声，接着，一个留着小胡子的高个子便从树林里走出来，满脸不高兴地站在我面前。我连声向他道歉，作了自我介绍，并表示愿意把在他领地里打下的鸟交给他。

“好吧，”他微笑着对我说，“我接受您的猎物，不过有一个条件：您得在舍下吃一顿便饭。”

说实话，我不大想接受他的邀请，可是又无法拒绝。

“我是这儿的地主，您的邻居拉季洛夫，也许您听说过，”我的新交继续说，“今天是礼拜天，我家里的饭菜也许还可以，不然我是不敢邀请您的。”

我对他说了几句在这种场合应该说的话作为回答，便跟着他走了。不久前才打扫干净的小径引导着我们迅速走出菩提树林；我们走进一个菜园。在一片老苹果树和茂盛的醋栗丛之间长着一棵棵圆滚滚的淡绿色白菜；啤酒花缠绕在高高的杆子上；在一块豌豆地里，密密麻麻地插着许多褐色的树条，上面攀附着干枯的豌豆蔓；一些很大的扁平南瓜安坐在地上；黄瓜在积满尘土的多角形叶子下发黄；高高的荨麻顺着栅栏随风摇摆；有两三处地方成堆地长着鞑靼金银花、接骨木和野蔷薇——这是昔日“花坛”的残余。在贮满发红的脏污池水的小鱼池旁边有一口井，周围布满大大小小的水洼。一群鸭子在水洼里忙碌地拍打着翅膀，翻寻着什么。一条狗浑身颤抖着，眯起眼睛，在草地上啃骨头；一头花斑母牛也在那里懒洋洋地嚼着青草，偶尔甩起尾巴拍打那瘦骨嶙峋的脊背。小径转了个弯，从粗壮的爆竹柳和白桦树后面露出一幢盖着木板屋顶的灰色老式小房子，门前有几级弯曲的小台阶。拉季洛夫站住了。

“不过，”他和蔼可亲地望着我说，“我现在有另一种想法；也许您并不乐意到我家来；要是这样的话……”

我没让他说完，便对他说，恰恰相反，我很高兴到他家做客吃一顿饭。

“好，那就请吧。”

我们走进屋里。一个穿蓝色厚呢长外衣的小伙子在台阶上迎接我们。拉季洛夫立即吩咐他拿伏特加给叶尔莫莱喝。我的猎人便在这位慷慨的施主背后恭恭敬敬地鞠了一躬。我们从贴着各种色彩斑斓的图画、挂着许多鸟笼的前厅走进一个不大的房间，这是拉季洛夫的书房。我卸下猎装，把枪倚在角落里，那穿长外衣的小伙子便忙着为我掸去身上的灰尘。

“好，现在我们就到客厅去吧，”拉季洛夫亲切地说，“我给您介绍一下家母。”

我跟着他走。在客厅当中的沙发上，坐着一位身材不很高大的老太太，她穿着褐色连衣裙，戴着白色睡帽，清瘦的脸显得很慈祥，神情畏葸而忧郁。

“妈妈，我来给您介绍：这位是我们的芳邻某某某。”

老太太欠身向我点点头，枯瘦的手没有放下那只像口袋一样的粗毛线手提包。

“您光临敝村已经很久了吗?”她眨着眼睛，轻声细语地问我。

“不，老太太，不很久。”

“您打算在这儿长住吗?”

“我想，住到冬天到来以前。”

老太太没再问下去。

“这位是，”拉季洛夫指着一个我走进客厅时未曾注意到的瘦高个子，接着说，“这位是费奥多尔·米海伊奇……喂，费佳[①]，给客人表演一下吧。你干吗躲在角落里?”

费奥多尔立刻从椅子上站起来，从窗台上拿起一把破旧小提琴，拿起弓，不像正规的方法那样抓住弓的末端，而是抓住弓的中央，把小提琴搁在胸前，闭上眼睛，唱着歌，在琴弦上叽叽嘎嘎地拉着，并且跳起舞来。他看上去有七十岁模样；长长的土布外衣在他骨瘦如柴的干瘪肢体上悲惨地晃荡着。他跳着舞，有时使劲地抖动一下他那小小的秃头，有时仿佛凝住不动，慢慢地把头向上抬起，伸直他那青筋突暴的脖子，原地跺着双脚，有时则显然很吃力地弯弯双膝。他那掉了牙的嘴发出一种衰弱无力的声音。拉季洛夫大概从我脸上的表情看出费佳的“表演”并没有给我带来很大的快乐。

“好啦，老头儿，停下吧，”他说，“你可以去享受一下了。”

---

① 费奥多尔的小名。

费奥多尔·米海伊奇立刻把小提琴放在窗台上，先向我这客人，然后向老太太，再向拉季洛夫鞠了躬，便走出去了。

“他原来也是个地主，”我的新朋友继续说，“很有钱，可后来破产了——现在就住在我这儿……当时他是全省最风流的人物，拐走了两个有夫之妇，家里养着歌手，自己也能歌善舞……您要不要来点伏特加？饭菜已经准备好了。”

这时，我在花园里见过一眼的那个姑娘走进客厅。

“这是奥丽娅！”拉季洛夫稍稍转过头去，说，“请多多关照……那么我们去吃饭吧。”

我们走进餐厅，坐下。我们从客厅里出来到落座的时候，费奥多尔·米海伊奇由于能够“享受”一下，眼睛便闪耀着光芒，鼻子微微发红，正唱着：“胜利的炮声响起来！”[①]屋角里一张没铺桌布的小桌上为他安放了一套专用的餐具。这可怜的老头不能保持整洁，因此常常让他呆在离大家远一点的地方。他画了十字，叹一口气，便狼吞虎咽起来。饭菜确实不错，因为是礼拜天，便少不了会颤动的肉冻和西班牙风(馅饼)。席间，这位在步兵团服务了十来年、远征过土耳其的拉季洛夫便说起故事来。我仔细地听着，同时悄悄地打量着奥丽加[②]。她并不很漂亮，但她脸上果断而恬静的神情，她那宽阔、白皙的前额，一头浓密的头发，尤其是那对虽然不很大，然而显得灵秀、明亮、富有生气的眼睛，任何处在我这种地位的人看了，无疑都会为之怦然心动。她仿佛在仔细地谛听拉季洛夫的每一句话；她脸上的神情所表现的并非兴趣，而是热烈的关注。从年龄上说，拉季洛夫可以做她的父亲；他用“你”称呼她，但我立刻猜出，她不是他的女儿。在谈话中，他提到他已过世的太太——“她的姐姐”——他指着奥丽加作了进一步说明。她立刻满面

---

① 沙皇时代的国歌。

② 奥丽加是奥丽娅的本名，后者是小名。

飞红，垂下眼睑。拉季洛夫停了一下，换了个话题。吃饭的时候，老太太始终一言不发，几乎什么也没有吃，也不劝我进食。她脸上满是某种胆怯和无望的期待，一种老年人的忧伤，任何人看了都会为之感到心痛的忧伤。快吃完的时候，费奥多尔·米海伊奇想用他的歌声为主人和客人“助兴”，但拉季洛夫看了我一眼，便叫他别开口；老头儿用手抹了一下嘴唇，眨眨眼睛，鞠了个躬，又坐下了，但只坐在椅子的边缘上。散席后我和拉季洛夫一起到他的书房去。

大凡经常专注于一种思想或一种追求的人，不管他们的品性、能力、社会地位和教育程度如何，在他们的言谈举止中总有些明显的共同之处和外表上的相似。我对拉季洛夫观察得越久，就越觉得他是属于这一类的人。他谈田产的经营、收割、刈草，谈战争、县里的流言蜚语和近期的选举，丝毫没有勉强的样子，甚至很投入，却突然叹着气，像个被繁重的工作压垮的人一样跌坐在圈椅上，用手抹一下脸，他的整个善良而和蔼可亲的灵魂仿佛只渗透着、贯注着一种感情。我看不出他对食物，对酒类，对打猎，对库尔斯克夜莺，对患癫痫病的鸽子，对俄罗斯文学，对溜蹄马，对匈牙利骠骑兵外衣，对打纸牌和台球，对舞会，对去省城和京城旅行，对造纸厂和甜菜糖厂，对装饰得金碧辉煌的亭子，对茶，对训练得能歪着头拉车的边套马，甚至对把腰带系在腋下的胖车夫，对那些上帝才知道为什么脖子一动眼睛就往旁边一睃、几乎要瞪出来的出色车夫……有任何兴趣，这使我大为惊奇。“这到底是个什么样的地主!”我心里想。然而他绝对不装成一个愁眉苦脸、对自己的命运不满的人；相反，他身上洋溢着对每个人都一视同仁的亲切和热情，几乎准备降低身份同每一个随便遇到的人亲近。诚然，您同时也会感觉到，他不能同任何人结成知交和真正亲近，这并不是因为他不需要朋友，而是因为他城府太深。仔细观察拉季洛夫，我无论如何不能想象他是幸福的，不管是现在还是随便什么时候。他也不是一个美男子。但是在他的神态中，微笑中，在他的全身，都隐藏着一种非凡的魅力，确实是隐藏着。因此我似乎很想能更好地了解他，喜欢他。固然，他也常常暴露出一个地主和草原居民的本性，但他毕竟是个很出色的人。

我们刚谈起新任县长，突然门口响起奥丽加的声音："茶准备好了。"我们走进客厅。费奥多尔·米海伊奇仍旧坐在窗户和大门之间他那个角落，小心翼翼地缩起双腿。拉季洛夫的母亲在织袜子。通过敞开的窗子，从花园里飘来一阵阵秋天凉爽的气息和苹果的香味。奥丽加忙着倒茶。现在我比在饭桌上更加注意观察她的一举一动。她像一般县城里的姑娘一样很少说话，但至少我没有发现她想说点什么好听的话而苦于自己缺少知识，无力表达。她不作无谓的叹息，仿佛心中有无尽的难以表达的感触，她不会把眼珠往上直翻，不作充满幻想而又用意暧昧的微笑。她的目光坦然而安闲，像一个经历大喜大悲之后平静下来休息的人。她的步态，她的举止果断而自然。我很喜欢她。

我又和拉季洛夫闲聊起来。我已经不记得我们怎么会谈到一种大家都很熟悉的情况：一些极其微不足道的小事怎么往往会比一些重大的事件给人留下更深刻的印象。

"是啊，"拉季洛夫说，"这一点我有亲身体会。您知道，我结过婚。没有多久……三年；我妻子难产死了。我想，她死了，我也活不长；我非常伤心，痛不欲生，但我哭不出来，整天发呆。我们按规矩给她穿衣服，把她安放在桌上——就在这个房间里。神父来了，诵经士也来了，开始念经、祈祷、焚香；我磕头鞠躬，可眼泪一滴也流不出来。我的心好像变成了石头，脑袋也是这样，全身都麻木了。第一天就这样过去了。您相信不相信，夜里我竟睡着了。第二天早晨，我走到妻子那儿——事情发生在夏天，太阳从头到脚照遍了她全身，阳光亮得耀眼。突然我看见……"说到这里，拉季洛夫不由得打了个冷颤。"您想我看见什么啦？她的一只眼睛没有完全闭上，一只苍蝇在上面爬着……我顿时像一束禾捆似的瘫倒在地上，苏醒过来以后，我便哭啊哭啊——怎么也抑制不住……"

拉季洛夫停了下来。我望望他，又望望奥丽加……我一辈子也忘不了她脸上的神情。老太太把袜子放在膝盖上，从手提包里拿出一块手帕，悄悄地擦着眼泪。费奥多尔·米海伊奇突然站起来，一把抓起小提琴，用嘶哑而粗野的声音唱起歌来。他大概想让我们高兴些，可是我们一听见他的声音都打了个寒噤。拉季洛夫便叫他停下来。

“不过，”他继续说，“该发生的已经发生了；已经过去的事情不能挽回，再说……这儿的一切毕竟都在向好的方面转变，这好像是伏尔泰说的吧，”他连忙补充了一句。

“是啊，”我说，“当然。而且任何不幸都是可以忍受的，天下没有走不出的逆境。”

“您是这样想的吗?”拉季洛夫说。“是啊，也许您说得对。记得我在土耳其的时候，有一次躺在医院里，病得奄奄一息：我因伤口溃烂而发烧。唉，我们住的地方实在太糟，不用说，在打仗嘛——就这样还得感谢上帝呢！突然又来了许多病人，把他们安置在哪儿好呢？医生跑来跑去，就是找不到地方。他走到我跟前，问医士：‘还活着吗?’医士回答：‘早上还活着。’医生弯下腰听了听：我还在呼吸。这位朋友等不及了，他说：‘这个人不行了，他快死了，他必死无疑，还在那儿喘粗气，拖延着，白白占着地方，妨碍别人罢了。’‘唉，’我心里想，‘这下你可完蛋了，米哈伊洛·米哈伊雷奇……’可是我康复了并且活到现在，就像您看到的那样。可见您的话是对的。”

“我这句话在任何情况下都是对的，”我回答。“即使您死了，您也是走出了当时的逆境。”

“当然，当然，”他说着，用手使劲拍拍桌子……“只要下决心……人活在逆境里还有什么意思？……干吗还要犹豫不决，拖拖拉拉……”

奥丽加霍地站起来，走到花园里去。

“喂，费佳，跳个舞吧!”拉季洛夫高声说。

费佳立刻站起来，用他那优雅而特别的步态在房间里走着，就像大家所知道的“山羊”在驯熟的熊旁边表演一样，接着，他唱起来：“有一次在我们的大门旁……”

大门口传来轻便马车的辘辘声，过了一会儿，一个身材高大、肩膀宽阔、体格强壮的老头走进了房间，他是独院小地主①奥夫夏尼科夫……这位奥夫夏尼科夫是一位出色而又独特的人物，因此我们要请读者允许在另一篇笔记里再介绍他。现在我只作一点补充：第二天我和叶尔莫莱天未亮就出去打猎，打完猎就直接回家了。过了一个礼拜，我又顺路到拉季洛夫家里去，但是在他家里没有遇到他，也没有看见奥丽加，又过了两个礼拜，我才知道，他突然抛下母亲，带着妻妹到某个地方去了，从此杳无踪影。全省大哗，纷纷议论这件事，至此我才恍然大悟，明白了拉季洛夫在谈话时奥丽加脸上表现出来的神情。当时她脸上流露出来的不只是同情，而且燃烧着妒火。

我在离开乡下之前去看望了拉季洛夫的老母亲。我在客厅里遇到她，她正和费奥多尔·米海伊奇打牌，玩“捉傻瓜”游戏。

“令郎有消息吗?”最后我问她。

老太太哭了起来。我就没有再问她拉季洛夫的事了。

---

① 俄国农奴时代低级官吏后裔出身的小地主，土地不多，可蓄农奴，但与农民一样缴纳赋税。

独院小地主奥夫夏尼科夫

亲爱的读者，请想象一个年约七十岁、长得又高又胖的人，他的相貌有点像克雷洛夫[1]，在低垂的眉毛下长着一对明亮而聪明的眼睛，他神态威严庄重，说话富有节奏，步伐从容不迫，这就是我要给您介绍的奥夫夏尼科夫。他穿着一件宽大的蓝色长袖常礼服，钮扣一直扣到上面，脖子上系一条浅紫色丝围巾，脚上蹬一双擦得锃亮的带穗皮靴，看上去大致像个殷实的商人。他的手很漂亮，又白净又柔软，谈话时常常用手摆弄常礼服上的钮扣。奥夫夏尼科夫的庄重和严肃、机灵和慵懒、直爽和固执很像彼得大帝时代以前的俄罗斯大贵族……他要是穿上一件俄罗斯无领长袍，一定很神气。这是一个旧时代的遗民。所有的邻居都格外尊敬他，以和他交往为荣。一些同辈的独院小地主对他无不顶礼膜拜，老远看见他就脱帽致敬，把他引为骄傲。一般说，在我们那里，独院小地主至今还很难同普通庄稼汉区别开来：他们的经济状况几乎不如一般农民，牛犊小得离不开荞麦，马匹半死不活，挽具都是用绳索做的。奥夫夏尼科夫是个例外，虽然还不是个富翁。他和妻子两人住在一座舒适整洁的小屋子里，用的仆人不多，给他们穿的是俄罗斯服装，称他们为雇工。他们也替他种地。他不冒充贵族，不摆出地主的架势，从来不如俗话所说的那样“得意忘形”，不是人家一说请坐就立刻落座，有新的客人来到，他必定起来表示敬意，然而正因为他有这样的品格，因为他举止庄重、彬彬有礼，客人便不由得更加恭敬地向他鞠躬行礼。奥夫夏尼科夫遵循古代风习，并不是由于迷信(他的思想相当开明)，而是由于习惯。譬如，他不喜欢带弹簧座的马车，因为他并不感到舒适，他总是乘竞赛用的轻便马车，或者乘有皮垫的漂亮小马车，自己赶那匹良种枣红大走马(他只养枣红马)。马车夫是一个面颊红润的年轻小伙子，头发剪成一个圆圈，穿着蓝色粗呢外衣，戴着劣质的羊皮帽，腰间束根皮带，毕恭毕敬地坐在他旁边。奥夫夏尼科夫总要睡午觉，每个礼拜六洗一次澡，只读宗教书籍(读书的时候总是煞有介事地戴上一副银边的圆形眼镜)，早起早睡。不过，他不留胡子，把头发剪成德国式。他招待客人极其殷勤亲切，但不向他们弯腰鞠躬，不忙着张罗，不招待他们吃任何干果和腌渍食品。“内当家的!”他慢慢地说着，并不站起来，只向她稍稍转过头去。“拿点好吃的来招待客人吧!”他认为出售粮食是犯罪，因为粮食是上帝的恩赐，一八四〇年在发生大饥荒和物价飞涨的时候，他把所有库存的粮食都分送给周围的地主和农民，第二年他们都感激涕零地用实物来还债。邻人常常跑来请奥夫夏尼科夫评理和调解，他们几乎都服从他的判决，听从他的劝告。许多人由于他的帮忙才彻底划清了地界……但在同一些女地主争吵两三次之后，他就声明从此再不为女人调解纠纷。他不能容忍仓猝从事、惊慌失措、婆娘们的闲话和“手忙脚乱”。有一次他家不知怎么失火了。一个雇工上气不接下气地跑进来大叫大嚷：“失火了！失火了!”“喂，你嚷什么啊!”奥夫夏尼科夫平心静气地说。“把我的帽子和手杖拿来……”他本人很喜欢驯马。有一次一匹烈性的比秋格马②载着他奔下山往峡谷驰去。“喂，好了，好了，小马驹，你会摔死的，”奥夫夏尼科夫不愠不火地对它说，接着一转眼工夫，他就连同那辆竞赛用轻便马车、坐在后面的男孩和马一起冲进峡谷里。幸好谷底有个沙堆，谁也没有受伤，只有那匹比秋格马的一条腿脱了臼。“嘿，你看，”奥夫夏尼科夫从地上爬起来，还是不愠不火地说，“我早就跟你说过了。”他找的妻子同他很相配。塔吉

---

① 克雷洛夫(1769—1844)，俄国寓言作家。

② 比秋格马是一种特种马，产于沃罗涅日省著名的“赫列诺夫”(前奥尔洛娃伯爵夫人养马场)附近。——原注

按：比秋格马由俄罗斯比秋格河得名，马身高大，善拉重载，是一种名马。

雅娜·伊里尼奇娜·奥夫夏尼科娃是个身材高大、端庄持重而沉默寡言的女人，总是系着一条咖啡色的绸围巾。她总让人觉得冷若冰霜，虽然不仅没有人说她为人严厉，反而有许多穷人称她老大娘和恩人。端正的容貌、大大的黑眼睛、薄薄的嘴唇至今仍可证明当年她是个出色的美人。奥夫夏尼科夫没有子女。

读者已经知道，我是在拉季洛夫家里认识他的，过了两三天，我到他家去，他恰好在家。他正坐在一只很大的皮圈椅上读《圣徒言行录》。一只灰猫在他肩膀上打呼噜。他照例亲切礼貌地接待我，我们就攀谈起来。

“鲁卡·彼得罗维奇，请您跟我说实话，”我顺便对他说，“从前，在您那个时代，情况是否好些?”

“有些情况确实要好些，我对您说，”奥夫夏尼科夫回答，“我们的日子过得比较太平，物产比较丰富，确实……不过现在毕竟更好些，到您的孩子长大后，他们的日子还会更好，愿上帝保佑。”

“我还以为，鲁卡·彼得罗维奇，您会对我赞扬旧时代呢。”

“不，我没有必要特别赞扬旧时代。举个例子说吧，虽然您现在仍旧是个地主，像您已故的太爷那样，可是您已经没有那样的权势了！当然，您本人也不是那样的人。现在别的地主还在欺压我们，不过，看来不这样也不行。熬一熬，总有出头之日。是啊，我在年轻时看惯的那些事，现在已经看不到了。”

“您能举个例子吗?”

“譬如这种事吧，我仍旧以令太爷为例。他是个很有势力的人！总欺负我们这辈人。也许您也知道——自己土地的事怎么会不知道呢——从切普雷金到马利宁的那块耕地吧? ……现在你们在这块地上种燕麦……其实这块地是我们的——整块都是我们的。可是令太爷把它从我们手里夺走了。有一次他骑马出来，用手一指，说：‘这是我的领地，’就这样霸占去了。先父(愿他升入天堂!)是条直汉子，年轻气盛，他忍受不了——谁愿意失去自己的产业呢？便一纸状子告到法院。可是他一个人去告状，别人都不肯跟上——他们都害怕了。于是有人去向令太爷报告，说彼得·奥夫夏尼科夫告了您的状：说您霸占了他的土地。……令太爷立刻派他的司猎巴乌什带领一大帮人到我家来……就这样把我父亲抓去，带到您家的世袭领地上。当时我还是个小孩子，赤着脚跟着他们跑去。您说怎么着？……他们把他带到您府上的窗子底下，就用鞭子抽他。令太爷就站在阳台上看着；令太婆也坐在窗口观看。我父亲大声叫喊着：'玛丽亚·瓦西里耶夫娜老太太，替我求个情，你们就饶了我吧！'可她只是时而挺挺身子，依然无动于衷地看着。最后，他们还要我父亲答应让出这块土地，并且感谢他们放他活着回去。就这样，这块地便属于你们了。您去问问您家那些庄稼汉：这块地叫什么？它叫棍棒地，因为是用棍棒夺来的。就因为这个缘故，我们这些小人物是不会留恋旧制度的。"

我不知道怎么回答奥夫夏尼科夫，也不敢朝他脸上看一眼。

"那时候我们还有一个邻居叫斯捷潘·尼克托波利昂内奇·科莫夫。他也百般折磨我父亲。他是个酒鬼，喜欢请客，等到喝醉了便用法国话说一声：'这很好。'①接着把嘴唇一舔就无法无天起来！他派人去邀请所有的邻居。马车就停在门外等你；你要是不肯去，他马上亲自找上门来……他真是个怪人！他'清醒'的时候，从不胡言乱语，可一喝醉就滔滔不绝地说起来，说他在彼得堡的方坦卡街上有三幢房子：一幢红色的，有一个烟囱；第二幢是黄色的，有两个烟囱；第三幢是蓝色的，没有烟囱。他说他有三个儿子(可他没结过婚)：一个在步兵里，另一个在骑兵里，第三个在家里……他还说，每一幢房子住着他的一个儿子，老大家里常有海军将官来访，老二家里常有陆军将官来做客，来看小儿子的都是些英国人！说到这里，他站起来说：'为我大儿子的健康

① 原文为法文。

干杯，他在我家是最孝敬父母的！’接着哭了起来。如果有人不肯和他一起干杯，那他可要倒霉了。‘我毙了你！’他说，‘还不许埋葬！……’有时候，他霍地站起来，大声叫嚷：‘跳舞吧，上帝的子民，大家消遣消遣，对我也是个安慰！’这么一来，你只得跳舞，哪怕累死，你也得跳下去。他把自己家里农奴的女孩子折磨得够戗。常常叫她们通宵达旦唱歌，谁调门唱得最高，谁就可以得到奖赏。她们要是唱累了，他就把头埋在手里，悲叹起来：‘唉，我这孤苦伶仃的孤老头！大家把我抛弃了！亲爱的。’马夫们立刻去给女孩子打气。他也看中了我父亲：有什么办法呢？他几乎把我父亲送进了棺材，差一点就送进去了，谢天谢地，后来他自己死了：他喝醉了酒从鸽子棚上摔了下来……您看，我竟遇上这样的邻居！”

“时世变化太大了！”我说。

“是啊，是啊，”奥夫夏尼科夫表示同意。“所以说：在旧时代贵族都很阔气，更不用说那些达官贵人了：在莫斯科，我看得多了。据说，眼下这种人已经绝迹了。”

“您在莫斯科待过？”

“待过，很久很久以前了。我现在七十二岁出头了，到莫斯科去是十五岁的时候。”

奥夫夏尼科夫叹了一口气。

“您在那儿见过什么人？”

“我见过许多达官贵人，各式各样的人全见过。他们经常宴请宾客，那气派真是非同寻常。不过没有一个人赶得上已故的阿列克谢·格里戈里耶维奇·奥尔洛夫－切什缅斯基①伯爵。我常常见到阿列克谢·

① 阿·格·奥尔洛夫(1737—1807/08)，俄国海军上将，在1768—1774的俄土战争中曾指挥俄国舰队在切什梅战役(1770)中取得胜利，得到切什缅斯基(切什梅公)的封号。

格里戈里耶维奇，我叔父在他府上当管家。伯爵住在卡卢加门附近的沙博洛夫卡。这真是个不折不扣的达官贵人！那样的气派，那样的和蔼可亲真是难以想象，无法形容。光是身材，就没话说的，还有那威力，那眼神！你没有认识他、没有接近过他的时候，你会怕他，不敢接近他，可是一旦接近他，他就像太阳般使你觉得温暖，你会感到非常愉快。他亲自接见每个人，对一切都感兴趣。他亲自参加赛马，跟所有的人比赛；他从来不一下子赶上别人，不盛气凌人，不阻拦别人，直到最后一刻才超过人家；他是那么和蔼可亲——总是安慰他的对手，夸对手的马好。他养着最好的筋斗鸽。他常常走到院子里，坐到圈椅上，吩咐放鸽子；许多仆人站在四周的屋顶上持枪防止鹞鹰来袭击。伯爵脚边放着一只很大的银盆，里面装满了水，他就往水里看鸽子飞翔。成百上千个穷人和乞丐靠他过活……他送掉了多少钱！可他发起怒来，那可真叫雷霆万钧。这当然很可怕，但你不必抱怨：过一会儿，你一看，他已经笑嘻嘻的了。他一举行宴会，就能让整个莫斯科喝得烂醉！……他还是个聪明绝顶的人！是他把土耳其打败了。他也喜欢摔跤；人们纷纷从图拉、从哈尔科夫、从坦波夫、从全国各地把大力士请到他这里来。谁被他摔倒，他就奖励谁；要是有人把他摔倒了，他就给予重赏，并且吻他的嘴唇……还有，我在莫斯科的时候，他组织了一次全俄罗斯前所未有的猎犬竞赛：他把全国所有的猎人都请来，规定了日期，给了三个月的期限。猎户们都纷纷跑来。带来了许多猎手和猎犬，嘿，简直是一支浩浩荡荡的大军！起初，他大摆筵席，接着便开到城外去。人们都跑来看热闹，真是人山人海！……您猜怎么着？……令太爷的猎犬竟跑在最前面。”

“是不是那条米洛维特卡？”我问。

“是米洛维特卡，是米洛维特卡……于是伯爵就来求他，他说：‘把你的狗卖给我吧，你要什么都可以。’‘不，伯爵，’令太爷说，‘我不是商人，连没用的破布我都不卖，为了表示敬意我连太太都可以让出去，可米洛维特卡就是不卖……我宁可自己当俘虏。’阿列克谢·格里戈里耶维奇听了便夸奖他，对他说：‘我喜欢你的脾气。’令太爷便乘马车把狗带了回去。米洛维特卡死的时候，他还奏乐把它葬在花园里——狗下葬以后还给它立了一块石碑，上面刻着铭文。”

“可见阿列克谢·格里戈里耶维奇是从来不盛气凌人的，”我说。

“常言道：只有没本事的人才会惹是生非。”

“那么那个巴乌什是个什么样的人?”沉默了一会儿之后，我问。

“您连米洛维特卡的事都听说了，怎么巴乌什的事却不知道? ……这是令太爷的总司猎和管猎犬训练的人。令太爷喜欢他不亚于喜欢米洛维特卡。他是个天不怕地不怕的人，不管令太爷叫他做什么，他一眨眼就办好了，哪怕上刀山下火海……他吆喝猎狗追野兽的时候，树林里就响起一片回声。但他那倔脾气一发作，就会从马上跳下来，躺倒不干……狗听不见他的声音——一切就都完了！它们放着新鲜的足迹不去跟踪，再好的猎物也不去追赶了。好哇，令太爷于是大发雷霆！‘我要是不把你这个无赖吊死，我就不活了！我要把你这个不信基督的家伙开膛破肚！把脚跟塞到你这个凶手的喉咙里去！’结果却常常是派人去问他需要什么，为什么不吆喝狗追赶野兽。在这种情况下，巴乌什通常是要求喝点酒，他一喝完酒，便爬起来，又去使劲吆喝他的猎狗。”

“看样子您也喜欢打猎，是这样吧，鲁卡·彼得罗维奇?”

“不错，我也喜欢打猎……不过不是现在：现在我的好时光已经过去了，是年轻的时候……您也知道，不好意思，身份的关系。我们这帮人不想跟在贵族的后面跑。确实：我们这个阶层也有个别喜欢喝两杯却又没有能力的人，他们便去投靠那些老爷……可那是一种什么样的快乐！……不过是自取其辱罢了。给他一匹走路磕磕绊绊的劣马，不时把他的帽子摘下来扔在地上，像抽打马匹一样不时用鞭子在他身上轻轻抽一下，可他还是笑嘻嘻的，并且逗别人发笑。不，我告诉您：越是没有身份的人，就越要洁身自好，不然只会自取其辱。”

“是啊，”奥夫夏尼科夫叹了一口气继续说，“自从我来到这个世界上，时光已经像流水一样流逝了不少：现在已是另一种时世。我看到贵族的变化特别大：领地少的人或者去供职了，或者不再住在原来的地方；领地多一点的人——那就叫人认不出了。这些大地主在划分地界的时候我见得多了。不瞒您说，我看着他们，心里很高兴：他们都和蔼可亲、彬彬有礼。只有一点我百思不得其解：他们都精通各门学问，说话头头是道，叫你心悦诚服，可实际事务却一窍不通，连本身的利益都稀里糊涂：他们的农奴、管家都可以任意糊弄他们，就像把木杆弯成马轭一样。您也许认识亚历山大·弗拉基米罗维奇·科罗廖夫吧——他哪一点不像个贵族？他长得一表人才，家里那么有钱，上过大学，好像还出过国，说起话来慢条斯理，和颜悦色，还跟我们所有的人握手。您认识他吗？……那么您听我说。上个礼拜我们应经纪人尼基福尔·伊里奇的邀请到别廖佐夫卡去聚会。经纪人尼基福尔·伊里奇对我们说：‘诸位，现在要划地界了，我们这个地段比人家落后，这是个耻辱：现在我们干起来吧。’我们就干起来了。照例进行了商议，发生了争论。我们的代理人执意不肯相让。但第一个在那儿吵闹的是奥夫钦尼科夫·波尔菲里……这个人为什么要吵闹呢？……他自己一寸土地也没有，是受他兄弟委托来办这件事的。他大叫大嚷：‘不行！你们骗不了我！不行！不是这样划分的！把地图拿来！把土地测量员给我叫来，把这个出卖基督的家伙给我叫来！’‘您到底要怎么办？’‘你们以为我是傻瓜吗？嘿！你们以为我会把要求当场宣布吗？……不，你们把地图拿来，就是这样！’他用手拍着地图。他大大侮辱了玛尔法·德米特里耶夫娜。那位太太立即大叫起来：‘您竟敢败坏我的名誉！’他回答：‘我吗？把您的名誉送给我那匹栗色母马我都不要。’好容易让他喝了些马德拉葡萄酒，才让他安静下来——接着，别人又造起反来了。我那亲爱的亚历山大·弗拉基米罗维奇·科罗廖夫坐在角落里，咬着手杖上的镶头，只是一个劲儿摇头。我觉得难为情，忍不住，直想跑出去。人家会怎么看待我们呢？我一看，我的亚历山大·弗拉基米雷奇站了起来，露出要讲话的样子。经纪人着了慌，就说：‘诸位，诸位，亚历山大·弗拉基米雷奇要讲话。’对贵族实在不能不佩服：大家马上安静下来。亚历山大·弗拉基米雷奇便开始讲话，他说：我们好像忘记了是为什么而来的；他又说：虽然划分地界无疑对领主有利，可实际上这样做是为了什么呢？——是为了让农民减轻负担，让农民耕作更方便些，对付得了赋役；要不然像现在这样，他连自己的地都不知道，常常跑到五俄里以外去耕作——这也不能怪他。接着亚历山大·弗拉基米雷奇说，地主不应该不关心农民的福利，如果仔细想一想，归根结底，他们的利益和我们的利益是一致的：他们好了，我们也跟着好，他们倒霉，我们也会倒霉……他又说，可见，为了一点小事而争吵不休是不应该的，不明智的……等等，等等……瞧他说得多好！每句话都说到人心里去了……那些贵族一个个低下头，我自己，上帝作证，差一点没掉下眼泪。说实话，古书里从来没有说过这样的话……结果怎么样呢？他自己的四俄亩青苔沼地既没有让出，也不肯卖掉。他说：‘我要叫人把这块泥沼地弄干，在上面建造一个设备完善的毛纺厂。’他说，‘我已选定了这个地方，这件事我早已有了打算……’这件事如果是真的倒也罢了，结果是亚历山大·弗拉基米雷奇的邻居卡拉西科夫·安东舍不得付一百纸卢布给科罗廖夫的管家。我们没办完事就这样各自回家了。而亚历山大·弗拉基米雷奇至今还认为自己做得对，并且常常提到毛纺厂的事，只是弄干沼地的计划始终没见行动。”

“那么他又是怎样经营自己的领地的呢？”

“全部采用新办法，那些庄稼汉都不赞成——可是用不着听他们的。亚历山大·弗拉基米雷奇干得很好。”

“这是怎么回事，鲁卡·彼得罗维奇？我以为您是守旧的呢。”

“我嘛，是另一回事。我不是贵族，也不是地主。我的营生算得了什么？……再说，换一种办法，我又不会。我只是努力做得正当，依法办事，这样就谢天谢地了！年轻的先生们不喜欢旧制度，我赞赏他们……是该动动脑筋的时候了。不幸的只是，年轻的先生们太会自作聪明。他们对待农民就像在玩布娃娃：摆弄过来，摆弄过去，坏了，就撒手不管。于是农奴出身的管家或者德国出生的管理人员又把农民攥在手心里了。哪怕年轻的先生里面有一个做出榜样，让大家看看，事情该怎么办，那也好啊！……这一切该有个什么样的结局呢？难道说，我就这样一命归天，看不到新的制度了？……真是咄咄怪事！旧的死了，新的还没有生出来！”

我不知道怎么回答奥夫夏尼科夫。他往四下里看了看，朝我身旁挪近些，悄悄问我：

“您听说瓦西里·尼古拉伊奇·柳博兹沃诺夫的事了吗？”

“没有，没听说过。”

“您倒给我解释解释，这是件什么样的怪事。我怎么也想不明白。他家的农民都给我说了，可我弄不懂究竟是怎么回事。您知道，他是个年轻人，不久前从他母亲那儿得到一笔遗产。于是来到自己的世袭领地。农民们聚拢来看自己的主人。瓦西里·尼古拉伊奇出来接见他们。农民们一看，真是难以想象！主人穿着波里斯绒裤子，活像个马车夫，靴子上有滚边，衬衫是红色的，上衣也是马车夫穿的那种式样；他蓄着胡须，头上的帽子怪怪的，连他的脸也是那么怪怪的——说他喝醉了，又没有喝醉，但总有点疯疯癫癫的样子。他说：‘你们好啊，伙计们！愿上帝帮助你们。’农民们向他鞠躬——但是一言不发：您知道，他们心里害怕。而他自己也好像怯生生的。他开口对他们说：‘我是俄罗斯人，你们也是俄罗斯人；俄罗斯的一切我都喜欢……我有一颗俄罗斯的灵魂，我身上流的血也是俄罗斯的……’突然他好像下命令似地说：‘这样吧，伙计们，大家唱一支俄罗斯民歌吧！’农民们两腿直打哆嗦，大家整个儿都傻了。一个胆子大的先唱了起来，可立刻就蹲下来，躲到别人背后去……叫人奇怪的是：我们那儿也有这样的地主，都是些不要命的老爷，喜欢到处游荡，真的；他们穿得像个马车夫，自己跳舞、弹吉他、唱歌、和家仆一起喝酒、跟农民一起饮酒作乐，可这个瓦西里·尼古拉伊奇却像一位千金小姐，总是读书啊，写字啊，要不然就大声唱赞美歌。他跟谁都不说话，怕见生人，常常一个人在花园里散步，好像在思念什么人或者为什么事伤心。原来的那个管家起初一直战战兢兢，在瓦西里·尼古拉伊奇到来之前，跑遍了所有的农家，向所有的人鞠躬行礼——显然，这只馋猫心里明白自己偷吃了谁家的肉。农民们也有了盼头，他们想：'办不到，老弟！这会儿可要唯你是问了，宝贝；有你的好戏看了，你这个吝啬鬼！……'结果却不是那么回事，叫我们怎么对您说呢？连上帝也弄不清是怎么回事！瓦西里·尼古拉伊奇把他叫来，要跟他说话，自己却先脸红了，您知道，他的呼吸是那么急促，对他说：'你在我这儿办事要公正，不要欺负任何人，听见了吗？'从此以后他就没再找过他！他住在自己的世袭领地里像个局外人。这么一来，那管家就松了一口气，而农民们也不敢来找瓦西里·尼古拉伊奇，他们心里害怕。后来又出现了一些叫人想不通的事：主人竟向他们鞠躬，彬彬有礼地看着他们，他们简直吓坏了。老爷，您倒说说看，这事情有多奇怪？……是不是我变得不懂世事，老了，还是怎么的——我不明白。"

我回答奥夫夏尼科夫说，这位柳博兹沃诺夫先生大概有病。

"有什么病！他长得腰圆体壮、肥头大耳，年纪又那么轻……真是天晓得！"于是奥夫夏尼科夫深深叹了一口气。

"好吧，我们暂且不谈贵族吧，"我说，"您能给我谈谈独院小地主们的情况吗，鲁卡·彼得罗维奇？"

"算了，别谈这个吧，"他连忙说，"说实在的……给您谈一点也可以……可有什么好谈的！"奥夫夏尼科夫把手一挥。"我们最好还是喝喝茶……农民就是农民；不过，说实话，我们还能怎么样呢？"

他停住话头。茶送上来了。塔吉雅娜·伊里尼奇娜站起来，坐得靠我们近些。整个晚上她有几次悄悄走出去，又悄悄地回来。房间里一片寂静。奥夫夏尼科夫一杯接一杯慢慢地、一本正经地喝着茶。

“米佳今天来了，”塔吉雅娜·伊里尼奇娜轻声说。

奥夫夏尼科夫皱起眉头。

“他来干什么?”

“来赔罪的。”

奥夫夏尼科夫摇摇头。

“唉，您倒说说，”他转过头来，接着对我说，“您拿这些亲戚怎么办？拒绝他们是不可能的……您看，上帝赐给我一个侄子。他是个有头脑的小伙子，一个机灵的小伙子，没话说的；书读得很好，可是不能指望他有什么出息。他本来在官家当差——却把差事丢了：您看，因为没有得到提升……难道他是个贵族？就是贵族，也不会一步登天，马上升作将军。现在他失业了……这还算不了什么，可他竟当上了讼棍！他给农民写状子，写申诉书，给乡村警察出主意，揭发土地测量员，进出酒家，结交一帮长病假士兵、小市民和客栈老板。要不了多久他就得倒大霉了。区警察局长和县警察局长已不止一次警告过他。幸而他善于插科打诨，把他们逗得哈哈大笑，可是后来又给他们惹出了麻烦……算了，不谈他了。他还在你房间里吧?”他回头对妻子说。“我对你可是太了解了：你生就一副好心肠，总惯着他。”

塔吉雅娜·伊里尼奇娜垂下眼睛，笑了笑，脸红起来。

“是的，一点不错，”奥夫夏尼科夫继续说……“唉，你啊，太宠他了！好吧，叫他来吧——就这样吧，看在贵客的面上，我就原谅这傻小子吧……那么，叫他来吧，叫他来吧……”

塔吉雅娜·伊里尼奇娜走到门口，叫了一声：“米佳!”

米佳，一个个子高高、身材挺拔、一头鬈发、约摸二十八岁的小伙子走进了房间，看见我，便在门口站住。他的服装是德国式的，但光是他肩膀上过分大的褶子便足以证明，裁剪这套服装的不仅是个一般的俄国裁缝，而且是个老派的俄国裁缝。

“唉，过来吧，过来吧，”老头说，“怕什么难为情？你得谢谢你伯母，不怪你了……老爷，我来给您介绍一下，”他指着米佳，继续说，“这是我的亲侄子，可我怎么也管不住他。末日降临了！（我们彼此鞠躬致意。）那么，你说说，你在那边闯了什么祸？他们为什么要告你的状，你说吧！”

显然，米佳不愿意当着我的面解释和辩白。

“待会儿再说吧，伯父，”他喃喃地说。

“不，不要待会儿，现在就说，”老头继续说……“你啊，我知道，在这位地主先生面前怕难为情：这样更好，你就好好改正嘛。你说啊，你说啊……我们听着呢。”

“我没有什么好难为情的，”米佳扬扬头，理直气壮地说。“伯父，你自己评判吧。列舍季洛夫的几个独院小地主跑来找我，对我说：‘老弟，帮帮忙吧。’‘什么事？’‘是这么回事：我们的粮仓管理得好好的，再完善不过了；突然来了一个官员，说是上面派来检查粮仓的。他检查了一下，说：‘你们的粮仓乱糟糟的，有严重的漏洞，我要报告上司。’‘请问有什么漏洞？’‘我心里有数，’他说……我们就聚在一起，决定照例给这个官员一点好处，但是普罗霍雷奇老头出来反对，他说，这样只会使他们更贪心。这是怎么回事？难道我们就没有农民特别法院啦？……我们就听了老头的话，那官员火了，就提出控告，写了诉状。瞧，现在我们就得去应诉。’‘你们的粮仓真的管得很好吗？’我问。‘上帝看得见的，管得很好，里面有法定数量的粮食……’我说，‘那你们用不着害怕。’我便给他们写了一张状子……现在还不知道是谁胜诉呢……至于他们为了这件事在您面前数落我——那是很明白的：随便什么人总是自己的衬衫更贴身。”

“随便什么人，是啊，显然不是你，”老头轻轻地说……“那么你跟舒托洛莫沃的农民又在搞什么鬼？”

“您怎么知道?”

“我当然知道。”

“这件事我同样做得对，还是请您来评判吧。舒托洛莫沃农民的邻居别斯潘金种了他们的四俄亩地。他说：‘这块地是我的。’舒托洛莫沃的农民们在付代役租，他们的地主到国外去了——有谁来替他们说话呢？您自己想想吧。而他们那块地毫无疑问历来是农奴种的。于是他们来找我，说：‘给我们写张状子吧。’我就写了。别斯潘金知道了，就来恐吓我，扬言：‘我要把米佳的骨头一根根抽出来，要不然就把他的脑袋拧下来……’让我们瞧瞧吧，看他怎么把我的脑袋拧下来：到现在，我的脑袋还长在肩膀上呢。”

“行了，你别夸口：你的脑袋不会有好处的，”老头说，“你这个人完全疯了!”

“我怎么疯了，伯父，您不是亲口教导我……”

“我知道，我知道你要对我说什么，”奥夫夏尼科夫打断他的话，“不错：为人要公正，应该帮助亲友。有时候要做到义无反顾……可你难道都是这样做的吗?不是常常有人请你到酒店去吗?他们不是请你喝酒，对你鞠躬，说：‘德米特里·阿列克谢伊奇[1]先生，帮个忙，我们会酬谢你的，’然后把一个银卢布或一张五卢布钞票塞给你吗?是不是这样?有没有这回事?你说啊，有没有这回事?”

“这的确是我不对，”米佳低下头回答，“但我不拿穷人的钱，我扪心无愧。”

“现在你不拿，到日子不好过了，你就要拿了。扪心无愧……唉，你啊!这么说，你一直在为圣人鸣不平?……可是你忘记鲍里卡·彼烈霍多夫了吧?……是谁为他奔走的?是谁包庇他的?啊?”

“彼烈霍多夫是自作自受，不错……”

---

① 米佳的本名和父名，米佳是德米特里的小名。

“把公款拿去挥霍……开玩笑!”

“可是，伯父，您想想，他家那么穷，一大家子……”

“穷，穷……他嗜酒如命，不顾一切——就这么回事!”

“他是因为苦闷才喝酒的，”米佳压低声音说。

“因为苦闷！既然你这样热心，那就去帮助他，而不是自己跟这醉汉坐在酒店里喝酒。至于他能说会道，那有什么稀罕!”

“他这个人心地倒是极好的……”

“在你看来，天下都是好人……怎么样，”奥夫夏尼科夫回过头去对妻子说，“给他送去了吗……哦，在那边，你知道的……”

塔吉雅娜·伊里尼奇娜点点头。

“这几天你上哪儿去了?”老头又说起来。

“在城里。”

“大概是在那儿打台球，饮茶消遣，叮叮咚咚地弹吉他，在衙门里跑进跑出，在后房里写状子，和商人的儿子鬼混，是不是这样? ……你说!”

“大致是这样吧，”米佳微笑着说……“啊呀！差一点忘记了：安东·帕尔费内奇·本季科夫请您礼拜天去吃饭呢。”

“我不到这个大腹便便的家伙那儿去。他给你吃上百卢布的鱼，上面却涂着发臭的奶油。不去理他!”

“我还碰到了费多西娅·米海洛夫娜呢。”

“哪一个费多西娅?”

“就是买下米库里诺的加尔卞钦科地主家的那个。费多西娅是米库里诺人。她缴了代役租，在莫斯科做裁缝。她的代役租都按时缴纳，每年一百八十二个半卢布……她的手艺很好：在莫斯科接到很多订货。可现在加尔卞钦科写信去把她叫回来，留住她，却不让她干活。她想赎身，也对主人说过了，主人却迟迟不作决定，伯父，您认识加尔卞钦科，能不能对他美言几句? ……费多西娅愿意出大价钱赎身。”

“该不是用你的钱吧？怎么样？好吧，好吧，我去跟他说，我去说。我只是不知道，”老头满脸不高兴地继续说，“这个加尔卞钦科是个吝啬鬼，上帝饶恕：他收购期票，放高利贷，拍卖田地……是谁把他弄到我们这儿来的？唉，这些外乡人真讨厌！他不会很快给你回音的，不过，等等看吧。”

“您就去说说吧，伯父。”

“好吧，我去说说。可你得当心点，给我当心点！好了，好了，别为自己辩解了……行了，行了！……不过以后要当心点，要不然，上帝作证，米佳，你不会有好结果的，上帝作证，你会完蛋的。我可不能老是替你担当责任……我自己并不是一个有权有势的人。好吧，你可以走了。”

米佳走出去了。塔吉雅娜·伊里尼奇娜也跟着走了出去。

“给他喝茶吧，好伯母，”奥夫夏尼科夫在她后面大声说……“小伙子不蠢，”他继续说，“心地善良，我只是替他担心……不过，请原谅，我拿这些小事把您耽搁了那么久。”

前厅的门开了。一个身材矮小、头发花白、身穿天鹅绒常礼服的人走了进来。

“啊，弗朗茨·伊凡内奇！”奥夫夏尼科夫叫了起来，“您好！近来诸事顺遂吗？”

亲爱的读者，请允许我向您介绍一下这位先生。

弗朗茨·伊凡内奇·勒热纳（Lejeune）是我的邻居，也是奥廖尔的一个地主，他通过不很一般的途径取得了俄罗斯贵族的封号。他生在奥尔良，父母是法国人，他充当鼓手，跟着拿破仑进犯俄罗斯。起初一帆风顺，我们这位法国人昂首阔步挺进莫斯科。但是在撤退的时候这位可怜的勒热纳先生[①]几乎冻僵，鼓也丢了，落到斯摩棱斯克农民的手里。斯摩棱斯克农民把他在一座搬空了的缩呢厂里关了一夜，第二天早晨把

---

① 原文为法文。

他带到堤坝旁的冰窟窿那里，要求这位大……军①的鼓手赏个脸，也就是钻进冰窟窿去。勒热纳先生不能同意他们的建议，便用法语再三请求斯摩棱斯克农民放他回奥尔良。他说："先生们②，那里住着我母亲，慈祥的母亲。③"但是农民们大概不知道奥尔良城的地理位置，便继续建议他顺着蜿蜒的格尼洛捷尔卡河作一次水下旅行，并且开始轻轻地推他的脖子和背脊，鼓励他往前走，蓦地，传来了一阵铃铛声，使勒热纳乐不可支，堤坝上驶来了一辆大雪橇，特别高耸的后座上铺着一条色彩斑斓的花毯子，前面套着三匹黑鬃的黄褐色维亚特卡种马。雪橇上坐着一个穿狼皮大衣、满面红光的胖地主。

"你们在那儿干什么？"他问那些农民。

"老爷，我们要把一个法国人淹死。"

"哦！"那地主平平淡淡地答应了一声，便回过头去。

"先生！先生！"那可怜虫叫了起来。

"啊，啊！"那狼皮大衣用谴责的口气说，"带着十二个民族的军队到俄国来，烧了莫斯科，该死的东西，还盗走了伊凡大帝钟楼上的十字架，现在却来叫'麦歇④、麦歇'了！现在夹起尾巴了！这是自作自受……走吧，菲尔卡！"

马匹走动了。

"不过，停一下！"地主又说……"喂，你这个麦歇，你懂音乐吗？"

"救救我，救救我，好心的先生！"⑤勒热纳央求着。

"瞧这些孬种！没有一个人懂得俄语！缪齐克，缪齐克，萨维·缪齐克·武？萨维？喂，你说呀！康普勒内？萨维·缪齐克·武？钢琴茹埃·萨维？"⑥

---

①②③⑤ 原文为法文。

④ 法语"先生"的译音。

⑥ 夹着俄语的法语译音：音乐，音乐，你懂音乐吗？懂吗？喂，你说呀！听得懂吗？你懂音乐吗？钢琴你会弹吗？

勒热纳终于明白了地主想要干什么，便肯定地拼命点头。

“是的，先生，是的，是的，我是个音乐家，所有的乐器我都会！是的，是的，先生……救救我，先生！”①

“好，算你运气，”地主说……“小伙子们，放掉他吧；这是二十戈比，你们拿去买酒喝吧。”

“谢谢，老爷，谢谢。请您把他带走吧。”

勒热纳被带去坐在雪橇上。他高兴得喘不过气来，他泪流满面，浑身哆嗦，不停地鞠躬，向地主、马车夫和农民们道谢。他身上只穿着一件饰有粉红色带子的绿色绒衣，天气却冷得厉害。地主默默地看着他那冻僵发青的肢体，便把这个落难的人裹在狼皮大衣里，带回家里。仆人纷纷跑过来，急忙让这个法国人烤暖身子，让他吃饱、穿好。接着，地主便带他去见自己的女儿。

“你们看，孩子们，”他对她们说，“我给你们找来一名教师了。你们老是缠着我：‘教我们音乐和法国话吧，’现在我给你们带来一个法国人，他还会弹钢琴……喂，麦歇，”他指着五年前向一个卖香水的犹太人买来的破钢琴继续说，“给我们表演一下你的艺术吧：如埃②！”

勒热纳掉了魂似的坐到琴凳上：他有生以来就从来没有摸过钢琴。

“如埃啊，如埃啊！”地主反复说。

这可怜人绝望地像敲鼓一样敲打着琴键，敲到哪里是哪里……“当时我心里想，”后来他讲述当时的心情说，“我的救命恩人一定会抓住我的衣领，把我扔到门外去。”但大大出乎这位身不由己的即兴演奏家的意料，地主竟赞赏地拍拍他的肩膀。“弹得好，弹得好，”他说，“看得出你是懂音乐的；现在去休息吧。”

过了两个礼拜，勒热纳从这个地主家转到一家富裕而有教养的人家

---

① 原文为法文。

② 法语“请弹”的译音。

去，由于他生性快乐温顺，很得到这家主人的欢心，便娶了他家的养女，得到一份差使，并且成了贵族。后来他把女儿嫁给奥廖尔地主洛贝扎尼耶夫——一个退伍的龙骑兵兼诗人，自己到奥廖尔来定居了。

就是这个勒热纳，或者像现在人们所称呼的弗朗茨·伊凡内奇，在我在场的时候走进奥夫夏尼科夫的房间，他和奥夫夏尼科夫甚有交情……

不过，读者和我久坐在独院小地主奥夫夏尼科夫家里也许已经感到乏味，因此我就不再啰唆了。

利 戈 夫

“到利戈夫去吧，”有一次读者已经熟悉的叶尔莫莱对我说，“我们可以在那儿打到许多鸭子。”

虽然野鸭对真正的猎人并没有特别大的吸引力，但是在暂时没有别的野禽的时候(这是九月初，山鹬还没有飞来，而在田野里追猎鹌鹑我又没有兴趣)，我便听从了我的猎人的建议，出发到利戈夫去了。

利戈夫是一个草原上的大村落，村里有一座很古老的单圆顶石砌教堂和两座筑在泥沼地罗索塔河上的磨坊。这条小河在离利戈夫五俄里的地方变成一片宽阔的湖荡，四周和中央的一些地方长着茂密的芦苇，奥廖尔人把这种湖荡叫做“迈耶尔”。在这片湖荡里芦苇丛中间的小水湾或僻静的地方，生长和栖息着无数不同种类的野鸭：绿头鸭、变种绿头鸭、针尾鸭、小水鸭、潜鸭等等。小群的野鸭不时在水面上飞来飞去，一听到枪声，野鸭便像乌云般铺天盖地飞向天空，使得猎人不由得抓住帽子，长叫一声：哟！我和叶尔莫莱本想顺着湖荡边沿往前走，但是，第一，野鸭是一种很胆小的野禽，不在岸边栖息；第二，即使有掉队和没有经验的小水鸭中了我们的枪，丧了命，我们的狗也无法到这一大片迈耶尔里去把它叼回来：尽管它们具有极高尚的自我牺牲精神，但它们既不会游水，又不能涉水，只有白白让芦苇锋利的叶边割破它们宝贵的鼻子。

“不行，”叶尔莫莱终于说，“这样打不行：得弄一条小船……我们还是回利戈夫去吧。”

我们往回走，没等我们走出几步，就有一条很难看的猎狗从浓密的爆竹柳丛后面迎面向我们跑来，它后面跟着一个中等身材的人，他穿着一件相当破旧的蓝色上衣和淡黄色背心，肥大的灰白色裤子随随便便地塞在满是破洞的靴筒里，脖子上系着一条红围巾，肩上挎着一支单筒猎枪。我们的狗以平常它们的族类所特有的中国礼仪同它们的新朋友互相嗅嗅，那新朋友显然感到害怕，夹着尾巴，倒挂耳朵，挺直四腿，龇牙咧嘴，迅速原地团团转起来。这时那陌生人走到我们跟前，毕恭毕敬地向我们鞠了一躬。他看上去有二十五岁光景。他那长长的淡褐色头发涂足了克瓦斯，①头发一绺绺纹丝不动地直竖着，一双不很大的褐色眼睛亲切地眨动，整个脸部仿佛牙痛似的扎着一条黑手帕，露出甜甜的微笑。

"请允许我作一下自我介绍，"他用一种逢迎的柔和声调说，"我是本地的猎人弗拉基米尔……获悉您莅临，并且知道您将到我们的湖荡来，要是您不嫌弃的话，我愿意为您效劳。"

猎人弗拉基米尔说起话来和扮演初恋情人角色的外省年轻演员一模一样。我接受了他的建议，还没有走到利戈夫，我就知道了他的身世。他是个获得自由的家仆，少年时代学过音乐，后来做了主人的侍仆，有了些文化，据我观察，他胡乱读过一些闲书，眼下，他像许多生活在俄罗斯的人一样，一贫如洗，没有固定职业，常常挨饿。他用词非常优雅，显然有意炫耀自己的风度；想必他也是一个极喜欢追逐女性的人，而且多半获得成功，因为俄罗斯姑娘喜欢听花言巧语。此外，我从他的言谈中还发现，他有时到邻近的地主家去，进城去做客，会打朴烈费兰斯牌，和京城的一些人也有交往。他的微笑很巧妙，笑容变化多端，尤其是在他谛听别人讲话的时候，嘴唇上浮现的那种谦恭、适度的笑容最符合他的身份。他会全神贯注地倾听您的讲话，他会对您的话表示完全赞同，但他决不会失去自尊，似乎想让您知道，一有机会，他也会发表自己的见解。叶尔莫莱是个没受过多少教育的人，更是不善言辞，对他已经用"你"来称呼了。弗拉基米尔却客气地用"您"称呼他，他那嘲

① 俄国农民常用克瓦斯涂头发。

讽的意味是很值得玩味的。

“您为什么要扎一块手帕呢?”我问他。“是牙疼吗?”

“不是，老爷，”他回答，“这是粗心大意造成的严重后果。我有一个朋友，是个好人，老爷，但他压根儿不是个猎人，这也是很平常的事，老爷。有一天他对我说：‘我亲爱的朋友，带我去打猎吧：我很想知道，这种玩意儿是怎么一回事。’我当然不想拒绝这位伙伴，就给他弄来一条枪，带他去打猎了，老爷。我们打了一会儿猎，便想休息一下，老爷。我在一棵树旁坐下，他坐在对面，摆弄起枪来，老爷，而且把枪口对着我。我叫他赶快把枪放下，可是他没有经验，不听我的话，老爷。结果，枪砰的一声响了，我的下巴和右手的食指就这样给打掉了。”

我们走到利戈夫。弗拉基米尔和叶尔莫莱两人都断定，没有小船是无法打猎的。

“苏乔克有一条平底小木船①，”弗拉基米尔说，“只是我不知道他把小船藏在哪儿。得去找他问问。”

“去找谁?”我问。

“这儿有个人，人家都叫他苏乔克②。”

弗拉基米尔带着叶尔莫莱找苏乔克去了。我对他们说，我在教堂那边等他们。我在墓地上随便看看那些坟墓，看到一块发黑的长方形墓饰，上面刻着铭文，一面用法文刻着：“这里安葬着泰奥菲尔·亨利·布朗吉伯爵。”③第二面刻的是：“此墓碑下安葬着法国臣民布朗吉伯爵之遗骸；生于一七三七年，卒于一七九九年，终年六十二岁”；第三面刻着：“愿他的遗骨得到安息”；第四面刻着一首诗：

---

① 用旧驳船船板造的平底小木船。

② 俄语“小树枝”的译音。

③ 原文为法文。

在此墓碑下安葬着一个法侨，
他出身名门望族，风华正茂。
他为夫人与全家的蒙难而悲痛，
抛下被暴君蹂躏的祖国而远行；
他来到这平安的彼岸俄罗斯国土，
在垂暮之年得到热情的庇护；
在这里他教育子女，侍奉双亲，
愿至尊的上帝保佑他在此安寝。

叶尔莫莱、弗拉基米尔和一个绰号很古怪的人苏乔克的来到，打断了我的沉思。

衣衫褴褛、蓬头垢面、赤着双足的苏乔克看样子是个旧时的家仆，年约六十岁。

“你有小船吗?”我问。

“有一条小船，”他用沙哑、颤抖的声音回答，“不过破得很厉害。”

“破得怎样?”

“接缝裂开了，木橛子都从洞里掉出来了。”

“没关系!”叶尔莫莱接着说。“用麻屑塞住就行。”

“自然，可以，”苏乔克肯定地说。

“你是做什么的?”

“给地主家打鱼的。”

“你既然是打鱼的，船怎么坏成这样?”

“我们这条河里没有鱼啊。”

“鱼不喜欢沼泽上的水皮，”我的猎人一本正经地说。

“那么，”我对叶尔莫莱说，“你去弄些麻屑来，把船修好，不过要快点。”

叶尔莫莱走了。

“我们也许会沉到水底去吧?”我对弗拉基米尔说。

“上帝会保佑的，”他回答，“不管怎么说，可以想象，这湖荡是不深的。”

“是的，这湖荡是不深的，”苏乔克说，他说话的时候模样很古怪，好像没睡醒似的，“水底尽是水藻和水草，整个湖荡都长着水草，不过也有深坑①。”

“可是，如果水草长得太密，”弗拉基米尔说，“船就没法子划了。”

“乘平底船有谁是用桨划的?应该用篙子撑。我跟你们一起走吧，我那儿有篙子，要不然用铲子也行。”

“铲子不好使，有些地方够不到底，”弗拉基米尔说。

“说得对，不好使。”

我坐在墓地上等着叶尔莫莱。弗拉基米尔出于礼貌稍稍走到一旁去，也坐了下来。苏乔克仍旧站在老地方，垂着头，照他的老习惯背着手。

“请问，”我开口说，“你在这儿当渔夫很久了吗?”

“有六年多了，”他浑身一震，回答说。

“以前是做什么的?”

“以前赶车。”

“后来是谁不让你赶车的?”

“新的太太。”

“哪一个太太?”

“就是买我们的那个。您不认识的：阿莲娜·季莫菲夫娜……胖胖的，年纪不轻了。”

---

① 湖荡或河中深的地方，坑洼。——原注

“她为什么要叫你去打鱼呢?”

“上帝才知道。她从坦波夫自己的领地来到我们这儿，吩咐把所有的仆人都召集起来，她出来见我们。起初我们吻她的手，她无所谓，并不生气……后来她轮流盘问我们：干什么的?什么职务?轮到问我的时候，她就问：‘你是干什么的?’我说：‘马车夫。’‘马车夫，嘿，你算什么马车夫，瞧瞧你自己：你哪像个马车夫?你不配当马车夫，你就给我去打鱼吧，把胡子剃掉。每一次我来这儿的时候，就给主人送鱼来，听见了吗?……’打那个时候起，我就算是打鱼的了。‘还有，那个湖荡给我管管好……’我怎么管得好?”

“以前你们是谁家的农民?”

“是谢尔盖·谢尔盖伊奇·彼赫捷列夫家的。他是继承来的。他拥有我们并没有多少时间，一共只有六年。我就是给他当马车夫的……不过不是在城里——城里他另有马车夫，而是在乡下。”

“你从年轻时候起就一直当马车夫吗?”

“怎么会一直当马车夫!当马车夫是在谢尔盖·谢尔盖伊奇手下的时候，以前我是个厨子，不过也不是城里的厨子，也是乡下的。”

“你在谁家当厨子?”

“在以前的主人家，在阿法纳西·涅费迪奇家，就是在谢尔盖·谢尔盖伊奇的伯父家。是他买下了利戈夫，就是阿法纳西·涅费迪奇买下了，而谢尔盖·谢尔盖伊奇继承了这份产业。”

“向谁买的?”

“向塔吉雅娜·瓦西里耶夫娜买的。”

“哪一个塔吉雅娜·瓦西里耶夫娜?”

“就是前年死去的那个，在博尔霍夫乡下……哦，不，是在卡拉切夫乡下，还是个老姑娘呢……没有嫁过人。您不认识她吗?我们是从她父亲瓦西里·谢苗内奇手里传给她的。我们在她手下时间可长啦……有二十来年了。”

“这么说，你在她手下就是当厨子啰?”

“最初确实是当厨子，后来当了司茗①。”

“当什么?”

“当司茗。”

“这是一种什么职务?”

“我也不知道，老爷。我在餐厅里干活，还管我叫安东，而不叫库兹玛，这是小姐吩咐的。”

“你本来的名字叫库兹玛吗?”

“是叫库兹玛。”

“那么你一直当司茗吗?”

“不，不是一直当司茗，也当过戏子。”

“真的?”

“可不是，当过……还在戏台上演过戏呢。我们小姐在家里搭了个戏台子。”

“你演过什么角色?”

“您说什么，老爷?”

“你在戏台上演什么?”

“您不知道?他们把我带去，把我打扮一番，我就这样打扮着上了台，按规定要么站着，要么坐着。人家叫我说什么，我就说什么。有一次我扮演一个瞎子……他们在我的两个眼皮底下都放上一粒豌豆……可不是!”

“后来又当过什么?”

“后来我又当厨子。”

“为什么又把你降为厨子呢?”

“因为我的兄弟逃跑了。”

---

① 大地主家职掌煮咖啡、茶或其他饮料的人。

“哦，那么你在第一位小姐的父亲那儿当过什么呢?”

“当过各种差使：起初当小厮，后来又当马车夫、园丁，又管过猎狗。”

“管过猎狗？……骑马带猎狗?”

“骑马带猎狗，跌得半死：跟马一起摔倒，马差一点把我压死。我们的老主人非常严厉，叫人把我打了一顿，把我送到莫斯科一个鞋匠那儿去当学徒。”

“怎么当学徒？难道你在管猎狗的时候还只是个孩子?”

“那时我已经二十出头了。”

“二十岁怎么还当学徒?”

“既然老爷这样吩咐，想必是可以的。幸亏不久他就死了。他们又叫我回乡下来。”

“你是什么时候学会厨子的手艺的?”

苏乔克稍稍抬起他那又黄又瘦的脸，苦笑了一下。

“这还用得着学吗？……娘儿们都会烧的!”

“说得对，”我说，“库兹玛，你这一辈子真是见多识广了！可是既然你们这儿已经没有鱼，那你这个打鱼的眼下还干些什么呢?”

“老爷，这件事我不抱怨。派我去打鱼，真要谢天谢地啦。另一个跟我差不多的老头安德烈·普贝尔，小姐派他到造纸厂去当打水工。她说，不干活白吃饭是罪过的……而普贝尔还指望小姐开恩呢：他有一个表侄在地主的管理处里当办事员，答应替他向小姐求情。瞧，这就是求情的结果！……我还亲眼看见普贝尔向他的表侄下跪呢。”

“你有家室吗？娶过亲吗?”

“没有，老爷，没有娶过亲。已故的塔吉雅娜·瓦西里耶夫娜——愿她升入天堂！——不允许任何人结婚。上帝保佑！她常说：‘我还不是独身吗？真是胡闹！他们还想要什么?’”

“现在你靠什么过日子？有工钱吗?”

“老爷，哪有什么工钱啊……他们还给一口饭吃——就这样已经要感谢主了！我已经很满足了。愿上帝保佑我们的女主人长寿！”

叶尔莫莱回来了。

“小船修好了，”他一本正经地说。“你去拿篙子吧！……”

苏乔克跑去拿篙子。我和那可怜的老头谈话的时候，猎人弗拉基米尔一直带着鄙夷的冷笑看着他。

“他是个蠢货，老爷，”苏乔克跑掉以后，弗拉基米尔对我说，“他完全是个没有受过教育的人，一个粗人罢了，老爷！他连家仆都算不上，老爷……他一直在吹牛，老爷……他怎么能当戏子？老爷，您自己想想看吧，老爷！您跟他谈了那么多话，真是白费精神，老爷！”

过了一刻钟，我们已经坐在苏乔克的平底小船上了(我们把狗留在小屋里让马车夫伊耶古季尔看管)。我们坐得不很舒服，但做猎人的总是容易凑合的。苏乔克站在较宽的船尾撑船，我和弗拉基米尔坐在小船当中的横木上，叶尔莫莱坐在前面船头上。尽管塞过麻屑，水还是很快漫到我们脚下。幸而没有风，湖荡仿佛睡着了似的。

我们的船走得很慢。老头吃力地从粘满污泥的水藻中拔出长篙，长篙上缠满水草的青丝，稠密的睡莲圆叶子也妨碍我们的小船前进。我们终于撑到芦苇滩，这下可热闹起来了。野鸭看见我们突然出现在它们的领地里，惊恐万状，纷纷从湖荡上腾飞起来，枪声紧接着在它们后面一起鸣响，看见这些短尾巴的禽鸟一只只在空中翻着筋斗，噗噗地重重跌落在水面上，真叫人心花怒放。我们自然不可能把所有打中的野鸭一一捡回来：受了轻伤的钻进水里去了，有些被打死的掉进了到处是芦苇丛的“迈耶尔”，连叶尔莫莱那双锐利的眼睛也找不到它们；尽管如此，快到吃午饭时我们还是满满地装了一船野鸭。

使叶尔莫莱大感宽慰的是，弗拉基米尔的枪法并不高明，每一次打空之后，他都感到奇怪，把枪翻来覆去地看了又看，吹一吹，表示大惑不解，最后向我们解释没有打中的原因。叶尔莫莱却总是弹无虚发，我一如往常总是糟得不能再糟。苏乔克总是用从小服侍惯了主人那样的人的目光看着我们，有时叫一声："瞧，那边，那边还有一只野鸭！"他还不时在背上挠痒，不是用手，而是用肩膀的活动去蹭背上的痒痒。天气极好：白色的云团在我们头上的高空里徐徐飘动，清晰地映照在湖面上；芦苇在我们四周簌簌作响，湖上波光潋滟，就像钢铁在阳光下反射出的亮光。我们正准备回村里去，却发生了一件极为扫兴的事。

我们早就发现，水一直在慢慢渗进我们的平底船。我们让弗拉基米尔负责用一只勺子把水舀出去，这只勺子还是我那个有先见之明的猎人从一个没留神的农妇那里偷来以备不时之需的。在弗拉基米尔没忘记自己的职责时，事情一直进行得很顺利。但是到打猎快结束的时候，野鸭仿佛要和我们告别似的，成群成群地飞起来，使得我们几乎来不及装弹。我们因为忙于射击，没有注意小船的状况，突然由于叶尔莫莱的一个剧烈动作(他全身扑在船沿上，使劲去捞一只被我们打下的野鸭)，我们这只破船便倾向一边，顿时灌满了水，优哉游哉地沉到水底下去，幸而这个地方水不很深。我们大叫起来，但为时已晚，一刹那工夫我们便齐脖子站在水里，周围全是漂起来的死鸭。现在我想起我那些伙伴惊慌煞白的脸(当时我的脸大概也不会是红润的)，便不禁哈哈大笑起来，可是那个时候，说实话，我怎么也笑不出来。我们每个人都把枪高高地举在头顶上，连苏乔克大概也是由于习惯于模仿老爷们的样子，也把篙子高高地举起来。叶尔莫莱首先打破沉默。

"呸，真倒霉！"他往水里唾了一口，喃喃地说，"真没想到！都是你这个老鬼！"他气呼呼地对苏乔克说。"你这算是条什么船啊！"

"对不起，"老头轻轻地嗫嚅着。

"瞧你干的好事，"我的猎人回头对弗拉基米尔继续说，"你在看什么？为什么不舀水？你，你，你……"

但是弗拉基米尔已经顾不上回答什么：他浑身像树叶子一样哆嗦，上下牙齿碰得格格响，脸上没来由地傻笑着。他那花言巧语的本事、那温文尔雅的自我感觉和自尊心都不知道到哪儿去了!

那条可恶的平底船在我们脚下微微地晃动……在沉船的一瞬间，我们感到水非常冷，但一会儿就习惯了。最初的惊吓过去之后，我便往四下里看了看；周围十步之外是一片芦苇，远处，从芦苇的顶端可以看见湖岸。“事情不好办!”我想。

“我们怎么办?”我问叶尔莫莱。

“想想办法吧，总不能在这儿过夜啊，”他回答。“喏，你把枪拿着，”他对弗拉基米尔说。

弗拉基米尔无话可说，只好服从。

“我去找找浅滩，”叶尔莫莱充满自信地说，仿佛任何湖荡里都有浅滩似的。他从苏乔克手里拿了篙子，小心探着湖底，往湖岸那边走去。

“你会游泳吗?”我问他。

“不，不会，”从芦苇丛里传出他的声音。

“哦，他会淹死的，”苏乔克若无其事地说。开头他不是怕危险，而是怕我们生气，现在他已完全放下心来，只是偶尔大声喘口气，似乎不感到有必要改变自己的处境。

“而且死得毫无价值，老爷，”弗拉基米尔痛心地说。

过了一个多小时，叶尔莫莱还没有回来。这一小时在我们真是比一辈子还长。起初，我们不断地跟他互相呼叫，后来他越来越少回应我们的呼唤，最后竟完全没有回音了。村子里已响起晚祷的钟声。我们彼此都没有交谈，甚至尽量避免彼此对视。野鸭群从我们头顶上呼啸飞过，有的想飞落在我们身旁，但又突然直冲云霄，嘎嘎叫着飞走了。我们全身都麻木了。苏乔克直眨眼睛，仿佛准备睡觉了。

叶尔莫莱终于回来了，我们那份高兴劲儿真是没法形容。

“喂，怎么样?”

“我上过岸，浅滩找到了……走吧。”

我们本想马上动身，但他从水底下的口袋里拿出一根绳子，把打死的野鸭的脚扎在一起，用牙齿咬住绳子的两端，然后慢慢向前走去；弗拉基米尔跟在他后面，我跟着弗拉基米尔。苏乔克殿后。到岸边约有两百步远，叶尔莫莱大胆地往前走着，一路上从不停下来(他把路径记得很熟)，只是有时叫一声：“靠左边一点，右边有个坑!”或者：“靠右边一点，左边会陷下去……”有时水没到我们喉咙口，可怜的苏乔克因为个子比我们矮，有两三次呛了水，吐出泡泡来。“快点，快点，快点!”叶尔莫莱恶狠狠地向他吆喝，苏乔克费力地往前走着，摆动双脚，不断往上跳，终于挣扎着走到较浅的地方，但即使在最危急的时候，他也不敢抓住我的衣裾。我们终于走到岸边，个个精疲力竭、满身污泥、浑身透湿。

过了约莫两个钟头，我们已经尽可能把衣服烘干，坐在一个大草棚里准备吃晚饭了。马车夫伊耶古季尔是个行动极迟缓、遇事优柔寡断、仿佛永远睡不醒的人，他站在大门口，殷勤地请苏乔克嗅鼻烟(我发现，俄罗斯的马车夫彼此很容易成为好朋友)。苏乔克拼命嗅着，直到感到恶心：他不断吐痰、咳嗽，看样子感到很舒服。弗拉基米尔装出一副疲劳不堪的样子，歪着头，很少说话。叶尔莫莱在擦我们的枪。狗拼命摇着尾巴，在等着吃燕麦粥；马在敞棚下不断跺脚嘶鸣……太阳快要下山了；夕阳的余晖向四面八方放射出去，形成无数宽阔的嫣红色光束。天空中，金色的云彩越来越淡，仿佛被洗净、梳理过的羊毛……村子里响起了歌声。

百俊牧场

这是七月里极为晴朗的一天，只有天气长期晴好才会有这样的日子。清晨天色就很清朗，朝霞不像大火一样燃烧，只是漫开一片淡淡的红晕。太阳不像炎热的大旱天那样火烧火燎，不像暴风雨前那样昏暗火红，而是那样清澈明亮、温煦辉煌，它从一抹狭长的云彩底下冉冉升起，焕发出鲜明的光彩，沉浸在一片淡紫色的雾霭之中。一团舒展的白云细细的上缘犹如几条游动的小蛇，正发出耀眼的光辉，那光辉就像锻造过的白银……但是一片闪烁的阳光又突然迸发出来，于是那雄伟的星球便欢乐地、庄严地，像飞跃一般升了上来。将近中午的时候，天空往往出现许多高高的带点金灰色、镶着柔和白边的云团。它们宛如无数的岛屿，几乎一动不动，散布在一条泛滥得无边无际的大河之中，周围环绕着晶莹剔透的蔚蓝色水流；远处的地平线上，云团积聚着，挤在一起，它们之间的蓝天已经看不见；但这些云团本身也像天空一样碧蓝，因为它们都浸透了光和热。地平线上的颜色是浅淡的，略显淡紫色，整整一天都没有变化，周围也都一样。没有什么地方是昏暗的，没有什么地方在酝酿着雷雨；只有某些地方从上面挂下一道道淡淡的蓝色雾气，那是天空在洒着蒙蒙细雨。临近傍晚的时候，这些云团逐渐消失了；最后一些云团黯淡下来，像烟雾一般没有固定的形状，映着落日，变成了玫瑰色的云雾；在太阳像恬静地升上来一样恬静地落下的地方，鲜红的余晖还暂时照临着渐渐昏暗下来的大地，接着，一颗傍晚的星星像被人小心擎着的蜡烛一样，悄悄闪烁着，在空中燃起。在这样的日子里，一切色彩都变得异常柔和；明亮却不耀眼；一切都使人感到亲切温柔。在这样的日子里，天气有时还热得厉害，在田野的斜坡上有时还使人感到像在蒸笼里一样燠闷；但是风却能把积聚的暑气驱散，旋风形成高高的白色风柱在道路上、田野上漫步，这是天气持续晴好的确实征象。干燥而洁净的空气中弥漫着苦艾、已经收割的黑麦和荞麦的气味；即使在入夜前的一小时，您也感觉不到一点潮气。这种天气正是收割庄稼的农夫所盼望的……

就是在这样的日子里，有一次我到图拉省的切伦县去打松鸡。我找到并打到相当多的野味；塞得满满的猎袋无情地勒住我的肩膀，但是一直等到晚霞黯淡下来，落日的余晖已经消失，天空却还明亮，而寒冷的阴影已渐渐变得浓重，并且向四面八方扩散开来的时候，我才决心回家去。我快步穿过一块长长的灌木丛生的平地，登上一座山冈，眼前却不是我意料中右边有一座橡树林、远处有一座低矮白色教堂的熟悉平原，而是另一个我完全不熟悉的地方。我脚下延伸着一道狭小的谷地，正对面峭壁似的矗立着一片茂密的白杨树林。我困惑地站住，举目四望……

“啊!”我想，“我完全走错了路：我太偏右了。”我对自己走错路感到疑惑不解，迅速走下山冈。一种使人很不舒服的凝重的潮气立即包围了我，我仿佛走进一个地窖；谷底又密又高的野草全是湿漉漉的，看上去是白茫茫的一片，在那上面行走着实使人害怕。我急忙走到另一边，向左拐弯，顺着白杨树林的边沿走去。蝙蝠成群地在白杨树沉睡的树梢上飞来飞去，在薄暮的天空中神秘地盘旋、打颤；一只迟归的小鹞鹰从高空中急速地飞过，赶回自己的巢里去。“现在我只要走到那一头，马上就会有路了，”我心里想，“可是我已经走了一俄里冤枉路!”

我终于走到树林的那一头，但那里根本就没有路：在我面前展现的是一片宽广的未曾砍伐过的矮树丛，而矮树丛后面很远很远的地方是一片荒凉的野地。我又一次站住了。“竟有这样的怪事！……我到底在哪儿啊?”我仔细地回忆这一天我是怎样走的，到过些什么地方……“哦!这是帕拉欣丛林呀!”我终于兴奋地叫了起来，“不错！这边应该是辛杰耶夫小树林……可我怎么会走到这个地方？走得这么远？……真奇怪!现在又该往右边走了。”

我向右边走去，穿过矮树丛。这时夜色像暴风雨前的乌云一样渐渐逼近，越来越黑；黑夜仿佛随着夜雾从四面八方一起升起，甚至是从天上往下倾泻。我偶然发现了一条长满野草、还没有踏出来的小径；我就顺着这条小径走去，同时仔细观察着前面的景象。四周很快黑了下来，越来越静，只有鹌鹑偶尔啼叫几声。一只小小的夜鸟扑扇着柔软的翅膀悄无声息地低飞着，几乎撞到我身上，连忙惊慌地往旁边窜去。我走出矮树丛，沿着田塍走去。远处的景物已很难分辨，四周是灰蒙蒙的田野；稍远的地方，阴森森的夜色像大片的阴霾每分钟都在逼近。我的脚步声在凝滞的空气中发出沉闷的响声。浅淡的天空又变成了蓝色，但那是夜空的湛蓝，星星已在那上面闪烁。

我先前以为是小树林的那片景物，原来却是一座黑糊糊的圆形小丘。“我究竟在哪儿啊?”我出声地重复着同一个问题，第三次停下来，疑惑地看着我那条在四足动物中绝对是最聪明的英国种花斑黄毛猎狗季安卡。但是这条最聪明的四足动物只是摇摇尾巴，无精打采地眨眨那疲倦的眼睛，没有向我提出任何有用的忠告。我在它面前感到十分负疚，便不顾一切地向前走去，仿佛突然明白了该往哪里走似的。我绕过山丘，来到一块不深的、周围开垦过的谷地。我立即感到非常惊诧。这块谷地的形状几乎像一只周边倾斜的正圆形锅子，谷底矗立着几块白色巨石，仿佛是特地聚集到这里来开秘密会议的，那里面是如此冷寂，如此荒凉，上面的天空是如此扁平、如此阴沉，我的心不禁揪紧起来。一只小野兽在石头间的缝隙里微弱而凄凉地尖叫了一声。我急忙退到山丘上面。在这以前，我一直没有放弃寻找归路的希望，但是这时候我终于确信我已完全迷了路，再也不想去辨认已完全浸没在黑暗中的周围地形，只是凭着星辰的位置，信步往前走去……我举步维艰地走了约莫半个小时。我觉得有生以来从没有到过这样荒凉的地方：无论什么地方都不曾闪现过一点火光，没有听到一点声音。平缓的山丘一座接着一座，无边的田野一片连着一片，灌木丛仿佛突然从地下冒出来似的矗立在我面前。我仍然向前走着，已经打算找个地方躺下来等待天亮，却突然发现自己就站在一座可怕的悬崖边上。

我连忙缩回已经跨出去的脚，透过朦胧的夜色，我看到在我脚下很深的地方有一片很大的平原。一条宽阔的河流从我脚下呈半圆形围绕着它，河水钢铁般的寒光时而隐约闪烁，标示着它的河道。我所在的山坡突然急转直下，形成一个陡直的悬崖；它那庞大的轮廓黑漆漆地突现在苍茫的青灰色夜空中，就在我脚下由悬崖和平原构成的直角里，在这一段纹丝不动、像一面黑色镜子的河道旁，在山丘的陡坡下面，有两堆相邻的篝火发出红色的火焰，冒着青烟。篝火周围活动着几个人，人影不时晃动着，时而有一个小小的、长着鬈发的头的前半部被火光照亮……

我终于弄清楚了我无意中来到的地方。这片草地就是我们这一带遐迩闻名的百俊牧场……但是现在要回家已绝无可能，尤其是在夜间；两腿已经累得发软。我决意走到篝火那里去，和我认为是牲口贩子的那伙人在一起等待天亮。我顺利地走下山坡，但是我的手还没有放掉被我抓住的最后一根树枝，就有两条白色长毛大狗狂吠着向我扑来。篝火旁响起孩子们响亮的吆喝声，有两三个孩子霍地站起来。我回答了他们的高声问话。他们向我跑来，立刻把由于我的季安卡的到来而被大大惊动的狗叫回去，于是我走到他们跟前。

我以为坐在篝火旁的人是牲口贩子，却是错了。他们只是邻近乡村里看守马群的农家孩子。在我们那里，每逢炎热的夏天，人们总是在夜间把马匹赶到田野里吃草：白天，苍蝇和牛牤常常扰得它们不得安生。傍晚前把马群赶到田野里，第二天早晨把马群赶回家，这对农家孩子们来说无异于盛大的节日。他们不戴帽子，穿着旧皮袄，骑在跑得最快的驽马上快乐地吆喝喊叫，摆动手脚，飞快地奔驰，高高地跳跃，放声哈哈大笑。尘土飞扬，卷起一股黄色的尘柱，顺着大路滚滚向前涌去；整齐的马蹄声传向远方，马儿竖起耳朵奔驰着；一匹红棕色长鬃马跑在最前面，它扬起尾巴，不断交换步法，飞扬的鬃毛上还粘着牛蒡花。

我告诉孩子们，说我迷了路，便在他们身旁坐下。他们问我是从哪里来的，接着便不再说什么，给我让出一个地方。我们交谈了几句。我躺在一棵被牲畜啃光了叶子的灌木底下，举目四望。这真是一片非常奇妙的景象：篝火的周围有一个红红的光圈在抖动，它仿佛被黑暗围堵而停滞在一个地方；火焰哔剥爆燃的时候，有时会向光圈外的黑暗投去一束急速的火光；这一小束火光像舌头一样舔了舔旁边柳丛光秃秃的枝条，立即就消失了；而一些细长的黑影也常常闯入篝火周围，只一眨眼工夫也不见了：这是黑暗在和光明搏斗。当火焰较弱，光圈缩小的时候，从逼近的黑暗中有时会突然出现一个带白鼻梁的枣红马马头或全白的马头，它迅速地嚼着长长的野草，神情专注而凝滞地望着我们，接着又低垂下去，立刻隐没了。只听见它在继续咀嚼，打着响鼻。从亮处很难看清黑暗中的情景，因此周围的一切仿佛被一袭几乎是漆黑的帷幕遮住；但放眼看去，却依稀看得见远处地平线上的一长串朦朦胧胧的丘陵和树林。洁净如洗的昏黑夜空庄严而无限高远地笼罩在我们头上，显示出它的全部神秘的恢弘壮丽。呼吸着这种非同一般的醉人而清新的气息——俄罗斯夏夜的气息，真叫人心旷神怡。周围几乎听不见任何声息……只有偶尔在近处的河水中有一条大鱼突然发出很响的泼剌声或者芦苇被涌来的波浪轻轻摇动发出的轻微的簌簌声……除此之外，只有篝火在发出哔剥的轻微声响。

孩子们围着篝火坐着，蹲坐在这里的还有那两条刚才简直要把我一口吞下去的狗。对于我的在场它们仍久久不能甘心，它们睡眼蒙眬地眯起眼睛，斜睨着篝火，有时带着非同寻常的自尊心狂吠一阵：开头是吠叫，后来略带哀鸣，好像在惋惜无法实现自己的愿望。孩子一共有五个：费佳、帕夫鲁沙①、伊柳沙、科斯佳和凡尼亚（从他们的谈话中我了解到他们的名字，打算现在就把他们介绍给读者）。

---

① 帕夫鲁沙和下面的帕夫鲁什卡均为帕维尔的小名。

第一个，孩子们当中最大的是费佳，看上去有十四岁光景。这是一个身材匀称的孩子，容貌俊美清秀，脸盘稍小，长着一头淡黄鬈发，眼睛明亮，嘴边常露出半是愉快半是随意的笑容。从各种特征看，他属于一个富裕的家庭，他到田野上来并非为了生计而是为了玩耍。他穿着一件镶黄色花边的印花布衬衫，披在身上的那件不大的厚呢短外衣勉强挂在他那狭小的肩膀上，淡蓝色的腰带上挂着一把小梳子。那双短筒皮靴是他自己的，而不是父亲穿下来的。第二个孩子是帕夫鲁沙，他长着一头蓬乱的黑发，眼睛是灰色的，颧骨很宽，脸色苍白，有麻斑，嘴巴很大，但很端正，头也很大，正如俗话所说的像个啤酒锅，身体矮壮，有些笨拙。这孩子长得不好看——这毋庸讳言！但仍使我喜欢：他看起来很聪明，很爽直，他的声音很有力量。他的服装不值得炫耀：不过是一件普通的麻布衫和一条打补丁的裤子。第三个孩子伊柳沙，他的模样很不起眼：他那长脸上长着个鹰钩鼻子，视力很弱，几近瞎眼，脸上表情呆滞，现出一种病态的忧愁；他那紧闭的嘴唇一动不动，蹙紧的眉头从不舒展开来——看上去仿佛因为怕光而眯着眼睛。他那几乎像白色的淡黄头发成楔形一绺绺从扁扁的毡帽下露出来，他不时用双手把毡帽往耳朵上拉。他的脚包着包脚布，穿着一双新的树皮鞋；一根粗绳子在腰间绕了三匝，细心地束住他那件整洁的黑长袍。他和帕夫鲁什卡看上去都不满十二岁。第四个，科斯佳，一个十岁左右的孩子，他那沉思、忧郁的目光引起了我的好奇心。他的脸小小的、瘦瘦的，布满雀斑，下巴尖尖的，像松鼠一样；嘴唇薄得几乎看不出；但他那双乌黑的水灵灵的大眼睛却给人以一种奇特的印象；这双眼睛好像想说点什么，但他嘴里——至少是嘴里——却说不出话。他个子矮小，身体单薄，穿得也相当寒碜。最后一个是凡尼亚，起初我没有注意到他：他躺在地上，安静地蜷缩在一条粗糙的席子下面，只是偶尔从席子底下伸出他那长着淡黄色鬈发的头。这个孩子最多不过七岁。

我就这样躺在旁边的一棵灌木底下，看着这些孩子。一堆篝火上方挂着一只小锅，锅里在煮“土豆”。帕夫鲁沙在照看它，他跪在那里用一块木片往烧开的水里戳着。费佳躺着，头支在一条胳膊肘上，敞开上衣的衣襟。伊柳沙坐在科斯佳旁边，一直那么神情专注地眯着眼睛。科斯佳稍稍低下头，注视着远处的某一个地方。凡尼亚躺在席子底下一动不动。我假装睡着了。孩子们又渐渐说起话来。

起初他们东拉西扯，聊着闲天，谈着明天要干的活，谈马；可是，突然间费佳转向伊柳沙，仿佛重新捡起中断的谈话，问他：

“喂，那么你真的看见过家神吗?”

“没有，我没有看见过，他是看不见的，”伊柳沙用微弱的嘶哑声音回答，这声音和他脸上的表情再契合不过了，“我是听见的……听见的还不止我一个人。”

“他住在你们那儿的什么地方?”帕夫鲁沙问。

“在旧的打浆场①。”

“难道你们到造纸厂去过?”

“那还用说，常常去的。我和哥哥阿夫久什卡是研光工②。”

“瞧你，还是个工人呢！……”

“那么，你是怎么听见的?”费佳问道。

“是这么回事。有一次我和哥哥阿夫久什卡，还有费奥多尔·米海耶夫斯基，还有斜眼伊瓦什卡，还有从红霍尔姆来的另一个伊瓦什卡，还有一个伊瓦什卡·苏霍鲁科夫，还有别的一些伙伴；我们一共十来个孩子——就是整整一个班的人；我们必须在打浆场过夜，本来是不必在那儿过夜的，可是监工纳扎罗夫不许我们回家，他说：‘孩子们，你们干吗回家去啊，明天活儿多，你们这些孩子，就不用回去了。’这样，

① “打浆场”和“储浆房”是造纸厂的建筑物，工人从这里的大桶里汲出纸浆来。它建在堤坝旁的水车轮子下面。——原注

② “研光工”是把纸张磨光、刮光的工人。——原注

我们就留下来，大家睡在一起，阿夫久什卡就说起话来，他说：‘孩子们，要是家神来了怎么办？……’他，阿夫杰伊①的话还没有说完，突然就听见有人在我们头顶上走动；我们躺在下面，他在上面，在水车轮子那里走来走去。我们听见：他在上面走，他脚下的木板都踩弯了，吱嘎吱嘎作响；后来他从我们头上走过；水忽然在水车轮子上哗哗地流着，哗哗地流着；水车轮子嘎嘎地响着，嘎嘎地响着，转动起来了；可是水宫②的闸门是关着的。我们都觉得很奇怪：是谁开了闸，让水流出来的；可是轮子转啊转啊，一会儿就停下来了。那个人又向上面的门走去，从楼梯上走下来，走下来的时候好像不慌不忙；楼梯在他脚下也吱嘎吱嘎地响着……好，那个人走到我们的门口，停了一会儿，停了一会儿——门突然完全敞开了。我们好不害怕，一看——什么也没有……突然，我们看到一只木桶上的木框③动了动，翘起来，浸到水里去，又在空中筛动，好像有人在给它涮洗，接着又回到原来的地方。后来另一只桶上的钩子从钉子上掉下来，又挂上了；后来好像有人向门口走去，突然咳嗽起来，清清嗓子，像一只绵羊，声音好响……我们都挤成一堆，互相往别人身子底下钻……那时候，我们真是给吓坏了！”

“竟有这种事！”帕维尔说，“他干吗要咳嗽呢？”

“不知道，也许是潮气给呛的。”

大家都默默无言。

“喂，怎么样了，”费佳问道，“土豆烧好了没有？”

帕夫鲁什卡用手捏了捏。

“没有，还是生的……听，有鱼的泼剌声，”他把脸转向河那边，说，“一定是条狗鱼……瞧，那边有一颗小星星掉下去了。”

---

① 阿夫杰伊是阿夫久什卡的本名，后者是小名。

② 我们那里把水流进水车轮子的地方称为“水宫”。——原注

③ 舀纸浆用的筛子。——原注

“不，小兄弟们，我告诉你们，”科斯佳尖声尖气地说了起来，“你们听我说，前几天我爸爸给我讲了一件事。”

“好，我们都听着，”费佳露出赞成的样子说。

“你们大概都认识镇上那个木匠加甫里拉吧?”

“是啊，认识。”

“你们可知道，他为什么总是那么不快活，不说话，知道吗？他这么不快活就是因为：有一次，爸爸说，有一次，我的小兄弟们，他到树林里去采榛子。他到树林里去采榛子，结果迷路了。他走啊走，上帝才知道他走到哪儿去了。他还是走啊，走啊，我的小兄弟们，不对了！他找不到路；可这时已经入夜。他就在一棵树下坐下来；他想，就这样等待天亮吧，他坐着，打起瞌睡来。他正打着瞌睡，突然听到有人在叫他。他一看，一个人也没有。他又打起瞌睡来，又有人叫他。他又睁开眼睛，他一看，前面的树枝上坐着一个女落水鬼，正在那里摇啊摇，还叫他到她跟前去，她自己笑得要死，一直在笑……那时候月光很亮，很亮，照得什么都能看见，我的小兄弟们，照得什么都能看见。她就在那儿叫他。她坐在树枝上，全身那么亮，那么白，像一条鲤鱼或者鮈鱼，要不然就是一条鲫鱼，才这么白花花的，银光闪闪的……木匠加甫里拉都看呆了，我的小兄弟们，而她呢，还在那儿哈哈大笑，一直用手招呼他过去。加甫里拉几次想站起来，听从落水鬼的话，可是，我的小兄弟们，准是上帝提醒了他：他就在自己胸前画十字……可是要画十字却很费力，我的小兄弟们，他说他的手简直像石雕的，动弹不得……哎，你怎么会这样啊，啊！……可是等到他画了十字，我的小兄弟们，那个女落水鬼就不笑了，而且忽然哭了起来……她哭着，我的小兄弟们，用头发去擦眼睛，她的头发是绿色的，就像麻丝一样。加甫里拉就这样看着，看着，并且问她：‘树林里的女妖，你为什么哭呀?’女落水鬼就这样对他说：‘你不该画十字，’她说，‘人哪，你本来可以快快活活地跟我过到末日来临；可是现在我哭泣，我悲伤，因为你画了十字；而且不光是我一个人悲伤，你也会悲伤到末日来临的。’这时，我的小兄弟们，她一下子不见了，而加甫里拉也一下子清醒了，知道他该怎样走出树林……不过，从那时候起，他就一直闷闷不乐。”

“唉!”费佳沉默了一会儿说，“这个树林里的精灵怎么会伤害一个基督徒的灵魂呢，他不是没有听她的话吗?”

“你得了吧!”科斯佳说。“加甫里拉说过，他说，她的声音那么细，那么哀怨，就像癞蛤蟆一样。”

“这是你爸爸亲口说的?”费佳继续说。

“他亲口说的。我躺在高架床上，全听见了。”

“真是件怪事！他为什么不快活呢？……大概是她喜欢上他了，所以叫他过去。”

“对，是喜欢上他了!”伊柳沙接着说，“这不用说！她想呵他痒痒。她们就想干这种事，这些女落水鬼。”

“那么这儿也一定有落水鬼，”费佳说。

“不会，”科斯佳回答，“这地方干净、开阔。只是有一点，河就在旁边。”

大家都不再作声。突然远处响起一个尖细、拖长的，几乎像呻吟一样的声音，这是一种不可言喻的夜声，这种声音有时是在万籁俱寂的时候响起的，它升上来，停在空中，最后，越来越轻，渐渐消散了。你仔细听着，好像没有声音了，实际上却还在响。似乎有人在天边久久、久久地叫喊，而另一个人则在树林里用尖细的声音回答他，接着，一种微弱的咝咝声从河上掠过。孩子们都面面相觑，浑身打了个寒颤……

“愿上帝和我们同在!”伊里亚①轻声说。

“嘿，你们这些乌鸦②!”帕维尔大声喊着，“有什么好害怕的？你

---

① 伊里亚是伊柳沙的本名，后者是小名。

② 俄罗斯谚语：受了惊的乌鸦连灌木丛也害怕。此处有惊弓之鸟、草木皆兵的意思。

们瞧，土豆烧熟了。”大家挪到锅子前面，开始吃热气腾腾的土豆；只有凡尼亚一动不动。“你怎么啦?”帕维尔说。

但他还是没有从席子底下爬出来。锅里的土豆一会儿就被吃光了。

“你们听没听说过，伙伴们，”伊柳沙开口说，“前几天在我们瓦尔纳维策发生的一桩怪事?”

“是在堤坝上发生的那件事吗?”费佳问。

“对，对，在堤坝上，在被大水冲垮的堤坝上。那是个闹鬼的地方，因为闹鬼，所以那么荒凉。周围都是小沟、峡谷，峡谷里都是卡丘利①。”

“那么，发生了什么事？你说说……”

“发生了这么一件事。费佳，你也许知道，我们那儿埋着一个淹死的人；他是很久很久以前淹死的，当时池塘还很深；他的墓现在还可以看见，不过差不多看不清楚了：是这样的，像个小土堆……前几天管家把狗倌叶尔米尔叫来，对他说：‘叶尔米尔，你到邮局去一下。’我们那儿的叶尔米尔是常常到邮局去的；他把自己养的狗都折腾死了：不知道为什么，狗在他那儿都养不活，简直从来就没有养活过，不过他是个好狗倌，干什么都行。于是叶尔米尔骑着马到邮局去了，可是他在城里耽搁了一下，回来的时候已经醉醺醺了。那一天夜里很明亮，月亮当头照着……叶尔米尔经过堤坝：他一定得经过这儿。狗倌叶尔米尔就这么骑马走着，他忽然看见那淹死的人的坟墓上有一只小绵羊，白白的，毛儿鬈鬈的，那样子真好玩。叶尔米尔想：‘我把它带走，免得它走失，’他便下了马，把它抱在手上……那只羊乖乖地听他摆布。叶尔米尔向马匹走去，那匹马一看到他便瞪大眼睛，打着响鼻，直摆脑袋；可是他把马喝住，抱着小绵羊骑上去，继续赶路，他把小绵羊抱在胸前。他望着小绵羊，那小绵羊也盯住他的眼睛。狗倌叶尔米尔害怕起来：他

① 奥廖尔方言：蛇。——原注

说，我从来没有看见过羊会这样看着人；不过也没有关系；他便用手在它身上抚摩着，说：‘咩咩！咩咩！’那只羊也忽然露出牙齿对他叫起来：‘咩咩，咩咩……’”

还没等讲故事的人说完最后一句话，两只狗突然跳起来，狂吠着，从篝火旁窜了出去，消失在黑暗中。孩子们都吓坏了。凡尼亚从席子下面跃起身来。帕夫鲁沙叫喊着跟在狗后面跑去。狗吠声很快就传到远远的地方……传来了受惊的马群慌乱的奔跑声。帕夫鲁沙大声喊叫着：‘阿灰！茹奇卡！……’过了一会儿，狗吠声静息了；帕维尔的声音已经远去……又过了一些时候；孩子们都困惑地互相对视着，好像在等候发生什么不测……突然响起一匹奔马的马蹄声；它就在篝火旁边陡然停住，帕夫鲁沙抓住鬃毛，麻利地跳下马背。两条狗也跑进光圈里，立刻就蹲下，吐出红红的舌头。

“那边出什么事了？怎么了?”孩子们问道。

“没什么，”帕维尔对马挥挥手，回答，“是这样，两条狗闻到什么了。我想，是条狼吧，”他气喘吁吁，声音平静地补了一句。

我不由得欣赏起帕夫鲁沙来了。在这个时刻，他显得非常可爱。他那不漂亮的脸由于骑马疾驰而变得虎虎有生气，焕发着剽悍的豪情和当机立断的神气。深夜里，他手无寸铁，竟能毫不犹豫，单身匹马飞驰去对付野狼……“多么出色的孩子啊!”我看着他，心里想。

“你们看见过狼吗?”胆小的科斯佳问。

“这儿常常有很多狼，”帕维尔回答，“不过只有冬天它们才不安分。”

他又蜷缩着身子在篝火前坐下。他坐在地上，把一只手放在一条狗的毛茸茸的头上，得意的畜生又感激又骄傲地斜视着帕夫鲁沙，久久没有回过头去。

凡尼亚又钻进席子底下去。

“伊柳什卡，你给我们说了那么可怕的故事，”费佳又提起话头，他是个富裕农民的儿子，因此总是首先提出话题(他很少说话，仿佛怕降低了身份)。“连狗也像中了邪似的汪汪叫起来……真的，我听说过，你们那个地方常闹鬼。”

“瓦尔纳维策吗？……那还用说！闹鬼闹得厉害！据说有人不止一次看见过老爷——过世的老爷。有人说，他穿着长袍，老是叹气，在地上寻找着什么。有一次特罗菲梅奇老爷遇到他，就问他：‘伊凡·伊凡内奇老爷，你在地上找什么呀?’”

“他问他了吗?”吃惊的费佳打断他的话。

“是的，问了。”

“哦，特罗菲梅奇到底是好样的……那么过世的老爷说了些什么?”

“他说：‘我在找开锁草[①]。’他说话时声音很闷，很闷：‘开锁草。’‘伊凡·伊凡内奇老爷，你找开锁草干什么呀?’他说：‘坟墓压着我，压着我，特罗菲梅奇，我想跑出来，想跑出来……’”

“有这种事!”费佳说，“这么说，他没有活够。”

“真奇怪!”科斯佳说，“我以为只有在追荐亡人的礼拜六才能见到死人呢?”

“死人随时都可以看见，”伊柳什卡蛮有把握地附和说，据我观察，他对乡下的迷信比别人懂得多……“但是在追荐亡人的礼拜六，你还可以看见该轮到在这一年死的活人。只要夜里坐在教堂门口的台阶上，一直看着大路。那些从你面前走过的人就是当年要死的人。去年我们那儿的乌里雅娜老婆婆就到教堂门口的台阶上去过。”

“那么她看见什么人了吗?”科斯佳好奇地问道。

“怎么没看见。起初她坐了很久很久，没看见什么人，也没听见什么人的脚步声……只有好像一只狗在什么地方叫着，叫着……突然，她一看：一个只穿着一件布衫的小孩子在路上走着。她仔细一看——是伊

---

① 俄罗斯童话里能开启魔洞和聚宝箱的仙草。

瓦什卡·费多谢耶夫……”

“就是春天死去的那一个吗?”费佳打断他的话。

“就是他。他头也不抬地走着……乌里雅娜认出他来了……但是后来她再看看：一个老婆婆在那儿走。她仔细看着，仔细看着——哦，主啊！——是她自己在大路上走，是乌里雅娜自己。”

“真的是她自己吗?”费佳问。

“上帝作证，是她自己。”

“可是，她不是还没有死吗?”

“一年还没有过完啊。可你看看她：那副身子骨快撑不住了。”

大家又默不作声。帕维尔将一把枯树枝扔进火里。树枝在突然爆燃起来的火焰里立刻变成黑色，哔剥作响，冒出烟气，变得弯曲，烧着的两端稍稍翘起来。火光一阵阵颤抖着，向四面八方放射出去，尤其是往上蹿去。突然不知从什么地方飞来一只白鸽，它径直扑向火光里，又惊慌地在原地盘旋了几圈，周身沐浴着炽热的火光，然后鼓着翅膀飞走了。

“肯定是在外面乱飞，”帕维尔说，“现在它只好飞到哪儿就在哪儿停下，等待天亮。”

“可是，帕夫鲁沙，”科斯佳说，“这会不会是一个虔诚的灵魂正要飞到天上去呢?”

帕维尔又把一把树枝扔进火里去。

“也许是吧，”他终于说。

“帕夫鲁沙，请你告诉我，”费佳又提出一个问题，“你们沙拉莫沃那个地方能看到上天的预兆[①]吗?”

“就是太阳看不见了吗？那还用说。”

“也许你们都吓坏了吧?”

---

① 我们那里的农民把日食称为上天的预兆。——原注

“也不光是我们。还有我们的老爷，虽然他预先对我们说过，他说，你们要看见预兆了，可是天一暗下来，听说，他也怕得要命。在仆人住的屋子里，天一暗下来，听说，厨娘就用炉叉把炉灶上所有的坛坛罐罐敲个粉碎，她说：‘世界末日到了，现在谁还吃东西呀?’汤汤水水就这样到处流。在我们村子里，大哥，还到处传说，白狼要到处乱跑，它们要吃人，有一种凶鸟要飞来，人们会看见特里什卡①本人。”

“特里什卡是什么人?”科斯佳问。

“你不知道?”伊柳沙热切地接着说，“小弟，你是从哪儿来的，连特里什卡都不知道? 你们村里都是些待在家里不出门的人，就是不出门的人! 特里什卡是一个很奇怪的人，他就要来了；他这个人很奇怪，谁也抓不住他，对他毫无办法：他就是一个这么奇怪的人。譬如说，农民们想去抓他：他们拿着棍子去追他，把他包围起来，他却能把他们的目光转移开，就这样把他们的目光引开去，让他们自己彼此厮打起来。譬如说，把他关到监牢里，他会讨一罐水喝：水给他端来了，他就钻进水罐里再也找不到了。要是用锁链把他锁起来，他就把锁链抓在手里一抖，锁链就从他身上掉下来。嘿，这个特里什卡还要走遍乡村和城市；特里什卡，这个狡猾的家伙还要来引诱基督徒……可是拿他没有办法……他就是这么一个又奇怪又狡猾的人。”

“是啊，”帕维尔仍旧用他那不慌不忙的语调继续说，“他就是这么一个人。我们那儿的人都在等着他。老年人都说，上天的预兆一出现，特里什卡就要来了。后来预兆果然出现了。所有的人都拥到街上、田野上来，要看看发生什么事情。你们都知道，我们那个地方很引人注目，很开阔。大家都看着，突然从村镇那边的山上走来一个人，样子很古怪，头那么怪模怪样……大家都叫起来：‘哟，特里什卡来了! 哟，特里什卡来了!’大家都往四下里逃窜! 我们那村长爬进水沟里；村长太

---

① 迷信传说中的“特里什卡”大概与反基督的故事有关。——原注

太给卡在大门下，她拼命喊叫，把家里的看家狗都给吓坏，它挣脱链条，跳出栅栏，逃到树林里去了。而库兹卡的父亲多罗费伊奇则跳进燕麦地，蹲下身子学鹌鹑叫，他说：'也许，杀人凶手看到鸟也会怜惜的。'大家都惊慌失措，乱成一团！……原来，在那儿走的人是我们的箍桶匠瓦维拉，他买了一只新的小木桶，把空桶扣在头上。"

孩子们都笑了起来，接着又沉默了一会儿，人们在野外闲谈常有这种情况。我往四下里瞧了瞧：夜色浓重而肃穆。入夜时的潮湿清新变成了午夜的干燥温暖，这干燥温暖还要像柔和的帐幕一样久久笼罩在沉睡的田野上；到天亮时响起最初的说话声、树叶最初的簌簌声、早晨的喧嚷声和出现最初的晨露还有很长一段时间。天上没有月亮：在这些日子里，它很晚才升起。无数金光灿烂的星星竞相闪烁着，仿佛在静静地向银河流去，真的，眺望着它们，您会隐约感觉到地球正在不断地急速运行着……突然，河上连续响起两次病痛般的尖厉的怪叫，过了一会儿，它又响起来，但是已经在稍远的地方……

科斯佳打了个寒颤。"这是什么声音?"

"这是鹭鸶在啼叫，"帕维尔平静地回答。

"鹭鸶，"科斯佳重说了一遍……"帕夫鲁沙，那么，我昨天晚上听见的是什么声音，"他停了一会儿，又说，"你也许知道……"

"你听见什么啦?"

"我听见了一种声音。我从石岗到沙什基诺去。起初我一直在榛树林里走着，后来走到草地上去——你知道，就是往峡谷转一个大弯的地方，那边有个水洼①，你知道，水洼里还长了许多芦苇；我从这个水洼旁走过，我的小兄弟们，水洼里忽然好像有人在呻吟，声音是那么凄凉，那么凄凉：呜……呜……呜！我吓坏了，我的小兄弟们：时候已经很晚了，声音又这么悲惨。我自己都要哭出来了……这是什么声音

① 水洼——是一个很深的坑，积蓄着春汛留下来的水，夏天不会干。——原注

啊？啊？”

“前年夏天，有几个强盗把守林人阿基姆淹死在这个水洼里了，”帕夫鲁沙说，“可能是他的灵魂在喊冤。”

“原来是这样，我的小兄弟们，”科斯佳睁大那本来就很大的眼睛说……“我不知道阿基姆被淹死在水洼里：要不然我还要害怕呢。”

“不过有人说，那儿有一种小青蛙，”帕维尔继续说，“叫起来也是这么凄凉。”

“青蛙？哦，不，这不是青蛙……怎么是……(这时河上又响起鹭鸶的叫声)嘿，就是它!”科斯佳脱口而出，“好像林妖在叫。”

“林妖不会叫，他是哑巴，”伊柳沙接着说，“他只会拍手，发出噼里啪啦的声音……”

“怎么，你看见过林妖吗?”费佳带着嘲笑打断他的话。

“没有，没有看见过，上帝保佑别让我看见；但是别人看见过。前几天他把我们那儿一个庄稼汉迷住了：带着他在树林里转来转去，一直在一块空地上兜圈子……快天亮的时候，他才好容易回到家里。”

“这么说，他看到林妖了?”

“看到了。他说，他长得那么大，那么大，黑黑的，全身裹得紧紧的，好像躲在树后，看不太清楚，好像在躲着月亮，一双大眼睛瞧着瞧着，眨呀眨的……”

“唉，你啊!”费佳稍稍哆嗦了一下，耸耸肩膀，叫了一声，“呸！……”

“这个坏东西为什么要到世界上来?”帕维尔说，“真是的!”

“你不要骂，当心他听见，”伊里亚说。

大家又默不作声。

“你们看，你们看，伙伴们，”忽然响起凡尼亚的童声，“你们看天上的星星，好像一大群蜜蜂在飞!”

他从席子底下露出幼嫩的小脸来，支在拳头上，慢慢抬起那双恬静的大眼睛。所有孩子的眼睛都仰望着天空，久久没有垂下。

“喂，凡尼亚，”费佳亲切地说，“你姐姐安纽特卡身体好吗?”

“好的，”凡尼亚回答，声音有点含混不清。

“你问问她，为什么不上我们这儿来啦……”

“我不知道。”

“你告诉她，让她来玩。”

“我会告诉的。”

“你告诉她，我要送些小礼物给她。”

“你送给我吗?”

“我也送给你。”

凡尼亚叹了一口气。

“不用了，我不要。你还是送给她吧：她的良心那么好。”

凡尼亚又把头靠在地上。帕维尔站起来，端起那只空锅子。

“你上哪儿去?”费佳问他。

“到河边去打一点水：我想喝点水。”

两条狗站起来，跟着他。

“当心别掉到河里去!”伊柳什卡在他后面喊了一声。

“他怎么会掉下去?”费佳说，“他是很当心的。”

“是啊，他是很当心的。但往往有意外的事发生：他弯下腰去打水，而落水鬼就会抓住他的手，把他拖下去。以后人家就说，这个人掉到水里去了……怎么是掉下去的？……听，他钻进芦苇里去了，”他仔细听了听，又说。

芦苇真的分开了，像我们所说的，沙沙响着。

“这事是真的吗?”科斯佳说，“听说傻子阿库莲娜掉到河里去以后就发疯了。”

“是从那以后……可现在变成什么样子了！但是人家都说，以前她是个美人儿。落水鬼把她毁了。他大概没有想到，人家会这么快把她救上来。他就是在河底把她毁了的。”

（我自己曾不止一次遇见过这个阿库莲娜。她衣衫褴褛，瘦得可怕，脸黑得像煤炭，神情恍惚，总是龇着牙，常常整个小时地在路上原地踏步，把两只瘦骨嶙峋的手紧紧掩住胸部，像笼中的野兽那样慢慢地倒换着两只脚。不管对她说什么话，她都听不懂，只是偶尔神经质地哈哈大笑。）

“听说，”科斯佳继续说，“阿库莲娜是因为情人欺骗了她才投河的。”

“真的是这样。”

“你还记得瓦夏吗?”科斯佳忧伤地说。

“哪一个瓦夏?”费佳问。

“就是淹死的那个，”科斯佳回答，“就在这条河里。他是一个多么好的孩子啊！唉，多好的孩子！他妈妈费克利斯塔是多么爱他，爱瓦夏啊！她，费克利斯塔好像预感到他会在河里淹死。夏天，瓦夏有时和我们这些小伙伴到河里游泳，她就提心吊胆。别的女人都无所谓，端着洗衣盆大摇大摆地从旁边走过去，而费克利斯塔却把洗衣盆放在地上，大声叫他：‘回来，回来，我的宝贝！啊，回来，我的心肝!’他是怎么淹死的，只有上帝知道。他在岸边玩，他妈妈也在那儿耙干草；忽然听见，好像有人在水里吐气泡，她一看，只看见水上漂着瓦夏的帽子。从这时起费克利斯塔就疯了：她常常到儿子淹死的地方来，躺在那儿；我的小兄弟们，她躺着，唱起歌儿来——你们记得吗，瓦夏常常唱这首歌，她唱的也是这首歌，她哭啊，哭啊，那么悲痛地向上帝诉说……”

“看，帕夫鲁沙来了，”费佳说。

帕维尔端着满满一锅水走到篝火旁边来。

“喂，伙伴们，”他沉默了一会儿，说起来，“事情不妙了。”

“什么事?”科斯佳迫不及待地问。

“我听见瓦夏的声音了。”

大家都打了个寒颤。

“你在说什么，你在说什么?”科斯佳喃喃地说。

“上帝作证。我刚刚向河水弯下身去，忽然听见瓦夏的声音在叫我，好像是从水底下发出来的：‘帕夫鲁沙，帕夫鲁沙，到这儿来。’我走开了。不过，我还是把水打上来了。”

“哦，主啊！哦，主啊!”孩子们都画着十字，嘴里说着。

“这是落水鬼在叫你，帕维尔，”费佳又说……“我们刚才还在说瓦夏的事呢。”

“哦，这是个不吉利的兆头，”伊柳沙一字一顿地说。

“让它去吧，没关系的!”帕维尔果断地说，又坐了下去，“命中注定的事是逃不掉的。”

孩子们都安静下来。显然，帕维尔的话大大地触动了他们。他们都在篝火前安顿下来，好像准备睡觉了。

“这是什么?”科斯佳突然抬起头来，问道。

帕维尔仔细听了听。

“这是小山鹬在飞，这是它们的叫声。”

“它们要飞到哪儿去?”

“听说是飞到没有冬天的地方去。”

“真有这种地方吗?”

“有的。”

“很远吗?”

“很远，很远，在暖海的那一边。”

科斯佳叹了一口气，闭上眼睛。

我来到孩子们这里已经三个多钟头。月亮终于升起来了，我不是立刻就发现它的：因为它是那么小，那么细。这个没有月光的夜晚使人觉得它仍旧像以前那样壮丽……但是不久前还在当空高高地闪烁的许多星星已经斜移到黑沉沉的天边；周围的一切都已经完全安静下来，就像天亮前常有的那么宁静一样：一切都沉浸在黎明前的酣睡之中。空气中已经没有强烈的气味，仿佛又重新弥漫着潮气……夏夜是多么短促啊！……孩子们的谈话和篝火一起静息了……连狗也打起盹来；在微弱暗淡的星光下，我隐约看到马匹也已低头入睡……我感到了一丝倦意，接着便打起盹来。

一股清新的气流从我脸上拂过。我睁开眼睛：天已破晓。天上还没有一丝红霞，但东方已经发白。周围的一切都显现出来了，虽然还有些朦胧。灰白色的天空渐渐明亮，渐渐变成蓝色，也变得寒冷起来；星星时而发出一点微光，时而隐没；土地潮湿了，树叶上挂满了露珠，有些地方传来富有生气的声音和说话声，微弱的晨风已经在大地上漫游。于是我的身体发出微微的愉快的颤抖。我迅速站起来，走到孩子们那里去。他们都在隐隐燃烧的篝火旁睡得像死人一样；只有帕维尔抬起半个身体，注视着我。

我对他点点头，顺着烟雾迷茫的河边走去。我还没有走上两俄里，在我周围，在广阔湿润的草原上，在前面开始发绿的山丘上，从一座树林到另一座树林，在后面漫漫的尘土飞扬的道路上，在闪闪发亮、变得温暖的灌木丛上，在薄雾渐渐散去、稍稍显出蓝色的河水上，已经注满了最初是鲜红，后来渐渐变成大红、金黄的熹微、温煦的晨光……万物都在蠕动，苏醒了，歌唱了，喧闹了，说起话来了。我的目光所及之处，大颗的露珠都像光芒四射的金刚石一样变得红艳艳的；一阵清纯、洪亮，仿佛也被早晨的凉气洗净的钟声迎面向我传来，突然，一群休息过的骏马被我所熟悉的孩子们驱赶着，从我身边疾驰而过……

遗憾的是，我必须补充一点，就在这一年帕维尔死了。他不是淹死的：他是坠马而死。可惜啊，一个多么好的小伙子！

梅奇美人河的卡西扬

我坐着一辆摇摇晃晃的小马车从猎场回家，被夏天那多云日子的燠热折磨得有气无力(众所周知，这种日子有时比晴天热得更难受，尤其是在没有风的时候)，打着瞌睡，随着马车摇摆，愁眉苦脸地忍耐着，即使坎坷的道路在干裂和吱嘎作响的车轮底下不断扬起灰尘，撒遍我全身，我也由着它去——突然，我的马车夫不同寻常地坐立不安和惊慌的动作引起了我的注意，在这一刹那之前，他的睡意比我还浓。他一连几次拉了拉缰绳，在驭座上忙乱起来，不断向马匹吆喝，还不时往一旁的什么地方看看。我环视了一下四周。我们的马车走在一片开垦过的广阔平畴上；一些同样开垦过的不高的山丘以非常平缓的稍稍起伏的斜坡连接着这片平原；极目望去，可以看见周围五俄里内荒凉的旷野；远处，只有一些小小的白桦林的圆齿形树梢打破几乎是平直的地平线。几条羊肠小道在田野上伸展着，隐没在洼地里，在一些小山丘上蜿蜒盘绕，其中有一条在前面五百步的地方和我们所走的大路相交叉，在那上面，我看出有一队人马在行进。我的马车夫不时抬头眺望的正是这列队伍。

这是支出殡队伍。前面，一个教士坐在套着一匹马的马车里缓缓地行进；一个教堂职员坐在他旁边赶车；马车后面，四个光着脑袋的庄稼汉抬着一口盖着白布的棺材；棺材后面跟着两个农妇。其中一个的尖细悲痛的声音突然传到我的耳朵里，我仔细一听，是在边哭边数落。这忽高忽低、单调干巴、痛苦绝望的哭叫声在空旷的田野上悲凉地回响着。我的马车夫匆匆赶着马：他想跑在这支队伍的前头。在路上遇到死人是不祥之兆。他果然在死人还没有拉到大路之前赶到他们前面去了；但我们还没有跑出一百步，我们的马车突然剧烈地颠动了一下，它倾向一侧，差点翻倒。马车夫急忙勒住正在奔跑的马匹，挥了一下手，啐了一口。

“出什么事了?”我问。

马车夫一声不吭，不慌不忙地爬下车。

“到底出了什么事?”

“车轴断了……磨损了，”他满脸不高兴地回答，接着还是那么气呼呼地突然拉了一下拉套马的皮轭，让那匹拉套马跑一边去，可是它站住了，打了个响鼻，抖擞了一下，若无其事地用牙齿搔搔前腿的膝盖。

我下了车，在路上站了一会儿，心中隐隐约约感到一阵不快，不知怎么会遇上这种倒霉事。右边的车轮几乎完全被压在马车底下，把车毂毫无希望地顶到上面来。

“现在怎么办?”我终于开口问道。

“都怪它!”马车夫用鞭子指着那支送殡队伍说，这时它已经拐到大路上来，快走近我们了，“我一直在注意它，”他继续说，“这种兆头是很灵验的——碰上死人了……是啊。”

他又去找那匹拉套马的麻烦，那匹拉套马看到他心绪不佳、神色严峻，便决心站住不动，只是偶尔驯服地摇摇尾巴。我来回踱了一会儿步，又站到车轮前面去。

这时死人已赶上我们。这悲哀的行列默默地绕过我们的马车，从大路拐到草地上。我和马车夫脱下帽子，向教士鞠躬致意，和抬棺材的人对视了一下。他们费力地向前走去，宽阔的胸部高高地起伏着。棺材后面的两个农妇，一个年纪已经很大，脸色苍白；她那呆板的脸由于悲痛太大已被扭曲，但仍保持着严肃和庄重的神色。她默默地走着，有时抬起瘦削的手按住薄薄的干瘪的嘴唇。另一个农妇是个二十五岁光景的年轻女子，眼睛哭红了，噙满泪水，整个脸都哭肿了。走到我们旁边时，她不再号哭，而用袖子掩住脸……但是当死人从我们身旁经过，重新回到大路上的时候，她那悲痛的使人撕心裂肺的号哭声又响了起来。我的马车夫默默地目送那有节奏地摆动的棺材过去以后，便向我回过头来。

“这是在给木匠马丁送葬，”他说，“就是里亚巴亚村的那个。”

“你怎么知道?”

“我看见那两个婆娘就知道了。老的是他母亲，年轻的是他老婆。”

“他是生病了还是怎么的?”

“是啊……生的是热病……前天管家派人去请医生，可是医生不在家……这木匠是个好人，喜欢喝点酒，可木匠是个好人。你看，他老婆哭得多伤心……不过，大家也知道：女人的眼泪是不值钱的。女人的眼泪跟水一样……是啊。”

他弯腰从拉套马的缰绳底下爬进去，双手抓住马轭。

“可是我们怎么办呢?”我说。

我的马车夫先把膝盖顶住辕马的肩部，摇撼了两下马轭，把辕枕摆摆正，然后又从拉套马缰绳底下爬出来，顺手推了一下马脸，走到车轮旁边。他走到那里，眼睛仍盯住车轮，接着慢慢从衣裾底下掏出一只扁扁的烟盒来，慢慢地拉住皮带，揭开盖子，慢慢地把两个肥手指伸进烟盒里去(两个手指是勉强伸进去的)，揉揉烟丝，先把鼻子挤到一边，一次一次地吸着，每吸一次，就发出一次长长的呼哧声，然后病态地眯起满是泪水的眼睛，眨了眨，接着便深深地沉思起来。

“喂，怎么样?”我终于问他。

我的马车夫小心地把烟盒放进衣袋里，把帽子抖到眉毛上，不是用手，而是把头往下抖了抖，接着，默默爬到驭座上。

“你上哪儿去啊?”我有点惊奇地问他。

“请您坐上来吧，”他若无其事地回答，拿起了缰绳。

“我们现在怎么走呀?”

“能走的，老爷。”

“可是车轴……”

“请您坐上来吧。”

“可是车轴断了……”

“断是断了；不过勉强可以走到新村……慢慢走，就是说。这儿树林后面，右边有一个新村：叫做尤季内。”

“你认为我们能走到吗?”

我的马车夫没有赐复。

“我最好还是步行吧，”我说。

“悉听尊便，老爷……”

于是他挥了一下鞭子。马车走动了。

我们果然勉强走到新村，虽然右边的前轮勉强维持住，怪模怪样地转动着。在一座小丘上它差一点脱落；我的马车夫恶狠狠地吆喝了一声，我们才顺利地走下小丘。

尤季内新村一共有六座低矮的小农舍，房子都已歪斜，虽然看样子是不久前建造的：有的院子还没有围上栅栏。马车驶进新村的时候，我们一个人也没有遇到；街道上甚至没有看到一只鸡，连狗也没有。只有一条截了尾巴的黑狗当着我们的面急急忙忙地从一只干木盆里跳出来（它大概是因为口渴想跳进木盆里喝水），立刻一声不叫地慌慌张张钻到大门底下去。我走进第一座农舍，打开通穿堂的门，叫唤主人，但没有人回答。我又叫了一次：另一扇门后面响起一只饿猫的叫声。我用脚踢开门：一只瘦猫在黑暗中闪着绿眼睛，从我身旁溜了出去。我把头探进房间里，看了看：里面黑洞洞的，烟雾弥漫，不见一人。我往院子里走去，那里也没有一个人……围墙里有一头小牛哞哞叫着；一只瘸腿的灰鹅一拐一拐地走到一旁。我走进第二座农舍——第二座农舍里也空无一人。我走到院子里……

在被灿烂的阳光照亮的院子正当中，在一般认为太阳晒得最热的地方，有一个人脸朝着地面，头上盖着一件上衣，躺在那里，依我看来，那是一个男孩。在离他几步远的草棚底下，一辆破马车旁边，站着一匹套着破旧挽具的瘦马。阳光从破旧窝棚上狭小的隙缝倾泻下来，在它那乱蓬蓬的枣红色毛皮上留下一个个色彩斑斓的光斑。那里还有一只高高的椋鸟笼，几只椋鸟吱吱叫着，以平静的好奇心从它们的空中栖息处注视着下面的景物。我走到睡觉的人的身边，唤醒他……

他抬起头，看到我，立即跳起来……“什么？有什么事？怎么回事？”他睡意蒙胧地喃喃说着。

我没有马上回答他：他的外貌使我大吃一惊。请想象一个五十来岁的小矮人，黝黑的小脸上尽是皱纹，鼻子尖尖的，褐色的眼睛小得几乎看不出，一头乌黑拳曲的浓发像菌盖一样宽宽地覆盖在他那小小的头上。他的身体非常孱弱瘦小，他的目光的异常和古怪是语言难以形容的。

“有什么事？”他又问我。

我对他说明了来意；他听着我说话，那双缓慢地眨动的眼睛一直盯着我。

“你能给我们弄一根新的车轴吗？”我终于对他说，“我可以付钱。”

“你们是干什么的？是打猎的吗？”他从头到脚打量了我一下，问道。

“是打猎的。”

“你们一定是打天上飞的小鸟吧？……打树林里的野兽吧？……你们打死上帝的鸟儿，流无辜的血，不罪过吗？”

这古怪的小老头说起话来把声音拖得长长的。他的声音也使我吃惊。他的声音不但一点不显得苍老，而且还很甜润、年轻，几乎柔和得像女人。

“我没有车轴，”他沉默了一会儿说，“这一根不合用，”他指指自己的小马车，“你们的马车一定是大型的。”

“那么村子里能弄到吗？”

“这算什么村子啊！……这里谁家也没有……再说也没有人在家：

全干活去了。你们走吧，”他突然这样说，又躺到地上去了。

我怎么也没有料到这样的结果。

“你听我说，老人家，”我拍拍他的肩膀说，“劳驾，帮个忙吧。”

“你们走吧！我累了：到城里跑了一趟，”他对我说，接着把上衣拉到头上。

“劳驾啦，”我继续说，“我……我可以付钱。”

“我不需要你的钱。”

“请帮个忙吧，老人家……”

他爬起来，盘起两条细腿坐着。

“也许我可以带你们到林垦地①去。一些商人在那儿买了我们的树林，上帝会审判他们的，他们在那儿砍伐树木，造了一座事务所，上帝会审判他们的。你们可以在那儿向他们定一根车轴，或者买一根现成的。”

“好极了!”我高兴得叫起来，“好极了！……我们走吧。”

“橡木车轴，很好的，”他继续说，可是没有站起来。

“到那个林垦地很远吗?”

“三俄里。”

“那好吧！我们可以乘你的小马车去。”

“哦，不……”

“唉，走吧，”我说，“走吧，老人家！马车夫在街上等我们呢。”

老头不情愿地站起来，跟着我走到街上。我的马车夫正在气头上：他想去饮马，但没想到井里的水很少，再说水的味道也不好，而这一点就像马车夫们所说的，是最重要的事……可是他一看见老头便咧开嘴笑起来，向他点点头，喊了一声：

“啊，卡西扬奴什卡②！你好啊!”

---

① 树林中砍伐过的地方。——原注

② 卡西扬的爱称。

“你好，叶罗菲，正直的人!”卡西扬不乐意地回答。

我立刻把他的建议告诉马车夫；叶罗菲表示赞同，便把马车赶进院子里。当他熟练地忙着卸马的时候，老头站在大门旁边，肩膀靠在大门上，不快活地一会儿看看他，一会儿看看我。他好像还在那儿犹豫不决，据我看，他对我们突然来到不很高兴。

“你也给搬迁到这儿了吗?”叶罗菲在卸下马轭的时候突然问他。

“我也给搬迁来了。”

“唉!”我的马车夫含糊不清地说。“你知道吗，马丁，就是那个木匠……你不是认识里亚巴亚村的马丁吗?”

“认识的。”

“唉，他死了。我们刚才看见他的棺材了。”

卡西扬浑身颤栗了一下。

“他死了?”他反问了一句，低下头去。

“是的，死了。你为什么不治好他的病呢，啊?人家说，你会看病，你是个郎中。”

我的马车夫显然是在拿老头开心，嘲弄他。

“怎么，这是你的马车吗?”他对着马车耸耸肩膀，又说。

“是我的。”

“唉，马车啊……马车!”他反复说着，抓住车辕，差点没把马车掀翻……“马车啊!……用什么送你们到林垦地去好呢?……我们的马没法子套到这副车辕里去：我们的马都很高大，可这算什么车辕呀?”

“我不知道，”卡西扬回答，“用什么送你们去；要不就用这头牲口吧，”他叹了一口气说。

“用这头?”叶罗菲接着说，他走到卡西扬那匹劣马跟前，鄙夷地用右手的中指戳戳它的脖子。“瞧，”他用责备的口吻说，“睡着了，这蠢东西!”

我要叶罗菲快点把马车套好。我想亲自和卡西扬到林垦地去：因为那里往往有松鸡。小马车套好以后，我便带着狗凑合着坐到那用树皮做成的高低不平的车斗里去，卡西扬缩成一团，还是那么愁眉苦脸，坐在马车前面的栏杆上——叶罗菲走到我身旁，神秘地小声对我说：

“老爷，您跟他一起去，做得好。因为他是这样一个人，他是个疯子，外号叫跳蚤。我不知道，您怎么会懂得他的心思……”

我想对叶罗菲说，到现在为止，我仍觉得卡西扬是个头脑清醒的人，可是我的马车夫又马上用同样的声调对我说：

“您可要留神，看他是不是把您带到那儿去。车轴您自己挑选好了：要选一根结实的车轴……喂，跳蚤，”他大声对卡西扬说，“你们这儿能弄到点面包吗?”

“你去找找吧，也许能找到的，”卡西扬回答，他扯扯缰绳，我们就动身了。

我完全没有想到，他的马跑得很不坏。一路上卡西扬固执地保持着沉默，对我提出的问题只不情愿地断断续续回答几句。我们很快就到达林垦地，在那里找到事务所。这是一座高高的木头房子，孤零零地建造在一道狭小的山沟上面，山沟已被一道堤坝草草地拦腰截断，成了一个池塘。我在事务所里找到两个年轻伙计，他们都明眸皓齿，伶牙俐齿，脸上挂着甜蜜而狡黠的微笑，我向他们买了一根车轴，便动身到林垦地去。我以为卡西扬会留下来看管马匹，在那里等我，没想到他突然走到我跟前。

“怎么，你要去打鸟吗?”他说，“是不是?”

“是的，要是能找到的话。”

“我跟你一起去……可以吗?”

“可以，可以。”

我们动身了。此去伐木区约有一俄里路程。说实话，我关注卡西扬比关注自己的狗还要多。难怪人家要叫他跳蚤。他那乌黑的没戴帽子的头(不过，他的头发可以代替任何帽子)在灌木丛中忽隐忽现。他走起路来手脚特别麻利，好像一直在跳跃，还不断弯下身子，采些野草揣在怀里，嘴里轻声嘟囔着，一路上不断用一种古怪的想追根究底的目光看看我，看看我的狗。在矮树丛里和林垦地上往往栖息着一些灰色的小鸟，它们不时从一棵小树飞到另一棵小树上，啾啾叫着，突然忽高忽低地飞出去。卡西扬模仿着它们的叫声，和它们互相呼应；一只小鹌鹑吱吱叫着从他脚下飞起来，他也跟着吱吱叫了几声；一只云雀飞到他头顶上，拍打着翅膀，像唱歌一样大声鸣叫起来——卡西扬也跟着他一起唱。但他一直没跟我说话……

天气非常好，比刚才更好了，但炎热并没有减退。晴朗的天空上徐徐移动着一些高远的薄云，它们像暮春的雪一样呈乳白色，像降下的风帆一样扁平而细长。它们那像棉花一般松软的轻薄的花边每一瞬间都在变化，虽然很慢，却觉察得出。这些云正在消散，没有落下阴影。我和卡西扬在林垦地上久久地转悠。新长出来的还没有一俄尺①高的蘖枝，用它们光滑纤细的茎盘绕着发黑的矮树桩；一些灰色的圆形海绵状木瘤，就是可以用来煮出火绒的木瘤，就长在这些树桩上。草莓在那上面吐出粉红色的卷须；一簇簇蘑菇紧挨着在那里生长。我的腿不断被那些饱受烈日煎熬的高高的杂草绊住；到处长着一些小树，那上面发红的嫩叶上放射着强烈的金属般反光，使人眼花缭乱；到处有一串串浅蓝色的野豌豆，到处有毛茛的金黄色花萼、半截紫色半截黄色的蝴蝶花，彩色缤纷，斑斓夺目；在布满一道道车辙的、生长着红色小草的荒径旁边，有几个地方堆放着以一立方俄丈②为单位的、因风吹雨打而发黑的木材，这些木材垛投下了斜方形的淡淡的阴影，别的地方则一点阴影也没有。微风有时吹拂一下，有时纹丝不动：它忽然迎面吹来，仿佛要刮起一阵狂风——一切都快乐地喧闹起来，点着头，摇摆着，蕨类植物柔软

① 1俄尺合0.71米。
② 1俄丈合2.134米。

的尖端优美地婆娑起舞——你正要为吹来一阵凉爽的风而欣喜……但它又停住了，一切又归于平静。只有蝈蝈齐声唧唧叫着，仿佛在那里表示愤恨。这种声音无休无止，单调刺耳，叫得人心烦意乱。它和正午毫不示弱的炎热恰似天造地设的一对，它好像是炎热所产生的，好像是炎热从晒得滚烫的土地里呼唤出来的。

我们连一窝小鸟都没有碰到，最后来到一块新的林垦地。那里几棵不久前刚砍伐下来的白杨可怜兮兮地横卧在地上，把野草和小灌木丛压在身下；它们身上的叶子还是绿的，但已经没有生命，从一动不动的树枝上萎蔫着耷拉下来；在另一些枝头上，它们已经干枯拳曲了。一些呈淡黄色的新鲜木片堆积在湿润的树桩旁，发出一种令人十分舒服的特别的苦味。远处，靠近树林的地方，响着斧头重浊的砍伐声，于是过不了多久就有一棵枝叶葱茏的树仿佛鞠躬似的伸开双手庄重而悄无声息地倒下……

我久久没有找到一只野禽；最后从一片广阔的、长满苦艾的橡树丛中飞出一只秧鸡来。我打了一枪，它在空中翻滚了一下，掉了下来。卡西扬急忙用手遮住眼睛，一动不动站着，直到我装好弹药，拾起秧鸡。我走开之后，他走到被打死的鸟掉下来的地方，俯身看着溅了几滴血的草地，摇摇头，惊慌地看了我一眼……后来我听到他小声念叨着："罪过！……这真是罪过！"

暑热终于逼着我们走进树林。我奔到一棵高高的榛树下，在它上面有一棵挺拔的小槭树优雅地伸展着柔弱的枝条。卡西扬在一棵砍倒的白桦粗大的一端坐下。我看着他。树叶在高处微微晃动着，它们那淡绿色的阴影在他那胡乱裹着深色外衣的孱弱身躯上，在他那小小的脸上微微浮动。他一直没有抬起头来。他的沉默使我感到懑闷，我便仰卧着欣赏起纷披的枝叶在高邈明朗天空中的和平嬉戏。仰卧在树林里向高空眺望是一件多么赏心悦目的事！您会觉得，您看到的是一片无底的海洋，它广阔无垠地展现在您的**"下面"**，树木不是从地上往上长，而仿佛是植物巨大的根从上面挂下来，垂直落在明亮如镜的波浪里；树上的叶子有时像绿宝石一样晶莹剔透，有时厚重得像金黄色的，几近黑色的墨绿。在很远的地方，在一块澄澈的蓝天映衬下，有一片单独的叶子，一动不动地挂在细树枝的末端，旁边却有另一片叶子在晃动，那样子就像一条鱼的尾巴在摆动，它的晃动仿佛是自动的而不是被风吹动的。一团团白云像中了魔法的水下岛屿静静地飘浮过来，又静静地飘浮过去。突然所有这片海洋，这明净的空气，这些沐浴着阳光的枝叶全部流动起来，颤抖着发出星星点点的闪光，掀起一片更加清晰的颤动的簌簌声，犹如突然漾起的涟漪发出悠长细微的拍击声。您一动不动地躺着，您远望着：您心中的欣喜、宁静和甜蜜是言语无法形容的。您远望着：那深邃、纯净的蓝天会使您的嘴唇漾起一丝微笑，这微笑就像蓝天本身，像天上的浮云那样纯洁，于是一长串幸福的回忆便仿佛和一长串慢慢飘动的浮云一起，慢慢地从您的心头飘过。您会觉得，您的目光越看越远，带着您本人进入那安谧光明的、无限深邃的远处，已经离不开这高邈的天空、这深邃的远方……

“老爷，老爷！”卡西扬突然用他那响亮的声音说。

我惊奇地抬起身子；到目前为止他一直勉强回答我的问题，现在却突然自己说起话来。

“你有什么事？”我问。

“喂，你为什么打死这只鸟？”他直盯住我的脸说。

“什么为什么？……秧鸡，这是野味，可以吃的。”

“你不是为了吃才打死它的，老爷：你是不会吃它的！你是为了好玩才打死它的。”

“你自己大概也吃譬如鹅或鸡的吧？”

“这种家禽是上帝规定给人吃的，可秧鸡，这是树林里的飞鸟。而且不单是秧鸡：还有很多，所有树林里的动物，野地里和河里的动物，沼地里和草地上的，天上飞的，地上跑的——打死它们是罪过的，让它们在地上活到自己死去吧……人有另外一种食物，他有别的食物和喝的东西：粮食，这是上帝的赏赐，还有天上的雨水，祖先传下的家禽家畜。”

我惊奇地看了看卡西扬。他的话脱口而出，他无须搜索枯肠，他的话既平心静气，又理直气壮，既和颜悦色又义正词严，说话时还偶尔闭起眼睛。

“那么，照你这么说，捕鱼也是罪过的啰?”我问。

“鱼的血是冷的，”他充满自信地反驳我，“鱼是哑巴动物。它不会害怕，也不会取乐。鱼是不会说话的动物。鱼没有感觉，它的血不是活的……血，”他停了停又说，“血是神圣的东西！血不能见上帝的太阳，血不能见光……让血见光是极大的罪过，是极大的罪过，非常可怕……，啊，是极大的罪过!”

他叹了一口气，低下头。我望望这个奇怪的老头，说实话，我实在觉得非常惊奇。他说的不是一个普通庄稼汉的话，一个凡夫俗子就说不出这样的话，一个喜欢夸夸其谈的人也不会说出这样的话。这种话是经过深思熟虑、郑重其事地说出来的，是不同一般的……我从来没有听人说过这样的话。

“请告诉我，卡西扬，”我目不转睛地看着他那有些发红的脸，对他说，“你是干什么营生的?”

他没有立即回答我的问题。他的目光不安地闪烁了一下。

“我按照上帝吩咐过日子，”最后他说，“至于干什么营生，没有，我什么也不干。我从小就很不懂事；趁还有力气，我就干活，我干得不好……干什么事我都不顶用！身体不好，手脚又笨。喏，春天的时候，我就捉捉夜莺。”

“你捉夜莺?……你不是说过，凡是树林里的，野地里的，以及别的生灵，都不应该去碰吗?”

“杀死它是不应该的，这没错；该死的时候它自然会死。就拿木匠马丁来说吧，木匠马丁活了一阵子，他活了不久就死去了；他的妻子现在为丈夫，为年幼的孩子痛苦得死去活来……没有一个人，没有一只动物能耍点滑头，逃避死亡。死亡是逃不掉的，谁也逃不出它的手心。而帮助死亡是不应该的……我并不杀死夜莺——上帝保佑！我不会让它们受苦，不会把它们弄死，而只是让人高兴，使人得到安慰和快乐。”

“你到库尔斯克去捉夜莺吗?”

“我到库尔斯克去，有时走得更远。我在沼地和周围有树林的地方过夜，我独自在田野上，在荒僻的地方过夜：那儿有鹬鸟在唧唧叫，有兔子在吱吱叫，有鸭子在嘎嘎叫……每天晚上我留神观察，每天早晨我仔细听着，每天早晨我往灌木丛上撒网……有的夜莺唱得那么凄惨，那么好听……真的很凄惨。”

“你把它们卖了?”

“我送给好心的人。”

“你还做些什么?”

“怎么还做些什么?”

“你干什么活?”

老头沉默了一下。

“我什么活也不干……我干得不好。但我能读书识字。”

“你能读书识字?”

“我能读书识字。是上帝和一些好心人帮助我的。”

“那么，你有家室吗?”

“没有，我没有家室。”

“怎么会这样？……都死了，还是怎么的?”

“不，是这样的：日子过得不顺利。这都是上帝的旨意，我们都得听从上帝的安排；可做人必须正直——就是这么回事！也就是要听从上帝的旨意。”

“你有亲戚吗?”

“有的……是的……是这样……”

老头嗫嚅着。

“请你告诉我，”我说，“刚才我听见，我的马车夫问你，他说，你为什么没有治好马丁的病？难道你会治病吗？”

“你的马车夫是个正直的人，”卡西扬沉思着回答我，“可也不是没有罪过。有人管我叫郎中……我算什么郎中！……谁能够治病呢？这都是上帝决定的。有些……有些草啊，花啊：确实有用。譬如说，鬼针草吧，对人是有好处的；车前草也是；说说这种草并没有什么不体面：这些都是干净的草——是上帝的草。不过，别的草就不是这样了：这些草对人也有功效，可这是罪过；说说都是罪过。除非做祷告……哦，当然，也有些咒语……谁相信谁就能得救，”他压低声音，补了一句。

“你什么药也没给马丁吗？”我问。

“我知道得太晚了，”老头回答。“可有什么办法呢！谁的命运怎么样是注定的。木匠马丁是活不长的，他在世上活不长：这是肯定的。谁在世上活不长，太阳就不会给他温暖，粮食对他也没有用处，好像在叫他回去了……是啊，上帝让他的灵魂得到安息吧！”

“把你们迁到这儿来已经很久了吗？”我沉默了一会儿之后问。

卡西扬浑身哆嗦了一下。

“不，不久：三四年。老主人在世的时候，我们一直住在原来的地方，后来监护人才把我们迁到这儿来。我们的老主人心地善良，是个大好人，愿他升入天堂！是啊，监护人的决定当然是正确的。看来，不这样做也不行。”

“那么你们原来住在什么地方？”

“我们是梅奇美人河边的人。”

“离这儿很远吗？”

“大约一百俄里。”

“怎么样，那个地方好些吗？”

“好些……好些。那边地域广阔，是河流经过的地方，我们的老家；这儿地方狭小，是个干旱的地方……在这儿，我们都孤零零的，没几个人。在我们那边， 在梅奇美人河上，你一登上小山冈，你一登上去——嘿，我的上帝，那是什么景色呀？啊？……又是河流，又是牧场，又是树林；那边是一座教堂，再过去又是一片牧场。可以看见很远很远的地方。可以看到多么远的地方啊……你看哪看哪，啊，真是太美啦！不过，这儿的土地的确要好些：是沙质黏土，很好的沙质黏土，农民都这么说；我的庄稼处处都长得很好。”

“那么，老人家，你说句实话，你大概很想到故乡去看看吧?”

“是啊，要能去看看就好了。不过，到哪儿都好。我是个无家无室的人，喜欢到处走走。再说，老待在家里干什么？你出去走走，出去走走，”他提高声音接着说，“心里会舒服些，真的，太阳会照着你，上帝会更清楚地看见你，唱起歌来也好听些。你看，这儿草长得多好；你一看见，就采下一棵。这儿还有水在流，譬如说，是泉水，圣水；你一看见，就喝个够。天上的鸟儿在唱歌……在库尔斯克那边有一片大草原，那么大的草原，谁见了都会大吃一惊，都会感到心里乐滋滋的。这就是富足的幸福生活，这就是上帝的恩赐！有人说，这片草原一直通到温暖的大海，那儿有一只声音很好听的神鸟，不管冬天还是秋天，树叶都不会从树上凋落，银树枝上长着金苹果，人们都过着富足而公正的生活……我要是能到那儿去就好啦……我走过的地方可不算少啦！我去过罗苗，去过辛比尔斯克，那是个出色的城市，我也到过莫斯科，那儿有金色的教堂圆顶；我去过奥卡奶娘河，去过茨纳鸽子河，也去过伏尔加母亲河，看到过许多人，许多善良的基督徒，到过许多体面的城市……是啊，我真想到那儿去……而且……真的……不光是我这个罪人……别的许多基督徒穿着树皮鞋，都到那儿去，他们沿路乞讨，去寻求真理……是啊！……待在家里有什么意思，啊？这世道是不公平的，就是这么回事……”

最后这几句话卡西扬说得很快，几乎听不清楚；接着他又说了几句话，我简直不知道他在说些什么。他脸上的表情变得很古怪，使我不由得想起“疯子”这个名称。后来他低下头，咳嗽了一声，好像回过神来了。

“多么好的太阳啊！”他轻声嘟囔着，“多么慈爱的恩惠，主啊！树林里是多么温暖！”

他耸耸肩膀，不再说什么，漫不经心地瞧着，轻轻地唱起歌来。我无法分辨他那声调悠扬的歌曲的全部歌词，只听出下面两句：

人家叫我卡西扬，
我的绰号是跳蚤……

“哦！”我想，“是他自己编的……”突然，他全身哆嗦了一下，不再作声，目不转睛地注视着密林深处。我转过头去，看见一个七八岁的农家小姑娘，身上穿着一件小小的蓝色萨拉方①，头上包着格子头巾，晒黑的赤裸手臂上挎着一只篮子。看来她完全没有想到会遇见或者如常言所说的“撞见”我们，便一动不动地站在青翠的榛树丛中浓荫蔽日的草地上，用她那双黑眼睛惊慌地看着我。我才勉强看清她的脸，她便马上躲到一棵树后面去了。

“安奴什卡！安奴什卡！到这儿来，别害怕，”老头亲切地叫她。

“我怕，”响起一个尖细的声音。

“别害怕，别害怕，到我这儿来。”

安奴什卡默默地离开她躲藏的地方，悄悄绕了个圈子——她那双小小的脚踩在浓密的草地上发出轻微的沙沙声——从密林中走到老头身边。她并不是像我起初从她矮小的身材所判断的那样只有七八岁，而是

① 俄罗斯妇女穿的无袖长衣。

个十三四岁的姑娘。她身材瘦小，却很匀称和灵活，她那标致的脸蛋儿酷似卡西扬的脸，虽然卡西扬并不是个美男子。同样下巴尖尖的脸型，同样奇异的目光，调皮而轻信，沉思而敏锐，一举一动也如出一辙……卡西扬用目光打量了她一下，她站到他的身旁。

“怎么，来采蘑菇吗?”他问。

“是的，采蘑菇，”她怯生生地微笑着回答。

“找到很多吗?”

“很多。”她急速地看了他一眼，又笑了笑。

“有白蘑菇吗?”

“有白蘑菇。”

“给我看看，给我看看……”她放下篮子，把一张盖着蘑菇的宽大牛蒡叶掀起一半。卡西扬弯下身子看看篮子里的蘑菇，“啊，多好的蘑菇！安奴什卡真能干!”

“这是你的女儿吗，卡西扬?”我问。安奴什卡的脸稍稍红起来。

“不是，是亲戚，”卡西扬装出一副漫不经心的样子说。“好吧，安奴什卡，你走吧，”他立即接着说，“去吧，上帝保佑你，当心点……”

“干吗让她走回去!”我打断他的话，“我们可以把她带回去……”

安奴什卡的脸红得像罂粟花，她用双手抓住篮子上的绳子，惊慌地看着老头。

“不，她走得到的，”他用同样平平淡淡的、懒洋洋的声音回答。“她没问题……走得到的……走吧。”

安奴什卡匆匆走进树林里。卡西扬目送着她走去，然后低下头，自个儿笑着。在这长长的笑意中，在他对安奴什卡所说的不多几句话里，在他和她说话时的声调里都充满了一种难以形容的炽热的慈爱和深情。他又往她走去的方向看了看，又微笑了一下，抹了一下脸，一连几次摇摇头。

“你为什么这么快就打发她走了?”我问他，“我想向她买些蘑菇呢……”

“您想买的话，到我家里也可以买的，”他回答我，第一次用“您”称呼我。

“你这小姑娘长得好俊啊。”

“不……哪里是……这样……”他好像不大高兴似的回答我，从这一刻起他又变得像原先那样默默无言。

发现想让他重新和我交谈的努力都是白费力气，我便动身到林垦地去。这时炎热已减退了一些；然而我这次打猎收获甚少的局面，或者像我们这儿所说的“不走运”，仍然没有改变，我只好带着一只秧鸡和一根新车轴回新村去。马车快到院子的时候，卡西扬突然回过头来。

“老爷，老爷，”他说，“我真是对不起你，是我念咒把所有的野禽引开了。”

“怎么回事?”

“我有办法。虽然你的狗经过训练，是条好狗，可是它毫无办法。你想想看，人算得了什么，人，啊?就是这头畜生，人把它训练成什么啦?”

我要说服卡西扬，让他相信不可能用“念咒”的办法把野禽引开，这当然不会有什么结果，因此我什么也没有回答他。再说，这时我们的马车已拐进了大门。

安奴什卡不在屋里，她已经回来过，把一篮子蘑菇放在家里。叶罗菲把新车轴装好，可是一开始就对它进行了一番严厉而不公正的评论。过了一个钟头，我乘马车走了，留给卡西扬一点钱。起初他不肯接受，后来他想了想，在手心里放了一会儿，揣到怀里。在这一个钟头里，他几乎一句话也没说。他仍旧靠在大门上站着，并不回答我的车夫的责难，和我告别时态度也极其冷淡。

我刚刚从林垦地回来的时候，就注意到叶罗菲又心绪不佳……的确，他在林子里什么吃的东西都没有找到，马饮水的地方也不好。我们动身了。他坐在驭座上，似乎连后脑勺也在那里表示不满；他极想和我说话，但要等我先提出问题，而在这等待期间，他只是轻声嘀咕着，数落数落他的马，有时还挖苦几句。“村子，”他嘟囔着，“还算是个村子！要一点克瓦斯，没有克瓦斯……嘿，我的上帝！水呢，简直没法喝！”他出声啐了一口。“黄瓜也好，克瓦斯也好——什么都没有。嘿，你啊，”他大声对右边拉套的马说，“我认得你，你这懒鬼！你大概想偷懒……”他给了它一鞭子。“这匹马现在可会耍滑头了，从前它是一头听话的畜生……好哇，我看你还敢回过头来看我！……”

“叶罗菲，请告诉我，”我说，“这个卡西扬是个什么样的人?”

叶罗菲没有立刻回答我：总的来说，他是个有心计而又沉着的人；但我当时看出来，我的问题使他感到快慰。

“您是说跳蚤吗?”他拉拉缰绳，终于滔滔不绝地说起来。“他是个怪人：像个疯子一样，像这样的怪人，您一下子很难找到第二个。他，譬如说，就跟我们这匹黑鬃黄马一个样，也是不那么听话的……也就是说，不好好干活。不过，当然啰，他算什么雇工，瞧他那副半条命的样子，不过，反正……他从小就是这副模样。起初他跟他那些叔叔拉脚，他们都是驾三套马车的，可是后来，这么说吧，觉得厌烦，就不干了。他便在家里待着，可是在家里他也坐不住，他是那么一个不安分的人，就像一只跳蚤。幸亏他遇到一个好东家，没逼他干什么。从那个时候起他就东逛逛西逛逛，活像一头无拘无束的绵羊。这个人就是那么喜怒无常，只有上帝才了解他：他有时一句话不说，像一截木头，有时突然说起话来，至于他在说什么，那只有上帝知道。这还像个样子吗? 真不像样。总之，他是个行为古怪的人。可是他唱歌唱得很好。唱得很像个样子——真不错，真不错。”

“据说他会治病，是真的吗?”

“治什么病啊！……嘿，他哪会治病！他这样的人哪会? 不过，他倒是把我的瘰疬病治好了……他哪会治病！他是个十足的蠢货，”他沉默了一会儿又说了一句。

“你早就认识他啦?”

“早就认识了。我和他是梅奇美人河边瑟乔夫卡村的邻居。”

“那么我们在树林里碰到的那个安奴什卡姑娘是他的什么亲戚?”

叶罗菲转过头来看看我，咧开嘴大笑起来。

“嘿！……是啊，是亲属。她是个孤儿：她没有母亲，而且也没有人知道她的母亲是谁。嗯，应该是亲戚吧：长得很像他……是啊，她就住在他那儿。是个很机灵的姑娘，没说的；是个好姑娘，而他，这个老头非常宠爱她：这姑娘确实很好。他啊，说来您也许不信，他大概还想教安奴什卡读书写字呢。上帝作证，他真的是这样做的：他就是这么一个与众不同的人，一个让人捉摸不透的人，甚至是个和他的行为不相称的人……唉，唉，唉!”我的马车夫突然停住话头，勒住马，向一旁弯下身子，嗅了起来。“是不是有点焦味儿？一点不错！这些新车轴真够戗……我好像涂过油的啊……得去打点水：这儿正好有个池塘。”

叶罗菲慢慢从驭座上爬下来，解下水桶，到池塘里去打水；回来以后，听到轮毂浇了水发出一阵嗤嗤声，感到颇为得意……在约莫十俄里的路程中，他往灼热的车轴上浇了六次水；我们回到家里的时候，暮色已经很浓了。

总　管

离我的领地约莫十五俄里的地方住着我的一个熟人——年轻的地主，退伍近卫军军官阿尔卡季·帕夫雷奇·彼诺奇金。他的领地里有许多野禽，房屋是按照法国建筑师的设计建造的，仆役穿着英国式服装，饮食是上等的，接待客人十分殷勤，然而你还是不愿意到他家去做客。他为人审慎精明，积极有为，他照例受过良好教育，在军队里服务过，在上流社会混过一阵。现在他经营产业，成绩斐然。阿尔卡季·帕夫雷奇，用他自己的话说，处事严格而公正，关心自己下属的福利，即使惩罚他们也是为了使他们能走上正道。“对待他们要像对待自己的孩子一样，”在这种情况下，他总是说，“无知，我亲爱的，必须注意这个问题。①”在所谓可悲的必要情况下，他总避免激烈粗暴的行为，他不喜欢提高嗓门，多半是伸出手来直指有关的人，平静地说：“我可是要求过你的，我亲爱的，”或者：“你怎么啦，我的朋友，头脑清醒清醒吧，”这时他只是轻轻地咬着牙齿，撇撇嘴。他个子不高，英姿勃勃，人长得很不错，手和手指非常整洁；他那红润的嘴唇和脸颊焕发着一种健康的光彩。他笑声爽朗，一双明亮的褐色眼睛总是和蔼可亲地眯缝着。他衣着讲究、高雅；他订了许多法文书籍、图画和报纸，但不太喜欢阅读，他读《流浪的犹太人》②要费好大的劲。他是个打牌能手。总之，在人们的心目中，阿尔卡季·帕夫雷奇是个极有教养的贵族，我们省里最令人羡慕的未婚男子。淑女们为他神魂颠倒，对他的风度赞不绝口。他的举止极其优雅得体，处事谨慎，小心得像一只猫，有生以来从未卷进任何纠纷的旋涡，虽然一有机会他也喜欢表现自己，刁难和愚弄怯懦的人。他极厌恶和坏人交往，生怕败坏自己的名声；因此在高兴时，他便宣布自己是伊壁鸠鲁③的崇拜者，虽然他对哲学一向没有好感，认为它是德国学者虚无缥缈的食粮，有时干脆就说它是胡言乱语。他也喜欢音乐；打牌时常常哼哼歌曲，而且还挺有感情；他也能唱一些《露契亚》和《梦游女》④中的曲子，但不知为什么，起音都很高。他每年都到圣彼得堡去过冬。他家里收拾得非常整齐；连马车夫都受他的影响，不仅每天擦洗马轭，刷净上衣，而且还把脸洗得干干净净。诚然，阿尔卡季·帕夫雷奇的家仆神情都有些郁悒，但是在我们俄罗斯郁郁寡欢和睡眼惺忪原是很难区别的。阿尔卡季·帕夫雷奇说话的声音柔和悦耳，富有节奏感，好像每个字都是从他那洒过香水的优美胡须底下舒舒服服地流泻出来的；他的话语中还夹杂着许多法语词句，例如："很有趣"⑤，"可不是！"⑥等等。就因为这个缘故我至少不太喜欢到他那儿去造访，要不是为了打松鸡和鹌鹑，我恐怕已经和他完全断绝了往来。说也奇怪，在他家里您会感到极不自在；即使他家里环境很舒服，也不会使您高兴，每一次，到了夜晚，当一个穿着浅蓝色制服，钮扣上轧着家族纹章的鬈发侍仆来到您面前，奴颜婢膝地替您脱下长筒靴的时候，您会感觉到，如果来帮您脱靴子的人不是这个苍白而干瘦的仆人，而突然换了个刚被主人从木犁旁叫回来、不久前赏给他的土布衣服已有十来处绽裂、颧骨极其宽阔、鼻翼极其宽大的年轻强壮小伙子，您会感到说不出的高兴，而乐于冒这个连同小腿和靴子一起被拉掉的危险……

尽管我对阿尔卡季·帕夫雷奇没有好感，有一次我还是不得不在他家过了一夜。第二天一早我就吩咐套好我的四轮马车，但是我不吃他的英式早餐他就不放我回去，他把我领到他的书房里。和茶一起给我们送

---

①⑤⑥ 原文为法文。

② 法国作家欧仁·苏(1804—1857)的长篇小说。

③ 伊壁鸠鲁(前341—前270)，古希腊唯物主义哲学家。在伦理观上主张人生的目的在于避免苦痛，使心身安宁，怡然自得，认为这才是人生最高的幸福。在俄罗斯贵族中，他的思想被理解为享乐主义。

④ 《拉美尔的露契亚》是意大利作曲家唐尼采蒂(1797—1848)所作的歌剧。《梦游女》是意大利作曲家贝里尼(1801—1835)所作的歌剧。

上来的是肉饼、溏心蛋、奶油、蜜汁、乳酪等。两个侍仆戴着干净的白手套敏捷地默默侍候我们，连我们最小的愿望他们都赶在前面为我们做好。我们坐在一只波斯式的长沙发上。阿尔卡季·帕夫雷奇穿着肥大的绸子灯笼裤，黑色的丝绒短上衣，头上戴一顶有蓝色帽缨的非斯卡帽，脚上穿一双中国式黄色拖鞋。他喝着茶，笑着，欣赏自己的指甲，吸着烟，把一只靠垫垫在腰部，觉得自己心情极其舒畅。阿尔卡季·帕夫雷奇结结实实地吃饱了早餐，感到心满意足，便给自己斟了一杯红葡萄酒，把酒杯举到嘴边，却突然皱起眉头。

“为什么没有把酒温热?”他声色俱厉地问一个侍仆。

那侍仆慌了神，呆若木鸡地站着，脸色变得煞白。

“我在问你呀，我亲爱的，”阿尔卡季·帕夫雷奇目不转睛地盯住他，不动声色地继续说。

那倒霉的侍仆坐立不安，手里揉着餐巾，一句话也说不出来。阿尔卡季·帕夫雷奇低下头，皱起眉头若有所思地瞪着他。

“对不起，我亲爱的，”①他愉快地微笑着说，友好地用手拍拍我的膝盖，眼睛又瞪着那侍仆。“好吧，你走吧，”他沉默了一会儿后又补了一句，然后扬起眉毛，摇了摇铃。

一个人走进来，他身体肥胖，肤色黝黑，长着一头黑发，额角很低，眼睛肿得大大的。

“费多尔的事……要处理一下，”阿尔卡季·帕夫雷奇冷峻地低声说。

“遵命，老爷，”胖子回答了一句，走出去了。

“我亲爱的，这就是乡村生活的烦恼，”②阿尔卡季·帕夫雷奇愉快地说，“您要到哪儿去啊？别走，再坐一会儿吧。”

“不坐啦，”我回答，“我该走了。”

---

①② 原文为法文。

“老是打猎！唉，你们这些猎人啊！可您现在要上哪儿去啊?”

“到离这儿四十俄里外的地方去，到里亚博沃去。”

“到里亚博沃去？啊，我的上帝，那么我跟您一起去吧。里亚博沃离开我们的领地希皮洛夫卡不过五俄里路，我好久没有到希皮洛夫卡去了：我总是抽不出时间。这回可真是巧极了：您今天到里亚博沃去打猎，傍晚就到我那儿去。好极了①我们一起吃晚饭——我们带一个厨师去——您就在我那儿过夜。好极了！好极了！他没等我回答，一个劲儿地说。“说定了②……喂，谁在那儿？吩咐给我们套马车，要快点。您没有到过希皮洛夫卡吧？我本来不好意思请您在我的总管家里过夜，可是我知道您一向随遇而安，在里亚博沃您说不定打算在草棚里过夜呢……走吧，走吧!”

阿尔卡季·帕夫雷奇唱起一首法国抒情歌曲。

“您也许不知道，”他摆动两条腿，继续说，“我那儿的农夫都是缴代役租的。现在有了宪法，你有什么办法？不过他们向我缴代役租倒是分毫不差的。说实话，我早就想让他们改成劳役租制，可是我的地太少！我一直纳罕，他们是怎样应付过来的。不过，这是他们的事。③我那里的总管很能干，一个聪明人④，是个干国家大事的人！您会看到的……真的，这正是个好机会!”

毫无办法。本来我早上九点钟就要出门，结果拖到下午两点钟。打猎的人都会理解我的焦急心情的。阿尔卡季·帕夫雷奇，用他的话来说，有机会时喜欢享受一下，便带上大量内衣、食物、衣服、香水、靠垫和各种各样的化妆品，这些衣物对一个克勤克俭的德国人来说，足够用上一年了。每逢从山上往下走的时候，阿尔卡季·帕夫雷奇都要简短有力地关照马车夫几句，由此我可以得出结论，我这个熟人是个地地道道的胆小鬼。不过这次旅行进行得非常顺利，只是在一座不久前刚修好

①②③④ 原文为法文。

的小桥上，载厨师的马车翻了，后轮把他的肚子给压住了。

阿尔卡季·帕夫雷奇看见他那家里专用的卡雷姆[①]翻了车，着实吃了一惊，连忙派人去问他的手是不是受了伤。得到不碍事的答复后，他立刻就放心了。出了这件事，我们在路上便耽搁了很久。我和阿尔卡季·帕夫雷奇同坐一辆马车，旅行快结束的时候，我心里感到特别厌烦，尤其是经过这几个小时的旅行，我的熟人已经精疲力竭，变得极其懒散和无所顾忌了。我们终于到达目的地，但不是到里亚博沃，而是直接到达希皮洛夫卡；不知怎么会出这种事。这一天即使不是由于这个缘故我也不能去打猎了，因此只好听任命运的摆布。

厨师比我们早到几分钟，显然已经作了一些安排，预先通知做好准备，因此我们一进村子，村长(总管的儿子)就出来迎接我们，他是个身材高大、体格强壮、长着棕黄色头发的汉子，骑着马，没戴帽子，新上衣敞开着。“索弗隆在哪儿?”阿尔卡季·帕夫雷奇问他。村长先利索地跳下马来，向主人深深地鞠了一躬，说：“您好，阿尔卡季·帕夫雷奇老爷，”然后稍稍抬起头，抖擞一下精神，报告说，索弗隆到彼罗夫去了，不过已派人去叫他。“好，你跟我们来吧，”阿尔卡季·帕夫雷奇说。出于礼貌，村长把马牵到一旁，爬上马背，把帽子拿在手里，小跑着跟在马车后面。我们乘车在村子里走着，迎面碰到几个坐在空四轮大车上的庄稼汉；他们是从打谷场来的，一路唱着歌，全身颠动着，晃动着悬空的腿。看见我们的马车和村长，他们突然停止唱歌，摘下冬天戴的帽子(事情发生在夏天)，稍稍直起身子，仿佛在等候吩咐。阿尔卡季·帕夫雷奇客气地向他们点点头。整个村子显然都慌作一团。穿格子裙的农妇们向那些迟钝的或过于热心的狗投去劈柴，一个满脸胡须的跛足老头把还没有饮足水的马从井边拉开，莫名其妙地往它肚子上打了一下，就在那里鞠躬行礼。穿长衫的男孩子们哇哇叫着往家里奔去，肚子

---

① 一个法国著名厨师。此处作手艺出众的厨师解。

搁在高高的门槛上，挂下头，两脚往上面一跷，就这样麻利地滚进屋里去，躲到昏暗的穿堂里，不再露面。连母鸡也急急忙忙快步钻进大门底下的隙缝里；只有一只黑胸脯像缎子背心、红尾巴几乎要碰到鸡冠的大胆公鸡还站在大路上，正准备引颈高歌，却又突然惊慌起来，连忙跑掉。总管的房子远离村民的房子，单独建在浓密碧绿的大麻地里。我们在大门口停下。彼诺奇金先生站起身，潇洒地脱下斗篷，走出四轮马车，亲切地环顾着四周。总管的妻子深深鞠躬，迎接我们，并走过去要吻老爷的手。阿尔卡季·帕夫雷奇伸出手由她吻个够，然后登上台阶。村长的妻子站在穿堂的暗角落里，也在那里鞠躬，但她不敢走过来吻老爷的手。在所谓不生火的房子里——在穿堂右边——已有两个婆娘在忙活；她们把各种废物、空木桶、僵硬的皮袄、油罐、一只装着一堆破布并睡着一个穿杂色衣服的婴孩的摇篮搬出去，用洗澡用的笤帚扫着垃圾。阿尔卡季·帕夫雷奇把她们赶了出去，在圣像下的长凳上坐下。马车夫们把大大小小的箱子和其他日常用品搬进来，并尽量让穿大靴子的脚步放轻些。

这时候阿尔卡季·帕夫雷奇便向村长详细询问收获、播种和其他农活进行的情况。村长作出令人满意的回答，但不知怎么神情总有点沮丧、有些不自然，就像在用冻僵的手指扣外衣的钮扣。他站在门口，不时警觉地东张西望，给动作麻利的侍仆让路。我从他强壮的肩膀上方看到总管的老婆正在穿堂里悄悄地殴打另一个农妇。突然响起一辆马车的辘辘声，并在台阶前戛然停下：总管来了。

按阿尔卡季·帕夫雷奇的说法，这个所谓干国家大事的人个子不高、肩膀宽阔、头发灰白、身体结实，长着一个酒糟鼻子，一双小小的浅蓝色眼睛，一把扇形的大胡子。我要顺便指出，自从俄罗斯立国以来，还未有过一个发财发福的人不长着一把又宽又密的大胡子的先例；有的人一辈子只长着一小撮稀疏的山羊胡子，却突然满脸长出了像光轮一般的大胡子，真不知道这些胡须是从哪儿来的！总管想必是在彼罗夫喝了不少酒：他的脸肿得很厉害，满嘴酒气熏人。

“啊，您哪，我们的衣食父母，我们的大恩人，”他拖长声调说着，脸上显出十分感动的样子，仿佛眼泪马上要夺眶而出，“好不容易等到您的光临！……请您的手，老爷，请您的手，”他一边说，一边已噘起嘴唇。

阿尔卡季·帕夫雷奇满足了他的愿望。

“好吧，索弗隆老兄，那么你的工作做得怎么样？”他亲切地问道。

“啊，您哪，我们的衣食父母！”索弗隆大声说，“这工作嘛，怎么能不干好呢！您哪，我们的衣食父母，您哪，我们的大恩人，您的驾临，使我们的村子蓬荜生辉，是我们一辈子的福气。荣耀归于您，主啊，阿尔卡季·帕夫雷奇，荣耀归于您，主啊！托您的福，一切都进行得顺顺当当。”

这时索弗隆停了一下，望望老爷，仿佛又感情冲动起来(酒性也发作了)，再次要求吻老爷的手，调门也拉得更高了：

“啊，您哪，我们的衣食父母，大恩人……真的！上帝作证，我都高兴得变成傻瓜了……上帝作证，我看着，简直不敢相信……啊，您哪，我们的衣食父母！……”

阿尔卡季·帕夫雷奇看看我，笑了一下，问我：“这不是很令人感动吗？”①

“哦，老爷，阿尔卡季·帕夫雷奇，”喋喋不休的总管继续说，“您这是怎么啦？您简直把我急坏了，老爷；您要驾临怎么都不通知我一下。如今您到哪儿去过夜呢？这儿太脏了，到处是垃圾……”

“没关系，索弗隆，没关系，”阿尔卡季·帕夫雷奇微笑着回答，“这儿很好。”

“可是，您哪，我们的衣食父母——这对谁来说很好呢？对我们这

---

① 原文为法文。

些庄稼汉兄弟来说很好，可是您……唉，您哪，我的衣食父母，大恩人，您哪，我的衣食父母！……请您饶恕我这个蠢货，我全疯了，真的，我全搞糊涂了。”

这时，晚餐摆上来了。阿尔卡季·帕夫雷奇开始进餐。老头把儿子赶了出去，说人多气闷。

“那么，老人家，地界分好了吗?”彼诺奇金先生问道，他显然想学乡下人讲话，还向我使了个眼色。

“地界分好了，老爷，全是托您的福。前天清单已经签了字。赫雷诺夫村的人起初不肯签字……老爷，真的。他们要求这样……要求那样……上帝才知道，他们要求些什么；这都是些傻瓜，老爷，一些没有知识的人。可是我们，老爷，托您的福，表示了谢意，满足了经纪人米科莱·米科莱伊奇的要求；一切都按您的吩咐去做，老爷；您怎么吩咐，我们就怎么做，一切都请示过叶戈尔·德米特里奇才做的。”

“叶戈尔向我禀告过，”阿尔卡季·帕夫雷奇一本正经地说。

“可不是，老爷，叶戈尔·德米特里奇向您禀告过了，可不是。”

“这么说，你们现在都满意啦?”

索弗隆等的正是这句话。

“啊，您哪，我们的衣食父母，我们的大恩人!”他又唱起来……“那还用说吗！……我们日日夜夜都在为您向上帝祈祷，我们的衣食父母……土地当然是少了点……”

彼诺奇金打断他的话：

“嗯，好了，好了，索弗隆，我知道，你是个对我忠心耿耿的仆人……那么，粮食打得怎么样?”

索弗隆叹了一口气。

“唉，您哪，我们的衣食父母，粮食打得不太好。是这么回事，阿尔卡季·帕夫雷奇老爷，请允许我向您禀报，事情是怎么发生的。”这时他摊开双手，走到彼诺奇金先生跟前，弯下身子，眯起一只眼睛。

“在我们的地里发现了一具死尸。”

“怎么回事?”

“我也弄不清是怎么回事，老爷，您哪，我们的衣食父母：看样子是仇人在那儿捣鬼。幸亏是发生在靠近别人地界的地方；不过，说实话，是在我们的地里。我立刻叫人把它拖到别人的耕地里，趁当时还来得及，我派人在那儿看守，还关照自己的人，叫他们别多嘴多舌。为了保险起见，我对县警察局长说明了是怎么一回事；还请他喝茶，对他表示感谢……老爷，您猜怎么着？这件事就算在别人账上了；要不然，一具死尸，花两百卢布还算少呢。”

彼诺奇金先生对总管的巧妙手段笑了好一阵，几次向他抬抬下巴对我说：“多能干的人啊，对吗?”①

这时天已经完全黑下来；阿尔卡季·帕夫雷奇吩咐收拾餐桌，拿干草来。侍仆替我们铺好床单，摆好枕头；我们便躺下了。索弗隆得到有关第二天安排的吩咐，回他自己的屋里去了。阿尔卡季·帕夫雷奇临睡时还对我说了俄罗斯农民的许多优秀品质，同时还告诉我，自从索弗隆管理这个领地以来，希皮洛夫卡农民的代役租一个钱都没有少缴过……更夫敲起梆子了；一个婴儿显然还没有培养起自我牺牲的感情，仍在某间屋子里啼哭……我们睡着了。

第二天早晨我们起得很早。我本想动身到里亚博沃去，但阿尔卡季·帕夫雷奇想让我看看他的领地，要我留下来。我自己也愿意证实一下这个干国家大事的人——索弗隆的优秀品质。总管来了。他穿一件蓝上衣，腰里系一条红腰带。他说话比昨天少得多，锐利的目光一直注视着主人的眼睛，回答问题干脆而精到。我们和他一起到打谷场去。索弗隆的儿子，身材两米多高的村长，从各种征象看来都是个十足的蠢货，也跟着我们去，同行的还有乡村警察费多谢伊奇，他是个退伍的士兵，

---

① 原文为法文。

蓄着一把大胡髭，脸上的表情极其古怪：仿佛很久以前受了非同小可的惊吓，从此就再也没有恢复原样。我们参观了打谷场、干燥棚、麦麻烘干房、干草棚、风磨、畜栏、秧苗、大麻地；一切真的都处于极好状态：只是农民都哭丧着脸，这一点使我百思不得其解。除了实际效用，索弗隆还考虑到环境的优美：所有的沟渠两边都种上爆竹柳；打谷场上的麦垛之间筑了几条小径，还铺上沙子；风磨上面装了一个形状像熊的风向标，熊的嘴巴张开着，露出红红的舌头；砖木结构的畜栏装着一块类似希腊式的三角楣饰，上面用白色颜料写着满是错误的题记："该畜栏一八四〇年建于希皮洛夫卡村。"阿尔卡季·帕夫雷奇十分得意，便用法语对我详细讲述代役租的好处，然而他也指出劳役租制对地主更有利——但也管不了这许多了！……接着他给总管出了些主意，怎样种马铃薯，怎样给牲畜储备饲料等等。索弗隆仔细倾听老爷的话，有时表示一点不同看法，但已不再尊称阿尔卡季·帕夫雷奇为衣食父母和大恩人，只是一味强调土地太少，不妨再买些。"那好啊，买吧，"阿尔卡季·帕夫雷奇说，"用我的名义，我不反对。"听了这句话，索弗隆什么也没有回答，只是用手捋捋胡子。"不过现在我们不妨到树林里去看看，"彼诺奇金先生说。说着就有人给我们牵来了坐骑。我们便动身到树林里去，或者像我们那儿所说的，到"禁伐区"去。我们发现这个"禁伐区"罕有人迹，十分荒凉，阿尔卡季·帕夫雷奇为此称赞了索弗隆一番，还拍拍他的肩膀。彼诺奇金先生保留着俄罗斯人对林业的观念，对我说起一桩他认为极为有趣的事情，他说，有一个喜欢开玩笑的地主开导他的守林人，拔掉了他近一半的胡须，以证明砍伐不能使树林长得更加茂盛……不过，在其他方面索弗隆和阿尔卡季·帕夫雷奇两个人都不回避采用新办法。回到村子里，总管便领我们去看他从莫斯科订购来的簸谷机。簸谷机确实很好，但索弗隆要是知道最后这段散步有一件多么不愉快的事情等着他和主人，他也许宁可和我们一起待在家里。

出了这么一件事。我们从草棚出来，看到了下面一幕情景。在离开门口几步路的地方有一个臭水潭子，三只鸭子正在里面无忧无虑地戏水，臭水潭旁边站着两个农民：一个是六十来岁的老头，一个是大约二十岁的小伙子，两个人都穿着打补丁的麻布衫，赤着脚，腰间系着一根绳子。乡村警察费多谢伊奇正在起劲地劝解他们，如果我们在草棚里多耽搁一会儿，他大概可以劝走他们，但是，他一看见我们，便挺直身子，站住不动。村长张着嘴巴，犹豫不决地握着拳头，也站在那里。阿尔卡季·帕夫雷奇皱起眉头，咬咬嘴唇，向两个告状的人走去。那两个人默默地向他一躬到地。

“你们要干什么？有什么要求？”他含着鼻音厉声问道。两个农民对视了一下，一句话也没说，只是像见了阳光一样眯起眼睛，呼吸也急促起来。

“喂，怎么回事？”阿尔卡季·帕夫雷奇继续说，当即问索弗隆。“是哪一家的？”

“是托博烈耶夫家的，”总管慢条斯理地回答。

“喂，你们这是怎么啦？”彼诺奇金先生又说，“你们没有舌头还是怎么啦？你说，你想要什么？”他对老头抬抬下巴，说，“你别怕呀，傻瓜。”

老头伸长他那暗褐色、满是皱纹的脖子，张开他那歪斜发青的嘴唇，用嘶哑的声音说：“老爷，替我们说个情吧！”说着又在地上磕了个响头。年轻的农民也鞠着躬。阿尔卡季·帕夫雷奇威严地望望他们的后脑勺，昂起头，把两条腿叉开些。

“怎么回事？你要告谁的状？”

“行行好吧，老爷！让我们喘一口气……我们吃够苦头了，”老头费力地说。

“是谁让你们吃苦头的？”

“是索弗隆·雅科夫里奇，老爷。”

阿尔卡季·帕夫雷奇沉默了一会儿。

“你叫什么名字?”

“安季普，老爷。”

“这是谁?”

“我儿子，老爷。”

阿尔卡季·帕夫雷奇又不作声，只是撇撇小胡子。

“他让你吃什么苦头啦?”他昂着头，从胡髭上望下去，看着老头，说。

“老爷，他把我们全家毁了。老爷，两个儿子还没有轮到就给送去当兵了，现在他又来夺我的小儿子。昨天，老爷，他把我最后一头母牛牵走了，还把我老婆打得半死——就是这位先生，”他指了指村长。

“哼!”阿尔卡季·帕夫雷奇鼻子里哼了一声。

“别让他彻底毁了我们全家吧，恩人。”

彼诺奇金先生皱起眉头。

“这究竟是怎么回事?”他轻声问总管，露出不满的神情。

“他是个醉汉，老爷听禀，”总管回答，第一次用了恭敬的语气，“他不干活，已经欠了五年租了，老爷听禀。”

“索弗隆·雅科夫里奇替我缴了租，老爷，”老头继续说，“他替我缴租已经是第五年了，他缴了租，缴了租，就把我变成奴隶了，①老爷，还有……”

“那你为什么欠租呢?”彼诺奇金先生厉声问道。老头低下头。“大概是爱喝酒，成天在酒店里厮混吧?”老头张开嘴巴要说什么。“我了解你们这些人，”阿尔卡季·帕夫雷奇怒气冲冲地继续说，“你们的事情就是喝酒，成天躺在炕上，让老实的农民替你们负担。”

“他还是个流氓，”总管在主人的话里插了一句。

---

① 旧俄规定债务人在还清债务前，人身隶属于债权人，如果到期无力偿还，便成为债权人的终身奴仆。

“这还用说。事情往往是这样的；这种事我已经碰到不止一次了。一年到头放荡，耍流氓，现在却来下跪求饶了。”

“老爷，阿尔卡季·帕夫雷奇，”老头绝望地说，“行行好吧，替我们求个情吧，我怎么会是个流氓呢？我向上帝发誓，我实在是受不了了。索弗隆·雅科夫里奇不喜欢我，为什么不喜欢我——让上帝审判他吧！他把我们家全毁了，老爷……这是我最后一个儿子……连他……”在老头满是皱纹、发黄的眼睛里滚动着泪水。“行行好吧，老爷，替我们求个情吧……”

“再说，也不光是我们一家，”年轻农民正要开口说……

阿尔卡季·帕夫雷奇勃然大怒：

“谁问你来着，啊？没有问你，你就给我闭嘴……你这是怎么啦？闭嘴，跟你说！闭嘴！……哦，我的上帝！这简直是反啦。不行，老弟，在我这儿可不许造反……在我这儿……”阿尔卡季·帕夫雷奇向前走了一步，大概想起有我在场，便把头扭向一边，把手插进口袋里。“请原谅我，我亲爱的，①”他勉强装出笑容，大大压低声音说。“这是奖章的反面……②那好吧，好吧，”他继续说，眼睛并不看两个农民，“我会吩咐下去的……好，你们走吧。”两个农民仍不肯站起来。“咦，我不是跟你们说过了吗……好啦。你们走吧，我会吩咐下去的，跟你们说啦。”

阿尔卡季·帕夫雷奇把背转向他们。“总是不满足，”他喃喃说着，迈开大步走了回去。索弗隆紧跟在他后面。乡村警察瞪大眼睛，仿佛想跳到很远的地方去。村长把鸭子赶出了臭水潭。两个来告状的人还在原地站了一会儿，对视了一下，然后头也不回，步履蹒跚地走了。

两个钟头以后，我已经在里亚博沃和我熟悉的农民安帕季斯特一起准备出门去打猎了。在我离开之前，彼诺奇金一直在生索弗隆的气。我

---

①② 原文为法文。

和安帕季斯特谈起希皮洛夫卡的农民，谈起彼诺奇金先生，问他是不是认识那里的总管。

“是索弗隆·雅科夫里奇吗？……您是说他！”

“他是怎样一个人？”

“一条狗，不是人；这样的狗你走遍库尔斯克都找不到。”

“怎么回事？”

“希皮洛夫卡只是名义上属于那个，他姓什么，哦，就是属于那个彼什么金的；但实际掌管这个村子的并不是他，而是索弗隆。”

“真的吗？”

“他管这个村子就像管自己的财产。那边的农民都欠他的债；他们就像雇工一样替他干活：派这个去赶车，派那个到哪儿去……把那儿的农民折腾得好苦。”

“他们的土地好像不多？”

“不多？光是在赫雷诺沃他就租了八十俄亩土地，在我们这儿租了一百二十俄亩；光是这些就有整整一百五十俄亩。他不仅经营土地，还贩卖马匹，贩卖牲口、焦油、奶油、大麻等等，等等……他是个机灵人，鬼得很，是个暴发户，骗子手！他最坏的是好打架。他是头畜生，不是人；大家都说，他是条狗，恶狗，是条恶狗。”

“那他们为什么不告他呢？”

“嘿！老爷才不管这种事呢！既然没有人欠租，他有什么必要去管？是啊，你倒去试试看，”他沉默了一会儿又说，“你去告他吧。不行，他会把你……是啊，你去试试看……不行的，他会把你……这样……”

我想起安季普的事，把我的所见所闻对他说了。

“嗯，”安帕季斯特说，“这会儿他会把他吞下去的；他会把这个人整个儿吞下肚子里去。村长现在就会打他。这个不幸的人，您想想看，多么可怜！他凭什么要遭这份罪……他在村社集会上和他，就是和总管吵过嘴，他是忍无可忍了，一定是这样的……事情闹大了！现在他可要狠狠地报复他了，报复安季普了。现在他会把他吞下去的。要知道，他是条狗，一条恶狗，主啊，饶恕我的罪孽，他知道，谁可以欺压。有些老人，家里比较有钱，人又多，他就不敢碰，这个秃鬼，这回他可要大干一场了！安季普的儿子还没有轮到就被他送去当兵了，这个无法无天的骗子手，恶狗，主啊，饶恕我的罪孽！”

我们出门打猎去了。

1847年7月

于西里西亚的萨尔茨勃伦

管 理 处

这是秋天里的事。我背着枪在田野里已经转悠了好几个钟头，要不是那冷飕飕的霏霏细雨从一早起就像个老处女似的无休无止、毫不留情地缠住我，使我最终不得不在附近找个临时避雨的地方，在傍晚以前，我大概是不会回到库尔斯克大道上的客栈去的——那里有我的三驾马车在等着我。我正在考虑往哪边走好的时候，突然豌豆地旁边一座低矮的草棚映入我的眼帘。我走到草棚跟前，往草棚底下看了一眼，见到一个衰弱不堪的老头，我不由得立即想起鲁滨孙在孤岛上一个洞穴里发现的那头垂死的山羊。老头儿蹲在地上，眯着那双暗淡无光的小眼睛，像兔子一样急促而又小心地(这可怜人连一颗牙齿也没有)咀嚼着一颗又干又硬的豌豆，不停地把嘴里的豌豆从这一边挪到那一边。他专心致志地咀嚼着，竟没有发现我的到来。

“老人家！喂，老人家！”我对他说。

他停住咀嚼，高高扬起眉毛，竭力睁开眼睛。

“什么事?”他用嘶哑的声音含糊不清地问。

“这儿附近什么地方有村子?”我问。

老人又嚼了起来。他没有听清我的问话。我更大声地问了一遍。

“村子吗？……你有什么事?”

“我要躲雨。”

“什么?”

“要躲雨。”

“哦！(他挠挠那晒黑的后脑勺。)你啊，喏，这么走，”他突然滔滔不绝地说起话来，双手乱挥，“这样……这样，你从小树林旁边走过去，你一走过去，那边就有一条大路；你不要管它，别管那条大路，一直往右走，一直走，一直走，一直走……阿纳尼耶沃村就在那边。从那儿还可以走到西托夫卡村。”

我好不容易听懂了老头的话。他的胡髭妨碍他说话，而且舌头也不大听使唤。

“你住在哪儿?”我问他。

“什么?”

“你住在哪儿?”

“我住在阿纳尼耶沃村。”

“你在这儿干什么?”

“什么?”

“你在这儿干什么?”

“我在看守。”

“你看守什么呀?”

“豌豆。”

我忍不住笑了起来。

“得了吧，你多大年纪了?”

“上帝才知道。”

“你大概看不清楚吧?”

“什么?”

“你看不清楚吧?”

“不清楚。有时候什么也听不见。”

“那你怎么能当看守呢？算了吧。”

“这件事上头知道的。”

“上头!”我思忖着，不免怀着同情心看看这个可怜的老头儿。他摸索着从怀里掏出一块又干又硬的面包，像婴儿一样吮吸起来，使本来就凹陷的双颊吸得更瘪了。

我往小树林那边走去，向右拐弯，再往前走，按照老头的指点，一直往前走，终于来到一座大村落，那里有一座新式的石砌教堂，就是说，有许多柱子，还有一座宽敞的地主庄园，同样有许多柱子。透过细密的雨帘，我发现稍远些有一座竖着两个烟囱的木板屋顶的房子，它比别的房子高些，从各方面判断，可能是村长的住宅，于是我迈开大步向那里走去，希望在那里找到茶炊、茶水、糖和不太酸的鲜奶油。我带着我那条瑟瑟发抖的猎犬登上小小的台阶，走进穿堂，推开门，我发现里面并没有一般住户的家什，只有几张堆满文件的桌子、两个红色立柜、几只溅满墨水的墨水瓶，一只约一普特重的锡制沙箱和几支极长的鹅毛笔等物。一个年约二十岁的小伙子坐在其中一张桌子上，他面孔浮肿，带着病容，眼睛极小，前额发亮，鬓发很长。他衣着普通，穿着一件灰色土布长袍，领口和腹部沾满油污。

“您有什么事?”他仿佛一匹被人突然拉起头来的马，抬起头问我。

“这儿住的是管家……还是……”

“这儿是地主的总管理处，”他打断我的话。“我在这儿值班……难道您没有看到牌子？外面钉着牌子呢。”

“这儿什么地方可以烤干衣服？村子里谁家有茶炊?”

“怎么会没有茶炊，”穿灰色长袍的小伙子一本正经地回答，“您可以去找季莫菲神父，要不然就到仆人的家里去，也可以去找纳扎尔·塔拉西奇，或者去找家禽饲养员阿格拉菲娜。”

“你这是在跟谁说话呀，你这蠢货？不让人睡觉，蠢货!”隔壁房间里响起一个声音。

“来了一位老爷，他问哪儿可以烤干衣服。”

“哪一位老爷?”

“我不认识。他带着狗和枪。”

隔壁房间的床咯咯地响了起来。门开了，走进一个五十来岁的人，他个子矮矮胖胖的，脖子粗得像公牛，眼睛突出，腮帮圆鼓鼓的胖得出奇，满面红光。

“您有何贵干?”他问我。

“我想把衣服烤烤干。”

“这儿不是烤衣服的地方。”

“我不知道这儿是管理处，不过我可以付钱……”

“那么，或许这儿也可以吧，”胖子说，“这样吧，您能到这儿来吗?(他把我带到另外一个房间，不过不是他出来的那一间。)您看这儿行吗?”

“行……能不能给我一杯加奶油的茶?”

“请等一等，马上就来。您先宽宽衣，休息一下，茶马上就送来。”

“这儿是谁家的庄园?”

“是叶列娜·尼古拉耶夫娜·洛斯尼科娃太太的。”

他出去了。我往四下里看了看：紧靠把我所在的房间同办公室隔开的板壁摆着一只巨大的皮沙发，在唯一临街的一扇窗子两旁兀立着两只靠背极高的椅子，也是皮制的。贴着绿底红花墙纸的墙面上挂着三幅巨大的油画。其中一幅画着一条戴浅蓝色颈圈的猎狗，画上写着：“这是我的快乐。”狗的脚下画着一条河，河对岸的松树下蹲着一只竖着一只耳朵、大得不合比例的兔子。另一幅画上画着两个在吃西瓜的老人，西瓜后面远远的地方是一座希腊式柱廊，上书“如意殿”。第三幅画着一个(按透视法)缩小的[①]卧姿半裸女人，膝盖画得很红，脚后跟画得很肥。我的狗迫不及待地竭尽全力钻进长沙发底下去，那里显然积满了灰尘，因为它拼命打起喷嚏来。我走到窗口。从地主庄园斜穿街道到管理处的这段路上铺着一排木板：这是一种很好的预防措施，因为这一带都是黑土地，由于阴雨连绵，地上泥泞不堪。这座背靠街道建造的地主庄园周围的情景也和其他地主庄园周围的一般情景一样：穿着褪色花布衣裙的农家姑娘们在附近窜来窜去，男仆们在泥泞地里艰难地迈步，不时

① 原文为法文。

停下来，无可奈何地搔搔脊背。甲长的一匹拴着的马懒洋洋地摇着尾巴，高高地抬着头啃着栅栏。母鸡咕达咕达叫着，害肺病似的火鸡不断地互相呼叫。在一间昏暗破旧房子(大概是澡房)的小小台阶上坐着一个强壮的小伙子，他手里弹着吉他，正兴致勃勃地唱着一首有名的浪漫曲：

哎，我要离开这迷人的田园，
去那荒凉的地方……

胖子走进我的房间。

“给您送茶来了，”他笑容可掬地对我说。

那个穿灰色长袍的小伙子，管理处的值班员在一张旧的铺绿呢面的牌桌上放下茶炊、茶壶、垫着破茶碟的茶杯、一罐鲜奶油和一串硬得像石头的博尔霍夫面包圈。胖子出去了。

“这是什么人，”我问值班员，“是管家吗?”

“不是，先生。他以前是总出纳员，先生，现在升做管理处主任了。”

“难道你们这儿没有管家吗?”

“没有，先生。有一位庄园管理人，叫米哈伊拉·维库洛夫，可是没有管家。”

“那么有经理吗?”

“当然有：是个德国人，卡尔洛·卡尔雷奇·林德曼多尔；不过他不当家。”

“那么你们这儿谁当家?”

“女主人自己。”

“原来如此！……那么，你们管理处有很多人员吗?”

小伙子想了想。

“六个。”

“是些什么人呢?”我问。

“是这么些人:首先是瓦西里·尼古拉耶维奇,他是总出纳员;还有管理员彼得,彼得的兄弟管理员伊凡,还有一个管理员伊凡;科斯根金·纳尔基佐夫,也是管理员,还有我——这么多人,数都数不过来。”

“你家女主人大概有很多仆人吧?”

“不,不很多……”

“那么有多少呢?”

“大概有一百五十个。”

我们两个都不再作声。

“喂,怎么样,你的字写得很好吧?”我又说起话来。

小伙子咧开嘴巴笑了笑,点点头,走到办公室去,拿来一张写满字的纸。

“喏,这是我写的字,”他不停地笑着,说。

我看了看,在一张四开的浅灰色纸上用漂亮而粗大的笔迹写着:

命　令

阿纳尼耶沃村地主家总管理处命令庄园管理人米哈伊拉·维库洛夫,第209号。

兹命令你接到此令迅即查明:昨夜何人醉后张狂,唱着淫秽小调经过英国式花园,致惊扰法国女家庭教师昂热尼夫人安眠?守夜人究竟在干何勾当,何人在花园守夜,竟容许此等狂乱之事发生?上述诸节着你仔细查明,并迅即呈报本管理处。

管理处主任尼古拉·赫沃斯托夫

命令上盖着一个很大的纹章印鉴，上面写着：“阿纳尼耶沃地主总管理处印。”下面的批文是：“切实执行。叶列娜·洛斯尼亚科娃。”

“这是女主人亲自批的吗？”我问。

“当然啰，先生，是她亲自批的：她总是亲自批文件，不然命令就不能生效。”

“哦，那么，你们准备把这道命令送到庄园管理人那里去啰？”

“不，先生。他自己会来看的。就是说，要读给他听，因为他不识字。（值班员又停下话头。）先生，怎么样？”他得意地微笑着，又说，“写得好吗？”

“写得好。”

“说实话，稿子不是我拟的。干这种事科斯根金是把好手。”

“怎么？……难道你们的命令还要先拟草稿吗？”

“可不是？一笔是写不出来的。”

“你拿多少工钱？”我问他。

“三十五卢布，还有五卢布鞋钱。”

“你满意吗？”

“当然满意。我们这儿不是随便什么人都可以进管理处的。说实话，这是上帝的安排：我叔叔在地主家当差。”

“你的日子过得好吗？”

“好的，先生。我说的是实话，”他叹了一口气，又说，“我们这种人，譬如说，要是给商人干活，日子会过得好些。我们这种人给商人干活，日子能过得很好。有这么件事情，昨天晚上有个商人从温纽夫到我们这儿来，他的一个雇工对我说……日子过得很好，没什么可说的，很好。”

“怎么，难道商人给的工钱多些？”

“上帝保佑！你要是向他要工钱，他会抓住你的脖子把你赶出去。不，你在商人那儿干活要忠实，还得小心。他给你吃，给你喝，给你穿，全有了。你要是让他觉得称心如意，他还会多给些……你要工钱干什么！根本不需要……商人的生活也过得很简单，俄罗斯式的，跟我们一样：你跟他一起出门，他喝茶，你也喝茶，他吃什么，你也吃什么。商人……怎么能比：商人和地主不同。商人不胡来；这么说吧，他一生气，把你打一顿，事情就完了。他不唠唠叨叨，不嘲笑……可是跟地主在一起，你可就倒霉了！他什么都不称心：这也不好，那也不满意。你送上一杯水或食物什么的——'哎哟，水有臭味！哎哟，食物是臭的！'你把它端出去，在门外站一会儿，又端进去——'嗯，这回好了，嗯，这回不臭了。'至于那些太太，我跟您说，那真叫太太了！……再说，还有那些小姐！……"

"费久什卡！"办公室响起胖子的声音。

值班员连忙跑出去。我喝了一杯茶，躺在长沙发上睡着了。我睡了约两个小时。

醒来以后，我本想起身，但困倦使我懒得起来；我闭上眼睛，不过没有再睡。隔壁办公室有人在轻轻地谈话。我不由自主地细听起来。

"您说得是，您说得是，尼古拉·叶烈梅伊奇，"一个声音说，"您说得是。不能不考虑这一点，不能不考虑，不错……咳！（说话的人咳嗽了一声。）"

"请您相信我，加夫里拉·安东内奇，"胖子的声音说，"难道我不懂得这儿的规矩吗，您自个儿想想吧。"

"要是您不懂，那还有谁懂呢？尼古拉·叶烈梅伊奇，您在这儿可以说是头号人物了。那么，您说该怎么办？"我不熟悉的那个声音继续说，"我们该怎么决定，尼古拉·叶烈梅伊奇？我很想听听您的意见。"

"怎么决定，加夫里拉·安东内奇？这件事怎么做，可以说，全听您的了：您好像不太乐意吧？"

"没有的事，尼古拉·叶烈梅伊奇，瞧您说的。我们是做生意，做买卖；我们的事情是做买卖。我们是靠做这种事过日子的，尼古拉·叶烈梅伊奇，可以这么说。”

“八卢布，”胖子一字一顿地说。

只听到一声叹息。

“尼古拉·叶烈梅伊奇，您要价实在太高了。”

“加夫里拉·安东内奇，不能再让了，我对天发誓，不能再让了。”

接下去是一阵沉默。

我稍稍抬起身子，从板壁的隙缝里看过去。胖子背对我坐着。一个商人坐在他对面，他四十岁光景，干瘦而苍白，像涂了一层植物油。他不停地摸摸自己的大胡子，频繁地眨着眼睛，抽动着嘴唇。

“今年的秧苗可以说长得格外好，”他又说了起来，“我跑了好多地方，一路欣赏。从沃罗涅什开始，一路都长得很好，可以说是一等品。”

“秧苗确实长得不错，”管理处主任说，“可您也知道，加夫里拉·安东内奇，秋天长的苗，春天难保好啊。”

“确实是这样，尼古拉·叶烈梅伊奇：一切都得听天由命，您说的全是实话……您的客人也许醒了吧。”

胖子转过身来……仔细听了一下……

“没有，睡着呢。不过，也许……”

他走到门口。

“没有醒，睡着，”他又说了一遍，回到原来的坐位。

“那么，怎么样，尼古拉·叶烈梅伊奇?”商人又说起话来，“这点小事总得办掉吧……就这样吧，尼古拉·叶烈梅伊奇，就这样吧，”他继续说，眼睛不断眨巴着，“两张灰票和一张白票①孝敬您老人家，那

① 指俄罗斯纸币，灰色钞票为50卢布，白色钞票为25卢布。

边(他朝地主庄园那边扬扬头)出六个半卢布。击掌吧，怎么样?”

“四张灰票，”管理处主任回答。

“这样，三张!”

“四张灰票，不要白票。”

“三张，尼古拉 · 叶烈梅伊奇。”

“三张半，一个戈比也不能少了。”

“三张吧，尼古拉 · 叶烈梅伊奇。”

“别再说了，加夫里拉 · 安东内奇。”

“真是个不好商量的人，”商人嘟囔着，“我还不如自己去找女主人解决。”

“悉听尊便，”胖子回答，“早就该这样了。其实，您何必多费心？……这样要好得多!”

“唉，好了，好了，尼古拉 · 叶烈梅伊奇。你真的生起气来了！我不过是随便说说而已。”

“不，究竟怎么样……”

“行啦，我跟你说了……跟你说了，我是开开玩笑。那么你就拿三张半吧，拿你有什么办法。”

“我应该拿四张，可我这个傻瓜太性急了，”胖子喃喃地说。

“那么那边，就是女主人那儿，是六个半，尼古拉 · 叶烈梅伊奇——粮食就卖六个半卢布啰?”

“六个半，已经说定了。”

“好，那么我们击掌吧，尼古拉 · 叶烈梅伊奇。(商人张开五指在管理处主任手上击了一下。)上帝保佑！(商人起身。)那么，尼古拉 · 叶烈梅伊奇老爷，我现在就去求见女主人，对她说：尼古拉 · 叶烈梅伊奇说，价钱是六个半，已经说定了。”

“您就这么对她说好了，加夫里拉 · 安东内奇。”

“现在就请您收下。”

商人把一小叠钞票递给管理处主任，鞠了个躬，摇摇头，用两只手指夹起帽子，耸耸肩膀，扭扭腰，走了出去，颇有教养地让皮靴发出一阵咯吱咯吱的声音。尼古拉·叶烈梅伊奇走到墙边，根据我的观察，在那里点起商人给他的钞票来。门口探进一个长着浓密络腮胡子的红头发脑袋。

“喂，怎么样?”脑袋问，“全办好了吗?”

“全办好了。”

“多少?”

胖子恼火地挥挥手，指指我的房间。

“噢，好吧!”脑袋回答一声，缩了回去。

胖子走到桌子旁，坐下来，打开账簿，拿起算盘，把算盘珠子拨来拨去。他打算盘时不是用右手的食指，而是用中指：这样打算盘更有派头。

值班员走进来。

“你有什么事?”

“西多尔从戈洛普廖基来了。”

“哦！那么叫他来吧。等一等，等一等……你先去看看，那位陌生的老爷怎么样了，还在睡觉还是醒了。”

值班员小心翼翼地走进我的房间。我把头搁在作枕头用的猎袋上，闭上眼睛。

“在睡觉，”值班员回到办公室，轻声说。

胖子轻声发了几句牢骚。

“那么，叫西多尔来吧，”他终于说。

我又抬起身子。走进一个身材魁梧的农民，他三十岁左右，体格强壮，双颊红润，长着淡褐色头发，蓄着短短的拳曲胡子。他对着圣像祈祷了几句，向管理处主任鞠了个躬，双手拿着帽子，身子挺得笔直。

“你好，西多尔，”胖子边打算盘边说。

“您好，尼古拉·叶烈梅伊奇。”

“嗯，路上怎么样?”

“还好，尼古拉·叶烈梅伊奇，有点泥泞，”那农民说话不快，也不很响。

“老婆好吗?”

“还那样!”

农民叹了一口气，伸出一只脚。尼古拉·叶烈梅伊奇把笔搁在耳朵上，擤了一下鼻涕。

“怎么，你来有什么事?”他把一块方格手帕放进衣袋里，继续问道。

“是这么回事，尼古拉·叶烈梅伊奇，东家向我们要木匠。”

“怎么，你们没有木匠吗?”

“我们怎么会没有木匠，尼古拉·叶烈梅伊奇：我们那儿是林场——大家都知道的。可现在正是忙的时候啊，尼古拉·叶烈梅伊奇。”

“忙的时候！说得对，你们都喜欢给别人干活，不喜欢给自己的主人干活……还不是一样干活!”

“干活都是一样的，不错，尼古拉·叶烈梅伊奇……不过……”

“什么?”

“工钱太……那个……”

“那又怎么样！瞧，都把你们惯坏了。得了吧!”

“再说，尼古拉·叶烈梅伊奇，一个礼拜的活总要拖上一个月。一会儿材料不够啦，一会儿派你到花园里去扫路啦。”

“那又怎么样！是太太亲自吩咐下来的，我跟你就没有什么好讨价还价的了。”

西多尔不再说什么，只是倒换着两只脚。

尼古拉·叶烈梅伊奇把头侧向一边，一心一意地打起算盘来。

“我们那儿的……庄稼汉……尼古拉·叶烈梅伊奇……”西多尔终于又说起话来，每说一个字都结结巴巴，“叫我给您老人家……喏……这是……”他把一只大手伸进外衣的衣襟里，掏出一个用红色花纹毛巾裹着的包。

“你这是干什么，你这是干什么，傻瓜，你疯了吗?”胖子连忙打断他的话，“走，走，到我家去，”他说着，几乎把感到莫名其妙的农民推出去，“你到那儿去找我老婆……她会请你喝茶的。我这就来，你走吧。我说，你走吧。”

西多尔走了出去。

“这个……笨蛋!”管理处主任在他后面嘟囔着，摇摇头，又打起算盘来。

突然响起一片叫喊声：“库普里亚！库普里亚！别撞倒库普里亚!”街上、台阶上都在叫喊，过了一会儿便有一个人走进管理处，他身材矮小，样子像害着痨病，鼻子很长，两眼呆滞，神态傲慢。他穿着一件破旧的常礼服，领子是波里斯绒的，钮扣很小。他肩上扛着一捆劈柴，周围簇拥着五六个仆人，大家都在叫喊：“库普里亚！别撞倒库普里亚！库普里亚当上烧炉工了，当上烧炉工了!”但是那个穿波里斯绒领常礼服的人丝毫不理睬同伴们的喧嚷，脸上的表情也毫无变化。他迈着均匀的步子走到炉子前，放下劈柴，稍稍直起身子，从后面的口袋里拿出一只鼻烟壶，瞪大眼睛，把一撮掺灰的草木犀末塞进鼻子里。

看见这伙吵吵闹闹的人走进来，胖子皱起眉头，从座位上站起来；可是等到他明白是怎么回事以后，便笑了笑，叫大家不要吵闹：说隔壁有一位猎人在睡觉。

“什么猎人?”有两三个人异口同声地问道。

“一位地主。”

“啊!”

“让他们闹去吧，”穿波里斯绒领常礼服的人摊开双手说，“关我什么事！只是别来碰我。现在派我当烧炉工了……”

“当烧炉工了！当烧炉工了！”人群一起高兴地喊叫起来。

“是太太下的命令，”他耸耸肩膀继续说，“可你们，就等着瞧吧……会叫你们去当猪倌的。我本来是个裁缝，一个好裁缝，在莫斯科一些一流的师傅那儿学手艺，替将军们做过衣服……这是谁也无法否定的。可你们有什么可夸口的？……有什么？难道你们已经不受地主老爷的管辖了？你们都是些懒汉、寄生虫，不过如此。一旦让我得到自由，我不会饿死，不会完蛋；给我一张身份证，我会缴很多代役租，让地主老爷满意。可是你们呢？一定会完蛋，像苍蝇一样完蛋，就是这样！”

“你在胡说八道，”一个系红领带、袖子肘部已磨破、长着淡色毛发的麻脸小伙子打断他的话，“你拿了身份证出去，可老爷没见过你一戈比的代役租，你一个子儿也没有赚到，勉强拖着两条腿回来，从那以后，你就只穿着一件破衣裳过日子。”

“可有什么办法呢，康斯坦丁·纳尔基济奇！”库普里扬[①]回答，“一个人有了相好，就完了，就走到末路上去了。你先活到我这把年纪，康斯坦丁·纳尔基济奇，那时你再来批评我吧。”

“你看上谁了！看上一个丑八怪！”

“不，你别这样说，康斯坦丁·纳尔基济奇。”

“你骗得了谁呢？我可是见过她的；去年在莫斯科，我亲眼看见的。”

“去年她确实不太好看，”库普里扬说。

“别说了，诸位，”一个满脸粉刺、一头鬈发涂得油光闪亮的瘦高个子，大概是个侍仆，用轻蔑而随便的声音说，“让库普里扬·阿法纳西奇把他那支歌唱给我们听听吧。喂，唱吧，库普里扬·阿法纳西奇！”

“对！对！”众人附和着。“好一个亚历山德拉！可将了库普里亚一

---

① 库普里扬是库普里亚的本名，后者是卑称。

军了，没话说的……唱吧，库普里亚！……好一个亚历山德拉！（仆人为了表示亲热，往往用女性的名字称呼男性。）唱吧！”

“这儿不是唱歌的地方，”库普里扬斩钉截铁地回答，“这儿是地主的管理处。”

“这关你什么事？你自己大概也想当管理员吧！”康斯坦丁粗野地笑着回答。“肯定是这样！”

“大家都是属地主管的，”那可怜人说。

“瞧，瞧，他想钻到哪儿去啦？瞧他这副样子，哇！哇！”

大家哈哈大笑，还有人跳了起来。一个约莫十五岁的男孩笑得最响，他大概是处在仆人中间的某个贵族的儿子：他穿着钉有铜钮扣的背心，系着淡紫色领带，肚皮鼓得大大的。

“喂，库普里亚，说实话吧，”尼古拉·叶烈梅伊奇显然被逗乐了，他得意洋洋地说，“当烧炉工不是个好差使吧？这恐怕真是个不起眼的活儿吧？”

“那又怎么样，尼古拉·叶烈梅伊奇，”库普里扬说，“您这会儿是我们管理处主任了，这不错；这一点确实没什么可说的，可您也有不如意的时候，也在农民的屋子里住过。”

“你得给我留点神，别昏了头，”胖子怒气冲冲地打断他的话，“大家是在跟你这个傻瓜开玩笑，你这傻瓜心里应该明白，人家关心你，你这个傻瓜，应该表示感谢才是。”

“我这是随口说说的，尼古拉·叶烈梅伊奇，对不起……”

“是啊，问题就出在这个随口说说上。”

门打开了，跑进一个小厮。

“尼古拉·叶烈梅伊奇，太太叫您去。”

“谁在太太那儿？”他问小厮。

“阿克西尼娅·尼基季什娜和一个从温纽夫来的商人。”

“我马上就去。伙计们，你们，”他用劝告的口吻说，“最好跟这个新任的烧炉工一起离开这儿：免得那德国人来了，又去告状。”

胖子理了理头发，用他那几乎被常礼服的袖子裹住的手捂住嘴巴，咳嗽了一声，扣上钮扣，迈开大步，到女主人那里去了。过了一会儿，那伙人和库普里亚也懒洋洋地跟着他出去了。只剩下我那个老相识——值班员。他刚动手削羽毛笔，就坐在那里睡着了。几只苍蝇立即抓住这个难得的机会停在他的嘴巴周围。一只蚊子停在他的额头上，端端正正地摆开几只脚，慢慢地把它的吻整个儿刺进他柔软的皮肉里。刚才那个长着连鬓胡子和红头发的脑袋又从门口探了进来，它东张西望了一会儿便连同它那丑陋的身躯一起走进了办公室。

“费久什卡！喂，费久什卡！老是睡觉!”那个脑袋嘀咕了一下。

值班员睁开眼睛，从椅子上站起来。

“尼古拉·叶烈梅伊奇到太太那儿去啦?”

“到太太那儿去了，瓦西里·尼古拉伊奇。”

“噢！噢!”我思忖着，“这就是那个总出纳员了。”

总出纳员开始在办公室里走来走去。不过，与其说他在走来走去，不如说他在蹑手蹑脚地转悠，活像一只猫。他肩上晃荡着一件后襟十分狭小的黑色旧燕尾服，他一只手放在胸前，另一只手不断地抓他那条马毛织的又长又窄的领带，紧张地转动着他的头。他脚蹬一双羊皮靴子，质地非常柔软，走路时不会发出咯吱咯吱的响声。

“今天亚古什金地主来找过您，”值班员又说了一句。

“嗨，找过我？他说了些什么?”

“他说，他晚上要到丘丘烈夫那儿去，在那儿等你。他说：‘我有件事要跟瓦西里·尼古拉伊奇商量。’至于什么事，他没有说，他说：‘这件事瓦西里·尼古拉伊奇知道。’”

“噢!”总出纳员回答了一声，走到窗口。

“我说，尼古拉·叶烈梅伊奇在办公室里吗?”穿堂里传来一个很响的声音，一个高个子跨进门槛。他显然非常生气，脸都变了形，但表情很丰富，显得很果敢，服装也很整洁。

“他不在这儿?”他迅速朝四下里扫了一眼，问道。

“尼古拉·叶烈梅伊奇在太太那儿，”出纳员回答。“您有什么事，跟我说吧，巴维尔·安德烈伊奇：您可以跟我说……您有什么事?”

“我有什么事？您想知道我有什么事？(出纳员病态地点点头。)我要教训教训他，这个卑鄙的大肚子，下流的搬弄是非的人……我要让他尝尝搬弄是非的味道!”

巴维尔一屁股坐在椅子上。

“您怎么啦，您怎么啦，巴维尔·安德烈伊奇？您冷静些吧……您怎么不害臊？请您别忘记，您在说谁，巴维尔·安德烈伊奇!”出纳员喃喃地说。

“说谁？他升了管理处主任，这跟我有什么关系！嘿，没什么可说的，提升了一个什么东西！这真可以说，把山羊放进了菜园子!”

“好了，好了，巴维尔·安德烈伊奇，好了！别提这个了……这点小事算得了什么?”

“哼，这位丽莎·帕特里凯夫娜[①]摇尾巴去了！……我要等他回来，”巴维尔气呼呼地说，狠狠地拍了一下桌子。“啊，瞧他驾到了，”他望了一下窗外，又说，“说到他，他就来了。我们恭候已久了!”他站起来。

尼古拉·叶烈梅伊奇走进办公室。他满面春风，可是一看见巴维尔便有点尴尬。

“您好哇，尼古拉·叶烈梅伊奇，”巴维尔慢慢地迎着他走过去，意味深长地说。“您好哇。”

管理处主任什么也没有回答。门口出现商人的面孔。

“您为什么不回答我的问候呀?”巴维尔继续说。“还是，不……

---

① 俄罗斯民间故事中的狐狸大嫂。

不……”他又说下去，“这可不是办法；叫嚷和骂街是没有用的。您最好还是老实说说，尼古拉·叶烈梅伊奇，您为什么要跟我过不去？为什么要把我置于死地？您说呀，喂，说呀。”

“这儿不是跟您说理的地方，”管理处主任回答，显然有点心慌意乱。“而且也不是时候。不过，说实在的，有一点我不明白，您凭什么认为我要把您置于死地或者跟您过不去？再说，我怎么能跟您过不去？您又不是我管理处的人。”

“这还用说吗？”巴维尔回答，“只差这一点了。可是您何必装腔作势，尼古拉·叶烈梅伊奇？……其实您很明白我的意思。”

“不，不明白。”

“不，您明白得很。”

“不，上帝作证，我不明白。”

“您竟然还要上帝作证！既然是这样，那您敢不敢说，您不怕上帝惩罚！好吧，您为什么不让那可怜的姑娘活下去？您要她怎么样？”

“您说的是谁啊，巴维尔·安德烈伊奇？”胖子装出莫名其妙的样子问道。

“嘿！难道您真的不知道？我说的是塔吉雅娜。您应该敬畏上帝——您为什么要报复她？您应该懂得害臊：您是个有家室的人，您的孩子都有我这么高了，我没有别的要求……我要娶她，我的行为是光明正大的。”

“在这件事上我有什么过错呢，巴维尔·安德烈伊奇？太太不许您娶她：这是主人的意思！关我什么事？”

“关您什么事？您难道不是和那老妖婆，那个女管家串通一气吗？难道不是您在那儿搬弄是非吗，呃？您说呀，您是不是拿种种莫须有的罪名诬告那无依无靠的姑娘？难道不是因为您的大恩大德才把她从洗衣妇调去做洗碗工吗？……难道不是因为您的大恩大德，她才挨打，穿粗布衣服……您真不要脸，真不要脸，您都这么大年纪了！眼看就要中风了……您该到上帝面前去交代了。”

“您骂吧，巴维尔·安德烈伊奇，您骂吧……看您能骂多久!”

巴维尔气得满脸通红。

“什么？您想威胁我?”他气呼呼地说。“你以为我怕你吗？不，老兄，你看错人了！我怕什么？……我到哪儿都有一口饭吃。可你呢——就是另一回事啰！你只能待在这儿，搬弄是非，贪污盗窃……”

“瞧他有多神气，”管理处主任也开始失去耐心，打断他的话，“一个小小的医生，不过是个小小的医生，一个没有用的医生；可你听听他的口气！呸，你有什么了不起的!”

“不错，是个小小的医生，可要不是有这个小小的医生，您老人家的骨头早就在坟墓里烂光了……我真不该治好你的病，”他又咬牙切齿地说了一句。

“是你治好了我的病？……不，你想毒死我；你让我吃芦荟，”管理处主任接着说。

“可是，如果除了芦荟，别的药都治不好你的病，那怎么办?”

“芦荟卫生局是禁用的，”尼古拉继续说，“我还要去告你呢。你想要我的命——就是这么回事！可是上帝不让你得逞。”

“你们别吵了，别吵了，二位……”出纳员出来打圆场。

“不关你的事!”管理处主任叫嚷着。“他想毒死我！你明白吗?”

“我真是不得已……你听我说，尼古拉·叶烈梅伊奇，”巴维尔绝望地说，“我最后一次求你……是你逼得我忍无可忍。你别来干涉我，明白吗？要不然，上帝作证，我们两个谁也没有好结果，我告诉你。”

胖子发起火来。

“我不怕你，”他嚷嚷着，“你听见吗，你这黄口小儿！是我收拾了你父亲，是我杀了他的威风，这就是给你的教训，你可得当心点!”

“别提我父亲，尼古拉·叶烈梅伊奇，别提这件事!”

“你滚开！我的事不用你管!”

“跟你说，别提这件事！”

“可我要跟你说，你别昏了头……别以为太太多么需要你，如果要从我们两个人中挑选一个——那你肯定保不住，宝贝！谁也不许造反！当心点！（巴维尔气得发抖。）至于塔吉雅娜那丫头，她是活该……等着瞧吧，她还有得苦头吃呢！”

巴维尔举起双手向前扑去，管理处主任重重地摔倒在地上。

“把他铐起来，铐起来，”尼古拉·叶烈梅伊奇呻吟着说……

这场闹剧的结局我不想加以描写了；我非常担心是不是已经亵渎了读者的感情。

当天我就回家了。过了一个礼拜，我听说洛斯尼亚科娃太太把巴维尔和尼古拉继续留下来当差，而把塔吉雅娜姑娘送走了：显然，已经用不着她了。

孤　狼

傍晚，我打完猎，独自乘着竞跑马车回家。到家还有八俄里路光景。我那匹善跑的母马在尘土飞扬的大路上精力充沛地奔跑着，有时打打响鼻，抖抖耳朵；那条疲乏的猎狗仿佛拴着似的，寸步不离地跟在车轮后面跑着。暴风雨临近了。前方有一大片淡紫色的乌云正慢慢地从树林后面升上来；一片长长的灰色云团在我头顶上飞卷，急速地向我飘来；爆竹柳不安地骚动着，发出飒飒的响声。叫人透不过气来的燠热突然变成嘲乎乎的寒气。阴影很快变得浓重起来。我用缰绳抽了一下马，向下往峡谷走去，穿过一道长满柳丝的干涸小溪，登上山头，让马车驶进树林。道路在我面前那片已经变得昏暗的浓密榛树丛中蜿蜒伸展着；我艰难地前进着。百年橡树和菩提树的坚硬树根不断横穿过大车轮子碾成的纵向深辙，我的马车在树根上颠簸着；我的马也在树根上不断磕绊着。狂风突然在空中呼啸起来，树木猛烈地摇摆着；大颗大颗的雨点噼噼啪啪地敲打着树叶，一道闪电划过长空，暴风雨骤然从天而降。大雨滂沱。我的马车一步一步艰难地前进着，不久便不得不停下来：我的马陷在泥泞里，四周一片漆黑。我好不容易躲到一丛宽阔的灌木下面。我躬着身子，护住脸，耐心地等待暴雨过去，借着一道闪电，我突然发现大路上有一个高大的人影。我便聚精会神地注视着那个方向，那个人影似乎是从我马车旁边的地底下钻出来的。

“谁?”一个响亮的声音问道。

“你是谁?”

“我是这儿的守林人。”

我报了自己的姓名。

“噢，我知道！您这是回家吧?”

“回家。可你看，这么大的暴雨……”

“是啊，暴雨，”那声音回答。

一道闪电的白光从头到脚照亮了守林人，紧接着响起一声短促的炸雷。暴雨以加倍的势头倾泻下来。

“不会很快过去的，”守林人继续说。

“怎么办呢?”

“要不我带您到我的小屋去，”他结结巴巴地说。

“那就让你费心了。”

“您请上车吧。”

他走到马头前，抓住笼头，把它从泥地里拉出来。我们动身了。马车颠簸着，“像大海中的一叶扁舟”，我紧紧抓住坐垫，呼唤着猎狗。我那匹可怜的母马在泥泞中艰难地跋涉着，脚下不断打滑、磕绊；守林人像个幽灵，在车辕前忽左忽右晃动着。我们走了很久很久，我的向导终于站住。“我们到家了，老爷，”他声音平静地说。柴门嘎嘎响着，几只小狗一起吠叫起来。我抬起头，在闪电的照耀下，看见围着篱笆的宽敞院子里有一座小木屋。一个小窗里透出昏暗的火光。守林人把马牵到台阶前，敲敲门。“来了，来了!”传来一个尖细的声音，听见一阵赤脚的脚步声，门闩嚓的响了一下，一个身穿布衫、腰里扎着一根布条、约莫十二岁的小姑娘手里拿着一盏灯出现在门口。

“给老爷照路，”他对她说，“我把您的马车拉到屋檐下去。”

小姑娘看了我一眼，走进屋里。我跟着她进了屋。

守林人的小屋只有一个熏黑、低矮、空荡荡的房间，既没有高板床，也没有隔板。墙上挂着一件破皮袄。板凳上放着一支单筒猎枪，屋角里堆着一堆破烂衣服；炉子旁边有两只大瓦罐。一支松明在桌上燃烧着，不时爆燃一下又趋于熄灭。屋子正当中，一根长竹竿的末端系着一个摇篮。小姑娘吹灭灯，坐在小凳上，右手推着摇篮，左手拨亮松明。我往四下里看了看，心里一阵难受：夜间走进一个农民的小屋真不是一件令人愉快的事。婴儿在摇篮里急促而沉重地呼吸着。

“你就一个人住在这儿吗?”我问小姑娘。

“一个人，”她的声音勉强听得见。

“你是守林人的女儿吗?”

“是守林人的女儿，”她轻声说。

门咿呀响了一声，守林人低下头，跨进门槛，走了进来。他从地上提起灯，走到桌子旁边，点亮灯芯。

“您大概不习惯点松明吧?”他说着，把鬈发甩到脑后。

我看看他。我难得见到这样的汉子。他身材高大，肩膀宽阔，形体极好。他那强壮的肌肉从淋湿的麻布衬衫底下清楚地显现出来。拳曲的黑胡子布满了他半个严峻而刚毅的脸，两条相连的粗眉毛下露出一对刚强的褐色小眼睛。他双手轻轻地叉在腰里，站在我面前。

我向他表示感谢，问他叫什么名字。

“我叫福玛，”他回答我，“外号叫孤狼①。”

“噢，你就是孤狼?”

我倍加好奇地看看他。我常常从叶尔莫莱和别人的嘴里听到守林人孤狼的故事，这一带的农民都像怕山火一样惧怕他。照他们的说法，世界上还不曾有过一个像他那样精通本行业务的人：“他连一把枯树枝都不会让人拿走；不管在什么时候，即使在午夜，他也会像雪花一样落到你头上，你别想抵抗。据说，他力大无比，又很机灵，像个魔鬼……而且什么办法都无法收买他：请他喝酒也好，送钱也好，什么手段都不管用。有些人曾不止一次想把他从这个世界上除掉，可是不行——毫无办法。”

附近的农民就是这样评论孤狼的。

“这么说，你就是孤狼啰，”我又说了一遍，“老弟，我听人家说

---

① 在奥尔良省，人们称独身且阴郁的人为孤狼。——原注

起过你。据说，不管是谁，你一个也不放过。”

“我是尽我的职责，”他阴沉着脸回答，“不能白吃主人家的饭嘛。”

他从腰带上取下斧头，蹲在地上劈松明。

“难道你没有女当家的吗?”我问他。

“没有，”他回答，使劲挥了一下斧头。

“这么说，是死了吗?”

“不……是的……死了，”他添了一句，扭过脸去。

我不再问他什么；他抬起眼睛看看我。

“跟一个过路的贩子跑了，”他苦笑着说。小姑娘垂下眼睛；婴儿醒了，啼哭起来；小姑娘走到摇篮旁。“喏，喂他吃吧，”孤狼把一个很脏的奶瓶塞到她手里，说，“把他也扔下了，”他指着婴儿轻声地继续说。他走到门口，站住，又回过头来。

“老爷，您大概，”他说，“不吃我们这种面包吧，可我们除了面包……”

“我不饿。”

“好吧，随您的便。我本来可以给您烧个茶炊，可是我家没有茶叶……我去看看您的马。”

他走出去，把门碰上。我又朝四下里看了看。我觉得这房子比原先的印象更凄凉。冷却下来的烟气的苦涩味呛得我好难受。小姑娘坐在那儿不动，也没有抬抬眼睛；她时而推一下摇篮，怯生生地把滑下肩膀的布衫拉上去；她那双光着的腿悬空挂着，一动都不动。

“你叫什么名字?”我问。

“乌莉塔，”她把那悲伤的小脸蛋垂得更低，说。

守林人走进来，坐在长凳上。

“暴雨快要过去了，”他沉默了一会儿说，“如果您想回去，我就送您出树林。”

我站起来。孤狼拿起枪，检查一下火药池。

“带这个干什么?”我问。

“树林里有人偷盗树木……在母马谷那儿砍树，”他又说了一句，回答我疑问的目光。

“这儿听得见?”

“院子里听得见。”

我们一起走出去。雨已经停了。远处还积聚着大片浓重的乌云，长长的闪电还偶尔迸发一下，但我们头顶上有些地方已经可以看见湛蓝的天空，星星透过飞卷的薄云闪烁着。经历了风吹雨打的树木的轮廓已开始从黑暗中显现出来。我们侧耳细听着。守林人摘下帽子，低下头。“听，”他突然伸出一只手，说，“你瞧，挑选了这么一个夜晚。”除了树叶的簌簌声，我什么也没听见。孤狼从屋檐下牵出马匹。“我这样说不定会误事，让他跑掉的，”他出声说，“我跟你一起去……行吗?”“行，”他回答，把马牵了回去，“我们现在就去把他抓起来，然后我再送您出去。走吧。”

我们动身了：孤狼在前，我在后面跟着。天知道他是怎么认出道路的，可是他只偶尔停一下，而且只是为了听听斧砍声。“听，”他轻声嘟囔着，“听见了吗？听见了吗?”“在哪儿呀?”孤狼耸耸肩膀。我们走下峡谷，风停了一会儿——有节奏的砍伐声清楚地传进我的耳朵。孤狼看了我一眼，摇了摇头。我们继续在湿漉漉的蕨类植物和荨麻地里往前走。响起一阵长长的重浊的响声……

“砍倒了……”孤狼喃喃地说。

这时天空越来越明朗，树林里稍稍有了点亮光。我们终于艰难地走出了峡谷。“您在这儿等一等，”守林人轻声对我说了一句，便猫着腰，举起枪，消失在灌木丛中。我聚精会神地倾听着。在潇潇的风声中我隐约感觉到不远的地方有轻微的响声：一把斧头在小心翼翼地砍着枝桠，车轮在吱吱嘎嘎地响，马儿在打着响鼻……“往哪儿走？站住!”突然响起孤狼金属般的声音。另一个人像兔子一样怯生生地发出一声声哀叫……一场搏斗开始了。“胡说，胡说，”孤狼喘着气，一再说，“你跑不了……”我往发出响声的地方奔去，跌跌撞撞地跑到搏斗的地方。孤狼在那棵砍倒的树旁边的地上忙活着，他按住那个贼，用宽腰带把他的双手反绑起来。我走到他们跟前。孤狼直起身来，提起那个人，让他站住。我看到一个农民，衣衫褴褛，浑身透湿，长着一把又长又乱的大胡子。一匹驽马半身盖着一张粗糙的草席，套在一辆板车上站在那里。守林人一句话也没说，那农民也沉默着，只是不断地摇着头。

“放了他吧，”我对孤狼耳语了一声，“这棵树的钱我来付。”

孤狼默默地伸出左手抓住马头上的鬃毛，右手抓着小偷的腰带。“喂，转过身来，笨蛋!”他威严地说。“那边的斧头，请您拿好，”农民喃喃地说。“怎么会把它扔下呢?”守林人说着拣起斧头。我们动身了。我走在后面……小雨又稀稀拉拉地下了起来，不一会儿便变成瓢泼大雨。我们好不容易走到小木屋。孤狼把逮住的那匹驽马扔在院子里，把农民带进屋子，松开腰带上的结，让他坐在屋角里。小姑娘本来已经在炉子旁边睡着了，这时跳将起来，恐惧地默默看着我们。我在板凳上坐下。

“哟，好大的雨啊，”守林人说，“只好等一等了。您不想躺一会儿吗?”

“谢谢。”

“您在这儿不方便，我本想把他关到储藏室里去的，”他指着那农民继续说，“可是，您瞧，那门闩……”

“让他待在这儿吧，别动他，”我打断孤狼的话。

农民皱着眉头看看我。我暗暗下决心，无论如何要让孤狼放掉这个可怜人。他一动不动地坐在板凳上。借着灯光我能够看清他那布满皱纹、疲惫不堪的脸，下垂的黄眉毛，惊慌不安的眼神，枯瘦的四肢……小姑娘就在他脚边的地上躺下，重新睡着了。孤狼坐在桌旁，两手托着头。蝈蝈在屋角鸣叫着……雨敲打着屋顶，从窗上流下来；我们大家都默不作声。

“福玛·库兹米奇，”那农民突然用虚弱低沉的声音说起话来，“啊，福玛·库兹米奇。”

“你有什么事?”

“放了我吧。”

孤狼没有回答。

“放了我吧……我是饿得没办法才……放了我吧。”

“我认得你们，”守林人板着脸说，“你们整个村子都是这样的——全是些偷鸡摸狗的货色。”

“放了我吧，”农民又说，“管家……我们都是因为活不下去，这才……放了我吧!”

“活不下去！……谁也不该去偷。”

“放了我吧，福玛·库兹米奇……别要了我的命。你自己也知道，你家老爷是不会放过我的。”

孤狼转过脸去。农民浑身哆嗦着，仿佛生了热病似的。他的头抖动着，呼吸也急促起来。

“放了我吧，”他苦苦地一再哀求着，“放了我吧！我赔钱，就这样，真的。真的，我是因为饿得没法子……孩子们哭着要饭吃，你自己也知道。我只好豁出命来，就是这么回事。”

“你反正不应该偷。”

“那就把那匹马，”农民继续哀求，“就把那匹马，哪怕用它……我只有这头牲口了……放了我吧!”

“跟你说，不行。我也做不了主：要追究我的责任的，再说，也不能惯了你们。”

“放了我吧！穷啊，福玛·库兹米奇，穷啊，就是因为这个……放了我吧!”

“我认得你们！”

“就放了我吧！”

“嘿，跟你有什么好多说的，老老实实坐着，要不然，我这儿，你知道吗？难道你没有看见这儿有一位老爷？”

可怜人低下头……孤狼打了个哈欠，把头伏在桌子上。雨还下个不停。我等待着，看事情如何了结。

农民突然挺直身子。他眼睛里冒着火光，脸涨得通红。“好吧，你吃了我吧，喏，让你噎死，喏，”他眯起眼睛，撇着嘴，说，“喏，你这个可恶的凶手，你喝基督的血吧，喝吧……”

守林人转过身去。

“我跟你说，我在跟你说呢，你这蛮子，吸血鬼，我在跟你说呢！”

“你是喝醉了还是怎么的，怎么骂起人来了？”守林人惊奇地说。“你疯了吗？”

“喝醉了！……又不是用你的钱，可恶的凶手，畜生，畜生，畜生！”

“好哇，你……得给你点颜色看看！……”

“我怕什么？反正一样——死路一条；没有了马叫我怎么过日子？你把我打死吧——一样是死，饿死，打死，反正是死。大家都死光吧：老婆，孩子——大家都完蛋吧……至于你，你就等着瞧吧，我们会收拾你的！”

孤狼稍稍抬起身子。

“打吧，打吧，”农民狂叫着，“打吧，来呀，来呀，打吧……（小姑娘霍地从地板上跳起来，注视着他。）打吧！打吧！”

“闭嘴！”守林人大喝一声，向前跨了两步。

“好了，好了，福玛，”我大声说。“别跟他计较……让他走吧。”

“我才不闭嘴呢，”那不幸的人继续说。“反正是死。你这凶手，畜生，你怎么不死啊……你等着瞧吧，你神气不了多久的！会有人来绞死你的，等着瞧吧！”

孤狼一把揪住他的肩膀……我奔过去替那农民解围……

“您别管，老爷！”守林人对我嚷道。

我并不害怕他的威胁，正想伸出手去，但这会儿使我感到极为惊奇的是，他一下子就把农民手臂上的腰带拽掉，揪住他的衣领，把他的帽子拉到眼睛上，打开门，把他推了出去。

“牵着你的马滚吧！”他在背后嚷道，“当心点，下回再落到我手里……”

他回到屋里，在屋角里翻寻着。

“哦，孤狼，”最后我说，“我真没有想到你会这么处理：我看得出，你是个难得的好人。”

“唉，别提了，老爷，”他烦恼地打断我的话，“您别这样说。最好还是让我送您回去吧，”他又补充了一句，“要等到雨停是等不到了……”

院子里响起农民板车的辘辘声。

“瞧，他走了！”他喃喃地说，“瞧我把他放了！……”

半小时以后，他在树林边上和我告别了。

两地主

盛情的读者们，我已经有幸向你们介绍了我的几位芳邻，现在请允许我再顺便(对于我们的作家兄弟来说，一切都是顺便的)向你们介绍两位地主。我常常到他们那里去打猎，他们都是些非常可敬、心地善良、受到几个县普遍尊敬的人。

首先我要向你们描述一下退伍陆军少将维亚切斯拉夫·伊拉里昂诺维奇·赫瓦伦斯基。请想象一位身材魁梧的人，从前曾经身姿挺拔，现在则有些皮肤松弛，但绝不衰老，甚至并无老态，而是处于壮年时期，正像俗话所说的，正当盛年。诚然，从前端正而现在依然令人愉快的面容已经发生了一点变化，面颊松弛了，眼梢上布满了鱼尾纹，有几颗牙齿正如普希金所引用的萨迪的话，已经不在了。① 那些现在还剩下的浅褐色头发已染成淡紫色，这全得归功于在罗缅马市场向一个冒充亚美尼亚人的犹太人买来的染发剂。但维亚切斯拉夫·伊拉里昂诺维奇步履轻快、笑声洪亮，马刺叮当作响，不时捻着唇髭，还自称老骑兵。然而众所周知，一个真正的老人是从不自称为老人的。他总穿着一套常礼服，钮扣一直扣到上面，系着红领带，衣领浆得笔挺，穿一条军装式灰色带小花点的西装裤。他的帽子一直扣到额头上，露出整个后脑勺。他是个很善良的人，但有些观念和习惯却极为古怪。譬如说，他从不认为那些不富裕或没有官职的贵族可以和自己平起平坐。跟他们说话的时候，他总是把脸颊支在浆硬的白色衣领上，斜睨着他们，或者突然用明亮的眼睛盯住他们，一言不发，活动起头发下面的全部头皮；甚至说话时连发音也不一样，譬如说，他不说："感谢您，巴维尔·瓦西里奇"，或："请到这儿来，米哈伊洛·伊凡内奇"，而说："谢了，巴尔·阿西里奇"，或："请过来，米哈尔·凡内奇"。对待社会地位低下的人，他的态度就更加古怪：他根本不望着他们，在对他们说出自己要办的事或发出命令之前，他总是一再显出忧心忡忡、竭力加以想象的样子，反复问："你叫什么名字？……你叫什么名字？"他特别强调"什么"两字，其余的字则说得很快，使得他的话听起来就像雄鹌鹑的叫声。他整天忙忙碌碌，又吝啬得出奇，却不是一个精明的当家人：他用了一个小俄罗斯人当管家，此人是个极其愚蠢的退伍骑兵司务长。不过，在经营管理方面，我们这里还没有一个人能胜过一个彼得堡的显要，这位显要看到管家的一份报告里说，他庄园里的谷物干燥房经常失火，因此损失许多粮食，于是他下了一道极其严厉的命令：在残留的火种没有完全熄灭以前，不准把禾捆搬进谷物干燥房。他本来还想在他所有的土地上全播种罂粟，这显然是因为他做过一次粗略的计算：就是说，罂粟比黑麦值钱，种罂粟自然更有利可图。他还下令要他的女农奴戴上仿照彼得堡寄来的式样做的盾形头饰；这件事千真万确，至今他庄园里的农妇们都还戴着这种头饰……只不过是戴在帽子上罢了……不过，我们还是回过头来谈维亚切斯拉夫·伊拉里昂诺维奇。维亚切斯拉夫·伊拉里昂诺维奇非常贪恋女色，他在自己县城里的林荫道上一看见标致的女人，就会立刻跟上去，可是他马上就会一瘸一拐起来，这情景真是精彩极了。他喜欢打牌，但只跟身份比他低的人打，他们称他"大人阁下"，而他则随心所欲地斥骂他们。当他偶尔同省长或者其他官员打牌的时候，他身上便会起一种惊人的变化：他又是微笑，又是点头，又是望着他们的眼睛——浑身像粘上了蜜似的……即使输了牌，他也不觉得懊恼。维亚切斯拉夫·伊拉里昂诺维奇很少看书，看书的时候他总是不停地将小胡子和眉毛往上抬，仿佛把一道道波浪从脸的下部往上推似的。维亚切斯拉

① 普希金曾在《巴赫奇萨拉伊泪泉》的题辞和《叶甫盖尼·奥涅金》第 8 章第 51 节引用过波斯诗人萨迪的这句诗。

夫·伊拉里昂诺维奇脸上这种波浪在他偶尔浏览(自然是有客人在场的时候)《评论报》[1]时更为明显。选举时他起着极其重要的作用，但是由于怕多花钱，他谢绝了首席贵族的可敬职务。“诸位先生，”通常他总是对要求他担任这一要职的贵族们说，声音里充分表现出以保护者自居和不容他人置喙的意味，“十分感谢各位的厚爱，但我决心在幽居中打发我的余暇。”说罢，他的头向左右两边转了几次，然后庄重地把下巴和脸颊搁在领带上。年轻时他当过某要人的副官，他对此公只称呼名字和父称。[2]据说，他履行的不光是一个副官分内的职责，譬如说，他似乎曾穿着全套礼服，甚至扣着风纪扣，在澡堂里帮自己的长官洗蒸汽浴——自然，并非任何传闻都是可信的。不过，赫瓦伦斯基将军本人也不喜欢谈自己的戎马生涯，这一点确实是很奇怪的。他似乎并未打过仗。赫瓦伦斯基将军独居在一幢小房子里，他一生没有享受过夫妇生活的快乐，因此至今还称得上是个未婚男子，甚至是个令人倾慕的未婚男子。然而他有一个女管家，是个三十五岁光景的女人，黑眼睛，黑眉毛，丰满，娇嫩，嘴唇上还长着一些黑茸毛，平时穿着一条浆过的连衣裙，到了礼拜天，则套上薄纱衣袖。在地主们招待省长和其他政要的宴会上，维亚切斯拉夫·伊拉里昂诺维奇总是得意洋洋：他在这里真可以说是如鱼得水。在这种场合，他即使不是坐在省长的右手，至少也是坐在离他不远的地方。宴会开始时，他比较注意保持自己的尊严，他高高地昂着头，也不左顾右盼，只是斜睨着客人们那些圆圆的脑袋和竖起的衣领，可是到宴会将近结束时，他便快活起来，开始向四面八方微笑(对着省长，宴会一开始，他就笑容可掬了)，有时甚至还向女宾祝酒，用他的话来说，她们是我们这个星球的景致。在所有庄严的和公开的典礼上、考场上、教会仪式上、集会上和展览会上，赫瓦伦斯基将军都表现

---

① 原文为法文。

② 俄国人以名字和父称称呼对方，表示尊敬。

得很出色，在祝福的时候，他也是个好手。在散场的时候，在渡口上以及其他类似的地方，维亚切斯拉夫·伊拉里昂内奇的仆役们并不大声喧嚷吆喝，相反，他们在人群里替他开路或叫马车的时候，总是用悦耳的男中音说："劳驾，劳驾，请让赫瓦伦斯基将军过去，"或者："赫瓦伦斯基将军的马车来了……"确实，赫瓦伦斯基马车的式样是相当陈旧的，仆役的号衣也相当破旧(他们穿的都是镶红边的灰色号衣，这一点自不必说)，几匹马也上了岁数，已经服役了一辈子，但维亚切斯拉夫·伊拉里昂内奇并不追求奢华，甚至认为，对他这种身份的人来说，装门面骗人是不体面的。赫瓦伦斯基并不特别善于言辞，或者，也许是没有机会表现他的口才，因为不仅是对于争论，就是对于一般的辩驳，他都没有耐心，他竭力避免与人长谈，尤其是和年轻人。他这样做确实比较保险，要不然和现在这些人打交道准得倒霉：万一有人不听你的话，那他可连面子都要丢尽了。在地位高的人面前，赫瓦伦斯基一般都默默无言，而对于显然是他所蔑视、仅有一般交往、地位比他低的人，他说起话来就又粗暴又生硬，而且不断使用这样一些句子："可是，您说的都是些鸡毛蒜皮的事"，或者："最后，先生，我不得不警告您"，或者："可是您毕竟应该知道，您是在跟谁讲话"等等。邮政局长、常任陪审员和驿站长都特别怕他。他不在家里接待任何人，据说，他是个守财奴。然而他仍然不失为一个出色的地主。"一位老军人，一位大公无私、按规矩办事的人，一个*爱抱怨的老人*①"，邻居们谈论他时都这样说。只有省检察官，当人家在他面前提起这位赫瓦伦斯基将军的卓越、稳重的品质时，却在一边冷笑——嫉妒使人什么事做不出啊！……

不过，现在让我们来谈另一个地主吧。

马尔达里·阿波洛内奇·斯杰古诺夫和赫瓦伦斯基截然不同。他未必在什么地方任过职，也从来不曾被看做美男子。马尔达里·阿波洛内

---

① 原文为法文。

奇是个矮矮胖胖的小老头，他秃顶，双下巴，有一双柔软的小手，肚皮相当大。他非常好客，喜欢说笑打诨；过着所谓自得其乐的日子；不管严冬酷暑，他都穿着一件条纹棉睡衣。只有一点，他和赫瓦伦斯基将军一样：他也是个单身汉。他有五百个农奴。马尔达里·阿波洛内奇管理自己的庄园相当马虎；为了不落后于时代，十年前他在莫斯科向布杰诺普工厂买了一台脱粒机，回来后把它锁在板棚里，从此便万事大吉。只有在晴朗的夏日里，他才吩咐套上竞跑马车，到田野里去看看庄稼，采采矢车菊。马尔达里·阿波洛内奇完全过着老派的生活。他的房子是老式建筑：前厅像一般老式房子一样，散发着克瓦斯、脂油蜡烛和兽皮的味道，前厅右边有一个餐具橱，里面放着烟斗和毛巾；餐厅里挂着家人的肖像，有苍蝇，有一大盆天竺葵，还有一架破旧的钢琴；客厅里有三只长沙发、三张桌子、两面镜子和一只声音沉闷的挂钟，钟面的珐琅已经发黑，青铜指针上雕有花纹；书房里有一张堆着文件的桌子，一架贴着从上世纪各种书籍上剪下来的图画的蓝色屏风，几个布满蛛网和黑色灰尘的书橱，里面装着散发着霉味的书籍，一张松软的圈椅，一扇意大利式的窗子，还有一扇钉死的通向花园的门……一句话，一切应有尽有。马尔达里·阿波洛内奇家有一大群仆人，都穿着旧式服装：高领蓝色长袍、暗色裤子和短短的米黄色背心。他们对客人称“大爷”。经营他家田产的是个农民出身、蓄着一把能遮住整件皮袄的大胡子的总管；料理家务的是一个包着栗色头巾、满脸皱纹的吝啬老太婆。马尔达里·阿波洛内奇家的马厩里养着三十匹各种各样的马，出门时乘坐自制的重达一百五十普特的四轮马车。他待客非常热情，酒菜十分丰盛，也就是说，由于俄罗斯菜肴令人心醉的特色，客人们除了打朴烈费兰斯牌，直到晚上他们绝不可能再做别的事情。可他自己从来什么事都不做，连那本《圆梦书》也不看。然而这样的地主在我们俄罗斯还有很多。也许有人要问：我有什么必要谈他的事，我是出于什么目的？……那么请让我给你们谈谈我有一次拜访马尔达里·阿波洛内奇的情形，以此作为我的回答。

有一年夏天傍晚七点钟左右，我乘马车到他家里去，他刚做完晚祷；一名教士，样子甚是腼腆，看来是不久前才从神学校毕业的年轻人，坐在客厅大门旁一把椅子的边沿上。马尔达里·阿波洛内奇像往常一样非常亲切地接待我：对来访的每一位客人他都真诚地感到高兴，总的来说，他是个极其善良的人。教士站起身，拿起帽子。

“等一等，等一等，神父，”马尔达里·阿波洛内奇没有放掉我的手，说，“别走……我已经吩咐给你送伏特加来了。”

“我不会喝酒，先生，”教士局促不安地嗫嚅着，脸红到耳根。

“瞎说！你们这样的人怎么不会喝酒！”马尔达里·阿波洛内奇回答：“尤什卡！尤什卡！给神父拿伏特加来！”

尤什卡，一个年约八十岁的瘦高个老头用缀满肉色斑点的黑漆盘子端着一杯伏特加，走了进来。

教士推托着。

“喝吧，神父，别固执了，这样不好，”地主带着责备的口气说。

可怜的年轻人从命了。

“那么，神父，现在你可以走了。”

教士便鞠躬告辞。

“哦，好了，好了，你走吧……一个很出色的人，”马尔达里·阿波洛内奇目送着他出去，继续说，“我很喜欢他，他只是还年轻。他一个劲儿传道，酒却一点不沾。可是您怎么样？我的大爷？……您怎么样？您好吗？我们上阳台去吧——瞧，这黄昏多么美丽。”

我们来到阳台上，坐下来聊天。马尔达里·阿波洛内奇朝下面看了一眼，突然火冒十丈。

“这是谁家的鸡？这是谁家的鸡？”他嚷嚷起来，“这是谁家的鸡跑到花园里来了？……尤什卡！尤什卡！马上去了解一下，看是谁家的鸡跑到花园里来了？……这是谁家的鸡？我明令禁止过几次了，我说过多少次了！”

尤什卡跑去了。

“乱七八糟的！”马尔达里·阿波洛内奇一再说，“真要命！”

几只倒霉的鸡，我现在还记得，两只花斑母鸡和一只凤头白母鸡，还悠然自得地在苹果树下散步，时而咯咯叫着表达自己的感情。突然，头上没戴帽子、手里拿着棍子的尤什卡和另外三个成年仆人一起向它们扑去。这下可热闹了。母鸡叫着，扑腾着翅膀跳着，震耳欲聋地大声咯咯叫着；仆人们跌跌撞撞地奔跑着，一个个一再往地上扑；主人在阳台上狂呼乱叫：“抓住，抓住！抓住，抓住！抓住，抓住，抓住！……这是谁家的鸡？这是谁家的鸡？”终于有一个仆人抓住了那只凤头母鸡，把它胸部朝下按倒在地上，就在这时候，一个年约十一岁、蓬头垢面的女孩，手里拿着一根树枝从街上跳过篱笆跑进了花园。

“啊，瞧是谁家的鸡！”地主得意地叫起来。“原来是马车夫叶尔米尔家的鸡！瞧，他打发他的娜塔尔卡来赶鸡了……倒是没有叫帕拉莎来，”地主又小声嘀咕了一句，还意味深长地笑了笑。“喂，尤什卡！别管那些鸡了，把娜塔尔卡给我抓来。”

但是不等上气不接下气的尤什卡跑到吓坏了的女孩身边，女管家不知从哪儿冒了出来，一把抓住她的手，在她背上啪啪啪打了几下……

“打得好，打得好，”地主接着说，“啧，啧，啧！啧，啧，啧！……把母鸡扣下来，阿夫多季亚，”他大声叫道，又眉飞色舞地对我说：“大爷，这次追捕精彩吗？呃？我全身都出汗了，您瞧。”

接着，马尔达里·阿波洛内奇哈哈大笑起来。

我们继续留在阳台上。黄昏的景色真的非常绮丽。

给我们送来了茶。

“请问，”我说，“马尔达里·阿波洛内奇，迁到那边峡谷后面大路上的那些人家是您家的吗？”

“是我家的……怎么啦？”

“您怎么能这样做，马尔达里·阿波洛内奇？这是罪过。分给这些农民的房子又脏又小，周围看不见一棵小树，连养鱼池都没有，只有一口井，而且这口井根本派不了用场。难道您就不能另找一个地方吗？……还有，听说，您连他们那几块原有的大麻地也给夺走了？”

“地界是这样划分的，你有什么办法？”马尔达里·阿波洛内奇回答我。“划分地界这种事老在我这儿萦绕着(他指指自己的脑袋)。从划分地界这件事上我看不到任何好处，至于我夺走了他们的大麻地，没给他们挖养鱼池，这些事，大爷，我自己心里有数。我是一个普普通通的人，照老办法行事。依我看：老爷终究是老爷，农民终究是农民……就是这么回事。”

对于这样明确而又有力的论证，自然是无话可说了。

“再说，”他继续说，“这些农民也很坏，都受过惩罚。尤其是那边的两家，先父——愿上帝让他升入天堂——在世的时候，就不喜欢他们，很不喜欢他们。不瞒您说，我有这样的看法：贼父生贼子，随便您怎么说吧……噢，血统，血统——这才是最重要的！我坦白告诉您吧，那两个人家虽然还没有轮到抽壮丁，可我已经把他们家里的人送去当兵，就这样把他们打发到各个地方去；可是这些人还是断不了根，有什么办法？他们就是会生孩子，真可恨。”

这时四周已完全寂静下来，只是偶尔有一阵阵清风迎面吹来，当风儿最后一次在屋子旁边静息下来的时候，从马厩那边传来了一声声均匀而又连续不断的击打声。马尔达里·阿波洛内奇刚刚把斟满茶的茶碟送到嘴边，已经鼓起鼻翼准备喝茶——众所周知，没有一个土生土长的俄罗斯人不是这样喝茶的——但是他突然停了下来，仔细听了一下，点点头，呷了一口茶，把茶碟放在桌子上，带着极其慈祥的微笑，仿佛不由自主地合着那击打声，念着：“啪——啪——啪！啪——啪！啪——啪！”

“这是怎么回事？”我吃惊地问道。

“那边，按照我的命令，正在惩罚一个不听话的家伙……您认得那个餐厅仆役瓦夏吗?”

“哪一个瓦夏?”

“就是不久前伺候我们吃饭的那个。长着满脸络腮胡子的那个。”

再强烈的愤慨也抵挡不住马尔达里 · 阿波洛内奇那明净而柔和的目光。

“您怎么啦，年轻人，您怎么啦?”他摇摇头说，“难道我是个恶棍吗，您这样盯着我? 我是为他好才惩罚他：您自己也知道的。”

过一刻钟，我告别了马尔达里 · 阿波洛内奇。乘马车经过村子的时候，我看见了餐厅仆役瓦夏。他在街上走着，嘴里嗑着胡桃。我吩咐马车夫停下马车，把瓦夏叫到跟前。

“怎么，老兄，今天挨打啦?”我问他。

“您怎么知道?”瓦夏回答。

“你家老爷告诉我的。”

“老爷亲口告诉您的吗?”

“为什么要打你?”

“我该打，大爷，我该打。我们这儿为一点小事是不会受惩罚的；我们这儿没有这种规矩——从来没有。我们的老爷不是那种人；我们的老爷……这样的老爷在全省是找不到的。”

“走吧!”我对马车夫说，“这就是旧俄罗斯!”在回家的路上，我想着。

列 别 江[①]

我亲爱的读者们，打猎的主要好处之一是使您乘上马车，不断地从一个地方跑到另一个地方，这对于一个赋闲的人来说是件非常愉快的事。不错，有时候(特别是在雨季里)在乡间道路上奔波，进入“未开垦的处女地”就不太愉快，那时你得不时停下来，拦住碰到的随便哪个庄稼汉，问他：“喂，朋友，到莫尔多夫卡怎么走?”到了莫尔多夫卡，你又得向一个懵懵懂懂的农妇打听(所有的雇工都下地去了)：到大路上的客栈远不远？怎么走？接着，当你赶了十来俄里路，出现在你面前的却不是客栈，而是地主家的破烂村子胡多布勃诺沃，还把一大群猪吓得够戗——它们都齐耳朵藏在街道当中的深褐色泥浆里，完全没有想到会有人来惊扰它们。走过摇摇晃晃的小桥，往峡谷底下驶去，涉过沼泽地里的小溪，也很不愉快。整整一昼夜行驶在一片浅绿色汪洋般的大路上，或者，愿上帝保佑你，一连几小时陷在泥泞里，这时大路边的彩色里程标上一边标着22，另一边标着23，这种情况也很不愉快。一连几个礼拜尽吃鸡蛋、牛奶和人们啧啧称赞的黑麦面包，也很不愉快……但是所有这些不便和艰难都因为另一种好处和满足而得到补偿。不过，我们还是言归正传吧。

在说了上面这些情况以后，已经没有必要再向读者细说五年前在集市最红火的时候我是怎样来到列别江的了。我们这些猎人常常在某一天早晨从自己或多或少是祖传的领地动身，本打算第二天傍晚回到家里，但是由于不断地射猎田鹬，便越走越远，最终来到了富饶的伯朝拉河岸边；况且，任何一个喜欢枪和狗的人都是世界上最高尚的动物——马的热烈崇拜者。就这样，我来到了列别江，在旅馆住下，换了一身衣服，便往集市走去。(旅馆的伙计，一个又高又瘦的二十来岁小伙子已经用他那带着鼻音的甜腻男高音告诉我，说某团的马匹采购员、某公爵大人就在他们这个旅馆下榻，说来了许多绅士，每天晚上都有茨冈人在这里唱歌，剧场里正上演《特瓦尔朵夫斯基老爷》②，还说马的价钱都很高，不过上市的马都很好。）

集市广场上停着一排排看不到尽头的大车，大车后面则是各种各样的马匹：有大走马、养马场的马、比秋格马、拉大车的马、驿马和普通的农家马。有些养得膘肥体壮、光滑闪亮的马，按照毛色归类，盖着各种颜色的马衣，缰绳留得短短地拴在高高的大车上，它们怯生生地斜眼望着后面它们的主人马贩子手中那非常熟悉的鞭子。一些由草原贵族从一二百俄里外赶来的地主家的马匹，在一个衰老的马车夫和两三个脑子不灵活的马夫监视下，晃着长长的脖子，跺着脚，百无聊赖地啃着木桩子。一些黄褐色的维亚特卡种马紧紧地挤在一起。臀部宽大、尾巴成波浪形、脚上毛茸茸的大走马，有灰色带黑圆斑点的、乌黑的、枣红的，都像狮子一样，神色庄重、纹丝不动地站着。一些行家怀着敬意站在它们面前。在大车形成的街道上聚集着各种身份、各种年龄、各种外貌的人：穿蓝色长袍、戴高筒帽子的马贩子们狡黠地细心观察着，等待着顾客；鼓眼睛、鬈头发的茨冈人脚不沾地地跑来跑去，看看马齿，抬抬马腿和马尾巴，喊叫着，骂骂咧咧着给人做中介，抓阄，或者死乞白赖地缠住某个戴制帽、穿海狸皮军大衣的马匹采购员。一个健壮的哥萨克高高地骑在一匹脖子像鹿一样细的瘦马上，要“全套”，也就是说连同马鞍和笼头一起卖掉那匹马。一些穿着腋下已经破烂的皮袄的庄稼汉拼命钻进人堆里，几十个人一起挤向一辆套着“试用”马的大车，或者在路边，靠着某个机灵的茨冈人的帮助，与人讨价还价弄得精疲力竭，他们彼此击了上百次掌，各人坚持自己的价钱，而这时候，作为他们讨价还

---

① 俄罗斯利佩茨克州城市，在顿河畔，以马市场闻名。
② 俄国作曲家韦尔斯托夫斯基(1799—1862)的歌剧。

价的对象，一匹身上盖着破草席的劣马却在那里眨巴着眼睛，就像事情与它无关似的……确实，将来由谁来鞭打它，对它来说还不是一样！几个染着唇髭、神情庄重的宽额头地主戴着波兰四角帽，穿着厚呢长外衣，只套着一只袖子，正降低身份，和几个戴绒毛帽子和绿色手套的大肚子商人交谈。一些不同部队的军官也在那里挤来挤去，一个身材非常高大的胸甲骑兵，是个德国人，正冷静地问一个瘸腿的马贩子："这匹栗色马要卖多少钱？"一个十九岁模样的淡黄头发骠骑兵正在为他那匹干瘦有劲的溜蹄马物色一匹拉套马；一个车老板，头戴插孔雀毛的平顶帽，身穿褐色呢上衣，窄窄的绿腰带里揣着一副皮手套，正在物色一匹辕马。一些马车夫在为自家的马匹编尾巴，把马鬃打湿，向绅士们提出有礼貌的忠告。买卖已经成交的人按照各自不同的境况，正分别赶往大酒馆或小酒店……而所有这些奔忙、叫喊、折腾、争吵、和解、骂街和欢笑都是在齐膝深的泥泞里进行的。我想为我那辆四轮轻便马车买三匹耐用的马，因为我那几匹马快不中用了。我找到了两匹，而第三匹还没有挑选好。吃过了那顿我不想加以描写的午饭（埃涅阿斯①深知，回忆已经过去了的痛苦是多么不愉快），我便到一家所谓的咖啡馆去，那里每天晚上都聚集着马匹采购员、养马场主和其他来客。在弥漫着烟草灰色烟雾的台球房里有二十来个人。这里有穿着匈牙利骑兵式上衣和灰色西裤的年轻地主，他们留着长长的鬓发，唇髭上抹着油，无拘无束，正傲慢而肆无忌惮地四处张望；一些穿哥萨克式上衣、脖子奇短、眼睛浮肿的贵族也在这里烦人地哼哼着；商人们坐在一旁，正如俗话所说的，靠边站站；几个军官在那里随意交谈。某公爵是个二十二岁光景的年轻人，正在那里打台球。他神情愉快，有点目空一切，穿着敞怀的常礼服、红色绸衬衫和肥大的丝绒灯笼裤，正在和一个退伍的陆军中尉维克多·赫

---

① 希腊神话中的特洛伊英雄。特洛伊城被攻陷时，他背着父亲冒大火逃出，但失去了妻子。

洛帕科夫打台球。

退伍陆军中尉维克多·赫洛帕科夫是个三十岁模样、肤色黝黑、个子瘦小的人，长着黑头发、褐色眼睛和一只往上翘的蒜头鼻子，他是选举和集市的热心观众。他走路的时候总是边走边跳，神气活现地挥动着他那双弯成圆形的手臂，歪戴着帽子，卷起军装的袖子，露出灰蓝色细棉布里子。赫洛帕科夫先生善于巴结彼得堡富家子弟，和他们一起抽烟、喝酒、打牌，跟他们称兄道弟。他们凭什么喜欢他，这事颇为令人费解。他既不聪明，也不滑稽，当个丑角都不合格。不错，他们随随便便和他友好地交往，把他看成一个善良而不务正业的人，和他来往了两三个礼拜，然后便突然不理睬他，而他也不理睬他们。赫洛帕科夫中尉的特点是在一年，有时是两年期间里，不管恰当不恰当，总说同一个口头语，这句口头语并无可笑之处，可是不知为什么，大家听了都要发笑。八年前，不管到哪里，他都要说："向您表示敬意，衷心感谢您。"他当时的那些保护人每一次都会捧腹大笑，并要他一再说"向您表示敬意"；后来他又用了一句相当复杂的话："不，您可是太那个了，盖斯格赛①——结果当然是这样，"这句话同样得到辉煌的成功；过了两年，他又想出了一句新的俏皮话："涅武性急巴②，上帝的仆人，用羊皮缝上，"等等。您瞧怎么着！这句并不出彩的话竟给他带来吃的、喝的和穿的。（他的财产早就挥霍净尽，现在全靠朋友接济。）请注意，除此之外，他是绝对不会有别的任何用处的。不错，他每天能抽一百袋"茹可夫"烟，打起台球来，能把右腿抬得比头还高，瞄准的时候，总是拼命移动手里的台球杆，当然，对于这种优点并不是每个人都感兴趣的。他也很会喝酒……不过在俄罗斯凭这一点并不能显得出类拔萃……总之，对于我来说，他之所以能得逞，完全是个谜……只是有一点：他

---

① 法语"这是什么"的译音。

② 这是用法语和俄语混在一起说的一句话，意为你不要性急。

很谨慎，他从不泄露别人的家丑，不说别人一句坏话……

“唉，”看见赫洛帕科夫的时候，我心里想，“现在他的口头语是什么啊?”

公爵打中了白球。

“三十比零，”一个脸色黝黑、眼睛下面呈铅灰色、害肺病的记分员叫道。

橐的一声，公爵把一个黄球打入边袋。

“好!”坐在屋角一张摇摇晃晃的独脚茶几旁的一个胖商人从丹田里发出一声喝彩，他刚叫过就觉得难为情。幸而没有人注意到他。他松了一口气，捋捋大胡子。

“三十六比零，”记分员用鼻音喊了一声。

“怎么样，老弟?”公爵问赫洛帕科夫。

“怎么样? 那还用说，流……氓，简直是个流……氓。”

公爵噗哧笑了起来。

“什么，什么? 再说一遍。”

“流……氓!”退伍陆军中尉得意地重说了一遍。

“瞧，又是一句口头语!”我想。

公爵把一个红球打进袋里。

“唉! 不是这样打，公爵，不是这样打，”一个眼睛发红、鼻子很小、脸像熟睡中的婴儿的淡黄头发小军官突然喃喃地说，“不是这样打……应该……不是这样打!”

“怎么打呢?”公爵回过头去问他。

“应该……这样……用碰两面台框的打法。”

“是吗?”公爵喃喃地说。

“怎么样，公爵，今晚到茨冈人那儿去吗?”感到难为情的年轻人连忙接着说。“斯捷什卡要唱歌呢……伊柳什卡……”

公爵没有回答他。

"流……氓，老弟，"赫洛帕科夫狡黠地眯起左眼嘀咕了一句。

公爵哈哈大笑起来。

"三十九比零，"记分员高喊。

"零……等着瞧吧，看我把这个黄球……"

赫洛帕科夫移动着台球杆，瞄准了一下，可是打滑了。

"唉，流……氓，"他气恼地叫了一声。

公爵又大笑起来。

"什么，什么，什么?"

但是赫洛帕科夫不想再重复这句话：他想卖一下关子。

"您滑了一杆，"记分员说。让我给您的球杆涂一些白粉……四十比零!"

"对啦，诸位先生，"公爵对所有在场的人说，但是并不专门看着哪一个，"你们等着瞧吧，今天在剧场里一定要叫韦尔任比茨卡娅出场。"

"当然，当然，一定要叫韦尔任比茨卡娅出场……"几个以能回答公爵的话为莫大荣幸的绅士争先恐后地叫起来。

"韦尔任比茨卡娅是个极出色的女演员，比索普尼亚科娃好多啦，"屋角里一个蓄小胡子、戴眼镜、一副寒酸相的人尖声说。一个可怜虫！其实他心里魂牵梦萦的是索普尼亚科娃，可是公爵连看都不看他一眼。

"来人哪，拿烟斗来!"一个身材高大、相貌端正、气宇轩昂的绅士，从各种迹象看是个赌棍，把下巴压在领带上说。

跟班跑着去拿烟斗，他回来时报告大人，说马车夫巴克拉加有事求见。

"噢！这样吧，让他等一等，给他送点伏特加去。"

"遵命。"

后来有人告诉我，巴克拉加是个年轻、漂亮、极受宠爱的马车夫，公爵喜欢他，送马匹给他，和他赛马，整夜整夜和他在一起玩乐……这位公爵从前是个浪荡子，挥金如土，现在您可认不出他了……现在他浑身洒满香水，衣冠楚楚，好神气！他政务繁忙，主要是处事谨慎！

可是烟草的烟雾熏得我眼睛发痛。我最后一次听完赫洛帕科夫的喊叫和公爵的哈哈大笑以后，便起身回房间去了。房间里有一张有弯曲高靠背、铺着鬃垫、窄小而且已经压瘪了的长沙发，我的跟班已替我铺好了被褥。

第二天，我到各家马店里去看马，先从有名的马贩子西特尼科夫家看起。我跨过便门，走进一个撒着沙土的院子。马厩敞开的门前站着老板本人，他年纪已经不轻，高大而肥胖，穿着高翻领的兔皮袄。他看见我，便慢慢地向我走来，双手把帽子举过头顶，拖长声音说：

"啊，欢迎光临。您大概是来看马的吧?"

"是啊，来看看马。"

"请问要什么马?"

"让我看看您有些什么马吧。"

"遵命。"

我们走进马厩。几只白色小狗从干草堆上站起，摇着尾巴，向我们跑来；一只长胡子的老山羊不高兴地走到一旁去；三个穿着很结实却满是油污的皮袄的马夫默默地向我们鞠躬。左右两边，在做得高出地面的马栏里站着近三十匹马，这些马都照料得很好，洗刷得很干净。横木上一群鸽子在飞来飞去，咕咕叫着。

"您需要什么样的马：是拉车用还是作种马用?"西特尼科夫问我。

"既要拉车又要作种马。"

"明白了，明白了，明白了。"马贩子一字一顿地说，"彼嘉，把银鼠拉出来让这位先生看看。"

我们走到院子里。

"要不要从屋里端条板凳出来？……不要？……那就请便。"

马蹄在地板上橐橐地敲着，鞭子啪地响了一声，彼嘉，一个麻脸、肤色黝黑、四十岁模样的汉子牵着一匹体态相当匀称的灰色公马从马厩里跑出来，他让马直立起来，牵着它在院子里跑了两圈，灵巧地让它站在展示的地方。银鼠伸展着身子，呼地打了一声响鼻，甩起尾巴，把头转动了一下，瞟着我们。

“一匹训练有素的马！”我想。

“放开它，放开它，”西特尼科夫说，目不转睛地看着我。

“您看怎么样，行吗?”最后他问我。

“这匹马不错，但前腿不很有劲。”

“腿非常好！”西特尼科夫很自信地驳回我的话，“您再看看……臀部……像一座炕，简直可以睡觉。”

“蹄腕骨太长。”

“一点也不长——您说话可得凭良心！让它跑，彼嘉，跑快步，快步，快步……别让它大跑。”

彼嘉又牵着银鼠在院子里跑了一阵。我们都不吭声。

“好吧，把它牵回去，”西特尼科夫说，“把雄鹰牵出来给我们看看。”

雄鹰是一匹毛色像甲虫一样的荷兰种黑色公马，臀部下垂，精瘦强壮，看来比银鼠要强些。它是属于爱马的人所说的那种“能砍，能劈，能俘虏”的马，也就是说，跑的时候，前腿总是向左右两边撇，而很少向前跑。中年商人更喜欢这种马，因为它们的步态很像手脚麻利的伙计那种矫健的步伐；饭后出去兜风，让这种马单独拉车是不错的。它们拉车的时候显出一种得意洋洋的样子，弯着脖子，尽心竭力地拉着粗糙的轻便马车，车上载着吃得饱得不想说话的车夫、因患胃灼热而郁郁寡欢的商人和穿浅蓝色绸外衣、戴紫色头巾的虚胖的老板娘。雄鹰我也拒绝了。西特尼科夫又让我看了几匹……我终于看中了一匹沃耶伊科夫种的灰斑公马。我忍不住满意地拍拍它的鬐甲。西特尼科夫立刻装出一副无所谓的样子。

“怎么样，它拉车拉得好吗?”我问。（谈论大走马的时候一般不说“跑”得好不好。）

“拉得好，”马贩子平静地回答。

“可以看看吗? ……”

“当然可以啰。喂，库齐亚，把追风套上车。”

驯马师库齐亚是个行家，他驾着马车在街上从我们面前来回跑了两三次。马跑得很好，步伐不乱，臀部不耸动，举步自如，尾巴扬起，是一匹阔步马。

“这匹马您要多少钱?”

西特尼科夫开出非常高的价钱，我们就在街上讨价还价。突然一辆由选配得非常内行的三匹马拉的驿车从街角上轰然飞驰而来，干净利落地在西特尼科夫家的大门口停下。在这辆打猎用的豪华马车上坐着那位公爵，他旁边站着赫洛帕科夫。巴克拉加驾着马车……他驾得多么出色!简直可以穿过笼头上的环，这强盗！两匹枣红色拉套马小巧而灵活，乌黑的眼睛，乌黑的腿，神情是那么兴奋，就那么收紧着四条腿，你只要发出一声唿哨，它们就会跑得不见踪影！那匹深栗色的辕马神态自若地站着，像天鹅般高高地昂起头，挺着胸，四条腿像箭一样直，满不在乎地摇着头，骄傲地眯着眼睛……太出色了！这样的马完全可以在复活节给伊凡·瓦西里耶维奇沙皇①驾车!

“公爵大人！欢迎光临!”西特尼科夫高声喊着。

公爵跳下马车。赫洛帕科夫慢慢地从另一边爬下车。

“你好，老弟……有马吗?”

“公爵大人要马，怎么会没有！请进……彼嘉，把孔雀牵出来！叫他们把嘉骏也准备好。您这笔生意，老爷，”他回过头来对我说，“我

① 即伊凡雷帝，俄国16世纪沙皇。

们另找时间洽谈吧……福姆卡，给公爵大人端椅子。”

从我原来没有注意到的一间特别的马厩里牵出了孔雀。这匹强壮的深红色骏马简直是腾云驾雾似的跑了出来。西特尼科夫回过头去，眯起了眼睛。

“哟，流……氓！”赫洛帕科夫喝起彩来。“杰姆萨①。”

公爵笑了起来。

要勒住孔雀可不容易，它简直是拖着马夫在院子里跑，最后才把它逼到墙根前。它打着响鼻，颤动着，把腿脚收紧，可西特尼科夫却还在逗弄它，对它挥着鞭子。

“往哪儿瞧？看我把你……！吁！”马贩子亲切地威吓着，不由得欣赏起他的马来。

“多少钱？”公爵问。

“公爵大人要，就五千吧。”

“三千。”

“不行啊，公爵大人，您行行好……”

“跟你说，三千，流氓，”赫洛帕科夫附和着。

我没等他们成交就走了。在街道尽头的一个拐角上，我看见一座灰色小房子的大门上贴着一张很大的纸。上方用羽毛笔画着一匹马，尾巴像烟囱，脖子长得不见底，马蹄下面用古体字写着下列启事：

“此处备有各种毛色马匹，均由坦波夫地主阿纳斯塔西·伊凡内奇·切尔诺巴伊之著名草原养马场专送列别江集市销售。该批马匹体态极佳，训练出色，性情温和。顾客诸君惠顾，请与阿纳斯塔西·伊凡内奇本人接洽；如遇阿纳斯塔西·伊凡内奇外出，可向马车夫纳扎尔·库贝什金垂询。顾客诸君，请多惠顾老人！”

我停下脚步。我想，不妨去看看切尔诺巴伊先生著名草原养马场的

---

① 法语“我喜欢”的译音。

马匹。

我本想从便门进去，但发现便门与一般的习惯不同，竟是锁着的。我便敲敲门。

“谁呀？……是顾客吗？”一个女人尖声问道。

“是顾客。”

“就来，老爷，就来。”

便门打开了。我看见一个五十来岁的农妇，没包头巾，穿着靴子和敞怀皮袄。

“恩人，请进，我这就去向阿纳斯塔西·伊凡内奇通报……纳扎尔，喂，纳扎尔！”

“什么事？”从马厩里传出一个七十岁老人的沙哑声音。

“把马准备好，顾客来了。”

老妇人跑进屋里。

“顾客，顾客，”纳扎尔不满地对她嘟囔着。“我还没有洗好它们的尾巴呢。”

“啊，真是一派田园风光！”我想。

“你好，先生。欢迎光临，”我背后慢慢地响起一个圆润悦耳的声音。我回头一看：我面前站着一个中等身材的老人，穿着蓝色长大衣，白发苍苍，生着一对漂亮的天蓝色眼睛，脸上带着亲切的笑容。

“你要买马吗？请，先生，请……要不要先到里面喝杯茶？”

我谢绝了。

“好，那就请便。先生，请原谅我：我这儿都是按老规矩办事(切尔诺巴伊先生说话从容不迫，o 音很重)。我这儿一切都很简朴，你知道……纳扎尔，喂，纳扎尔，”他又拖长声音叫着，但并不提高嗓门。

纳扎尔出现在马厩门口，他是个满脸皱纹、长着鹰钩鼻子、蓄着山羊胡子的小老头。

“先生，你要什么样的马？”切尔诺巴伊先生继续说。

“不要太贵的，拉车用的，拉篷车。”

“好……有这样的……好……纳扎尔，把那匹灰色骗马拉出来给老爷看看，知道吗，就是那匹拴在边上的，还有那匹头上有白斑的枣红马，要不然，还有另一匹枣红马，就是美人儿生的那一匹，知道吗?”

纳扎尔回到马厩里。

“你就拉住马笼头把它们牵出来吧!”切尔诺巴伊先生在他后面喊着。“我这儿，先生，”他继续说，同时用明亮、和蔼的目光看着我的脸，“和那些马贩子不一样，不像他们那么无聊！他们都是用姜、盐、酒糟喂马①，愿上帝饶恕他们！……可我这儿，你看得见的，一切都一目了然，不会弄虚作假。”

马牵出来了。这些马我都看不中。

“行，那就把它们牵回去吧，”阿纳斯塔西·伊凡内奇说，“另外牵几匹出来给我们看看吧。”

又牵来几匹。最后我选中了一匹价钱便宜点的。我们开始讨价还价。切尔诺巴伊先生并不着急，说话通情达理，一本正经地赌咒发誓，以致我不能不“惠顾老人”，付了定金。

“好，现在，”阿纳斯塔西·伊凡内奇说，“请让我按老规矩，亲手把马交到你手里……为了它，你会感谢我的……你看这是匹多么强壮的马！像个核桃……从来没有人使用过……是匹草原马！套什么马具都行。”

他画了个十字，一只手拉起大衣的衣襟，隔着衣襟拉住笼头，把马交给我。

“现在这匹马是你的了……你还是不想喝杯茶吗?”

“不喝了，衷心感谢您：我该回家了。”

“那就请便……现在就让我的马车夫跟着你把马送去吗?”

---

① 马吃了盐和酒糟容易长膘。——原注

“是的，现在就送，如果方便的话。”

“行，亲爱的，行……瓦西里，喂，瓦西里，跟这位老爷去，把马送去，把钱收回来。好，再见，先生，上帝保佑你。”

“再见，阿纳斯塔西·伊凡内奇。”

马送到我家里。第二天才发现这是一匹已经赶坏了的瘸腿马。我本想把它套上车，但我的马却往后退，用鞭子打它，它变得很不听话，尥起蹶子，后来干脆躺下了。我随即动身去找切尔诺巴伊先生。我问：

“在家吗?”

“在家。”

“您这是怎么回事，”我说，“您卖给我的是一匹用坏了的马。”

“用坏了的？……上帝保佑!”

“这匹马还是瘸腿的，而且脾气很倔。”

“瘸腿的？我不知道，一定是你的车夫把它使坏了……我可以对上帝发誓……”

“说实话，阿纳斯塔西·伊凡内奇，您应该收回这匹马。”

“不行，先生，请别见怪，货一出门，概不退换。事先您应该看清楚呀。”

我明白是怎么回事了，只得听天由命，我大笑一声就走了。幸而我付的学费并不太昂贵。

过了两三天，我离开了。一个礼拜以后，归途中，我又弯到列别江。在咖啡馆里，我看到的几乎还是那些人，我又碰到那位公爵在打台球。但是赫洛帕科夫先生的命运已经发生了过去常有的那种变化。淡黄头发的小军官取代了他的位置，受到公爵的宠爱。这个可怜的退伍陆军中尉还想再次当着我的面说出他的口头语，以为还能照样得到青睐，可是公爵不仅没有笑一笑，而且还皱紧眉头，耸耸肩膀。赫洛帕科夫先生这才垂下头，蜷缩成一团，钻到屋角里，悄悄地装着他的烟斗……

塔吉雅娜·鲍里索夫娜和她的侄儿

亲爱的读者，请把手伸过来吧，和我一起携手乘车出发。天气真是好极了。五月的天空一片蔚蓝，是那么柔和；爆竹柳光滑的嫩叶闪闪发亮，像冲洗过的一样；宽阔平坦的大路上长满绵羊最喜欢吃的红茎小草；左右两边，在几座缓坡小丘的长长坡面上，葱茏的黑麦正轻轻地泛着涟漪；几片云朵投下的淡淡阴影在它上面缓缓地移动着。远处森林郁郁苍苍，池塘波光潋滟，村庄橙黄闪亮；成百的云雀腾地飞起，歌唱着，又急速降落下来，伸长脖子，停在土堆上；几只白嘴鸦停在大路上，望着您，低头伏在地上，让您的马车驶过，接着跳了两下，笨拙地飞到一边；峡谷那边的山上，一个农夫在耕地；一匹短尾巴、鬃毛蓬乱的花斑小马驹跌跌撞撞地跟在母马后面跑着，可以听见它那尖细的叫声。我们的马车驶进一片白桦林；一股浓烈而新鲜的气味扑鼻而来。这是村口的栅门。车夫下了车，马匹打着响鼻，两匹拉套马回头望着，辕马甩动着尾巴，把头靠在马轭上……村口的栅门吱吱嘎嘎打开了。马车夫坐上车……驾！呈现在我们面前的是整个村庄。经过五六个院子，我们拐进右边，驶下一片洼地，又上了堤坝。在一个小池塘后边，在苹果树和丁香树的圆形树冠掩映下闪现着一座房子从前涂过红色、有两个烟囱的木板屋顶；马车夫沿着栅栏向左边驶去，在三只很老的杂种狗的尖利、嘶哑的吠声中驶进两扇敞开的大门，在宽敞的院子里急速地驶了一圈，经过马厩和板棚，向正侧着身子跨过敞着门的储藏室高门槛的管家老太婆神气地鞠了一躬，最后在一座窗户明亮的深色小屋的台阶前停了下来……我们来到塔吉雅娜·鲍里索夫娜家了。瞧，她正打开通风窗，向我们点头致意呢……您好啊，老太太！

塔吉雅娜·鲍里索夫娜是个五十来岁的妇人，长着一对鼓出的灰色大眼睛，一只蒜头鼻子，两颊红润，双下巴。脸上总洋溢着和蔼可亲的笑容。她结过婚，但不久就守寡了。塔吉雅娜·鲍里索夫娜是一位很出色的女性。她住在自己的小领地上，深居简出，和邻居很少往来，只接待并喜欢年轻人。她出生于一个很穷的地主家庭，没有受到任何教育，也就是说，她不会说法语，她也从未到过莫斯科——但是尽管有这些缺憾，她却洁身自好，保持质朴的本色，思想开放，性格豪爽，很少沾染小地主太太们常有的那些坏习气，这确实不能不令人感到惊异……确实，一个女人终年住在乡下，生活在穷乡僻壤，不搬弄是非，不怨天尤人，不卑躬屈节，不张皇失措，不郁郁寡欢，不因好奇而战栗……这真是奇迹！她通常穿一条灰色塔夫绸连衣裙，头上戴一顶带紫色缎带的白色便帽；她胃口很好，但并不多吃；果酱、干果、咸菜都让女管家去做。那么她一天到晚做些什么事呢？——您会问……看书吗？不，她不看书，说句实在话，书并不是为她而出版的……如果家中没有来客，我的塔吉雅娜·鲍里索夫娜冬天就坐在窗前织织袜子，夏天就到花园里去，种种花，浇浇水，逗小猫玩上几个钟头，喂喂鸽子……她很少过问田产的经营。但是如果来了客人，某一个她所喜欢的年轻邻居，塔吉雅娜·鲍里索夫娜便整个儿活跃起来。她让他坐下，请他喝茶，听他讲故事，对他笑，有时拍拍他的脸颊，自己却说得很少；要是来客遇到什么灾难，有什么不愉快，她就安慰他，劝解他。有很多人向她倾诉家中的私事，心中的秘密，在她怀里痛哭流涕！常有这样的事：她坐在客人的对面，轻轻地支着臂肘，那么关切地直视着客人的眼睛，那么友爱地微笑着，使得客人不由自主地想到："你是个多么好的女人，塔吉雅娜·鲍里索夫娜！让我把心里话全向你倾吐吧。"处身在她家舒适的小房间里，总使人感到亲切、温暖，在她家里总是阳光灿烂，如果可以这样表达的话。塔吉雅娜·鲍里索夫娜是个好得出奇的女性，可是没有人对她感到惊奇：她那健全的思想、坚定的性格、豁达宽容的态度，对他人的悲欢离合总是感同身受，一句话，她的一切优点似乎是与生俱来的，无需她费什么力气，无需她去刻意追求……对于她，不可能有别的想法，因而也不必对她表示感谢。她特别喜欢看年轻人游戏和淘气；她两手抱在胸前，仰起头，眯着眼睛，坐在那里，满面笑容，突然叹一口气说："唉，你们哪，我的孩子们，孩子们！……"因此，在她那里玩的年轻人往往很愿意走到她跟前去，拉起她的手，对她说："您听我说，塔吉雅娜·鲍里索夫娜，您不知道自己的价值，尽管您很朴实，也没有什么学问，可您却是个不平凡的人物！"光是她的名字就让人感到亲切温馨，人们喜欢说这个名字，它能引发人们友爱的微笑。譬如，我曾经几次向路上遇到的农民询问："老兄，到格拉乔夫卡怎么走？""老爷，您先到维亚佐沃耶去，再从那儿到塔吉雅娜·鲍里索夫娜家，塔吉雅娜·鲍里索夫娜那儿的人会告诉您的。"提到塔吉雅娜·鲍里索夫娜的名字，那农民便有点特别地晃了一下脑袋。由于家境关系，她用的仆人不多。女管家阿加菲娅管理着她家的住宅、洗衣房、储藏室和厨房。阿加菲娅从前做过她的保姆，是个心地极其善良、动不动就要流泪、牙齿已掉光的老妇人。两个脸颊像安东诺夫卡苹果一样结实、红得发紫的健壮使女归她指挥。七十岁的仆人波利卡尔普担任着侍仆、管事和餐厅仆役的职务，这是一个非同一般的怪人，他博览群书，是个退职的小提琴手，是维奥蒂①的崇拜者，拿破仑，或者如他所说的，波拿巴季什卡②的私人仇敌，他还是个狂热的夜莺迷。他房间里总是养着五六只夜莺；早春时节，他整天整天地坐在鸟笼旁边，等候第一声"莺啼"，等到以后，他便双手掩面，痛苦地感叹："噢，可怜啊，可怜！"接着便号啕大哭起来。给波利卡尔普当帮手的是他的孙子瓦夏，他是个十一二岁的男孩，长着一头鬈发，眼睛敏锐灵活。波利卡尔普疼他疼得要命，一天到晚跟他唠个不停。他还管孙子的教育。"瓦夏，"他说，"你说，波拿巴季什

---

① 维奥蒂(1755—1824)，意大利小提琴演奏家、作曲家。

② 俄国人对拿破仑名字波拿巴的卑称。

卡是个强盗。”“那你给我什么，爷爷?”“给你什么? ……我什么也不会给你……你想你是谁? 你是不是俄国人?”“我是阿姆钦斯克人，爷爷，我是在阿姆钦斯克①出生的。”“啊，傻瓜蛋! 那么阿姆钦斯克在什么地方?”“我怎么知道?”“阿姆钦斯克在俄国，傻孩子。”“在俄国又怎么样?”“什么怎么样? 已故的斯摩棱斯克公爵米海伊洛·伊拉里昂诺维奇·戈列尼谢夫-库图佐夫大人得到上帝的帮助把波拿巴季什卡赶出了俄国。就这件事还有人编了一首歌谣：‘波拿巴顾不上跳舞，他的袜带不见了……’你懂吗，公爵解放了你的祖国?”“这关我什么事?”“唉，你啊，这个傻孩子，傻孩子! 要是米海伊洛·伊拉里昂诺维奇公爵大人不把波拿巴季什卡赶出去，眼下就会有某个麦歇拿着棍子敲你的脑袋。他会走到你跟前，说：‘科芒·武·波尔特·武?’②就啪啪啪地敲你。”“那我就给他肚子一拳头。”“那他就会对你说：‘蓬茹尔，蓬茹尔，维涅·伊西。’③接着就抓住你的头发，抓住你的头发。”“那我就踢他的腿，踢他的腿，踢他那两条长腿。”“不错，他们的腿都很长……可是如果他把你的手捆起来，你怎么办?”“我不让他捆，我会叫马车夫米海伊来帮忙。”“可是，瓦夏，难道法国人对付不了米海伊吗?”“怎么对付得了? 米海伊那么棒!”“好吧，那你们会把他怎么样?”“我们就揍他的背，揍他的背。”“那他就要大叫巴尔东④了：巴尔东，巴尔东，谢武普莱!⑤”“我们就要对他说：对你不能谢武普莱，你这个法国佬! ……”“好样的，瓦夏! ……那你就喊‘波拿巴季什卡是个强盗吧!’”“那你给我一块糖!”“这小子……”

---

① 民间称姆岑斯克城为阿姆钦斯克，称姆岑斯克人为阿姆钦斯克人。阿姆钦斯克小伙子都很勇敢，难怪我们那里的人常常对仇人说：“阿姆钦斯克人要来光顾你家了。”——原注

② 法语“你好吗”的译音。

③ 法语“你好，你好，你过来”的译音。

④ 法语“饶命”的译音。

⑤ 法语“饶命，请饶命”的译音。

塔吉雅娜·鲍里索夫娜和女地主们很少交往。她们不喜欢到她家里来，她也不善于和她们周旋，她们叽叽喳喳说个不停的时候，她会打瞌睡，她不时抖擞一下精神，竭力睁开眼睛，可一会儿又睡着了。一般说，塔吉雅娜·鲍里索夫娜不喜欢女人。她的朋友中有一个忠厚老实、温文尔雅的青年，那青年有个姐姐，是个三十八岁半的老处女，心地极其善良，可是精神上受过严重损伤，性情孤僻且容易激动。弟弟常常对她谈起这位女邻居。有一天早晨，我这位老处女什么话也没说，就吩咐给她套马，径直到塔吉雅娜·鲍里索夫娜那里去。她穿着一条长连衣裙，戴着帽子，放下绿色的面纱，披散着鬈发，走进前厅，经过把她当作落水鬼而惊慌失措的瓦夏身边，跑进客厅。塔吉雅娜·鲍里索夫娜吓了一跳，她本想欠起身来，可两腿直发软。"塔吉雅娜·鲍里索夫娜，"客人用恳求的声音说，"请原谅我的冒昧，我是您的朋友阿列克谢·尼古拉耶维奇·克××的姐姐，我从他那儿听到许多关于您的情况，因此决定来和您认识一下。""非常荣幸，"惊魂未定的女主人喃喃地说。客人扔下帽子，抖抖鬈发，在塔吉雅娜·鲍里索夫娜身边坐下，拉起她的手……"这就是她，"她若有所思、深受感动地说，"这就是那位善良、开朗、高尚、圣洁的女人！这就是她，一位纯朴同时却很深沉的女性！我多么高兴，我多么高兴！我们会互相喜欢的！我终于放心了……在我的想象中她就是这样的，"她又轻声地补了一句，两眼直视着塔吉雅娜·鲍里索夫娜的眼睛。"您不会生我的气，对吗？我善良的可爱的朋友。""说哪儿话，我很高兴……您要不要喝点茶？"客人谦逊地笑了笑："多么真诚，多么坦率，"①她仿佛自言自语地说，"亲爱的，请允许我拥抱您！"

老处女在塔吉雅娜·鲍里索夫娜家坐了三个钟头，一刻也没停止过说话。她竭力向这位新相识细说自己的优点。这位不速之客一走，可怜

① 原文为德文。

的女地主立刻去澡堂洗了个澡，喝足干椴树花茶，躺到床上。但是第二天这位老处女又来了，她一坐就是四个钟头，临走时还说以后每天都要来拜访塔吉雅娜·鲍里索夫娜。看样子，她是想让这位她所谓的天分如此丰富的女人得到充分的发展，弥补她教养上的不足，这样下去准会把她这位女邻居折磨得死去活来。幸而情况发生了变化：首先，过了两个多礼拜，她对于弟弟的这位女朋友已感到“完全”失望；其次，她爱上了一个过路的青年大学生，立即与他频繁而热烈地通起信来。在书信里，她照例祝福他过上圣洁而美好的生活，表示愿意牺牲“自己的一切”，只要求他称她为姐姐，她还醉心于描写大自然，谈论歌德、席勒、贝蒂纳和德国哲学，最后把这个可怜的青年弄得愁肠百结，万念俱灰。但是青春终于显示出自己的力量：一天早晨，他一觉醒来，怀着对“姐姐和最好的朋友”的刻骨铭心的仇恨，愤怒得几乎把自己的侍仆痛打一顿，后来在一段很长的时间内，他只要听到一点点关于崇高、无私爱情的暗示，便会恨得咬牙切齿……而塔吉雅娜·鲍里索夫娜从此以后也比以前更加竭力避免同女邻居们接近。

唉，世上决没有什么一成不变的事情。我向您叙说的这位善良的女地主的生活遭遇已经是过去的事情了。曾经主宰着她家的宁静已经荡然无存。她的侄儿，一个从彼得堡来的画家，已经在她家住了一年多。这件事情是这样发生的。

八年前，塔吉雅娜·鲍里索夫娜家住着一个十二三岁的男孩安德留沙①，这是她已故哥哥的儿子，一个父母双亡的孤儿。安德留沙有一对水汪汪的明亮大眼睛，嘴巴小小的，鼻子端正，高高的前额很漂亮。他说话声音又轻又甜，身上干净整洁，待人彬彬有礼，对客人亲切而殷勤，常常怀着孤儿的深情吻吻姑母的手。常常是您还没有露面，他已经给您端来了圈椅。他从来不淘气，不弄出一点声响，管自坐在屋角看

① 安德留沙是安德烈的小名。

书，那么谦恭，那么温顺，甚至坐着都不靠在椅背上。有客人来了，我的安德留沙便欠身向客人致意，礼貌地露出微笑，接着便脸红了。客人一走，他又坐下来，从口袋里掏出一把带镜子的刷子，梳梳头发。他从小就喜欢画画。他只要拿到一小张纸，就立刻向女管家阿加菲娅借来剪刀，仔细地把纸剪成正方形，在上面画上一圈花边，然后动手画起画来：他会画一只瞳仁很大的眼睛，或者希腊式鼻子，或者一座有烟囱的房子，烟囱里冒出袅袅的炊烟，一只“面对面”[①]像长凳一样的狗，一棵停着两只鸽子的树，然后题款：“安德烈·别洛夫佐罗夫作，某月某日，于小布雷基村。”在塔吉雅娜·鲍里索夫娜命名日前，他特别卖力地忙了两个礼拜：那一天，他第一个跑出来祝贺，送上一个扎着粉红色彩带的画卷。塔吉雅娜·鲍里索夫娜吻了吻侄儿的前额，解开彩带的结：画卷打开了，呈现在观看者好奇的目光下的是一座大胆涂上阴影的圆形殿堂，殿堂前有一排廊柱，中间是一座祭坛；祭坛上有一颗燃烧着的心和一个花冠，在上方弯弯曲曲的飘带上用清晰的字迹写着：“姑母和恩人塔吉雅娜·鲍里索夫娜·鲍格丹诺娃笑纳。恭敬和爱戴的侄儿敬献，以表最深切的挚爱。”塔吉雅娜·鲍里索夫娜又吻了吻侄儿，并给了他一个银卢布。然而她对侄儿并不特别喜爱，她不大喜欢安德留沙那种处处曲意逢迎的作风。后来安德留沙渐渐长大，塔吉雅娜·鲍里索夫娜开始为他的前程操心。一个意外的机会使她摆脱了困境……

事情是这样的：有一次，大约在八年前，一个六等文官、勋章获得者彼得·米哈伊雷奇·别涅沃伦斯基先生顺路来拜访她。别涅沃伦斯基先生从前曾在附近的一个县城里供职，常常来塔吉雅娜·鲍里索夫娜家做客。后来他迁居彼得堡，进了部里，得到一个相当重要的位置，他常常因公出差，有一次，他想起了这位老相识，便顺路到她那里，想摆脱

① 原文为法文。

一下繁忙的公务，“在乡村的寂静怀抱里”①休息两天。塔吉雅娜·鲍里索夫娜像往常那样热情地接待他，于是别涅沃伦斯基先生……但是在我们继续讲这个故事之前，亲爱的读者，请允许我先向您介绍一下这个新的人物。

别涅沃伦斯基先生中等身材，胖胖的，两条腿很短，一双手圆鼓鼓的，看上去温文尔雅；他穿一件非常干净的宽大燕尾服，系一条又高又宽的领带，里面是一件雪白的衬衫，缎子坎肩上缀着金链条，食指上戴着一枚宝石戒指，头上戴着淡黄色假发；他说话恳切而温和，走路不发出声音，总是愉快地微笑着，愉快地转动眼睛，愉快地把下巴搁在领带上：总之，他是个快活的人。他的心地天生极其善良：动不动就伤心落泪或欢天喜地，此外，他对艺术总燃烧着一种无私的热情，确确实实是无私的，因为，如果说一句实话的话，别涅沃伦斯基先生对艺术根本就一窍不通。真叫人百思不得其解，他这种热情究竟是从哪里来的，是哪一条神秘莫测的法则造成的？他似乎是一个老实人，甚至是个平庸的人……不过在我们俄罗斯这样的人是很多很多的。

为了表示对艺术和艺术家的热爱，这些人便表现出一种难以形容的令人肉麻的做作；和他们往来，和他们交谈是令人苦恼的：他们都是些涂了蜜的木头人。譬如说，他们从来不叫拉斐尔②为拉斐尔，不叫柯勒乔③为柯勒乔，而是说“神圣的桑齐奥，举世无双的德·阿雷格里”，还必定把重音放在 o 音上。他们把所有平庸粗俗、自命不凡、弄虚作假、平平常常的人都捧为天才，还故意把“天才”说成“尖才”；“意大利的碧空”、“南国的柠檬”、“布伦塔河畔的芬芳”这些词一直挂在他们嘴边。“哎，瓦尼亚，瓦尼亚”，或者“哎，萨沙，萨沙”，他们互

---

① 引自普希金《叶甫盖尼·奥涅金》第7章第2节。

② 拉斐尔·桑齐奥(1483—1520)，意大利画家、建筑师，文艺复兴鼎盛时期的代表，创作了许多圣母像。

③ 柯勒乔·德·阿雷格里(约1489—1534)，意大利画家，文艺复兴鼎盛时期代表。

相情意绵绵地说，“我们应该到南方去，到南方去……因为我们都有一颗希腊人的心，古希腊人的心！”在一些展览会上，当他们站在某些俄罗斯画家的某些作品前欣赏的时候，可以观察到他们的这种肉麻相。（必须指出，这些绅士大都是热烈的爱国者。）他们一会儿后退两步，昂起头看看，一会儿又走到绘画跟前细细欣赏，他们的眼睛好像噙着一层闪亮的泪花……“啊，我的上帝，”最后他们用激动得发颤的声音说，“充满热情，充满热情！啊，心灵，心灵！啊，灌注了全部热情！热情洋溢！……是怎么构思的！这是大师的构思！”可是他们家客厅里挂的是些什么样的画啊！又是哪些画家每天晚上到他们家做客，在他们家喝茶，听他们说话！他们向这些画家展示的自己房间的全景又是怎样的呢？右边有一把刷子，擦得锃亮的地板上有一堆垃圾，靠窗的桌子上放着一只青铜茶炊，主人本人穿着晨衣，戴着小圆帽，脸颊上有一块闪亮的光斑！那些来他们家拜访、脸上带着狂热而轻蔑的微笑的长发诗人又是些什么样的人！那些坐在钢琴前尖叫、脸色发青的小姐又是些什么样的小姐！由于我们俄罗斯已经形成这样的惯例：一个人不能只醉心于一种艺术，他必须什么都懂得一点。因此这些爱好艺术的绅士对俄罗斯文学，特别是对戏剧文学也给予慷慨的关照，这是不足为奇的……《雅科布·萨纳扎尔》①就是为他们而作的：被描写过数千次的不被承认的天才同世人、同整个世界的斗争也会照样强烈地震撼他们的心灵……

别涅沃伦斯基先生到来的第二天，塔吉雅娜·鲍里索夫娜在喝茶的时候吩咐侄儿把他的画拿来给客人看。“他会画画吗?”别涅沃伦斯基先生不无惊讶地说，又关切地转过身来看看安德留沙。“当然，会画画，”塔吉雅娜·鲍里索夫娜说。“他很有兴趣！而且是自己画，没有老师教。”“噢，让我看看，让我看看，”别涅沃伦斯基先生接着说。安

---

① 俄国作家库科利尼克(1809—1868)的剧作。

德留沙红着脸，微笑着，把他的画册拿给客人看。别涅沃伦斯基先生摆出一副行家的样子开始翻阅画册。“画得好，年轻人，”最后他说，“画得好，很好。”他还伸出手摸摸安德留沙的头。安德留沙顺便吻了吻他的手。“您看，多么有天分！……祝贺您，塔吉雅娜·鲍里索夫娜，祝贺您。”“可是，彼得·米哈伊雷奇，在这儿我无法给他请到老师。到城里去请吧——又很贵。我的邻居阿尔塔莫诺夫家倒有一位画家，据说很出色，可是女主人不许他给别人上课，说是会败坏他的鉴赏力。”“嗯，”别涅沃伦斯基先生哼了一声，沉思起来，皱着眉头看了看安德留沙。“好，这件事我们再商量，”他突然补充了一句，搓搓手。就在这一天，他请示塔吉雅娜·鲍里索夫娜和他单独谈谈。他们关起门来。过了半个钟头，他们叫安德留沙进来。安德留沙进来了。别涅沃伦斯基先生站在窗口，脸上微微泛红，眼睛焕发着光彩。塔吉雅娜·鲍里索夫娜坐在屋角擦眼泪。“是这么回事，安德留沙，”她终于开口说，“你得感谢彼得·米哈伊雷奇，他要照管你，带你到彼得堡去。”安得留沙一下子惊呆了。“您坦白告诉我，”别涅沃伦斯基先生说，声音里充满了威严和宽容，“您想不想做一名画家，年轻人，您是否感到对艺术负有神圣的使命?”“我希望做一名画家，彼得·米哈伊雷奇，”安德留沙战战兢兢地说。“这样我就很高兴。”别涅沃伦斯基先生继续说，“您要离开您敬爱的姑母，当然很难受，您想必非常感激她。”“我非常爱我的姑母，”安德留沙打断他的话，眨着眼睛。“当然，当然，这是完全可以理解的，也很值得称赞；但是，想想看，将来您有了成就……会多么高兴……”“拥抱我吧，安德留沙，”善良的女地主喃喃地说。安德留沙扑过去，搂住她的脖子。“那么现在去感谢你的恩人吧……”安德留沙抱住别涅沃伦斯基先生的肚子，踮起脚尖，勉强吻到了他的手，恩人虽然接受了他的吻，但并不急于去接受……应该让孩子得到安慰和满足，也让自己得到一点享受。过了两三天，别涅沃伦斯基先生带着这个新收养的孩子离开了。

在别后的头三年里，安德留沙频频写信来，有时还在信里夹几张图画。别涅沃伦斯基先生偶尔还在信里附言几句，大都是称赞的话；后来信越来越少，最后竟完全断了音信。整整一年侄儿音信全无，塔吉雅娜·鲍里索夫娜着急起来，突然她收到这样一封短简：

亲爱的姑母！

三天前我的保护人彼得·米哈伊雷奇去世了。残酷的中风夺去了我最后的依靠。当然，我现在已经十九岁，七年来我取得了显著的成绩；我坚信自己的才能，并且能够靠它谋生；我并不气馁，但是，如果您同意的话，还是请您立即汇寄给我二百五十卢布。吻您的手，余言后叙，等等。

塔吉雅娜·鲍里索夫娜给侄儿汇了二百五十卢布。过了两个月他又来要钱，她倾其所有，又把钱寄给他。第二次汇款以后，还没过六个礼拜，他又第三次来要钱，说是要为捷尔捷列舍涅娃公爵夫人向他预订的肖像画买颜料。塔吉雅娜·鲍里索夫娜拒绝了。“既然如此，”他写信对她说，“我打算回乡下到您那里去治病。”果然，当年五月份，安德留沙回到了小布雷基村。

塔吉雅娜·鲍里索夫娜最初没有认出他来。根据他的来信，她以为他一定是一副脸黄肌瘦的病态，而她见到的却是一个肩膀宽阔、身体肥胖、脸庞又宽又红润、长着一头油光光鬈发的小伙子。当年瘦弱苍白的小安德留沙如今已长成了强壮的成年人安德烈·伊凡诺夫·别洛夫佐罗夫。他不光是外表起了变化。当年的拘谨腼腆、细心整洁变成了肆意妄为、令人难以容忍的邋遢。他走起路来左摇右摆，常常是一屁股坐到圈椅里，一下子趴倒在桌子上，摊开手脚懒洋洋地坐着，大张着嘴巴打哈欠；对待姑母和仆人十分粗暴。他说，我是个画家，自由的哥萨克！叫你们认得我！他往往一连几天不动笔，一旦有了所谓的灵感，他就装腔作势，好像喝醉了酒，变得忧郁、笨拙，并且大吵大闹；他两颊烧得通红，目光无神；大谈自己的才能、成就，说他眼下在怎么发展，在如何进步……其实，他的才能也就是勉强能画几幅差强人意的小肖像画。他根本就不学无术，什么书也不读，再说画家读书有什么用呢？大自然、自由、诗歌——这就是他的爱好。他总是满不在乎地甩动头发，高谈阔论，吸吸茹科夫烟！俄罗斯人的豪放值得称道，可对许多人并不适合；那些没有才能的二等波列扎耶夫①们都俗不可耐。我们的安德烈·伊凡内奇就在姑母家长住了下来：免费的面包显然很合他的胃口。他总是让客人们感到非常无聊。他常常坐在钢琴前（塔吉雅娜·鲍里索夫娜家有一架钢琴），用一个指头找着琴键弹《剽悍的三套马车》；他在钢琴上弹着和音，敲着琴键，一连几小时痛苦地哀号着瓦尔拉莫夫②的浪漫曲《孤松》或《不，医生，不，不要来》。他的眼睛胖得鼓起来，他的脸颊焕发着红光，像一面鼓……有时候，他会突然吼叫起来："平静些吧，狂热的激情……"使塔吉雅娜·鲍里索夫娜吓一跳。

"真奇怪，"有一次她对我说，"现在作的歌曲都是那么要死要活的，我们那时候就不是这样：悲伤的歌曲也有，但是听起来还是很让人喜欢……譬如：

来吧，快到牧场上来找我，
我在那里白白地等候；
来吧，快到牧场上来找我，
在那里，我的眼泪像水流……
啊，当你来到牧场的时候，
已经太迟了，我亲爱的朋友！"

---

① 波列扎耶夫（1804—1838），俄国诗人。
② 瓦尔拉莫夫（1801—1848），俄国作曲家、歌唱家，浪漫曲作曲大师。

塔吉雅娜·鲍里索夫娜调皮地笑了笑。

“我好痛苦，我好痛苦，”侄儿在隔壁房间哀号起来。

“你唱够了，安德留沙。”

“离别的时候，我的心都要碎了，”不肯安静的歌手继续唱着。

塔吉雅娜·鲍里索夫娜直摇头。

“唉，这些画家真够戗！……”

从那时起已经过了一年。别洛夫佐罗夫至今还住在姑母家，一直准备到彼得堡去。在乡下他胖得腰围超过身高。姑母——谁想得到呢——非常宠爱他，而这一带的姑娘们都爱上他……

许多老相识都不再到塔吉雅娜·鲍里索夫娜家里去了。

死

我有一个邻居，是个青年地主，也是个青年猎人。在七月的一个早晨，我骑马到他那里去，建议和他一起去打松鸡。他同意了。“不过，”他说，“我们一起穿过我那片小树林，到祖沙去；我要顺便去看看恰普雷吉诺；您知道我那片橡树林吗？那儿正在伐木。”“走吧。”他吩咐备马，穿上铜钮扣做得像野猪头的绿色常礼服，带上用粗毛线绣花的猎袋、银水壶，背上一支还有八成新的法国枪，不无得意地在镜子前转来转去，唤上他的猎狗埃斯佩南斯，那是他的表姐，一个心地善良然而掉光了头发的老处女送给他的。我们出发了。我的邻居带了甲长阿尔希普同行，他是一个四方脸、颧骨非常突出的矮胖农民，陪同的还有一个不久前从波罗的海沿岸省份雇来的管家戈特利布·冯·德尔·科克先生，他是个十八九岁的小伙子，瘦削，黄头发，高度近视，肩膀下垂，脖子很长。我的邻居本人也是不久前才掌管这份领地的。把领地作为遗产留给他的是他的姑母，五等文官夫人卡尔东-卡塔耶娃，她是个特别肥胖的妇女，即使躺在床上也要不断苦恼地喘气。我们骑马走进了“小树林”。“你们在这块林中空地上等我一下，”阿尔达里昂·米哈伊雷奇（我的邻居）对我们这些同行的人说。德国人戈特利布鞠了一躬，下了马，从口袋里拿出一本小册子，好像是约翰娜·叔本华的小说，在灌木丛下坐下。阿尔希普仍在太阳下晒着，在一个钟头内竟动也没动一下。我们在灌木丛里转悠了一阵，连一窝小鸟也没有找到。阿尔达里昂·米哈伊雷奇说他想到树林里去。我自己对这一天打猎是否会获得成功也缺乏信心，便拖着沉重的脚步跟了他去。我们回到林中空地上。德国人在书页上做了个记号，站起来，把书放进口袋里，费了不少力气才骑到他那匹已经退役的短尾母马上，那匹马只要一碰它就会嘶叫，尥蹶子踢人。阿尔希普抖擞一下精神，同时勒紧两根缰绳，两腿一夹，终于策动了他那匹受惊的载了人的劣马。我们动身了。

我从小就熟悉阿尔达里昂·米哈伊雷奇家的树林。我和法国家庭教师德西雷·弗勒里先生①常常到恰普雷吉诺去，德西雷·弗勒里先生②是个心地极其善良的人，不过他每天晚上都要我服一种叫勒鲁瓦的药水，几乎损害了我一生的健康。这座树林共有两三百棵大橡树和梣树。它们那挺拔、粗大的树干在榛树和花楸树的金黄晶莹的绿叶衬托下黑黝黝地矗立着，显得无比雄伟。长到更高的地方，它们在明净的碧空中显现出清晰的轮廓，并在那里伸展出宽阔多结的树枝，像一顶顶帐篷。苍鹰、红脚隼、红隼在静止不动的树梢下鸣叫、飞翔，杂色的啄木鸟使劲啄着厚厚的树皮；一只乌鸫响亮的啼鸣突然紧跟着黄莺悠扬的鸣啭从浓密的叶丛中响起；在下面的灌木丛中，知更鸟、黄雀和柳莺啁啾、歌唱着；燕雀灵巧地在小径上跑着；一只雪兔小心翼翼地“跛行”着，顺着林边溜了过去。一只红褐色的松鼠活泼地从一棵树跳到另一棵树上，突然停住，把尾巴翘到头顶上。草丛中，在一些高高隆起的蚁冢附近，蕨类植物仿佛雕刻出来的美丽的叶子的淡淡阴影下开放着紫罗兰和铃兰花，生长着红菇、毛头乳菌、卷边乳菇、牛肝菌和红蛤蟆菌；在一片片小草地上，茂盛的灌木丛下面，成熟的草莓红成了一片……树林里的浓荫又多么令人心旷神怡！在最炎热的时候，在正午……竟如同深夜一样：静谧、芬芳、凉爽……在恰普雷吉诺树林里，我曾经度过一段快乐的时光，因此，说实话，现在我走进这片极其熟稔的树林，不禁产生了一种淡淡的哀愁。一八四〇年那毁灭性的无雪的冬天竟不放过我那些老朋友——橡树和梣树，它们枯萎、凋零，有些地方覆盖着干枯的树叶，凄凉地高耸在“换了班，前来替换”你们的幼小树林上面……③有些下

①② 原文为法文。

③ 1840年遇到严酷的冬天，到12月底还未下雪，秋播作物的秧苗全部冻死，许多郁郁葱葱的橡树林也被这个无情的冬天毁灭。很难用新的树林代替它们：土地的生产力显然衰退了；在“禁区”（捧着圣像绕行过的）空地上，代替从前贵重树木的是自生自长的白桦和白杨；而用另一种办法造林，我们还不会。——原注

面还长着叶子的树木仿佛怀着责备和绝望的神情把它们没有生命的已被折断的枝条伸向高处；一些粗大、干枯、已经死去的树枝从虽然不像从前那样茂盛，却还相当浓密的叶丛中伸了出来；有些树的树皮已经脱落；有些树终于彻底倒下，像尸体一样在地上腐烂。谁会想到——浓荫，恰普雷吉诺树林的浓荫竟然荡然无存！望着这些垂死的树木，我想，你们大概会感到惭愧和痛苦吧？……我想起了柯尔佐夫[①]的一首诗：

高雅的言谈，
自豪的力量，
王者的不凡，
为何都消亡？
绿色的奇观，
如今在何方？……

“怎么，阿尔达里昂·米哈伊雷奇，”我开口说，“这些树木为什么不在那年的第二年砍伐？现在可卖不到从前价钱的十分之一了。”

他只是耸耸肩膀。

“那要问我的姑母了；商人们来过，钱也带来了，缠住不放。”

“我的天！我的天！”[②]冯·德尔·科克走一步叫一声。“多么可气！多么可气。”

“怎么可气？”我的邻居微笑着问。

“就是可惜，我是想说。”（大家知道，所有的德国人在花了好大力气终于学会字母 л 的发音后，总是把这个音咬得特别重。）

---

① 柯尔佐夫(1809—1842)，俄国诗人。下面一节诗引自他的《森林》。

② 原文为德文。

那些倒在地上的橡树使他特别感到可惜——确实：有的磨坊主会出大价钱购买这些树的。可是甲长阿尔希普却无动于衷，保持着平静，一点也不感到伤心；相反，他甚至很开心地从这些树干上一棵棵跳过去，还往每一棵树上抽一鞭。

我们艰难地走到伐木的地方，突然，在一棵树轰然一声倒下之后，传来了一阵叫喊声和说话声，过了一会儿，一个青年农民脸色苍白、披头散发从树林里向我们跑来。

“什么事？你跑哪儿去？”阿尔达里昂·米哈伊雷奇问他。

他立刻站住了。

“唉，阿尔达里昂·米哈伊雷奇老爷，不好了！”

“什么事？”

“老爷，马克西姆被树压伤了。”

“这是怎么搞的？……是包工的马克西姆吗？”

“是包工的，老爷。我们在砍一棵梣树，他站在那儿看……站着，站着，便走到水井那儿去打水：大概是想喝水。突然，那棵梣树格格地响起来，直朝他身上倒下去。我们直对他喊：快跑，快跑，快跑……他要是跑到旁边去就好了，可是他一直朝前跑……他一定是慌了神了。梣树的树梢压在他身上。那棵树为什么倒得这么快，只有天知道……大概树心烂空了。”

“那么，马克西姆给压着了吗？”

“压着了，老爷。”

“压死了吗？”

“没有，老爷，还活着。可是两条腿和两只手都给压断了。我这是去请谢利维尔斯迪奇，去请医生。”

阿尔达里昂·米哈伊雷奇吩咐甲长快马加鞭到村里去请谢利维尔斯迪奇，自己则快马跑往林垦地……我也跟了去。

我们看到可怜的马克西姆躺在地上，十来个农民站在他身旁。我们下了马。他几乎没有呻吟，偶尔睁开眼睛，睁得大大的，似乎在惊奇地看着周围的景象，咬咬发青的嘴唇……他的下巴在颤动，头发粘在前额上，胸部不均匀地起伏着：他已是奄奄一息。一棵小菩提树的淡淡的阴影在他脸上轻轻地浮动。

我们向他弯下身去。他认出了阿尔达里昂·米哈伊雷奇。

“老爷，”他口齿不清地说，“把神父请来……派人去……请您吩咐……上帝……在惩罚我……腿、手都压断了……今天……礼拜天……可我……你看……没让伙计们休息。”

他透不过气来，停了一下。

“我的钱……请交给我老婆……我老婆……扣去……这件事奥尼西姆知道……我欠谁……就还给谁……”

“我们派人去请医生了，马克西姆，”我的邻居说，“也许你还不会死。”

他想睁开眼睛，结果只是吃力地抬了抬眉毛和眼睑。

“不，我快死了。瞧，她来了，死神，喏……饶恕我，伙计们，要是我有什么地方……”

“上帝会饶恕你的，马克西姆·安德烈伊奇，”农民们用低沉的声音一起说，并且摘下帽子，“你也饶恕我们。”

他突然使劲摇了一下头，痛苦地挺起胸膛，接着，胸膛又平伏下来。

“可是不能让他死在这儿，”阿尔达里昂·米哈伊雷奇大声说，“伙计们，把那边大车上的席子拿来，我们把他送到医院去。”

有两个人往大车奔去。

“我向叶菲姆……西乔村的……”垂死的人含糊不清地说，“昨天买了一匹马……付了定金……这马是我的……也……交给我老婆……”

大家把他抬到席子上……他全身颤抖起来，像一只中了弹的鸟，接着便挺直了……

“他死了，”农民们嘟囔着。

我们默默地骑上马，走了。

可怜的马克西姆的死不禁使我陷入沉思。俄国农民对待死亡的态度是令人惊异的！弥留时的状态既不能说是淡漠，也不能说是迟钝；他们的死就像在举行一种仪式：冷漠而简单。

几年前我另一个邻居的村子里有一个农民在谷物干燥房里被严重烧伤了。（他很可能就这样待在谷物干燥房里，幸好一个过路的小商贩把他这个半死的人拖出来：他先在一桶水里浸湿一下，然后跑去拆掉正在燃烧的屋檐底下的那扇门。）我顺路到他的小屋里去看他。屋子里非常昏暗，烟雾弥漫，很闷。我问病人在哪里。“在那边呢，老爷，在炕上，”一个闷闷不乐的农妇拖长声音回答我。我走近去——一个庄稼汉躺在那里，身上盖着一件皮袄，困难地呼吸着。“你觉得怎么样?”病人在炕上动了动，想坐起来，可是全身都是伤，已濒临死亡。“躺着，躺着，躺着……你，怎么样?”“当然，不好，”他说。“你痛吗?”他不作声。“你要点什么吗?”他还是不作声。“要不要给你倒杯茶来，怎么样?”“不用。”我从他身边走开，坐在长凳上。我坐了一刻钟，坐了半小时，屋子里像坟墓里一样静。屋角圣像下的桌子旁躲着一个四五岁的小姑娘，正在吃面包。母亲有时用手指警告她别乱动。过道屋里有人在走动、敲击、说话；弟媳妇在切白菜。“喂，阿克西尼娅!”病人终于说话了。“要什么?”“给我一点克瓦斯。”阿克西尼娅给他克瓦斯。又是一片寂静。我悄悄问她：“给他领过圣餐了吗?”“领过了。”这么说，一切都准备好了：只是等死。我受不了，便走了……

我还记得，有一次我顺路到红山村医院去看一个熟人卡皮通医士，他是个着迷的猎人。

这家医院设在从前地主庄院的厢房里；女地主亲自创办了这所医院，也就是叫人在门上钉了一块浅蓝色牌子，上面用白字写上“红山医院”，又亲手把一本很漂亮的登记册交给卡皮通，让他登记病人的名字。在登记册的第一页上由这位乐善好施的女地主家一个善于逢迎拍马的听差写的下面一首小诗：

在这充满快乐的美好地方，
一位美人亲自创办了这殿堂；
都来赞美你们主人的慷慨吧，
红山村的居民们，你们都那么善良！①

而另一位绅士又在下面添了一句：

我也爱大自然！

伊凡·科贝里亚特尼科夫②

医士自己出钱买了六张病床，得到许可以后，便开始为上帝的子民治病。除了他，医院里还有两个人：精神失常的雕刻工帕维尔和担任过厨娘工作、患手麻痹症的农妇梅利基特里萨。他们两人负责配制药剂，烘干或浸泡草药；他们还要负责安定热病患者的情绪。精神失常的雕刻工外表忧郁，少言寡语，每天夜里都要引吭高歌一曲《美丽的维也纳》，还要走到每个过路人跟前，要求允许他娶一个早已死去的名叫玛拉尼娅的姑娘。患手麻痹症的农妇经常打他，叫他去管火鸡。有一次我在医士卡皮通那里聊天。我们刚刚谈起最近的一次打猎，突然一辆大车驶进了院子，车上套的是一匹只有磨坊主才有的非常肥壮的瓦灰马。大车上坐着一个穿新外衣、胡子斑驳、身体结实的庄稼汉。“啊，瓦西里·德米特里奇，”卡皮通隔着窗子叫道，“欢迎您……是雷鲍夫希诺的磨坊主，”他轻声对我说。那庄稼汉喘着气爬下大车，走进医士的房

①② 原文为法文。

间，找到圣像，画了个十字。“怎么样，瓦西里·德米特里奇，有什么新闻？……您大概不大舒服吧？您脸色不大好。”“是啊，卡皮通·季莫菲伊奇，有点不对头。”“您怎么啦?”“是这么回事，卡皮通·季莫菲伊奇。不久前我在城里买了几块做磨盘用的石头，就把它们运回家，我从大车上搬下来的时候使了一把劲，您说怎么着，我肚子咕噜响了一声，好像什么东西断了……从那个时候起，我就觉得不舒服。今天感到特别难受。”“哦，”卡皮通哦了一声，嗅了嗅鼻烟，“这是疝气病。这件事发生多久了?”“已经第十天了。”“第十天了?（医士倒抽了一口冷气，摇摇头。）让我检查一下。嗯，瓦西里·德米特里奇，”最后他说，“我很同情你，从心里同情你，你的情况不好，你的病可不是闹着玩的，留在我这儿吧；我一定尽一切努力，不过我也不敢担保。”“我的病有这么重吗?”吃惊的磨坊主咕哝着。“是啊，瓦西里·德米特里奇，很重；要是你早两天来就没事了，真可以说是手到病除，可现在已经发炎，眼看就要变成坏疽了。”“不可能，卡皮通·季莫菲伊奇。”“我已经对您说了。”“怎么会这样！（医士耸耸肩膀。）难道我会因为这点该死的小病死掉吗?”“我没有这么说……我只是请您留在我这儿。”庄稼汉想了又想，看看地上，然后望了我们一眼，搔搔后脑勺，便伸手去拿帽子。“您上哪儿去，瓦西里·德米特里奇?”“哪儿去，当然是回家去啰，既然病得这么重。要是这样，就得回去安排后事啰。”“您这样会害了自己的，瓦西里·德米特里奇，别这样；我就感到奇怪，您是怎么把车赶到这儿的。留下来吧。”“不，卡皮通·季莫菲伊奇老兄，既然要死，就死在家里；我要是死在这儿，上帝知道家里会发生什么事。”“瓦西里·德米特里奇，还不知道事情会怎么样呢……当然危险，很危险，毫无疑问……所以您应该留下来。”庄稼汉摇摇头。“不，卡皮通·季莫菲伊奇，我不能留下……您是不是给我开点药啊。”“光吃药是没有用的。”“我不能留下，我说过了。”“那就请便吧……以后可别怪我!”

医士从登记册上撕下一张纸，开了药方，嘱咐了还应该做些什么事。庄稼汉拿了药方，给了卡皮通半个卢布，走出房间，坐上大车。“那就再见了，卡皮通·季莫菲伊奇，过去要是有什么事得罪了，请多原谅，我要是有个三长两短，请不要忘记我那几个孤儿……”“嗳，留下来吧，瓦西里！”庄稼汉只是摇了一下头，用缰绳抽了一下马，便驾车驶出了院子。我走到街上，目送他离去。道路泥泞不堪，坑坑洼洼；磨坊主不慌不忙、小心翼翼地驾着车，灵巧地赶着马，不时和迎面碰到的人打打招呼……第四天他就死了。

俄罗斯人对待死亡的态度是令人惊异的。许多死者的音容笑貌至今犹浮现在我的脑海里。我想起了你，我的老朋友，没有读完大学课程的学生阿维尼尔·索罗科乌莫夫，一个非常出色而高尚的人！我又看到你那患肺病的发青的面孔，你那稀疏的淡褐色头发，你那温和的微笑，你那热情的目光，你那修长的肢体；我听见你那微弱而亲切的声音。你受聘在一个大俄罗斯地主古尔·克鲁皮亚尼科夫家，教他的孩子福法和焦佳学俄语、地理和历史，耐心地忍受着古尔本人那令人难堪的戏言、管家粗暴的客气、怀恨的男孩们庸俗的胡闹；带着苦笑，然而又毫无怨尤地执行无聊的女主人各种异想天开的要求；然而，在晚饭之后的傍晚，你得以休息，又是多么怡然自得啊，那时你终于摆脱了所有的责任和工作，坐在窗前，若有所思地吸着烟斗或者如饥似渴地翻阅着那本残破而油污的厚杂志——那是那个像你一样无家可归的苦命人土地丈量员从城里带来给你的。那时你多么喜爱诗歌和各种小说，你的眼睛多么容易噙满泪水，你笑得多么开心，你那纯洁得像婴儿一般的心灵充满了对人们多么真挚的爱，对一切善良美好的事物怀有多么崇高的共同感情！应该说句实话：你并不特别机智，你天生没有好的记性，你也不很勤奋；在大学里人家都认为你是个劣等生，上课时打瞌睡，考试时高傲地一声不吭；然而是谁为了同学的一帆风顺和优异成绩高兴得眼睛放出快乐的光芒，激动得喘不过气来？是阿维尼尔……是谁盲目地相信朋友的崇高志向？是谁自豪地赞扬他们？是谁倔强地保护他们？是谁既不嫉妒也不怀有虚荣心？是谁无私地牺牲自己的利益？是谁乐于服从那些连替自己解鞋带都不配的人？……都是你，都是你，我们心地善良的阿维尼尔！我记得：当你为了履行“合同”离开的时候，是怀着悲痛欲绝的心情和同学们告别的；不祥的预感折磨着你……果然，在乡村里你备受艰辛，在乡村里没有谁能让你虔诚地洗耳恭听，没有谁能让你感到惊奇，没有谁值得你去爱……那些草原居民，那些受过教育的地主对待你就像对待一般教师一样；有的态度粗暴，有的漫不经心。况且你貌不惊人，你腼腆，容易脸红、出汗，说话结结巴巴……连乡村的空气也不能使你恢复健康：你像一支蜡烛那样消融了，可怜的人！不错：你的房间朝向花园；稠李树、苹果树、菩提树都把它们的落英撒在你的桌子上、墨水瓶上和书本上；墙上挂着一块浅蓝色绸钟垫，那是一位善良、多情的德国女子，长着一头金黄鬈发和一双深蓝色眼睛的家庭女教师在离别时送给你的；有时会有一个老朋友从莫斯科来看望你，拿出别人写的甚至是自己写的诗歌，使你欣喜若狂；然而孤独的生活、教师的身份这种令人难以忍受的奴隶地位，无法摆脱的境遇、漫长的秋天和冬天，加上病魔缠身……可怜的，可怜的阿维尼尔！

在索罗科乌莫夫去世前不久我去看望过他。那时他已经几乎不能下地走路了。地主古尔·克鲁皮亚尼科夫没有把他赶出去，但已停发他的薪金，并且为焦佳另请了一个老师……把福法送进武备中学。阿维尼尔坐在窗前一张旧的高靠背圈椅上。天气极好。一排光秃秃的深褐色菩提树上方，晴朗的秋日天空呈现出一片令人心旷神怡的蔚蓝色；树上最后几片零零落落的金黄色叶子在微微抖动，发出簌簌的声响。冰冻的土地在阳光下冒着水气，缓缓地解冻；太阳嫣红的夕照淡淡地投落在泛白的草地上；空中仿佛可以听到一种轻微的噼啪声；花园里雇工们的说话声清晰可闻。阿维尼尔披着一件破旧的布哈拉式晨衣，绿色的围巾使他那枯瘦的脸上映出一片淡淡的灰绿色。他看到我非常高兴，伸出手来，开始跟我说话，同时咳嗽着。我让他平静下来，坐到他身边……阿维尼尔膝盖上放着一本认真抄写的柯尔佐夫诗集；他微笑着用手轻轻敲敲它。“这才叫诗人，”他竭力抑制着咳嗽，喃喃地说，接着用极其微弱的声音朗诵起来：

雄鹰的翅膀
是不是被缚住?
它高飞的前方
是不是被围堵?

我拦住他：医生禁止他说话。我知道，怎么才能使他高兴。索罗科乌莫夫如常人所说从来不“注视”科学的发展，但他对于现在伟大的学者们的最新成就还是很感兴趣的。他常常在某个角落里拦住一个同学，详细询问各种情况：他听着，感到惊奇，相信对方的话，然后再把他的话讲给别人听。他特别关心德国哲学。我就跟他谈黑格尔(你知道，这是很久以前的事情了)。阿维尼尔深信不疑地频频点头，扬起眉毛，微笑着，轻声地说：“我明白，我明白！……啊！好极了，好极了！……”这个命在旦夕、无处栖身、孤苦伶仃的可怜人的孩子式的好学精神实在使我感动得流泪。必须指出，和所有患肺病的人相反，阿维尼尔从来不讳言自己的病情……从哪里看出来呢？他不唉声叹气，不悲观失望，甚至从未暗示过自己的处境……

他振作起精神，谈论莫斯科，谈论同学的情况，谈论普希金，谈论戏剧，谈论俄罗斯文学；他回忆起我们的聚餐，我们小组里热烈的辩论，惋惜地提到两三个已故的友人的名字……

“你还记得达莎吗?”最后他又说，“那是一颗金子般的心！多好的心肠！她曾经那么爱我！……现在她怎么样了？大概又憔悴又虚弱，这可怜人。”

我不忍让病人失望，的确，又何必让他知道呢，他的达莎现在发胖了，和商人康达奇科夫兄弟频繁来往，涂脂抹粉，尖声尖气地说话，出口伤人。

“可是，”望着他那疲惫不堪的脸，我暗自思忖，“能不能把他从这儿弄出去？也许还能治好他的病……”但阿维尼尔不让我把话说完。

“不，老兄，谢谢你，”他说，“死在哪儿都一样。我反正活不到冬天了……何必徒然去惊动别人呢？我在这儿住惯了。不错，这儿的主人……”

“很凶，是吗?”我接着说。

“不，不凶！不过，都是些木头人。再说，我也不能怨他们。这儿有几位邻居：地主卡萨特金有个女儿，是个很有教养、很亲切、心肠非常好的姑娘……不骄傲……”

索罗科乌莫夫又咳嗽起来。

“一切都无所谓，”他歇了一口气又继续说，“只要让我吸烟就行……我不会就这样死去的，我要吸烟!”他调皮地眨了一下眼睛，又说，“荣耀归于上帝，我活得很满足了，我结识了许多好人……”

“可你应该给亲戚写封信，”我打断他的话。

“何必给亲戚写信呢？要帮忙吗——他们又帮不了我的忙；我死了，他们会知道的。何必谈这件事呢……你最好还是跟我说说你在国外的见闻吧。”

我说了起来。他聚精会神地听我说。临近傍晚的时候我走了。过了十来天我收到克鲁皮亚尼科夫先生以下一封信：

先生：我荣幸地奉告，贵友，在舍下寄居之大学生阿维尼尔·索罗科乌莫夫先生于三日前午后二时逝世，今日由鄙人出资已于敝教区教堂内落葬。遵照贵友嘱托，特随函送上书籍簿册若干。彼尚有款项二十二个半卢布，已连同其他遗物送交其亲戚。贵友临终时神志清楚，可谓十分安详，即使与敝人全家诀别时，亦毫无遗恨之意。内子克列奥帕特拉·亚历山德罗夫娜特嘱笔向您问候。对于贵友之死，内子颇为伤痛，贱体则感谢上帝得以粗安。

您恭顺的仆人克·克鲁皮亚尼科夫

我还记起其他许多例子，但是不能一一尽述，只再说一个。

一个年老的女地主临终时我恰好在场。一个教士站在她身旁为她作临终祈祷，他突然发现，病人真的快断气了，连忙把十字架递上去。女地主不高兴地挪开身子。“你忙什么，神父，”她转动僵硬的舌头说，“来得及的……”她毕恭毕敬地吻了吻十字架，刚要把手伸到枕头底下去便断了气。枕头底下放着一枚银卢布：她准备把它付给教士，作为临终祈祷的报酬……

是啊，俄罗斯人对待死亡的态度是令人惊异的！

歌　手

科洛托夫卡是个小小的村庄，从前曾属于一个女地主，她因为生性大胆泼辣，附近的人都称她为泼妇(她的真名倒没有人知道了)，如今它归一个彼得堡来的德国人所有。这个村庄建在一座光秃山丘的斜坡上，一道可怕的冲沟把这座山丘从上到下切成两半，冲沟不断崩塌、被雨水冲刷，裂开深不见底的大口，沿街道的正中蜿蜒伸展，比河流更加彻底地把这个贫穷的小村庄分成两半(如果是一条河，至少可以架桥)。几棵瘦弱的爆竹柳岌岌可危地倒悬在冲沟沙质的两壁；在干涸的黄铜色沟底上堆积着许多巨大的黏土质石块。这情景之凄凉自不必说了，可是周围的居民却熟知通往科洛托夫卡村的路径：他们常常喜欢到那里去。

在冲沟的上端，离狭小的裂缝顶部几步路的地方有一座四方形的小木屋，它孤零零地矗立在那里，远离其他的房屋。小木屋上盖着干草，有一个烟囱，一扇窗子仿佛锐利的眼睛朝冲沟开着，冬天的晚上，屋里的灯光透出窗外，在朦胧的寒雾中从很远的地方就可以看见它，它仿佛一颗指路的星星给不止一个过路的农民指明方向。屋子的门楣上钉着一块浅蓝色牌子；这座小木屋是一家酒店，人称“安乐窝”。这家酒店的酒价大概并不比规定的价钱便宜，但比起周围同类的店家来，它的客人却多得多。其原因就在掌柜尼古拉·伊凡内奇身上。

尼古拉·伊凡内奇从前是个身材匀称、头发拳曲、脸色红润的小伙子，现在却长得非常肥胖，成了个头发斑白、面孔虚胖、前额肥厚并且布满线条般皱纹、长着一双调皮、善良小眼睛的汉子，他在科洛托夫卡已居住了二十多年。尼古拉·伊凡内奇和大多数酒店掌柜一样是个机灵麻利的人。他对人并不特别亲热，话语也不多，却天生具有吸引和留住顾客的本领，他们在这位平静的老板虽然锐利却很和蔼可亲的目光下坐在他的柜台前似乎感到很愉快。他有许多清醒的见解，不管是地主的生活习惯，还是农民和小市民的生活习惯他都很熟悉；在人们遇到窘迫的事情时，他往往能提出很不错的忠告，但他是个小心谨慎、明哲保身的人，他宁愿远离是非之地，最多只是用一些隐隐约约、似乎无意中说出的暗示来引导他的顾客——而且只限于他所喜欢的顾客——对问题作出正确的处理。他对于俄罗斯人重视和感兴趣的事都很内行，例如马匹、牲口、树林、砖头、器皿、布匹和皮革、歌曲和舞蹈等。在没有顾客的时候，他总是像只麻袋似的坐在门前的地上，盘起两条细长的腿，和所有的过路人亲切地说上几句话。他一生见多识广，他比几十个到他这儿来买“烧酒”的小贵族都活得长，他知道方圆百里内发生的一切事情，但从来不与人谈起，也不露出连明察秋毫的警察局长都不曾怀疑过的事他都知道的样子。他一直很少说话，逢人只是笑笑，动动酒杯。邻近的人都尊敬他：县里官阶最高的地主，特任文官谢列彼坚科每次经过他的小屋时都放下架子和他打招呼。尼古拉·伊凡内奇是个很有影响的人物。一个有名的盗马贼偷了他一个熟人的马，他让盗马贼把马还给人家；邻村的农民反对地主家新委任的管家，他去加以说服，这类事情举不胜举。不过，不要以为他这么做是出于好打抱不平，是出于对亲近的人的热心——不！他只不过是竭力预防可能破坏他的宁静的事故发生。尼古拉·伊凡内奇是个有家室的人，他已经有了几个孩子。他的妻子是个伶俐的小市民，鼻子尖尖的，眼睛很灵活，近来也和她的丈夫一样有点发福了。他把所有的事情都交给她办理，连钱财都归她管。那些爱发酒疯的人都怕她，她不喜欢这些人：他们好处不多，麻烦不少；那些沉默寡言、郁郁寡欢的人比较称她的心。尼古拉·伊凡内奇的孩子还小。最初生的几个都夭折了，留下的几个都长得像双亲一样：看着这些健康孩子的聪明小脸蛋是多么开心！

在七月里热得令人难受的一天，我带着狗顺着科洛托夫卡冲沟慢慢地一步一步往上走，到“安乐窝”酒店去。烈日当空，在那里大显威风；燠热丝毫不减；空气中弥漫着令人窒息的灰土。羽毛发亮的白嘴鸦和乌鸦大张着嘴，可怜巴巴地望着行人，仿佛在祈求他们的同情；只有麻雀并不感到难受，它们竖起羽毛，比以前更起劲地叽叽喳喳叫着，在栅栏上打架，一起从尘土飞扬的大路上飞起，像一片乌云从绿油油的大麻地上空飞过。我渴得难受。附近没有水：科洛托夫卡村就像许多别的草原上的村庄一样，农民由于没有泉水和水井，都喝池塘里的浑水……但谁又能把这种令人作呕的泥浆称为水呢？我想到尼古拉·伊凡内奇那里去要一杯啤酒或克瓦斯。

说实话，不管在哪个季节科洛托夫卡村都没有宜人的景色。但是特别使人郁悒的是这样的季节：七月耀眼的太阳用它那无情的光芒炙烤着房屋半塌的褐色屋顶，炙烤着这道深深的冲沟，炙烤着这片烧焦的、尘土飞扬的牧场——一些骨瘦如柴的长脚母鸡在那里绝望地走来走去，炙烤着灰色的杨木屋架——那是昔日一座地主邸宅的遗迹，屋子已不见窗户，只留下几个窟窿，周围长满了荨麻、杂草和艾蒿，炙烤着漂满鹅毛、仿佛烧焦了的发黑的池塘、它周围晒得半干的泥泞和向一旁坍塌的堤坝，在堤坎旁边踩成尘土的地上，一群绵羊正热得勉强喘着气，打着喷嚏，可怜地挤成一堆，无可奈何地忍受着，尽量低着头，仿佛在等待这难以忍受的酷热到底什么时候可以过去。我拖着疲乏的步子走近尼古拉·伊凡内奇的住处，照例引起孩子们的惊奇，他们紧张地、毫无意义地注视着我，我的到来也引起那些看家狗的愤怒，它们吠叫得极其凶猛，声嘶力竭，仿佛整个内脏都要炸裂似的，后来它们自己也不断咳嗽，喘不过气来——这时酒店门口突然出现了一个高个子男人，没戴帽子，穿一件粗毛呢大衣，腰部低低地束着一条浅蓝色腰带。看样子他是个家仆，浓密的灰白头发乱糟糟地竖在他那干瘦、满是皱纹的脸部上方。他在叫唤一个人，急剧地挥动着双手，显然，挥动得比自己所希望的急剧得多。可见他已经喝醉了。

“来呀，来呀！”他嘟嘟囔囔地叫着，竭力抬起那双浓眉，“来呀，眨巴眼，来呀！你啊，这个老兄，怎么慢慢吞吞的，真是。这可不好，老兄。这儿在等你，可你却这样慢慢吞吞的……快来呀。”

“噢，来了，来了，”响起一个颤抖的声音，接着从小木屋右边走出一个矮胖的瘸子。他穿着一件相当干净的厚呢长外衣，只套着一只袖子；高高的尖顶帽一直扣到眉毛上，这使他那滚圆虚胖的脸显出一种狡黠、嘲讽的意味。他那双黄色的小眼睛滴溜溜地转动着，薄薄的嘴唇上总挂着拘谨、紧张的微笑，鼻子尖而长，像船舵一样不知难为情地向前伸着。“来了，亲爱的，”他继续说着，一瘸一拐地朝酒店走去，“你叫我干吗？……谁在等我？”

“我叫你干吗？”穿粗毛呢大衣的人带着责备的口气说。“你这个人真怪，眨巴眼，老兄，叫你到酒店来，你还问‘干吗’，所有的人都在等你：‘土耳其人’雅什卡，‘野老爷’，还有日兹德拉来的小包工。雅什卡和小包工打了赌：赌一瓶啤酒，看谁赢谁输，就是说，看谁唱歌唱得好……懂吗？”

“雅什卡要唱歌？”外号叫“眨巴眼”的人快活地说，“你没骗我吧，笨蛋？”

“我不骗你，”笨蛋一本正经地回答，“倒是你在瞎嚷嚷。既然打了赌，当然要喝，你这天生的傻瓜，你这个骗子手，眨巴眼！”

“那我们走吧，你这个缺心眼的，”眨巴眼回答。

“那你至少要吻我一下，我的宝贝，”笨蛋张开双臂，喃喃地说。

“瞧你这娘娘腔十足的伊索①，”眨巴眼轻蔑地说，用臂肘把他推开，他们两人便弯腰走进低低的门洞。

我听到的这番话强烈地激起我的好奇心。我已不止一次听说土耳其人雅什卡是附近一带最好的歌手，突然有机会听他和别的好手比赛唱歌，我加快步子走进了酒店。

---

① 伊索是古希腊寓言作家，俄罗斯人用以表示行为不可理解的人。

我的读者中有机会看到乡村酒店的人大概不多，但是我们猎人哪儿没有去过啊。这些酒店的设备很简单。它们一般由昏暗的过道屋和一间有烟囱的正房组成，一堵板壁将正房一分为二，板壁后面那一间任何顾客都不能进去。板壁上，一张宽阔的橡木桌子上方开着一个长方形窟窿。酒就在这张桌子或曰柜台上出售。窟窿正对面的架子上并排摆着大小不等的各种原封瓶酒。屋子供顾客使用的前半部有几张长凳，两三个空酒桶，一只放在角落里的桌子。乡村酒店大多很昏暗，因此您几乎永远看不见贴在原木墙上那种色彩鲜艳的民间木版画，而这种版画在农村小木屋中一般是少不了的。

我走进“安乐窝”酒店的时候，里面已经聚集了很多人。

柜台后面照例站着尼古拉·伊凡内奇，他的身体几乎堵住了整个窟窿。他身穿一件彩色印花布衬衫，虚胖的脸上挂着懒洋洋的微笑，正用他那白白胖胖的手为刚进来的两个朋友眨巴眼和笨蛋斟两杯酒；而在他后面屋角靠窗的地方则可以看见他那眼睛灵活的妻子。房间中间站着土耳其人雅什卡，他约莫二十三岁，瘦削而挺拔，穿着一件浅蓝色土布长衫。他看样子像个豪爽的工厂小伙子，身体似乎不能说很好。他双颊凹陷，灰色的大眼睛显得心神不定，鼻梁笔直，细小的鼻孔不断翕动着，前额白皙倾斜，淡黄色鬈发往后梳着，嘴唇虽然很厚却又漂亮又富有表情——他的整个脸庞都说明他是一个敏感而热情的人。他心情非常激动：眼睛不断眨巴，呼吸急促，双手发抖，像在发热病——他也确实在发热病，就是面对听众即将说话或唱歌的人都很熟悉的那种心慌意乱、突然发作的热病。他身旁站着一个四十来岁的男人，他肩膀宽阔，颧骨很高，额头很低，长着一双鞑靼人的细眼睛，鼻子短而扁平，下巴成方形，一头乌黑闪亮的头发硬得像鬃毛。他那黝黑中带点铅灰色的面孔，尤其是那苍白的嘴唇所显现出来的表情，要不是它显得那么平静忧郁，那几乎可以说是凶恶的。他几乎一动不动，只是像轭下的公牛一样慢慢转动着眼睛看着周围的景物。他穿着一件钉有光滑的铜纽扣的破旧常礼服，一条旧的黑绸围巾裹住他那粗大的脖子。大家叫他“野老爷”。他对面圣像下的长凳上坐着雅什卡的对手——日兹德拉来的小包工：这是一个三十来岁的矮壮汉子，脸上有麻点，头发拳曲，长着一个蒜头鼻子，褐色的小眼睛很灵活，胡子稀疏。他不时机灵地看看周围的情景，把双手垫在身子下面，穿着镶边漂亮靴子的双腿悠然自得地摇晃着，拍打着地面。他身上穿着一件薄薄的波里斯绒领灰呢新上装，在波里斯绒领子的衬托下，显眼地露出那件紧紧扣住喉咙的红衬衫的领口。在对面的屋角里，门的右边，桌子旁坐着一个庄稼汉，他穿着一件破长袍，肩上破了一个大洞。一束略呈黄色的淡淡的阳光透过两扇小窗积满灰尘的玻璃照射进来，似乎还不能驱散房间里长年的黑暗：房间里的物品都泛出一点光亮，看起来像一块块斑点。因此房间里便很凉快，我一跨过门槛，燠热就像一副重担从我肩上落下了。

尼古拉·伊凡内奇的顾客们对于我的到来——这一点我看得出来——起初感到有点惶惑，但是看到他对我像对熟人一样打招呼便安下心来，不再注意我了。我要了一杯啤酒，便在屋角那穿破长袍的庄稼汉旁边坐下。

“喂，怎么样！”笨蛋一口气喝干了一杯酒，突然高声喊叫起来，两手同时怪模怪样地挥动着，看来，他如果不这样挥动双手，是一个字也说不出来的。“还等什么呀？该开始就开始吧。怎么？雅沙①？……”

“开始吧，开始吧，”尼古拉·伊凡内奇赞同地接口说。

“那我们就开始吧，”小包工带着自信的微笑冷静地说，“我准备好了。”

“我也准备好了，”雅科夫激动地说。

“那么，就开始吧，伙伴们，开始吧，”眨巴眼尖声叫道。

但是，尽管大家都一致表示了愿望，还是没有人开始，小包工甚至

① 雅沙和雅什卡都是雅科夫的昵称。

没有从长凳上站起来，大家好像还在等待什么。

“开始!”野老爷阴沉着脸果断地说。

雅科夫浑身一震。小包工站起来，把宽腰带往下拉了拉，清了清喉咙。

“谁先唱啊?”他用稍微有点变调的声音问野老爷。野老爷还是一动不动地站在房间中央，大大地叉开两条粗腿，两只粗壮的手几乎齐肘部插在灯笼裤的口袋里。

“你，你，小包工，”笨蛋口齿不清地说，“你先唱，老兄。”

野老爷皱着眉头瞪了他一眼。笨蛋轻声嘀咕了一句，不再说下去，抬眼望望天花板，耸耸肩膀，不再作声了。

“抓阄吧，”野老爷一字一顿地说，“把酒放在柜台上。”

尼古拉·伊凡内奇弯下腰，喘着气，从地上拿起一瓶酒，放在桌上。

野老爷看了雅科夫一眼，说了声：“来吧!”

雅科夫在自己口袋里摸了一会儿，掏出一枚铜币，用牙齿咬了一个印子。小包工从长袍的衣裾下掏出一个新的钱包，不慌不忙地解开带子，往手上倒出许多零钱，拣出一枚新铜币。笨蛋摆好他那顶帽舌已经折断脱落的破帽子，雅科夫把铜币扔进去，小包工也把铜币扔进去。

“你来抓吧，”野老爷对眨巴眼说。

眨巴眼得意地笑了笑，用两只手抓住帽子，摇了起来。

刹那间屋里变得鸦雀无声：铜币互相碰击着，发出轻轻的叮当声。我仔细往四下里看了一下：所有人的脸上都现出紧张等待的神情；野老爷自己也眯缝着眼睛；我的邻座，穿破长袍的庄稼汉甚至好奇地伸着脖子。眨巴眼把手伸进帽子里，抓出了小包工扔的那枚铜币：大家都松了一口气。雅科夫的脸涨得通红，小包工用手抹了一下头发。

“我刚才就说过，你先唱，”笨蛋高声说，“我刚才就说过。”

“好了，好了，别大呼小叫了!”野老爷轻蔑地说，“开始吧，”他朝小包工抬抬下巴，继续说。

“我唱哪一支歌呢?”小包工好不激动，问道。

“随便你唱哪一支，”眨巴眼回答，“你想起哪一支歌就唱哪一支。”

“当然随便你唱哪一支，”尼古拉·伊凡内奇慢慢地把双手抄在胸前，补充说，“这一点不指定你。随便你唱什么，不过要好好唱；我们随后会凭良心评判的。”

“当然，要凭良心，”笨蛋附和着，用舌头舔了舔空酒杯的杯口。

“弟兄们，让我稍微清清喉咙，”小包工用手指摸摸长袍的衣领，说。

“好了，好了，别拖拖拉拉的，开始吧!”野老爷断然说，然后低下头。

小包工想了一会儿，摇一下头，向前跨了一步。雅科夫紧紧盯着他……

但是在我开始描述这场比赛之前，我认为稍微介绍一下我的故事里的每一个人物并不是多余的。我在“安乐窝”酒店里邂逅他们的时候，他们中几个人的生活情况我已经知道了；另外几个人的情况我是后来才打听到的。

我们就从笨蛋说起吧。此人的真名叫叶夫格拉弗·伊凡诺夫，但是附近一带的人都叫他“笨蛋”，他自己也用这个绰号戏称自己，因为用这个名字称呼他真是恰到好处。的确，对于他那副毫不起眼又总是惊慌失措的尊容来说，这个绰号是再适合不过了。他是一个放荡的单身家仆，他的主人早就不管他了，他没有任何职务，没有一个子儿工钱，可是他有办法每天用别人的钱大吃大喝。他有许多熟人，他们花钱让他喝酒饮茶，自己也不知道为了什么，因为他不仅不能给人们增加乐趣，相反，还以他那无聊的饶舌、不可忍受的纠缠、剧烈的动作和不断的假笑使大家感到讨厌。他既不会唱歌，也不会跳舞；他生来就不会说一句聪明的话，连一句有用的话也没有说过。他总是前言不搭后语，信口扯谎——真是个不折不扣的笨蛋！然而在方圆四十俄里之内却没有一次酒宴看不见他那细高个儿的身影在客人中间转来转去——人们对他的出现都习以为常，并且把他当做一种逃不脱的灾难予以容忍。不错，人们都很看不起他，但是能够制止他那不时发作的胡闹的只有野老爷一人。

眨巴眼一点也不像个笨蛋。“眨巴眼”这个称呼对他也非常合适，虽然他的眼睛并不比别人眨得多。事情很清楚：俄罗斯人是起绰号的能手。尽管我曾努力打听这个人比较详细的身世，但是对我来说——大概对其他的人也一样——他一生中还是存在许多疑点，就像读书人所说的，深藏于未知的黑暗之中。我只打听到，他曾在一个年老又没有子女的女主人家当过马车夫，他带着交给他照管的三匹马逃跑，失踪了整整一年，后来大概感受到流浪生活的无益和多难，便自动回来，可是已经成了跛子，他跪倒在女主人脚下求饶，好几年工夫以他的模范行为赎了罪，渐渐得到女主人的宽恕，并终于赢得她的完全信任，当上了管家，女主人死后，不知道他通过什么办法获得了自由，成了小市民，然后向邻人租了一块菜地，发了财，现在日子过得挺舒坦。他是个老于世故、城府很深的人，既不阴险也不善良，比较精明老练；他是个老江湖，能够识别人，也善于利用人。他处处谨慎小心，同时又像狐狸一样老谋深算；他像老太婆一样喜欢唠叨，却从来不会说漏嘴，还能迫使别人把心里话说出来；不过他从来不会像别的奸刁之徒那样装糊涂，要他装假是困难的：我从来没有看见过一双比他那双狡黠的小眼睛更锐利更聪明的眼睛。他的眼睛从来不老老实实地看，它总在用心地观察或者窥探着什么。眨巴眼有时一连几个礼拜都在考虑一件显然很简单的事，要么突然决心不顾一切去冒险，眼看这一下他要碰个头破血流了……可是你看，他竟大获成功，一切都进行得顺顺当当。他是个幸运的人，并且相信自己会走运，他相信预兆。一般说他很迷信。大家都不喜欢他，因为他的事跟别人都不相干，可大家还是敬重他。他的全部家属就是一个儿子，他非常宠爱儿子，在这样的父亲培养下这孩子将来想必前程远大。“这个小眨巴眼活像他父亲”，现在，夏天的晚上，老头儿们坐在墙根土台上聊天的时候，就这样轻声谈论他。大家都明白这句话的意思，用不着再多说一句了。

关于土耳其人雅科夫和小包工没有什么好多说的。雅科夫的绰号叫土耳其人，因为他确实是一个被俘的土耳其女人生的，他在心灵上是一个真正的艺术家，但他的身份却是一个商人创办的造纸厂的汲水工。至于小包工，说实话，我还不了解他的身世，我只觉得他是个大胆机灵的城市小市民。可是关于野老爷，就有必要说得详细一点了。

这个人的外表给您的第一印象就是感觉到他身上有一种粗暴的、不容商量的、不可抗拒的力量。他长得很笨拙，用我们这儿的话说是很“粗壮”，他身上强烈地显示出的是一种不可摧毁的强壮体魄，而且说也奇怪，他那熊一般的身影并不缺乏某种独特的优雅，这种优雅也许出自他对自己的威力怀有一种非常平静的自信心。初次见到他很难判断这个赫拉克勒斯[①]属于什么阶层；他不像是家仆，不像小商人，不像退职的穷书吏，不像领地很小的破落贵族——更不像犬夫和打手：他是个非常独特的人。谁也不知道，他是从哪儿突然来到我们这个县的；据说，他出身独院小地主，从前在某地当差，但对此谁也不能肯定，而且从他自己嘴里了解不到，还能向谁打听到呢：没有人比他更少言寡语、更郁郁不乐了。他究竟靠什么维持生活，同样没有人确切知道；他不干任何手艺活，也不到别人家里去，几乎不同别人交往，可是他有钱，不错，钱不多，可是有。他为人并不谦和，也根本谈不上谦和，不过并不惹是生非；他管自过日子，旁若无人，也无求于人。野老爷(这是他的绰号，他的真名实姓是彼烈夫列索夫)在这一带享有很高威望；虽然他没有任何权利命令任何人，也丝毫无意要求任何偶然遇到的人听从他，但人们

① 希腊神话中的英雄，他神勇无敌，一生完成十二件功绩。

还是立刻乐意听他的话。他说话，大家都听他的；他的力量总是起作用。他几乎不喝酒，不和女人交往，但酷爱唱歌。这个人身上有许多谜；他身上仿佛积聚着一种巨大的能量，它似乎知道，一旦强烈起来，一旦爆发出来，它就会毁灭自己，也毁灭周围的一切；如果这个人的一生中没有过类似的爆发，如果他不是因为接受了教训才好歹免于杀身之祸，因而现在才牢牢地管束住自己，那我的判断就大错特错了。特别使我吃惊的是，在他身上混合着一种天生的残暴和同样是天生的高贵品格，这种混合我在别人身上不曾看到过。

且说，小包工向前跨了一步，眯起眼睛，用极高亢的假嗓子唱了起来。他的嗓音虽然有点沙哑，却相当甜润悦耳；他的歌声像百灵鸟一样抑扬婉转，华丽动听，不断地流泻出来，从高音转到低音，又不断地回到高音上，然后保持着高音，竭力延长着。他停了一下，忽然又热情奔放地接着唱起原先的曲调。那曲调的起承转合有时十分豪放，有时十分有趣，内行人听来一定会得到很大的满足。德国人听了这种唱法会感到愤怒。这是俄罗斯抒情男高音①。他唱的是一首欢快的舞曲，这舞曲的歌词，就我从它那无穷无尽的装饰音、外加的辅音和感叹声中所能捕捉到的，是下面几句：

年轻的姑娘，我要为你
耕种这块小小的土地，
年轻的姑娘，我要为你
播种鲜红鲜红的花卉。

他唱着，大家都聚精会神地听着。他显然觉得他是在唱给一些内行的人听，因此真是所谓使出了浑身解数。的确，在我们这个地方人们对

---

① 原文为意大利文。

唱歌都很内行，难怪奥廖尔大道上的谢尔吉耶夫村那特别和谐悦耳的歌声在全俄罗斯都很有名。小包工唱了很久，没有在听众中引起特别强烈的共鸣，因为它没有得到合唱的加强；最后，在一个转折处，他唱得特别成功，连野老爷也微笑了一下，笨蛋忍不住，高兴得叫了起来。大家都为之精神一振。笨蛋和眨巴眼开始轻轻地和着他的歌声唱起来，并不断叫喊："棒极了……加把劲，机灵鬼！……加把劲，拖长点，坏家伙！再拖长点！再强烈一点，你这条狗！这条公狗！……让希律[1]要了你的命！" 尼古拉·伊凡内奇也在柜台后面摇头晃脑。笨蛋终于跺起脚，踏着碎步快走起来，还扭动起肩膀。雅科夫的双眼像烧红的炭一样闪闪发亮，他全身像树叶一样抖动着，随心所欲地笑着。只有野老爷的脸上仍然毫无变化，照样在原地一动不动地站着，但他注视小包工的目光变得比较柔和了，虽然嘴唇上的表情还是那么轻蔑。小包工为听众普遍感到满意所鼓舞，便完全放开嗓子唱起来，他把歌曲加上许多花腔，像打鼓一样嘚嘚地弹着舌头，发狂般运用着喉咙，终于精疲力竭、脸色发白、大汗淋漓，于是全身向后一仰，发出最后一个渐弱的强音——听众异口同声地爆发出一片疯狂的欢呼声答谢他的歌唱。笨蛋奔上去搂住他的脖子，用他那双瘦骨嶙峋的长手臂搂得他透不过气来；尼古拉·伊凡内奇的胖脸放出一片红光，他仿佛一下子变得年轻了；雅科夫像疯子一样大叫大喊："好样的，好样的！"连我的邻座，那个穿破长袍的庄稼汉也忍不住用拳头敲了一下桌子，喝起彩来："好啊！真见鬼，好啊！"接着使劲往旁边吐了一口唾沫。

"喂，老兄，真过瘾！"笨蛋高喊着，仍旧抱住精疲力竭的小包工不放，"真过瘾，没说的！你赢了，老兄，你赢了！祝贺你，酒是你的了！雅什卡比你差远了……我跟你说：差远了……你相信我！"接着他又把小

---

① 《圣经》中的犹太王，暴君，为了寻找刚出世的耶稣，不惜把伯利恒城的男孩都杀掉。

包工搂到怀里。

“你放开他吧，放开他，真是纠缠不清……”眨巴眼生气地说，“让他在凳子上坐一会儿；你看他累了……你这个傻瓜，老兄，你真是个傻瓜！干吗缠住他不放？”

“那好吧，让他坐下，我要为他的健康干杯，”笨蛋说着走到柜台前。“算你请客，老兄，”他转过身来对小包工说了一句。

小包工点点头，在长凳上坐下，从帽子里拿出一块毛巾，擦擦脸；笨蛋露出一副猴急相迫不及待地干了一杯，并按照酒鬼的习惯，喉咙里发出一阵咯咯的声音，装出一副愁眉苦脸的样子。

“你唱得好，老兄，唱得好，”尼古拉·伊凡内奇亲切地说，“现在轮到你了，雅沙：当心点，别害怕。让我们看看，谁赢谁输，让我们看……小包工唱得很好，真的，唱得很好。”

“唱得很好，”尼古拉·伊凡内奇的妻子也说，她笑容可掬地看了雅科夫一眼。

“唱得好！”我的邻座也轻声说。

“啊，野蛮人波列哈①！”笨蛋突然大叫起来，他走到外衣肩膀上破了一个洞的庄稼汉跟前，用手指着他，边跳边发出一阵哈哈大笑。“波列哈！波列哈！哈，巴杰②，滚吧，野蛮人！你来干吗，野蛮人？”他边笑边叫。

穿灰长袍的庄稼汉慌了神，正打算站起来赶快出去，突然响起野老爷青铜般的声音：

“你这可恶的畜生，你想干什么？”他咬着牙说。

“我没想干什么，”笨蛋喃喃地说，“我没想干什么……我是……”

---

① 波列哈指波列西耶的居民。南波列西耶是从博尔霍夫县和日兹德拉县边境开始的一片狭长的森林地带。这里的居民在生活方式、风俗习惯和语言上有许多特点。由于他们的多疑和倔强，人们称他们为野蛮人。——原注

② 波列哈几乎每说一句话都要加上感叹词“哈”和“巴杰”。——原注

“那好，那你就闭嘴吧！”野老爷说，“雅科夫，开始吧！”

雅科夫抬手摸摸喉咙。

“这个，老兄，是这样……这个……嗯……我不知道，真的，有点……”

“好了，好了，别害怕。真不害臊！……还扭扭捏捏干什么？……唱吧，该怎么唱就怎么唱。”

于是野老爷低下头，等待着。

雅科夫沉默了一会儿，往四下里看了看，用一只手掩住脸。所有的眼睛都紧紧盯住他，尤其是小包工，他脸上除了常有的自信和成功的得意，还露出一种不由自主的轻微的不安。他把身子靠到墙上，又把双手垫在身子底下，但两条腿已不再摆动。雅科夫终于放下掩住脸的手，他的脸苍白得像死人，两眼在下垂的睫毛里微微闪着光。他深深地透了一口气，唱了起来……他唱出的第一个音微弱而不平稳，似乎不是从胸中发出，而是从一个遥远的地方传来，仿佛是偶然飘进房间里来的。这颤抖的金属般的声音对我们所有的人都产生了奇怪的影响，我们互相交换着眼色，尼古拉·伊凡内奇的妻子则挺直了身子。在第一个音唱出之后便接着唱出第二个音，这个音比较坚定而悠长，但仍明显地颤动着，就像一根琴弦在有力的手指突然拨动下发出响声之后迅速转弱的余音，在第二个音之后便是第三个音，于是一首凄凉的歌便渐渐强烈起来，渐渐舒展开来，不绝如缕地流将出来。“田野里有许多小路，”他唱道，我们大家都感到亲切而又惊心动魄。说实话，我很少听到这样的声音：它有点沙哑，又有些发颤，开头甚至有些病态；但其中蕴含着一种并非做作的深沉的激情，有青春，有力量，有甜蜜的感觉，还有一种令人沉醉的业已麻木的哀愁。歌声里鸣响着、表现着一颗俄罗斯人真实而炽热的心灵，它紧紧地抓住您的心，直接扣动那属于俄罗斯人的心弦。歌声渐渐强烈起来，扩展开来。雅科夫显然已经沉醉在歌声里了：他已不再胆怯，而是整个儿沉浸在快乐的歌唱中；他的声音不再发抖，它颤动着，但那是一种发自内心的热情所产生的微微的颤动，它像一支箭刺进听众的心窝，不断地加强、坚定和扩展。记得有一次傍晚退潮的时候，大海在远处发出威严而重浊的涛声，我看见沙滩上有一只白色的海鸥：它一动不动地栖息在那里，让它那丝绸般的胸部沐浴着落日的霞光，只是偶尔对着熟悉的大海，对着深红的落日，慢慢地展开它那长长的双翼。听着雅科夫唱歌，我便想起了这只海鸥。他唱着，完全忘记了他的对手，忘记了我们所有的人，但是显然像一个精力充沛的游泳者为波浪所鼓舞一样，他也为我们默默而热烈的投入所鼓舞。他唱着，他歌声的每一个音都给人一种亲切而无限宽广的感觉，仿佛一片熟稔的大草原展现在我们面前，并向无边无际的远方伸展开去。我觉得泪水在我心中沸腾，并且涌向眼眶；一阵强忍的低声抽泣突然把我震动了……我回头一看，酒店掌柜的妻子把胸口伏在窗上，正在那里哭泣。雅科夫迅速向她瞥了一眼，唱得比原先更响亮更亲切，尼古拉·伊凡内奇垂着头，眨巴眼转过身来；笨蛋也动了感情，站在那里，呆呆地张大着嘴巴；穿灰长袍的庄稼汉躲在屋角里偷偷地啜泣，悲伤地低语着，摇着头；在野老爷那铁板似的脸上，从紧蹙的眉头下正慢慢地滚下大滴大滴的泪珠；小包工举起紧握的拳头放在额头上，一动不动……要不是雅科夫在一个非常尖细的高音上仿佛突然中断似地结束了歌曲，我真不知道众人的沉醉将如何化解。没有人喊一声，甚至没有人动弹一下；大家仿佛在等待，他是不是还要唱下去；但是他睁开眼睛，似乎为我们的沉默感到惊奇，接着用探询的目光把所有的人扫视了一遍，于是他明白，胜利是属于他的……

“雅沙，”野老爷把一只手搭在他的肩膀上说了一声，便不再说什么了。

我们大家都呆若木鸡地站着。小包工轻轻地站起来，走到雅科夫跟前。“你……是你的……你赢了，”最后他费力地说出这句话，从房间里奔了出去……

他那迅速果断的行动仿佛把我们从沉醉中惊醒：大家忽然快乐地、

乱哄哄地说起话来。笨蛋一下子蹦得老高，嘴里叽里咕噜地说着什么，两只手挥得像磨坊的风翼。眨巴眼一拐一拐地走到雅科夫跟前和他接吻；尼古拉·伊凡内奇欠起身来，郑重宣布他再加送一瓶啤酒；野老爷和蔼可亲地笑着，我从来没有想到他的脸上会出现这种笑容；穿灰长袍的庄稼汉在屋角里用两只衣袖擦着眼睛、脸颊、鼻子和胡须，一再说着："唱得好，真的唱得好，就算我是狗崽子吧，确实唱得好！"尼古拉·伊凡内奇的妻子满脸通红，霍地站起来跑掉了。雅科夫像小孩一样沉浸在胜利的欢乐中，他整张脸都起了变化，尤其是他的眼睛，简直就闪耀着幸福的光芒。大家把他拉到柜台前，他把刚痛哭流涕过的穿灰长袍的庄稼汉叫到柜台旁，又打发掌柜的儿子去找小包工，但是没有找到，于是大家开怀畅饮起来。"你还会给我们唱歌的，傍晚以前你还会给我们唱的。"笨蛋高高地举起双手，反复说。

我又看了雅科夫一眼，便走出去了。我不想留下来——我怕破坏自己的印象。但暑热仍然难以忍受。它仿佛是高悬在大地上的一层浓重的热气。在湛蓝的天空中，透过一层很稀薄的，几乎是黑色的灰尘似乎盘旋着许多细小明亮的火星。万籁俱寂，在这懒洋洋的大自然的寂静中，有一种感觉使人感到绝望和压抑。我好容易走到一个干草棚里，在一堆刚刚割下但几乎已经干枯的青草上躺下。我久久不能入睡，雅科夫那扣人心弦的歌声还在我耳边久久萦绕不去……然而，暑热和倦意终于占了上风，于是我沉沉入睡了。我醒来的时候，天已完全黑了；周围散乱的青草强烈地散发着一股香味，还有点潮湿。从半坍塌的屋顶下的椽子中间可以看到淡淡的星星微微闪着光。我走出草棚。晚霞早已消失，只有它的余晖还在天边微微发亮。虽然已有些夜晚的凉意，但不久前的灼热空气仍使人感到燥热，胸口仍渴望凉风的吹拂。没有风，也没有乌云；整个天空都非常明净，黑暗中透着光亮，无数若隐若现的星星默默地闪烁着。村子里处处闪现着灯光；从不远处灯火通明的酒店里传来一阵阵隐约可闻的喧闹声，其中我似乎可以分辨出雅科夫的声音。从那里不时发出一阵阵狂笑。我走到窗口，把脸贴近玻璃。我看到一派并不令人愉快的虽然是五光十色的生动景象：所有的人都酩酊大醉——所有的人，首先是雅科夫。他敞怀坐在长凳上，用嘶哑的声音轻轻唱着一支下流舞曲，懒洋洋地拨动着吉他的琴弦。汗湿的头发一绺绺挂在他那煞白的脸上。酒店中央，笨蛋完全是一副神经散乱的样子，他脱下长袍，在穿灰长袍的庄稼汉面前跳来跳去；那庄稼汉也吃力地跺着脚，发出沙沙的脚步声，隔着蓬乱的胡须傻笑着，偶尔挥动一只手，好像想说："全豁出去啦！"再没有比他的脸更可笑的了。不管他怎样努力扬起眉毛，那沉重的眼睑总抬不起来，一直盖在那双几乎看不出来的浑浊却又很甜美的小眼睛上。他正处在那种醉醺醺的人的可爱状态中，任何一个过路人看见他的脸都会说："好看，兄弟，真好看！"眨巴眼浑身像虾一样通红，他大张着鼻孔，在屋角里刻薄地笑着；只有尼古拉·伊凡内奇像一个真正的掌柜，保持着他那不变的冷静。屋子里又来了许多人，但我没有看到野老爷。

我转过身，快步走下科洛托夫卡村所在的山丘。山丘底下是一片广阔的平原。它沉浸在一片苍茫的暮霭之中，显得更加无边无际，仿佛同正在暗下来的天空连成一片。我顺着冲沟旁的大路大步向下走去，忽然听到远处平原上响起一个男孩响亮的声音。"安特罗普卡！安特罗普卡——阿——阿！……"他带着哭声执着地拼命喊叫着，把最后一个音节拖得很长很长。

他停了一会儿又叫起来。他的声音在凝固的昏昏欲睡的空气中响亮地传播着。他叫安特罗普卡这个名字至少有三十次，突然从林中空地的那一端，仿佛从另一个世界传来了隐约可闻的回答：

"什么事——事——事?"

男孩立刻又高兴又愤恨地喊道：

"到这儿来，该——死——的!"

"干——吗?"过了好久对方才回答。

“爸爸要打——你，”第一个声音紧接着喊道。

第二个声音不再回答，于是男孩又呼喊起安特罗普卡的名字来。他的声音越来越稀疏，越来越微弱，直到天完全黑下来的时候，还传到我的耳朵里。这时我正沿着环绕我的村子的那片树林边缘回家去，它离科洛托夫卡村有四俄里……

“安特罗普卡——阿——阿!”这声音仿佛还在夜色已浓的空中缭绕。

彼得·彼得罗维奇·卡拉塔耶夫

大约五年前的一个秋天，在从莫斯科到图拉的途中，由于没有马匹，我不得不在驿站里等候几乎一整天。我打猎回来，因为粗心大意，把自己的三匹马先打发回去了。站长年纪已大，脸色阴沉，头发直挂到鼻子上，一对小眼睛睡眼惺忪，对于我的抱怨和要求一味用断断续续的唠叨来回答，进进出出都愤恨地把门碰得砰砰响，好像自己也在咒骂自己的职务。他走到台阶上，斥骂马车夫，那些马车夫有的抱着沉重的马轭在泥泞地里慢吞吞地走着，有的坐在长凳上打哈欠和搔痒痒，对于上司的叫骂并不特别在意。我已经喝过三遍茶，有几次徒然试图睡一会儿，把窗上和墙上的留言都读了个遍：我实在是无聊至极。我怀着冷漠而绝望的心情望着我那四轮马车翘起的车辕，突然响起一阵铃铛声，一辆套着三匹疲乏不堪的役马的小马车在台阶前停下。来客从马车上跳下，一边大叫："快给我换马!"一边走进房间里来。当他带着常见的惊讶神色听完驿站长说"没有马"的时候，我已经怀着一个百无聊赖的人的全部热切好奇心把这个新来的伙伴从头到脚打量了一番。看样子他不到三十岁。天花在他脸上留下不可磨灭的瘢痕，他脸色枯黄，发出一种难看的黄铜般的光；蓝黑色的长发在后面卷成圈儿挂在衣领上，在前面卷成神气的鬓发；他那双浮肿的小眼睛只看着人，没有任何表情；上嘴唇上方长着几根唇髭。他的穿着像个逛马市的放荡地主，上身穿着一件油污不堪的杂色短上衣，系着一条褪色的浅紫色绸领带，背心上钉着铜纽扣，下身是一条灰色的大喇叭裤，裤管下稍稍露出一双没刷过的皮靴尖。他身上散发着一股浓烈的烟酒味，他那些几乎被短上衣袖子遮住的又红又胖的手指上戴着银制的和图拉制的戒指。这样的人物在俄罗斯处处可以遇到，不是数以十计，而是数以百计，说实话，和他们交往没有任何愉快可言。但是，尽管我抱着成见观察着这位来客，我还是不能不注意到他脸上那种无忧无虑的善良而热烈的表情。

“瞧，这位先生也在这儿等了一个多钟头了，”站长指指我说。

“一个多钟头！”这无赖在取笑我。

“他也许不太着急，”来客回答。

“这我可不知道，”站长板着脸说。

“真的毫无办法吗？根本没有马吗？”

“没有，先生。一匹马也没有。”

“那么，请您吩咐给我送个茶炊来吧。只好等一等，毫无办法。”

来客在长凳上坐下，把帽子扔在桌上，用手捋捋头发。

“您喝过茶了吗？”他问我。

“喝过了。”

“您能陪我再喝一杯吗？”

我表示同意。红铜色大茶炊第四次出现在桌子上。我拿出一瓶朗姆酒[1]。我推测我这位谈伴是个小地产贵族，结果没有错。他叫彼得·彼得罗维奇·卡拉塔耶夫。

我们交谈起来。到驿站还不到半小时，他已经随便而坦率地把他的经历告诉我了。

“现在我要到莫斯科去，”他喝完第四杯茶，对我说，“在乡下我现在已经无事可干了。”

“为什么无事可干呢？”

“就是无事可干。产业破败了，我把农民弄得一个个都破了产，这是实话；此外还遇上了荒年：收成不好，您知道，灾祸接踵而来……不过，”他愁眉苦脸地往旁边看了一眼，又说，“我算个什么当家人哪！”

“为什么这么说？”

---

① 用甘蔗做的一种烈性酒。

“唉，”他打断我的话，“哪有我这样的当家人！您以为我，”他把头侧向一边，一门心思吸着烟斗，继续说，“您这样看着我，也许以为我是……可是我，我得老实向您承认，我只受过中等教育，没有收入。请您原谅，我是个坦率的人，最终……”

他没有把话说完，只挥了挥手。我便诚恳地对他说，他想错了，我对我们的相逢很高兴，等等，然后又说，管理田产似乎不需要接受太高深的教育。

“我同意，”他回答，“我同意您的看法。不过还是需要一种特殊的秉性！有的人把农民刮得精光，结果并不怎么样！可我……请问，您是从彼得堡来的还是从莫斯科来的?”

“我是从彼得堡来的。”

他从鼻孔里喷出一缕长长的烟。

“而我要到莫斯科去谋一个差事。”

“您打算到哪儿高就呢?”

“我不知道，到那儿该怎么办就怎么办吧。我得跟您说实话，我怕当差：一当上差身上就落下责任了。我一直住在乡下，习惯了，您知道的……可是没有办法……穷啊！啊，我可是穷得要命!”

“这么说您要在京城定居喽。”

“在京城定居……嗨，我可不知道住在京城里有什么好。看看再说吧，也许很好……不过我觉得不会比乡下好。”

“您难道不可能在乡下再住下去了吗?”

他叹了一口气。

“不可能了。它现在大概已经不是我的了。”

“为什么?”

“那边有一个好人——一个邻居买去了……他开了一张期票……”

可怜的彼得·彼得罗维奇用手抹了一把脸，想了想，摇摇头。

“唉，有什么办法呢！……说实话，”他停了一会儿，又接着说，

“我怨不了谁，是我自己不好。是我喜欢胡来！……真见鬼，喜欢胡来！”

“您在乡下过得很愉快是吗?”我问他。

“先生，”他直视着我的眼睛，不慌不忙地回答，“我有十二对猎犬，这样的猎犬，我跟您说，是不可多得的。”他强调最后几个字。“它们逮起兔子来真是把好手，至于捕捉珍贵的野兽，那就是一条条的蛇，简直是眼镜蛇。那些灵猩①也是值得我夸一夸的。现在这些事情都已经过去了，没有必要胡吹。我常拿着枪去打猎。我有一条狗叫康杰斯卡，它发现猎物时的姿势真是非同一般，嗅觉也非常灵敏。有时我到泥沼地去，喊一声：找！如果它不愿意去找，你就是带一打狗去也没有用，你什么都找不到！如果它愿意去，那它就是死在那儿也心甘情愿！……在房间里它也经过很好的训练。你用左手给它面包，对它说：‘这是犹太人吃过的，’它就不肯吃；你用右手给它，对它说：‘这是小姐吃过的’，它马上就抓过去吃掉了。我还有一只它生的小狗，是一只很好的小狗，我本想把它带到莫斯科去，但是被一个朋友连同一杆枪一起要去了；他说：‘老兄，你在莫斯科顾不上它的，那边过的完全是另一种生活，老兄。’我便把小狗给了他，把枪也给了他；您看，全留在那儿了。”

“其实您在莫斯科也可以打猎的。”

“不，有什么必要？以前我不懂得克制，现在只好忍受了。还是让我向您请教，莫斯科的生活水准高吗?”

“不，不太高。”

“不太高？……请问，莫斯科有茨冈人吗?”

“什么样的茨冈人?”

“就是跑集市的。”

① 一种起源于古代、腿细而善跑的猎犬，产于俄罗斯的灵猩最为有名。

“是的，莫斯科……”

“好，这很好。我喜欢茨冈人，真见鬼，我喜欢……”

彼得·彼得罗维奇眼睛里现出一种无所顾忌的快乐神情。但他突然在长凳上坐立不安起来，后来又现出若有所思的神情，低下头，手拿一只空酒杯向我伸过来。

“请给我一点朗姆酒，”他说。

“可是茶已经喝光了。”

“没关系，就这样，不要茶……唉!”

卡拉塔耶夫把头搁在手上，把臂肘支在桌子上。我默默地看着他，等待着一个喝醉酒的人如此轻易就发出的感伤的大声感叹，甚至是眼泪，可是等他抬起头来，我承认，他脸上那种深沉的忧伤竟使我大吃一惊。

“您怎么了?”

“没什么……我想起了一段往事。一段不寻常的往事……我原可以说给您听，但是不好意思打扰您……”

“没有的事!”

“是啊，”他叹了一口气继续说，“往往有这样的事……虽然，譬如说，我也碰到过。如果您想听，我就跟您说说。不过，我不知道……”

“您说吧，亲爱的彼得·彼得罗维奇。”

“这件事虽然……您也知道，”他说了起来，“但是我，真的，不知道……”

“嗯，行了，亲爱的彼得·彼得罗维奇。”

“哦，是这样。我，就是说，碰到这样一件事。那时我住在乡下……忽然看中了一个姑娘，啊，多好的一个姑娘……一个美人，一个聪明的姑娘，而且那么善良！她叫马特廖娜。她是个普通的姑娘，也就是说，您懂吗，是个农奴，干脆就是个女奴。而且不是我家的姑娘，而是别人家的，问题就出在这儿。哦，我爱上了她，这确实是一段不寻常的故事，而她也爱上我了。于是马特廖娜就请求我，要我把她从她的女主人那儿赎出来；这件事我自己也考虑过的……可是她的女主人是个很有钱很厉害的老太婆，住在离我家大约十五俄里的地方。于是有一天，我吩咐给我套一辆三驾马车，驾辕的是我的一匹溜蹄马，一匹亚洲特种马，因此名叫兰普尔多斯。我换上一套比较体面的衣服，便乘车到马特廖娜的女主人那儿去。我到了那儿，那是一座大庄院，有厢房，有花园……马特廖娜在路口拐弯的地方等我。她本想跟我说说话，但只是吻吻我的手，便走到一边去。我走进前厅，问'主人在家吗？……'一个高大的听差对我说：'请问您贵姓？'我说：'伙计，就说地主卡拉塔耶夫登门拜访，有事商谈。'听差走了。我等着，心里想：结果会怎样呢？也许那老鬼婆会要高价，尽管她很有钱。她也许会要五百卢布。听差终于回来了，对我说：'请进。'我跟他走进客厅。一个黄脸小老太婆坐在圈椅里，眨着眼睛。'您有何贵干？'起初，您知道，我认为有必要说几句'很高兴认识您'之类的话。'您搞错了，我不是这儿的女主人，是她的亲戚……您有何贵干？'我便对她说，我有事要和女主人商谈。'玛丽亚·伊里尼奇娜今天不见客：她身体不适……您有何贵干？'我心里想，毫无办法，只得向她说明来意。老太婆听完我的话。'马特廖娜？哪一个马特廖娜？''马特廖娜·费多罗娃，库利克的女儿。''费多尔·库利克的女儿……您是怎么认识她的？''偶然碰到的。''她知道您的打算吗？''知道。'老太婆沉默了一会儿。'我要给她点颜色看看，这个贱货！……'说实话，我很惊奇。'为什么？怎么能这样！……我准备为她出一笔钱，只是请您说个数目。'那老东西恶狠狠地嘀咕起来。'您以为这点钱就能让我们受宠若惊吗？您以为我们很想要您的钱吗？我得给她点厉害看看，我得给她……我要叫她不敢再痴心妄想。'老太婆气得连声咳嗽起来。'她在我们这儿还嫌不好吗？……好哇，她这魔鬼，主啊，饶恕我的罪孽！'说实话，我真的冒火了。'您凭什么要这样威胁这可怜的姑娘？她有什么错？'老太婆画了个十字。'哦，我主耶稣基督！难道我就不能处置自己家里的奴仆吗？''她可不是您的奴仆！''哦，这一点玛丽亚·伊里尼奇娜清楚，先生，这不关您的事。这会儿我要让马特廖娜看看，她到底是谁家的奴仆。'说实话，我差点向这可恶的老太婆扑过去，可是我想起了马特廖娜，手就放下了。我心里真害怕，那种心情实在无法形容。我开始央求那老太婆：'您要什么我都给您，''您要她干什么？''我喜欢她，大妈，请您替我想想吧……请允许我吻您的手。'我真的吻了那鬼婆娘的手！'嗯，'这老妖婆喃喃地说，'我去对玛丽亚·伊里尼奇娜说，看她怎么吩咐，您过两三天再来吧。'我万分不安地回了家。我心里渐渐明白，这种事做得不妥当，白白让人家发现了我对她的好感，可想到这一点已经太晚了。过了两三天，我到女主人那儿去。仆人把我领到书房里。房间里到处是花，陈设非常讲究，女主人坐在一张妙不可言的圈椅里，头向后靠在枕头上；先前那个亲戚也坐在那儿，在座的还有一个长着浅色头发、穿着绿色连衣裙、歪嘴巴的小姐，想必是个陪伴。老太婆带着鼻音说：'请坐。'我坐下了。她向我提了许多问题，问我几岁，在哪儿当差，准备做点什么事，那姿态完全是居高临下，一本正经。我详细作了回答。老太婆从桌子上拿起一块手帕，对着自己挥着……她说：'卡捷琳娜·卡尔波夫娜已经把您的意思向我报告了，报告了；'她说，'可是我定下了一条规矩：不许我家的仆人去服侍别人。这样做不体面，正派人家是不兴这样做的：这不合规矩。'她说，'这件事我已经安排好，您不必再费心了。''哪儿谈得上费心啊，请别这么说……也许您用得着马特廖娜·费多罗娃吧？'她说，'不，我用不着。''那您为什么不肯把她让给我呢？''因为我不愿意这样做，不愿意，就是这么回事。'她说，'我已经安排好了：把她送到草原上的村子里去。'这对我不啻是晴天霹雳。老太婆用法语对那个穿绿色连衣裙的姑娘说了几句话：那姑娘走出去了。她又说：'我是个严守规矩的女人，而且身体也不好：经受不起烦扰。您还是个年轻人，可我已经是个老妇人，所以我有权利给您几句忠告。您还不如找个工作，娶一门亲，找个门当户对的配偶；有钱的待字姑娘很少，但是清贫人家品行好的姑娘是可以找到的。’您知道，我望着那老太婆，一点也不懂她在那儿胡说些什么；我只听见她在谈论婚娶的事，可我耳边萦绕不去的却是‘草原上的村子’。娶一门亲！……见她的鬼去吧……”

说话的人突然停了下来，看看我。

“您还没有娶亲吧?”

“没有。”

“是啊，事情当然很清楚。我忍不住了，就说：‘您别再说了，大妈，您在胡扯些什么呀？这跟娶亲有什么关系啊？我只是想问您，您肯不肯把马特廖娜姑娘让给我。’老太婆哇哇叫起来。‘哎哟，他把我烦死了！哎哟，叫他走！哎哟！……’她那个亲戚跑到她身边，对我嚷嚷起来。那老太婆还在那儿唠叨：‘我遭到什么报应了？……难道我已经不是这个家的主人了吗？唉，唉!’我抓起帽子，发疯似的跑了出去。

“也许，”说话的人继续说，“您会责备我，说我不该那样迷恋一个下层姑娘：可我不想为自己辩白……反正已经是这么回事了！……你相信吗，我日夜坐卧不安……我很痛苦！我总在想，我是为了什么才害苦了这不幸的姑娘！我一想到她穿着土布衣服在赶鹅，按照主人的命令在受苦受难，村长，那个穿涂柏油长靴的农民在对她破口大骂，我就直冒冷汗。哦，我再也忍不住了，打听到她被送到哪个村子，便骑上马到她那儿去了。直到第二天傍晚我才到达。显然，没有人料到我会做出这种怪事，也没有发出任何和我有关的命令。我装作邻村的人直接去找村长；我走进院子，看见马特廖娜坐在台阶上，用一只手支着身子。她刚要叫出声来，我连忙对她做了个手势，叫她别声张，并用手指指院子后面的田野。我走进屋子，和村长闲扯了一阵子，对他胡言乱语了一通，找了个机会跑出来去见马特廖娜。这可怜的姑娘立刻就搂住我的脖子。

她脸色苍白，面容憔悴，我的心肝宝贝。您知道，我对她说：‘不要紧，马特廖娜；不要紧，别哭，’可我自己却泪如泉涌……然而，我终于感到不好意思，便对她说：‘马特廖娜，眼泪不能消除痛苦，应该采取行动，像人们所说的，下定决心；你必须跟我逃跑，应该这样行动。’马特廖娜呆住了……‘那怎么行！我会完蛋的，他们会把我生吞了的！’‘你真傻，谁能找到你？’‘会找到的，一定会找到的。谢谢您，彼得·彼得罗维奇，我一辈子忘不了您的爱心，现在您还是扔下我别管吧，看来，这就是我的命。’‘唉，马特廖娜，马特廖娜，我还以为你是个坚强的姑娘呢。’确实，她是个很坚强的姑娘……她心地善良，有一颗金子般的心！‘你留在这儿干什么！反正一样，不会更糟的。你说说，你还没有尝够村长拳头的滋味吗，啊？’马特廖娜顿时愤恨得满脸通红，嘴唇也哆嗦起来，‘可是因为我，我一家就都活不成了。’‘你一家……会把他们流放出去吗？’‘会流放出去的；我哥哥大概会给流放出去的。’‘你父亲呢？’‘父亲不会给流放，他是我们这儿的一个好裁缝。’‘喏，你看；你哥哥也不会为这件事完蛋的。’您相信吗，我硬是说服了她；她还想说，‘您将来要为这件事负责任的……’我说，‘这件事你就不必操心了……’我还是把她带走了……不是这一次，而是另一次：在一天夜里，我乘马车来，把她带走了。”

“带走了？”

“带走了……就这样，她在我那儿住下。我家的房子不很大，仆人也很少。我的仆人，坦率地说，都很尊敬我；不会为了任何好处出卖我。我过起了逍遥自在的生活。马特廖努什卡①休息了一阵，身体康复了；我跟她真是如胶似漆……这是个多么好的姑娘啊！她不知道从哪儿学来的，又会唱歌，又会跳舞，还会弹吉他……我不让她在左邻右舍中露面，以免走漏风声！我有一个很要好的朋友戈尔诺斯塔耶夫·潘捷列

① 马特廖娜的爱称。

伊——您认识他吗？他非常喜欢她，像对一位太太那样吻她的手，真的。告诉您，戈尔诺斯塔耶夫和我不一样；他是个有教养的人，普希金的作品他都读过，他跟马特廖娜和我谈话，我们总是洗耳恭听。他还教会她写字，真是个怪人！至于我给她穿的衣服，那简直比省长夫人还讲究。我给她做了一件镶毛皮边的深红色丝绒大衣……这件大衣穿在她身上多么合适啊！这件大衣是莫斯科一个外国时装店女裁缝按照新款式缝制的，是束腰的。可是这个马特廖娜却多么古怪啊！她总是闷闷不乐，一坐就是几个钟头，眼睛望着地板，眉毛一动不动。我也是坐着，看着她，总是看不够，就像从来没有看见过似的……她笑一笑，我心里就怦然一动，好像有人在呵我痒痒。有时候她突然笑起来，开玩笑，跳舞，那么热烈地紧紧拥抱我，弄得我晕头转向。我常常从早到晚一直在动脑筋：怎样才能博得她的欢心？您信不信，我送礼物给她只是为了看一看，她，我那宝贝，有多高兴，她怎样高兴得满面通红，怎样试用我的礼物，怎样穿着新衣服走到我跟前吻我。她父亲库利克不知道怎么打听到她的消息，老头儿跑来看我们，哭得好厉害……这是因为高兴才哭的，您说是这样吗？我们送给库利克好多礼物。我那宝贝最后亲自拿出五卢布钞票送给他，他竟扑通一声跪在她脚下——他就这么怪！我们就这样过了五六个月，我真愿意就这样和她过一辈子，可是我的命运真该诅咒！”

彼得·彼得罗维奇停了下来。

“发生了什么事？”我同情地问他。

他挥了一下手。

“一切都完蛋了。又是我害了她。我的马特廖娜非常喜欢乘雪橇，她还常常亲自赶马；她穿上毛皮大衣，戴上托尔若克绣花手套，一路上只管吆喝。我们总是在傍晚驾雪橇出去兜风，您知道这是为了免得让人家碰到。有一次我们就选了一个天气晴好的日子；寒冷、晴朗，没有风……我们就这样出门了。马特廖娜拿起缰绳，我就看她要上哪儿去。

难道要到库库耶夫卡，她女主人的村子去吗？真的，是驶往库库耶夫卡。我对她说：‘疯姑娘，你要到哪儿去？’她回过头来看了我一眼，笑了笑。她说，‘让我去逗她玩玩吧。’‘唉！’我想，‘豁出去啦！……’试想，从主人庄院跟前驶过能有好结果吗？您自己说说，能有好结果吗？我们还是往前赶。我的溜蹄马就像在飘一样，一对拉套马，我跟您说，跑得简直像一阵旋风。瞧，库库耶夫卡的教堂都看得见了；忽然，一辆旧的绿色轿车式雪橇顺着大路慢慢滑过来，一个听差高高站在后脚镫上……女主人，是女主人来了！我心里好害怕，可马特廖娜抓起缰绳往马身上猛抽了几下，我们的雪橇朝那轿车式雪橇直冲过去！那马车夫，您知道吗，一看见对面冲过来一辆雪橇，便想让开，可是他转弯太急，那轿车式雪橇便翻倒在雪堆上了。车窗上的玻璃碎了，女主人叫起来：‘哎哟，哎哟，哎哟！哎哟，哎哟，哎哟！’那陪伴也尖声直叫：‘勒住马，勒住马！’可是我们一溜烟从旁边飞快地溜掉了。我们一路飞驰，我心里想：‘这回糟了，我不该允许她到库库耶夫卡来。’您说怎么着？女主人认出了马特廖娜，也认出了我，那老太婆便告了我一状，说：‘我那逃跑的女奴住在贵族卡拉塔耶夫家里，’并且照例贿赂了有关的官员。您瞧，警察局长来找我了，那警察局长我是认识的，叫斯捷潘·谢尔盖伊奇·库佐夫金，是个好人，也就是说，实际上是个坏蛋。他来了，对我如此这般，说明了缘由：‘彼得·彼得罗维奇，您怎么干出这种事来？……这件事关系重大，法律上规定得清清楚楚。’我对他说：‘是的，这件事我当然要和您谈一谈，不过，您远道而来，要不要先吃点东西？’他同意吃点东西，但又说：‘我这是公事公办，彼得·彼得罗维奇，您自己想想吧。’‘那是当然，公事公办，’我说，‘那是当然，不过我听说，您有一匹小黑马，您想不想换我那匹兰普尔多斯？……至于马特廖娜·费多罗娃那姑娘，她不在我这儿啊。’‘不，’他说，‘彼得·彼得罗维奇，姑娘在您这儿，我们可不是住在瑞士……至于用兰普尔多斯换我那匹小马，那是可以的；可以的，那我就把它带走啰。’这一次我好歹把他打发走了。但是老太太闹得更凶了，她说：‘就是花上一万卢布我也不在乎。’您知道吗，她当初看见我的时候，脑子里突然起了个念头，要我娶她那个穿绿连衣裙的陪伴——这是我后来才知道的：就为了这件事，她才那么狠心。这些太太什么主意想不出来啊！……大概是闲得无聊了。我的处境变得很糟：钱我不吝惜，还把马特廖娜藏了起来，可是不行！他们把我折腾得好苦，弄得我晕头转向。我债台高筑，身体也弄坏了……有一天夜里我躺在床上想：‘我的上帝，我为什么要吃这么大的苦头？我怎么办哪，既然我离不开她？……是啊，我离不开她，就是离不开！’突然马特廖娜跑进我的房间里来。这段时间里我已经把她藏在离我家两俄里的一座自己的庄子里。我吃了一惊。‘怎么？你在那边是不是让他们发现了？’‘没有，彼得·彼得罗维奇，’她说，‘在布勃诺沃谁也没有打扰我，但能长期这样躲下去吗？’她说，‘我的心快要碎了，彼得·彼得罗维奇；我舍不得您，我亲爱的；我一辈子也不会忘记您的爱，彼得·彼得罗维奇，现在我是来和您告别的。’‘你这是怎么啦，你这是怎么啦，你疯了？……怎么是告别？怎么是告别？’‘是这样……我去投案自首。’‘疯姑娘，我要把你关到阁楼上……你是不是想毁了我？是不是想送掉我的命？’姑娘一声不吭，只看着地板。‘喂，你说话啊，你说话啊！’‘我不想再给您造成更多的麻烦，彼得·彼得罗维奇。’唉，你去跟她说说看……‘可你知道吗，傻瓜，你知道，疯……疯姑娘……’”

彼得·彼得罗维奇竟号啕大哭起来。

“您猜结果怎么样了？”他捏紧拳头在桌子上捶了一下，继续说。他竭力蹙紧眉头，可是眼泪还是一个劲儿顺着火热的脸颊流下来，“姑娘真的去自首了，她去自首了……”

“马准备好了！”驿站长走进来，得意洋洋地喊道。

我们两人都站了起来。

“后来马特廖娜怎么啦？”我问。

卡拉塔耶夫挥了挥手。

邂逅卡拉塔耶夫一年后，我有机会到莫斯科去。有一次午饭前我走进猎人市场后面的一家咖啡馆，这是莫斯科一家有特色的咖啡馆。在弹子房里弥漫的烟雾中隐约闪现着一些通红的面孔、胡髭、额发、旧式匈牙利骑兵式上衣和最新式斯拉夫式上衣。几个穿朴素常礼服的瘦老头在那里看俄文报纸。侍者端着盘子轻轻地踩着绿色地毯，敏捷地走来走去。商人们神情极其紧张地在那里喝茶。忽然从弹子房走出一个人来。他头发有点散乱，脚步不稳，双手插在口袋里，低着头，目光无神地往四下里看了看。

"哎呀呀，哎呀呀！彼得 · 彼得罗维奇！……近来好吗？"

彼得 · 彼得罗维奇差点没奔过来搂住我的脖子，他稍稍摇摆着身子，把我拉进一间小小的雅座。

"就在这儿，"他殷勤地让我坐在圈椅里，说，"这儿您可以舒服些。来人，拿啤酒来！不，要香槟！真的，说实话，真没想到，没想到……来很久了吗？要住很久吗？这真像俗话所说的，天赐良机呀……"

"是啊，您还记得吗……"

"怎么不记得，怎么不记得，"他连忙打断我的话，"事情已经过去了……事情已经过去了……"

"那么，您在这儿做些什么呢，亲爱的彼得 · 彼得罗维奇？"

"我过的日子就像您看到的。在这儿生活得很好，这儿的人都很亲切。我在这儿可以安心了。"

他叹了一口气，抬起眼睛望望上面。

"您在哪儿高就？"

"不，我还没有当上差，我想不久就可以定下来了。不过当差有什么意思？……人——才是最重要的。我在这儿认识了一些多么好的人啊！……”

一个小厮用黑色盘子端来一瓶香槟酒。

“瞧，这也是个好人……瓦夏，你是个好人，对吗？祝你健康！”

小厮站了一会儿，有礼貌地摇摇头，笑了笑，走出去了。

“是的，这儿的人都很好，”彼得·彼得罗维奇继续说，“富有感情，心地善良……要不要我给您介绍一下？一些非常好的小伙子……他们一定会很高兴认识您。我告诉您……博勃罗夫死了，太不幸了。”

“哪个博勃罗夫？”

“谢尔盖·博勃罗夫。是个很出色的人；他接济过我这个粗野的乡下人。戈尔诺斯塔耶夫·潘捷列伊也死了。都死了，都死了！”

“您一直住在莫斯科吗？没有回乡下去过？”

“到乡下去……我的村子卖掉了。”

“卖掉了？”

“是拍卖的……可惜您没有买下！”

“那您以后的日子怎么过，彼得·彼得罗维奇？”

“我不会饿死的，上帝会保佑！没有钱，但有朋友。钱算得了什么？——粪土！黄金也是一堆粪土！”

他眯起眼睛，手在口袋里掏了半天，拿出两枚十五戈比和一个十戈比的钱币，放在手掌上给我看。

“这是什么？不过是粪土！（钱飞落到地上。）您最好还是告诉我，您读过波列扎耶夫①的诗没有？”

“读过。”

“您看过莫恰洛夫②扮演的哈姆雷特吗？”

---

① 波列扎耶夫（1804—1838），俄国诗人。因写抨击君主制的诗《萨什卡》被流放。

② 莫恰洛夫（1800—1848），俄国演员，以演莎士比亚的《哈姆雷特》和席勒的《强盗》、《阴谋与爱情》等悲剧而著名。

“没有，没有看过。”

“没有看过，没有看过……(卡拉塔耶夫脸色发白，眼睛不安地转动着，他扭过脸去，嘴唇颤动了一下。)啊，莫恰洛夫，莫恰洛夫！‘死，就是睡眠’。”他声音低沉地说。

死，就是睡眠——
就这样；而如果睡眠就等于了结了
心痛以及千百种身体要担受的
皮痛肉痛，那该是天大的好事，
正求之不得啊！死，就是睡眠……①

“睡着了，睡着了！”他喃喃地说了几遍。

“请您告诉我，”我刚开始说，他又热烈地念下去：

谁甘心忍受人世的鞭挞和嘲弄，
忍受压迫者虐待、傲慢者凌辱，
忍受失恋的痛苦、法庭的拖延、
衙门的横暴，做埋头苦干的大才、
受作威作福的小人一脚踢出去，
如果他只消自己来使一下尖刀
就可以得到解脱啊？……你做祷告
别忘掉也替我忏悔罪恶。②

他低下头，伏在桌子上。他结结巴巴地说起胡话来。

---

① 见《哈姆雷特》第3幕第1场。引用卞之琳的译文。下同。

② 《哈姆雷特》第3幕第1场。

“过了一个月，”他又振作起精神念起来：

短短一个月，她像泪人儿一样
给我父亲送葬去穿的鞋子
还一点都没有穿旧呢，哎呀，你看她，
(无知的畜生也还会哀痛得久一点呢!)①

他端起一杯香槟，送到嘴边，但没有喝，又念下去：

为了赫古芭？
赫古芭对他或者他对赫古芭
有什么值得他哭她呢？……
可是我，
一个糊涂蛋，可怜虫，萎靡憔悴……
我是个懦夫吗？
谁叫我坏蛋……把手直戳我的脸
骂我说谎？谁对我这样的，嗨？
活该，我活该忍受！因为我怎样说
也总是胆小如鼠，缺少胆汁，
不以饱受欺压为苦……②

卡拉塔耶夫松开手，让酒杯落到地上，抓住自己的头。我觉得我已经理解了他的心情。

“好吧，有什么好说的，”最后他说，“旧事不能重提……对吗？

---

① 《哈姆雷特》第1幕第2场。
② 《哈姆雷特》第2幕第2场。

(他笑起来。)祝您健康!”

“您还打算留在莫斯科吗?”我问他。

“我要死在莫斯科!”

“卡拉塔耶夫!”隔壁房间里响起喊叫声。“卡拉塔耶夫，你在哪儿? 到这儿来，亲爱的人儿!”

“在叫我了，”他费力地从座位上站起来。“再见，有机会到我那儿去坐坐，我住在××。”

但是第二天由于发生了意料不到的情况，我必须离开莫斯科，后来我再也没有见过彼得·彼得罗维奇·卡拉塔耶夫一面。

约　会

秋天，将近九月半，我坐在白桦林里。一清早起就一会儿下起霏霏细雨，一会儿又出现温暖的阳光；这是一种不稳定的天气。天空时而布满疏松的白云，时而有几处突然晴朗了一会儿；于是从散开的乌云中间露出一小块蓝天，它明朗可爱，宛如美丽的明眸。我坐着，环顾四周，侧耳倾听着。树叶在我头顶上轻轻响动着，光从它们的簌簌声中就可以知道现在是什么季节。那不是春天充满欢乐的颤抖，不是夏天柔和的细语和娓娓的长谈，不是晚秋羞怯而冷漠的絮叨，而是一种隐约可闻、令人昏昏欲睡的絮语声。微风轻轻吹拂着树梢。被雨水打湿的树林里面，或由于阳光照耀，或由于云遮雾障而不断起着变化；它一会儿阳光灿烂，仿佛其中的万物都绽开了笑脸：不太茂密的白桦的细细树干一瞬间发出白色丝绸般的柔和光泽，飘落在地上的小树枝突然变得色彩斑斓，像足赤的金子一样熠熠生辉，高大葱茏的蕨类植物的美丽茎秆已经染上熟葡萄一样的秋色，在你眼前无休无止地盘结缠绕，互相交错；一会儿四下里又突然变成一片淡淡的蓝色：鲜艳的色彩顷刻间变得黯淡无光，白桦仍然是白色的，但没有了光泽，白得像冬天太阳闪烁的寒光尚未触及的新雪，于是一阵牛毛细雨诡谲地悄悄洒了下来，在树林里发出潇潇的声音。白桦树上的叶子几乎还全是绿色的，虽然已经明显地发白；只有某几个地方还孤零零地长着一棵小白桦，它全身泛出红色或金黄色，值得一看的是，当阳光突然闪烁变幻，穿过刚刚被晶莹的雨水冲洗过的稠密细枝织成的网照射到它身上的时候，它是多么鲜艳夺目。听不见一只鸟儿的啁啾。所有的鸟儿都栖息着，不发出任何声响；只是偶尔有一只山雀发出含着嘲笑意味的铜铃般的叫声。在我歇息于这片小白桦林之前，我已经带着狗穿越那高高的白杨林。说实话，我不很喜欢白杨这种树，不喜欢它那淡紫色的树干和它那尽量往高处长并且像颤动的扇子一样展开在空中的金属般灰绿色的叶子；我不喜欢它那脏兮兮的圆叶子，它总是笨拙地挂在长长的叶柄上晃个不停。只有在某些夏天的傍晚，它孤零零地高耸在低矮的灌木丛当中，迎着落日的霞光，闪耀着，抖动着，从梢头到根部沐浴着同样的橘红色，或者在晴朗有风的日子，它在蔚蓝色的天空中整个儿哗啦啦地摇摆着，喁喁絮语着，它的每一张叶子都充满了渴望，似乎想脱离枝干，飞向远方，只有在这种情况下，白杨才是美丽的。但是总的来说，我还是不喜欢这种树；因此我不在白杨树林里歇息，而来到白桦林里，在一棵树枝低低地覆盖在地面上因而可以在那里躲雨的树下栖身，在欣赏了一下周围的景色之后，便进入了只有猎人才熟悉的那种宁静而温柔的梦境。

我不知道睡了多久，但是当我睁开眼睛的时候，整个树林里已充满了阳光，四面八方，透过欢乐地喧闹的树叶可以看见点点仿佛在闪亮的灿烂的蓝天；云彩被大风吹散，已经消失了；阴霾扫尽，天空晴朗，空气特别干爽清新，使人感到神清气爽，这样的空气几乎总是预示着在阴雨天之后将会出现一个宁静清朗的黄昏。我已经准备站起来，再去试试运气，我的目光忽然在一个纹丝不动的人身上停住。我定睛一看，原来是个年轻的农家姑娘。她坐在离我二十步的地方，心事重重地低着头，两只手放在膝盖上。她的一只手半张着，手里有一大束野花，随着她的每一次呼吸，这束花便慢慢滑到她的格子裙上。洁白的衬衫，扣紧的上衣领和袖口，形成短短的柔和的波纹落在她身上；大粒的黄色珠串成双行从脖子上挂到胸前。她的相貌长得很不错。漂亮浓密的浅灰色头发仔细地梳成两个半圆形从一根狭小的红色发带下向两边分开垂落，那发带几乎就束在她那象牙般白皙的额头上。她脸庞的其余部分由于有时晒太阳而现出细嫩皮肤特有的那种金黄的黝黑。我看不见她的眼睛，因为她的眼睛没抬起来，但我清楚地看见她那细细、高高的眉毛和她那长长的睫毛：那睫毛是湿润的，她的一边脸颊上在阳光照射下闪现着干了的泪痕，这泪痕一直挂到有点苍白的嘴唇上。她的整个头部都很好看；即使她那稍稍肥厚的圆鼻子也无损于它的韵致。我特别喜欢她脸上的表情：它是那么纯真而温柔，那么忧郁，对自己的忧郁充满了稚气的困惑。她显然在等某个人；树林里只要有一点响声，她立刻会抬起头来，往四下里看看；在明亮的阴影里她的眼睛在我面前很快地闪了一下，那双眼睛又大又亮，像扁角鹿一样怯生生的。要是什么地方发出一点声音，她便睁大眼睛注视着那个地方，谛听一会儿，叹一口气，无声无息地回过头来，更低地垂下头，慢慢摆弄着花朵。她的眼圈发红，嘴唇痛苦地瘪了一下，泪珠又扑簌簌从浓密的睫毛里滚出来，停在脸上，闪着光。这样过了好久；可怜的姑娘一动也不动，只是偶尔痛苦地移动一下双手，倾听着，一直倾听着……树林里又有了响声，她浑身一震。这声音没有停止，越来越清晰，越来越近，终于可以听见果断而急速的脚步声。她挺直身子，仿佛有些胆怯了；她那专注的目光颤抖着，燃烧着期待的光芒。密林中很快就闪现出一个男人的身影。她仔细看了看，脸刷地绯红起来，欣喜而幸福地微笑了一下，刚想站起来，又俯下身子，脸色发白，不知所措，直到来人在她身旁站定，她才抬起那颤动的、几乎是哀求的目光看着他。

我从隐蔽的地方好奇地看着他。说实话，他给我的印象并不愉快。从各种迹象上看，这是某个富有的年轻地主的宠仆。他的装束暴露出他对时髦和流行的玩世不恭习气的追求：他穿着一件可能是主人穿过的古铜色短上衣，钮扣一直扣到顶，系一条两头都是浅紫色的粉红领带，缀金线的黑丝绒帽子一直扣到眉毛上。白衬衫的圆领无情地顶住他的耳朵，划着他的脸颊，浆硬的套袖直盖到他那弯曲发红的手指，手指上戴着嵌有勿忘草形绿松石的金银戒指。他的脸红润而细嫩，带着一种厚颜无耻的神色，据我观察，这种类型的脸几乎总是为男人所厌恶，却不幸常常博得女人的垂青。他那粗野的面孔显然竭力想装出一种轻蔑和厌倦的表情；他不断眯起他那本来就很小的灰白色小眼睛，皱紧眉头，挂下嘴角，故意打哈欠，带着一种漫不经心却又不大自然的放肆神气时而伸手理理卷得很得意的火红色鬓发，时而捻捻翘在厚嘴唇上方的黄胡子——总之，那样装腔作势着实叫人无法忍受。他一看见这个正在等他的农家姑娘，便装腔作势起来；他慢慢地大摇大摆着走到她跟前，站了一会儿，耸耸肩膀，把两只手插进大衣口袋里，勉强冷漠而随便地看了一眼那可怜的姑娘，便在地上坐下。

“怎么，”他说，仍旧望着旁边某个地方，晃着一条腿，打着哈欠，“你在这儿等了好久了吗?”

姑娘没有立即回答他。

“好久了，维克多·亚历山德雷奇，”她终于用勉强听得出的声音说。

“噢，”他摘下帽子，煞有介事地捋了一下几乎从眉毛上生起的卷得很紧的头发，神气活现地向四下里望望，又爱惜地把帽子戴到他那宝贝脑袋上。“我差点忘记了。再说，你看，又在下雨!”他又打了个哈欠。“事情多得不得了：没法子样样照顾到，那一位还要骂人呢。我们明天要走了……”

“明天?”姑娘说，惊慌地看着他。

“明天……好了，好了，好了，别这样，”他看见她全身哆嗦起来，并慢慢低下头，连忙没好气地接着说，“别这样，阿库琳娜，不要哭了。你知道，你这样我受不了。”他皱起那蒜头鼻子。“不然我马上就走……你真傻——哭什么呀!”

“嗯，我不哭，我不哭，”阿库琳娜竭力咽下眼泪，急忙说。“这么说，您明天就要走了?”她沉默了一会儿又说。“上帝什么时候再让我们见面呢? 维克多·亚历山德雷奇?”

“会见面的，会见面的。不是明年，就是以后。老爷大概想到彼得堡去谋个差事，”他漫不经心地继续小声说，“我们也许还要到国外去。”

“您会忘记我的，维克多·亚历山德雷奇，”阿库琳娜伤心地说。

“不会的，怎么会？我不会忘记你：不过，你脑子要放灵活点，别傻里傻气，要听你父亲的话……我不会忘记你的，不——会。”他若无其事地伸了个懒腰，又打了个哈欠。

“不要忘记我，维克多·亚历山德雷奇，”她用哀求的声调继续说。“我是那么爱您，一切都是为了您……您说我要听父亲的话，维克多·亚历山德雷奇……可我怎么能听父亲的话呢……”

“为什么？”他脸朝天躺在草地上，两只手垫在头下，说这句话时声音好像是从肚皮里发出来的。

“我怎么能听他的话呢，维克多·亚历山德雷奇，您自己也知道……”

她不再作声。维克多摆弄着怀表的链条。

“阿库琳娜，你不是个傻姑娘，”他终于说，“所以你不要说傻话。我是要你好，你懂我的意思吗？当然，你不傻，不完全像个人家所说的农家姑娘；你母亲以前也并不一直是农家姑娘。但你毕竟没有受过教育，所以人家对你说的话，你应该听。”

“这太可怕了，维克多·亚历山德雷奇。”

“咦，真是胡说八道，我亲爱的：有什么可怕的！你手里是什么，”他挪近她，说，“是花吗？”

“是花，”阿库琳娜垂头丧气地回答。“这是我采的艾菊，”她稍微活跃了些，继续说。“给小牛吃是很好的。这是金盏花，可以治瘰疬病。您看，多好看的花；这么好看的花我生来还没有看见过。你看，这是勿忘草，这是香堇……这是送给您的，”她从黄色矢车菊底下拿出一小束用细草扎起来的浅蓝色矢车菊，“您要吗？”

维克多懒洋洋地伸手接过花，很随便地闻了闻，在手里转动着，带着一种若有所思的庄重神气抬头望望上面。阿库琳娜望着他……在她忧郁的目光里饱含着温柔的忠诚、恭敬的顺从和情爱。她又怕他，又不敢哭，又要和他告别，又要最后一次把他看个够；而他则像土耳其皇帝一样摊手摊脚地躺着，带着宽宏大量的耐心和降贵纡尊的神气接受她的崇拜。说实话，我怀着愤怒的心情看着他那张通红的脸，这张脸在装腔作势的轻蔑的冷漠中透露出一种得意和令人生厌的唯我独尊的神气。在这一瞬间，阿库琳娜显得非常美丽：她的整个心灵都对他信任而热烈地敞开，想去亲近他，向他表示亲热，可他……他把矢车菊扔在草地上，从大衣的侧袋里拿出一块镶铜边的圆玻璃片，把它嵌到眼睛上；但是不管他怎么努力皱起眉头，抬起面颊甚至鼻子想夹住它，玻璃片还是落下来，掉在他手上。

“这是什么?”惊奇的阿库琳娜终于问道。

“单眼镜，”他一本正经地回答。

“干什么用的?”

“为了看得更清楚。”

“让我看看吧。”

维克多皱起眉头，但还是把玻璃片递给了她。

“别打破，当心点。”

“别担心，我不会打破的。”她小心翼翼地把它放在眼睛上。“我一点儿也看不见，”她天真地说。

“你得把一只眼睛眯起来呀，”他用不满意的指导老师的口气说。(她眯起戴着玻璃片的那只眼睛。)“不是这一只，你真笨！是另一只!”维克多大声叫嚷着，不等她改正过来，就把玻璃片拿走了。

阿库琳娜脸红起来，微微笑着，扭过脸去。

“可见这不是我们用的东西，”她说。

“这还用说吗!”

可怜的姑娘不再说什么，只是深深叹了一口气。

“唉，维克多·亚历山德雷奇，您不在，我可怎么过日子啊!”她突然说。

维克多用衣裾擦擦单眼镜，把它放回口袋里。

“是啊，是啊，”他终于说起来。“开头你会觉得难过的，这不错。”他体谅地拍拍她的肩膀，她轻轻地从肩膀上拉起他的手，怯生生地吻了吻。“嗯，是的，是的，你确实是个好姑娘，”他得意地笑了笑，继续说，“可有什么办法呢？你自己想想看！我和老爷不能留在这儿啊，冬天很快就到了，乡下的冬天，你自己也知道，真是糟糕透了。在彼得堡就好得多！那边简直美妙极了，傻姑娘，你就是做梦也想象不到。多好的房子、街道，而社交界，教养，简直叫人惊叹不已！……”阿库琳娜聚精会神地听着他说，像小孩一样微微张着嘴。“不过，”他在地上翻了个身，又说，“我跟你说这些有什么用？你根本就听不懂。”

“为什么，维克多·亚历山德雷奇？我懂的，我全听得懂的。”

“瞧你这样子！”

阿库琳娜垂下头。

“以前您不是这样跟我说话的，维克多·亚历山德雷奇，”她没抬起眼睛说。

“以前？……以前！瞧你说的！……以前！”他说着，好像生气了。

他们两人都不再说话。

“可是我得走了，”维克多说，他已经用胳膊肘撑起身子……

“再等一会儿吧，”阿库琳娜用哀求的声音说。

“等什么？……我已经跟你告别过了。”

“等一会儿吧，”阿库琳娜又说了一遍。

维克多又躺下来，并且吹起口哨。阿库琳娜还是目不转睛地看着他。我看得出，她的情绪渐渐激动起来：她的嘴唇抖动着，苍白的面颊微微泛出红晕……

“维克多·亚历山德雷奇，”她终于断断续续地说，“您不该这样……您不该这样，维克多·亚历山德雷奇，真的！”

“什么不该这样?”他皱起眉头，稍稍抬起头来并向她转过去，问道。

“您不该这样，维克多·亚历山德雷奇。在分手的时候，您哪怕对我说句好话也好啊，您哪怕对我这苦命的孤儿说句好话也好啊……”

“我跟您说些什么好呢?”

“我不知道，这个您比我懂，维克多·亚历山德雷奇。您就要走了，您哪怕说一句话……瞧我得到什么报应啦?”

“你真怪！我能说什么呢?”

“哪怕说一句话……”

“唉，你老是这一套，”他恼怒地说，站了起来。

“您别生气，维克多·亚历山德雷奇，”她勉强忍住泪，急忙说。

“我不生气，只是你太傻……你想要些什么呢？你知道我是不能娶你的吗？知道我不能娶你吗？既然这样，你还想要什么呢？要什么呢?”他把脸向前冲了冲，好像在等待回答，又把手指张开。

“我什么……什么也不想要，”她结结巴巴地回答，竭力大着胆子向他伸出一双颤栗的手，“在分手的时候，您哪怕对我说一句话……”

她的眼泪像小河一样流下来。

“嘿，真的是这样，又哭起来了，”维克多把帽子扣到眼睛上，冷冷地说。

“我什么也不想要，”她哽咽着，双手掩住脸，继续说，“可是我在家里怎么办呢，我在家里怎么办呢？我将来的日子怎么过，我这苦命人以后怎么办？他们会把我这孤苦伶仃的人嫁给我不喜欢的人……我这苦命人!”

“唱下去吧，唱下去吧，”维克多在原地转来转去，喃喃地说。

“哪怕说一句话，哪怕一句……就说，‘阿库琳娜，’就说，‘我……’”

突然迸发出来的撕心裂肺的号啕大哭使她不能把话说完——她倒下

来把脸伏在草地上痛哭起来……她的整个身子痉挛地起伏着，后脑勺也不断地上下起伏着……压抑了很久的痛苦终于像决了堤的洪流一样奔涌而出。维克多高高地站在她旁边，站了一会儿，耸耸肩膀，转过身，迈开大步走了。

过了一会儿……她平静下来，抬起头，站起来，回头看看，沮丧地拍了一下手；她想跑去追他，可是两条腿发软——她跪了下来……我忍不住向她奔去；但她一看见我，不知从哪儿来的力气——她轻轻地叫了一声，站起来，立刻消失在树林里，只在地上留下一堆撒落的花。

我站了一会儿，拣起那束矢车菊，走出树林，来到田野上。太阳低低地挂在淡淡的明亮的天空中，阳光也仿佛变得暗淡而寒冷：它没有了光芒，只是融化成一片均匀的淡淡的光。到黄昏还剩下不到半个小时，天空只有一抹淡淡的晚霞。风一阵阵掠过发黄的收割过的麦田，迅速向我吹来；拳曲的小树叶在麦田前急速地飞起，从田野旁掠过，穿过道路，沿着树林边缘飞去；壁立在田野上的树林整个儿颤抖着，闪耀着万点金光，轮廓分明，却不耀眼；在有点发红的草地上，草茎上，麦秸上，到处都有无数秋天的蛛丝在闪闪发亮，随风飘动。我停住脚步……我心中油然产生惆怅之感；正在凋零的大自然虽然还在发出并不很愉快却还清新的微笑，对已经不远的严冬的恐惧却已悄悄爬上心头。一只小心的乌鸦用它的翅膀沉重而猛烈地划破长空，高高地从我头顶上飞过，又从旁边看我一眼，呱呱叫着，向上飞去，消失在树林后面；一大群鸽子从打谷场上急速腾飞起来，突然盘旋成柱状，又纷纷飞落到田野上——这正是秋天的征候！有人驾着一辆空车从光秃的山丘后面走过，发出震耳的辘辘声……

我回到家里，但可怜的阿库琳娜的形象仍久久在我脑海里萦回，她那束早已枯萎的矢车菊至今还保存在我家里……

希格雷县的哈姆雷特

在一次旅行中我应邀去一位富裕的地主和猎人亚历山大·米海雷奇·格×× 家赴宴。他的村子坐落在离我当时所住的小村子约莫五俄里的地方。我穿上燕尾服——我劝任何人出门的时候，即使是去打猎，也要穿上这种服装——就到亚历山大·米海雷奇家去了。宴会定于六点钟开始；我五点钟到达时，在那里碰到了许许多多穿制服、便服和其他很难说出名称的衣服的贵族。主人亲切地接待了我，又立刻跑到餐厅仆役的房间里去了。他在等候一个重要的官员，心情有些激动，这和他在社会上和财富上所处的独立地位是完全不相称的。亚历山大·米海雷奇从未结过婚，也不喜欢女人；来他家聚会的都是单身汉。他生活阔绰，他把祖传的府邸加以扩建，并装修得富丽堂皇，每年从莫斯科订购一万五千卢布的酒，向来受到极大的尊敬。亚历山大·米海雷奇早就退休，没有获得任何头衔……那么究竟是什么原因使他硬要请一位当官的客人光临，并且从举行盛宴的这天一大清早起就激动不已呢？这正如我熟悉的一位法院检察官在有人问及他是否接受人家自愿奉送的贿赂时所说的：只有天知道。

同主人分开后，我便到各个房间去走走。客人我几乎全不认识；已有二十来个人围着牌桌在打牌。在这些朴烈费兰斯的爱好者当中有两个军人，气度不凡，只是有些衰老，还有几个文官，领带打得又高又紧，染了色的八字胡垂挂下来，只有性格果断、心地善良的人才这般打扮(这些心地善良的人一本正经地理着牌，对于走到身边来的人，头也不转动一下，只是斜着眼看看他们)；有五六个县里的官吏，一个个大腹便便，胖乎乎的手汗津津的，两条腿规规矩矩的，动也不动一下(这些绅士说话时轻声细语，和蔼可亲地向各方面扮着笑脸，把手里的牌紧靠着胸衣拿着，出王牌的时候也不敲响桌子，而是把牌作弧形轻轻地抛到绿呢桌面上，收拢赢来的牌时发出一种轻轻的、极有礼貌的嚓嚓声）。其余的贵族或坐在长沙发上，或成群挤在门口和窗户旁边；有一个已经不年轻、容貌像女人的地主站在屋角里，打着哆嗦，红着脸，忸怩不安地在肚子前面把玩着他的表坠，虽然没有人注意他。有几个绅士穿着莫斯科裁缝——终身行会师傅菲尔斯·克留欣做的圆摆燕尾服和格子西装裤正毫无顾忌、旁若无人地高谈阔论，并随意转动着他们那油光闪亮的秃头；一个高度近视、浅色头发、二十来岁的年轻人，从头到脚一身黑色装束，看样子有些腼腆，但在那里不以为然地冷笑着……

然而我已经感到有些寂寞，突然有个名叫沃伊尼岑的人来到我跟前，他是个学业没有完成的年轻人，寄住在亚历山大·米海雷奇家里，是他家的……说不准是他家的什么人。他打枪打得非常好，又善于训练猎犬。我还在莫斯科的时候就认识他了。他属于这样一种年轻人：这样的年轻人在每一次考试时往往“装木头人”，也就是对教授的问题一言不发。为了追求音节的美妙，人们称这些先生为“蓄络腮胡子的人”（可见这是很久以前的事了）。事情是这样的：譬如，让沃伊尼岑去应试。在叫到他的名字之前，沃伊尼岑端端正正、一动不动地坐在长凳上，这时他却浑身上下热汗淋漓，慢慢地、毫无目标地向四周环视一下，站起身来，急急忙忙地把纽扣一直扣到制服上面，侧着身挤到考试桌前。“请拿一张试题，”教授很愉快地对他说。沃伊尼岑伸出手去，手指战战兢兢地碰到那一叠试题。“请不要挑选，”一个外来的但很容易激动的小老头，其他系的教授，突然愤恨起这个不幸的蓄络腮胡子的人，声音颤抖着对他说。沃伊尼岑乖乖地顺从自己的命运，取了一张试题，出示了号码，便走到窗口坐下，等待前面的考生回答完问题。沃伊尼岑坐在窗口，眼睛盯着试题，只是偶尔像刚才一样慢慢地向四周环视一下，但肢体却一动不动。可是这时前面的考生回答完了问题，教授们按照他的才能，对他说了一句：“很好，您可以出去了，”或者甚至是：“很好，好极了。”这回叫到沃伊尼岑了；沃伊尼岑站起来，步履坚定地走到考试桌前。“请把试题念一下，”教授对他说。沃伊尼岑双手把试题拿到鼻子底下，慢慢地念着，又慢慢地放下双手。“好吧，请回答，”还是那位教授懒洋洋地说，他把身子往后一靠，把双手抱在胸前。考场里像坟墓一样寂静。“您怎么了?”沃伊尼岑一声不吭。外系来的小老头焦躁起来。“您说话呀!”我那位沃伊尼岑还是一声不吭，仿佛吓呆了。他那剃得光光的后脑勺一动不动地徒然对着全班同学好奇的目光。那外系来的小老头的眼珠子几乎要弹出来：他恨透了沃伊尼岑。“这太奇怪了，”另一个会考人说，“您怎么像哑巴似的站着，您回答不出，是不是? 不然，您就说呀。”“请允许我另拿一张试题，”不幸的人用低沉的声音说。教授们交换了一下眼色。“好，请吧，”主考人挥了一下手，回答。沃伊尼岑又拿了一张试题，又坐到窗口，又回到考试桌前，又像死人一样一声不吭。外系来的小老头恨不得把他整个儿生吞下去。最后教授们把他赶出去，给他打了个零分。您以为现在他至少会跑出去离开了吧? 没有这回事！他又回到自己的位子上，还是那样一动不动地坐着，直到考试结束，临走的时候还大声感叹：“唉，挨了一顿骂！这叫什么考试!”这一天他就整天在莫斯科闲逛，有时抓抓自己的头皮，痛苦地咒骂自己这种无能的命运。自然，书本他连碰也不碰，到了第二天早晨，又演出了同样的一幕。

现在就是这个沃伊尼岑来到我跟前。我和他聊聊莫斯科，聊聊打猎的事。

“您愿意不愿意，”他突然轻声对我说，“我介绍您认识本地一个最俏皮的人?”

“那就劳驾了。”

沃伊尼岑把我领到一个小个子、留着高高的额发和胡髭、穿着咖啡色燕尾服、系着花领带的人跟前。他那肝火旺盛、机灵善变的面相的确显示出他的聪明和刻薄。那瞬息万变、辛辣讽刺的冷笑不断扭歪他的嘴唇；一双眯细的黑眼睛从不整齐的睫毛底下露出粗鲁的神色。他身边站着一个地主，那地主身材胖大，态度随和，一副甜蜜相——十足是个甜得发腻的人——还是个独眼。他在小个子说出俏皮话之前已先笑了，仿佛快活得全身都酥软了似的。沃伊尼岑把我介绍给这位爱说俏皮话的人，他叫彼得·彼得罗维奇·鲁皮欣。我们认识以后互致了最初的敬意。

“请允许我给您介绍我一位最好的朋友，”鲁皮欣抓住那甜滋滋的地主的手，突然用刺耳的声音对我说。“别固执了，基里拉·谢利法内奇，”他说，“不会把你吃掉的。来吧，”他继续说，而这时手足无措的基里拉·谢利法内奇已经在笨拙地鞠躬了，那样子就像是肚子掉了下来似的。“来吧，我给你们介绍一下；这是一位极其出色的贵族。他五十岁以前身体极好，忽然想起要治眼疾，结果把一只眼睛给弄瞎了。后来他给自己的农民治病，也得到了同样的成绩……不过，当然啰，他们对他还是忠心耿耿……”

“您这个人真是的，”基里拉·谢利法内奇喃喃地说，并且笑了起来。

“您说下去啊，我的朋友，喂，说下去啊，”鲁皮欣接着说，“您这个人哪，恐怕要当选法官了，要选上了，您等着瞧吧。到那时，当然会有陪审员来帮您出主意的；不过，您还是要出面的，万一有什么事的话，哪怕说说别人的见解也好。弄得不巧省长来了，他会问：法官为什么说话结结巴巴的？那么，譬如说，就会有人告诉他：他得了麻痹症；省长就会说：给他放放血吧。您处于这样的地位，一定会同意，碰到这种事，会感到很不体面的。”

甜滋滋的地主笑得前仰后合。

“您看他笑的，”鲁皮欣继续说，幸灾乐祸地看着基里拉·谢利法内奇颤动的肚子，“他怎么能不笑呢？”他转过身来对我说，“他吃得饱饱的，身体又好，没有孩子，不需要拿农奴去抵押，还为他们治病，老婆傻头傻脑。(基里拉·谢利法内奇稍稍扭过身子，仿佛没有听见他的话，仍在哈哈笑着。)我也要哭，我老婆跟一个土地测量员跑了。(他咧开嘴笑着。)您不知道这件事？怎么会！她就这么打定主意，私奔了，还给我留下一封信：亲爱的，她说，彼得·彼得罗维奇，原谅我；我被爱情陶醉了，和我的心上人走了……而土地测量员之所以吸引她，只是因为他不剪指甲，穿着紧身裤。您感到奇怪吗？您会说，这个人真坦率。我的上帝！我们草原上的兄弟说话就是这么直截了当。不过我们还是走到旁边点好……干吗跟未来的法官站在一起……”

他挽住我的手，我们一起走到窗前。

“这儿的人都认为我是个俏皮的人，”谈话中他对我说，“您别相信这些话。我只不过是个不满现实的人，要大声骂人；因此我无拘无束。实际上，我为什么要跟人家客客气气呢？对别人的意见我看得一钱不值，我也不想得到什么好处；我是个恶人——这到底是怎么回事呢？恶人至少不必动脑筋。这有多么快活，您真不会相信……您看，譬如说，您看看我们的主人！他为什么要这样奔忙，干吗呀，一会儿看看表，一会儿扮笑脸，一会儿浑身冒汗，装出一副煞有介事的样子，却让我们饿肚子？这有什么稀罕——不过是个当官的罢了！瞧，瞧，他又在奔忙了，还瘸着腿呢，您看。”

于是鲁皮欣尖声笑了起来。

“只有一点不足，没有太太们，”他长长地叹了一口气，又接着说，“是个单身汉的宴会，要不然我们这些弟兄就快活了。您看，您看，”他突然大声喊叫起来，“科泽尔斯基公爵来了，就是那个高个子男人，蓄着大胡子，戴黄手套的。一眼就看得出是到过外国的……他总是姗姗来迟。我告诉您，他是个傻瓜，就像商人的一对马，您要是看见过就好了，他跟我们这帮人说起话来是多么客气，对我们那些如饥似渴的母亲和女儿们的恭维话又表现得气度不凡！……他有时也说几句俏皮话，尽管只是顺路来这里歇歇脚；可他是怎么说俏皮话的！就像钝刀子割绳索一模一样。他看我不顺眼……我去跟他打个招呼。”

于是鲁皮欣向公爵跑去。

“您看，我的仇人来了，”他突然回到我身边对我说，“您看见了吗？那个面孔棕黄色、头上长着硬毛的胖子，喏，就是那个手里抓着帽子、沿着墙壁走过来、像狼一样东张西望的人。我曾经把一匹价值一千卢布的马以四百卢布的价钱卖给他，这个不声不响的家伙现在却有权利来轻视我了；其实他根本就没有思考的能力，尤其是在早晨喝茶前或吃午饭以后，你对他说：您好，可他却回答：什么事？您看，一位高级官员来了，”鲁皮欣继续说，“一位退休的高级文官，破产的高级文官。他有一个甜菜糖女儿，一座患瘰疬病的工厂，对不起，我说错了……不过，您是懂得的。啊！建筑师也到这儿来了！一个德国人，蓄着唇髭，可是业务一窍不通，真是咄咄怪事！……不过，他又何必精通业务呢？他只要收受贿赂，替我们这些柱子贵族[①]多竖几根柱子就行了！”

鲁皮欣又哈哈大笑起来……但突然一种兴奋的激动情绪传遍了整座屋子。一位显贵驾临了。主人急忙向前厅奔去。几个忠实的家人和殷勤的客人也跟着奔去……热烈的谈话声变成柔和愉快的絮语声，宛如春天的蜜蜂在蜂房里发出的嗡嗡声。只有一只不肯安静的黄蜂——鲁皮欣，和一只耀武扬威的雄蜂——科泽尔斯基没有压低自己的声音……瞧，蜂王——那位显贵终于进来了。人心都向着他飞去，坐着的身子也欠起身来；甚至那个廉价向鲁皮欣买了一匹马的地主，甚至那个地主也低下下巴，抵住胸膛。那位显贵始终保持着自己的威严：他频频仰起头，似乎在向别人点头致意，说了几句赞许的话，每说一句话，首先总要用长长的鼻音“啊”一声；他极其愤怒地看看科泽尔斯基公爵的胡子，向拥有工厂和女儿的破产高级文官伸出左手的食指。过了几分钟——在这几分钟里，这位显贵已经两次表示他很高兴，他赴宴没有迟到——所有的人

---

① 意为世袭贵族。因为俄文“柱子”一语另有“世代相传”一义，此处是文字游戏。

便向餐厅走去，大人物走在前面。

无须向读者详细描述，怎样把那位显贵安排在首席，高级文官和省首席贵族之间——这位首席贵族神情轻松而庄重，和他那浆硬的胸衣、宽大的背心和装着法国烟草的圆形鼻烟壶十分相称；主人怎样张罗、奔走、忙活，敬客，顺路对着那位显贵的脊背微笑，像个小学生似的站在屋角，急匆匆喝下一小盆汤或吃下一块牛肉，管家怎样端上一条口里衔着一束花、长一俄尺半的大鱼，一些穿制服的仆役怎样板着面孔、阴沉着脸缠着每一个贵族，一会儿要给他们斟马拉加葡萄酒，一会儿要给他们斟干马德拉葡萄酒，几乎所有的贵族，特别是上了年纪的，怎样像尽义务似地勉强干了一杯又一杯，最后，人们怎样嘭嘭响地打开香槟酒，举杯互祝健康：所有这一切，读者想必都了如指掌了。但我觉得特别精彩的是那位显贵在众人高高兴兴地洗耳恭听的时候亲口讲述的一段趣事。有一个人，大概是那位破产的高级文官，他很熟悉最新的文学动态，提到了女性的一般影响，尤其是对年轻人的影响。“对，对，”那位显贵接着说，“这话说得对。对年轻人就应该严加管教，要不然他们一看见女人的裙子就会神魂颠倒。”(所有的客人脸上都掠过一阵孩子般快乐的微笑，有一个地主的目光里甚至闪烁着感激之情。)“因为年轻人都很懵懂。”(这位显贵强调了“为”字，想必是为了表示他的权威，有时要改变单词通行的重音。)“就譬如说我的儿子伊凡吧，”他继续说，“这个傻瓜只有二十岁，可他却突然对我说：‘爸爸，让我结婚吧。’我对他说：‘傻瓜，你先得谋个差事……’嘿，他又是失望，又是流泪……可是我……不理他……”(这位显贵说出“不理他”这句话似乎不是从嘴里，而是从肚子里说出来的；他沉默了一下，对身旁的高级文官威严地看了一眼，而且把眉毛高高扬起，高得让人无法想象。高级文官愉快地向一侧点点头，极快地眨巴着瞧着显贵的那只眼睛。)“结果怎样呢，”那位显贵又说了起来，“现在他自己写信给我，说，爸爸，谢谢您教导了我这个傻瓜……可见，事情就应该这样处理。”所有的客人当然完全同意那位显贵的见解，而且似乎因为得到满足和教导而活跃起来……宴会结束后，来客都站起来，走到客厅去，发出较响然而还是不失体面，似乎在这种场合下能够容许的喧闹声……坐下来打牌。

我好不容易等到晚上，关照我的马车夫明天早上五点钟给我套好马车，就去睡觉了。但是就在这一天里，还有一个很有特点的人等着我去认识。

由于来客很多，谁也不可能单独睡一个房间。亚历山大·米海雷奇的管家把我带进一个绿莹莹的潮湿的小房间，那里已住着一个脱光了衣服的客人。看见我进来，他立即钻进被子里，把被子一直盖到鼻子上，在松软的绒毛褥子上翻腾了一会儿才安静下来，接着便从他那棉布睡帽的圆帽圈底下满怀戒心地注视着我。我走到另一张床(房间里共有两张床)跟前，脱了衣服，便躺到潮湿的被褥里。邻床的人在床上翻来覆去……我向他道了晚安。

过了半个钟头。我不管怎么努力都无法睡着：一连串不必要的朦胧念头就像扬水机上上下下的吊桶似的一个接一个无休无止、顽固而单调地来到我的脑子里。

“您好像睡不着吧?”我的邻床说。

“是啊，”我回答，“您也睡不着吧?”

“我始终没睡着。”

“怎么会这样?”

“就是这样。我自己也不知道为什么，慢慢地就迷糊过去了；躺着，躺着，就睡着了。”

“既然您不想睡觉，那您干吗躺到床上去?”

“那您叫我干什么呢?”

我没有回答邻床的问话。

“我觉得奇怪，”他沉默了一会儿之后又说起来，“为什么这儿没有跳蚤。那么什么地方才有呢?”

“您好像在可怜它们，”我说。

“不，不是可怜。但我喜欢一切都合乎逻辑。”

“原来如此，”我想，“他用的是什么词儿啊。”

邻床又沉默了下来。

“您愿意跟我打赌吗?”他突然高声说。

“赌什么事?”

邻床开始让我感兴趣了。

“唔……赌什么事？就赌这件事：我相信，您把我当做傻瓜了。”

“没有的事，”我吃惊地嘟囔着。

“把我当乡下人，当大老粗了……您承认吧……”

“我还没有认识您的荣幸，”我不以为然地说。“您怎么能得出这样的结论……”

“怎么能！就凭您说话的声音：您这样随随便便地回答我……可我完全不是您想象中的那种人……”

“请听我说……”

“不，**您**听我说。首先，说法语我不比您差，说德语甚至比您好；其次，我在国外待了三年，光在柏林就住了八个月。我研究过黑格尔，先生，我能背诵歌德的作品；此外，我曾长期恋着一位德国教授的女儿，回国后我娶了一位患肺病的小姐，她虽然掉了头发，人品却极好。可见我可以跟您平起平坐；我不像您认为的那样，是个乡下人……我也经常痛苦地反省，我从来都是直言不讳的。”

我抬起头，以双倍的注意力看看这个怪人。在夜灯幽暗的光线下，我勉强看清了他的面貌。

“喏，您现在就在看我，”他理理睡帽，继续说，“您大概在问自己：今天我怎么没有注意到他？我告诉您，您为什么没有注意到我——因为我说话没有提高声音；因为我躲在别人后面，站在门背后，跟谁都没有讲话；因为管家端着盘子从我旁边经过时预先把臂肘抬得和我的胸口一样高……怎么会发生这种事呢？有两个原因：首先因为我穷，其次，我与世无争……您说句实话吧，您是不是没有注意到我？”

“我确实没有这种荣幸……”

“不错，不错，”他打断我的话，“这我知道。”

他抬起身子，把手抱在胸前；他的睡帽的长长影子折射到天花板上。

“请您坦率地说，”他突然侧目看了我一眼，又说，“您一定觉得我是个很古怪的人，也就是通常所说的怪物，或者也许更坏；也许您以为我是假装的怪人吧？”

“我还是要再次表示，我对您不了解……”

有一瞬间，他低下了头。

“为什么我要跟您这位素不相识的人突然间谈这些话呢？——上帝，只有上帝知道！(他叹了一口气。)并非因为我们的心灵是相通的！您和我，我们都是正派人，也就是说，都只管自己的事：您和我，我和您，都没有任何关系；是不是这样？但我们两人都睡不着……那为什么不聊聊天呢？我很有兴致，这在我是很难得的。您也看得出，我很怕难为情，我怕难为情，并非因为我是个外乡人，没有一官半职，是个穷人，而是因为我是个自尊心很强的人。可是有时候，我心境很好，这种偶然发生的情况我自己既不能决定，也不能预见，在这种情况下，我完全不怕难为情了，譬如现在就是这样。现在哪怕让我面对面和达赖喇嘛坐在一起——我还会向他要一点鼻烟嗅嗅呢。可是，也许您想睡觉了吧？”

“相反，”我连忙回答，“跟您聊天我很愉快。”

“您的意思是说，我让您感到愉快……那就更好了……既然这样，我就告诉您，这儿的人都称我为怪物，也就是说，那些在闲聊中偶然提到我名字的人都这样称呼我。‘没有一个人关心我的命运。’①他们想

① 引自莱蒙托夫诗《遗言》。

侮辱我……啊，我的上帝！要是他们知道……我之所以被人家议论，就因为我一点也不怪，我无非是有点出格，譬如说，现在我在和您谈话，就是有点出格。可是这种出格无伤大雅，这是最平常的、根本不值一提的怪癖。”

他向我转过脸来，两手挥了一下。

“先生！”他喊了一声，“我认为，总的说来，只有怪人才能活在世界上；只有他们才有生存的权利。我的杯子虽不大，但我喝的是自己杯里的水，[①]有人这么说。您看，”他低声插了一句，“我的法语说得多纯正。我认为：即使你的脑袋很大，能装下很多东西，你什么都能理解，见多识广，紧跟时代的步伐，可是你还是没有一点自己的、特别的、本身独有的东西！这不过是在世界上增加了一个装着老生常谈的仓库，又能给谁带来满足呢？不，即使你很愚蠢，但你也应该有自己的见解！应该有自己的风貌，自己特有的风貌，就是这么回事！您不要以为我对这种风貌的要求很高……才不呢！这样的怪人很多：不管你往哪儿看，到处都是怪人；每一个活人都是怪人，可我不在其中！”

“其实，”他停了一会儿继续说，“我在年轻的时候有过多大的抱负啊！在出国以前和回国后的最初一段时间我又多么自命不凡！是啊，在国外的时候，我一直保持着高度的警觉，就像我们这种人应该做的那样，总是独来独往。我们一直在那里探索，探索，可是到头来，你看，连最简单的问题也没搞懂！”

“怪人，怪人！”他带着责备的神情摇摇头，接着说……“人人都叫我怪人……可实际上，世界上再没有一个人比在下我更正常的了。我大概生来就是一个模仿别人的人……真的！我的生活也仿佛是在模仿我研究过的各种各样的作家，我活得很累；我读过书，谈过恋爱，最后还结了婚，这一切都好像不是自愿的，而仿佛是在履行一种义务，或者在上

---

① 原文为法文。

一门课——谁搞得清!”

他从头上摘下睡帽，把它扔在床上。

“要不要我把我的生活说给您听听，”他用断断续续的声音问我，“或者，最好是把我生活中的几个特点告诉您?”

“那就请吧。”

“不，还是让我告诉您我是怎么结婚的吧。结婚原是一件大事，是每个人的试金石；它就像一面镜子，反映出……不，这种比喻太陈旧了……对不起，我要嗅嗅鼻烟。”

他从枕头底下取出鼻烟壶，打开盖子，摇着打开的鼻烟壶，又说起话来。

“先生，请您设身处地替我想一想……请您自己判断一下，我能从黑格尔的百科全书中得到什么样的，请问，得到什么样的好处？请问，在这种百科全书和俄罗斯生活之间有什么共同之处？您怎么叫我把它运用到我们的生活中来，不光是这种百科全书，而且一般说，还有德国哲学……甚至——科学?”

他在床上跳起来，咬牙切齿地小声嘟囔着：

“啊，原来如此，原来如此！……这么说，你又何必到国外去呢?你为什么不待在家里，不就地研究你周围的生活呢？这样你就可以了解生活的要求和未来，也可以明了你的所谓使命了……唉，算了，”他又换成另一种声调，仿佛在为自己辩护，并感到胆怯，继续说，“那种还没有任何圣贤在书里写过的东西，叫我们到哪儿去研究啊！我很愿意向它，向俄罗斯生活学习——可是它，我那宝贝，不作声。它说，您就这样理解我吧；可我没有这种能力：您就给我下个论断，给我一个结论吧……结论？——喏，有人说，这就是结论：听听我们莫斯科人是怎么说的吧：不都像夜莺一样吗？可是问题就在于，他们像库尔斯克夜莺那样啼啭着，而不像人在那里说话……于是我想啊想啊——我想：科学到哪儿都是一样的，真理只有一条——我就打定了主意，上帝保佑，到国外去，到异教徒那儿去……有什么办法呢！年轻人血气方刚，心比天高。您知道，我不愿意过早地发胖，虽然人们都说，发胖是健康的标志。再说，造物要是不给谁长肉，谁身上也不会发胖！”

“可是，”他想了想，又说，“我好像答应过给您谈谈我是怎么结婚的。那您就听我说吧。首先，我要告诉您，我的妻子已经不在人世，其次……其次，我看，我应该跟您说说我的青年时代，否则，您什么也不会明白……您还不想睡吧？”

“是的，不想睡。”

“那就太好了。您听听……隔壁房间里康塔格留欣先生那样打鼾，实在叫人无法恭维！我是不很富裕的父母所生——我说父母，是因为，根据传说，除了母亲，我还有父亲，我已经不记得他了；据说，他智力有限，鼻子很大，满脸雀斑，头发火红，用一个鼻孔吸鼻烟；我母亲的房间里挂着他的肖像，他穿着红色制服，黑领子直竖到耳朵上，相貌非常难看。我常常被带到他的肖像前去挨鞭子，在这种情况下，母亲总是指着他的像对我说：要是他还在世，才不会对你这么客气呢。您可以想象，这对我是多大的鞭策。我既没有兄弟，也没有姐妹；不，应该说，有过一个不中用的兄弟，后脑上生了英国病①，不久便可怜地夭折了……真奇怪，英国病怎么会传到库尔斯克省的希格雷县来呢？但这无关紧要。母亲怀着一个草原上女地主的全部热望来教育我，她从我出生的那个光辉日子起就对我进行教育，一直到我满十六岁……您在听我说吗？”

“当然，您说下去吧。”

“噢，很好。我一满十六岁，母亲就立刻赶走了我那个教法语的家庭教师——从涅任希腊区来的德国人菲利波维奇；她把我带到莫斯科，给我在大学里报了名，就把自己的灵魂交给万能的上帝了。事前，她把

---

① 指软骨病，佝偻病。

我托付给了我的亲叔叔，法院监察官科尔通-巴布尔照管，他是个大名鼎鼎的人物，他的名声不限于希格雷县。我的亲叔叔法院监察官科尔通-巴布尔照例把我的财产侵吞得一干二净……但这也无关紧要。我进了大学——应该为我的母亲说句公道话——那时我已具备了相当良好的素质；可是我身上缺乏独特性，这在当时已初露端倪。我的童年和别的青年的童年没有任何差别：我又愚蠢，又呆板，仿佛是在羽毛褥子下面生长的，我很早就借口有一种幻想的倾向，开始背诗，装出一副愁肠百结的样子……我幻想什么呀？对啦，幻想美呀……在大学里我没有走别的路：我立刻就参加了一个小组。那时是另一个时代……但您也许不知道小组是怎么回事吧？记得席勒曾经说过：

> 惊醒狮子将十分危险，
> 老虎牙齿是莫大的祸害，
> 但最可怕的事情却是
> 一个人处于疯狂状态！①

"请您相信，他要说的不是这个；他要说的是：Das ist ein '小组'……是莫斯科城里的"小组"！②"

"那么您认为小组有什么可怕呢？"我问。

我的邻床抓住睡帽，把它扣到鼻子上。

"我认为有什么可怕？"他高声说，"是这样：小组，它使一切独特的发展归于毁灭；小组，这是社交、女性和生活的丑陋的替代物；小组……啊，等一等，我告诉您，什么叫小组！小组，这是懒散，同时还是萎靡不振的生活，可人们却赋予它以理性事业的意义和外表；小组用高谈阔论代替谈话，让你习惯于徒劳无益的空谈，诱使你离开独自进行

①② 原文为德文。

的美好工作，让你染上文学的疥疮，最后将把你的灵魂的清新和纯洁剥夺殆尽。小组，这是打着博爱和友谊旗号的庸俗和无聊，是以坦率和同情为借口，进行无休无止的争论，以实现个人的野心；在小组里，凭借每个朋友的权利，随时随地都可以把自己肮脏的手指探进同伴的内心深处，因而无论是谁，心灵上都不可能有一个纯洁的未经触动的地方。在小组里，人们崇拜那些夸夸其谈的人、自尊心很强并自作聪明的人、少年老成的人，把那些怀着'隐秘'思想的平庸诗人视为珍宝；在小组里，一些十七岁的年轻小伙子狡黠而故作深奥地侈谈女人和爱情，可是在女人面前，他们却噤若寒蝉，或者跟她们谈话，就像在跟书本谈话一样——而他们谈的又是些什么啊！在小组里，巧言令色、强词夺理大行其道；在小组里，互相监视不亚于警探……啊，小组！你不是小组，你是个魔圈，在里面毁灭的何止一个正派人！"

"啊，我看您有点夸大其词了，"我打断他的话。

我的邻床默默地看看我。

"也许是，上帝了解我的，也许是。可是我们这种人只剩下一件可以自得其乐的事，这就是夸大其词了。就这样，我在莫斯科度过了四个年头。先生，我无法给您形容这段时间过得多么快，快得多么惊人，回想起来简直让人伤心和懊恼。往往是，早晨一起床就像乘雪橇从山上往下滑一样……你睁开眼睛一看，已经滑到底了；瞧，时间已到了晚上；那睡眼惺忪的仆人把一件常礼服套在你身上，你穿戴好，步履蹒跚地到朋友家里去，抽一袋烟，喝几杯淡茶，谈谈德国哲学、爱情、精神的永恒源泉和其他漫无边际的话题。不过在那儿我也见到一些有独到见解、卓尔不群的人：有的人无论怎样折磨自己，无论怎样压制自己，他还是保持着自己的本色；只有我这个不幸的人，把自己像块柔软的蜡那样捏来捏去，我那可怜的本性却一点也不表示反抗！这时候我已经满二十一岁了。我开始管理继承下来的遗产，或者更正确地说，管理我的监护人认为应该给我留下的那部分遗产，我把全部领地交给一个获得自由的家仆瓦西里·库德里亚舍夫管理，到国外，到柏林去了。在国外，正如我荣幸地告诉过您的那样，我待了三年。结果怎么样？在那儿，在国外，我仍然是个毫无作为的人。首先，没什么可说的，对于欧洲本身，对于欧洲生活，我丝毫不了解；我不过是在当地听德国教授的课，读德国人写的书罢了……全部区别就在这儿。我像个修道士，过着遗世独立的生活；我和几个退伍的俄国陆军中尉混在一起，他们也像我一样为渴求知识而苦闷，不过他们的理解力很迟钝，又不善言辞；我还和一些从奔萨和其他农业省份来的蠢笨人家来往；我常上咖啡馆去坐坐，看看杂志，每天晚上去看戏。我和当地的人很少来往；和他们谈话的时候不知怎么有点紧张，他们当中也没有任何人来看我，只有两三个纠缠不清的犹太血统的花花公子常常到我这儿来借钱，以为俄国人[①]容易上当。后来，也真是鬼使神差，我偶然来到一个教授家中；事情是这样的：我到他那儿去报名听课，他突然邀请我到他家里去参加晚会。这位教授有两个女儿，年龄都在二十七八岁，身材都那么矮矮胖胖的——上帝保佑——鼻子长得那么出色，鬈发卷成螺旋形，眼睛是浅蓝色的，红扑扑的手上长着白白的指甲。一个叫林亨，另一个叫明亨。我开始到教授家里去走走。我应该告诉您：这位教授并不笨，但是精神上似乎受过打击：在讲台上讲得有条有理，在家里说话却说不清楚，而且总是把眼镜架在额头上；不过，他是个极有学问的人……后来怎么样呢？我忽然觉得，我爱上了林亨，整整六个月里我都有这种感觉。我虽然很少和她说话，却总是看着她；不过我常常给她读各种各样动人的作品，偷偷握住她的手，晚上和她在一起幻想，久久地凝望着月亮，不然就望着天空。而且她咖啡煮得极好！……这么说，我还有什么不满足的？只有一点使我心里发慌：在所谓无法形容的幸福瞬间，我不知为什么总觉得心窝里隐隐作痛，一阵苦闷的冷颤掠过我的胸口。我终于受用不了这种幸福，逃跑

① 原文为德文。

了。此后我又在国外度过整整两年时间：我到过意大利，在罗马欣赏过《基督变容》①，在佛罗伦萨欣赏过维纳斯；我忽然极度兴奋起来，仿佛着了魔似的；每天晚上写起诗来，开始记日记；一句话，过着和别人一样的生活。可是，只要您看一看，做个怪人是多么容易。我，譬如说，对绘画和雕塑一窍不通……我本来可以公开表明这一点……可是不，这怎么行！还是找个向导，跑去看看壁画吧……”

他又低下头，再次摘下睡帽。

“最后我回到了祖国，”他用疲惫的声音继续说，“来到莫斯科。在莫斯科我发生了惊人的变化。在国外我大多沉默寡言，可是在这儿我忽然变得夸夸其谈起来，并且天知道为什么那么自命不凡。我遇到一些豁达大度的人，他们几乎把我看成天才；女士们津津有味地听着我的高谈阔论；但我不善于保持自己的声望。一天早晨，发生了针对我的谣言（我不知道是谁散播出来的：想必是某个具有男性性格的老处女——这样的老处女在莫斯科多得不可胜数），谣言发生之后便像草莓一样分蘖生须。我被缠住，很想跳出来，扯断这些纠缠不清的线，可是做不到……我便一走了之。这一次我又表现出自己是个荒谬的人；我本可以沉着冷静地等待这次攻击烟消云散，就像等待荨麻疹自己消失一样，那时那些豁达大度的人又会向我伸出双手，那些女士又会对我的言谈报以微笑……但糟就糟在我不是一个怪人。您看，我的良心突然苏醒了：我已经羞于再夸夸其谈下去，呶呶不休地谈啊谈的——昨天在阿尔巴特谈，今天在特鲁巴谈，明天在西弗采夫-弗拉日克谈，总是老一套……要是有人想听又怎么样呢？您看看这方面的一些真正的斗士吧：他们对此满不在乎，相反，他们需要的就是这个；有的人二十年来就是不断地饶舌，而且谈的就是这一套……这就叫做自信和自尊！我也有过自尊心，而且现在也没有完全消失……但是糟就糟在这儿，因为，我再说一遍，我不

① 意大利文艺复兴时期画家拉斐尔的作品。

是怪人，而是个中间人物：造物应该赋予我多得多的自尊心，要么干脆不给我。最初我的境况确实很困难，况且，在国外游历也最终耗尽了我的钱财，而我又不愿意娶一个虽然还年轻、而身体已经孱弱得像果子冻一样的商家姑娘，因此我便千里迢迢回到自己的村子里。”我的邻床又侧目看了我一眼，补充了一句，“有关我乡村生活的最初印象、大自然的美景、孤寂生活的宁静美妙等等，我可以略去不谈吧……”

“可以，可以，”我回答。

“再说，”说话的人又说下去，“这一切全是胡言乱语，至少我接触到的都是这样。我在乡下很寂寞，像一只被关起来的小狗，虽然，我承认，春天里第一次在归途中走过熟悉的白桦林时，由于心中存着一种朦胧的甜蜜的憧憬，我确实感到头晕目眩，心怦怦地跳个不停。但是您也知道，这种朦胧的憧憬是永远不会实现的，相反，却出现了一些始料不及的事情，譬如：兽疫啦，欠租啦，拍卖啦，等等。我在庄园管理人雅科夫的协助下勉勉强强度过一天又一天，这个庄园管理人是代替从前的管家的，后来我才发现他如果不是更凶狠，至少也是个和从前的管家一样的掠夺者，此外，他那双涂焦油的长靴发出的气味也毒害了我的生活。有一次，我想起了邻近一个熟悉的人家，家中有一位退伍上校的太太和她的两个女儿，便吩咐套车到我的邻居那里去。这一天是我永远铭记在心的日子：过了六个月，我娶了这位上校太太的二女儿！……”

说话的人低下头，高高举起双手。

“然而，”他继续热烈地说，“我不想让您对我过世的妻子产生不好的看法。上帝保佑！她是个极高尚、极善良的人，是个懂得爱人、甘愿作出任何牺牲的人，虽然我应该向您坦白承认，如果我不曾经历丧妻之痛，今天我大概不会在这儿和您聊天，因为到现在为止，我家防霜棚里的梁木还完好无损，我曾不止一次想在那儿悬梁自尽！”

“有些梨子，”他停了一会儿又说起来，“必须在地窖里的泥土底下埋上一段时间才能产生所谓真正的味道；我那去世的妻子看来也属于这一类生物。只有到现在我才能为她说句真正的公道话。只有到现在，譬如说，在回忆婚前我和她共同度过的那些夜晚时，我不但没有产生任何痛苦的心情，相反，我还感动得几乎要掉下眼泪。他们家并不富裕，房子是老式的木屋，但很舒适，它造在山上一座荒芜的花园和一个杂草丛生的院子之间。山下有一条河，透过浓密的树叶可以隐隐看得见。一座很大的凉台从屋子通往花园，凉台前有一座令人赏心悦目的开满玫瑰花的长方形花坛。花坛的两端各种着两棵金合欢，已故的主人在它们还细嫩的时候就把它们绞成螺旋形。稍远一点，在荒芜的自生自灭的悬钩子丛中有一座凉亭，里面装饰得十分精巧，但外面却十分衰败，看着它，真能叫人心惊肉跳。凉台的玻璃门通向客厅，客厅里呈现在参观者好奇的目光前的是：每个角落里都有一个用瓷砖砌成的火炉，右边有一架破旧的钢琴，上面堆着一些手抄的乐谱，一张蒙着褪色浅蓝底白色花纹缎子的长沙发，一张圆桌，两个放着叶卡捷琳娜时代瓷器玩具和玻璃球玩具的玻璃橱，墙上挂着一幅著名的肖像画，上面画着一个胸前抱着鸽子、眼睛往上看的淡黄头发少女，桌上放着一个插着新鲜玫瑰花的花瓶……您看，我描绘得多么详细。就在这个客厅里，在这座凉台上演出了我的爱情的全部悲喜剧。这位邻居太太是个凶恶的婆娘，嗓音嘶哑而凶狠，是个蛮横而好斗的泼妇；两个女儿一个叫维拉，跟一般县城里的小姐毫无差别，另一个女儿叫索菲娅，我爱上的是索菲娅。姐妹俩另外还有一个房间，是她们的共同卧室，里面有两张简朴的木床、发黄的纪念册、木犀草香水，有用铅笔画得很糟的男女朋友们的肖像画(其中一幅某绅士的画像特别引人注意，他的脸部表情非常刚毅，上面的签名更加苍劲有力，年轻的时候曾使人对他怀有过高的期望，结果却同我们大家一样——一事无成)，有歌德和席勒的胸像、许多德文书籍、干枯的花环和其他纪念品。但这个房间我难得进去，也不愿意进去：在那儿我不知为什么感到很压抑。而且——很奇怪！索菲娅使我感到最可爱的时候，是在我背对她坐着，或者在思念她或更多地想象她的时候，尤其是傍晚在凉台上。那时候，我欣赏着晚霞，欣赏着树木，欣赏着已经暗淡、但在晚霞中仍轮廓分明的细碎的绿叶；在客厅里，索菲娅正坐在钢琴前不断地弹奏着贝多芬乐曲中一个她喜欢的非常深沉的乐句；恶老太婆正坐在长沙发上安安静静地打鼾；在被晚霞照亮的餐室里维拉正准备着晚茶；茶炊奇妙地咝咝响着，仿佛为什么事感到快乐；面包撕开时发出悦耳的扯裂声，茶匙碰到茶杯时发出的叮当声；金丝雀扰人地啁啾了一整天，突然静息下来，只偶尔叽叽地叫几声，仿佛有什么事情要发问；从透明、稀薄的浮云中偶尔滴落稀疏的雨点……我坐着，坐着，听着，听着，欣赏着，感到心旷神怡，于是我又感觉到我在恋爱了。就在这种傍晚的情绪影响下，我有一次要求老太婆同意我向她女儿求婚，过了两个月，我便结婚了。我觉得，我是爱她的……到现在该知道了，而我，说实话，到现在还不知道，我到底是不是爱索菲娅。她很善良、聪明、文静，有一颗热诚的心；但是不知为什么，是久居乡村的缘故还是其他什么原因，她在心底里(如果有心底的话)隐藏着一个创伤，或者更正确地说，有一个创伤在流血，这个创伤无法医治，而且无论是她还是我，都无法说清楚是个什么创伤。她心中的这个创伤，我当然是在婚后才逐渐捉摸到的。无论我如何为她费尽心机，一点都无济于事！我小时候养过一只黄雀，这只黄雀有一次被一只猫抓住，它给救出来了，又治好了伤，可是我这只可怜的黄雀始终不能复元；它一直闷闷不乐，慢慢变得虚弱，不再鸣啭了……结果，有一天夜里，一只老鼠钻进开着的鸟笼，把鸟喙给咬掉，它终于一命归天了。我不知道现在是哪一只猫抓住了我的妻子，她也同样闷闷不乐，慢慢变得虚弱，像我那只不幸的黄雀一样。有时候她自己显然也想振作一下，到新鲜空气里，到阳光下，到自由天地里去纵情驰骋一番；她试了试，又缩成一团了。她说她是爱我的：好几次向我保证，她再没有别的愿望——呸，见她的鬼去吧！——说着，她的眼睛就失去光芒了。我暗自思忖，是不是以前发生过什么事情。我到处打听，结果一无所得。好吧，现在您就自己去判断吧：如果是个怪人，他就会耸耸肩膀，叹一两口气，照旧生活下去；可我不是个怪人，便想要悬梁自尽。老处女的那一套习惯已深深扎根在我妻子心中——她离不开贝多芬、夜晚的娱乐、木犀草香水、和朋友们通信、纪念册等等，对于任何别的生活方式，尤其是主妇的生活，她无论如何不能习惯；至于沉浸在无名的烦恼中，每天晚上唱《别在黎明时唤醒她》，这对于一个已经出嫁的女人来说实在是太可笑了。

"就这样，我们过了三年幸福生活；第四年索菲娅第一次分娩时死了，说来也真奇怪，我好像早就预感到，她不会给我生一男半女，给世界增添一个新的居民。我还记得她落葬时的情形。那时是春天。我们教区的教堂又小又旧，圣像已经发黑，墙上光秃秃的，地上的砖头好几处已经破裂；每一个唱诗班席位上都有一个很大的圣像。棺材抬进来，安放在圣幛中门前正中的位置上，罩上褪色的盖棺布，周围摆着三个烛台。仪式开始了。一个老态龙钟、脑后留着一根小辫、腰间低低地系着一条绿腰带的教堂职员在诵经台前悲痛地喃喃诵读着经文；一个教士，也是个老人，面相和善、老眼昏花，穿着绣黄色花纹的紫色教袍，兼任着助祭的角色主持着仪式。窗子敞开着，窗外满是垂桦的新鲜嫩叶在摇曳，发出簌簌的响声；青草的芳香一阵阵从院子里飘进来；蜡烛的红色火焰在明媚的春光里变得黯淡了；麻雀在整个教堂上空叽叽喳喳地叫着，偶尔有一只燕子飞进来，在教堂圆顶下发出响亮的叫声。为数不多的几个农民正在为死者虔诚祈祷，他们那长着栗色头发的脑袋在飞扬着金黄色尘埃的阳光里迅速地起伏着，一缕淡蓝色的烟正从香炉的洞眼里袅袅上升。我望着妻子的遗容……我的上帝！即使是死亡也不能使她得到解脱，不能治愈她的创伤：她的神情还是那么病恹恹的，显得胆怯、隐忍——即使进了棺材似乎还是那么郁郁寡欢……我的心在痛苦地流血。她是个很善良很善良的人，但是对她来说，死倒是一个很好的选择！"

说话的人双颊涨得通红，眼睛却黯淡无光。

“我终于，”说话的人又说了起来，“摆脱了妻子亡故后的沉痛，想去干一番所谓的事业。我在省城里谋得一个差事，但是在公家机关的大办公室里，我感到头痛得厉害，眼力不济，当时正好另有一些原因……我便离了职。我本想到莫斯科去，可是，首先，手头拮据，其次……我已经对您说过，我与世无争。这种与世无争的处世态度是突然产生的，可又不是偶然的。我在精神上早就与世无争了，但头颅还是不肯低下来。我认为我思想感情上的谦让是受了乡村生活和不幸遭遇的影响……另一方面，我早就发现，几乎所有的邻人，不管是年轻的还是年老的，起初还因为我有学问、去过外国以及受过教育等其他因素而敬重我，现在不但对我已经完全看惯，甚至开始用粗暴或轻慢的态度对待我，不肯听完我说的道理，对我说话也毫不客气了。我还忘了告诉您，在我新婚的第一年里，我由于无聊而尝试过文学创作，甚至寄过一部作品到杂志社去，如果我没有记错的话，那是一个中篇小说；但是过了一些时候，我收到编辑一封很有礼貌的信，信中说我的智慧不应该遭到拒绝，但缺的是才华，可是文学所需要的只是才华。此外，我听说，有一个过路的莫斯科人，不过是个很善良的年轻人，在省长的晚会上顺便对我发了几句议论，说我是个毫无出息、胸无点墨的人。但是我那一厢情愿的盲目性还继续存在着：您知道，我不愿意自己打自己‘耳光’；终于有一天早晨我睁开了眼睛。事情是这样的：县警察局长到我这儿来，目的是提醒我注意，在我的领地上有一座桥塌了，但这座桥我是绝对没有能力修造的。这位宽宏大量的秩序监督者用一块咸鱼下了一杯伏特加，用长辈的口吻责备我的疏忽，不过，他为我设身处地想了想，劝我吩咐农民在那儿堆上一些粪肥了事，接着，他抽起烟斗来，把话题转到即将进行的选举上。当时有一个叫奥尔巴萨诺夫的人正在谋取省首席贵族这一荣誉职务，他是个不学无术的空谈家，外加是个受贿者。况且，他既没有多少财富，又没有什么地位。我说出了对他的看法，语气也非常随便：说实话，我很看不起奥尔巴萨诺夫先生。县警察局长看看我，亲切地拍拍我的肩膀，温和地说：‘唉，瓦西里·瓦西里耶维奇，这样的人不是你我应该议论的，我们哪儿配？……还是安分守己些吧。’‘得了吧，’我没好气地回答，‘我和奥尔巴萨诺夫先生之间有多少差别啊？’县警察局长从嘴里取下烟斗，瞪大眼睛，忍不住扑哧一笑。‘嘿，你真会说笑话，’最后，他噙着眼泪说，‘你怎么说出这种笑话来……啊！你算老几啊？’一直到他临走时，他还在不断地嘲笑我，有时还用胳膊肘碰碰我的身体，对我说话也称‘你’了。他终于走了。我已经忍无可忍，肺都差一点要气炸了。我在房间里来回走了几次，在镜子前站住，久久地看着自己狼狈的脸，慢慢吐出舌头，苦笑着摇摇头。我恍然大悟：我清楚地看到，比在镜子里看自己的脸更清楚地看到，我是个多么空虚、渺小、无用、平庸的人！”

说话的人停了一下。

“伏尔泰的一部悲剧里，”他又沮丧地说下去，“有个绅士因为不幸到极点反而感到高兴。虽然我一生里没有发生过什么悲剧，但说实话，我也尝过这种滋味。我体验过冷酷的绝望后那种带着酸楚的狂喜；我体会过整个上午不慌不忙地躺在床上诅咒自己出生的日子与时刻的那种甜蜜——我还不能一下子做到与世无争。您就实实在在地替我想一想吧：贫困把我困在可恨的乡村里；没有产业，没有职务，没有文学——一切都与我无缘；我不和别的地主往来，书也使我感到厌烦；至于那些不断甩着鬈发、狂热地侈谈‘人生’、患着水肿病、多愁善感得几成病态的小姐，自从我不再对她们高谈阔论，也不迷恋她们之后，她们已对我不感兴趣了；我不会、也不可能完全离群索居……我就开始……您说怎么着？我就开始到邻居家去串门。我仿佛一心一意要自暴自弃，故意招惹各种琐细的屈辱。吃饭时人们故意不给我斟酒送菜，冷漠而傲慢地对待我，最后竟完全不理睬我。人们不让我参与谈话，而我故意在屋角里附和最愚蠢的饶舌者的意见，这种人若当年在莫斯科是会非常高兴吻我脚上的灰尘和大衣的衣角的……我甚至不愿想到自己常常在别人的冷嘲热讽中苦中作乐……算了吧，我孑然一身，冷嘲热讽又算得了什么！一连好几年我一直这样立身处世，到现在我还是采取这种态度……”

“这也太不像话了，”隔壁房间康塔格留欣先生像说梦话似的声音在嘀咕，“是哪个傻瓜半夜三更还在聊天?”

说话的人连忙钻进被窝里，怯生生地露出头来看看我，伸出一个指头对我发出警告。

“嘘……嘘……”他嘴里发出嘘声，仿佛向康塔格留欣发出声音的方向表示歉意和赔礼，恭恭敬敬地说：“是，是，对不起，先生……他要睡觉了，他必须睡觉了，”他又低声继续说，“他必须养精蓄锐，哪怕为了明天吃东西时胃口同样好。我们没有权利打扰他。况且，我想对您说的话好像都说了；您大概也想睡觉了。祝您晚安。”

说话的人极快地翻过身去，把头埋在枕头里。

“至少我想请教，”我问，“您贵姓……”

他立即抬起头来。

“不，看在上帝的分上，”他打断我的话，“您别问我，也别向别人打听我的姓氏。让我在您的心目中永远成为一个不知姓氏的人，一个受命运压制的瓦西里·瓦西里耶维奇。况且，我是个平庸的人，也不配拥有一个独特的姓氏……如果您一定要给我一个称呼，那就叫我……叫我希格雷县的哈姆雷特吧。这样的哈姆雷特，任何一个县都有很多，只是您没有碰到罢了……再见。”

他又钻进羽毛被里，第二天早上，有人来唤醒我的时候，他已经不在房间里。他在拂晓前就离开了。

切尔托普哈诺夫和涅多皮乌斯金

有一次，在夏天一个炎热的日子里，我打完猎乘马车回家；叶尔莫莱坐在我身旁像鸡啄食似的打瞌睡。沉睡的猎狗像死了一样在我们脚边随着马车的颠簸而跳动。马车夫不时用鞭子驱赶马匹身上的牛虻。马车后面扬起一片浮云般的白色尘埃。我们的马车驶进一片灌木丛。道路变得崎岖不平，车轮开始碰到树枝。叶尔莫莱猛然醒来，往四下里看了一眼……“喂!”他说，“这儿一定有松鸡。我们下车吧。”我们停下来，走进“猎场”。我的狗碰到一窝野物。我开了一枪，正要再装上弹药，突然我后面发出一阵很响的窸窣声，一个骑马的人双手拨开树枝，走到我跟前。“请问，”他用傲慢的口气说，“您有什么权利在这儿打猎，先生?”陌生人说话速度极快，不大连贯，还带着鼻音。我看看他的脸：我有生以来还没有见到过这样的相貌。亲爱的读者，请想象一个身材矮小的人，长着淡黄色头发、红红的翘鼻子，蓄着极长的火红色唇髭。一顶饰有深红色呢子帽顶的尖顶波斯帽齐眉毛扣在额头上。他穿着一件旧的黄色短上衣，胸前挂着黑色波里斯绒子弹袋，所有的接缝处都镶着退了色的银线；他肩上斜挎着一只号角，腰带上插着一把匕首。一匹病弱的高鼻梁栗色马在他身下不停地活动着；两条精瘦、歪爪的灵猩在马脚下打转。这个陌生人的面孔、眼神、声音、一举一动、整个人都表现出一种近乎癫狂的粗野和不同寻常的过分傲慢。他那双玻璃般的浅蓝色眼睛像醉汉一样不断转动着、斜睨着；他高高地昂着头，鼓起双颊，鼻子里哼哼着，浑身都在抖动，简直是威风凛凛，像只火鸡。他又重复了一遍他的问题。

“我不知道这儿禁止打猎，”我回答。

“先生，”他继续说，“您这是在我的土地上。”

“好吧，我这就走。”

“可是请问，”他说，“我是不是有幸在和一位贵族说话?”

我报了自己的姓名。

“那么您就在这儿打猎吧。我自己也是个贵族，很高兴为贵族效劳……我叫切尔托普哈诺夫，潘捷列伊。”

他弯下身子，吆喝一声，在马脖子上抽了一鞭；马晃了晃脑袋，直立起来，往一旁窜去，踩到了一只狗的脚。狗尖叫起来。切尔托普哈诺夫大为恼火，恶狠狠地咒骂着，往马头两只耳朵之间打了一拳，比闪电还快地跳到地上，察看了一下狗爪，往伤口上吐了一口唾沫，使劲往它肚子上踢了一脚，让它别再乱叫，然后抓住马鬃，把一只脚伸进马镫。马仰起头，竖起尾巴，侧身往灌木丛跑去；他用单脚跳着跟着马跑去，终于跨上了马鞍；他发狂似的挥动着马鞭，吹着号角，纵马飞驰而去。切尔托普哈诺夫的突然出现使我大吃一惊，我惊魂未定，突然一个四十来岁的胖子骑着一匹小黑马几乎是静悄悄地从灌木丛里跑了出来。他勒住马，脱下绿色的皮帽子，用柔和的声音细声细气地问我，有没有看见一个骑栗色马的人。我回答，看见的。

“他往哪个方向去了?”他还是用那种声音问我，仍没有戴上帽子。

“往那边。”

“万分感谢。”

他吧嗒着嘴唇，两腿往马肚子上夹了夹，放马踢踏踢踏地慢步朝我指出的方向走去。我目送着他，直到他那绿色帽子隐没在树丛里面。这个新来的陌生人外表上一点也不像前面那个人。他饱满的脸像球一样滚圆，神情腼腆、敦厚而温顺；鼻子也是滚圆的，上面布满青筋，说明他是个好色之徒。他头上前半部没有一根发丝，后半部却翘起几绺稀疏的淡褐色头发；他的小眼睛像是用蒲草割破的一条缝，亲切地眨巴着；红润的嘴唇上挂着亲切的微笑。他穿着一件钉铜纽扣的竖领常礼服，衣服已经很旧，但很干净；他的呢西装裤吊得很高；皮靴的黄色滚边上露出他那胖胖的小腿肚。

“这是谁?”我问叶尔莫莱。

“这个人?涅多皮乌斯金,吉洪·伊凡内奇。住在切尔托普哈诺夫那儿。”

“他怎么啦?是个穷人吗?”

“没有什么钱;可切尔托普哈诺夫也是一个铜钱都没有的呀。”

“那他干吗住在他家里?”

“是这样,他们很要好。两个人谁也离不开谁……这真是:哪儿有长蹄的马,哪儿就有长钳的虾……”

我们走出灌木丛,忽然有两只猎犬在我们身边吠叫起来,一只肥大的雪兔窜进了已经长得很高的燕麦地里。几只猎狗和灵猩跟着从灌木丛边上跳出来,接着切尔托普哈诺夫本人也飞奔而来。他没有叫喊,也没有驱狗去追捕;他气喘吁吁,上气不接下气,只是偶尔从张开的嘴巴里发出一些断断续续的毫无意义的声音;他驱马奔驰着,鼓着眼睛,拼命用鞭子抽打不幸的马匹。几只灵猩追上了……雪兔蹲了一下,倏地回过头来,从叶尔莫莱身边跑过,钻进灌木丛里……几只灵猩飞也似的追去。“追上去,追上去!”发愣的猎人口齿不清地拼命喊着,“宝贝,当心!”叶尔莫莱开了一枪……受伤的雪兔在光滑的干草上滚下来,又往上一跳,在咬住它的猎狗牙齿下惨叫起来。所有的猎狗立即跑拢来。

切尔托普哈诺夫翻跟斗似的翻身跳下马,拔出匕首,跑近猎狗,叉开两腿,怒气冲冲地咒骂着,从狗嘴里扯出遍体鳞伤的兔子,扭歪着脸,把匕首整个儿插进兔子的喉咙,只留下刀把……他把匕首插进以后便哈哈大笑起来。吉洪·伊凡内奇出现在灌木丛边。“哈——哈——哈——哈——哈!”切尔托普哈诺夫又大笑起来……“哈——哈——哈——哈,”他的伙伴也平静地跟着他笑。

“其实夏天是不应该出来打猎的,”我指着被踩倒的燕麦对切尔托普哈诺夫说。

“这是我的地，”切尔托普哈诺夫气喘吁吁地回答。

他把兔子脚割下来，把兔子挂在马鞍后，把兔爪子扔给那几条狗。

“亲爱的，帮我装装子弹吧，”他按照打猎的规矩对叶尔莫莱说。“而对您，先生，”他还是用那种断断续续的刺耳声音说，“我要表示感谢。”

他骑上马。

“请教……我忘记了……您尊姓大名？”

我再次报了自己的姓名。

“很高兴认识您。如果有机会，欢迎您光临舍下……这福姆卡哪儿去了，吉洪·伊凡内奇？”他气冲冲地继续说，“追捕雪兔的时候他不在。”

“他的马倒下了，”吉洪·伊凡内奇微笑着回答。

“怎么倒下了？奥尔巴桑倒下了？呸，唉！……他在哪儿？在哪儿？”

“在那边，树林后面。”

切尔托普哈诺夫朝马脸上抽了一鞭，急驰而去。吉洪·伊凡内奇向我鞠了两个躬——一个为他自己，一个为他的同伴，又慢吞吞地朝灌木丛走去。

这两位先生引起我的强烈好奇心……是什么把这两个完全不同的人联结在一起，使他们结下牢不可破的友谊的呢？我作了一些了解。我打听到的情况是这样的：

切尔托普哈诺夫，潘捷列伊·叶烈梅伊奇在附近一带是个有名的危险而乖张的人物，骄横而喜欢闹事的头等角色。他在军队里服役的时间非常短，后来因为发生“不愉快事件”而以当时人们常说的“母鸡不是鸟”①的军衔退伍。他出身于一个曾经很富裕的古老家庭，祖先按照草

① 俄谚：母鸡不是鸟，准尉不是官。意即他的军衔是准尉。

原上的习惯，日子过得很阔绰：也就是，对应邀而来和非应邀而来的客人一律加以接待，让他们吃个酒足饭饱，并给别人的三套马车的车夫各发一俄石[1]燕麦；家里养着乐师、歌手、小丑和猎狗；在节庆日请众人喝葡萄酒和家酿啤酒，到了冬天便驾着自己的载重马车到莫斯科去，可是，有时候却一连几个月一文不名，只靠吃家禽和家畜过日子。潘捷列伊·叶烈梅伊奇的父亲继承下来的只是一处破产的领地；他照样毫无节制地吃喝玩乐，到他去世的时候，留给唯一的继承人潘捷列伊·叶烈梅伊奇的只是一处典押出去的小村子别索诺沃连同三十五个男农奴和七十六个女农奴，以及科洛勃罗德的十四又四分之一俄亩没有用处的荒地，而且在先人留下的文件中并没有看到有关的地契。应该承认，这位先人是以非常奇怪的方式破产的：是"经济核算"毁了他。照他的见解，贵族不应该受制于商人、市民以及他所说的诸如此类的"强盗"；他在自己的领地上开办各种可能的手工作坊。"又体面，又低廉，"他说，"这就是经济核算！"他一生都没有放弃过这种致命的想法，就是这种想法招致他的破产，然而他着实为此痛快了一阵子！不管如何异想天开，他都一一付诸实施。在他的奇思异想中，有一次，他根据自己的想象造了一辆无比巨大的家庭马车，尽管他把全村的农家马匹连同它们的主人都赶来齐心合力地赶车，马车还是在第一个斜坡上就翻倒，并落得个四分五裂的结局。叶烈梅伊·鲁基奇(潘捷列伊的父亲叫叶烈梅伊·鲁基奇)吩咐在斜坡上立了一座纪念碑，可心里却并不难过。他还想造一座教堂，当然是他自力更生，不要建筑师帮忙。他把整座树林砍下来烧砖，打下一块足以建造一座省级大教堂的大地基，砌好墙，开始建造圆顶：圆顶塌了下来。他重新建造——圆顶又塌了下来；他第三次造上去，圆顶又第三次塌了下来。我的叶烈梅伊·鲁基奇心里想：事情进行得不顺利……一定有可恶的巫术在作怪……他忽然下命令，把全村的老太婆都

---

① 1俄石约合210升。

鞭打一顿。老太婆们打也挨过了，可圆顶始终没有造起来。他开始按新的计划改建农民的木屋，一切都进行经济核算；他把农户三个一组编在一起，排成三角形，中间竖一根旗杆，上面挂一只油漆过的椋鸟笼和一面旗子。他每天大都能想出一个新花样：有时用牛蒡叶烧汤，有时把马尾巴剪下来给仆人做帽子，有时准备用荨麻代替亚麻，用蘑菇喂猪……不过他不光在经济方面搞些花样，他也操心农民的福利。有一次他在《莫斯科导报》上读到哈尔科夫地主赫里亚克·赫鲁皮奥尔斯基写的一篇关于在农民日常生活中提倡道德的好处的小文章，第二天他就发出一道命令：要求所有的农民都要立刻把哈尔科夫地主的文章背熟。农民们熟读了这篇文章，主人就问他们：上面所写的东西是否都读懂了？管家回答说：怎么没读懂啊！就在那个时候，他吩咐，为了维持秩序和进行经济核算，所有属下的农民必须逐个编号，每个人都在衣领上缝上自己的号码。在遇到主人的时候每个人都要高喊一声：我是某某号！主人就亲切地回答：你走吧！

然而，虽然整顿了秩序，进行了经济核算，叶烈梅伊·鲁基奇还是渐渐陷入相当困难的境地：起初他把几个小村子抵押出去，后来又把它们卖掉；那片仅剩的祖传庄园，就是有一座未完工的教堂的村子是由公家来拍卖的，拍卖时幸亏叶烈梅伊·鲁基奇已不在人世，否则他绝对承受不了这种打击，拍卖是在他去世后两个礼拜进行的。他总算能死在自己家里，死在自己床上，身旁围着一群自己人，由自己的医生料理，但可怜的潘捷列伊得到的只有一个别索诺沃村。

潘捷列伊获悉父亲生病的消息时已经在军队里服役，正当上述“不愉快事件”闹得最厉害的时候。他刚满十八岁。他从小没有离开过家庭，一直由他母亲照管着；他母亲瓦西里萨·瓦西里耶夫娜是个很善良然而很愚钝的女人，把他养成了一个娇生惯养的小少爷。她一个人负责他的教育；叶烈梅伊·鲁基奇忙于自己的经济计划，无暇顾及他的教育。不错，有一次他曾亲自惩罚过儿子，因为他读错了一个字，但这是因为那天他心里暗暗怀着深深的痛苦：他最好的一条狗在树上撞死了。不过瓦西里萨·瓦西里耶夫娜对小潘捷列伊教育的操劳也仅限于一次痛苦的努力：她经过多方奔走，才请到一个叫比科费的退伍阿尔萨斯士兵来当家庭教师，一直到死她一见到他就浑身抖得像一张风中的树叶。她想：他要是不干，我岂不完蛋了！那时我可怎么办？我到哪儿去另找一个教师？就这一个我还是费了九牛二虎之力从邻居家里挖来的！比科费是个机灵人，立刻就利用了自己地位的特殊性：他经常喝得烂醉，一天到晚睡觉。潘捷列伊完成了“学业”，便到军队里服役去了。这时瓦西里萨·瓦西里耶夫娜已不在人世。她在这个重要事件发生之前半年由于受惊吓而死：她梦见一个穿白衣服的人骑着一头熊，胸前写着：“反基督者。”不久，叶烈梅伊·鲁基奇也跟着他的老伴去了。

潘捷列伊一听说父亲身体欠安，便骑马拼命往家里赶，可是已经来不及见父亲一面。这个可敬的儿子万万没有想到，他从一个富有的继承人突然变成一个穷光蛋，这时他是多么吃惊啊！很少有人能承受这样的剧变。潘捷列伊变得粗野、冷酷了。他原来虽然喜怒无常，性情暴躁，但不失为一个正直、慷慨和善良的人，现在却变得骄横而喜欢闹事，不再同邻居往来——见了富人自惭形秽，见到穷人感到厌恶——他对所有的人都极其粗暴无礼，甚至对政府官员也是如此：他说，我是世袭贵族。有一次，他差点没把走进他房间、头上还戴着帽子的警察局长开枪打死。当局那方面自然也不肯放过他，一有机会就要让他尝尝厉害；但人们还是有点怕他，因为他的脾气非常暴躁，没说上两句话便要刀剑相向。别人只要稍有异议，切尔托普哈诺夫的眼睛马上就骨碌碌地乱转，说话也结巴起来……“哎——呀——呀——呀，”他口吃起来，“我哪怕掉了脑袋！”……他简直气得要发疯！不过，他倒是个洁身自好的人，不参与任何活动。当然也没有人去拜访他……虽然如此，他的心地倒很善良，凭他的行为，甚至称得上伟大：他看到不公正和欺压弱小的事便不能容忍；他是自家农民的保护神。“怎么?”他发狂似的敲着自己的脑袋说:“想欺侮我的人,我的人?那我就不是切尔托普哈诺夫……”

吉洪·伊凡内奇·涅多皮乌斯金的出身不像潘捷列伊·叶烈梅伊奇那样值得骄傲。他父亲是独院小地主出身,服役四十年才取得贵族地位。世上有一种人,灾难总像对仇人一样残酷无情地对他紧追不舍,父亲老涅多皮乌斯金就属于这种人。在整整六十年岁月里,从出生到辞世,这可怜人一直在和小人物特有的贫困、病痛和灾难作斗争。他像鱼儿想冲破冰层那样挣扎着,吃不饱,睡不好,低头哈腰,到处奔走,愁肠百结,精疲力竭,为每一个戈比而颤抖,在军中服役时不折不扣地“无辜”受罪,最后不是死在阁楼上,就是死在地窖里,没有为自己,也没有为孩子们赚下一块够吃的面包。他像一只被猎狗追捕的兔子,命运把他折磨得死去活来。他是个善良而诚实的人,但按“军衔”收受一点贿赂——从十戈比到两卢布。涅多皮乌斯金有过一个患肺病的瘦弱妻子,还有过几个孩子;幸而不久便先后死去,只剩下吉洪和一个女儿米特罗多拉,人家都称他的女儿为“生意人的漂亮小妞”,经历了许多悲惨而可笑的遭遇之后,嫁给了一个退职的司法监察官。老涅多皮乌斯金生前总算为吉洪在机关里谋得一个编外小吏的职务,但父亲一死吉洪就退了职。没日没夜的提心吊胆、在饥寒交迫中艰难挣扎、母亲的愁肠百结、父亲的走投无路、主人和老板的粗暴欺凌,所有这些每天发生的接踵而来的苦难给吉洪造成了一种不可名状的懦弱:一看见长官他就浑身发抖、眼睛发直,好像一只被逮住的小鸟。他退了职。无动于衷的、也许是喜欢开玩笑的大自然常常把各种能力和嗜好赋予人们,而不考虑他们的社会地位和财富。它以自己特有的关注和爱心把吉洪这个穷官吏的儿子塑造成一个多愁善感、慵懒成性、温文随和而善解人意的人,——一个特别懂得享乐、嗅觉和味觉特别灵敏的人……塑造完毕,仔细加工之后,便让自己的这个作品靠酸白菜和臭咸鱼去养大。这个作品一经长大,便像常言所说的,开始了它的“生活”。这下可热闹了。顽固地折磨老涅多皮乌斯金的命运之神又来折磨儿子：它的胃口显然增大了。但是它对付吉洪的是另一套办法：它不折磨他，而是拿他开心。它从来不把他驱使到走投无路的境地，不让他备尝不体面的饥饿的痛苦，只是迫使他在全俄罗斯流浪，从大乌斯秋格到察列沃-科克沙伊斯克，从一个低微可笑的职务到另一个职务：一会儿让他在一个喜欢吵架、脾气暴躁的贵族女善人家当领班，一会儿安排他在一个虽然富裕却很吝啬的商人家里当食客，一会儿派他到一个眼珠鼓出、理英国式头发的地主家当私人办事处主任，一会儿让他到一个养犬的猎人家里去充当半是家仆半是小丑的角色……总之，命运之神迫使可怜的吉洪一滴滴地喝干寄人篱下生活的苦涩毒汁。他终生都在为那些游手好闲的贵族老爷效劳，去执行他们难以做到的刁钻古怪的要求，去为他们排解昏昏欲睡的难以伺候的忧闷……有多少次，一群客人拿他开心，玩个心满意足之后，终于放他回家，他独自一个人在房间里羞愧得无地自容，眼睛里噙满绝望的冷泪，发誓第二天要悄悄出走，到城里去试试运气，哪怕找个小文书的差事也好，要不然，干脆饿死在街头算数。可是，第一，上帝没有给他力量；第二，他生性怯懦；第三，也是最后，怎样去为差事奔走，去求谁？“他们不会给我差事的！”这苦命人常常愁肠百结地在床上辗转反侧，默默地对自己说，“不会给的！”于是第二天他还是去干他的苦差事。他的境遇使他越来越痛苦，因为那关怀备至的大自然偏偏不肯赋予他一点能力和天分，而没有这种条件要吃小丑这行饭几乎是不可能的。例如，他不善于反穿熊皮大衣跳舞，一直跳到累倒为止，不善于在鞭子挥得啪啪响的环境下说笑打诨和献殷勤；在零下二十度的天气里裸体演出他有时会感冒；他的胃既不能消化掺着墨水和其他污物的酒，也不能消化切碎的醋渍毒蝇蕈和红菇。要不是他的最后一个恩人——一个发了财的包税人在兴头上想起在遗嘱上附带写上几个字，上帝才知道吉洪将会落得个什么结局。那遗嘱上附带写着：“将我自置的别谢连杰耶夫卡及所属全部土地交予焦沙（即吉洪）·涅多皮乌斯金，作为彼永久世袭之财产。”几天之后，这位恩人在喝鲟鱼汤的时候猝然中风而死。在场的人大哗，法院突然来了人，照例封了财产。亲属都聚集在一起；打开了遗嘱；宣读以后把涅多皮乌斯金给叫来了。涅多皮乌斯金来了。大部分在场的人都知道吉洪·伊凡内奇在恩人家里是干什么差使的，迎接他的是他们发出的震耳欲聋的叫嚷和嘲笑的祝贺。“看哪，他是个地主，一个新的地主！”其余的继承人都大叫起来。“这就是那个，”一个有名的喜欢说笑打诨的人接着说，“真的可以说……这是千真万确的……那个……所谓的……继承人。”大家哄然大笑。涅多皮乌斯金好一阵都不敢相信自己的好运。人家给他看遗嘱，他满面通红，眯起眼睛，挥舞着双手，号啕大哭起来。在场者的笑声变成了一片乱哄哄的吼叫。别谢连杰耶夫卡村总共只有二十二个农奴，谁也不会太舍不得，因此碰到这种机会，何不拿它来开开心？只有一个从彼得堡来的继承人，是个长着希腊式鼻子、面部神态高贵、气宇轩昂，名叫罗斯季斯拉夫·亚当梅奇·什托彼尔的男人，终于忍不住，侧着身子走到涅多皮乌斯金跟前，傲慢地斜睨了他一眼。“先生，据我所知，”他轻蔑而随便地说，“您在这位可敬的费多尔·费多罗维奇家里不是充当一个逗乐的仆人的角色吗？”这位来自彼得堡的先生用极其纯正、流利、正确的语言说。六神无主、心慌意乱的涅多皮乌斯金没有听清楚这位陌生先生的话，但其余的人立刻就安静了下来；一个爱说俏皮话的人宽容地笑了笑。什托彼尔先生搓搓手，又重复了一下自己的问题。涅多皮乌斯金惊讶得目瞪口呆。罗斯季斯拉夫·亚当梅奇恶毒地眯起眼睛。

“祝贺您，先生，祝贺您，”他继续说，“不错，不是任何人，可以说，都愿意用这种方式来挣——得一块面包的；但 de gustibus non est disputandum，也就是说，每个人都各有所爱……对不对？”

后面有个人紧接着发出一声不失体面的惊喜的叫声。

“请问，”什托彼尔在众人微笑的强有力鼓励下接着说，“您有什么特别的才能配得到这种幸运？不，您不用害臊，说吧，我们这儿可以说都是自己人，一家人①。我说得对吗，诸位，我们这儿一家人②？”

被罗斯季斯拉夫·亚当梅奇偶然问到的那个继承人可惜不懂法语，因而只发出一些表示赞同的支吾声。可是另一个继承人，一个额头上有几块黄斑的年轻人却急忙接着说：“乌伊，乌伊③，那还用说。”

“也许，”什托彼尔先生又说下去，“您会两脚朝天，倒过来用手走路吧？”

涅多皮乌斯金苦恼地向四下里看看——所有的脸都在刻薄地冷笑，所有的眼睛都含着快乐的眼泪。

“也许您会学公鸡啼叫吧？”

四周爆发出一阵哄堂大笑，但又马上静下来，等着看下面的好戏。

“也许您会在鼻子上……”

“住口！”突然一个严厉、响亮的声音打断了罗斯季斯拉夫·亚当梅奇的话。“您这样侮弄一个可怜的人，难道不害臊！”

大家都朝发出声音的地方转过头去。门口站着切尔托普哈诺夫。他是已故包税人的远房侄儿，也受到邀请来参加家属会议。在宣读遗嘱的时候，他像往常一样高傲地站在远离大家的一边。

“住口，”他又说了一遍，骄傲地昂着头。

什托彼尔先生迅速转过身去，看到这个衣着寒酸、其貌不扬的人，便轻声向旁边的人打听(小心总没错)：

“这是谁？”

“切尔托普哈诺夫，不是什么重要人物，”那人附着他的耳朵回答。

罗斯季斯拉夫·亚当梅奇装出一副神气活现的样子。

“您是谁，敢在这儿发号施令？”他用鼻子哼哼地说着，还眯起眼

---

①② 原文为法文。

③ 法语“是的，是的”的译音。

睛。“请问：您是什么东西?”

切尔托普哈诺夫勃然大怒，像火药被火星点燃了一般。他怒不可遏，简直喘不过气来。

“这——这——这——这——”他仿佛喉咙被卡住似的，发不出声音来。突然雷鸣般大叫：“我是谁?我是谁?我是潘捷列伊·切尔托普哈诺夫，世袭贵族，我的祖先曾为沙皇效过劳，可你是谁?”

罗斯季斯拉夫·亚当梅奇脸色发白，向后倒退了一步。他没料到会遭到这样的反击。

“我不是个东西，我，我不是个东西……”

切尔托普哈诺夫冲向前来；什托彼尔仓皇后退，客人们都朝这位被激怒的地主跑过来。

“决斗，决斗，现在就决斗，只蒙一块手帕!”狂怒的潘捷列伊叫嚷着，“要么向我道歉，也向他……”

“道歉吧，向他道歉吧，”一些心惊胆战的继承人在什托彼尔周围喃喃地说。“他是个疯子，会动刀的。”

“请原谅，请原谅，我有眼无珠，”什托彼尔嘟嘟囔囔地说，“我有眼无珠……”

“也要向他道歉!”不肯罢休的潘捷列伊大叫着。

“也请您原谅，”罗斯季斯拉夫·亚当梅奇转过身来对颤抖得像发热病的涅多皮乌斯金说。

切尔托普哈诺夫平静下来，走到吉洪·伊凡内奇跟前，拉起他的手，傲慢地向四下里看了一眼，没有遇到任何人的目光，便在全场鸦雀无声中同这位领有死者自置的别谢连杰耶夫卡村的新主人以胜利者的姿态走出房间。

从这一天起他们再也没有分开过(别谢连杰耶夫卡村离别索诺沃只有八俄里)。涅多皮乌斯金的无限感激很快就变成卑躬屈节的敬仰。懦弱、温和、不很单纯的吉洪对无所畏惧、公正无私的潘捷列伊佩服得五体投地。“这件事可不容易!”他有时暗自思忖着，“跟省长谈话，眼睛就对着他看……基督作证，就这么对着他看!”

他对他赞叹不止，简直到了不可思议、竭尽全力的地步，他尊敬他，认为他是个非凡、睿智、博学的人。事实也是如此，不管切尔托普哈诺夫所受的教育怎么差，比起吉洪所受的教育来，真可以说是非常出色了。确实，切尔托普哈诺夫俄文书读得很少，法语也不行，法语差到这种地步：有一次一个瑞士家庭教师问他：“先生，您会说法语吗?”①他回答：“热不会，”接着，想了想，又补说了一个“巴”字。②不过他毕竟还记得世界上有过一个很幽默的作家伏尔泰，还记得普鲁士国王腓特烈大帝，在军事上也是个很杰出的人物。俄国作家中他崇拜杰尔查文③，喜欢马尔林斯基④，曾把一只最好的狗取名阿马拉特·贝克⑤……

我和这两位朋友初次见面之后，过了几天我便动身到别索诺沃去拜访潘捷列伊·叶烈梅伊奇。从很远的地方就可以看见他家的小屋子；它矗立在离村子半俄里的荒地上，即所谓矗立“在开阔的高地上”，像一只鹞鹰兀立在耕地上。切尔托普哈诺夫的整座庄院由四座大小不同的破旧木屋构成，即住房、马厩、草棚和澡堂。每一座木屋都独立建造，自成一体：周围没有篱墙，也不见大门。我的车夫犹豫不决地把马车停在一口井栏已半腐烂、堆满垃圾的水井旁边。草棚旁边有几只枯瘦的乱毛小灵猩在撕咬一匹死马，这大概就是奥尔巴桑了；其中一只小狗抬起沾满血迹的嘴脸，匆匆吠了几声，又啃起那赤裸的肋骨。死马的旁边站着一个十六七岁的小伙子，他面孔浮肿发黄，穿着侍童的衣服，赤着脚；

---

① 原文为法文。

② 切尔托普哈诺夫把法语和俄语混合起来说。“热”是法语“我”的意思。法语在否定词 ne(不行，没有)后必须加一个助词 pas(发音如“巴”，切尔托普哈诺夫在说这句话时先是忘记了说“巴”，后又把它补上)。

③ 杰尔查文(1743—1816)，俄国诗人。

④ 马尔林斯基(1797—1837)，别斯图热夫的笔名，俄国作家。

⑤ 马尔林斯基同名小说中的主人公。

他正一本正经地照看着交给他看管的狗，偶尔用鞭子抽打一下那些最贪吃的狗。

“老爷在家吗?”我问。

“天知道!”小伙子回答。“您敲敲门吧。”

我跳下马车，走到那所住房的台阶前。

切尔托普哈诺夫先生的住房样子十分凄凉：原木已经发黑，当中像“大肚子”一样鼓了出来，烟囱倒塌，屋角霉烂歪斜，灰蒙蒙的灰蓝色小窗在低垂的乱草屋檐下毫无生气，就像那些放荡的老妇人的眼睛。我敲敲门，没有人答应，但是我听见门里面有人在厉声说话：

“а，б，в；嘿，笨蛋，”一个嘶哑的声音说，“а，б，в，г……不对！г，д，е！е！……唉，真笨!”

我又一次敲敲门。

那个嘶哑的声音喊了一声：

“进来，是谁呀?”

我走进空荡荡的小小的前厅，通过开着的门看见了切尔托普哈诺夫本人。他穿着油污的布哈拉长袍和宽大的灯笼裤，戴着红色圆便帽，坐在椅子上，一只手抓住一只小卷毛狗的嘴，另一只手拿着一块面包，悬在狗鼻子上方。

“啊!”他用庄重的口吻说，仍坐着不动，“很高兴您光临舍下，请坐。我正在和文佐尔打交道……吉洪·伊凡内奇，”他提高嗓门，叫了一声，“请到这儿来，有客人来了。”

“就来，就来，”吉洪·伊凡内奇在隔壁房间回答。“玛莎，给我领带。”

切尔托普哈诺夫又去调教他的文佐尔，把一块面包放在它的鼻子上。我往四下里看了看。房间里除了一张能拉开的、桌面翘曲、有十三只长短不齐的腿的桌子和四把已经坐塌的麦秆椅子外，没有任何家具；很久很久以前粉刷过的墙壁上出现了许多星形的蓝色斑点，许多地方已经剥落；两扇窗户之间挂着一面用很大的红木框镶着的已看不清楚的破镜子。每个屋角里都竖着几根长烟袋和火枪；从天花板上挂下许多又粗又黑的蜘蛛丝。

“а，б，в，г，д，”切尔托普哈诺夫慢慢念着，突然厉声叫嚷起来：“е！ е！ е！…… 这么笨的畜生！…… е！……”

但那倒霉的卷毛狗只是不断抖动着身子，就是不张开嘴巴；它仍旧坐着，痛苦地夹住尾巴，扭曲着嘴脸，苦恼地眨着眼睛，眯缝着，似乎在自言自语：当然啰，随您怎么发落吧！

“吃吧，喏，抓住！”喋喋不休的地主不断重复着。

“您把它吓坏了，”我说。

“好吧，就让它滚吧！”

他踢了它一脚。那可怜的东西悄悄站立起来，掉下鼻子上的面包，仿佛踮着脚尖，垂头丧气，走到前厅去了。这也难怪：陌生人第一次来访，主人就这样对待它。

另一个房间的门小心地吱吱响着打开了，涅多皮乌斯金先生笑吟吟地鞠着躬，愉快地走了进来。

我站起来，对他鞠了一躬。

“不用客气，不用客气，”他喃喃地说。

我们各自就座。切尔托普哈诺夫到隔壁房间去了。

“您光临我们这个地方已经很久了吧?”涅多皮乌斯金用手掩住嘴巴小心地清清喉咙，轻声细语地说，为了表示礼貌，说话还把几个手指按住嘴唇。

“一个多月了。”

“噢，是这样。”

我们默默地坐了一会儿。

“眼下天气真好，”涅多皮乌斯金继续说，他带着感激的神情看看我，仿佛天气好坏和我有关，“庄稼可以说长得好极了。”

我点点头表示同意。我们又沉默了下来。

“昨天潘捷列伊·叶烈梅伊奇放狗猎到了两只灰兔，”涅多皮乌斯金花了不少力气又说起话来，显然是为了活跃我们的谈话气氛，“唔，是两只很大的灰兔。”

“切尔托普哈诺夫先生的猎狗都是很好的吧?”

“非常出色!”涅多皮乌斯金得意洋洋地回答，“可以说，在省里是首屈一指的(他把身子挪近我)。没什么可说的！潘捷列伊·叶烈梅伊奇就是这么个人！他只要想干什么，只要想到要干什么事，你瞧，马上就成功了，他一直是那么劲头十足。潘捷列伊·叶烈梅伊奇，不瞒您说……”

切尔托普哈诺夫进来了。涅多皮乌斯金笑了笑，停下话头，用眼色向我示意，让我看看他，仿佛想说：您自己看了就会相信的。我们就开始聊打猎的事。

“您要不要看看我的狗?”切尔托普哈诺夫问我，没等我回答，就叫唤卡尔普。

一个强壮的小伙子走了进来，他身穿一件浅蓝色衣领、钉有仆役制服纽扣的绿色土布长袍。

“吩咐福姆卡，”切尔托普哈诺夫断断续续地说，“把阿马拉特和萨伊加牵来，要收拾得干干净净，懂吗?”

卡尔普咧开嘴笑了笑，含糊地说了句什么，走出去了。福姆卡来了，头发梳得光光的，衣服绷得紧紧的，穿着靴子，牵着两条狗。出于礼貌，我对那些愚蠢的畜生称赞了一番(灵猩都特别愚蠢)。切尔托普哈诺夫对准阿马拉特的鼻子啐了一口唾沫，不过看来并没有使这条狗感到丝毫的高兴。涅多皮乌斯金也从后面抚摩了一下阿马拉特。我们又闲聊起来。切尔托普哈诺夫渐渐变得温和起来，不再那么气呼呼，一本正经；他脸上的表情改变了。他朝我看看，又朝涅多皮乌斯金看看。

“喂!”他突然喊叫起来，“干吗让她一个人坐在那儿? 玛莎！喂，玛莎！到这儿来。”

隔壁房间里有人在走动，但是没有回答。

“玛——莎，”切尔托普哈诺夫又亲切地喊了一声，“到这儿来，没关系，别害怕。”

门轻轻地打开了，于是我看见一个约莫二十岁的女子，她身材颀长匀称，生着一张茨冈人的黝黑面孔，一双黄褐色的眼睛，留着一条漆黑的长辫子；一排又大又白的牙齿在饱满红润的嘴唇里白得发亮。她穿着一袭白色衣裙，肩上披着浅蓝色披巾，在靠近喉咙口的地方用一枚金别针扣住，这条披巾把她那双纤细而结实的手臂遮住了一半。她带着村野女子特有的羞涩和惊慌向前走了两步，便停了下来，低下头。

“来，让我来介绍一下，”潘捷列伊·叶烈梅伊奇说，“说她是妻子又不是妻子，就权作我的妻子吧。”

玛莎脸上微微泛起一片红晕，局促不安地笑了笑。我向她深深地鞠了一躬。我很喜欢她。纤细的鹰钩鼻子、张开的半透明鼻孔、高高的眉毛的刚毅线条、苍白的稍稍凹陷的脸颊——她的整个面貌表现出一种任性的热情和无所畏惧的豪勇。两绺发亮的头发从她盘起的发辫底下往敞开的脖子上垂下，这是血统和力量的标志。

她走到窗口坐下。我不想增加她的窘迫，便和切尔托普哈诺夫说起话来。玛莎稍稍扭过头来，从眉毛底下悄悄地、快速而腼腆地打量了我几下。她的目光闪烁着，就像蟒蛇吐信一般。涅多皮乌斯金坐到她身旁，在她耳边轻轻地说着什么。她又笑了笑。在她微笑的时候，她的鼻子稍稍皱了起来，上嘴唇微微翘起，这些动作赋予她的脸一种又像猫又像狮子一样的表情……

“噢，你真像一棵含羞草，”我边想边悄悄地看看她那纤细柔软的腰身、凹陷的胸部和笨拙而敏捷的动作。

“喂，玛莎，”切尔托普哈诺夫问，“得拿点东西来招待招待客人吧，啊?”

“我们有蜜饯，”她回答。

“好，那就把蜜饯拿来，顺便再拿一瓶伏特加。喂，听我说，玛莎，”他在她后面喊道，“也把吉他拿来。”

“拿吉他干什么呀？我又不想唱歌。”

“为什么？”

“我不想。”

“唉，没有的事，你会唱，要是……”

“什么？”玛莎一下子皱起眉头，问道。

“要是有人请求你，”切尔托普哈诺夫有点尴尬，把话说完。

“啊！”

她走出去，一会儿就拿着蜜饯和伏特加回来，又坐到窗口去。她的额头上还看得出一条皱纹，两道眉毛不时扬起又放下，就像黄蜂的触须……读者，您注意到没有，黄蜂的脸有多么可怕？我想，暴风雨要来了。谈话不很投机。涅多皮乌斯金一声不响，只是满脸堆笑；切尔托普哈诺夫喘着气，面红耳赤，干瞪着两只眼睛；我已经准备告辞了……玛莎忽然站起身，一下子把窗门推开，探出头去，对一个路过的农妇气呼呼地叫了一声：“阿克西尼娅！”那农妇浑身一震，想转过身来，脚下一滑，便重重地摔倒在地上。玛莎仰着身子，哈哈大笑起来；切尔托普哈诺夫也笑起来，涅多皮乌斯金开心得尖叫着。我们大家都为之精神一振。只闪了个电，暴风雨就过去了……空气清新了。

过了半小时，谁也无法认出我们了：我们像小孩一样谈笑玩乐。玛莎最会打闹嬉戏——切尔托普哈诺夫目不转睛地盯着她。她脸色发白，鼻孔张开，目光闪烁。这个野姑娘玩得入迷了。涅多皮乌斯金迈动那又胖又短的双腿跟在她后面一跛一跛地跑着，就像一只公鸭在追赶母鸭。连文佐尔也从前厅的条凳下钻出来，站在门槛上看着我们，蓦地跳起来，吠叫着。玛莎轻盈地跑进另一个房间，取来了吉他，她甩掉肩上的披巾，迅速坐下来，抬起头，唱起茨冈人的歌曲。她的歌声嘹亮，还带着颤音，仿佛发自有裂痕的玻璃铃铛，一会儿热烈，一会儿趋于静止……使人感到又亲切又痛苦。“嗨，燃烧吧，说吧！……”切尔托普哈诺夫跳起舞来。涅多皮乌斯金跺着脚，踏着小碎步。玛莎全身扭动，就像在火中燃烧的桦树皮。纤细的手指在吉他上敏捷地弹拨着，黝黑的脖子在两串琥珀项链下慢慢地起伏着。有时她突然停止歌唱，疲惫不堪地蹲下来，好像不情愿似的弹拨着琴弦，于是切尔托普哈诺夫停下来，只是扭动着肩膀，在原地倒换着两脚，而涅多皮乌斯金则摇晃着脑袋，像个中国瓷娃娃；有时她又发狂般唱起歌来，伸直腰身，挺起胸膛，于是切尔托普哈诺夫又一会儿蹲下来，贴近地面，一会儿高高跃起，跳到天花板底下，陀螺似的旋转着，嘴里叫着：“快!”……

“快，快，快，快!”涅多皮乌斯金像说绕口令似的跟着叫。

入夜，我乘马车离开了别索诺沃……

切尔托普哈诺夫的结局

一

打从我去拜访潘捷列伊·叶烈梅伊奇之后，过了两年，他开始遭到灾难了——确确实实是灾难。在这以前，他就遇到了许多不快、挫折，甚至不幸的事，但他并不放在心上，照旧“主宰”着一切。第一个使他感到震动的灾难是一件令他最伤心的事：玛莎和他分手了。

她在他家里似乎已经过得很习惯，是什么原因使她离开他的家呢？这很难说。切尔托普哈诺夫直到自己一生的最后日子都确信，诱使玛莎变心的是他的一个年轻的邻人，此人是个退伍的枪骑兵大尉，绰号叫亚弗。照潘捷列伊·叶烈梅伊奇的说法，他之所以得逞，只是因为他不断地捻着小胡子，拼命抹香油，鼻子里常常意味深长地哼哼着；但是应该说，在这里起作用的主要是玛莎血管里流动着的流浪民族茨冈人的血液。不管怎么说，在一个夏天的傍晚，玛莎还是把一些破旧衣服打成一个小小的包裹，从切尔托普哈诺夫家出走了。

出走之前，她有那么两三天一直坐在屋角里，蜷缩成一团，紧靠着墙壁，像一只受伤的狐狸，对谁都不说一句话，只是转动着眼珠，沉思默想，颤动着眉毛，稍稍咧开嘴露出牙齿，伸出两手，仿佛要把自己裹住。她以前也有过类似的情绪，但从来不持续很久。切尔托普哈诺夫知道这一点，因此并不放在心上，也没有去惊动她。有一天，猎犬管理人告诉他，最后两条猎犬死了，他去犬舍看了看，回来的时候遇到一个女仆，她用发抖的声音向他报告，说玛丽亚·阿金菲耶夫娜[①]吩咐向他致意，吩咐转告他，祝他万事如意，而她自己再也不回到他这儿来了——切尔托普哈诺夫在原地转了两圈，发出一阵嘶哑的吼叫，拔脚就去追那女逃亡者，还顺手带上了手枪。

他在离家两俄里一座白桦林旁边通县城的大道上追上她。太阳已低低地悬挂在地平线上，周围的一切：树木、青草和土地一下子都被染红了。

“你是去找亚弗的！是去找亚弗的！”切尔托普哈诺夫一看见玛莎就痛苦地叫起来，“是去找亚弗的！”他反复说着，跌跌撞撞地向她跑去。

玛莎停住脚步，向他转过脸来。她背着阳光站着，全身黑魆魆的，仿佛用乌木雕成。只有她的眼白像银杏那样特别耀眼，而眼睛本身——瞳仁——就显得更黑了。

她把包裹扔到一边，把双手交叠在胸前。

“你是去找亚弗的，你这个坏女人！”切尔托普哈诺夫又说了一遍，想去抓她的肩膀，但一遇到她的目光便慌了手脚，犹豫起来。

“我不是去找亚弗先生的，潘捷列伊·叶烈梅伊奇，”玛莎平静地轻声回答，“不过，我再也不能和您一起过日子了。”

“怎么不能一起过日子？这是为什么？难道我什么地方对不起你了？”

玛莎摇摇头。

“您没有什么事情对不起我，潘捷列伊·叶烈梅伊奇，只是在您家里我很苦闷……为了过去的日子我感谢您，可是我不能再待下去了——不能再待下去了！”

切尔托普哈诺夫大吃一惊，他甚至用双手拍了一下大腿，跳了起来。

“这是怎么一回事？日子一天天过下去，除了美满和安闲，什么事也没有碰到，突然苦闷起来了！竟然说，我要抛弃这一切！接着把头巾往头上一包，就走了。你受到的尊敬并不比一个太太差呀……”

---

① 玛莎的本名和父称。

“你不这样对待我，我也过得下去，”玛莎打断他的话。

“不需要这样对待？从一个骗人的茨冈女人变成一个太太——不需要这样对待？怎么不需要，你生来就是个贱货吗？这怎能叫人相信？你是偷偷地变心了，变心了！”

他又口吃起来。

“我根本没有想到要变心，也没有想过变心，”玛莎用她那悦耳而清晰的声音说，“我已经告诉您了：我感到苦闷。”

“玛莎！”切尔托普哈诺夫大叫着，用拳头捶着自己的胸口，“行了，别说了，够了，你一直在折磨我……够了！真的！你只要想想吉洪会说些什么；你哪怕可怜可怜他也好！”

“请替我向吉洪·伊凡诺维奇致意，对他说……”

切尔托普哈诺夫两只手挥了一下。

“不行，别胡说——你走不了的！你的亚弗等不到你的。”

“亚弗先生，”玛莎正要说……

“亚弗算什么**先——生——**”切尔托普哈诺夫学着她的口气说。“他是个不折不扣的骗子手、阴谋家，他那副嘴脸就像一只猴子！”

切尔托普哈诺夫和玛莎足足斗了半个小时嘴。他有时走到她跟前，有时跳开，有时对她挥动拳头，有时对她深深鞠躬，哭泣、咒骂……

“我不能再待下去，”玛莎再次表示，“我很苦闷……我苦恼得要命。”她的脸渐渐变得冷漠起来，几乎是一副昏昏欲睡的样子，以致切尔托普哈诺夫问她，是不是有人让她服了麻醉剂。

“苦闷啊，”她说了十来次。

“那么让我打死你吧，怎么样？”他大叫着，突然从口袋里掏出手枪。

玛莎笑了笑，她的脸活跃起来。

“那又怎么样？你打死我吧，潘捷列伊·叶烈梅伊奇：随您的便；但回去我是不回去的。”

“你不回去?”切尔托普哈诺夫扳下手枪的扳机。

“不回去，亲爱的。决不回去。我说话是算数的。”

切尔托普哈诺夫突然把手枪塞到她手里，一屁股坐在地上。

“那么，你打死我吧！没有你，我也不想活了。既然你厌烦我，那么我对一切也感到厌烦了。”

玛莎弯下身子，拿起包裹，把手枪放在草地上，把枪口从切尔托普哈诺夫那边掉开，走到他跟前。

“喂，亲爱的，你何必这样伤心呢?你难道不了解我们茨冈女人吗?我们的脾气生来就是这样的，这是常有的事。只要苦闷这个拆伙的一出现，就把灵魂勾到别的远远的地方去，哪肯再待下去啊?请你记住你的玛莎——这样的女朋友你再也找不到第二个了——我也不会把你，我的雄鹰，忘记的；可是我们的共同生活算是到头了!”

“我爱过你，玛莎，”切尔托普哈诺夫用手掩住脸，透过指缝喃喃地说。

“我也爱过您，好朋友潘捷列伊·叶烈梅伊奇!”

“从前我爱过你，现在我仍旧发狂般地爱你，爱你爱得神魂颠倒。现在我左思右想，你这样无缘无故、好端端地生活着，却要抛弃我，到处去流浪，我想，如果我不是个倒霉的穷光蛋，你大概不会扔下我吧!”

玛莎听了这几句话，只是笑了笑。

“你以前还叫我不贪图钱财的女人呢!”她说着，抡起手臂在切尔托普哈诺夫肩上打了一拳。

他跳了起来。

“不过，你最好是拿些钱去，不然身上一个子儿也没有怎么行?但是你最好还是打死我！我明白告诉你：你现在就打死我!”

玛莎又摇摇头。

“打死你?亲爱的，就为了这件事让人家把我流放到西伯利亚去?”

切尔托普哈诺夫浑身一抖。

“这么说，你只是因为怕服苦役……”

他又在草地上躺下。

玛莎默默地站在他身旁。“我可怜你，潘捷列伊·叶烈梅伊奇，”她叹了一口气说，“你是个好人……但是没有办法：再见吧！”

她转过身去，走了两步。夜晚降临了，到处是一片朦胧的夜色。切尔托普哈诺夫一骨碌从地上站起来，从后面抓住玛莎的两只胳膊肘。

“你就这样走了，你这条毒蛇？到亚弗那儿去！”

“再见吧！”玛莎深情地断然说，挣脱他的手走了。

切尔托普哈诺夫目送着她，然后跑到放手枪的地方，抓起手枪，瞄准了，开了一枪……不过在扣动扳机之前，先把手往上一抬：子弹嗖的一声从玛莎的头顶上飞过。她边走边回过头来看他一下，接着便继续大摇大摆地往前走，仿佛故意刺激他。

他双手掩住脸，拔脚跑了……

但他还没有跑上五十步，突然一动不动地站住了。一个熟悉的、非常熟悉的声音传到他耳中。玛莎在唱歌。“美妙的青春年华，”她唱着；每一个字都在夜空中飘荡着——哀婉而炽热。切尔托普哈诺夫侧耳倾听着。歌声渐渐远去；有时消失了，有时又微弱地飘来，但仍然那么炽热……

“她这是故意刺激我，”切尔托普哈诺夫想，但突然哼哼起来：“啊，不，她这是向我表示永远分手了，”于是泪如泉涌。

第二天他来到亚弗先生家里。亚弗先生是一个真正的上流社会人物，不喜欢在乡村里离群索居，而住在县城里，用他的话说，就是“离小姐们近些”。切尔托普哈诺夫没有遇见亚弗：据他的侍仆说，他前天到莫斯科去了。

“这就对了！”切尔托普哈诺夫愤怒地叫了一声，“他们有约在先；她跟他跑了……但是且慢！”

他不顾侍仆的拦阻，闯进年轻大尉的书房。书房里的长沙发上方挂着主人穿着枪骑兵制服的油画像。“啊，原来你在这儿，这没有尾巴的猴子!”切尔托普哈诺夫大声叫嚷着，跳到长沙发上，一拳打在绷紧的画布上，打开了一个很大的窟窿。

“告诉你那无赖主人，”他对侍仆说，“因为他那可恶的嘴脸不在这儿，贵族切尔托普哈诺夫就揍了他的画像。如果他想和我决斗，他知道在哪儿可以找到贵族切尔托普哈诺夫！要不然，我就自己来找他！就是到了海底，我也能找到这只下贱的猴子!”

说完这句话，切尔托普哈诺夫便跳下沙发，扬长而去。

但是亚弗大尉压根儿没有要求和他决斗，他甚至没有遇到过他——而切尔托普哈诺夫也不想去寻找他的仇人，他们之间没有发生任何麻烦。玛莎从此也没有任何音信。切尔托普哈诺夫本想借酒浇愁，可是很快就“清醒”过来。不过这时他又遭到了第二个灾难。

二

这就是他最亲近的朋友吉洪·伊凡诺维奇·涅多皮乌斯金的逝世。在他去世前两年，他的健康状况就开始了变化：他患了气喘病，老是昏睡，醒来以后，仍不能很快清醒：县里的医生说，他是“小中风”。在玛莎出走前的三天里，也就是她感到“苦闷”的三天里，涅多皮乌斯金躺在他的别谢连杰耶夫卡村，他患了重感冒。玛莎的行为使他大为震惊，这是他绝没有想到的：这件事对他的打击几乎超过了对切尔托普哈诺夫的打击。他生性温顺懦弱，除了对朋友温柔地表示同情，自己存着病态的疑虑外，他什么也没说……但是他从此心灰意懒，身体也垮了下来。“她伤了我的心，”他坐在他所喜爱的漆布面长沙发上转动着手指，自言自语地说。甚至在切尔托普哈诺夫情绪正常以后，他涅多皮乌斯金仍无法恢复常态，他总觉得自己“心里空落落的”。他指着腹部上面的胸口说："就是这儿。"就这样，他拖到了冬天。最初的几阵寒潮袭来时，他的气喘病倒是减轻了些，然而这时来袭击他的却不是"小中风"，而是真正的中风。他没有立即失去知觉，他还认得出切尔托普哈诺夫，甚至在他的好朋友绝望地大叫"你怎么搞的，吉洪，不经我同意，你就要扔下我了，你做得不比玛莎差啊"之后，他还能用僵硬的舌头回答："我……潘……捷……列……伊……奇，永远……听……你的……话。"然而他还是没有等到县里的医生赶到，就在当天死去了。医生看到他刚刚冷下去的遗体，只能悲叹浮生易逝，要了一点"伏特加和咸鱼干"了事。不出所料，吉洪·伊凡诺维奇把自己的产业遗赠给自己最尊敬的恩人和宽宏大量的保护人"潘捷列伊·叶烈梅伊奇·切尔托普哈诺夫"。但是这份产业并没有带给最尊敬的恩人多大好处，因为它不久便被拍卖了，这一部分是为了支付墓地的纪念碑——一座雕像——的费用，这座雕像是切尔托普哈诺夫(在他身上显然反映出父亲的秉性)想在朋友的墓地上竖立的。他从莫斯科订购了一座正在祈祷的天使像。但是人家介绍给他的那个经纪人知道外省熟悉雕塑的行家不多，便没有给他天使，而给他送来了一座多年装饰在莫斯科郊外一座被废弃的叶卡捷琳娜时代花园里的女神福罗拉①像。这座雕像是经纪人没费什么代价搞到手的，不过它倒是十分雅致，具有洛可可式②风格，有一双胖胖的手，留着蓬松的鬈发，袒露的胸脯上饰着一串玫瑰花，风姿柔美。这位神话中的女神至今仍姿态优美地抬起一只脚，站在吉洪·伊凡诺维奇的坟墓上，分毫不差地像蓬巴杜夫人③那样矫揉造作地注视着在她周围漫步的牛羊、这些乡村墓地始终不渝的光顾者。

---

① 希腊神话中的花神。
② 18世纪流行于欧洲的一种艺术风格，主要表现在建筑与室内装饰上。
③ 法国国王路易十五最宠爱的情妇。

三

切尔托普哈诺夫失去忠诚的朋友之后，又开始酗酒了，这一次酗酒的程度比以前要严重得多。他的处境每况愈下。他已经没有钱打猎，仅剩的钱花光了，最后几个仆人也各奔前程了。潘捷列伊·叶烈梅伊奇已完全陷入孤独状态：没有人能和他促膝谈心，更不用说互诉衷曲了。只有他的傲气一点没有减少。相反：他的境况越糟，他就越傲慢，越妄自尊大，越令人难以接近。最后他完全变得蛮横无理。他只剩下一种慰藉，一种乐趣：那就是一匹极其出色的乘用马，灰色的鬃毛，顿河种，他给它起名叫马列克-阿杰尔，这确确实实是一头出众的牲口。

他是这样得到这匹马的：

有一次，切尔托普哈诺夫骑马经过邻村，听见酒店附近有一群农民在那里吵闹叫嚷。在这群农民当中，有许多手臂在同一个地方挥舞着。

“那边出了什么事?”他用惯有的官腔问一个站在自家门口的老农妇。

那农妇靠着门框，好像在打瞌睡，不时往酒店那边看上一眼。一个长着浅色头发的男孩穿着印花布衫，在袒露的胸口上挂着一个柏木十字架，叉开两只小脚，攥紧拳头，坐在她的两只树皮鞋中间；一只小鸡在那儿啄食一块硬得像木头的黑麦面包皮。

“上帝才知道，老爷，”老太婆回答，她向前探着身子，把一只布满皱纹的黝黑的手按在小孩的头上，“听说，是我们的小伙子在打一个犹太人。”

“怎么打犹太人？哪一个犹太人?”

“上帝才知道，老爷。我们这儿来了一个犹太人，谁知道他是从哪儿来的。瓦夏，去吧，小少爷，到妈妈那儿去。去，去，讨厌的东西!”

农妇赶走了小鸡，瓦夏抓住她的裙子。

“他们就是在打他呀，我的老爷。”

“怎么打他？为什么？”

“我不知道，老爷。总是有什么事。再说，怎么能不打呢？是他把基督钉上十字架的！”

切尔托普哈诺夫大喝一声，在马颈上抽了一鞭，径直向人群驰去。他冲入人群，仍用那根鞭子向左右两边不分青红皂白地抽打那些农民，嘴里断断续续地喊叫着：“横行……霸道！横行……霸道！应该……由法律……来惩罚，而不是……私设……公堂！法律！法律!! 法……律!!!”

不到两分钟，整个人群便往四下里后退了——于是酒店门前的地上出现了一个皮肤黝黑、穿着土布长袍、个子瘦小的人，他蓬头垢面，遍体鳞伤……脸色煞白，眼珠往上翻，大张着嘴巴……这是怎么回事？是吓坏了还是死了？

“你们为什么打死这个犹太人？”切尔托普哈诺夫威严地挥动鞭子，大声叫喊着。

人群中响起一阵轻轻的嗡嗡声算是回答。有的农民用手抓住肩膀，有的叉着腰，有的摸摸鼻子。

“打得好厉害！”后排有人说。

“用鞭子打的！谁都会这么干！”另一个声音说。

“为什么把这个犹太人打死？我在问你们哪，你们这些没头脑的野蛮人！”切尔托普哈诺夫又喊叫了一遍。

但这时那躺在地上的人一下子跳了起来，跑到切尔托普哈诺夫的背后，抖抖瑟瑟地抓住他的马鞍。

人群里齐声爆发出一阵哄笑。

“还活着呢！”又是后排发出的声音。“活像一只猫！”

“大人，保护我，救救我！”那不幸的犹太人喃喃地说，他把整个胸部贴紧在切尔托普哈诺夫的一条腿上，“不然他们会打死我的，会打死我的，大人！”

“他们为什么打你?”切尔托普哈诺夫问道。

“我实在不知道！他们有些牲口死了……他们就怀疑我……可是我……”

“好，这件事我们以后会弄清楚的!”切尔托普哈诺夫打断他的话，“现在你抓住我的马鞍跟我走。而你们!”他向人群转过身去，说，“你们认识我吗？我是地主潘捷列伊·切尔托普哈诺夫，住在别索诺沃村，我告诉你们，你们如果想控告我，那就去控告吧，你们还可以顺便控告这个犹太人!”

“干吗要控告啊，”一个老成持重的白胡子农民深深地躬着身说，他那样子就像个族长(不过，他打犹太人的时候并不比别人差些)。潘捷列伊·叶烈梅伊奇老爷，我们很熟悉您老人家，您教训了我们，我们深深感谢您的恩典!”

“干吗要控告啊!”另外一些人也随声附和。“至于那个反基督的人，我们自然有办法对付！他可逃不出我们的手心！我们要抓他就像抓一只野兔……”

切尔托普哈诺夫捻了捻小胡子，哼了一声，就带着犹太人骑马回自己村里去了。他就这样从那些迫害者手里救出了这个犹太人，就像从前解救吉洪·涅多皮乌斯金一样。

四

过了几天，切尔托普哈诺夫家唯一留下来的一个小厮向他报告，说来了一个骑马的人，要和他谈点事。切尔托普哈诺夫跑到台阶上，看见他所熟悉的那个犹太人，他骑着一匹出色的顿河马，那马纹丝不动、骄傲地站在院子当中。那犹太人头上没戴帽子：他把帽子挟在腋下，他的脚也没有踏在马镫上，而踏在马镫的皮带里；他那破长袍的两片衣裾从马鞍的两边挂下来。他一看见切尔托普哈诺夫，便吧嗒着嘴唇，动动胳膊肘，晃动两条腿。然而切尔托普哈诺夫不但没有回礼，甚至勃然大怒起来，他突然火冒三丈：这个可恶的犹太人竟敢骑一匹这样的好马……实在不像话！

“喂，你这个黑皮鬼！”他大声嚷嚷，“马上给我滚下来，要是你不想让人拖到泥塘里的话！”

犹太人立刻听从他的话，像一只麻袋似的从马鞍上滚下来，用一只手轻轻抓住缰绳，边装出笑容边鞠躬，走近切尔托普哈诺夫。

“你有什么事?”潘捷列伊·叶烈梅伊奇神情庄重地问。

“大人，请您看看这是一匹什么马?”犹太人一边不断地鞠躬，一边说。

“唔……不错……是匹好马。你是从哪儿弄来的?大概是偷来的吧?”

“怎么是偷的，大人！我是个老实的犹太人，我不是偷的，而是为您大人觅来的，真的！我费了不少力气，费了不少力气，就为了这匹马！这样的马就是找遍整个顿河地区也找不到第二匹。您看看，大人，这匹马有多好！请到这儿来！吁……吁……转过身去，侧过身来！我们把鞍子拿掉。怎么样，大人?”

“是匹好马，”切尔托普哈诺夫又说了一遍，装出一副无动于衷的样子，可他的心却在怦怦乱跳。他是个热衷于养马的人，是个识马的行家。

“大人，您摸摸它吧！摸摸它的脖子，嘻嘻嘻！不错，就这样。”

切尔托普哈诺夫不情愿似的把手放在马的脖子上，在那上面拍了两下，接着用几根指头从马颈上隆起的地方顺着脊背捋下去，一直捋到肾脏的上方，像内行人一样轻轻地按一按。马立刻拱起背，用它那骄傲的黑眼睛向切尔托普哈诺夫斜视了一下，喷了一下鼻子，前脚在原地踏了两步。

犹太人笑起来，轻轻拍拍手。

“它在认主人了，大人，认主人了!”

“咳，别胡说，”切尔托普哈诺夫愤愤地打断他的话。“向你买这匹马吧……我没有钱，作为礼物吧，我不但从来没有接受过犹太人的礼物，就连上帝的礼物也没有接受过!”

“我怎么敢送您礼物呢，您别那么想!”犹太人大声说。“大人，您买下吧……钱我可以等。”

切尔托普哈诺夫想了想。

“你要多少钱?”最后，他从牙缝里挤出一句话。

犹太人耸耸肩膀。

“就照我付的价钱。两百卢布。”

这匹马值这个价钱的两倍，也许，值这个价钱的三倍。

切尔托普哈诺夫把脸转到一边，大大地打了个哈欠。

“那么钱……什么时候付呢?”他问，故意皱起眉头，眼睛不看犹太人。

“看您大人什么时候方便。”

切尔托普哈诺夫昂起头，但没有抬起眼睛。

“这不是回答。你说清楚，希律的子孙！——难道叫我欠你的情?”

“那么这样吧，”犹太人连忙说，“过六个月……行吗?”

切尔托普哈诺夫什么也没有回答。

犹太人凝视着他的眼睛。“行吗？让我把马牵进马厩吗?”

“鞍子我不要，”切尔托普哈诺夫断断续续地说。“把鞍子拿走，听见吗?”

“当然，当然，我拿走，我拿走，”犹太人很高兴，喃喃地说着，把鞍子扛到肩上。

“至于钱，”切尔托普哈诺夫继续说……“过六个月。不过不是两百卢布，而是两百五十卢布。别说了，两百五十卢布，我对你说！我先欠你。”

切尔托普哈诺夫一直没有勇气抬起眼睛。他从来没有因为失去自尊而如此强烈地感到痛苦。“显然，这礼物，”他想，“是他为了报恩送来的，这鬼东西!”他真想拥抱这个犹太人，再揍他一顿……

“大人，”犹太人鼓起勇气，咧开嘴笑着说，“应该照俄罗斯人的习惯，用衣裾裹着缰绳交给您……”

“瞧你想出了什么主意？犹太人……什么俄罗斯人的习惯！喂，有人吗？把马牵到马厩里去。给它喂些燕麦。我马上就来看看。这样吧：它的名字就叫马列克-阿杰尔吧!”

切尔托普哈诺夫本想走上台阶，却突然转过身，跑到犹太人身边，紧紧握住他的手。犹太人向他鞠了一躬，正想吻他，但切尔托普哈诺夫倒退了一步，轻声告诉他：“别对任何人说!”随即走进门里去了。

五

从这一天起马列克-阿杰尔便成了切尔托普哈诺夫生活中最重要、最关心、最使他高兴的事情。他爱它胜过爱玛莎，他亲近它胜过亲近涅多皮乌斯金。这匹马也和他一样！它像一团火，就是一团火，简直是火药——可它的庄重就像个贵族！它不知疲劳，坚韧不拔，不管要它上哪儿，它都唯命是从；喂养它也花费不多：要是没有东西吃，它会啃脚下的泥巴。它慢走时，就像抱着你那么稳当；它小跑时，就像把你放在摇篮里摇着；它奔驰起来，就是风也追不上！它从来不气喘：因为气孔多。它的腿像钢铁铸成的，至于马失前蹄，那是从来没有过的事！跳过壕沟、越过栅栏，它都不当回事；而且它很有灵性！你一叫它，它扬扬头就跑过来了；你叫它站着，自己走开，它就一动不动地站着；你一回来，它就轻轻地嘶鸣，似乎在说：“我在这儿呢。”它什么也不怕：在最黑暗的地方，在暴风雪中，它都能找到路；它绝不让陌生人靠近它：它会咬人！狗也不敢走近它：一走近它，它的前蹄马上就会往它脑门上噗地踢上一记！叫它活不成。这是一匹有自尊心的马：在它头上挥挥鞭子不过是一种派头罢了，你可别碰它！不过有什么必要喋喋不休地多说呢：总之，它是一件宝贝，不是一匹马！

切尔托普哈诺夫夸起马列克-阿杰尔来都找不到适当的词儿！他那么精心照料它，对它关怀备至！它的毛像银子一样闪光，不是旧的银子，而是新的银子，隐隐闪着亮光的；用手掌抚摩它——它就像一块天鹅绒！马鞍、鞍韂、笼头——所有的马具都配得那么合身、舒齐、干净，简直可以拿铅笔在那上面画画！切尔托普哈诺夫对它的照料真是无微不至，他亲手替它的爱马编额鬃，用啤酒洗鬃毛和尾巴，甚至在蹄子上抹油膏……

他常常骑着马列克-阿杰尔出门去，他不是去访问他的邻居，他和他们仍然没有往来，他只是走过他们的田野和庄园……他说，你们这些傻瓜，在远处欣赏欣赏吧！有时他听说某地方有人出猎——某个富裕的地主准备到远离庄园的野外去打猎，他立刻就到那地方去，在远处，在地平线上表演他的骑姿，让所有的观众惊叹他那匹马的雄姿和速度，但又不让任何人接近它。有一次，一个猎人竟带上全体随从追赶他。他看见切尔托普哈诺夫跑开了，就全速追上去，竭力对他叫喊："喂，你听我说！把马卖给我，你要什么都可以！我可以出一千卢布！我可以把老婆孩子都给你！可以把什么都给你！"

切尔托普哈诺夫突然勒住马列克-阿杰尔。猎人飞驰到他跟前。

"先生！"那人大声说，"你说，你要什么？我的亲爹！"

"即使你是国王，"切尔托普哈诺夫一字一顿地说(他有生以来从来没有听说过莎士比亚的名字①)，"你就是拿整个王国来换我的马——我也不给！"说罢，他哈哈大笑，拉起马列克-阿杰尔，让它直立起来，像

---

① 莎士比亚历史剧《理查三世》中有一段台词说："来一匹马，来一匹马！拿我的王国换一匹马。"

陀螺一样转过身——接着疾驰而去！就在已经收割过的田野上一闪一闪地奔驰。那猎人(据说是个极富有的公爵)把帽子扔在地上，咕咚一声把脸埋在帽子里！就这样在地上躺了半个钟头。

切尔托普哈诺夫怎能不珍爱这匹马呢？他之所以能重新在众多邻居之中显示出无可置疑的优越性，最后的优越性，不是全靠这匹马吗？

六

光阴荏苒，付款的日期渐渐逼近了，可是切尔托普哈诺夫不但没有二百五十卢布，就连五十卢布也没有。怎么办，拿什么来支付？“那有什么办法?”他最后打定主意，“要是那犹太人不好商量，不肯延期，我就把房子和土地给他，自己骑着马到处去流浪！就是饿死，我也不把马列克-阿杰尔交出去!”他心烦意乱，左思右想，无计可施；但是这时命运第一次，也是最后一次怜悯了他，对他发出微笑：他有个远房姑母——切尔托普哈诺夫连她的名字都不知道——在遗嘱中留给他一笔钱，这数目在他看来极大，有整整两千卢布！用他的话说，这钱来得正是时候：正好在犹太人到来前一天收到。切尔托普哈诺夫几乎高兴得发狂，但并没有想到喝一杯伏特加庆贺庆贺：自从马列克-阿杰尔来到他家那一天起，他就滴酒不沾。他跑到马厩里，吻吻他朋友鼻子上面皮肤最柔软的两侧。“现在我们再也不分离了!”他拍拍马列克-阿杰尔梳得很整齐的鬃毛下面的脖子，大声说。回到家里，他数出两百五十卢布，把它封在一个纸包里。然后他仰卧在床上，抽着烟斗，想象着他怎样安排剩下的钱——也就是说，他将去物色一些怎样的狗：要买正宗科斯特罗马种的，而且一定要红斑的！他甚至同彼尔菲什卡谈话，答应给他买一件所有接缝都嵌黄丝带的新上衣，然后心满意足地躺下睡觉。

他做了个恶梦：他骑马出去打猎，不过骑的不是马列克-阿杰尔，而是一匹像骆驼一样的怪兽；一只雪白雪白的狐狸向他跑来……他想挥挥鞭子，想叫狗去追它，可他手里拿的不是鞭子，而是树皮擦子，于是狐狸跑到他跟前，伸出舌头来逗他。他跳下骆驼，绊了一跤，跌到了……他一跤跌到一个宪兵手里，那宪兵要他去见总督，结果他认出那总督竟是亚弗……

切尔托普哈诺夫醒过来。房间里很暗，公鸡刚啼过两遍……

很远很远的地方有一匹马在嘶鸣。

切尔托普哈诺夫抬起头……他又听见一声微弱的马嘶。

"这是马列克-阿杰尔在嘶叫!"他想……"这是它在嘶叫！但为什么这么远？我的天……这不可能……"

切尔托普哈诺夫突然浑身冰凉，急忙跳下床铺，摸到皮靴和衣服，穿戴好，从枕头底下抓起马厩的钥匙，奔到院子里。

七

马厩在院子的尽头，和田野只隔着一堵墙。切尔托普哈诺夫的钥匙没有一下子插进锁孔里，他的手在发抖，他也没有立刻转动钥匙……他屏住气，一动不动地站着：门里面哪怕有一点动静也好啊！"马列克！马列克!"他轻轻叫唤它：里面一片死寂！切尔托普哈诺夫不由自主地用钥匙推了一下：门吱呀一声打开了……原来门没有锁。他一步跨过门槛，又一次叫唤他的马，这一次叫的是它的全名："马列克-阿杰尔!"但那忠实的伙伴没有回答，只有一只老鼠在干草堆里窸窸窣窣地响了一阵。于是切尔托普哈诺夫奔进马厩里三间马栏中养马列克-阿杰尔的那一间。虽然马厩里黑得伸手不见五指，他还是直接闯进了那一间马栏……什么也没有！切尔托普哈诺夫感到天旋地转起来，脑壳里像有一口钟在嗡嗡响着。他想要说句什么，但嘴巴里只是丝丝响着，他用手上上下下、左左右右摸索着，喘着粗气，他弯着腿从一间马栏走进另一间马栏……走进干草几乎堆到屋顶的第三间，撞在一堵墙上，又撞到另一堵墙上，跌倒了，翻了个跟头，他站起来，突然慌慌张张地穿过半开着的门奔到院子里……

“有人盗马了！彼尔菲什卡！彼尔菲什卡！有人盗马了！”他拼命大叫着。

小厮彼尔菲什卡只穿着一件布衫飞速地从他睡觉的下房里跑出来……

主人和唯一的仆人像两个醉汉在院子里撞在一起。他们发疯似的互相围着对方团团转。主人说不清到底发生了什么事，仆人也不知道主人要他干什么。“坏事了！坏事了！”切尔托普哈诺夫喃喃地说着。“坏事了！坏事了！”小厮也跟着他叫着。“拿灯来！给我灯，把灯点上！点灯！点灯！”切尔托普哈诺夫终于从麻木的胸中说出话来。彼尔菲什卡急忙奔进屋里去。

但要点上灯、弄到火却不是件轻而易举的事：在当时的俄罗斯硫磺火柴还是一种稀奇的东西，厨房里最后一点炭火早就熄灭了，火镰和火石没有立刻找到，找到了也一下子打不出火来。切尔托普哈诺夫咬牙切齿地从手足无措的彼尔菲什卡的手中夺过火镰和火石，亲自打火：迸发出许多火星，但迸发得更多的是咒骂，甚至呻吟——但火绒不是点不着就是立刻熄灭，尽管四个鼓起的面颊和四片嘴唇齐心协力地想吹燃它也无济于事！终于在五分钟之后，决不会更早些，点燃了一盏破灯笼底上的蜡烛头，切尔托普哈诺夫这才在彼尔菲什卡的陪伴下闯进马厩，把灯笼高高地举过头顶，向四周察看着……

马厩里空空如也！

他奔到院子里，跑遍了所有的地方——不见马的踪影！潘捷列伊·叶烈梅伊奇庄园四周的篱笆早已破败，许多地方倾斜，倒在地上……马厩旁边的一段，整整有一俄尺宽已完全倒塌了。彼尔菲什卡把它指给切尔托普哈诺夫看。

“老爷！您看看这儿：今天还没有这个洞。木桩都露出地面了：说明是有人把它拔出来的。”

切尔托普哈诺夫提着灯笼跳过去，在地上照着……

“蹄印，蹄印，马蹄铁的印子，蹄印，新的蹄印！”他急急地嘟囔着。“是从这儿牵出去的，这儿，这儿！”

他迅速跳过篱笆，高声喊叫：“马列克-阿杰尔！马列克-阿杰尔！”接着径直往野外跑去。

彼尔菲什卡不知所措地站在篱笆旁。灯光被没有星星和月亮的浓重夜色吞没，很快就从他眼前消失了。

切尔托普哈诺夫的绝望叫声越来越微弱……

八

他回到家里的时候，朝霞已经升起。他已经不像个人样，衣服上全是污泥，神情粗野可怕，目光阴郁凝滞。他用嘶哑的声音轻轻地叫彼尔菲什卡走开，自己一个人关在房间里。他累得几乎站立不住，但并不躺到床上去，却坐在门旁的椅子上，抓住自己的头。

“给盗走了！……给盗走了！”

但是盗马贼是怎样在半夜里从锁好的马厩里把马列克-阿杰尔盗走的？马列克-阿杰尔连白天都不让任何陌生人接近它，怎么能无声无息，没有一点声响就把它盗走呢？连一只看家狗都不吠叫一声，这又怎么解释？不错，看家狗一共只有两只，是两只小狗，由于饥寒交迫，都钻进沙土里了——但毕竟应该有所觉察！

“现在没有了马列克-阿杰尔，我可怎么办？”切尔托普哈诺夫想。“仅有的一种乐趣现在被剥夺了——我应该去死了。再买一匹马吧——钱是有的，可是上哪儿去买一匹这样的好马啊？”

“潘捷列伊·叶烈梅伊奇！潘捷列伊·叶烈梅伊奇！”他听到门外有胆怯的叫声。

切尔托普哈诺夫霍地站起来。

“谁啊?”他大声问，声音好像不是他自己的。

“是我，您的侍童，彼尔菲什卡。”

“你有什么事?是不是找到了，自己跑回来了?”

“不是，潘捷列伊·叶烈梅伊奇；是那个犹太人，那个卖马的……”

“怎么啦?”

“他来了。”

“好——好——好——好!”切尔托普哈诺夫吼叫着，一下子把门打开。“把他揪过来!揪过来!揪过来!”

犹太人站在彼尔菲什卡背后，看到自己的“恩人”一副蓬头垢面、一脸凶相的样子突然出现在眼前，本想赶快逃走，不料切尔托普哈诺夫三步两步跑过来，像老虎似的掐住他的喉咙。

“好哇!来收钱了!来收钱了!”他声音嘶哑地叫道，仿佛不是他掐住人家的喉咙，而是他的喉咙被人家掐住。“半夜里把马盗走，白天倒来要钱了?是不是?是不是?”

“您饶了我吧，大……人……”犹太人哼哼着。

“说，我的马在哪儿?你把它藏在哪儿?卖给谁了?说，说，说啊!”

犹太人已发不出声音；他发青的脸上已没有了惊吓的表情。双手垂了下来，被切尔托普哈诺夫愤怒地摇撼的身体像一根芦苇似的东倒西歪。

“钱我会付给你的，我会全付给你的，一文都不会少，”切尔托普哈诺夫嚷嚷着，“可是你要不马上跟我说出来，我就掐死你，像掐死一只小鸡一样……”

“您已经把他掐死了，老爷，”小厮彼尔菲什卡好声好气地说。

这时切尔托普哈诺夫才醒悟过来。

他放开犹太人的脖子，犹太人扑通一声倒在地上。切尔托普哈诺夫把他拉起来，把他按在凳子上，往他喉咙里灌了一杯伏特加，让他苏醒过来。等他一恢复知觉，便跟他谈话。

原来，犹太人对马列克-阿杰尔被盗的事一无所知。再说，他亲自为“最尊敬的潘捷列伊·叶烈梅伊奇”弄来这匹马，又怎么会把它盗走呢？

于是切尔托普哈诺夫带他到马厩去。

他们两人一起察看了马栏、马槽和门上的锁，翻了翻干草和麦秸，然后走到院子里。切尔托普哈诺夫把篱笆旁的马蹄印指给犹太人看，突然在自己大腿上拍了一下。

“等一等！”他大喊一声。“这匹马你是从哪儿买来的？”

“在小阿尔汉格尔斯克县的维尔霍先诺马市上买的，”犹太人答道。

“向谁买的？”

“一个哥萨克。”

“等一等！这个哥萨克是年轻的还是年老的？”

“是个中年人，样子挺老实。”

“是怎么一个人？什么样子？恐怕是个狡猾的骗子吧？”

“也许是骗子，大人。”

“他，这个骗子，是怎么跟你说的？说了些什么？这匹马他养很久了吗？”

“记得他说，养很久了。”

“这么说，除了他，不会是别人偷的了！你想想看，你听我说，你到这儿来……你叫什么名字？”

犹太人浑身一抖，抬起他的黑眼睛向切尔托普哈诺夫瞥了一眼。

“您问**我**叫什么名字？”

“是啊：你怎么称呼？”

“莫舍尔·列伊巴。”

“好，你想想看，列伊巴，我的朋友，你是个聪明人：除了老主人，谁能让马列克-阿杰尔服服帖帖落到他手里！他还要给它套上马鞍，戴上马嚼子，脱下马衣——你看，马衣就在干草上！……就像在家里干的一样！要是遇上另一个生人，而不是主人，马列克-阿杰尔肯定会把他踩在脚下的！它会大叫起来，惊动整个村子！你同意我说的话吗?”

“同意，同意，大人……”

“这么说，我们应该首先去找那个哥萨克!”

“可是怎么找得到他呢，大人？我一共才见过他一面，这会儿他在哪儿？他叫什么名字？唉！唉!”犹太人说，悲伤地摇动两鬓的长发。

“列伊巴!”切尔托普哈诺夫突然高声叫嚷起来，“列伊巴，你看看我！我要发疯了，我管不住自己了！……要是你不帮我的忙，我就自杀!”

“我怎么帮你啊……”

“跟我出去找那个盗马贼!”

“可我们到哪儿去找啊?”

“到各个市场，到各条大道，到各条小路，到所有的盗马贼那儿，到各个城市，到各个村子，到各个农庄——到处去，找遍天涯海角！至于费用，你不必担心：老弟，我得到了一笔遗产！我就是花完最后一个子儿，也要找到我的朋友！那个盗马贼是逃不出我们的手心的！他逃到哪儿——我们就追到哪儿！他钻到地底下，我们就追到地底下！他逃到魔鬼那儿——我们就追到撒旦那儿!”

“干吗要到撒旦那儿，”犹太人说，“不到他那儿也可以追到的。”

“列伊巴!”切尔托普哈诺夫接着说。“列伊巴，你虽然是个犹太人，你信的不是基督教，可是你的心地比有的基督徒还善良！你可怜可怜我吧！我没有办法一个人去，我一个人办不了这件事。我是个性急的人，而你有头脑，有个金子般的头脑！你们的民族是这样的：没有学问，却什么都懂！你也许在怀疑：他哪儿来的钱！你到我房间里去，我把所有的钱都拿出来给你看。你把钱拿去，连我脖子上的十字架也拿去，只要把马列克-阿杰尔还给我，还给我，还给我！”

切尔托普哈诺夫像发热病一样颤抖着；豆大的汗珠从脸上滚下来，和泪水混在一起，流到唇髭里。他紧握着列伊巴的双手，苦苦哀求着，几乎想吻他……他已经要发狂了。犹太人本想拒绝他，对他反复说，他无论如何走不开，他有事……可是有什么用！切尔托普哈诺夫根本不想听。毫无办法：可怜的列伊巴只好答应。

第二天，切尔托普哈诺夫便同列伊巴乘上一辆农家的马车从别索诺沃出发了。犹太人有些局促不安，他一手扶着车栏，整个虚弱的身体随着颠簸的座位跳动着；他的另一只手揣在怀里，那里有一包用报纸包好的钞票；切尔托普哈诺夫像个木头人似的坐着，只转动着眼睛，喘着大气；他的腰带上插着一把匕首。

“嘿，把我们拆散的坏蛋，这会儿你可得当心点！”走上大路的时候，他嘴里嘟囔着。

他把家里的事托给小厮彼尔菲什卡和一个厨娘照看。这厨娘是个耳聋的老妇人，是他出于同情把她收留在家里的。

“我会骑着马列克-阿杰尔回来的，”告别时他对他们大声说，“要不然我就不回来！”

“你还是嫁给我吧！”彼尔菲什卡用胳膊肘碰碰厨娘的身子和她开玩笑。“反正老爷不会回来，你会太冷清的！”

九

转眼一年过去了……整整一年：潘捷列伊·叶烈梅伊奇杳无音信。厨娘死了；彼尔菲什卡已经准备弃家到城里去，他的堂兄弟在那里一个理发师手下当帮手，要他去。突然传来消息，说老爷要回来了。教区助祭收到潘捷列伊·叶烈梅伊奇亲笔写来的信，在信中告诉他，他打算回到别索诺沃村，请他预先通知家里的仆人，做好准备迎接他回来。按照彼尔菲什卡的理解，这是要他把家里打扫打扫，他不大相信这个消息是真的。然而他不得不确信助祭的话是确实的，因为过了几天，潘捷列伊·叶烈梅伊奇本人骑着马列克-阿杰尔出现在庄园的院子里了。

彼尔菲什卡向主人奔过去，扶住马镫，想扶他下马；但主人自己跳了下来，得意洋洋地向四周扫了一眼，高声喊叫着："我说过，我要找回马列克-阿杰尔，我果然找到了，我就是要和仇人与命运作对！"彼尔菲什卡走过来吻他的手，但切尔托普哈诺夫并不理睬仆人的殷勤。他拉着缰绳，迈开大步，把马列克-阿杰尔带到马厩里去。彼尔菲什卡更仔细地看看自己的主人，不禁感到有些胆怯："啊，这一年来他瘦多了，也见老了，他的神情变得多么严厉可怕！"潘捷列伊·叶烈梅伊奇似乎应该感到高兴，因为他终于达到了目的；他也确实很高兴……不过彼尔菲什卡还是觉得胆怯，甚至感到恐怖。切尔托普哈诺夫把马拴在原来的马栏里，轻轻地拍着它的臀部，说："唔，你又回到家里了！当心点！……"当天他就从免除赋役的贫苦农民中雇了一个可靠的看守人看守马匹，自己重新住到原来的屋子里，过起原来的那种生活……

然而，生活并不完全像原来那样……不过这一点留待以后再说吧。

潘捷列伊·叶烈梅伊奇在回家后的第二天，因为没有人好交谈，就把彼尔菲什卡叫到身边，详细告诉他是怎么找到马列克-阿杰尔的，当然，说话时仍不失尊严，并且用低沉的声音对他说话。在谈话的过程中，切尔托普哈诺夫一直面对窗口坐着，吸着他的长烟袋；彼尔菲什卡则站在门槛上，反剪着双手，恭恭敬敬地望着主人的后脑勺，听着他讲述找马的经过：在无数次徒劳奔波之后，潘捷列伊·叶烈梅伊奇终于来到罗姆内的马市场，那时候他已剩下自己一个人，犹太人列伊巴由于胆小怕事，忍受不了，离他而去；第五天，他已经准备离去，最后一次来到一排马车前面，突然看见在另外三匹马当中拴在燕麦口袋上的一匹马——马列克-阿杰尔！他立刻认出了它，马列克-阿杰尔也认出了他，立即嘶叫起来，挣扎着，用马蹄刨着地面。

“它不在哥萨克那儿，”切尔托普哈诺夫继续说，他仍旧没有回过头来，声音还是那么低沉，“而是在一个贩马的茨冈人那儿；我当然立刻铆住了自己的马，想硬把它夺回来；但那个狡猾的茨冈人就像被烫伤了似的叫得整个广场都听见，他指天发誓，说这匹马是向另一个茨冈人买来的，还想找来几个证人……我不屑和他计较，付给他一笔钱：让他见鬼去吧！我觉得最重要的是我找到了自己的朋友，心里平静了。我在卡拉切夫县还出了一件事，我听信了犹太人列伊巴的话，盯上了一个哥萨克，把他认作偷我的马的盗马贼，朝他脸上狠狠揍了一顿；可这个哥萨克原来却是一个神父的儿子，他硬要我拿出一百二十卢布赔偿他的名誉损失。算了，钱是赚得回来的，主要的是马列克-阿杰尔又回到我手里了！我现在觉得很满足——我可以安安稳稳地过太平日子了。而对你，彼尔菲什卡，有一点我要关照你：上帝保佑，你在附近这一带一发现那个哥萨克，你就什么话也不要说，立刻跑回来，把枪拿给我，我知道我该干些什么！”

潘捷列伊·叶烈梅伊奇对彼尔菲什卡这样说。他嘴里这么说，其实他心里并不像嘴里说的那么踏实。

唉！在他内心深处，他并不完全相信，他带回来的马确实就是马列克-阿杰尔！

十

潘捷列伊·叶烈梅伊奇的苦恼日子开始了。其实他过的并不是什么安安稳稳的太平日子。不错，心情舒畅的日子也有：他觉得心里的疑惑只是一种胡思乱想；他驱走这种荒唐的念头，就像挥去一只纠缠不休的苍蝇，他甚至自己嘲笑自己。但是苦恼的日子也不断出现：那种无法摆脱的念头又像一只地底下的老鼠一样，悄悄地咬噬着他的心，使他心烦意乱，暗自苦恼不堪。在他找到马列克-阿杰尔那个值得纪念的日子里，切尔托普哈诺夫心里感觉到的只是幸福和欢乐……他在找到的马匹旁边过了一夜，但是第二天早晨，当他在小客栈低低的屋檐下给马备鞍时，他第一次觉得心里给什么东西刺痛了一下……他只是摇摇头，但是种子已经播下了。在回家的旅途中(大致延续了一个礼拜)，他很少产生怀疑：但是他一回到别索诺沃村，一来到从前饲养那匹无可置疑的马列克-阿杰尔的地方时，这种怀疑就越来越强烈，越来越明显……在路上他大多是骑着马，摇摇晃晃，慢慢地走着，眺望着道路两旁的景色，吸着他的短烟袋，什么事也不想；只有偶尔自个儿想着："切尔托普哈诺夫家的人想得到就做得到！要难倒他，办不到！"接着得意地冷笑一下；可是一到家，事情就不一样了。不用说，这一切他都深藏在自己心里；光是他的自尊心就不允许他说出内心的担忧。要是有人胆敢向他哪怕转弯抹角地暗示一下，新来的马列克-阿杰尔似乎不是原来的那匹，他会把他"撕成两半"；他碰到几个人，他们向他祝贺"顺利找回了马匹"，他接受了祝贺，但他并不去寻求这种祝贺，他比从前更加避免和别人接触——这是不祥之兆！他几乎经常试探(如果可以这样说的话)马列克-阿杰尔；他骑上它跑到更远的田野上去检验它，或者悄悄走进马厩，在身后关上门，面对马头站着，看着它的眼睛，轻轻地问它："这是你吗？是你吗？是你吗？"要不然就是一连几个小时目不转睛地默默盯住它，有时高兴起来，喃喃地说："对！是它！当然是它！"有时则感到困惑，甚至惶惶不安。

但是**这匹**马列克-阿杰尔同**那匹**马列克-阿杰尔身体上的差异并不太使切尔托普哈诺夫感到惶惶不安……虽然这种差异还是有一些：**那匹**的尾巴和鬃毛似乎稀疏些，耳朵尖些，蹄腕骨短些，眼睛明亮些——但这些不过是感觉而已；而使切尔托普哈诺夫惶惶不安的是所谓精神上的差异。**那匹**的习惯是另一种样子，所有的癖性都不相同。譬如说：切尔托普哈诺夫一走进马厩，**那匹**马列克-阿杰尔每一次都要回过头来对他看看，轻轻地嘶鸣；而**这匹**则只管嚼它的干草，好像什么事都没有发生，或者低着头打它的瞌睡。主人从马鞍上跳下来的时候，两匹马都是站着不动；但是**那匹**一叫它，它就应声过来，而**这匹**则像树桩一样站着不动。**那匹**也跑得这么快，但是跳得更高更远；**这匹**一步一步走时很自在，但是小跑时摇摆得更厉害，马掌有时会“晃荡”，也就是说后蹄碰到了前蹄：**那匹**从来不会出这种丑事，上帝保佑！切尔托普哈诺夫觉得**这匹**老是竖起耳朵，现出一副蠢相，而**那匹**正好相反，它总是让一个耳朵倒向后面，就用这个姿势望着主人！**那匹**一看到周围不干净，马上会用后脚踢马栏的墙壁；可**这匹**，哪怕马粪堆到肚子下它也安之若素。**那匹**，譬如说，让它迎风站着，它立刻用整个肺呼吸，全身抖动起来，而**这匹**只会打响鼻；**那匹**淋了雨就很不安定，而**这匹**却蛮不在乎……**这匹**脾气粗暴得多，脾气粗暴得多！它不像**那匹**那样潇洒，驾驭它也不灵活——有什么好说的！**那匹**马多么可爱——而**这匹**……

切尔托普哈诺夫有时这样想，这些念头会使他很痛苦。但是在另一些时候，他让自己的马在刚刚耕过的田野上疾驰，或者让它跳下被雨水冲垮的山沟里，在最陡峭的地方再跳上来，那时他真会高兴得好像心儿都停止了跳动，嘴里发出大声的呼喊，他知道，确实知道，他胯下骑的毫无疑问，确确实实是马列克-阿杰尔，因为别的马哪一匹有这匹马这样的能耐呢？

可是灾难和不幸还是避免不了。长时间寻找马列克-阿杰尔花去了切尔托普哈诺夫许多钱；科斯特罗马种猎狗他已经想也不想了，他只是像从前那样骑着马独自在附近一带转悠。有一天早晨切尔托普哈诺夫在离别索诺沃村大约五俄里的地方又遇到从前那个公爵的猎队，在一年半以前，他曾经在他们面前那么威风凛凛纵马驰骋。想不到又发生了同样的情况：这时候又像那天一样，一只灰兔从山坡上的田界那边跳到猎狗跟前！“逮住它，追上去！”整个猎队追了上去，切尔托普哈诺夫也奔驰过去，只是没和他们在一起，而在离他们两百来步的一边，这情景和以前那一次如出一辙。一道巨大的水沟弯弯曲曲地切断山坡，逐渐向山坡上伸展过去，越来越狭窄，拦住了切尔托普哈诺夫的去路。他必须骑马跳过去的那地方——一年半以前他确实曾经跳过去——仍有八步宽，两俄丈深。切尔托普哈诺夫预感到他会胜利跳过这道水沟，如此奇妙地重现上次的胜利，他不禁得意洋洋地挥动鞭子，哈哈大笑起来。那些猎人一边疾驰着，一边目不转睛地看着这个剽悍的骑士。他的马像箭一样飞奔着，水沟就在它眼前——嘿，嘿，一跃而过，像上次一样！……

但是马列克-阿杰尔陡然停住，向左一闪，顺着断崖驰去，不管切尔托普哈诺夫如何把它的头调向水沟这边……

可见它害怕了，对自己没有信心！

这时切尔托普哈诺夫又羞又恼，满面通红，几乎要哭出来，他放松缰绳，把马笔直往前赶进山里，远远地离开那些猎人，免得听见他们的嘲笑声，只求尽快避开他们那可恶的目光！

马列克-阿杰尔遍体鳞伤，浑身冒着白沫，跑回家去；切尔托普哈诺夫立刻躲进房间里，闭门不出。

“不是，这不是它，这不是我那个好朋友！它即使扭断脖子，也不会让我丢脸！”

十一

下面一件事最终弄得切尔托普哈诺夫像常言所说的走上了“绝路”。有一次他骑着马列克-阿杰尔走到别索诺沃村所在的教区教堂边上的僧侣村后面。他把高筒羊皮帽拉到眼睛上，弯着腰，把双手放在鞍桥上，慢慢地往前走；他心里不快活，总是惶惶不安。突然有人喊了他一声。

他勒住马，抬起头，看见和他通过信的助祭。他编成辫子的栗色头发上戴着一顶有护耳的栗色棉帽，穿着黄色的土布长袍，在腰部下面低得多的地方系着一条浅蓝色带子。这位圣坛的服侍者是出来察看他的谷垛的。他一看见潘捷列伊·叶烈梅伊奇，认为有责任向他表示敬意，顺便也可以向他要点东西。众所周知，没有这种打算，神职人员是不会和俗人搭讪的。

但是切尔托普哈诺夫无心和助祭说话，他马马虎虎回了他的礼，嘴里随便应付了一声，便挥起马鞭……

“您的马漂亮极了！”助祭连忙说，“确实值得夸耀一番。说实话：您真是个绝顶聪明的男子汉，简直就是一头狮子！”这位助祭一向以能言善辩闻名，神父对此十分恼火，因为他本来就不善言辞，就是喝了伏特加也无济于事。“坏人的作恶使您丢了一头牲口，”助祭继续说，“可是您一点也不灰心，反而更加坚信上帝的意旨，弄到了另一匹，它一点也不差，你看，它甚至更好……因为……”

“你在胡扯些什么？”切尔托普哈诺夫阴沉着脸打断他的话，“怎么是另一匹马？就是原来的那一匹，这就是马列克-阿杰尔……我把它给找回来了。尽胡说八道……”

“哎！哎！哎！哎！”助祭一字一顿拖长声音说，还用手指捻捻胡子，用他那明亮而贪婪的眼睛看着切尔托普哈诺夫。“先生，这是怎么一回事？我记得，您的马是去年圣母节①后两个礼拜被偷去的，可现在是十一月底了。”

“是啊，这又能说明什么？”

助祭仍然用手捻着胡子。

“这就是说，从那时起到现在，时间过去一年多了，可您的马那时候是灰色带圆斑的，现在还是这样，颜色甚至还深了些。这是怎么回事？

---

① 在俄历10月1日。

灰色马过一年颜色会变淡很多的。”

切尔托普哈诺夫浑身一震……仿佛有人用长矛朝他的心窝戳了一下。确实是这样：灰色毛是会起变化的！这样简单的道理他怎么至今都没有想到过？

“可恶的一撮毛！别来纠缠我！”他突然大喝一声，眼睛发疯般闪了一闪，立刻从吃惊的助祭眼前消失了。

“唉！全完了！”

现在真的一切全完了，一切都破灭了，最后一张牌给压了！一切都因为“变淡”两个字而崩溃了！

灰色马的颜色是会变淡的！

甩掉它，甩掉它，真可恶！可你怎么也甩不掉这个字。

切尔托普哈诺夫驰回家中，再次闭门不出。

十二

这匹不中用的驽马不是马列克-阿杰尔，它和马列克-阿杰尔毫无相似之处，任何一个稍微有点头脑的人一眼就能看出这一点，他潘捷列伊·切尔托普哈诺夫却被人以最卑鄙的方式欺骗了——不！是他故意存心欺骗自己，故意施放烟幕——这一切，现在已经毫无疑问了！切尔托普哈诺夫在房间里踱来踱去，像笼子里的野兽，用同样的姿势在每一堵墙壁跟前用脚后跟转身。他的自尊心受到极大的伤害，但不仅是自尊心受伤害的痛苦深深地折磨着他，他感到绝望，怒火填膺，心中燃烧着复仇的渴望。然而对谁呢？向谁复仇呢？向犹太人、亚弗、玛莎、助祭、哥萨克盗马贼、向所有的邻人，向整个世界，最终还向自己复仇？他六神无主。最后一张牌给压了！（他喜欢这个比喻。）他又成了一个最渺小最可鄙的人，众人的笑柄，说笑打诨的小丑，任人宰割的傻瓜，助祭取笑的对象！！……他想象着，他清楚地想象着，这个讨厌的一撮毛会怎样向人家谈论他的灰色马，谈论这个愚蠢的主人……啊！真可恶!! 切尔托普哈诺夫徒然想压下猛烈爆发的怒气，他徒然试图安慰自己，说这匹马……虽然不是马列克-阿杰尔，但毕竟……是匹好马，他还可以使用多年；但他立刻就愤怒地驱走这种念头，似乎其中含有对**那匹**马列克-阿杰尔的新侮辱，即使不这样想，他也已对不起它了……可不是！他真是瞎了眼，他是条糊涂虫，才会把这匹又老又瘦的驽马拿来和马列克-阿杰尔相提并论！至于这匹驽马还可以供他使用……难道说他还会去骑它？决不会了！再也不会了!! 把它送给鞑靼人，让它给狗吃了——除此以外，它不配再做别的什么……对啦！这是最好的办法！

切尔托普哈诺夫在房间里踱步了两个多小时。

“彼尔菲什卡！”他突然发出命令。“立刻到酒店去，买半桶①伏特加回来！听见吗？半桶，快点！把伏特加马上放到我的桌子上。”

伏特加很快就出现在潘捷列伊·叶烈梅伊奇的桌子上，他便喝了起来。

十三

当时如果有人看到切尔托普哈诺夫，看到他那凶神恶煞般的脸色，看到他那样一杯接一杯地喝干伏特加，他一定会不由自主地感到毛骨悚然。夜色降临了，桌上的蜡烛发出昏暗的光。切尔托普哈诺夫不再在房间里从这个角落踱到另一个角落；他坐在那里，满面通红，目光黯淡，一会儿看着地上，一会儿呆呆地凝望着黑暗的窗口；他不断站起来，斟一杯伏特加，喝干了，又坐下来，又把目光盯住一个地方，一动也不动，只有他的呼吸越来越急促，脸色越来越红。看来一个决定在他心中酝酿成熟了，这个决定连他自己也感到惶悚，但他渐渐习惯了；同一个

① 桶是固定液量单位，合 12.3 升。

念头顽强地、不停地逼近过来，同一个形象在他眼前显得越来越清晰，他的心在沉醉的强烈作用下，仇恨的激愤已变成了残暴的兽性，他的嘴唇上现出了一丝不祥的狞笑……

“好，时候到了!”他用一种事务性的几乎是百无聊赖的口气说，“当机立断!”

他干了最后一杯伏特加，从床头上取出手枪，就是向玛莎射击过的那一把，装上弹药，又把几个弹筒帽放进口袋里以备不时之需，便向马厩走去。

他正要开门的时候，看守人便向他跑来，但他把他喝住：“是我!难道你没看见吗？走开!”看守人退到一边。“回去睡觉吧!”切尔托普哈诺夫又对他嚷了一声，“你用不着在这儿看守了！这是什么宝贝，有什么稀罕!”他走进马厩。马列克-阿杰儿……假马列克-阿杰尔躺在垫圈的干草上。切尔托普哈诺夫踢了它一脚，说：“起来，你这懒东西!”接着他从马槽上解下头络，脱下马衣扔在地上——粗暴地把这匹驯服的马在马栏里调了个头，把它牵到院子里，再从院子里牵到田野上，以致看守人大惑不解，他怎么也弄不明白，主人半夜三更牵着这匹不带嚼子的马到哪里去。他自然不敢问主人，只是目送着他，直到他在通向邻近一座树林的道路拐弯处消失不见。

十四

切尔托普哈诺夫迈着大步往前走着，既不停留，也不回头；马列克-阿杰尔——我们将用这个名字称呼它到底——顺从地跟在他后面。夜色相当明亮，切尔托普哈诺夫能够分辨出前面一片黑压压的树林的齿形轮廓。夜晚的寒风阵阵向他袭来，要不是……要不是另一种更强烈的醉意使他完全失去理智，他一定会因为饮多了伏特加而烂醉如泥。他觉得头重脚轻，血在喉头和耳朵里怦怦地搏动着，但他坚定地走着，知道自己要到哪里去。

他决定打死马列克-阿杰尔，一整天他想的就是这件事……现在他下了决心！

他去做这件事，不仅心安理得，而且充满自信，义无反顾，就像一个出于责任感行事的人。他觉得这是一件“顺理成章”的“事情”：杀死了这匹冒名的马，他便一下子和“所有的事”清了账，他既惩罚了自己的愚蠢，又可以向自己的知友谢罪，还可以向全世界(切尔托普哈诺夫很在乎“全世界”)证明，跟他是不能开玩笑的……而主要的是，他要和这匹冒名的马同归于尽，否则他活着还有什么意思？他是怎么想到这样做的，为什么他觉得做这件事顺理成章——要解释清楚颇不容易，虽然也不是完全不可能：他受了委屈，孑然一身，身边没有一个亲近的人，没有一个铜子儿，又因为喝酒而热血沸腾，他处在一种近乎精神错乱的状态，而在精神错乱的人看来，即使最荒唐的行径也是符合逻辑，而且有充分理由的——这一点是毫无疑问的。切尔托普哈诺夫完全相信自己的理由，他毫不犹豫，他急于去对罪犯执行判决，不过他并不清楚，他所认为的罪犯究竟是谁……说实话，他对自己准备干的事考虑得很少。“应该，应该结束了，”他只是麻木而严厉地反复对自己说，“应该结束了！”

那无辜的罪犯怯生生地跟在他背后顺从地小跑着……可是切尔托普哈诺夫心中并没有一点怜悯。

十五

他把马牵到一个离树林边缘不远的地方，那里有一道不大的冲沟，冲沟的一半丛生着许多小橡树。切尔托普哈诺夫走下冲沟……马列克-阿杰尔绊了一下，几乎跌在他身上。

“该死的东西，你想压死我呀！”切尔托普哈诺夫嚷了一声，仿佛为了自卫，从口袋里掏出手枪。这时主宰他的内心的并不是残酷，而是一种特别的麻木感，据说，人在实施犯罪之前就是处于这种状态的。但他被自己的声音吓了一跳。在这黑沉沉的枝叶底下，在这树木丛生的冲沟的潮湿浑浊空气中他的声音显得多么粗野！而且应着他的叫声，有一只大鸟突然在他头顶的树梢上扑腾起来……切尔托普哈诺夫浑身一震。他仿佛惊醒了自己行为的一个目击者——而且是在什么地方啊？在这荒野里，他不该遇到任何活的东西……

“去吧，鬼东西，随便你到哪儿去！”他从牙缝中挤出一句话，放掉马列克-阿杰尔的缰绳，抡起胳膊，用枪把在它肩上敲了一下。马列克-阿杰尔立刻转过身，从冲沟中爬了出去……跑掉了。但是很快就听不见马蹄声。刮起一阵风，把所有的声音盖没了。

切尔托普哈诺夫也慢慢爬出冲沟，走到树林边，步履艰难地顺着大路往回走。他对自己很不满意，他感觉到的头脑和内心的沉重已逐渐扩展到四肢；他怒气冲冲，郁郁寡欢，心怀不满，饥肠辘辘，仿佛有人得罪他，夺去了他的虏获物和食品……

由于别人的干扰而自杀未遂的人是很熟悉这种感觉的。

突然有什么东西碰了一下他的脊背。他回头看看……马列克-阿杰尔站在路当中。它跟在主人的后面走来，用鼻子碰碰他……报告自己的回来……

“啊！”切尔托普哈诺夫叫了起来，“你自己，自己来找死！那就满足你吧！”

眨眼间，他拔出手枪，扣住扳机，把枪口对准马列克-阿杰尔的额头，开了枪……

可怜的马猛地往旁边一蹿，用后脚直立起来，跳开十来步，突然沉重地倒了下去，嘶哑地鸣叫着，在地上痉挛地打滚……

切尔托普哈诺夫用双手掩住耳朵，拔脚便跑。他两腿发软。醉意、愤恨、麻木的自信，一下子全消失得无影无踪，只剩下羞愧和丑恶的感觉，此外还有一种意识，一种不容置疑的意识：这一次他自己也完结了。

十六

过了六个礼拜，小厮彼尔菲什卡认为有责任拦住路过别索诺沃庄园的一个警官。

“你有什么事?”那秩序的维护者问道。

“大人，请到我们家里去，”小厮向他深深地鞠躬着回答，“潘捷列伊·叶烈梅伊奇好像快要死了，我很害怕。”

“什么？要死了?”警官问他。

“是的。起初他每天喝酒，现在他躺在床上，人已经很瘦了。我想，他现在已经神志不清，一句话也不说了。”

警官下了马车。

“可你怎么样，至少已经去请神父了吧？你家主人忏悔过没有？领过圣餐吗?”

“没有。”

警官皱起眉头。

“老弟，你这是怎么搞的？难道可以这样吗，啊？你是不是知道，这件事……你负有很大责任，啊?”

“我前天和昨天都问过他，”慌了神的小厮接着说，“我说‘潘捷列伊·叶烈梅伊奇，要不要去请神父?’他说，‘闭嘴，你这傻瓜。不是你的事你就别瞎忙。’可是今天我去问他，他只看看我，动动胡子。”

“他喝了许多酒吗?”警官问。

“喝了好多！您行行好吧，大人，请您到房间里去看看他。”

“好吧，带路!”警官喃喃地说，跟着彼尔菲什卡走去。

等待他的是一幕令人惊异的景象。

在潮湿而阴暗的后房间里一张盖着马衣的破床上，切尔托普哈诺夫用一件毛茸茸的毡斗篷当枕头躺着，他的脸色已不是苍白，而是像死人常有的那样显出黄绿色，一双眼睛深陷在闪着亮光的眼皮底下，一只尖尖的、但还微微发红的鼻子突出在蓬乱的唇髭上。他躺着，身穿一件永不替换的胸前有子弹带的短上衣和蓝色切尔克斯式灯笼裤，一顶帽顶深红色的毛皮高帽齐眉扣在他的额头上。切尔托普哈诺夫一只手执着打猎用的马鞭，另一只手拿着一只绣花荷包，那是玛莎给他的最后一件礼物。床边的桌上有一只空酒瓶，床头的墙上用图钉钉着两张水彩画：一张就所能看得出的，画的是一个手里拿着吉他的胖子——想必是涅多皮乌斯金；另一张画的是一个驰骋的骑手……那匹马画得像孩子们画在墙壁上的童话中的动物；但是马毛上精心画出的圆斑、骑手胸前的子弹带、他的尖头皮靴和浓密的唇髭都没有留下让人怀疑的余地：这幅画画的当是骑在马列克-阿杰尔身上的潘捷列伊·叶烈梅伊奇。

吃惊的警官显得手足无措。房间里死一般沉寂。“他好像已经过世了，”他想，接着便提高嗓门叫了两声：“潘捷列伊·叶烈梅伊奇！喂，潘捷列伊·叶烈梅伊奇！”

这时发生了一个不同寻常的景象：切尔托普哈诺夫的眼睛慢慢睁开，黯淡的瞳仁起初从右边转到左边，接着又从左边转到右边，最终停留在来人身上，看见了他……他那浑浊的眼白闪了闪，从中露出一点视力；发青的嘴唇渐渐张开，发出一个嘶哑的、仿佛从坟墓里传出的声音：

“世袭贵族潘捷列伊·切尔托普哈诺夫快要死了；谁能阻止他？他没欠任何人的债，没有任何要求……让他去吧，你们这些人！走吧！”

他想举起执着马鞭的那只手……没有成功！嘴唇又合上，眼睛又闭起了——切尔托普哈诺夫挺直身子，并拢两只脚掌，仍然躺在硬硬的床上。

“他死了，就通知我一下，”警官走出房间低声对彼尔菲什卡说，“至于请神父，我想，现在就可以去了。要照规矩办事，给他涂圣油。”

彼尔菲什卡当天就去请神父；第二天早晨他便去通知警官：潘捷列伊·叶烈梅伊奇昨天夜里去世了。

出丧的时候，来护送棺材的有两个人：小厮彼尔菲什卡和莫舍尔·列伊巴。切尔托普哈诺夫去世的消息传到了犹太人那里，他立刻赶来为自己的恩人尽最后的义务。

活　尸

灾难深重的故国，
俄罗斯人民的家园！
——费·丘特切夫

法国谚语说："干渔夫，湿猎人，境况最惨。"我从未有过打鱼的爱好，我不能断定渔夫在晴朗的天气里有什么感受，以及在阴雨天气打鱼丰收的快乐能在什么程度上胜过被雨淋湿的不快。可是对于一个猎人来说，下雨确实是真正的灾难。有一次我同叶尔莫莱到别廖夫县去打松鸡遇到的正是这种灾难。雨一早起就下个不停。为了躲雨，我们什么办法没想过啊！我们几乎把橡胶雨披顶到头上，还躲到树下去，以便少淋到些雨……这种防水雨披妨碍打枪自不必说了，它竟混账到漏起水来；而躲在树下最初似乎淋不到雨，但后来树叶上积满的雨水便突然灌了下来，每一根树枝都像排水管一样向我们头上浇来，冰凉的水流透过领带，顺着脊背流了下来……就像叶尔莫莱所说的，这是最糟糕的事了。

"不行，彼得·彼得罗维奇，"他终于大叫起来，"这样不行！……今天不能打猎。狗的嗅觉会让雨给淋掉的，枪也发不了火……呸！真倒霉！"

"那怎么办?"我问。

"这样吧。我们到阿列克谢耶夫卡去。您也许不知道，那里有座庄子，是您老太太的；离这儿大约八俄里，我们到那儿去过一夜，明天再……"

"明天再回这儿来?"

"不，不回到这儿……阿列克谢耶夫卡那一带我熟悉……打松鸡比这儿好得多!”

我并没有详细质问我那忠实的旅伴，为什么当初他不直接带我到那里去，就在当天我们来到了母亲的庄子，说实话，我从来就没有想到过那里有这么一个庄子。这庄子里有一间厢房，已经很破旧了，但因为没有人住，很干净；我在那里过了一个非常安宁的夜晚。

第二天我醒得很早。太阳刚刚升起来，天空万里无云；周围闪耀着两种强烈的光彩：熹微的晨曦和昨天雨后的光泽。趁仆人给我套车的时候，我到小花园里去散散步，那里从前是个果园，现在已经荒芜，芬芳而茂盛的草木环绕着厢房的四周。啊，在开阔的野外，在明媚的天空底下，云雀在啼啭，那嘹亮的鸣叫声就像一串串银珠从空中撒落，此时此刻是多么令人心旷神怡！它们的翅膀上想必还带着露珠，它们的歌声仿佛得到露水的滋润。我甚至脱下帽子，欣喜若狂地尽情呼吸起来。在一道不深的峡谷斜坡上，紧靠着篱笆，可以看到一个养蜂场；一条羊肠小道曲曲弯弯通向那里，两旁密密麻麻地长满高高的杂草和荨麻，在它们上面高耸着不知从哪里来的墨绿色大麻的梢头尖细的茎秆。

我顺着这条小路走去，走到养蜂场。养蜂场旁边有一座篱栅筑成的棚屋，即所谓冬季蜂房，让蜜蜂在那里过冬。我探头往半开着的门里看了看：里面幽暗、静谧而干燥，散发着薄荷和蜂花的香味。屋角搭着一个床铺，铺上有一个盖着被子的小小身躯……我正要走开……

“老爷，啊，老爷！彼得 · 彼得罗维奇!”我听见一个微弱、缓慢而沙哑的声音，像沼泽地里苔草的簌簌声。

我站住了。

“彼得 · 彼得罗维奇！请过来!”那声音说。这声音是从屋角里，从我注意到的那个床铺传来的。

我走过去一看，一下子惊呆了。我前面躺着一个活人，可这是个什么样的人啊!

他的头完全干瘪了，只有一种颜色——青铜色，和古代绘画中的圣像一模一样；细细的鼻子像刀锋；嘴唇几乎看不见，只有牙齿是白的，眼睛也是，还有就是从头巾底下露出的几绺稀疏的黄头发。下巴旁边，被子的皱折上，移动着两只也是青铜色的小手，那手指像小木棍一样慢慢地活动着。我定睛看看：那张脸不仅不难看，而且还很漂亮——但是很可怕，和常人不一样。我看见在这张脸的金属般的脸颊上正在使劲……正在使劲想笑一下，却没有笑出来，这使我感到更加可怕。

“您不认识我啦，老爷?”那声音又轻轻地说，它仿佛是从微微翕动的嘴唇里飘出来的。“怎么认得出来呢！我是鲁凯丽娅……您还记得吗，在斯帕斯拜耶您老太太那儿领头跳轮舞的……您还记得吗，我还是领唱的呐!”

“鲁凯丽娅!”我惊叫了一声，“这是你吗?真的吗?”

“是我，是的，老爷，是我。我是鲁凯丽娅。”

我不知道说什么好，只是惊愕地看着这张黝黑呆滞的脸，她那双明亮的、却毫无生气的眼睛正注视着我。这是真的吗?这个木乃伊一样的人竟是鲁凯丽娅，是我家所有女婢中的第一号美人，那个颀长、丰满、白嫩、红润、爱笑、能歌善舞的女孩！鲁凯丽娅，聪明伶俐的鲁凯丽娅，我们所有的那些年轻小伙子都曾追求过她，当时我这个十六岁的男孩也曾暗暗地爱慕过她。

“怎么搞的，鲁凯丽娅，”我终于开口说，“你这是怎么回事?”

“我是遭了大难了！不过请您别嫌弃我，老爷，不要因为我遭到不幸而厌恶我，请您在那只小桶上坐下，坐近一些，不然您听不见我的话……您看，我已经讲得这么响了！……哦，看见您，我真高兴！您怎么会到阿列克谢耶夫卡来的?”

鲁凯丽娅说话很轻，声音很微弱，但是中间没有停顿。

“是猎人叶尔莫莱带我到这儿来的。不过，还是你给我说说……”

“说说我的灾难吗?好的，老爷。这是很久以前的事，有六七年了。那时候，我刚刚许配给瓦西里·波利亚科夫——您还记得吗，就是那个有一副好身材、头发拳曲，给您老太太当过餐厅仆役的那个人。那时候您已经不在乡下，到莫斯科上学去了。我和瓦西里十分相爱，我一刻也忘不了他；那时是春天。有一天夜里……天已经快亮了……可我睡不着：夜莺在花园里唱得甜美极了！……我忍不住，爬起来，走到台阶上去听。它唱啊唱啊……我突然好像听到有人在叫我，是瓦西里的声音在轻轻叫我：'鲁莎①！……'我朝旁边看看，大概是因为我还没有完全醒过来，一脚踩空，便从平台上跌了下去，扑通一声跌倒在地上！我觉得我并没有伤得很厉害，因为我很快就爬起来，回到自己的房间里去。只是好像我身体里面——内脏里——有什么东西断裂了……让我喘口气……等一等……老爷。"

鲁凯丽娅停下来，我吃惊地看着她。特别让我吃惊的是，她讲这些往事的时候几乎还很愉快，没有一点痛苦，没有一声叹息，一点也不是在诉苦，也不是在祈求同情。

"从那时候起，"鲁凯丽娅继续说，"我就开始消瘦，渐渐虚弱下来；皮肤开始发黑，走路困难，后来两条腿便完全不听使唤；我不能站，也不能坐，只好一直躺着。我不想喝，也不想吃：情况越来越糟。您老太太是个善心人，请医生来给我看病，还把我送到医院去。可是我一点也不见好。甚至没有一个医生说得出我得的是什么病。他们用尽各种办法给我治病：用烧红的铁烙我的背，把我放在敲碎的冰里冻——全没有用。最后我的身体完全僵硬了……于是那些先生便断定我的病没法治了，我这个残废人不便在主人家里待下去……这样，就把我送到这儿来了——因为这儿我有亲戚。我就这样过日子。"

鲁凯丽娅又停了下来，又竭力想笑一笑。

"可是，你的情况太糟了！"我感叹了一声……我不知道再说些什么好，便问她："后来瓦西里·波利亚科夫怎么样了?"这个问题问得实在

---

① 鲁凯丽娅的爱称。

太愚蠢了。

鲁凯丽娅把眼睛稍稍转到一边。

“波利亚科夫怎么样？他伤心了一阵子，伤心了一阵子，后来就娶了另一个姑娘，一个格林诺耶村的姑娘。您知道格林诺耶吗？离我们这儿不远。那姑娘叫阿格拉芬娜。他本来很爱我，可到底是个年轻人，总不能一直单身过下去啊。再说我又能做他的什么女朋友啊？他找到一个好老婆，她很善良，现在已经有几个孩子了。现在他在一个邻近的人家当管家：您老太太给了他身份证，荣耀归于上帝，他现在日子过得很舒坦。”

“你就一直这样躺着吗？”我又问。

“老爷，我已经这样躺了第七个年头了。夏天我就躺在这个棚子里，天冷了，他们就把我搬到澡堂的更衣室去。我就躺在那儿。”

“那么谁来服侍你呢？谁来照料你呢？”

“这儿也有一些好心人，他们没有扔下我不管。再说，我需要照料的地方也不多。说到吃的，我几乎不吃什么，水呢——就在杯子里：那儿总有一些储存的干净泉水。我自己拿得到杯子：我有一只手还能活动。喏，这儿有一个小姑娘，是个孤儿；她有时来看看我，真要谢谢她。刚才她还来过……您没有遇见她吗？小姑娘长得漂漂亮亮的，白白嫩嫩的。她常给我送花来；我很喜欢这些花。我们这儿没有花园里种的花，曾经有过，后来就没有了。不过，野花也很漂亮，比花园里种的花还香。就譬如说铃兰花吧……比什么花都可爱！”

“你不感到寂寞，也不觉得害怕吗，我可怜的鲁凯丽娅？”

“有什么办法呢？我不想骗您——起初我很难过，后来习惯了，忍受下来了，也就没有什么了；有的人还要惨呢。”

“怎么个惨法？”

“有的人连安身的地方都没有！有的是瞎子或聋子！而我，荣耀归于上帝，眼睛很好，耳朵什么都听得见。田鼠在地底下挖洞，我都听得见。什么气味我都闻得出来，就是很淡很淡的气味我也闻得出。荞麦在地里开花，或者菩提树在花园里开花，不要别人对我说，我第一个先闻到。只要一阵微风从那儿吹来我就闻到了。不，为什么要埋怨上帝呢？有好多人比我还苦呐。譬如说：有的健康人很容易犯下罪孽，可是罪孽自己就离我远远的。前几天阿列克谢神父来给我授圣餐，他对我说：'你没有什么好忏悔的，难道在这种情况下你还能犯罪吗？'但是我回答他：'那么心里的罪孽呢，神父？''哦，'他说，自己也笑了，'这罪孽不要紧。'"

"可是我也许连这种心里的罪孽也不大有，"鲁凯丽娅继续说，"因为我已经养成这样的习惯：什么事也不想，尤其是不回忆以前的事。这样时间会过得快些。"

说实话，我感到很惊奇。

"你一直是一个人单独待着，鲁凯丽娅，你怎么能禁止自己的头脑产生种种想法呢？难道你一直在睡觉吗？"

"哦，不，老爷！我不可能一直在睡觉。虽然我没有多大痛苦，但我的内脏一直在痛，骨头里也是；我没法子好好地睡着。不……我只是这样躺着，躺着躺着——什么也不想；我觉得我活着，在呼吸——我整个儿都在这儿了。我看看听听。蜜蜂在养蜂场里嗡嗡地飞，鸽子在屋顶上咕咕地叫，母鸡带着小鸡在啄食；要不然飞来一只麻雀，或者一只蝴蝶——看到它们我很高兴。前年还有几只燕子在那边屋角筑了窝，孵出了小燕子。这情景真有趣！一只燕子飞进来，停在窝上喂小燕子——一会儿飞走了。你再看看，另一只又飞来了。有时它不飞进来，只是从敞开的门边飞过，那些小燕子就吱吱地叫起来，张大嘴巴……第二年我又等它们飞来，可听说，一个本地的猎人用枪把它们打死了。这些人怎么那么贪小，不就是一只燕子嘛，比甲虫大不了多少……你们这些打猎的老爷多狠心哪！"

"我可不打燕子，"我连忙声明。

“有一回，”鲁凯丽娅又说起来，“说来也真好笑！一只兔子跑了进来，真的！大概是有几只狗在追它吧，它一头钻进门里！……就蹲在离我很近的地方，蹲了好久，一直在那里掀着鼻子，动着胡子——活脱是个军官！它看着我，知道它用不着怕我。后来它站起来，一跳一跳的跳到门边，在门槛上回头看看，就跑掉了！真好笑！”

鲁凯丽娅看了我一眼……仿佛在说，是不是很好玩？出于礼貌，我对她笑了笑。她咬咬干燥的嘴唇。

“是啊，到了冬天，我就会难过些。因为天黑；舍不得点蜡烛，再说点蜡烛干吗呀？我虽说识几个字，也很喜欢看书，可是看什么呢？这儿什么书也没有，就是有，我又怎么拿呢？阿列克谢神父有一回拿了一本历书来，让我解闷，但是他看到毫无用处，便又拿回去了。不过，虽然天黑，但还是可以听到一些声音：蛐蛐在嚯嚯叫，或者老鼠在什么地方配对了。这就很好，可以什么也不想了！”

“有时候我就念念祷文，”鲁凯丽娅歇了一会儿继续说，“不过，我知道的祷文不多，再说我为什么要去麻烦上帝呢？我能向他祈求什么呢？我需要什么，他比我更清楚。他让我背起十字架，就说明他爱我。我们应该这样理解。我念过了‘我们在天上的父’、‘圣母颂’、‘受难者颂’，就又毫无思虑地躺着。觉得一切都很好！”

过了两三分钟。我没有打破沉默，坐在当椅子用的小桶上一动不动。躺在我面前的不幸活人残酷的石头般僵硬状态也传染给了我，我似乎也变得僵硬了。

“你听我说，鲁凯丽娅，”我终于开口说，“你听我说，我给你提个建议。我吩咐他们把你送到医院去，送到城里一个好的医院去，你愿意吗？也许你还可以治好，谁知道呢？无论如何你不能再一个人……”

鲁凯丽娅的眉尖稍稍动了一下。

“哦，不，老爷，”她担心地轻声说，“请不要把我送到医院去，不要动我。在那儿我只会更痛苦，我的病怎么治得好哇！……有一次来了一个医生，他想给我检查一下。我求他：‘看在基督的分上，请您不要打扰我。’他哪儿肯听！他把我翻来翻去，把我的手脚折腾了半天，说：‘我这样做是为了研究，我是个研究科学的人，是个学者！而你呢，’他说，‘不能反对我，因为由于我作出的功绩，我得到了挂在脖子上的勋章，我是在为你们这帮傻瓜尽力。’他把我拉过来拉过去，说出我的毛病，名称是那么深奥，然后就乘马车走了。可我后来全身骨头整整痛了一个礼拜。您说，我经常是一个人，总是一个人。不，并不总是这样。常常有人来看我。我很安静，不会打扰他们的。有时几个农家姑娘到我这儿来，在这儿聊聊天；有时来一个女香客，给我讲耶路撒冷、基辅和一些圣城的故事。我一个人待着并不害怕，也许更好些，真的！……老爷，别动我，别把我送到医院去……谢谢您，您那么好，只是不要动我，亲爱的。”

“好吧，那就听你的，鲁凯丽娅。我这是为你好……”

“我知道，老爷，这是为我好。是啊。老爷，亲爱的，谁能帮助别人呢？谁能明白别人的心呢？人还是自己帮助自己吧！您真不会相信，我有时候一个人这样躺着……仿佛世界上除了我再没有别的人了。只有我一个人活着！我觉得好像有什么在庇佑我……我便耽入了一种思绪里——真叫人奇怪！”

“那时你在想些什么呢，鲁凯丽娅？”

“老爷，这个无论如何说不出来——说不清楚。而且后来就忘记了。它一来，就像一片云彩飘来，这么清新，这么美好，但究竟是什么——你无法明白！我只是这样想：假如我身边有别的人，就不会有这种情况发生，除了我自己的不幸，我也不会有别的感觉。”

鲁凯丽娅艰难地叹了一口气。她的胸部和别的肢体一样不听她使唤。

“老爷，我看您那样子，”她又说了起来，“是很可怜我的。可是您别太可怜我了，真的！我跟您说，譬如：我现在有时候……您还记得吗，那时候我多么快活？是个活泼的姑娘！……您知道吗？我现在还常常唱歌呢。”

“唱歌？……你?”

“是啊，唱歌，唱老的歌，轮舞歌，圣诞占卜歌，圣歌和别的歌！我会唱很多歌，而且没有忘记。不过我不唱舞曲。在我目前的情况下唱舞曲不合适。”

“你怎么唱呢？……默默地唱吗?”

“默默地唱，也出声唱。我不能大声唱，但还是可以听懂。我跟您说过：有个小姑娘常常到我这儿来。她是个很懂事的孤儿。我就教她唱歌；她已经跟我学会了四支歌。您不相信吗？您等一等，我现在就给您……”

鲁凯丽娅鼓足了气……这个半条命的人要唱歌了，想到这里，我不由得感到一阵惶悚。但是我还没有开口说话，耳朵里已经听到一个悠长、轻微，然而清晰准确的颤音……接着又是第二个音，第三个音。鲁凯丽娅唱的是《在草地上》。她唱着，丝毫没有改变脸上呆板的表情，眼睛也凝然不动。但是她那可怜的、吃力的、像一缕轻烟般荡漾的微弱嗓子竟然唱得那么动人，看得出她是那么想把自己的全部心声倾吐出来……我已经不再感到害怕，一种说不出的怜悯使我的心紧缩起来。

“啊，我唱不下去了！”她突然说，“我没有力气了……我见到您非常高兴。”

她闭起眼睛。

我把一只手放在她冰冷的手指上……她看了我一眼，她那长着有如古代雕像上的金黄色眼睫毛的黝黑眼皮又闭上了。过了一会儿，这眼皮又在幽暗的棚屋里闪出亮光……泪水把它们浸润了。

我仍旧一动不动地坐着。

“瞧我这个人！”鲁凯丽娅突然以意料不到的力气大声说，她睁大眼睛，竭力挤出眼泪。“难道不害臊吗？我这是怎么啦？我很久没有这样了……从去年春天瓦夏[1]·波利亚科夫来看我那天以后就不曾有过。他坐在这儿跟我谈话的时候倒没有什么，可是他一走，我就一个人哭了起来！不知哪儿来的这么多眼泪！……就因为我们女人家的眼泪不值钱。老爷，”鲁凯丽娅又说了一句，“您大概带着手帕吧……请不要嫌我，帮我擦擦眼睛。”

我连忙去实现她的愿望，并且把手帕留给她。起初她谢绝了……说：“您把礼物送给我干什么?”这方手帕是很普通的，但很白很干净。后来她用虚弱的手指抓住，再也不肯放开了。我已经习惯了我们两人所处的棚屋的幽暗，我能够看清楚她的面貌，甚至能看出她那青铜色面孔上透出的淡淡红晕，还能发现这张脸上昔日姣好的痕迹，至少我有这样的感觉。

“老爷，您刚才问我，”鲁凯丽娅又说起来，“是不是一直睡得着觉。我睡得很少，但每一次都做梦，做很好的梦！我从来没有梦见自己在生病：在梦里我总是这么健康，这么年轻……只有一种痛苦：我一醒过来，就想好好地伸伸懒腰，但是我整个人好像给钉住了一样不能动弹。有一次我做了一个非常奇妙的梦！我说给您听听好吗？是这样的，您听好。我梦见我站在田野里，四周都是黑麦，那么高，都成熟了，金灿灿的！……我身边好像有一只棕红色的狗，好凶好凶，一直想咬我。我手里好像拿着一把镰刀，不是一把普普通通的镰刀，它简直像一弯月亮，就是像镰刀样子时的月亮。我必须用这个月亮把这片黑麦割干净。不过我觉得热得很疲倦，月亮又照得我头晕眼花，我全身懒洋洋的；而我的周围长着许多矢车菊，一棵棵都那么大！它们都把头转向我。我就想：让我把这些矢车菊采了吧；瓦夏说过要来的，我先给自己编个花冠吧；割麦我还来得及的。我便开始采矢车菊，可是它们不断从我手指缝里漏掉，我真拿它们没有办法！我无法给自己编花冠了。这时我听见有

① 瓦西里的爱称。

人向我走来，已经很近了，嘴里还唤着：鲁莎！鲁莎！……唉，我想，糟了，来不及了！算了，我就把这月亮戴在头上代替矢车菊吧。我把月亮像戴盾形头饰一样戴在头上，我全身立刻发出亮光，把周围的田野都照亮了。我一看，有人在麦穗上面很快向我走来，不过不是瓦夏，而是基督本人！我怎么认出这是基督的呢，我说不出——画像上画的并不是这样的，但确实是他！他没有留胡子，身材魁梧，年纪很轻，全身穿着白衣服，只有腰带是金的。他向我伸出手来。‘别害怕，’他说，‘我的打扮好了的新娘，跟我来，你要在天国里带头跳轮舞，弹奏天堂的歌。’我便走上去吻他的手！我的狗立刻咬住我的脚……但这时我们飞腾起来了！他在前面……他的翅膀很长，像海鸥一样，遮满了整个天空，我跟在他后面！狗只好离开我。这时我才明白，这条狗就是我的病，在天国里没有它的位置。”

鲁凯丽娅停了一会儿。

“我还做过一个梦，”她又说起来，“也许是一次显灵，这我就不知道了。我仿佛觉得我就躺在这座棚屋里，我死去的父母亲向我走来，频频向我深深鞠躬，可他们什么话也没有说。我就问他们：‘爸爸，妈妈，你们为什么向我鞠躬?’他们说：‘因为你在这个世界上吃了很多苦，你不但使自己的心灵得到解脱，而且也卸去了我们身上的重负。这样我们在那个世界上就过得轻松多了。你已经赎完了你的罪孽，现在你是在为我们赎罪。’说完这些话，双亲又向我鞠了一躬，他们就不见了：我只看见几堵墙壁。后来我一直在琢磨，这究竟是怎么一回事。在忏悔的时候，我还对神父讲过这件事。不过他认为这不是显灵，因为显灵只有神职人员才会看到。”

“我还做过一个梦，”鲁凯丽娅继续说，“我梦见，我坐在大路上一棵爆竹柳下面，我拄着一根刨光的拐杖，肩上挎着背包，头上包着头巾，就像一个香客！我要到很远很远的地方去朝圣。许多香客纷纷从我身边走过；他们慢吞吞地走着，仿佛不情愿似的，全朝着一个方向；所有的人都愁眉苦脸，彼此的面貌都很相似。我看见一个女人在他们中间绕来绕去，到处乱跑，她高出所有的人一个头，身上的衣服也很特别，和我们不一样，不是俄罗斯式的。她的脸也很特别，显得闷闷不乐，很严肃。所有的人似乎都在回避她；她忽然转过身，径直向我走来。她停住脚步，看着我；她的眼睛像老鹰一样，黄黄的，非常明亮。我问她：'你是什么人？'她对我说：'我是你的死神。'我照理应该害怕，可是相反，我却非常高兴，马上画了个十字！那女人，我的死神，对我说：'我可怜你，鲁凯丽娅，可是我不能带你走。再见！'天哪！当时我多么伤心！……我说：带我走吧，大娘，亲爱的，带我走吧！'我的死神便向我转过身来，跟我说话……我记得，她告诉我什么时候是我的大限，但我听不懂，听不清楚……说是在彼得节①以后……这时我醒过来了。我常常做这种奇怪的梦！"

鲁凯丽娅抬起眼睛……沉思起来……

"有一件事使我很痛苦：我常常整整一个礼拜一次觉也睡不着。去年有一位太太从这儿经过，看见我，给了我一小瓶安眠药水，叫我一次吃十滴。这种药很有用，我睡着了；可是现在这瓶药早就吃完了……您是不是知道这是什么药水，怎么弄到它。"

这路过的太太给鲁凯丽娅的显然是鸦片。我答应照样给她弄一小瓶，对她的忍耐力不能不再次表示惊讶。

"哦，老爷！"她回答，"照您说的，这点忍耐力算得了什么？柱塔僧②西缅的忍耐力才算大呐：他在柱塔里待了三十年！还有一个圣徒叫人把他齐胸埋在地里，让蚂蚁咬他的脸……一个读过许多书的人告诉我，从前有一个国家，被阿加尔人③征服了，他们对所有的居民烧杀抢

---

① 东正教节日，在俄历6月29日。
② 幽居在柱形塔式教堂内苦修的僧侣。
③ 古代历史学家对阿拉伯游牧民族的称呼。

掠；这些居民无论采取什么办法都不能得到解放。这时居民里出了一个圣贞女，她举着一把很大的剑，穿上一件两普特重的甲胄，向阿加尔人冲过去，把他们通通赶到大海那边去。她赶走了他们，对他们说：'现在你们把我烧死吧，因为我许过愿，要为自己的人民死于火刑。'阿加尔人抓住她，把她烧死了，人民从此永远得到了解放！这才叫功勋呢！可我算什么！"

这时我暗自称奇，贞德①的传说竟以这样的形式传到了这里。沉默了一会儿之后，我问鲁凯丽娅：她几岁？

"二十八……也许是二十九岁……三十岁不到。可是算年龄干什么！我还有事情要告诉您呢……"

鲁凯丽娅突然沙哑地咳嗽了一下，叹了一口气。

"你说了许多话，"我对她说，"这对你也许有害。"

"是的，"她用轻轻的勉强听得出的声音说，"我们的谈话该结束了，也只好这样！等会儿您一走，我就尽量不说话。至少我已经把心里话都说了……"

我便和她告别，再一次对她许诺我要把药水给她送来，再次请她好好想一想，并且告诉我，是不是还需要些什么。

"我什么也不需要；我全满足了，荣耀归于上帝，"她费了好大力气令人感动地说，"上帝保佑大家健康！这么说吧，老爷，您最好能跟您老太太说说，这儿的农民都很穷，她哪怕向他们少收一点代役租也好！他们的地不够种，能用的地不多……他们会祈祷上帝保佑您的……我什么也不需要，我全满足了。"

我答应鲁凯丽娅转达她的要求，已经走到了门口……她又把我叫到她跟前。

---

① 贞德（约 1412—1431），法国女民族英雄，在 1337 至 1453 年百年战争中领导法国人民反抗英军侵略，后被勃艮第人出卖给英国人，被处以火刑。

“您还记得吗，老爷，”她说着，眼睛里和嘴唇上闪过一种动人的表情，“我以前的辫子是怎样的？您还记得吗——一直拖到膝盖这儿！我好久都下不了决心……这么长的头发！……可是我怎么梳理呢？在我这种情况下！……所以我把它剪掉了……是的……好吧，再见，老爷！我再也说不动了……”

就在那一天我出去打猎之前，我和庄子的甲长谈起鲁凯丽娅。我从他那儿知道，村里人都叫她“活尸”，不过没有看到过她有任何烦恼；没有听见她埋怨和诉苦。“她没有提出过任何要求，相反，对一切都表示感谢；她是个文静的姑娘，应该说，是个文静的姑娘。大概是因为她的罪孽，上帝才这样惩罚她的，”甲长作出了这样的结论，“可是我们没法子过问。要说指摘她吧——不，我们也不指摘她。让她去吧！”

过了几个礼拜，我听说鲁凯丽娅死了。死神还是来找她了……就在“彼得节以后”。大家都在说，临终那天她一直在听钟声，虽然阿列克谢耶夫卡离教堂据说有五俄里多路，而且这一天也不是礼拜天。不过，鲁凯丽娅说，钟声不是从教堂那边传来的，而是从“上面”来的。大概她不敢说是从天上来的。

车轮的响声

“我来向您报告，”叶尔莫莱走进农舍对我说。我刚吃过晚饭，躺在行军床上想休息一下——这天出去打松鸡，收获相当可观，可也十分疲劳。这时正值七月中旬，酷暑难当……“我来向您报告：我们的霰弹全部用光了。”

我从床上跳起来。

“霰弹用光了！怎么会！我们从村里差不多带来三十磅！满满一袋呐！”

“确实是这样，而且袋子很大：够用两个礼拜。可谁知道呢！也许是袋子破了，可霰弹确实没有了……只剩下十来发了。”

“那我们现在怎么办？最好的地方还在前面——明天我们还准备打六窝松鸡呐……”

“您派我去一趟图拉吧。那地方不远，总共不过四十五俄里路。只要您吩咐一声，我一口气就飞快跑到那里，带一普特霰弹回来。”

“你什么时候动身呢？”

“哪怕现在也行。何必耽搁呢？不过要雇几匹马。”

“为什么要雇马！自己的马养着干什么？”

“自己的马不能用了。辕马的脚瘸了……瘸得很厉害！”

“从什么时候开始的？”

“前几天车夫带它去钉马掌。马掌钉好了。他大概碰到一个不中用的铁匠。现在马的一只脚简直踩不下去。是前脚。它一直把脚提起来……像狗一样。”

“怎么回事？那至少应该把马蹄铁拿掉啊！”

“没有，没有拿掉。一定得把它拿掉。大概钉子一直钉到肉里去了。”

我吩咐把车夫叫来。原来叶尔莫莱并没有撒谎：辕马真的有一只脚踩不下去。我连忙吩咐把马蹄铁拿掉，让马站在潮湿的泥地上。

“怎么样？您允许雇几匹马到图拉去吗？”叶尔莫莱又来缠我。

“难道在这偏僻的地方能雇到马吗？”我不禁恼火地大声叫嚷起来……

我们所在的村子偏僻荒凉，所有的居民都穷得叮当响。我们费了好大力气才找到这座虽然没有烟囱，却还稍微宽敞一点的农舍。

“能找到，”叶尔莫莱以他惯有的温和态度回答我，“关于这座村子的情况，您说得很对。但是这儿有过一个农民。很灵巧！又很有钱！他有九匹马。他本人已经死了，现在一切都由他大儿子掌管着。这人是个大笨蛋，可是父亲的财产倒没有荡光。我们可以到他那儿去弄几匹马。只要您吩咐一声，我就去把他叫来。听说他的几个兄弟很机灵……不管怎么说，他是他们的头。”

“这是怎么回事？”

“因为他是老大！就是说，做弟弟的必须听他的！”这时叶尔莫莱毫不留情地以极难听的语言把一般做弟弟的大骂了一顿，“我把他找来。他是个老实人，跟他怎么会谈不好呢？”

叶尔莫莱去找那“老实人”，我心里想：我亲自到图拉走一趟岂不更好？第一，我从过去的经验中已经得到了教训，我对叶尔莫莱很不信任；有一次我派他到城里去买东西，他答应一天之内就办好我交办的事，可是却有整整一个礼拜不见他的踪影，他把所有的钱都喝光了，步行回来——可他去的时候是乘竞跑马车去的。第二，我在图拉有一个熟悉的马贩子，我可以到他那儿买一匹马，以替换我那匹瘸了腿的辕马。

“就这么决定了！”我想，“我自己走一趟；可以在路上睡觉——这辆四轮马车很平稳的。”

“我带来了！”过了一刻钟，叶尔莫莱大声喊着闯进农舍。跟着他走进来的是个身材高大的庄稼汉，他穿着白布衫、蓝裤子和树皮鞋，长着浅色头发，近视眼，蓄着楔形棕色胡子，鼻子长长大大的，嘴巴张开着。看样子确实是个“老实人”。

“您跟他谈吧，”叶尔莫莱说，“他有马，他也愿意。”

“是这样，我……”那庄稼汉一边用沙哑的声音结结巴巴地说，一边甩甩他那稀疏的头发，还用指头抚弄着拿在手上的帽子的帽圈。“哦，是这样……”

“你叫什么名字？”我问。

庄稼汉低下头，好像在想什么。

“我的名字吗？”

“是的，你叫什么名字？”

“我的名字叫菲洛费。”

“那好，菲洛费老弟，我听说你家有几匹马。你去拉三匹马来，我们要把它们套在我的四轮马车上，这辆马车很轻，你拉我到图拉去一趟吧。这两天夜里有月光，很亮的，赶车也凉快。你们这儿的路好走吗？”

“路吗？路没什么。到大道上只不过二十俄里。有一个小地方……不太好走，别的没什么。”

“那地方怎么个不好走法？”

“是个浅滩，马车要蹚水过去。”

“难道您要亲自到图拉去吗？”叶尔莫莱问我。

“是的，我要亲自去。”

“哦！”我那忠实的仆人说着，摇摇头。“哦——哦！”他又说了一声，啐了一口，走出去了。

到图拉去对他来说显然已没有什么吸引力；已经成为一件毫无意义、毫无兴趣的事了。

“这条路你很熟悉吗？”我问菲洛费。

“路我们怎么会不熟悉！不过我，就是说，听您的便，不过总不能……因为这么突然……”

原来叶尔莫莱去雇菲洛费的时候曾对他说，要他不必担心，总会付钱给他这个傻瓜的……就说了这么一句话！菲洛费，照叶尔莫莱的说法，虽然是个傻瓜，却不能满足于这么一句空话。他向我要五十卢布——这是一个很高的价钱；我还他十卢布——是一个低价。我们便开始讨价还价；菲洛费起初坚持着，后来开始让步，但很不痛快。这时叶尔莫莱走进来，对我说，“这个傻瓜(菲洛费听见，悄悄说：‘他老是喜欢这么说！’)完全不懂得算账。”接着顺便对我提起一件事，说大约二十年前，我母亲在两条大路交叉的一个热闹地方开了一家客栈，后来很快就倒闭了，因为派到那里去负责经营的老仆人完全不会算账，只懂得数目大小，也就是说，譬如把一个二十五戈比的银币当作六个五戈比的铜币付给人家，还要把人家骂一顿。①

“唉，你啊，菲洛费，你真是个不懂得转弯的菲洛费！”最后叶尔莫莱大声叫着，气呼呼地把门碰上，走了出去。

菲洛费什么也没有回答他，仿佛明白叫菲洛费这个名字确实不太好，一个人应该为这个名字挨骂，虽然这件事原是神父的错，在洗礼的时候，没有好好向他表示一下谢意。

可是我们终于谈定二十卢布的价钱。他回去牵马，过了一小时，他牵来整整五匹马供我挑选。这些马都不错，虽然它们的鬃毛和尾巴都很乱，肚子大大的，绷得像鼓一样紧。菲洛费的两个弟弟也跟着他来了，他们的相貌和他一点也不像。他们都个子小小的，长着黑眼睛、尖鼻子，确实给人以“很机灵”的印象。他们说话又多又快，就像叶尔莫莱所说的喜欢“啰里啰唆”，但都听老大的。

---

① 按当时的兑换率，3戈比银币值10戈比铜币，25戈比银币值80余戈比铜币，这老仆人却把它当30戈比铜币付给人家，大大吃亏了。

他们把四轮马车从棚子里拉出来，摆弄着马车，套上马匹，忙活了一个半钟头；一会儿把套索松开，一会儿把套索拉紧。两个弟弟一定要把“灰斑马”套到车辕上，因为“它下坡时拉得稳当”，但是菲洛费决定用“长毛马”驾辕！于是把长毛马套到车辕上。

他们给四轮马车铺上干草，把瘸腿辕马上的套具塞到座位底下，以便在图拉把它套到新买的马匹上……菲洛费跑回家去，回来的时候穿着父亲的白色长外衣，戴着高高的毡帽，蹬着擦了油的皮靴，得意洋洋地登上马车的驭座。我坐上车，看看表：十点一刻。叶尔莫莱甚至不和我告别，而去打他的狗瓦列特卡。菲洛费拉拉缰绳，用极细的声音吆喝了一声：“哎，你们这些小东西!”他的两个弟弟从两边跑过来，用鞭子抽了一下拉套马的肚子，马车便启动，从大门口转到街上；长毛马想回到自己家里去，但是菲洛费抽了它几鞭子，让它清醒清醒，于是我们出了村子，走上两边长着浓密榛树丛的平坦大道。

夜晚宁静晴朗，最适于赶路。风有时在树丛中低声絮语，摇曳着树枝，有时完全静息；天空中有几朵凝然不动的银色云彩；一轮明月高挂在空中，把周围的景物照得清晰可辨。我躺在干草上，伸直身子，几乎要睡着了……可是想起了那“不太好走的地方”，精神便陡然一振。

“怎么样，菲洛费？离浅滩还很远吗?”

“离浅滩吗？还有七八俄里。”

“八俄里，”我想，“一小时内走不到，可以睡一会儿。”

“菲洛费，这条路你很熟悉吗?”我又问了一次。

“路我怎么不熟悉？我又不是头一趟……”

他又说了些什么，但我已经不去听他了……我睡了。

使我醒来的不是常有的那种想要过一小时醒来的打算，而是耳朵底下一种奇怪的轻微的扑哧扑哧声和水流的汩汩声。我抬起头来……

多么奇妙！我仍旧躺在四轮马车里，而马车的周围，离它的边沿不超过半俄丈的地方是一片映着月光、泛着涟漪的水面。我向前面看看，菲洛费低着头，躬着背，像个木头人似的坐在驭座上；再前面一点，在潺潺的流水上面看得见弯弯的马轭、几个马头和马背。一切都纹丝不动，悄无声息，仿佛在魔法的王国之中，在梦中，在童话里的梦中……真是咄咄怪事，我回头往车篷底下看了一眼……原来我们正在河中央……河岸离我们约有三十步！

“菲洛费！”我叫了一声。

“什么事？”他回答。

“还说什么‘什么事’？得了吧！我们到底在什么地方？”

“在河里。”

“我知道在河里。这样下去我们马上会给淹死的。你就想这样蹚过浅滩吗？啊？你睡着了，菲洛费！你回答我呀！”

“我有点搞错了，”我的车夫说，“方向偏了一点，这是我的错，现在要等一等。”

“为什么要等一等！我们还要等什么？”

“让长毛马仔细看看：它转向哪儿，我们就该往哪儿走。”

我稍稍从干草上抬起身子。辕马的头在水面上动也不动。在明亮的月光下，只看见它的一只耳朵忽前忽后稍稍摆动着。

“它也睡着了，你这匹长毛马！”

“不，”菲洛费回答，“它这会儿在嗅水的气味。”

一切又归于静息，只有河水仍在轻轻地潺潺流动着。我也呆呆地等着。

月光，还有这夜色，这河水，我们在河里……

“这是什么东西在咝咝响？”菲洛费问我。

“这个吗？是芦苇里的小鸭子……要不然就是蛇。”

突然辕马的头摇动起来，竖起耳朵，打着响鼻，全身抖动着。

“驾——驾——驾——驾！”菲洛费突然声嘶力竭地吆喝起来，他稍稍抬起身子，挥动马鞭。四轮马车立即动了一下，它横对着波浪向前冲了冲——抖动着，摇摆着，往前走去……起初我觉得，我们在往深处沉下去，但是经过两三次冲动和下沉，水面仿佛突然降低了……它越来越低，马车便从水面上升了起来——瞧，车轮和马尾巴已经露出来；瞧，马儿激起一大片一大片金刚钻般的浪花，不，不是金刚钻般的，而是在朦胧的月光下像蓝宝石放射出来的光束一般的浪花，它们共同欢乐地把我们拉上沙岸，竞相迈动光亮而潮湿的马腿，顺着大路往山里走去。

我心里想："现在菲洛费该会说：'你瞧，我没说错吧！'或者诸如此类的话。"可是他什么也没有说，因此我也认为没有必要责备他的疏忽大意，便躺到干草上，再度试图入睡。

但是我睡不着，不是因为打猎后不感到疲倦，也不是因为我所经历的惊慌驱散了我的睡意，而是因为我们走过的地方景色极其美丽。那是一片辽阔、广大、低洼、茂盛的草原，其中有许多小块的草地、小湖、小溪，尽头丛生着柳树和各种藤蔓的小河湾，完全是俄罗斯人所喜爱的具有典型俄罗斯景色的地方，我们古代壮士歌中勇士常来打白天鹅和灰鸭子的地方。被车轮压成的道路像一条黄丝带蜿蜒伸展着，马儿跑得很欢快——我无法闭上眼睛，一切都是那么赏心悦目！所有这些景色都在祥和的月光下从容而和谐地从我身边飘过。就连菲洛费也被打动了。

"我们管这个地方叫圣叶戈尔草原，"他对我说，"再过去就是亲王草原，在全俄罗斯再找不到这样的草原了……多么美啊！"这时辕马打了个响鼻，浑身抖动了一下……"主和你同在！……"菲洛费一本正经地低声说了一句，"多么美啊！"他又说了一遍，叹了一口气，然后又拖长声音啧啧称赞一番。"快开始割草了，从这片草地上可以耙到多少干草啊——真不得了！小河湾里也有很多鱼。这么大的鳊鱼！"他拖长声音又说了一句。"一句话：人不应该死。"

他突然举起一只手。

"啊！您看！湖上……是不是一只白鹭？莫非它在夜里也来捕鱼？嗨！那是一根树枝——不是白鹭。看错了！月亮老是叫人上当。"

我们的马车就这样走着走着……但是一会儿就走到草原的尽头，出现了一些小树林和耕过的土地；旁边一座小村庄闪现着两三点灯光——到大路只剩下五俄里多路。我睡着了。

我又一次不是自己醒过来。这回是菲洛费把我叫醒的。

"老爷……喂，老爷！"

我稍稍抬起身子。四轮马车停在大路当中一块平坦的地方；菲洛费在驭座上向我转过脸来，眼睛睁得很大（我甚至感到很惊奇，我没想到他的眼睛有这么大），他意味深长而神秘兮兮小声对我说：

"车轮的响声！……车轮的响声！"

"你在说什么？"

"我说：有车轮的响声！您弯下身子听听。听见了吗？"

我把头探出车外，屏住呼吸，真的听见在离我们很远很远的地方有轻微的断断续续的响声，很像车轮的辘辘声。

"您听见了吗？"菲洛费又问了一遍。

"嗯，是的，"我回答，"有一辆轻便马车正驶过来。"

"您有没有听见……听！喏……铃铛声……还有口哨声……您听见了吗？您把帽子脱下来……听得清楚些。"

我没有脱下帽子，只是侧耳倾听。

"嗯，是的……也许是。可这有什么关系？"

菲洛费把脸转向马匹那边。

"一辆大车驶来了……空车，轮子是包铁皮的，"他说着，拿起缰绳。"老爷，有坏人来了，这儿是图拉城外……拦路抢劫的事……是常常发生的。"

"胡说八道！你凭什么以为这一定是坏人？"

"我说的是真话。带着铃铛……而且是一辆空车……还能是谁呢？"

“那么——到图拉还有多远?”

“还有十五俄里路，可这儿一户人家也没有。”

“那么就快点赶路吧，别耽搁了。”

菲洛费挥了一下鞭子，四轮马车又走动了。

我虽然不相信菲洛费的话，但已经睡不着了。如果是真的，那可怎么办呢？一种不愉快的感觉在我心中蠢动着。我坐在马车里——在这以前我一直躺着——开始往四下里张望着。在我睡着的时候，升起了一片薄雾，不是在地上，而是在空中；它高高地浮悬在那儿，月亮就挂在雾中，变成一个白白的斑点，就像在烟幕里一样。一切都变得黯淡、混沌，虽然下面的景物比较清楚。周围都是平坦荒凉的地方：田野，尽是田野，偶尔可以看到几堆树丛、几道冲沟——接着又是田野，大多是休闲地，上面长着稀疏的杂草。空旷……死气沉沉！哪怕鹌鹑在哪儿叫几声也好啊。

我们走了半个小时光景。菲洛费时而挥挥鞭子，吧嗒着嘴唇，但无论是他还是我都一言不发。接着，我们登上一片山坡……菲洛费勒住马，立刻对我说：

“车轮的响声……车轮的响声，老爷!”

我又从马车里探出头去看看，其实，我待在车篷下也一样听得见，虽然距离还很远，但现在已经可以很清楚地听见大车的车轮声、口哨声、铃铛声，甚至是马蹄声；我甚至好像听见了歌声和笑声。不错，风是从那边吹来的，但毫无疑问，这些陌生的旅客和我们的距离已经缩短了整整一俄里，也许两俄里。

我和菲洛费交换了一下眼色，他只是把帽子从后脑勺推到前额上，俯身在缰绳上，策马前进。马儿放开大步急驰起来，但不能持久，一会儿又变成小跑了。菲洛费继续鞭打它们。必须摆脱这种险境!

我自己也弄不明白，为什么起初我不相信菲洛费的怀疑，而这一次却突然相信跟在我们后面的确实是一些坏人……我没有听见什么新的声音：还是那铃铛声，还是那空车的车轮声，还是那口哨声，还是那隐约的嘈杂声……可是我已经不再怀疑。菲洛费是不会弄错的！

又过了二十分钟……在这二十分钟的最后几分钟里，除了我们自己马车的车轮声和隆隆声之外，已经可以听见另一辆马车的车轮声和隆隆声了……

“停车，菲洛费，”我说，“反正一样——只有一个结局！”

菲洛费胆怯地喝住马。马儿立刻停住，似乎很高兴能休息一下。

天哪！铃铛声简直就在我们背后放肆地叮当响着，大车发出铁皮轮子的辘辘声，车上的人在吹口哨、喊叫、唱歌，马匹在打响鼻，马蹄嘚嘚地敲着地面……

追上来了！

“倒——霉了，”菲洛费一字一顿地轻声说，犹豫不决地吧嗒一下嘴唇，催着马儿往前走。但是就在这一瞬间，仿佛突然天崩地裂，有一样东西轰鸣着，发出隆隆的响声，一辆极大的摇摇摆摆的大车，由三匹精瘦壮实的马拉着，像旋风一样骤然赶过我们，往前驰去，接着立刻改成缓步，拦住我们的去路。

“正是强盗路数，”菲洛费低声说。

说实话，我的心一下子揪紧了……我在雾气弥漫的朦胧月光下紧张地观察着。在我们前面的大车上，有六个穿布衫、敞开着上衣的人也不知是坐着还是躺着；其中两个人头上没戴帽子，穿着皮靴的粗大的腿挂在车栏外晃荡着，手臂无缘无故地举起来又放下去……身体摇晃着……事情明摆着：是一群醉汉。有几个人在那儿乱喊乱叫；有一个在那儿吹口哨，声音尖利而清脆，另一个在骂街；驭座上坐着一个穿短皮袄的大汉，在驾车。他们的车慢慢地走着，仿佛没有注意到我们。

怎么办？我们也跟在他们后面慢慢地走着……没有别的办法。

我们就这样大约走了四分之一俄里。提心吊胆地等待着……摆脱、自卫……哪儿谈得上！他们有六个人，我手无寸铁！掉转车头往回走吗？他们马上就会赶上来。我不由得想起了茹科夫斯基①的诗（他描写卡敏斯基元帅被杀的章节）：

强盗无耻的斧头……

要不然，就是用一根肮脏的绳子勒住喉咙……再扔到水沟里……让你像一只掉进圈套里的兔子一样在那里惨叫，挣扎……

唉，太惨了！

可他们仍旧慢慢地往前走着，并没有注意我们。

“菲洛费，”我轻声说，“你试试看，从右边走过去。”

菲洛费试了试，把车赶到右边……但他们也立刻把车赶到右边……过不去。

菲洛费又试了试，把车赶到左边……但他们也不肯让路，甚至笑了起来。这说明，他们不肯放我们过去。

“确实是一伙强盗，”菲洛费回过头来对我轻声说。

“可他们在等什么？”我也轻声问他。

“喏，在前面的洼地里，河上有一座小桥……他们会在那儿动手！他们常常这样……在桥旁边。老爷，我们的情况明摆着了！”他叹了一口气说，“未必会放我们活着回去；因为他们要毁尸灭迹。我只有一点可惜，老爷：我的三匹马完蛋了，我两个弟弟得不到了。”

我感到很惊奇，在这种时刻，菲洛费竟然还操心自己的马，老实说，我自己已经顾不上这些了……“难道他们真的要杀人？”我心里反复想着。“为了什么？我可以把身上所有的东西都给他们呀。”

小桥越来越近，越来越清楚了。

---

① 茹科夫斯基（1783—1852），俄国诗人。

突然响起一阵尖锐的吆喝声，我们前面的三驾马车好像飞了起来似的，往前冲去，它一驰到小桥前面便骤然煞住，稍稍靠边一动不动地停在路上。我的心直往下沉。

“啊，菲洛费兄弟，”我说，“我们走上死路了。如果我害了你，请原谅我。”

“您有什么错，老爷！自己的劫数是躲不过的！哦，长毛马，我忠实的马儿，”菲洛费转而对辕马说，“走吧，老弟，往前走！干你的最后一次活吧！反正一样……主啊，你快抓住他们吧！”

于是他让三匹马小跑起来。

我们渐渐走近小桥，走近那辆停着的可怕的大车……车上像有意似的静悄悄的，鸦雀无声。就像梭鱼、鹞鹰、一切猛兽，当它们等着猎物渐渐靠近时保持着沉默一样。这时我们和大车并齐了……突然那穿短皮袄的大汉跳下驭座，径直向我们走来！

他一句话也没对菲洛费说，但菲洛费立刻就勒住马……马车停了下来。

大汉把两手放在车门上，向前探过他那毛发蓬松的头，咧开嘴笑笑，用轻轻的平缓的声音和工人的语气说了下面的话：

“可敬的先生，我们是去参加一个隆重的宴会，从婚礼上回来的。我们给一个朋友成了亲，把他完全摆平了；我们这些伙伴都是年轻人，个个都很豪放——喝了很多酒，可是没有什么东西好醒酒；您能不能行个好，赏给我们一点钱，让我们每个兄弟都能喝上半瓶酒？我们要为您的健康干杯，记住您这位先生；要是您不方便的话，那我们也请您不要生气！”

“这是什么意思?”我心里想……“开玩笑？……愚弄人?”

大汉仍站在那里，低着头。就在这一瞬间，月亮从云雾中露出脸来，照亮了他的脸。这张脸露出得意洋洋的微笑——连眼睛和嘴唇都在笑。从中却看不出什么威胁的意味……只是整个脸上似乎充满了戒备……他的牙齿那么白，那么大……

“我很高兴……您拿着吧……”我从口袋里掏出钱包，从中拿出两个银卢布，连忙说；那个时候在俄罗斯还通用银卢布。“如果够用的话。”

“非常感谢！”那大汉像士兵一样高喊一声，立刻伸出粗大的手指从我手中取走——不是整个钱包，而是两个卢布。“非常感谢！”他甩了一下头发，向大车跑去。

“弟兄们！”他大叫着，“过路的先生赏给我们两个银卢布！”车上的那些人突然哈哈大笑起来……大汉登上了驭座……

“祝您幸福！”

我们只匆匆看见了这一幕！马儿立时起步飞奔，大车隆隆驶上山坡，在幽暗的天地分界线上又闪现了一次，就驶下山坡，不见了踪影。

这会儿再听不见车轮的响声、人的喊叫声和铃铛声了……

周围死一般寂静。

我和菲洛费并没有立刻清醒过来。

“啊，开了这么个玩笑！”菲洛费终于开口说话，他摘下帽子，画起十字来。“真的，开了个玩笑，”他很高兴地向我转过身来，又说了一句。“这可是一个好人，真的。喔——喔——喔，小东西！快点跑！你们没事了，我们也没事了！就是他不让我们过去的；是他驾的马。这小伙子真会开玩笑。喔——喔——喔！快跑！”

我没有吭声，但心情已经开始好转。“我们没事了！”我一再自言自语着，躺到干草上。“只损失了一点钱！”

我甚至感到有点惭愧，竟想起了茹科夫斯基的诗句。

我突然想到一件事。

“菲洛费！”

“什么事?”

“你娶亲了吗?”

“娶亲了。”

“有孩子吗?”

“有孩子。”

“刚才你怎么没有想到他们啊?你顾惜那几匹马,可妻子呢?孩子呢?”

“他们有什么可顾惜的?他们又没有落到强盗手里。可是我一直惦记着他们,就是现在也惦记着……就是这么一回事。”菲洛费沉默了一会儿。“也许……就是因为他们的缘故,上帝才饶恕我们的。”

“他们大概是强盗吧?”

“谁知道呢?谁能知道别人的心思?俗话说:知人知面不知心。心里有上帝总是好的。不……我心里总想着家里……喔——喔——喔,小东西,快跑!”

我们快到图拉的时候,天几乎已经亮了。我迷迷糊糊地躺着……

“老爷,”菲洛费突然对我说,“您看,他们就在酒店里……那是他们的大车。”

我抬起头……真的是他们:是他们的车和马。酒店门口突然出现了那个熟悉的穿短皮袄的大汉。

“先生!”他挥着帽子叫道,“我们在用您的钱喝酒呐!怎么样,马车夫,”他又对菲洛费摇摇头说,“你刚才大概吓坏了吧?”

“是个快活人,”菲洛费把马车赶离酒店约莫二十俄丈后说。

我们终于到达了图拉,我买了霰弹,顺便买了些茶叶和酒,甚至向马贩子买了一匹马。中午我们动身回去。经过我们第一次听到后面有车轮声的地方时,在图拉喝了点酒的菲洛费变得话多起来,他甚至给我讲了些故事,这时,他突然笑起来。

“老爷,你还记得我是怎么对你说的吗:车轮的响声……车轮的响声,我说,有车轮的响声!”

他把手挥了几下……他觉得这句话很有趣。

当天傍晚我们回到了他的村子。

我把我们碰到的事说给叶尔莫莱听。当时他脑子很清醒，并没有说一句同情的话，只是哼了一声，是称赞还是责备，这一点，我想他自己也不知道。但是过了两天，他很高兴地告诉我，就在我和菲洛费到图拉去的那个夜晚，也在那条路上，一个商人遭到了抢劫，并被杀死。起初我不相信这个消息，但后来不得不相信了；一个警官骑马经过这里去调查这件事，这就证明这件事的真实性。我们这些好汉莫非就是参加了这场“婚礼”回来的，那个喜欢开玩笑的大汉所说的“朋友”，莫非就是被他们摆平的？我在菲洛费的村子里又待了五六天。每一次遇见他，都要对他说：“喂，有车轮的响声吗?”

“真是个快活人，”他每次都这样回答我，自己也笑起来。

树林和草原

……于是渐渐把他吸引到后面：
吸引到乡村，吸引到蓊郁的花园，
那里有高大的菩提树，给人以阴凉，
铃兰花发出如此清纯的芬芳，
那里柳树成行，排列在堤岸，
一团团依依低垂在小河的水面，
茂盛的橡树生长在肥沃的土地上，
处处发出大麻和荨麻的芳香……
到那边，到那边，到那辽阔的田园，
那里黑油油的土地像丝绒一般，
无论你把炯炯的目光投向何方，
那里的黑麦都翻起柔和的波浪，
从那透明的一团团白云下面，
炙人的金黄色阳光正洒向人寰；
那里是多么美妙啊……

——摘自待焚的诗稿

我的笔记也许已经让读者感到厌倦，我赶快许诺，只限于收入已经发表的几篇以使读者放心；但是在和读者告别的时候，我不能不再说几句有关打猎的话。

带着枪和狗去打猎就本身而言，就像从前所说的就本身而言①，是一件其乐无穷的事；即使您并非天生的猎人，您还是会喜欢大自然和自由自在的生活，因此您也就不能不羡慕我们猎人……请听我说。

您是否知道，譬如说，春天黎明前乘车出门的快乐？您走到门口的台阶上……深灰色的天空上有些地方还有星星在闪烁；湿润的晨风时而像阵阵微波迎面拂来；您还能听见夜的压低而隐约的絮语；夜色朦胧中的树木发出轻轻的簌簌声。这时有人在马车上铺上毛毯，在脚边安放装着茶炊的箱子。两匹拉套马蜷缩着，打着响鼻，优美地替换着脚站着，一对刚刚醒来的白鹅默默地摇摇摆摆慢慢穿过大路。篱笆后面的花园里看守人还在平静地打鼾；每一个鼾声仿佛都停留在凝然不动的空气里，停留着，并不消失。这时您在马车上坐下，马儿一起走动，马车发出隆隆的巨响……您乘着马车——走过教堂，下山向右转，走过堤坝……池塘上微微腾起雾气。您感到一些凉意，便竖起大衣的衣领裹住面孔；一丝倦意悄悄袭来。马儿的脚踩在水洼里，发出很响的声音，马车夫吹起了口哨。但是您已经走了四俄里光景……天边泛红了；寒鸦在白桦林里醒了过来，笨拙地飞来飞去；麻雀在黑糊糊的麦垛旁叽叽喳喳地叫着。空气变得更清朗，道路看得更清楚，天空更加明亮，云朵变得更白，田野变得更绿。农舍里点着松明，发出红色的火光，听得见大门里面睡意蒙眬的说话声。这时朝霞燃烧起来；空中出现一抹金黄色的云彩；峡谷里雾气缭绕；云雀在嘹亮地歌唱，吹来一阵黎明前的风——于是鲜红的太阳冉冉升起。阳光像洪流一样涌出；心像鸟儿一样在您的胸中扑腾。清新，欣喜，可爱！四周的景色尽收眼底。瞧！树林的后面是一座村庄；瞧，再过去一些是另一座有白色教堂的村子；瞧！山上有一片白桦林；在它后面是您正要去的沼地……快点跑啊，马儿，快点跑！甩开大步往前跑！……只剩下三俄里路了，不会更多的。太阳升得很快，天空明净……天气会很好的。一群牲口从村子向我们迤逦走来。您登上山顶……多美的景致啊！河流蜿蜒伸展达十俄里，在雾霭中隐隐泛着蓝色的光彩；河那边是一片水汪汪的碧绿大草地；草地后面是一些缓坡的山

---

① 原文为德文。

丘；远处有几只凤头麦鸡在沼地上空翱翔鸣叫；远方的景色透过流注在空气中的湿润阳光清晰地显现出来……一切都不像在夏天里。呼吸多么畅快，四肢的活动多么敏捷，人在春天般的清新气息中显得多么健壮！……

啊，夏天七月的早晨！除了猎人，谁能领略早晨在灌木丛中漫步的欢乐？您的脚在沾满露珠而发白的草地上留下绿色的痕迹。您拨开潮湿的灌木丛，夜里蕴蓄着的一股温暖的香气立刻扑鼻而来；空气中洋溢着苦艾的清新苦味、荞麦和三叶草的甘甜；远处一座橡树林壁立着，在阳光下闪闪发光，染成一片嫣红；天气还凉爽，但已经可以感到热气的临近。浓烈的香味熏得您头晕目眩，浑身酥软。漫山遍野的灌木丛望不到边……只是远处有些地方成熟的黑麦显现出一片黄澄澄的金黄色，还有一道道狭长的荞麦也现出鲜艳的红色。这时响起一辆大车的辘辘声，一个农夫走过来，预先把马拴在树荫下……您和他打了个招呼，即刻离开了，您背后响起镰刀铿锵的碰击声。太阳越升越高。草地很快晒干了。天已变得很热。过了一个钟头，又一个钟头……天边暗下来，凝滞的空气散发出火辣辣的暑热。

“兄弟，这儿什么地方可以弄点水喝?”您问一个割草人。

“那边，峡谷里有个水潭。”

您穿过缠绕着藤蔓的茂密的榛树丛，往下走到谷底。果然：就在山崖底下藏着一眼泉水；橡树丛把它们手掌般的树枝密密麻麻地伸向水面，许多银白色大水泡从长满细密的天鹅绒般青苔的水底摇摇晃晃升了上来。您扑倒在地上，痛痛快快地喝了个够，但是您已懒得动弹一下了。您躲在阴凉的地方，呼吸着芬芳湿润的空气；您觉得很舒服，可是您对面的灌木丛正在太阳底下暴晒着，仿佛晒黄了。可这是怎么回事?一阵风突然吹来，又疾驰而过，周围的空气都给震动了：难道是雷声吗?您走出峡谷……天边怎么变成一片铅灰色了？是不是暑热加剧了？是不是乌云涌过来了？……但这时一道电光微微闪了一下……哦，这是暴风雨！太阳还在周围明亮地照耀着：还可以打猎。但是乌云在扩展：它的前沿像衣袖一样伸过来，像穹隆一样覆盖着大地。草地，灌木丛，一切突然暗了下来……快跑！那边似乎有个干草棚……快跑……您跑到了，走了进去……多猛的雨啊！多亮的闪电啊！有几个地方雨水透过干草铺就的屋顶滴落在芬芳的干草上……可是，你瞧，太阳又在闪耀了。暴风雨过去了；您走出干草棚。我的上帝，四周的一切都那么欢乐地闪耀着光芒，空气多么凉爽清新，草莓和蘑菇又多么清香！……

可是黄昏降临了。晚霞燃烧得像一片野火，拥抱着半个天空。夕阳西斜。近处的空气仿佛特别清澈，像玻璃一样透明；远处有一片看上去是和煦的柔和雾气，一片红色的光辉和露水一起落在不久前还注满淡淡金色光芒的林中空地；树木、灌木丛和高高的干草垛都投下长长的阴影……太阳落下去了；一颗星星在被落日映红的火海里燃烧起来，颤抖着……瞧，这片火海渐渐暗淡下去；天空变得更蓝；影子一个个消失，空气中渐渐注满雾霭。该回去了，回到村子里，回到您宿夜的农舍去。您把枪扛到肩上，不顾疲劳，快步走着……这时候夜色降临了，二十步之外的景物已看不见；猎狗在昏暗中只模模糊糊现出一点白色。在黑沉沉的丛林上，天际露出一片朦胧的亮光……这是什么？是火灾吗？……不，是月亮升上来了。你瞧，下面，右边，已经闪耀着村落的灯光……喏，最后，那是您的屋子。从窗口里您可以看见铺着白桌布的餐桌、点亮的蜡烛、晚餐……

要不然你就吩咐套一辆竞跑马车，到树林里去打榛鸡。从两边壁立的高高黑麦中的狭小道路通过是一件很愉快的事。麦穗轻轻地抽打着您的脸，矢车菊不时绊住您的腿，鹌鹑在周围啼叫，马儿懒洋洋地小跑着。瞧，那就是树林。树荫和宁静。高大挺拔的白杨在您头顶上低语，白桦下垂的枝叶微微晃动着，雄伟的橡树像个战士肃立在美丽的菩提树旁边。您的马车在树影婆娑的碧绿小路上行进；一群黄色大苍蝇纹丝不动地停在金黄色的空气中，一会儿突然飞走了；蚊蚋成群在空中盘绕着，在阴影里发亮，在阳光中变成黑色；鸟儿无忧无虑地歌唱着。知更鸟的金嗓子无休无止地鸣啭，抒发它那天真无邪的欢乐：那歌声和铃兰花的芳香十分和谐。再走过去，再走过去，到树林的深处……树林变得稀疏了……心中感到有说不出的宁静，周围静悄悄的，没有一点声音。但突然吹来一阵风，树梢潇潇地响着，像层层波浪翻卷而来。有些地方从去年褐色的落叶底下冒出高高的青草；蘑菇一个个戴着宽檐帽亭亭玉立着。一只雪兔蓦地跳了出来，猎狗立即狂吠着追了上去……

同样是这座树林，当晚秋时节山鹬飞来的时候，那是多么令人心旷神怡啊！山鹬不会藏在树林深处：必须到树林边上去寻找它们。既没有风，也没有太阳，没有光，没有影，没有动静，没有声响；柔和的空气中弥漫着美酒般的秋天气息；远处金黄色的田野上笼罩着一片薄雾。通过光秃的褐色树枝可以看见白晃晃的纹丝不动的宁静天空；菩提树上疏疏落落地挂着最后几片金黄色树叶。脚下的湿润土地变得富有弹性；高高的干草茎一动不动；长长的蛛丝在发白的野草上闪闪发亮。呼吸是那么平静，可心中却感到一种异样的骚动。你在林边走着，眼睛盯着猎狗，这时各种心爱的形象、所有心爱的人儿，已故的和健在的，一起浮上了脑海，沉睡了好久的印象又突然苏醒了；想象力像一只飞鸟展翅翱翔，疾飞，一切都那么清晰地活动起来，浮现在你眼前。心儿有时会突然颤抖起来，怦怦跳动，热烈地向前冲去，有时又永不回返地沉浸在回忆之中。全部生活就像一幅画卷轻轻而又迅速地展开；人在这种时候便拥有了他的全部往事，全部感情，拥有了力量和整个心灵。四周没有任何事物可以扰乱他——无论是太阳，无论是风，无论是声音……

在秋天早晨寒气逼人、白天微寒的晴朗日子里，白桦犹如童话里的神树，全身金黄金黄的，在蔚蓝色天空映衬下显现出它美丽的身姿，低低的太阳已经没有了热力，但比夏天更加辉煌，幼小的白杨林通体透亮，仿佛觉得这样光秃秃更快乐和轻松，雾凇还在谷底闪耀着白光，凉风轻轻地吹动，驱赶着拳曲的落叶，河上欢乐地奔腾着蓝色的波浪，在上面随波浮游着悠闲的鹅鸭；远处一座磨坊在柳丛的掩映下轧轧地响着，一群鸽子在磨坊上空飞快地盘旋，在明亮的天空中呈现出缤纷的色彩……

夏天有雾的日子也很美好，虽然猎人并不喜欢这样的日子。在这样的日子里无法打枪：鸟儿从您脚下腾起，立即就消失在白茫茫的凝滞的雾中。但四周是那么寂静，寂静得无法形容！万物都苏醒了，但全都默不作声。您从一棵树旁边走过，它一动也不动，它正自得其乐。透过均匀地弥漫在空中的薄雾，您看到面前有一片长长的黑糊糊的景物。您以为那是近处的树林；您走过去一看，那树林却变成了田界上一排高高的艾蒿。您的头顶上，您的四周到处弥漫着雾气……但是这时风轻轻地吹动了一下，稀薄如烟的雾气当中便隐隐约约地露出了一小块浅蓝色的天空，一道长长的金黄色光束突然迸射出来，投落在田野上，潜入树林中，一会儿，一切又被云雾遮蔽了。这场搏斗持续了很久；但是，光明终于取得了胜利，被晒暖的最后一股云雾的波浪一会儿滑落下来，扩散开来，一会儿又缭绕盘旋并消失在洋溢着柔和光波的高远的天空中，于是这一天便变得无法言传的壮丽和清朗……

现在您已准备好到远离地主庄园的猎场去，到草原上去。您在乡间道路上艰难地走了十俄里光景，终于看到了大路。您的马车走过看不到头的无数货车和几家客栈，那些客栈的屋檐下茶炊正吱吱地沸腾着，大门敞开着，里面还有一口井；您的马车从一个村子走到另一个村子，穿过一望无际的田野，顺着碧绿的大麻地，久久、久久地行驶着。喜鹊从一棵爆竹柳飞到另一棵爆竹柳上；农妇们手拿着长长的草耙在田野里走着；一个过路人穿着破旧的土布长袍，背着行囊，拖着疲乏的脚步蹒跚而行。一辆笨重的地主家轿式马车由六匹高大却疲惫的马拉着，迎着您慢慢走来。窗口上露出靠垫的一只角，一个穿大衣的跟班侧身坐在马车后脚镫的草包上，手扶着绳子，泥浆直溅到眉毛上。前面是一座小县城，那里有许多歪歪斜斜的小木屋、看不到头的篱笆、商家没有人居住的砖房，横跨深谷的古代桥梁……再走过去，再走过去！……眼前是一片草原。您登山远眺——景色多么秀丽！一座座耕种到顶上的低矮的圆形山丘像巨浪一样滚滚向前扩展开去；灌木丛生的峡谷蜿蜒穿插其间；一片片小树林像椭圆形的岛屿随处散布着；一条条狭窄的小径从一个村子通往另一个村子；教堂白得耀眼；柳丛之间有一条小河在闪光，有四个地方筑着堤坝；远处的田野上大鸨成行兀立着；一座古老的地主庄园连同它的杂用房屋、果园和打谷场就修筑在一个小小的池塘旁边。但是您的马车仍在不断向前行进。山丘越来越小，几乎看不到树木。喏，终于看到了——那无边无际，一望无涯的大草原！……

冬天就意味着在高高的雪堆上追逐兔子，呼吸寒冷刺骨的空气，对着柔软积雪的耀眼闪光不由自主地眯起眼睛，欣赏红彤彤的树林上方的碧蓝天空！……在早春的日子里，四周的景物仍在闪光，冰雪在崩塌，透过融雪散发出的浓雾已经可以闻到晒暖的土地的气息，在积雪融化的地方，在斜阳的光辉下，云雀正在轻信地歌唱，一道道急流欢乐地喧闹着，咆哮着，从一个峡谷奔向另一个峡谷……

可是该搁笔了。我正好说到春天：春天里的离别更轻松愉快，春天里幸福的人常常被吸引到远方去……再见吧，读者，祝您万事如意。

译文名著精选书目

傲慢与偏见	〔英〕简·奥斯丁 著 王科一 译
简·爱	〔英〕夏洛蒂·勃朗特 著 祝庆英 译
基督山伯爵	〔法〕大仲马 著 韩沪麟 周克希 译
少年维特的烦恼	〔德〕歌德 著 侯浚吉 译
茶花女	〔法〕小仲马 著 王振孙 译
呼啸山庄	〔英〕艾米莉·勃朗特 著 方平 译
悲惨世界	〔法〕雨果 著 郑克鲁 译
堂吉诃德	〔西班牙〕塞万提斯 著 张广森 译
红与黑	〔法〕司汤达 著 郝运 译
雾都孤儿	〔英〕狄更斯 著 荣如德 译
欧叶妮·葛朗台／高老头	〔法〕巴尔扎克 著 王振孙 译
莎士比亚四大悲剧	〔英〕莎士比亚 著 孙大雨 译
泰戈尔抒情诗选	〔印〕泰戈尔 著 吴岩 译
乱世佳人	〔美〕玛格丽特·米切尔 著 陈良廷等 译
鲁滨孙历险记	〔英〕笛福 著 黄杲炘 译
安娜·卡列尼娜	〔俄〕列夫·托尔斯泰 著 高惠群等 译
十日谈	〔意〕薄伽丘 著 方平 王科一 译
福尔摩斯探案精选	〔英〕柯南·道尔 著 梅绍武 屠珍 译
老人与海	〔美〕海明威 著 吴劳等 译
漂亮朋友	〔法〕莫泊桑 著 王振孙 译
巴黎圣母院	〔法〕雨果 著 管震湖 译
双城记	〔英〕狄更斯 著 张玲 张扬 译
最后一片叶子	〔美〕欧·亨利 著 黄源深 译
瓦尔登湖	〔美〕梭罗 著 徐迟 译
一九八四	〔英〕奥威尔 著 董乐山 译
复活	〔俄〕列夫·托尔斯泰 著 安东 南风 译
三个火枪手	〔法〕大仲马 著 郝运 王振孙 译
苔丝	〔英〕哈代 著 郑大民 译
变色龙	〔俄〕契诃夫 著 朱逸森 译
钢铁是怎样炼成的	〔俄〕奥斯特洛夫斯基 著 王志冲 译
浮士德	〔德〕歌德 著 钱春绮 译
太阳照常升起	〔美〕海明威 著 赵静男 译
莎士比亚喜剧五种	〔英〕莎士比亚 著 方平 译
理智与情感	〔英〕简·奥斯丁 著 武崇汉 译
罪与罚	〔俄〕陀思妥耶夫斯基 著 岳麟 译
羊脂球	〔法〕莫泊桑 著 郝运 王振孙 译
鼠疫	〔法〕加缪 著 刘方 译
青年艺术家画像	〔爱尔兰〕乔伊斯 著 朱世达 译

我是猫	〔日〕夏目漱石 著 刘振瀛 译
神曲	〔意〕但丁 著 朱维基 译
红字	〔美〕霍桑 著 苏福忠 译
到灯塔去	〔英〕伍尔夫 著 瞿世镜 译
格列佛游记	〔英〕斯威夫特 著 孙予 译
大卫·考坡菲	〔英〕狄更斯 著 张谷若 译
道连·葛雷的画像	〔英〕王尔德 著 荣如德 译
童年/在人间/我的大学	〔俄〕高尔基 著 高惠群等 译
城堡	〔奥地利〕卡夫卡 著 赵蓉恒 译
汤姆·索亚历险记	〔美〕马克·吐温 著 张建平 译
九三年	〔法〕雨果 著 叶尊 译
铁皮鼓	〔德〕格拉斯 著 胡其鼎 译
卡拉马佐夫兄弟	〔俄〕陀思妥耶夫斯基 著 荣如德 译
远大前程	〔英〕狄更斯 著 王科一 译
马丁·伊登	〔美〕杰克·伦敦 著 吴劳 译
名利场	〔英〕萨克雷 著 荣如德 译
嘉莉妹妹	〔美〕德莱塞 著 裘柱常 译
细雪	〔日〕谷崎润一郎 著 储元熹 译
哈克贝里·芬历险记	〔英〕马克·吐温 著 张万里 译
儿子与情人	〔英〕劳伦斯 著 张禹九 译
野性的呼唤	〔英〕杰克·伦敦 著 刘荣跃 译
牛虻	〔英〕伏尼契 著 蔡慧 译
包法利夫人	〔法〕福楼拜 著 周克希 译
达洛卫夫人	〔英〕伍尔夫 著 孙梁 苏美 译
永别了，武器	〔美〕海明威 著 林疑今 译
喧哗与骚动	〔美〕福克纳 著 李文俊 译
猎人笔记	〔俄〕屠格涅夫 著 冯春 译
圣经的故事	〔美〕房龙 著 朱振武等 译
希腊神话	〔俄〕库恩 编著 朱志顺 译
格林童话	〔德〕格林兄弟 著 施种等 译
月亮和六便士	〔英〕毛姆 著 傅惟慈 译
失乐园	〔英〕弥尔顿 著 刘捷 译
海底两万里	〔法〕儒勒·凡尔纳 著 杨松河 译
丧钟为谁而鸣	〔美〕海明威 著 程中瑞 译
安徒生童话	〔丹麦〕安徒生 著 任溶溶 译
了不起的盖茨比	〔美〕菲茨杰拉德 著 巫宁坤等 译
虹	〔英〕劳伦斯 著 黄雨石 译
摩格街谋杀案	〔美〕爱伦·坡 著 张冲 张琼 译
坎特伯雷故事集	〔英〕乔叟 著 黄杲炘 译
战争与和平	〔俄〕列夫·托尔斯泰 著 娄自良 译
环游地球八十天	〔法〕儒勒·凡尔纳 著 任倬群 译
人生的枷锁	〔英〕毛姆 著 张柏然 张增健 倪俊 译